추천의 글

역사의 소용돌이 속에서 고백된 주옥같은 7개의 개혁주의 신앙 고백을 선별하여 그 동일성과 차이를 한 눈에 보도록 정리한 이 책은 목사들과 모든 진지한 성도에게 주어진 선물입니다. 매주일 목회 현장에서 설교하고 교리를 가르치는 목사들은 이 책을 통해 자신의 가르침이 역사적 개혁주의 신앙에 근거하고 있는지 쉽게 점검할 수 있겠고, 신앙 내용에 질문을 품고 그 주제를 선명하게 이해하고픈 성도들은 안전 하고도 확실한 안내자를 만난 셈입니다. 무엇보다 이 책의 백미는 상당한 분량의 "선별된 참고 문헌"인 데, 이것은 "개혁주의 명저 해제와 가이드"라 할 수 있습니다. 이 참고 문헌은 계속 성경의 주제들을 공부 하려는 독자들에게 가성비 최고의 자료입니다. 이 책은 놓치면 안 되는 책입니다!

김형익 목사_ 벧샬롬교회 담임

통일성보다는 다양성이 더 강조되는 이 시대의 배경에 절대를 인정하지 않으려는 포스트모던의 사조가 있음을 생각할 때, 이미 500년을 넘긴 7개의 신앙 고백을 비교하고 대조한「개혁주의 신앙 고백의 하모니」 가 출간된 것은 다양성을 강조하는 시대의 요청에 부응하기 위한 시도라기보다는 오히려 시대의 흐름에 저항하기 위한 시도라고 볼 수 있습니다. 하나님의 말씀인 성경에 대한 저자들의 절대적 의존 때문에 다 양성보다는 통일성이 더 두드러지게 드러나기 때문입니다. 믿는다는 주관적 확신 못지않게 무엇을 믿는 가를 확인함이 절실한 이 시대에 한국 교회에 꼭 필요한 책이 출간되어 기쁘게 추천합니다.

노진준 목사_ 설교 코칭 미니스트리 공동 대표

16, 17세기 개혁 신학의 발전에는 신비로운 면이 있습니다. 전화도, 인터넷도 없던 시절에 서로 떨어져 작 업하던 개혁 신학자들 사이에 놀라운 일치성이 드러났기 때문입니다. 그들 사이에 다양성이 없지는 않지 만, 통일성이 더 크게 드러납니다. 이런 신비로운 현상에 대한 설명은 의외로 간단합니다. 개혁 신학자들 은 성경을 가장 최고 권위에 두고 신학 작업을 했기 때문입니다. 여기 여러분들이 보고 계신 이 책은 바로 그러한 신비를 한눈에 확인할 수 있도록 해놓았습니다. 서로 다른 배경과 목적에서 형성된 개혁주의 신앙 고백서들이 "하모니"를 이루면서 동일한 진리를 아름답게 증거하는 모습은 감탄을 자아내게 합니다. 마 치 서로 다른 악기들이 한데 어우러져 위대한 교향곡을 표현하듯이 말이지요. 특히 인상적인 것은 그리스 도에 대한 가르침과 구원에 대한 가르침의 유기적 연결성입니다. 기독론과 구원론이야말로 개혁 신학의 백미인데,「개혁주의 신앙 고백의 하모니」도 그것을 잘 드러냅니다. 특히 책 뒤에 방대하게 제시된 추천서 들은 조엘 비키와 싱클레어 퍼거슨의 신학적 안목과 실력을 유감없이 보여 줍니다. 이 두 저자는 개혁주 의 신앙 고백서의 아름다움을 보여 주기 위해 멋지게 협업했습니다. 역자 신호섭 박사님은 두 저자의 신 학을 아주 잘 이해하는 분이며 훌륭한 교리 교사이기에, 이 책의 번역자로 가장 적합한 분입니다. 그런 점 에서 이 책은 옛 개혁 신학의 하모니에 대해 현대 개혁 신학자들이 함께 응답하는 하모니라 할 수 있습니 다. 여러분을 그 풍부하고 놀라운 선율의 세계로 초청합니다.

우병훈 교수_ 고신대학교 신학과 교의학

유럽 개혁교회(특히 네덜란드 개혁교회)는 "일치를 위한 3신앙 고백 문서"(벨직 신앙 고백서, 1561년; 하이델베르크 요리 문답, 1563년; 도르트 신경, 1619년)를 중시하고, 영미 장로교회와 한국 장로교회는 웨스트민스터 표준문서(웨스트민스터 신앙 고백서, 1647년; 웨스트민스터 소요리 문답, 1647년; 웨스트민스터 대요리 문답, 1648년)를 따라 신앙과 신학을 추구해 왔습니다. 그러나 개혁교회와 장로교회의 신앙 고백적 내용은 차이가 나는 것이 아니라, 서로 동질성을 가지고 있다는 것을 비키와 퍼거슨이 편집한 이 책에서 확인하게 될 것입니다. 불링거의 제2 스위스 신앙 고백서(1566년)까지 포함하여 7개의 개혁주의 신앙 고백 문서를 주제별로 공관해 볼 수 있도록 만들어진 이 책의 역간을 진심으로 환영하면서, 참된 신앙의 정수를 배우고 확인하기 원하는 그리스도인 모두에게 일독뿐 아니라 성실한 독서와 학습을 권하는 바입니다. 그리하면 더욱더 견고한 신앙의 반석 위에 자신이 세워져 가는 것을 경험하게 될 것입니다.

이상웅 교수_ 총신대학교 신학대학원 조직 신학

이 책이 신실한 그리스도인들, 특히 목회자들에게 필요한 이유가 있습니다. 첫째, 개혁주의 신앙 노선에 선 사람들에게는 주요한 신앙 고백들이 교리적으로 일치한다는 것과 서로 보완적이라는 것에 대한 확신을 줍니다. 둘째, 개혁주의 입장이 아닌 사람들에게도 진리를 비추는 개혁주의 신앙 고백서들의 다양한 표현 방식과 구조를 보며 진리를 어떻게 총체적으로 다룰 것인지에 관한 통찰을 줄 것입니다. 셋째, 선별된 참고 문헌은 대단히 유용한 자료 정보로 꽉 차 있고, 특별히 한국어판 편집자들이 모든 책을 번역서로 찾는 수고를 덧붙여 더욱 유용해졌습니다. 진리를 체계적이고 선명하게 이해하려고 하는 모든 목회자는 이 책을 아주 유용하게 사용할 수 있을 것입니다.

이정규 목사_ 시광교회 담임

개혁주의 신앙 고백의 하모니

＊ 본문에 수록된 "벨직 신앙 고백서"는 「벨직 신앙 고백서 강해」(신호섭 지음, 좋은씨앗 펴냄, 2019)에 수록된 번역문을 인용하였습니다.

(주)죠이북스는 그리스도를 대신한 사신으로
문서를 통한 지상 명령 성취와 하나님 나라 확장을 위해 노력합니다.

• 주제별로 한눈에 보는 성경적 진리 •

개혁주의 신앙 고백의 하모니

조엘 비키, 싱클레어 퍼거슨 편집
신호섭 옮김

죠이북스

contents

1 신론
_ 하나님에 관한 교리

2 인간론
_ 인간에 관한 교리

3 기독론
_ 그리스도에 관한 교리

Reformed
Confessions
Harmonized

 구원론
_ 구원에 관한 교리

 교회론
_ 교회에 관한 교리

 종말론
_ 마지막 일들에 관한 교리

서문

16세기와 17세기의 개혁교회들은 로마 가톨릭주의와 개신교회의 다른 그룹들과 구별되는 정통 개혁주의 신앙 고백서들을 만들었습니다. 이 신앙 고백서들 가운데 가장 잘 알려진 것은 **스위스** 계열의 제1, 제2 스위스 신앙 고백서(1536년; 1566년)와 스위스 일치 신조(1675년), 웨스트민스터 종교 회의에서 만들어진 **스코틀랜드-영국** 계열의 스코틀랜드 신앙 고백서(1560년)와 39개 신앙 조항(1563년), 웨스트민스터 신앙 고백서(1646-1647년), 대요리 문답과 소요리 문답(1647년), 그리고 **네덜란드-독일** 계열의 벨직 신앙 고백서(1561)와 하이델베르크 요리 문답(1563년), 도르트 신경(1618-1619년)을 포함한 세 일치 신조(Three Forms of Unity) 등입니다.

이 개혁파 신조들 가운데 오늘날 다양한 개혁주의 교단에서 가장 많이 채택하고 사용하는 것은 세 일치 신조와 제2 스위스 신앙 고백서, 그리고 웨스트민스터 신앙 고백서와 요리 문답서들입니다. 저는 개혁주의 정기 간행물의 여러 편집장의 요청에 따라 이 7개 신조를 조화롭게 배열하고 편집하는 작업을 수행했습니다. 이 신조들의 조합은 주제별로 이루어졌고, 가장 표준적인 영어 역본들을 참조했습니다. 일관성을 위해 철자와 맞춤법을 최소한으로 개정했습니다. 「개혁주의 신앙 고백의 하모니」 편집자들은 이 책이 독자들로 하여금 위대한 개혁주의 신조들의 내용에 쉽게 다가가도록 독려하며, 아울러 네덜란드 개혁교회와 헝가리 개혁교회, 영국 장로교, 그리고 다른 개혁파 그리스도인들이 서로의 신앙 고백서를 더 깊이 이해하고 감사하게 될 것이라 믿어 의심치 않습니다.

개혁주의 신앙의 초심자들은 물론이고 개혁파 신앙을 더 진지하게 공부하려는 신학생들을 돕고자 이 책에는 참고 문헌 목록과 그 참고 문헌의 설명이 수록되어 있습니다. 저는 주제 구분과 참고 문헌 구조를 벨직 신앙 고백서의 각 조항에 기초해 배치했습니다. 이 참고 문헌에 관한 어떤 제언이라도 환영합니다. 제안이나 의견은 2919 Leonard NE, Grand Rapids, MI 49525 (fax 616-977-0889; e-mail jrbeeke@aol.com)로 보내 주시기 바랍니다.

저는 이 책에 담긴 7개 신조에 관한 역사적 개론을 집필하고 도와준 자애로운 내 친구 싱클레어 퍼거슨 박사에게 감사합니다. 또한 이 문서를 타이핑하고 꼼꼼하게 교정하며 조판 작업을 도와준 게리와 린다 덴 홀랜더에게도 감사합니다. 하나님이 이 책을 통해 개혁주의 신조들에 깊은 감사를 일깨우시고, 어느 나라, 어느 계열에 속해 있든 관계없이 모든 개혁주의 신자 사이의 교제를 더욱 자극하고 풍성하게 해주시기를 기도합니다.

이 책의 아름다움은 다양한 역사적 전통의 차이에도 개혁주의 신조들 사이의 조화와 일치를 강조한다는 점입니다.

조엘 비키

한국어판 서문

하나님의 말씀에 진실하다면, 신앙 고백서들은 우리 신앙의 선조들에게 물려받은 보물입니다. 우리는 이 신앙 고백서들을 잘 보존하고 다음 세대에 전달할 책임이 있습니다. 히브리서 저자는 히브리인들에게 "또 약속하신 이는 미쁘시니 우리가 믿는[또는 고백하는] 도리의 소망을 움직이지 말며 굳게 잡고"(히 10:23)라고 말합니다. 주님은 성경을 통해 그분의 종들이 그 백성에게 가르칠 수 있도록 "바른 교훈"(딛 2:1)을 계시해 주셨습니다.

"그리스도 예수 안에 있는 믿음과 사랑으로써" 사도들에 의해 우리에게 전해진 "바른 말을 본받아 지키[는]" 것이 우리의 의무입니다(딤후 1:13). 즉, 우리는 반드시 하나님의 진리를 성령님의 내주하시는 권세로 말미암아 우리의 머리뿐만 아니라 마음에 간직해야 합니다(14절). 우리는 또한 이 신앙 고백들을 다른 이들에게 전하여 줄 미래의 교사들을 훈련시켜야 합니다(2:2).

죄인들이 하나님의 진리의 말씀을 대적하고 거짓 교사들을 추구하기 때문에 교리는 논쟁적입니다(딤후 4:3). 그러나 우리는 반드시 "성도에게 단번에 주신 믿음의 도를 위하여 힘써" 기꺼이 싸워야 합니다(유 3절). 특별히 이것은 교회의 목사와 장로의 의무이기도 합니다. "미쁜 말씀의 가르침을 그대로 지켜야 하리니 이는 능히 바른 교훈으로 권면하고 거슬러 말하는 자들을 책망하게 하려 함이라"(딛 1:9).

비록 기독교 신앙의 요점이 "예수님은 주님입니다"(고전 12:3)와 같은 단순한 말씀으로 고백될 수 있지만, 하나님은 우리에게 풍성하고 가득한 진리의 계시, 심지어 "측량할 수 없는 그리스도의 풍성함"(엡 3:8)을 주셨습니다. 그리스도의 교회의 신조들과 신앙 고백들은 "하나님의 아들을 믿는 것과 아는 일"(엡 4:13)에 관한 깊은 이해를 드러냅니다.

교회가 이 책에 제시된 개혁주의 신앙 고백들과 요리 문답들과 같은 광범위한 교리적 진술을 발전시켜 온 것은 엄청난 축복입니다. 이 개혁주의 신조들은 그리스도의 성경적 진리들로 하나님의 백성에게 빛을 비추어 주시는 성령님의 지난 수세기 동안의 역사하심입니다.

이 7개의 주요 개혁주의 신앙 고백을 한데 묶은 한국어판을 보는 것은 큰 기쁨입니다. 각 신앙 고백에는 개론 작업에 함께 참여해 준 싱클레어 퍼거슨과 함께 제가 24년 전에 준비한 역사적 개론이 담겨 있습니다. 저는 이 「개혁주의 신앙 고백의 하모니」를 한글로 번역해 주신 신호섭 교수님의 능력 있는 번역을 감사하게 생각합니다.

하나님은 지난 한 세기 동안 한국 사람들에게 놀라운 영적 복락을 부어 주셨습니다. 저는 열 차례 한국을 방문하여 설교와 콘퍼런스와 신학교에서 강의로 한국의 그리스도인들을 섬긴 것을 큰 특권으로 생각합니다. 저는 한국의 개혁주의 그리스도인들에게 깊은 존경심을 가지고 있으며, 또한 이 책을 포함해서 열두 권이 넘는 저의 책을 번역 출간한 한국의 신실한 출판사들에 감사하는 바입니다.

저는 이 책들을 통해 하나님의 축복을 받았다는 여러 증언에 겸손해지며 더 많은 축복을 들을 수 있기를 영원토록 고대합니다. 하나님이 다른 책들과 더불어 이 책 또한 사용하셔서 우리의 21세기 발전을 위해 이런 축복들을 더 크게 부어 주시기를 기도합니다.

조엘 비키
그랜드 래피즈, 미시건주
2023년 1월

옮긴이 서문

역사적으로 개혁파 교회는 성경적 원리 아래 성경이 가르치고 믿는 바를 신조(신앙 고백서와 교리 문답서)를 통해 요약해 왔습니다. 종교 개혁 이후 17세기는 가히 "신조의 세기"라 불릴 정도로 많은 신앙 고백서와 교리 문답서가 제정된 시기입니다. 그 가운데 가장 유명한 개혁주의 7대 신조가 있습니다. 장로교 전통에 굳게 서 있는 웨스트민스터 신조(신앙 고백서, 대요리 문답, 소요리 문답)와 네덜란드 개혁교회의 세 일치 신조(벨직 신앙 고백서, 하이델베르크 요리 문답, 도르트 신경), 그리고 제2 스위스 신앙 고백서가 그것입니다. 네덜란드 개혁교회는 세 일치 신조를, 스코틀랜드 장로교회는 웨스트민스터 표준 문서를 채택했습니다. 그리고 이런 종교 개혁적 유산은 하나님의 은혜로 고스란히 한국 교회에 전달되었습니다.

신조(Creeds)라는 말은 사전적으로 '신앙의 조목', '꼭 믿는 일' 또는 '신앙이나 견해의 제시', '의식에 사용하기 위해 기독교 신앙을 공식적으로 요약해 놓은 것들 가운데 하나', '공통의 믿음을 유지시키는 데 꼭 필요한, 더 이상 줄일 수 없는 최소한의 믿음을 요약 진술한 것' 등으로 정의됩니다. 이러한 설명들은 한자로 신조가 '믿을 신'(信)으로 되어 있는 것이나, 영어에서 신조를 의미하는 '크리드'(creed)의 어원이 '내가 믿는다'라는 뜻을 가진 라틴어 '크레도'(credo)에서 나온 것과 잘 어울립니다. 개혁 신학자인 박형룡 박사와 루이스 벌코프는 신조를 신학적인 관점에서 '그 내용에 관한 한 성경적 진리의 조직적 진술'이라고 정의했습니다. 역사적 신조 연구의 권위자인 필립 샤프는 신조를 '공적으로 사용하기 위한 신앙 고백, 또는 신앙의 내용을 언어 형태로 표현하되 그것에 특별한 권위를 부여하여 구원을 위해서는 필요불가결한 것으로 여기거나 최소한 건전한 기독교회를 유지하기에 없어서는 안 될 것으로 간주한 것'이라고 정의했습니다. 신조는 그 형태나 용도에 따라 '신경'(creed), '요리 문답'(catechism), '교헌'(canon), '규범'(rule of faith), '상징'(symbol), '선언'(decree), '신앙 고백'(confession) 등으로 불리기도 합니다.

이 가운데 '신앙 고백'(confession)이라는 명칭은, 서두에 언급한 대로 주로 종교 개혁 시대에 나온 신조를 가리킬 때 사용됩니다. 그래서 이 책 제목 역시 종교 개혁 신학에 기초한 「개혁주의 신앙 고백의 하모니」(*Reformed Confessions Harmonized*)입니다. 또한 종교 개혁 시대에는 신앙 고백에서 밝힌 내용을 어린아이나 초신자에게 가르치는 교육 자료로 활용하기 위해 교육하는 자와 교육받는 자 사이에 묻고 답하는 형식을 도입하는 경우가 많았는데, 이를 '요리 문답'(catechism)이라 합니다. 그러므로 신조란 기독교의 교리와 상황에 관한 모든 것을 포함할 수도 있고, 근본적이거나 명확한 요소만 포함할 수도 있습니다. 앞서 언급한 경우들을 종합해 볼 때, 신조란 믿음의 대상에 대해 정의한 내용들을 믿어야 할 것으로 간주하여 그것들을 신앙의 근본 조항으로 여기는 것을 뜻한다고 할 수 있습니다. 예를 들면 독일의 종교 개혁자 마르틴 루터는 이신칭의 교리를 일컬어 "교회가 서기도 하고 넘어지기도 하는 신앙의 가장 중대한 근본 조항"(*articulus stantis vel cadentis ecclesiae*)이라고 했는데, 여기서 '신앙의 근본 조항'(Article)으로 간주하는 이신칭의 교리를 하나의 신조라고 부를 수 있을 것입니다.

이런 신조는 크게 두 가지 이유에서 기원했습니다. 하나는 그리스도를 믿는 신자가 그 믿는 믿음에 대한 신앙과 고백을 입으로 시인하고 명백히 표현하기 위해서입니다. 다른 하나는 이단이나 성경 신앙에 그릇된 진리를 가르치고 전파하는 내용들을 분별하고, 그에 따른 올바른 신앙 조항을 정립하기 위해서입니다. 전자에 속하는 것은 대표적으로 사도신경과 웨스트민스터 신앙 고백서가 있고, 후자에 속하는 것은 니케아 신조, 아타나시우스 신조, 콘스탄티노플 신조, 칼케돈 신조, 제1차 에베소 공의회, 그리고 유명한 도르트(Dort) 신조가 있습니다.

칼뱅 역시 그의 역작 「기독교 강요」에서 교회에 합당한 영적인 권세가 있다고 했는데, 그것은 바로 교리권, 재판권, 입법권입니다. 교리권에는 두 가지가 있는데, 신조를 제정할 권세와 그것을 해명할 권세입니다. 신조를 제정하는 권세는 공의회를 통해 제정되는데, 칼뱅은 이를 「기독교 강요」 9장에서 상세하게 다루고 있습니다. 이로 볼 때 그리스도인과 교회는 그 형태가 어떠하든 간에 반드시 자신이 믿는 주님을 올바르게 이해해야 합니다. 이것은 자신의 신념을 밖으로 표현해 내고자 하는 인간의 본성과도 관련될 뿐 아니라 주님을 향한 그리스도인의 의무이기도 합니다.

기록상으로 나타나는 최초 신조는 사도 베드로의 고백입니다.

사도 베드로는 "너희는 나를 누구라 하느냐"는 주님의 물음에 답하여 "주는 그리스도시요 살아 계신 하나님의 아들이시니이다"라고 고백했습니다(마 16:15-16). 주님은 사도 베드로의 이 고백을 매우 만족하게 여기셨습니다. 베드로의 고백은 기독교 신앙의 핵심이라고 할 수 있는 예수 그리스도의 신성과 예수께서 우리의 구주 되심을 잘 반영하고 있습니다. 사도 바울도 기독교 신조를 잘 요약하고 있는데, "예수 그리스도는 주이시다"라고 선언하는 것이 바로 그것입니다(롬 10:9; 고전 12:3; 고후 4:5; 빌 2:11). "예수 그리스도가 주이시다"라는 고백은 초대 교회의 주된 신앙 고백이 되었고, 로마 황제 숭배의 강요를 거절하는 주된 이유가 되었습니다. 그들에게는 오직 경배해야 할 한 주님만 계셨던 것입니다.

이렇게 시작된 최초의 신앙 고백은 초대 교회에서 주도적으로 사용되었습니다. 또한 기독교 신앙의 제1대상이 그리스도이시기 때문에 이 고백은 자연스럽게 세례를 받을 때 고백하는 조건 가운데 하나로 사용되었습니다. 점차 이 고백은 세례 의식과 관련하여 삼위일체 형태를 갖추게 되었고, 여기에 점차 다른 항목들이 추가되고 확대되어 여러 형태의 다른 신조가 나오게 되었습니다. 이것들이 4세기 이후에 사도신경으로 확대된 것입니다. 시간이 흐르면서 기독교회는 "예수 그리스도는 주이시다"라는 고백을 좀 더 상세하게 설명해야 할 필요를 느꼈고, 계속해서 이런 필요성은 교회로 하여금 신앙 고백과 요리 문답을 제정하게 만들었습니다.

이처럼 교회는 주님의 물으심에 답하여 담대하게 자신의 신앙을 고백한 베드로처럼 신앙을 공적으로 고백해야 할 경우가 많이 있습니다. 어떤 사람을 교회의 일원으로 받아들이려 할 때, 우리 가운데서 신앙을 고백하여 신앙의 내용을 분명히 해야 할 때, 우리가 그리스도를 따르고 있음을 나타내고 주께 나아오도록 할 때, 이단을 분별해 내려 할 때, 그리고 마지막으로 교회 간에 연합을 이루고자 할 때가 그러합니다.

그러므로 신조는 신자들의 본성입니다. 신조와 신앙 고백이 없는 신자는 위험한 신자입니다. 교회가 요약한 신앙 고백과 교리 문답은 성경의 중요한 교리들을 요약해서 성경의 올바른 이해에 도움을 주어 신자의 믿음을 증진시킬 뿐만 아니라, 신앙생활의 오류를 바로잡고 이단의 공격에 맞서 진리를 수호함으로 거짓된 교훈과 생활을 막아주는 데 공적 표준으로서 방패 역할을 해왔기 때문입니다. 따라서 체계적인 신앙 고백과 교리가 없는 교회나 신자는 신앙과 생활의 순결을 지켜 나가는 데 치명적인 약점을 가지게 되며, 나아가 이단의 공격에 속수무책으로 넘어지게 됩니다. 신조는 우리가 참된 교회에 소속되어 있다는 정체성을 확립해 줍니다. 기독교인이 된다는 것, 교회원이 된다는 것은 예수께서 시작하신 신앙 공동체의 일원으로 소속되는 것을 의미합니다(요 15:1-10; 17:20-21). 그러므로 신조란 우리가 어느 신앙, 어느 교회에 소속되어 있는지를 알려 주

며, 그것은 곧 우리가 유사 종교, 유사 교회에 소속되어 있지 않고 유사 그리스도인이 아님을 증거하는 가치를 발휘합니다.

역사적으로 기독교회는 여러 신조와 신앙 고백을 통해 분열된 것이 아니라 그것들을 통하여 기독교 신앙의 정통성에 도전하고 허물려는 포도원의 여우에게서 교회를 수호하고 지켜 왔습니다. 기독교회는 역사적으로 신조와 신앙 고백을 통하여 순수성을 보전하고 적들의 공격을 효과적으로 막아냈으며, 하나님의 참된 교회의 모습을 드러내 왔습니다. 참된 기독교, 즉 복음은 교리적 믿음에 기초하며, 이 교리는 복음에 적합한 응답의 방식을 결정합니다. 알리스터 맥그래스의 표현대로 하자면, 교리는 마치 인간의 몸에 힘과 형태를 부여하는 뼈와 같아서 교리가 없으면 신앙은 형태가 없고, 약하고 무너지기 쉽습니다. 그러므로 교리 없는 기독교는 그럴듯하고 매력적으로 들릴지 모르지만 매우 그릇된 것이요 비성경적인 것입니다.

그러나 오늘날 적지 않은 사람들이 신조와 교리를 무시합니다. 사람들은 교리가 한국 교회 분열의 원인이라고 생각하기도 합니다. 이런 혼란이 발생한 원인은 신학적 엄밀성을 싫어하는 시대적 문화도 하나의 요인이지만, "신조는 필요 없고 성경만 있으면 되고, 교리는 필요 없고 예수님만 믿으면 된다"는 식의 극단적인 사고방식 때문입니다. 그들은 성경만으로 충분할 뿐, 신조나 교리는 인간이 만들어 성경에 덧붙인 인간적 산물이라고 생각합니다. 오늘날 실로 많은 이가 바로 "교리 없는 기독교"의 사상에 물들어 있는 것입니다. 하지만 이런 생각은 매우 무지하고 순진한 발상입니다. 교리는 하나님 말씀인 성경이 가르치는 교훈의 총체이기 때문입니다. 로이드존스 박사의 표현대로 성경 전체가 교리를 가르칩니다. 창세기 1장 1절은 선재하신 하나님, 자존하신 하나님, 전능하신 하나님, 삼위와 일체로 계신 하나님이라는 신론에 관한 교리를 가르칩니다. 그러니 성경만 믿으면 되지 교리가 왜 필요하냐는 말처럼 어리석은 말이 없습니다.

신앙 고백서나 요리 문답은 바로 이런 하나님 말씀인 성경의 가르침을 체계적으로 요약해 놓은 것입니다. 우리는 이것들을 신앙의 조항들(Articles of Faith) 또는 교의(Dogma)라고 부릅니다. 신학(Theology)이란 이런 교의들을 성경적으로, 교의적으로, 역사적으로, 실천적으로 연구하는 학문 분야입니다. 따라서 "성경은 하나님의 말씀이며, 교리란 하나님 말씀의 가르침이고, 교의란 그 하나님 말씀의 가르침의 체계적인 요약이며, 신학이란 그 체계적인 요약을 학문적인 방식으로 연구하는 것"이라고 할 수 있습니다. 따라서 성경만 있으면 되지, 교리가 왜 필요하냐고 말한다면, 교의도, 신학도, 신학교도, 나아가 교회도 필요 없다는 말이 됩니다. 반대로 하나님의 말씀인 성경이 있기에 교리도, 교의도, 신학도, 교회도 존재하는 것입니다.

덧붙여서 무엇보다 하나님 말씀의 설교는 교리의 전파입니다.

바울은 디모데에게 말씀을 전파하라고 했습니다(딤후 4:1-2). 그것은 바른 말, 바른 교훈, 즉 교리입니다(딤전 6:3; 딛 2:1). 설교자는 평생 말씀을 붙들고 바른 교리와 교훈을 전파하는 사람입니다. 순경 중이든 역경 중이든 말씀의 교리를 주해하고 해설하며 설명하고 선포하며 호소하고 적용하는 사람입니다. 이런 의미에서 성경을 받아들이는 것과, 성경에 기초한 교리와 신조를 받아들이는 것에는 하등의 모순이 없습니다. 성경이 교리와 신앙 고백을 요구하기 때문입니다. 칼 트루먼은 "성경 자체가 신조의 필요성을 가르친다는 사실을 고려한다면 신조를 부정하고 성경만 소유한다는 주장은 비논리적"이라고 말한 바 있습니다. 트루먼은 계속해서 이렇게 말합니다. "어쩌면 신조와 신앙 고백서만이 건강한 교회를 세우는 유일한 방법은 아닐 수도 있다. 그러나 그것들은 분명 사도 시대가 막을 내린 이후 오늘날에 이르기까지, 가장 많은 그리스도인이 건강한 교회를 세우기 위해 선택한 규범이다. 신조를 부정하고 성경만 유일한 신조로 내세우는 교회가 건강한 교회로 자랄 수 있다는 증거는 역사 속에서 거의 찾아볼 수 없다."

설교자로서 우리는 예배당에 사람들을 가득 채우기 위해 설교하지 않습니다. 우리는 지옥으로 달려가고 있는 사람들에게 바른 교리의 말씀을 가르쳐 그들을 회개케 하고 교리의 절정이신 그리스도 예수께로 인도하기 위해 설교합니다. 따라서 하나님 말씀인 성경의 가르침의 총체인 교리는 바른 복음 설교의 보화입니다. 설교자와 그리스도인들이 이런 교리에 천착할 때 한국 교회는 훨씬 건강해질 수 있습니다.

이 책은 조엘 비키 박사와 싱클레어 퍼거슨 박사가 25년 전에 출간한 책입니다. 대서양을 사이에 두고 미국과 영국 개혁주의 신학의 증진을 위해 평생 애쓴 두 분의 공헌은 이루 말할 수 없습니다. 「개혁주의 신앙 고백의 하모니」는 그 여러 수고와 노력의 열매 가운데 하나입니다. 그리고 이제 그 열매가 한국어판으로 탄생하게 되었습니다. 번역은 매우 고된 작업입니다. 특별히 이렇게 신앙 고백서와 요리 문답서처럼 전문적인 신학 용어를 상대해야 하는 책은 엄밀하고도 통일된 번역이 요구되기 때문에 더욱 힘이 듭니다. 더욱이 신앙 고백서 하나만 번역하는 일도 버거운데, 7개 신조를 번역하는 것은 정말이지 감당하기 어려운 작업이었습니다. 그럼에도 매일 한 문장 한 문장 꾸준히 하다 보니 어느덧 끝낼 수 있었습니다.

「개혁주의 신앙 고백의 하모니」를 번역하면서 최대한 원문의 의미를 살리면서도 가독성 있는 작품으로 만들기 위해 애썼습니다. 예를 들면, 웨스트민스터 신앙 고백서 5장 섭리 2항은 크게 두 문장으로 구성되어 있습니다, 그리고 이 문장 중간에 '세미콜론'(;)이 위치하고 있습니다. 보통 번역할 때 세미콜론은 (예외도 존재하지만) 앞뒤 문장의 역접 관계를 의미합니다. 따라서 이 문장을 정확히 번역하려면, "비록 ……할지라도 ……합니다"가 가장 적합합니다. 이는 2항 첫 문장을 시작하는 'Although'와 둘째 문장을 시작하는 'yet'에서도 여실히 드러납니다. 따라서 두 문장을 '그리고'(and)라는 접속사로 번역하기보다는 '그러나'(however)라는 접속사로 번역하는 것이 바람직합니다. 이런 방식으로 섭리에 관한 한 제1원인과 제2원인이 모순되거나 충돌하거나, 또는 제2원인이 제1원인의 통제 밖에 있지 않다는 것을 드러냅니다. 즉 하나님의 섭리의 완전하심을 강조하는 것이 이 문장의 특징이라 할 수 있을 것입니다.

또한 도르트 신경 첫째 교리 11항 번역문은 대부분 세 문장으로 되어 있습니다. 그러나 원문은 세미콜론으로 연결된 한 문장입니다. 이를 두 문장으로 번역할 수 있으나 독립된 세 개의 문장으로 번역하는 것은 의도적으로 문장을 구분한 것입니다. 이 책에서는 두 문장으로 번역하여 원문의 의미와 강조점을 살렸습니다. "하나님은 지극히 지혜로우시고 불변하시며 전지하시고 전능하시기 때문에 그분이 하신 선택은 방해를 받거나 변하거나 철회될 수 없으며 무효가 될 수도 없습니다. 뿐만 아니라 택함받은 사람들은 버림받을 수 없으며, 그 수가 감소될 수도 없습니다"(도르트 신경, 첫째 교리, 11항). 최대한 원문의 의미를 보존하는 방식으로 번역했지만, 그럼에도 지나치게 긴 문장은 원문의 의미와 강조점을 염두에 두고 가독성을 위해 불가피하게 구분하기도 했다는 점을 밝힙니다. 번역과 편집의 나머지 부분은 모두 출판사의 내부 교정 교열 지침에 따랐습니다.

이제 이 책을 통해 개혁주의 신학과 교리의 정수를 맛보는 일만 남았습니다. 이 책이 개혁주의 신학과 교리를 사랑하고 가르치려는 모든 목회자뿐만 아니라 개혁교회의 신학적 유산의 풍성함을 맛보기 원하는 모든 진지한 그리스도인의 손에 들려지기를 소망합니다. 하나님이 이 책을 선하게 사용하셔서 우리 마음을 소생시키시고, 섬기는 교회를 향해서는 참된 부흥을 부어 주시기를 기도합니다.

2023년 4월 14일
봄날 따뜻한 햇빛
행신동 올곧은교회 목양실에서

개혁주의 신앙 고백에 관한 역사적 개론

벨직 신앙 고백서(1561년)

이 책에 있는 7개 신조 가운데 가장 오래된 것은 17세기 라틴어 명칭인 '콘페시오 벨기카'(*Confessio Belgica*)에서 따온 벨직 신앙 고백서(Belgic Confession of Faith)입니다. '벨기카'는 오늘날 네덜란드와 벨기에로 분리된 북쪽과 남쪽의 모든 저지대 국가를 통칭하는 단어입니다. 벨직 신앙 고백서의 또 다른 이름은 왈론 신앙 고백서(Walloon Confession) 또는 네덜란드 신앙 고백서(Netherlands Confession)입니다.

벨직 신앙 고백서의 주요 저자는 개혁주의 순회 설교자이자 목사였던 귀도 드 브레(Guido de Brès, 1522-1567)입니다. 16세기에 네덜란드의 개혁교회들은 로마 가톨릭교회와 동맹한 스페인의 국왕 펠리페 2세(Philip II)에게 극심한 박해를 당했습니다. 1561년 드 브레는 이른바 '예속 교회'(churches under the cross)라 불리는 교회를 형성한, 저지대의 박해받는 일련의 개혁교회 신자들을 변호할 목적으로 이 신앙 고백서를 프랑스어로 작성했습니다. 드 브레는 개혁 신앙을 지지하는 신자들이 혁명당원이 아니라 성경적 교리를 고백하는 법을 지키는 시민이라는 것을 박해자들에게 증거하는 많은 목사에게 큰 지지를 받았습니다. 벨직 신앙 고백서는 1559년 프랑스의 개혁주의 고백인 프랑스 신앙 고백서(French Reformed confession)를 모델로 삼았고, 결과적으로 칼뱅의 체계를 모델로 삼았습니다.

기본적으로 벨직 신앙 고백서는 하나님에 관한 교리(신학 일반, 1-11항), 인간에 관한 교리(인간론, 12-15항), 그리스도에 관한 교리(기독론, 16-21항), 구원에 관한 교리(구원론, 22-26항), 교회에 관한 교리(교회론, 27-35항), 종말에 관한 교리(종말론, 37항)와 같은 전통적인 개혁주의 조직 신학의 교리적 순서를 따르고 있습니다. 36항은 시민 정부의 신적 본질에 관해 논합니다. 벨직 신앙 고백서는 객관적인 교리적 순서를 따르면서도, '우리'라는 대명사를 반복적으로 사용하여 따뜻하고 경험적이며 정감 어린 특징을 지니고 있습니다.

벨직 신앙 고백서가 완성된 지 1년 후에 신앙 고백서 사본이 탄원서와 함께 국왕 펠리페 2세에게 전달되었는데, 이 탄원서에는 우리 모두 모든 일에 합법적인 국가의 법에 기꺼이 복종하겠지만, 이 신앙 고백서에 표현된 하나님 말씀의 진리를 부인할 바에야 "차라리 채찍에 맞고 혀가 잘리고 입에 재갈을 물리고 온몸을 불태우도록 내어 주는 편이 더 나을 것이며, 그리스도를 따르는 자들은 반드시 그분의 십자가를 지고 자신을 부인해야 함을 알아야 한다"고 선언한 내용이 있습니다. 하지만 신앙 고백서도, 탄원서도 개신교인에게 좀 더 관용을 베풀어 달라는 요구에 대해 스페인 국왕을 설득하지 못했습니다. 1567년, 드 브레는 피로 자신의 믿음을 인 침으로 수천 명의 순교자 가운데 한 사람이 되었습니다. 그럼에도 드 브레의 작품은 개혁주의 교리에 대한 매우 설득력 있는 진술로 지금까지 남아 있습니다.

벨직 신앙 고백서는 1562년에 네덜란드어로 번역된 이래 네덜란드 교회에 잘 수용되었습니다. 1566년, 이 신앙 고백서는 안트베르펜 총회(Synod of Antwerp)에서 개정되었습니다. 그리고 결과적으로 16세기 마지막 30년간의 시기에 열린 네덜란드 전국 총회에서 채택되었습니다. 이후 추가 개정을 거쳐 도르트 총회(Synod of Dort, 1618-1619)에서는 모든 개혁교회의 직분자가 서명해야 하는 교리적 표준으로 벨직 신앙 고백서를 채택했습니다.

하이델베르크 요리 문답(1563년)

하이델베르크 요리 문답(Heidelberg Catechism)은 영향력 있는 독일 지역인 팔츠(Palatinate) 제국의 통치자 선제후 프리드리히 3세(Frederick III, 1516-1576)의 명령에 따라 독일 하이델베르크에서 작성되었습니다. 경건한 선제후는 하이델베르크 대학 교수인 28세의 자카리아스 우르시누스(Zacharias Ursinus, 1534-1583)와 프리드리히의 궁정 설교자인 26세의 카스파르 올레비아누스(Caspar Olevianus, 1536-1587)에게 젊은 청년들을 가르치고, 목사와 교사에게 지침을 줄 수 있는 개혁주의 요리 문답서를 작성할 것을 명령했습니다. 우르시누스가 주로 이 요리 문답서 내용을 책임졌고, 올레비아누스는 아마도 마지막 구성과 편집에 관여한 것으로 보입니다. 우르시누스의 학식과 올레비아누스의 유창한 화법이 최종 작품에 잘 드러나 있는데, 이는 "비범한 능력과 아름다운 요리 문답으로 정평이 난 대작"이라고 불릴 정도였습니다. 선제후 프리드리히는 이 문서의 완성에 협력한 신학 교수들과 팔츠 지역 교회의 총감독들을 포함한 많은 이를 언급합니다.

1563년 1월에 열린 하이델베르크 총회에서 인준된 이후, 약간의 추가 수정을 거친 세 종류의 독일어판과 라틴어판이 동일한 해에 하이델베르크에서 출간되었습니다. 독일어 제4판은 하이델베르크 요리 문답의 공식적인 본문으로 간주되었습니다. 네덜란드어판은 도르트 총회 때 인준되었고, 영어 역본은 바로 이 네덜란드어판을 통해 작성되었습니다.

하이델베르크 요리 문답 초판이 출간되었을 당시, 독일어 성경은 아직 절로 구분되어 있지 않았습니다. 그에 따라 요리 문답서에는 성경 본문 구절이 속한 책과 장만 난외주에 기록되었습니다. 더욱이 요리 문답의 질문에도 번호를 붙이지 않았습니다. 라틴어판은 절을 삽입하고 번호를 붙여서 이런 문제들을 바로 잡았습니다. 또한 요리 문답은 한 주일에 한 부분씩 1년 52주 동안 설교할 수 있도록 구성되었습니다.

하이델베르크 요리 문답은 다른 어떤 요리 문답서보다 많은 증거 구절을 포함하는데, 이 요리 문답서가 "성경의 메아리"가 되기를 저자가 원했기 때문입니다. 프리드리히가 원래 서문에 잘 밝혔듯이 증거 구절들은 요리 문답에서 매우 중요한 부분으로 간주되었습니다. "하나님의 자녀들의 믿음을 확증해 주는 성경 증거 구절들은 신적으로 영감된 성경에서 고심 가운데 매우 세심하게 선택되었습니다."

하이델베르크 요리 문답의 129개 질문과 답은 세 부분으로 구분되어 있으며, 로마서의 흐름을 따르고 있습니다. 참된 신자의 위로에 관한 도입부 서론을 지나면, 3문에서 11문까지 죄와 비참함의 경험을 다룹니다(롬 1:1-3:20). 12문에서 85문까지는 사도신경과 성례에 대한 상당한 분량의 주해를 포함하여 그리스도 안에 있는 구속과 믿음을 다룹니다(롬 3:21-11:36). 그리고 86문에서 129문까지는 주로 십계명과 주기도문의 연구를 통해 하나님의 구원에 관한 신자의 참된 감사를 다룹니다(롬 12-16장). 하이델베르크 요리 문답은 명료함과 따뜻함을 동반한 교리들을 제시합니다. 그 내용은 객관적이라기보다 주관적이며, 교조적이라기보다 영적입니다. 이 사적이며 경건한 요리 문답은 단수 대명사 사용에서 잘 드러나듯이 그리스도인을 위한 "위로의 책"이라고 불렸습니다.

1563년에 이미 하이델베르크 요리 문답이 페트루스 다테누스(Petrus Dathenus)에 의해 네덜란드어로 번역되었고, 1566년에는 그의 시편 찬송가에 수록되어 출간되었습니다. 이 요리 문답의 경험적이며 실제적인 내용은 네덜란드에 있는 하나님의 사람들에게 많은 사랑과 관심을 받았습니다. 요리 문답이 네덜란드어로 출간된 지

몇 개월 후, 피터 가브리엘(Peter Gabriel)이 주일 오후마다 네덜란드 목사들을 위해 이 요리 문답을 설교하는 선례를 만들었습니다. 베젤(1568), 엠덴(1571), 도르트(1578), 헤이그(1586) 총회에서 하이델베르크 요리 문답을 승인했으며, 도르트 총회(1618-1619)에서 다시 한 번 이 요리 문답을 세 일치 신조의 두 번째 신조로 공식 채택했습니다. 또한 도르트 총회는 설교자들이 의무적으로 하이델베르크 요리 문답을 매주 설교할 것을 가결했습니다.

이후 하이델베르크 요리 문답은 유럽의 모든 국가에서 번역되었고, 12개국이 넘는 아시아와 아프리카 국가의 언어로 번역되었습니다. 이 요리 문답은 성경과 토마스 아 켐피스(Thomas à Kempis)의 「그리스도를 본받아」(*The Imitation of Christ*)와 존 번연(John Bunyan)의 「천로역정」(*Pilgrim's Progress*)을 제외하고 다른 어느 책보다 광범위하게 보급되었습니다. 전반적으로 칼뱅주의적이지만 그 어조가 부드럽고 평화로운 이 문답서는 가장 폭넓게 사용되었고 종교 개혁 시대의 가장 칭송받는 "위로의 책"으로 남아 있습니다.

제2 스위스 신앙 고백서(1566년)

제1 스위스 신앙 고백서(First Helvetic Confession)는 공통의 스위스 신앙 고백서를 제공하여 종교 개혁의 가르침을 조화롭게 하고 공고히 하기 위한 목적으로 1536년에 제정되었습니다('헬베티'[*Helvetii*]라는 단어는 라틴어로, 지금의 스위스인 갈리아 동부에 거주한 사람들을 뜻합니다). 루터가 이 고백서를 좋아했지만 스위스 신앙 고백서는 성찬에서 그리스도의 몸의 "실재 임재"에 관한 불일치로 인해 좌초되었습니다. 적어도 칼뱅파와 츠빙글리파는 이 불일치를 1549년의 취리히 합의서(Zurich Consensus)를 통해 해결하였습니다.

제2 스위스 신앙 고백서(Second Helvetic Confession)는 매우 중요하지만 그 기원은 지극히 개인적이었습니다. 이 신앙 고백서는 1562년 하인리히 불링거(Heinrich Bullinger)가 기록한 개인적인 고백과 증언에서 태동되었습니다. 1564년에 흑사병이 취리히를 덮쳤을 때 불링거 역시 감염되었고, 자신의 죽음을 직감한 불링거는 이 신앙 고백서의 초기 작품을 개정했습니다. 비록 아내와 세 딸이 죽었지만 불링거는 살아남았습니다. 개혁주의 신앙의 주해서를 작성하라는 팔츠 제국의 선제후 프리드리히 3세의 요청에 따라 불링거는 자신의 신앙 고백서 사본을 선제후에게 제공했습니다. 프리드리히는 루터파의 비평에 대항하여 자신을 변호하기 위해 1566년 제국 회의에 출두하기 전에 이 고백서를 독일어로 번역할 것을 지시했습니다. 그해에 취리히의 몇 차례 개정 작업을 통해 마침내 제2 스위스 신앙 고백서는 베른(스위스 수도), 빌(스위스 북서부 도시), 제네

바(스위스의 도시), 그라우뷘덴(스위스 동부의 주), 뮐하우젠(독일 튀링겐 주에 속한 도시), 샤프하우젠(라인강에 면한 스위스 북부의 주), 장크트갈렌(스위스 동부의 도시)에서 모두 합의한 고백서가 되었습니다. 그 후 이 신앙 고백서는 스코틀랜드와 헝가리, 폴란드, 그리고 다른 많은 곳에서 광범위하게 승인되었습니다.

제2 스위스 신앙 고백서는 총 30장과 약 2만여 자로 구성된 개혁주의 신학의 탄탄한 설명서와 같습니다. 칼뱅의 주요작인 「기독교 강요」(Institutes, 1559년)와 트리엔트 공의회(1545-1563년)의 반동 종교 개혁 운동을 배경으로 작성된 제2 스위스 신앙 고백서는 개혁주의 신학을 포괄적으로 요약한 방식으로 진술합니다. 제2 스위스 신앙 고백서는 성경으로 시작해서 개혁주의와 칼뱅주의 신학의 특징들을 강조하면서 다음과 같은 조직 신학의 전체 체계를 다룹니다. "하나님 말씀의 설교는 하나님의 말씀입니다"(1장). "그리스도는 우리의 선택을 고찰하게 해주는 거울과 같습니다"(10장). "섭리와 예정을 각각 독립적으로 다루고 있습니다." "그리스도의 몸과 피는 육체적이 아니라 영적으로, 즉 성령으로 받습니다." 그러나 실제적이며 신앙적인 사안들 또한 주요 관심사입니다. "기도와 찬송가", "거룩한 날들의 문제", "교리 문답 교육, 병자 위로와 심방", "죽은 자의 장사"(23-26장)뿐만 아니라 "결혼과 독신 생활", "국가 위정자의 역할" 등(29-30장)을 논의합니다.

따라서 제2 스위스 신앙 고백서는 16세기 후반의 성숙한 개혁주의 신학의 진술이었습니다. 제2 스위스 신앙 고백서는 국제적으로 매우 호평받았고, 네덜란드어, 영어, 폴란드어, 이탈리아어, 헝가리어, 튀르키예어, 아랍어 등으로 번역되었습니다. 하인리히 불링거의 수고와 믿음으로 말미암아 제2 스위스 신앙 고백서는 매우 가치 있는 증언으로 우뚝 서 있습니다.

도르트 신경 (1618-1619년)

"네덜란드에서 일어난 교리의 다섯 가지 주요 요점에 관한 도르트 총회의 판단"(The Judgment of the Synod of Dort on the Five Main Points of Doctrine in Dispute in the Netherlands)은 도르트 신경(Canons of Dort) 또는 항론파를 배격하는 다섯 교리(Five Articles Against the Remonstrants)로 더 잘 알려져 있습니다. 도르트 신경은 도르드레흐트 시에서 1618-1619년 사이에 열린 도르트 총회에서 채택된 교리적 진술로 구성되어 있습니다. 이 총회는 네덜란드 전역의 개혁주의 교회들이 모인 전국 총회였지만 국제적인 성격을 띠고 있었습니다. 이 총회는 네덜란드 총대 62명 외에도 8개 국가를 대표하는 외국 총대 대표 27명이 참석했습니다.

도르트 총회는 네덜란드 교회에서 일어난 아르미니우스주의

발흥으로 촉발된 심각한 논쟁을 해결하기 위해 소집되었습니다. 레이든 대학의 신학 교수인 야코부스 아르미니우스(Jacobus Arminius, 1560-1609년)는 여러 중요한 요점에서 개혁주의 신앙과 견해를 달리했습니다. 아르미니우스의 죽음 이후에 그의 추종자 43명이 네덜란드 전국 총회에 자신들의 이단적인 견해를 제출했습니다. 1610년의 항론서로 불리는 이 문서와 더욱 명백해진 후기 저술에서 아르미니우스주의자들은 (1) 예지의 믿음에 근거한 선택, (2) 그리스도의 속죄의 보편성, (3) 인간의 자유 의지와 부분적 타락, (4) 은혜의 거부, (5) 은혜에서 떨어질 수 있음과 같은 교리를 가르쳤습니다. 아르미니우스주의자들은 개혁교회의 교리적 표준을 수정할 것을 요구했고, 자신들의 견해를 정부에서 보호해 줄 것을 요청했습니다. 아르미니우스주의와 칼뱅주의의 갈등은 몹시 극심해서 네덜란드가 시민 전쟁에 빠질 정도였습니다. 결국 1617년, 네덜란드 국가 회의는 4대 3의 투표를 통해 아르미니우스주의 문제를 해결하기 위한 네덜란드 전국 총회를 열 것을 명했습니다.

총회는 7개월 이상(1618년 11월부터 1619년 5월까지) 154차례의 공식적인 회합을 가졌습니다. 시몬 에피스코비우스(Simon Episcopius)가 이끈 아르미니우스주의 신학자 13명은 총회의 사안을 지연시키고 대표자들을 분리하려 했습니다. 하지만 그들의 노력은 성공하지 못했습니다. 요하네스 보헤르만(Johannes Bogerman)의 지도력 아래 아르미니우스주의자들의 견해는 거부되었습니다. 이후 총회는 1610년의 항론파 견해를 전적으로 거부하고, 논쟁적인 요점에 관한 개혁주의 교리를 성경적으로 제시하는 규범을 발전시켰습니다. "칼뱅주의 5대 교리"라고 알려진 이 요점들은 '무조건적 선택', '한정적 속죄', '전적 타락', '불가항력적 은혜', 그리고 '성도의 견인'입니다. 비록 이 요점들이 칼뱅주의의 모든 사상을 제시하지는 않으며 아르미니우스주의의 다섯 가지 오류에 관한 칼뱅주의의 다섯 가지 응답으로 더 잘 간주되겠지만, 이 요점들은 확실히 개혁주의 신앙의 심장, 특별히 개혁주의 구원론의 심장부에 놓여 있습니다. 이것들이 죄인을 구원하는 하나님의 절대 주권의 원리에서 흘러나오기 때문입니다. 이 다섯 가지 요점은 다음과 같이 요약될 수 있습니다. "(1) 무조건적 선택과 구원을 얻는 믿음은 하나님의 주권적 선물이다. (2) 그리스도의 죽으심은 온 세상의 죄를 속하기에 충분하지만 그 구원의 효력은 오직 택함받은 자들에게 한정되어 있다. (3, 4) 모든 사람은 죄로 인해 전적으로 타락하고 부패해서 자유 의지를 올바로 사용할 수 없으며 그들의 구원에 어떠한 공헌도 할 수 없다. 주권적인 은혜 가운데 하나님은 새로운 생명을 위해 택자들을 불가항력적으로 부르시고 중생시키신다. (5) 하나님은 은혜 가운데 구속받은 자들이 비록 많은 결함으로 고통당해도, 그들의 부르심과 택하심을 더욱 굳게 하면서 마지막 날까지 견딜 수 있도록 보존하신다." 단순하게 표현하자면, 도르트 신경에 담긴 주요 요점은 주권적

은혜로 시작하고, 주권적 은혜가 구원의 공로이며, 죄인들에게 주권적 은혜가 필요하며 적용되고, 마지막으로 주권적 은혜가 그들을 보존한다는 것입니다.

비록 도르트 신경에 작성되어 있는 규범은 네 부분이지만, 이 규범들이 1610년 항론파의 다섯 가지 조항에 답변하는 구조로 되어 있기 때문에 우리는 다섯 가지 교리의 요점 또는 표제라고 부릅니다. 셋째와 넷째 부분은 하나로 결합되어 있는데 이는 도르트 총회의 신학자들이 이 두 교리를 분리할 수 없는 것으로 간주했기 때문입니다. 따라서 그들은 이것을 "셋째·넷째 교리"라고 명명했습니다.

도르트 신경의 규범들은 아르미니우스주의 논쟁에서 사법적 판단 역할을 하기 때문에 매우 독특하고 중요합니다. 원본의 서문은 이 규범을 "전술한 다섯 가지 교리의 요점에서 하나님 말씀과 일치하는 참된 견해를 설명하고, 하나님 말씀과 일치하지 않는 거짓 견해를 거부하는 판결"이라고 부릅니다. 그러나 도르트 신경의 규범은 제한적입니다. 도르트 신경은 다만 논쟁적인 다섯 가지 교리의 요점에만 집중할 뿐입니다. 도르트 신경의 각 부분은 긍정적인 부분과 부정적인 부분을 포함합니다. 전자는 각 주제에 관한 개혁주의 교리의 주해이며, 후자는 이에 상응하는 아르미니우스주의 오류에 대한 거부입니다. 결론적으로 종합하자면, 도르트 신경은 개혁 교리를 주해하는 59개 항과, 오류를 배격하는 34개 항으로 구성되어 있습니다.

도르트 신경은 특정한 교리들에 관해 성경적이며 균형 잡힌 문서 형식을 띠고 있습니다. 도르트 신경은 교회 총회가 작성하고 당시 모든 개혁교회의 견해를 대표하는 유일한 일치 문서입니다. 네덜란드의 모든 대표자와 외국에서 온 대표자들은 타락 후 선택설을 지지하든, 타락 전 선택설을 선호하든 간에 모두 이 도르트 신경에 서명했습니다. 그 후 그들은 함께 모여 개혁교회들 사이에 주권적인 은혜의 교리를 보존하여 주심에 감사하는 예배를 드렸습니다.

웨스트민스터 신앙 고백서(1647년)

웨스트민스터 총회(Westminster Assembly)의 신학자들에 의해 작성된 이 신앙 고백서는 의심의 여지 없이 종교 개혁 이후 기독교회에 가장 큰 영향을 끼쳤습니다. 세심하게 진술된 17세기 개혁주의 신학으로서 웨스트민스터 신앙 고백서(Westminster Confession of Faith)에 담긴 문장들의 차분함은 그 신앙 고백서가 작성된 격렬한 정치적 배경을 상당 부분 드러내지 않습니다.

웨스트민스터 총회는 갈수록 커지는 찰스 1세(Charles I)와 청교도 의회 사이의 긴장 관계 속에서 1643년에 소집되었습니다. 왕의 노골적인 기대와 달리 비범한 학식의 소유자 윌리엄 트위세(Wil-liam Twisse)의 주재 아래 열린 총회의 본래 목적은 영국 전역에서 신앙과 행실을 일치하는 데 영향을 끼치는 문서를 만드는 것이었습니다. 대표자들의 본래 과업은 영국 국교회의 39개 신앙 조항을 개정하는 것이었지만, 이어진 '엄숙 동맹과 언약(Solemn League and Covenant)에의 서명에 따라 국교회에서 스코틀랜드 장로교회의 교리와 실천에 일치할 수 있는 신학적 교리와 교회적 법령의 뼈대를 작성하는 좀 더 특별하고 엄밀한 과업으로 발전했습니다.

스코틀랜드 교회에서 온 (총회 회원이 되지 못한) 목회적 대표자로는 저명한 교회 정치가 알렉산더 헨더슨(Alexander Hender-son), 극단적 칼뱅주의 신학자이자 개혁주의 경건의 주창자인 새뮤얼 루더포드(Samuel Rutherford), 보기 드문 은사를 받은 청년 조지 길레스피(George Gillespie), 매력적인 로버트 베일리(Robert Baillie, 베일리의 「편지」[Letters and Journals]에서 우리는 총회의 활동과 특성들을 살펴볼 수 있다)가 있습니다. 스코틀랜드는 또한 사역 장로를 대표로 보내야 한다고 주장하여 교무 장로(목사)와 사역 장로 모두가 교회를 통치하는 그들의 헌신을 보여 주었습니다.

실제적인 목적을 위해서 이 스코틀랜드 대표자들은 토론과 논쟁의 총회 기간에 헨리 7세(Henry VII)의 예배당과, 나중에 런던 웨스트민스터 사원의 대회의실에 모인 집단들 가운데 가장 강력한 그룹을 형성했습니다. 대부분의 대표자들은 장로교의 신념에 대해 다양한 정도로 설득된 반면, 이 회의에 참석한 감독파와 독립파, 특히 (토마스 굿윈[Thomas Goodwin]과 제레마이어 버로우즈[Jeremiah Burroughs]를 포함한) 독립파는 이따금씩 스코틀랜드 장로교도들을 짜증나게 했습니다.

총회는 오전에 총회 석상에서 충분한 토론을 거치고 오후에 모인 위원회를 통해 다양한 문서를 작성했으며 그밖에도 예배로 모이고 금식일을 지정하는 등 여러 일을 감당했습니다. 여러 불일치에도 총회 신학자들은 교회 역사상 전 세계 장로교회들을 교훈하고 지도하며 심오한 영향을 끼친, 참으로 기념비적인 문서를 만들었습니다. 웨스트민스터 소요리 문답과 더불어 웨스트민스터 신앙 고백서는 심지어 칼뱅의 「기독교 강요」보다도 장로교 신학에 큰 영향을 끼쳤습니다.

웨스트민스터 신앙 고백서는 계약 신학의 발전에서 중대한 지점을 대표하며, 그 내적인 역동성은 언약적인 측면이 강합니다. 총 33장으로 구성된 웨스트민스터 신앙 고백서는 하나님을 아는 지식의 원천인 성경으로 시작해서 (제1, 제2 스위스 신앙 고백서, 일치 신조, 그리고 아일랜드 신앙 조항을 따라) 전체 기독교 교리를 세심하게 다루고 있습니다. 신앙 고백서는 이어서 은혜 언약과 그리스도의 사역, 그리고 상당히 긴 분량의 구속의 적용(10-18장)을 다루기에 앞서 하나님, 하나님의 작정과 창조 섭리, 인간의 타락(2-6장)을 다룹니다. 때때로 웨스트민스터 신앙 고백서가 스콜라주의적이라는 비평을 받기는 하지만(예를 들면, 신앙 고백서는 성령에 관한 독립된 장이 없습니다), 기독교 역사상 (아마도 모든 교리 가운데 가장 스콜라주의적이지 않은) 양자 교리(12장)에 관해 독립된 장을 할애한 최초의 신앙 고백서입니다. 율법과 자유뿐만 아니라 교회와 성례의 교리(25-29장), 종말에 관한 교리(32-33장) 등의 질문을 다룬 다양한 장의 제목에서 세심한 주의가 엿보입니다.

웨스트민스터 신앙 고백서는 잘 훈련된 신학적 지성인들에 의해 작성된 한편, 심오한 목회와 설교 경험을 가진 이들의 영향 또한 잘 드러내고 있습니다. 웨스트민스터 신앙 고백서는 하나님 백성의 필요를 위해 작성된 전형적인 개혁주의 신학의 탁월한 작품입니다.

웨스트민스터 소요리 문답(1647년)

웨스트민스터 총회는 두 개의 요리 문답서를 만들었습니다. 이 가운데 웨스트민스터 소요리 문답(Westminster Shorter Catechism)은 때로 좀 더 상세한 대답이 진술되어 있기는 하지만 일반적으로는 단문의 답변으로 구성된 질문 총 107개를 포함합니다. 작성 형식은 광의적으로 보자면 웨스트민스터 신앙 고백서의 형식을 따르지만 소요리 문답에는 신학적 정의가 좀 더 압축적이고 간결하게 제시되어 있습니다.

소요리 문답에서 가장 잘 알려지고 주목할 만한 특징은 "사람의 제일 되는 목적은 무엇입니까? 사람의 제일 되는 목적은 하나님에게 영광을 돌리고 그분을 영원토록 즐거워하는 것입니다"라는 첫 번째 질문과 대답의 탁월함에 있습니다. 그러나 덜 알려지긴 했지만 또 다른 중요한 특징은 그것이 하나님의 말씀과 뜻에 순종하는 것으로 성취된다는 점을 강조한다는 것입니다. 따라서 소요리 문답에는 세심한 십계명 주해(41-81문)가 강조되어 있습니다. 그러나 이는 결코 실제적 율법주의의 암시나 조짐이 아닙니다. 웨스트민스터 신학자들조차 이것을 그리스도인의 삶을 위한 본질적인 교훈으로 간주했습니다. 그들에게 하나님의 뜻을 아는 지식은 성경에 계시된 하늘의 하나님 아버지의 뜻을 이루기 위하여 성령의 능력으로 그리스도를 위해 사는 데 주로 놓여 있었기 때문입니다.

웨스트민스터 대요리 문답(1648년)

웨스트민스터 대요리 문답(Westminster Larger Catechism)은 더 잘 알려진 자매 요리 문답서인 소요리 문답의 신학과 여러 독특한 특징을 공유하지만, 더 깊은 근거를 상세하게 설명합니다. 대요리 문답은 196개의 질문과 답변으로 구성되어 있는데 뒷부분으로 갈수록 많은 문답이 100단어가 넘는 복문으로 구성되어 있습니다.

대요리 문답을 암기하려면 엄청난 능력이 필요합니다. 그러나 대요리 문답의 더 큰 효용성은 암기할 수 있다는 것보다는 질문하고 답하는 형식으로 구성되어 가르침을 돕는 도구라는 사실에 있습니다. 필립 샤프(Philip Schaff)는 대요리 문답이 대륙의 개혁주의 전통에서 일반적이던 문답식의 설교를 증진시키려는 목적을 지녔을 것이라고 진술했습니다. 하지만 이는 근거가 희박하며 그럴 법하지 않지만, 대요리 문답이 교리적 주제들을 설교하는 데 유용한 안내서 역할을 수행한다는 것은 사실입니다. 이런 의미에서 대요리 문답은 그러한 설교에서 반드시 언급해야 할 주요 요소와 주제를 확인해 줍니다.

하나님이 누구시며 하나님을 어떻게 알 수 있는지, 그리고 하나님이 우리에게 요구하시는 것이 무엇인지를 성경을 통해 알 수 있다고 시작하는 다섯 질문에 이어 대요리 문답 6문부터 90문까지는 하나님에 관하여 우리가 무엇을 믿어야 하는지를 가르쳐 줍니다. 91문부터 196문까지는 그리스도인의 삶의 마땅한 의무에 관해 설명합니다.

소요리 문답에서 그러하듯이, 그리스도인의 순종에 관한 이러한 강조는 그리스도 안에 있는 하나님의 은혜에 관한 강력하고도 확실한 이해 안에 세워져 있습니다. 웨스트민스터 신학자들은 하나님 말씀을 일상의 실제적인 정황 속에 날마다 적용할 수 있도록 돕는 훌륭하게 구성된 안내서를 제공해 준 셈입니다. 오직 소수만이 대요리 문답을 암기하는 정신적 에너지를 소유하고 있겠지만 대요리 문답은 계속해서 그리스도인의 생각과 삶에 매우 소중한 지침을 제공해 줍니다.

조엘 비키
퓨리탄 리폼드 신학교
그랜드래피즈, 미시건주

싱클레어 퍼거슨
세인트 조지 트론 교구 교회
글래스고, 스코틀랜드

Reformed

Introduction

Harmo

Confessions

개론

n i z e d

벨직 신앙 고백서 (1561)	하이델베르크 요리 문답 (1563)	제2 스위스 신앙 고백서 (1566)	도르트 신경 (1619)

1문. 삶과 죽음에 있어서 당신의 유일한 위로는 무엇입니까?

답. 삶과 죽음에 있어서[1] 나의 유일한 위로는 내 몸과 영혼이 내 것이 아니요,[2] 그분의 보혈로[3] 내 모든 죗값을 완전히 치르시고[4] 나를 마귀의 모든 권세에서 해방시키신[5] 신실하신 구주 예수 그리스도의 것이라는 사실입니다.[6] 또한 하늘에 계신 나의 아버지의 뜻이 아니면 머리털 하나도 땅에 떨어지지 않게[7] 나를 보호하여 주신다는 것입니다.[8] 참으로 모든 것이 나의 구원을 위해 합력하여 선을 이루게 하십니다.[9] 따라서 그리스도께서는 그분의 성령으로 말미암아 나에게 영생을 확신시키시고,[10] 기꺼이 그리고 언제든지 온 마음을 다해 그리스도를 위해 살게 하십니다.[11]

---

[1] 고전 6:19-20
[2] 롬 14:7-9
[3] 벧전 1:18-19
[4] 요 1:17
[5] 요일 3:8; 히 2:14-15
[6] 고전 3:23
[7] 눅 21:18; 마 10:30
[8] 요 6:39; 10:28-29
[9] 롬 8:28
[10] 고후 1:22; 5:5
[11] 롬 8:14; 7:22

웨스트민스터 신앙 고백서 (1647)	웨스트민스터 소요리 문답 (1647)	웨스트민스터 대요리 문답 (1648)
	1문. 사람의 제일 되는 목적은 무엇입니까? 답. 사람의 제일 되는 목적은 하나님에게 영광을 돌리고[1] 그분을 영원토록 즐거워하는 것입니다.[2] ——— [1] 고전 10:31; 롬 11:36 [2] 시 73:25-28	1문. 사람의 제일 되고 가장 높은 목적은 무엇입니까? 답. 사람의 제일 되고 가장 높은 목적은 하나님에게 영광을 돌리고[1] 그분을 영원토록 온전히 즐거워하는 것입니다.[2] ——— [1] 롬 11:36; 고전 10:31 [2] 시 73:24-28; 요 17:21-23

Reformed

Theology
The Doctrine of God

Harmo

Confessions

신론
하나님에 관한 교리

n i z e d

벨직 신앙 고백서 (1561)	하이델베르크 요리 문답 (1563)	제2 스위스 신앙 고백서 (1566)	도르트 신경 (1619)

하나님의 존재와 속성

1항 오직 한 분 하나님만 계십니다

우리 모두는 우리가 하나님이라고 부르는 오직 단 한 분의 단일하시며[1] 영적인 존재로[2] 계시는 하나님을 마음으로 믿고 입술로 고백합니다. 또한 우리는 하나님이 영원하시고[3] 다 이해될 수 없으시며,[4] 보이지 않으시고[5] 변하지 않으시며,[6] 무한하시고[7] 전능하시며, 완전히 지혜로우시고[8] 공의로우시며,[9] 선하시고[10] 모든 선이 흘러나오는 원천이심을 믿습니다.[11]

―――
[1] 엡 4:6; 신 6:4; 딤전 2:5; 고전 8:6
[2] 요 4:24
[3] 사 40:28
[4] 롬 11:33
[5] 롬 1:20
[6] 말 3:6
[7] 사 44:6
[8] 딤전 1:17
[9] 렘 12:1
[10] 마 19:17
[11] 약 1:17; 대상 29:10-12

94문. 제1계명에서 하나님은 무엇을 명하십니까?

답. 나의 영혼이 구원받기를 간절히 바라는 만큼, 모든 우상 숭배와[1] 마술과 점치는 일과 미신과[2] 성인들이나 다른 피조물에게 기도하는 것을 피하고 떠나는 것입니다.[3] 그리고 유일하신 참 하나님을 올바르게 아는 법을 배우고 오직 하나님만 의지하는 것입니다.[5] 겸손과 인내로[6] 하나님에게 복종하며,[7] 오직 하나님에게서만 모든 좋은 것을 기대하는 것입니다.[8] 나의 온 마음을 다해 하나님을 사랑하고[9] 경외하며[10] 영화롭게 하는 것입니다.[11] 하나님의 뜻과 반대되는 지극히 작은 죄를 범하느니[12] 모든 피조물을 버리고 포기하는 것입니다.[13]

―――
[1] 고전 6:9-10; 10:7, 14
[2] 레 18:21; 신 18:10-12
[3] 마 4:10; 계 19:10
[4] 요 17:3
[5] 렘 17:5, 7
[6] 히 10:36; 골 1:11; 롬 5:3-4; 빌 2:14
[7] 벧전 5:5-6
[8] 시 104:27; 사 45:7; 약 1:17
[9] 신 6:5; 마 22:37
[10] 신 6:5; 마 10:28
[11] 마 4:10
[12] 마 5:19
[13] 마 5:29-30; 행 5:29; 마 10:37

3장 하나님에 관하여: 일체와 삼위

1항 우리는 하나님이 스스로 존재하시고 완전히 충분하시며, 보이지 않으시고 육체가 없으시며, 무한하시고 영원하시며, 보이는 것과 보이지 않는 모든 것의 창조자이시며, 최고로 선하시고 살아 계시며, 만물을 살리시고 보존하시며, 전능하시고 최고로 지혜로우시며, 온유하시고 자비로우시며 공의롭고 참되신 분으로서 본질적으로 또는 본성상 한 분임을 믿고 가르칩니다.

2항 또한 우리는 수많은 모든 우상 신을 미워하는데, 성경에 다음과 같이 분명하게 기록되어 있기 때문입니다. "우리 하나님 여호와는 오직 유일한 여호와이시니"(신 6:4). "나는 …… 네 하나님 여호와니라 너는 나 외에는 다른 신들을 네게 두지 말라"(출 20:2-3). "나밖에 다른 이가 없는 줄을 알게 하리라 나는 여호와라 다른 이가 없느니라 …… 나는 공의를 행하며 구원을 베푸는 하나님이라 나 외에 다른 이가 없느니라"(사 45:6, 21). "여호와라 여호와라 자비롭고 은혜롭고 노하기를 더디 하고 인자와 진실이 많은 하나님이라"(출 34:6).

웨스트민스터 신앙 고백서 (1647)	웨스트민스터 소요리 문답 (1647)	웨스트민스터 대요리 문답 (1648)

2장 하나님과 거룩한 삼위일체에 관하여

1항 그 존재와 완전함에 있어서 무한하시고[1] 가장 순전한 영이시며,[2] 보이지 아니하시고[3] 몸과 그 몸의 부분들이 없으시며,[4] 인간의 격정도 없으시고[5] 불변하시며,[6] 광대하시고[7] 영원하시며,[8] 헤아릴 수 없고[9] 전능하시며,[10] 가장 지혜로우시고[11] 가장 거룩하시며,[12] 가장 자유로우시고,[13] 가장 절대적인 분으로서[14] 살아 계시며 참되신[15] 오직 한 분 하나님만 계십니다.[16] 하나님은 그분의 불변하고 지극히 의로운 뜻의 경륜을 따라[17] 그분 자신의 영광을 위해[18] 모든 것을 행하십니다. 하나님은 지극히 사랑하시며,[19] 지극히 은혜로우시고 자비로우시며, 오래 참으시고, 선하심과 진실하심이 풍성하셔서 악과 과실과 범죄를 용서하십니다.[20] 하나님은 부지런히 하나님을 찾는 자들에게 상주시는 분입니다.[21] 동시에 하나님은 가장 공의로우시고 지극히 두렵게 심판하시며,[22] 모든 죄를 미워하시고[23] 그 벌을 면제하지 않으십니다.[24]

---

[1] 욥 11:7-9; 26:14 [13] 시 115:3
[2] 요 4:24 [14] 출 3:14
[3] 딤전 1:17 [15] 살전 1:9; 렘 10:10
[4] 신 4:15-16; 요 4:24; 눅 24:39 [16] 신 6:4; 고전 8:4, 6
[5] 행 14:11, 15 [17] 엡 1:11
[6] 약 1:17; 말 3:6 [18] 잠 16:4; 롬 11:36
[7] 왕상 8:27; 렘 23:23-24 [19] 요일 4:8, 16
[8] 시 90:2; 딤전 1:17 [20] 출 34:6-7
[9] 시 145:3 [21] 히 11:6
[10] 창 17:1; 계 4:8 [22] 느 9:32-33
[11] 롬 16:27 [23] 시 5:5-6
[12] 사 6:3; 계 4:8 [24] 나 1:2-3; 출 34:7

2항 하나님은 자신 안에 그로 말미암은 모든 생명과[1] 영광과[2] 선과[3] 복을[4] 스스로 가지고 계십니다. 또한 홀로 자신 안에서 그리고 스

4문. 하나님은 누구십니까?

답. 하나님은 영이시며,[1] 그 존재와[2] 지혜와[3] 권능과[4] 거룩하심과[5] 공의로우심과 선하심과 진실하심에 있어서[6] 무한하시고[7] 영원하시며[8] 불변하는[9] 분입니다.

---

[1] 요 4:24 [6] 출 34:6-7
[2] 출 3:14 [7] 욥 11:7-9
[3] 시 147:5 [8] 시 90:2
[4] 계 4:8 [9] 약 1:17
[5] 계 15:4

5문. 하나 이상의 더 많은 신이 있습니까?

답. 오직 살아 계시고 참되신 한 분 하나님만 계십니다.[1]

---

[1] 신 6:4; 렘 10:10

6문. 성경은 하나님에 관하여 무엇을 알려 줍니까?

답. 성경은 하나님이 어떤 분인지를 알려 줍니다.[1] 그리고 하나님의 신성 안에 있는 위격들과[2] 하나님의 작정과[3] 그 작정의 시행을[4] 알려 줍니다.

---

[1] 히 11:6 [3] 행 15:14-15, 18
[2] 요일 5:17 [4] 행 4:27-28

7문. 하나님은 누구십니까?

답. 하나님은 영이시며,[1] 그 안에 그리고 스스로 존재와 영광과[2] 복락과[3] 완전함에[4] 있어서 무한하시고,[5] 스스로 완전히 충분하시며,[6] 영원하시고[7] 불변하시며,[8] 이해를 초월하시고[9] 어디에나 존재하시며,[10] 전능하시고[11] 모든 것을 아시며,[12] 지극히 지혜로우시고[13] 지극히 거룩하시며,[14] 가장 의로우시고[15] 자비로우시며, 은혜로우시고 오래 참으시며, 그 선하심과 진실하심이 충만한[16] 분입니다.

---

[1] 요 4:24 [9] 왕상 8:27
[2] 행 7:2 [10] 시 139:1-13
[3] 딤전 6:15 [11] 계 4:8
[4] 마 5:48 [12] 히 4:13; 시 147:5
[5] 출 3:14; 욥 11:7-9 [13] 롬 16:27
[6] 창 17:1 [14] 사 6:3; 계 15:4
[7] 시 90:2 [15] 신 32:4
[8] 말 3:6; 약 1:17 [16] 출 34:6

8문. 하나 이상의 더 많은 신이 있습니까?

답. 오직 살아 계시고 참되신 한 분 하나님만 계십니다.[1]

---

[1] 신 6:4; 고전 8:4; 렘 10:10

벨직 신앙 고백서 (1561)	하이델베르크 요리 문답 (1563)	제2 스위스 신앙 고백서 (1566)	도르트 신경 (1619)
	95문. 우상 숭배란 무엇입니까? 답. 우상 숭배란 말씀을 통해 자신을 계시하신 유일한 참 하나님 대신, 사람이 자신의 믿음을 두는 다른 것을 고안하거나 그것을 소유하는 것입니다.[1] ——— [1] 대하 16:12; 빌 3:18-19; 갈 4:8; 엡 2:12		

계시

벨직 신앙 고백서	하이델베르크 요리 문답	제2 스위스 신앙 고백서	도르트 신경
2항 하나님은 우리에게 자신을 어떤 수단으로 알리십니까? 우리는 두 가지 수단으로 하나님을 알 수 있습니다. 첫째, 온 우주의 창조와 보존과 통치를 통해서 하나님을 알 수 있습니다.[1] 이는 사도 바울이 말한 바와 같이, 우리 눈앞에 펼쳐진 가장 고상한 책으로서 피조 세계 안에 있는 크고 작은 모든 것들이 수많은 글자들처럼 하나님의 보이지 않는 것들, 즉 하나님의 능력과 신성을 묵상하도록 우리를 인도합니다. 이 모든 것들은 사람들을 깨우치기에 충분하므로 사람들은 핑계	**122문. 첫 번째 간구는 무엇입니까?** 답. "이름이 거룩히 여김을 받으시오며"입니다.[1] 먼저 우리가 주님을 올바로 알고,[2] 주께서 행하시는 모든 역사 안에 밝히 드러나 있는 주님의 권능과 지혜와 선하심과 공의와 자비와 진실을 거룩히 여기며, 영화롭게 하고 찬송하게 하기를 구하는 것입니다.[3] ——— [1] 마 6:9 [2] 요 17:3; 렘 9:23-24; 마 16:17; 약 1:5 [3] 시 119:137-138; 눅 1:46; 시 145:8-9		**셋째 · 넷째 교리** 6항 그러므로 하나님은 본성의 빛이나 율법이 할 수 없는 것을 말씀을 통한 성령님의 역사하심 또는 화목하게 하는 직분을 통해 이루시는데, 이것이 바로 메시아에 관한 복음입니다. 바로 이 메시아에 관한 복음을 통해 하나님은 구약과 신약 아래에서 믿는 모든 사람을 구원하는 일을 기뻐하셨습니다. 7항 하나님은 구약 시대에 하나님의 뜻의 신비를 단지 소수의 사람에게만 계시하셨습니다. 그러나 신약 시대에는 하나님이 (다양한 사람 사이에 존재하

웨스트민스터 신앙 고백서 (1647)	웨스트민스터 소요리 문답 (1647)	웨스트민스터 대요리 문답 (1648)

웨스트민스터 신앙 고백서(계속)

스로 완전히 충분하셔서 그분이 지으신 어떤 피조물도 필요로 하지 않으시고,[5] 그 피조물에게서 어떤 영광도 구하지 않으시며,[6] 도리어 하나님 자신의 영광을 피조물 안에, 피조물로 말미암아, 피조물을 향해, 그리고 피조물 위에 나타내십니다. 하나님은 홀로 모든 존재의 근원이시며, 만물이 그분에게서 나오고, 그분으로 말미암고, 그분에게로 돌아갑니다.[7] 하나님은 지극히 절대적인 주권으로 만물을 다스리셔서, 그분이 기뻐하시는 모든 일을 만물로 말미암아, 만물을 위해, 또는 만물 위에 행하십니다.[8] 하나님 앞에서 만물은 벌거벗은 것처럼 드러나며,[9] 하나님의 지식은 무한하고 오류가 없으며 피조물에 의존하지 않으시기에[10] 그분에게는 우연이나 불

확실한 일이 전혀 없습니다.[11] 하나님은 그분의 모든 경륜과 모든 일하심과 모든 명령에 있어서 지극히 거룩하십니다.[12] 그러므로 하나님은 천사들과 사람들과 다른 모든 피조물을 통해 그분이 받기를 기뻐하시는 모든 예배와 섬김과 순종을 받기에 합당하십니다.[13]

---

[1] 요 5:26
[2] 행 7:2
[3] 시 119:68
[4] 딤전 6:15; 롬 9:5
[5] 행 17:24-25
[6] 욥 22:2-3
[7] 롬 11:36

[8] 계 4:11; 딤전 6:15; 단 4:25, 35
[9] 히 4:13
[10] 롬 11:33-34; 시 147:5
[11] 행 15:18; 겔 11:5
[12] 시 145:17; 롬 7:12
[13] 계 5:12-14

1장 성경에 관하여

1항 비록 자연의 빛과 창조의 사역과 하나님의 섭리가 하나님의 선하심과 지혜와 권능에 밝히 드러나 어느 누구도 하나님을 모른다고 핑계할 수 없다 할지라도[1] 그것들은 구원에 이르는 데 필요한 지식, 곧 하나님에 관한 지식과 하나님의 뜻을 아는 지식을 충분히 제공하지 못합니다.[2] 따라서 주님은 여러 시대에 여러 방법으로 자신을 계시하시고 그분의 뜻을 그분의 교회에 선포하기를 기뻐하셨습니다.[3] 이후에는 이 진리를 더 잘 보존하고 전파하기 위해, 또한 육신의 부패와 사탄과 이 세상의 적의에 대비하여 교회를 더 견고하게 세우고 든든히 위로하기 위해 이 동일한 진리를 모두 기록해 두는 것을 기뻐하셨습니다.[4] 이런 이유로 성경이 절대적으로 필요한 것입니다.[5] 그리고 이제 하나님이 자신의 뜻을 자신의 백성에게 알리시는 이전 방법들은 중지되었습니다.[6]

2문. 하나님이 계시다는 사실은 어떻게 나타납니까?

답. 인간 안에 있는 본성의 참된 빛과 하나님이 하신 일들이 하나님이 계시다는 사실을 명백하게 선포합니다.[1] 그러나 오직 하나님의 말씀과 성령님만이 사람들이 구원을 얻도록 하나님 자신을 충분하고 효과 있게 계시합니다.[2]

---

[1] 롬 1:19-20; 시 19:1-3; 행 17:28
[2] 고전 2:9-10; 딤후 3:15-17; 사 59:21

벨직 신앙 고백서 (1561)	하이델베르크 요리 문답 (1563)	제2 스위스 신앙 고백서 (1566)	도르트 신경 (1619)

도르트 신경(계속)

던 차별이 제거된 이후) 많은 사람에게 이 비밀을 드러내셨습니다. 복음이 시대의 차이를 두고 이렇게 전해진 이유는 어느 한 나라가 다른 나라보다 가치 있거나 그들이 인간 본성의 빛을 더 잘 사용해서가 아닙니다. 그것은 오직 하나님의 주권적이며 선한 기쁨과, 받을 자격 없는 사람에게 베푸시는 하나님의 사랑 때문입니다. 그러므로 자격 없음과 결합에도 그토록 지극히 큰 은혜를 받은 사람들은 겸손함과 감사하는 마음으로 기꺼이 이를 인정해야 합니다. 또한 사도들과 함께 하나님을 마땅히 경배해야 하며, 이 은혜를 받지 못한 사람들을 통해 나타내신 하나님의 준엄하심과 공의로운 심판에 관해 호기심을 가지고 꼬치꼬치 캐물어서는 안 됩니다.

벨직 신앙 고백서 (1561)

할 여지가 없습니다.

둘째, 하나님은 거룩하시고 신적인 그분의 말씀을 통해 우리에게 자신을 더욱 분명하고 충분하게 알려 주십니다.[2] 즉, 이 세상에서 우리에게 필요한 만큼 그분의 영광과 우리의 구원에 대해 알려 주십니다.

———
[1] 시 19:2; 엡 4:6
[2] 시 19:8; 고전 12:6

성경

벨직 신앙 고백서 (1561)

3항 기록된 하나님의 말씀

우리는 사도 베드로가 말한 바와 같이, 하나님의 말씀은 사람의 뜻에 의해 보내졌거나 전달된 것이 아니라 성령의 감동하심을 받은 하나님의 거룩한 사람들이 받아 말한 것임을 고백합니다.[1] 그리고 그 후에 하나님은 우리와 우리의 구원을 위한 특별한 돌보심으로서 그분의 종들, 즉 선지자들과[2] 사도들에게[3] 명령하셔서 하나님의 계시하신 말씀을 기록하게 하셨습니다. 또한 하나님은 그분의 손가락으로 율법의 두 돌판을 기록하셨습니다.[4] 따라서

하이델베르크 요리 문답 (1563)

19문. 당신은 이것을 어디에서 알게 됩니까?

답. 하나님이 친히 에덴동산에서 처음 계시하신 거룩한 복음을 통해서 알게 됩니다.[1] 이후에 하나님은 족장들과 선지자들을 통해 선포하시고,[2] 희생 제사들과 다른 여러 율법 의식으로 나타내셨으며,[3] 마지막에는 하나님의 독생자를 통해 이 복음을 성취하셨습니다.[4]

———
[1] 창 3:15
[2] 창 22:17-18; 28:14; 롬 1:2; 히 1:1; 요 5:46
[3] 히 10:7-8
[4] 롬 10:4; 히 13:8

제2 스위스 신앙 고백서 (1566)

1장 하나님의 참된 말씀인 성경에 관하여

1항 우리는 신약과 구약을 기록한 거룩한 선지자들과 사도들의 정경이 하나님의 참된 말씀인 것과 사람의 권위가 아닌 성경 그 자체로 충분한 권위를 가지고 있음을 믿고 고백합니다. 이는 하나님이 친히 선조들과 선지자들과 사도들에게 말씀하셨고, 지금도 바로 그 성경을 통해서 우리에게 말씀하고 계시기 때문입니다.

2항 그리고 이 성경에는 그리스도의 보편 교회에 필요한 구원받는 믿음과 하나님이 받으시기에 합당한 삶을 영위함에 관련된 모든 것이 자세히 설명되어 있습니다. 바로 이런 이유 때문에 하나님은 이 성경에 무엇을 더하거나 빼지 말 것을 분명하게 명하셨습니다(신 4:2; 계 22:18-19).

3항 그러므로 우리는 참된 지혜와 경건, 교회의 개혁과 정치, 그리고 모든 경건의 의무를 위한 지침, 즉 모든 권고와 권면으로 교리를 확증하고 오

도르트 신경 (1619)

첫째 교리

3항 하나님은 자비롭게도 사람들로 하여금 그리스도를 믿게 하시려고 하나님이 원하시는 사람들에게 원하시는 때에 지극히 기쁜 이 소식을 전하는 자들을 보내십니다. 바로 이런 복음 전파 사역을 통해 사람들이 회개하고 십자가에 못 박혀 죽으신 그리스도를 믿도록 부르십니다. "그런즉 그들이 믿지 아니하는 이를 어찌 부르리요 듣지도 못한 이를 어찌 믿으리요 전파하는 자가 없이 어찌 들으리요 보내심을 받지 아니하였으면 어찌 전파하리요 기록된 바 아

웨스트민스터 신앙 고백서 (1647)	웨스트민스터 소요리 문답 (1647)	웨스트민스터 대요리 문답 (1648)
1 롬 2:14-15; 1:19-20; 시 19:1-3; 롬 1:32; 2:1 2 고전 1:21; 2:13-14 3 히 1:1 4 잠 22:19-21; 눅 1:3-4; 롬 15:4; 마 4:4, 7, 10; 사 8:19-20 5 딤후 3:15; 벧후 1:19 6 히 1:1-2		

1장 성경에 관하여

2항 성경이라는 이름, 또는 기록된 하나님의 말씀은 모든 구약과 신약의 책들을 포함하는데, 그것은 다음과 같습니다.

구약: 창세기, 출애굽기, 레위기, 민수기, 신명기, 여호수아, 사사기, 룻기, 사무엘상, 사무엘하, 열왕기상, 열왕기하, 역대상, 역대하, 에스라, 느헤미야, 에스더, 욥기, 시편, 잠언, 전도서, 아가, 이사야, 예레미야, 예레미야애가, 에스겔, 다니엘, 호세아, 요엘, 아모스, 오바댜, 요나, 미가, 나훔, 하박국, 스바냐, 학개, 스가랴, 말라기

신약: 마태복음, 마가복음, 누가복음, 요한복음, 사도행전, 로마서, 고린도전서, 고린도후서, 갈라디아서, 에베소서, 빌립보서, 골로새서, 데살로니가전서, 데살로

2문. 하나님은 어떤 법칙을 주셔서 우리로 하나님에게 영광을 돌리고 그분을 즐거워하도록 지도하셨습니까?

답. 구약과 신약에 기록된 하나님의 말씀만이[1] 우리가 하나님에게 영광을 돌리고 그분을 즐거워하도록 지도하시기 위해 주신 유일한 법칙입니다.[2]

1 딤후 3:16; 엡 2:20
2 요일 1:3-4

3문. 성경이 주요하게 가르치는 것은 무엇입니까?

답. 성경은 하나님에 관하여 무엇을 믿을지와 하나님이 사람에게 요구하시는 의무가 무엇인지를 주요하게 가르칩니다.[1]

1 딤후 1:13; 3:16

3문. 무엇이 하나님의 말씀입니까?

답. 구약과 신약의 거룩한 성경이 하나님의 말씀이며,[1] 신앙과 순종에 있어서 유일한 법칙입니다.[2]

1 딤후 3:16; 벧후 1:19-21
2 엡 2:20; 계 22:18-19; 사 8:20; 눅 16:29, 31; 갈 1:8-9; 딤후 3:15-16

4문. 성경이 하나님의 말씀이라는 사실은 어떻게 나타납니까?

답. 성경은 그 장엄함과[1] 순수함,[2] 모든 부분의 일치,[3] 모든 영광을 하나님에게 돌리는 전체의 목적에 의해서,[4] 그리고 죄인들을 깨닫게 하고 회심시키며, 믿는 자들을 위로하고 구원에 이르도록 자라게 하는 그 빛과 능력에 의해 성경 그 자체가 하나님 말씀임을 스스로 명백하게 나타냅니다.[5] 그러나 사람의 마음속에서 성경에 의해 그리고 성경과 함께 증언하시는 하나님의 성

벨직 신앙 고백서 (1561)	하이델베르크 요리 문답 (1563)	제2 스위스 신앙 고백서 (1566)	도르트 신경 (1619)

벨직 신앙 고백서 (1561)

우리는 이러한 기록들을 거룩하고 신적인 성경이라고 부릅니다.

1 벧후 1:21
2 출 24:4; 시 102:19; 합 2:2
3 딤후 3:16; 계 1:11
4 출 31:18

4항 성경의 정경들

우리는 성경이 구약과 신약 두 부분으로 구성되어 있으며, 이 책들은 정경이고 이에 대해 어떤 이의도 제기할 수 없음을 믿습니다. 따라서 이 정경들은 하나님의 교회에서 다음과 같이 불립니다.

구약의 책들은 모세오경, 즉 창세기, 출애굽기, 레위기, 민수기, 신명기; 여호수아, 사사기, 룻기, 사무엘 두 권, 열왕기 두 권, 역대기 두 권, 에스라, 느헤미야, 에스더, 욥기, 다윗의 시편, 솔로몬의 책 세 권, 즉 잠언, 전도서, 아가; 대선지서 네 권, 즉 이사야, 예레미야, 에스겔, 다니엘; 소선지서 열두 권, 즉 호세아, 요엘, 아모스, 오바댜, 요나, 미가, 나훔, 하박국, 스바냐, 학개, 스가랴, 말라기입니다.

신약의 책들은 복음서 네 권, 즉 마태, 마가, 누가, 요한; 사도행전, 사도 바울의 서신서 열네 개, 즉 로마 교회에 하나, 고린도 교회에 둘, 갈라디아 교회에

하이델베르크 요리 문답 (1563)

22문. 그렇다면 그리스도인이 믿어야 할 것은 무엇입니까?

답. 복음 안에서 우리에게 약속된 모든 것인데,1 보편적이며 의심할 여지가 없는 기독교 신앙의 조항들이 간략하게 우리를 교훈합니다.

1 요 20:31; 마 28:19-20

98문. 하지만 교회에서 일반 성도에게 책으로 교육하듯이 형상들을 허용할 수 없는 것입니까?

답. 허용할 수 없습니다. 우리는 말 못하는 우상을1 통해서가 아니라 그분의 말씀의 살아 있는 설교를 통해 그분의 백성을 가르치시려는 하나님보다 지혜로운 척해서는 안 되기 때문입니다.2

1 딤후 3:16; 벧후 1:19
2 렘 10:1; 합 2:18-19

제2 스위스 신앙 고백서 (1566)

류를 논박하는 모든 것이 이 성경에서 나와야 한다고 판단합니다. 사도의 말씀에 따르면, "모든 성경은 하나님의 감동으로 된 것으로 교훈과 책망과 바르게 함과 의로 교육하기에 유익"하기 때문입니다(딤후 3:16-17). 또 사도는 디모데에게 "이것을 네게 쓰는 것은 …… 너로 하나님의 집에서 어떻게 행하여야 할 것을 알게 하려 함이니"라고 말했습니다(딤전 3:14-15). 또 같은 사도가 데살로니가 교회에는 이렇게 말했습니다. "너희가 우리에게 들은 바 하나님의 말씀을 받을 때에 사람의 말로 받지 아니하고 하나님의 말씀으로 받음이니 진실로 그러하도다"(살전 2:13). 이는 주님이 친히 복음서에서 이렇게 말씀하셨기 때문입니다. "말하는 이는 너희가 아니라 너희 속에서 말씀하시는 이 곧 너희 아버지의 성령이시니라." 그러므로 "너희 말을 듣는 자는 곧 내 말을 듣는 것이요 너희를 저버리는 자는 곧 나를 저버리는 것이요"(마 10:20; 눅 10:16; 요 13:20).

4항 따라서 합당하게 부르심을 받은 설교자가 교회에서 이 하나님의 말씀을 선포한다면, 그것은 바로 하나님의 말씀이 선포되는 것임을 믿고 신자들은 받아들여야 합니다. 그밖에 다른 하나님의 말씀은 위조된 것이며, 하늘로부터 다른 말씀을 기대해서는 안 됩니다. 그리고 선포되는 그 말씀 자체는 선포하는 목사의 말로 여겨서도 안 됩니다. 그는 비록 악하고 죄인이지만 그와 함께하는 말씀은 참되고 선한 것입니다.

5항 그러므로 우리는 참된 신앙의 가르침이 성령의 내적 조명에 좌우되는 것이라거나, "그들이 다시는 이웃과 형제를 가르쳐 이르기를 너는 여호와를 알라 하지 아니하리니 이는 작은 자로부터 큰 자까지 다 나를 알기 때문"(렘 31:34)이라는 말씀이나, "심는 이나 물 주는 이는 아무것도 아니로되 오직 자라나게 하시는 이는 하나님뿐"(고전 3:7)이라고 하신 말씀을 이유로 외적인 설교를 아무 열매가 없는 쓸데없는 일로 여겨서는 안 됩니

도르트 신경 (1619)

름답도다 좋은 소식을 전하는 자들의 발이여 함과 같으니라"(롬 10:14-15).

둘째 교리

5항 더욱이 복음의 약속은 십자가에 못 박히신 그리스도를 믿는 자마다 멸망하지 않고 영생을 얻는다는 것입니다. 이 약속은 회개하고 믿으라는 명령과 함께 하나님이 그 선하고 기뻐하시는 뜻 가운데 복음을 전하고자 하시는 모든 나라와 모든 사람에게 그 어떤 예외나 차별 없이 선포되어야 합니다.

셋째 · 넷째 교리

8항 복음으로 말미암아 부르심을 받는 많은 사람은 진정으로 부르심을 받습니다. 하나님은 말씀 안에서 그분이 무엇을 기뻐하시는지 가장 진지하고 참되게 알려 주시기 때문입니다. 말하자면, 부르심을 받은 모든 사람은 마땅히 이 초청에 응해야 합니다. 더군다나 하나님은 그분에게 나와 그분을 믿는 모든 사람에게 영원한 생명과 안식을 진지하게 약속하시기 때문입니다.

17항 우리의 자연적인 생명을 연장시키고 유지시키시는 하나님의 전능

웨스트민스터 신앙 고백서 (1647)	웨스트민스터 소요리 문답 (1647)	웨스트민스터 대요리 문답 (1648)

니가후서, 디모데전서, 디모데후서, 디도서, 빌레몬서, 히브리서, 야고보서, 베드로전서, 베드로후서, 요한일서, 요한이서, 요한삼서, 유다서, 요한계시록

하나님의 감동으로 된 이 모든 성경은 신앙과 삶의 규칙이 됩니다.[1]

———
[1] 눅 16:29, 31; 엡 2:20; 계 22:18-19; 딤후 3:16

4항 마땅히 믿고 순종해야 할 성경의 권위는 그 어떤 사람이나 교회의 증언에 달려 있지 않습니다. 도리어 그것은 (진리 그 자체이시며) 성경의 저자이신 하나님에게 전적으로 달려 있습니다. 그러므로 우리는 성경을 마땅히 받아들여야 하는데, 이는 성경이 하나님 말씀이기 때문입니다.[1]

———
[1] 벧후 1:19, 21; 딤후 3:16; 요일 5:9; 살전 2:13

5항 우리는 교회의 증언에 감동하고 설복되어 성경을 높이 평가하고 경외심을 가질 수 있습니다.[1] 또한 그 내용의 거룩함과, 교리의 효과, 그 문체의 장엄함, 모든 부분의 통일성, (모든 영광을 하나님에게 돌리는) 전체 성경의 목적, 사람이 구원을 얻는 유일한 길을 온전히 제시함, 이 외에 비교할 수 없을 만큼 많은 탁월함, 그리고 그에 따른 완전함은 그 자체로 성경이 하나님의 말씀이라는 풍성한 증거입니다. 그럼에도 성경이 오류가 없는 진리이며 하나님의 권위 있는 말씀이라는 우리의 완전한 이해와 확신은 말씀을 통해, 그리고 말씀과 함께 우리 안에서 역사하시는 성령님의 내적인 사역에서 말미암습니다.[2]

———
[1] 딤전 3:15
[2] 요일 2:20, 27; 요 16:13-14; 고전 2:10-12; 사 59:21

6항 하나님의 영광과, 사람의 구원, 신앙, 그

령만이 오직 성경이 하나님의 말씀임을 완전히 설득시킬 수 있습니다.[6]

———
[1] 호 8:12; 고전 2:6-7, 13; 시 119:18, 129
[2] 시 12:6; 119:140
[3] 행 10:43; 26:22
[4] 롬 3:19, 27
[5] 행 18:28; 히 4:12; 약 1:18; 시 19:7-9; 롬 15:4; 행 20:32
[6] 요 16:13-14; 요일 2:20, 27; 요 20:31

5문. 성경이 주요하게 가르치는 것은 무엇입니까?
답. 성경은 하나님에 관하여 무엇을 믿을지와 하나님이 사람에게 요구하시는 의무가 무엇인지를 주요하게 가르칩니다.[1]

———
[1] 딤후 1:13

벨직 신앙 고백서 (1561)	하이델베르크 요리 문답 (1563)	제2 스위스 신앙 고백서 (1566)	도르트 신경 (1619)

벨직 신앙 고백서 (1561)

하나, 에베소 교회에 하나, 빌립보 교회에 하나, 골로 새 교회에 하나, 데살로니 가 교회에 둘, 디모데에게 둘, 디도에게 하나, 빌레 몬에게 하나, 히브리교회 에 하나; 다른 사도들의 서 신서 일곱 개, 즉 야고보의 편지 하나, 베드로의 편지 둘, 요한의 편지 셋, 유다 의 편지 하나; 그리고 사도 요한의 계시록입니다.

5항 성경의 위엄과 권위는 어디서 오는 것입니까?

우리는 이 모든 책들을, 그리고 오직 이 모든 책들 만 우리 믿음의 규칙과 토 대와 확증을 위한 거룩한 정경으로 받아들입니다. 우리는 교회가 이 책들을 정경으로 받아들이고 승 인했기 때문이 아니라, 특 별히 성령님이 이 책들 이 하나님께로부터 왔음 을 우리 마음에 증거해 주 시고, 또한 이 책들이 이 에 대한 증거를 가지고 있 기에 이 책에 포함된 모든 것을 조금도 의심하지 않 고 믿습니다. 심지어 앞을 보지 못하는 사람들조차 도 이 책들에서 예언된 말 씀들이 성취되고 있음을 알 수 있습니다.

7항 성경의 충분성

우리는 이 거룩한 성경이

제2 스위스 신앙 고백서 (1566)

다. "나를 보내신 아버지께서 이끌지 아니하시면 아무도 내게 올 수 없으니"(요 6:44)라고 말씀하 시고 우리에게 성령님으로 말미암는 내적 조명이 필요함에도 하나님 말씀이 외적으로 전파되는 것 이 하나님의 뜻이라고 굳게 확신하기 때문입니 다. 하나님은 실제로 사도행전에서 사도 베드로 의 사역 없이도 그분의 성령이나 천사의 사역만 으로도 고넬료를 가르치실 수 있었습니다. 그럼 에도 하나님은 천사를 통해 고넬료에게 베드로에 관해 "저가 너의 행할 바를 네게 이르리라"고 말 씀하셨습니다(행 10:6, KJV, 옮긴이 번역).

6항 사람들에게 성령을 주심으로 마음을 조명하 시는 바로 그분이 명령의 방식으로 제자들에게 "너희는 온 천하에 다니며 만민에게 복음을 전파 하라"고 하셨습니다(막 16:15). 또 사도 바울 역시 빌립보 사람들 가운데 살던 비단 장사 루디아에 게 외적으로 말씀을 전했습니다. 하지만 주님이 루디아의 마음을 내적으로 열어 주셨습니다(행 16:14). 또 사도 바울은 로마서 10장에서 매우 적 절하고 고상한 단계를 통해 "믿음은 들음에서 나 며 들음은 그리스도의 말씀으로 말미암았느니라" 고 말했습니다(롬 10:17).

7항 따라서 우리는 하나님이 원하시는 사람에게 원하시는 때에 외적인 사역 없이도 그분의 권능 으로 조명하실 수 있음을 알고 있습니다. 하지만 우리는 하나님이 우리에게 인도하신 사람들을 계 명의 말씀과 모범으로 가르치고 교훈하는 일반적 인 방식에 관해 말하는 것입니다.

8항 그러므로 우리는 아르테몬(Artemon), 마니 교도(Manichaeans), 발렌티누스주의자(Valen- tinians), 세르돈(Cerdon), 그리고 마르키온주의 자(Marcionites)와 같이 성경이 성령으로 말미암 았음을 부인하거나 일부 성경을 받아들이지 않거 나 성경에 일부를 더하거나 변질시키는 모든 이 를 몹시 미워합니다.

도르트 신경 (1619)

하신 일하심은 수단을 배 제하지 않고 오히려 요구 하시는데, 바로 이 수단으 로 하나님은 자신의 무한 한 자비와 선하심을 따라 자신의 권능을 행하십니 다. 또한 앞에서 말한 바 와 같이 우리를 중생하게 하시는 하나님의 초자연 적인 사역은 복음의 사용 을 배제하거나 무효로 하 지 않으며, 도리어 지극 히 지혜로우신 하나님은 그 복음을 중생의 씨와 우 리 영혼의 양식으로 삼으 십니다. 그러므로 사도들 과 이 사도들을 계승한 교 사들은 하나님에게 영광 을 돌리고 사람들로 모든 교만을 낮추게 하기 위해 이 하나님의 은혜를 가르 쳤습니다. 이와 동시에 사 도들과 교사들은 복음의 거룩한 권고에 따라 하나 님 말씀의 선포와 성례와 권징을 통해 사람들을 지 키는 일 역시 소홀히 하 지 않았습니다. 그러므로 오늘에 이르기까지 교회 에서 가르치는 사람이나 가르침을 받는 사람은 모 두 하나님이 선하고 기뻐 하시는 뜻 안에서 밀접하 게 결합해 놓은 것을 분리 함으로 하나님을 시험해 서는 안 됩니다. 하나님 의 은혜는 권면의 말씀을 통해 주어집니다. 우리가

웨스트민스터 신앙 고백서 (1647)	웨스트민스터 소요리 문답 (1647)	웨스트민스터 대요리 문답 (1648)

리고 삶에 필요한 모든 것에 관한 하나님의 전체 경륜은 성경에 명백하게 나타나 있거나 선하고 필연적인 결론에 따라 성경에서 추론할 수 있습니다. 따라서 성령님의 새로운 계시에 의해서든, 사람들의 전통에 의해서든 그 어떠한 때에라도 성경에 아무것도 더해져서는 안 됩니다.[1] 그럼에도 우리는 하나님 말씀 안에 계시된 것들을 깨달아 구원에 이르는 지식을 얻기 위해 하나님의 성령의 내적 조명이 필요함을 인정합니다.[2] 그리고 하나님을 예배하는 일과 교회 정치와 인간의 행위와 사회에 일반적인 상황들이 있다는 것을 인정합니다. 이런 상황들은 언제나 준수되어야 하는 말씀의 일반적인 법칙을 따라 본성의 빛과 기독교의 사려 분별을 통해 규정되어야 합니다.[3]

———
[1] 딤후 3:15-17; 갈 1:8-9; 살후 2:2
[2] 요 6:45; 고전 2:9-12
[3] 고전 11:13-14; 14:26, 40

7항 성경에 기록된 모든 말씀은 그 자체로 똑같이 분명하지도 않으며, 모든 사람에게 똑같이 명백하지도 않습니다.[1] 그러나 구원을 얻기 위해 반드시 알아야 하고 믿어야 하며 준행해야 할 것들은 성경 여기저기에서 매우 뚜렷하게 보이고 밝히 드러나 있기에 학식 있는 사람들뿐만 아니라 학식 없는 사람들도 일상적인 수단을 적당히 사용하기만 하면 성경을 충분히 이해할 수 있습니다.[2]

———
[1] 벧후 3:16
[2] 시 119:105, 130

8항 (먼 옛날 하나님 백성의 모국어였던) 히브리어로 기록된 구약과 (기록될 당시 여러 민족에게 가장 널리 알려진) 헬라어로 기록된 신약은 하나님이 친히 감동하셨고 하나님의 특별한 보호와 섭리로 모든 시대에 순

벨직 신앙 고백서 (1561)	하이델베르크 요리 문답 (1563)	제2 스위스 신앙 고백서 (1566)	도르트 신경 (1619)

하나님의 뜻을 충분히 담고 있으며, 또 인간이 구원을 얻기 위해 믿어야 하는 모든 것을 충분히 가르치고 있다는 것을 믿습니다.[1] 하나님이 우리에게 요구하시는 예배의 모든 방식이 성경에 일반적으로 기록되어 있기에 성경이 가르치는 것 외에 다른 것을 가르치는 것은 누구든지, 심지어 사도들이라 할지라도 불법입니다.[2] 바울 사도가 말한 바와 같이, **하늘로부터 온 천사라도 결코 그렇게 할 수 없습니다.**[3] **하나님의 말씀에 무언가를 더하거나 빼는 것**이 금지되어 있는데,[4] 이는 성경의 교리가 모든 면에서 가장 완전하고 완벽하다는 것이 분명하게 드러나기 때문입니다. 우리는 아무리 거룩한 인간이 기록한 것이라 할지라도, 또는 인간이 쓴 어떤 저작물이라도 신성한 성경과 동일한 가치를 가진 것으로 생각하면 안 됩니다.[5] 뿐만 아니라 진리는 모든 것 위에 뛰어난 것이기에 관습이나 다수의 대중이나 오랜 시간 사람들이나 공의회나 법령이나 법규들을 통해 전해 내려온 것이라 할지라도 하나님의 진리의 말씀과 동일한 것으로 여겨서는 안 됩니

2장 성경 해석에 관하여, 교부들과 공의회, 전통에 관하여

1항 사도 베드로는 "성경의 모든 예언은 사사로이 풀 것이 아니니"라고 말했습니다(벧후 1:20). 따라서 우리는 수많은 종류의 해석을 받아들이지 않습니다. 그렇기에 우리는 참되고 자연스러운 성경 해석을 위한 로마 교회의 의미라고 부르는 그들의 해석을 인정하지 않습니다. 놀랍게도 로마 교회의 지지자들은 모든 사람에게 그들의 해석을 그저 받아들이라고 강요한 것이 분명합니다. 그러나 우리는 오직 성경 그 자체가 해석하는 정통적이며 진정한 성경 해석(즉 그 말씀을 기록하게 하신 언어의 영이 유사하든 그렇지 않든 간에 그 상황에 따라 판단하고, 그 장소에 따라 설명되며, 좀 더 분명하게 해석하게 해주는), 다시 말해 신앙과 자선의 규범에 일치하고 하나님의 영광과 사람의 구원에 중요한 해석을 받아들입니다.

2항 그럼에도 우리는 헬라와 로마의 거룩한 교부들의 해석을 소홀히 여기지 않으며, 성경에 일치하는 한 그들의 주장과 논증을 배척하지 않습니다. 그러나 그들의 글이 성경과 다르거나 도리어 전혀 반대된다면 우리는 공손하게 그들과 견해가 다름을 분명히 합니다. 우리는 이 문제에 관한 한 그들에게 잘못하는 것이 아니라고 굳게 믿습니다. 그들이 만장일치로 자신들의 글을 감히 성경의 정경에 필적할 만한 것이라고 여기지 않는다는 것을 알기에, 그들이 서로 일치하거나 불일치하는 부분에 대해서는 용납해야 할 것입니다.

3항 우리는 또 공의회의 법령과 결정에 관해서도 동일하게 생각합니다.

4항 그러므로 우리는 종교나 신앙에 관한 논쟁이 있을 때, 교부들의 증언이나 공의회에서 정한 법령을 무조건 받아들이려 하지 않을 것입니다. 나아가 관습이나 많은 사람이 동일하게 가진 판단, 오랫동안 준수해 온 관습적 규정에 대해서도 마

자원하는 마음으로 기꺼이 우리 의무를 수행할수록 우리 안에서 일하시는 하나님의 축복이 더욱 탁월해질 것이며, 그 하나님의 역사하심이 더욱 직접적으로 진전될 것이기 때문입니다. 오직 그 수단과 구원하는 열매와 그 효과를 동시에 역사하시는 하나님에게만 모든 영광이 있습니다. 아멘.

다섯째 교리

14항 하나님이 복음 선포를 통해 우리 안에 이 은혜의 역사가 시작되기를 기뻐하신 것처럼 하나님은 그분의 말씀을 듣고 읽고 묵상하는 것과 말씀의 권고와 경고와 그 약속들과 성례의 시행을 통해 지금도 이 은혜의 역사를 보존하시고 계속하시며 완성하십니다.

웨스트민스터 신앙 고백서 (1647)	웨스트민스터 소요리 문답 (1647)	웨스트민스터 대요리 문답 (1648)

수하게 보전되었기에 진정한 하나님의 말씀입니다.[1] 따라서 모든 신앙적 논쟁에서 교회는 최종적으로 원어로 기록된 바로 그 성경에 호소해야 합니다.[2] 그러나 이런 원어 성경이 성경에 대한 권리와 관심을 지니고 하나님을 경외하는 마음으로 그 성경을 읽고 연구하라고 명령을 받은 하나님의 모든 백성에게 알려진 것은 아니기에,[3] 하나님의 말씀이 그들 가운데 풍성히 거하여 그들이 하나님을 합당한 방법으로 예배할 수 있도록,[4] 또한 성경이 제시하는 인내와 위로로 그들이 소망을 지닐 수 있도록[5] 성경은 그것이 전해진 모든 나라의 사람들이 사용하는 언어로 번역되어야 합니다.[6]

---

[1] 마 5:18
[2] 사 8:20; 행 15:15; 요 5:39, 46
[3] 요 5:39
[4] 골 3:16
[5] 롬 15:4
[6] 고전 14:6, 9, 11-12, 24, 27-28

9항 실수가 없는 확실한 성경 해석의 법칙은 바로 성경 그 자체입니다. 그러므로 성경의 어느 구절이든 (여러 의미가 아닌 단 하나의 의미인) 참되고 완전한 의미에 관해 의문이 제기된다면, 그것은 반드시 더욱 분명하게 말하고 있는 다른 구절들을 통해 그 의미를 연구하고 이해해야만 합니다.[1]

---

[1] 벧후 1:20-21; 행 15:15-16

10항 모든 신앙적 논쟁을 결정하고 공의회의 모든 법령과 고대 저자들의 견해와 사람들의 교리와 사적인 영들을 조사하는 우리가 확신할 만한 판결을 내리시는 최고 재판관은 오직 성경을 통해 말씀하시는 성령님입니다.[1]

---

[1] 마 22:29, 31; 엡 2:20; 행 28:25

벨직 신앙 고백서 (1561)	하이델베르크 요리 문답 (1563)	제2 스위스 신앙 고백서 (1566)	도르트 신경 (1619)

제2 스위스 신앙 고백서(계속)

다.[6] 모든 사람들은 그 자체로 거짓말쟁이들이며,[7] 무익함 그 자체보다 더 헛되고 악합니다. 그러므로 우리는 전심을 다하여 이 무오한 규례에[8] 반하는 것은 무엇이라도 거부하는 바입니다. 사도들이 우리에게 "오직 영들이 하나님께 속하였나 시험하여 보라"[9]고 가르칩니다. 마찬가지로 "누구든지 이 교훈을 가지지 않고 너희에게 나아가거든 그를 집에 들이지도 말고 인사도 하지 말라"[10]고 가르칩니다.

---

[1] 롬 15:4; 요 4:25; 딤후 3:15-17; 벧전 1:1; 잠 30:5; 계 22:18; 요 15:15; 행 2:27

[2] 벧전 4:11; 고전 15:2-3; 딤후 3:14; 딤전 1:3; 요이 10절

[3] 갈 1:8-9; 고전 15:2; 행 26:22; 롬 15:4; 벧전 4:11; 딤후 3:14

[4] 신 12:32; 잠 30:6; 계 22:18; 요 4:25

[5] 마 15:3; 17:5; 막 7:7; 사 1:12; 고전 2:4

[6] 사 1:12; 롬 3:4; 딤후 4:3-4

[7] 시 62:10

[8] 갈 6:16; 고전 3:11; 살후 2:2

[9] 요일 4:1

[10] 요이 10절

찬가지입니다. 따라서 종교나 신앙 문제에 관한 논쟁이 있을 때, 무엇이 참되고 거짓되며 무엇을 따르고 무엇을 피해야 할지를 결정해 주는 성경을 통해 말씀해 주신 하나님 이외의 다른 어떤 방법도 인정할 수 없습니다. 그렇기에 우리는 하나님의 말씀에서 길어 냈다고 말하는 이른바 영적인 사람의 판단도 의지하지 않습니다. 하나님의 율법을 거역하기 위해 모인 제사장들의 회합을 예레미야나 다른 많은 선지자가 신랄하게 정죄한 것은 확실합니다. 성경은 하나님의 율법을 떠나 그들 자신이 꾸며 낸 길로 걸어간 조상들에게 귀를 기울이지 말고 그 길로 가지 말 것을 끊임없이 경고해 주었습니다(겔 20:18).

5항 마찬가지로 또한 우리는 비록 사도들이 생생한 음성으로 교회에 전해 주어 그것에 신적이고 사도적이라는 표제가 붙어 있고 사도적 인물들의 손을 거쳐 그들을 계승한다는 감독들에 의한 것이라 할지라도 성경과 비교해 볼 때 일치하지 않는다면 모든 인간의 전통 역시 배격합니다. 그리고 그들이 성경과 일치하지 않는다면, 전혀 사도적일 수 없을 것입니다. 사도들은 교리에 관한 한 서로 다른 것이 없었고, 사도들을 연구하는 학자들도 서로 상반된 것을 주장한 일이 없기 때문입니다. 아니, 사도들이 그들 입으로 직접 생생하게 그들의 글과 상반되는 것을 말했다고 주장하는 것은 실로 신성 모독이 아닐 수 없습니다. 사도 바울은 자신이 모든 교회에 동일한 것을 가르쳤음을 분명하게 증거했습니다(고전 4:17). 바울은 계속해서 이렇게 말합니다. "오직 너희가 읽고 아는 것 외에 우리가 다른 것을 쓰지 아니하노니"(고후 1:13). 또 다른 곳에서는 자신과 다른 사도들과 자신의 제자들이 같은 길을 걸었으며, 같은 영으로 연합하여 모든 일을 수행했음을 증거했습니다(고후 12:18). 과거, 유대인들 역시 장로들의 전통을 가지고 있었습니다. 그러나 우리 주님은 그들의 전통을 심히 책망하셨습니다. 주님은 그런 전통을 지키는 것이 도리어 하나님의 율법을 방해하는 것이요, 그런 헛된 경배에는 하나님이 계시지 않음을 분명히 하셨습니다(마 15:8-9; 막 7:6-7).

외경

6항 정경과 외경의 차이
우리는 이 거룩한 책들을 제3에스드라서, 토비트, 유딧, 지혜서, 집회서, 바

1장 하나님의 참된 말씀인 성경에 관하여
9항 그러나 우리는 고대의 저자들이 외경이라고 부르며, 또 다른 이들이 집회서라고 부른 구약의 특정한 책들을 부정하지는 않습니다. 이 책들

웨스트민스터 신앙 고백서 (1647)	웨스트민스터 소요리 문답 (1647)	웨스트민스터 대요리 문답 (1648)

1장 성경에 관하여

3항 일반적으로 외경이라 부르는 책들은 하나님의 감동으로 된 것이 아니므로 정경에 속하지 않고, 따라서 하나님의 교회에서 어

벨직 신앙 고백서 (1561)	하이델베르크 요리 문답 (1563)	제2 스위스 신앙 고백서 (1566)	도르트 신경 (1619)
룩서, 에스더서의 부록, 풀무불 속의 세 청년의 노래, 수산나의 역사, 벨과 용, 므낫세의 기도, 마카비 상하와 같은 외경들로부터 구분합니다. 모든 교회는 이 외경들이 정경과 일치를 이루는 한도 내에서 이 책들을 읽고 교훈을 얻을 수 있습니다. 그러나 외경은 그 증언으로부터 믿음의 요점이나 기독교 신앙에 대해 확증할 수 없기에 그러한 능력이나 효력과는 거리가 멉니다. 따라서 외경은 거룩한 책들의 권위를 떨어뜨리지 못합니다.		을 교회에서 읽을 수 있지만 그것들이 우리의 믿음을 승인하거나 확증하는 권위를 가지지는 못합니다. 아우구스티누스도 자신의 「신국론」(De Civitate Dei) 18권 38장에서 "열왕기서와 일부 선지자들의 이름들과 책들이 있다"고 했습니다. 그러나 그는 계속해서 "이 책들은 정경에 들지 않으며", 또 "경건에 관한 한 우리가 가진 책만으로 충분하다"고 했습니다.	

삼위일체

8항 하나님은 본질상 한 분이지만 세 위격으로 구별되십니다

우리는 이 진리와 하나님의 말씀에 따라 본질상 단 하나의 본질이시며[1] 그 안에 비공유적 속성에 따라 실제로 진실로 그리고 영원히 구별되신 세 위격,[2] 즉 아버지와 아들과 성령으로 계신 한 분 하나님을 믿습니다.[3] 아버지 하나님은 보이는 것과 보이지 않는 모든 것의 원인과 근

___
[1] 창 1장
[2] 벧전 1:18-19
[3] 벧전 1:21-22

24문. 사도신경의 내용은 어떻게 구분됩니까?

답. 세 가지로 구분됩니다. 첫째는 성부 하나님과 우리의 창조입니다.[1] 둘째는 성자 하나님과 우리의 구속입니다.[2] 셋째는 성령 하나님과 우리의 성화입니다.[3]

3장 하나님에 관하여: 일체와 삼위

3항 그럼에도 우리는 무한하시고 유일하시며 보이지 아니하시는 한 분 하나님이 그 위격에 있어서 분리 없이 그리고 혼합 없이 성부와 성자와 성령으로 구분되어 계심을 믿고 가르칩니다. 성부께서는 성자를 영원으로부터 낳으셨으므로 성자는 말로 표현할 수 없는 방식으로 독생하신 분입니다. 성령께서도 성부와 성자로부터 영원히 나셨으므로 성부와 성자와 더불어 경배를 받으십니다. 따라서 세 하나님이 계신 것이 아니라 동일 본질이시며 영원하시고 동등하신 세 위격이 계십니다. 그러나 그 위격에 관해서는 서로 구분이 있습니다. 그 순서에 있어서는 먼저와 나중이 있지만 거기에 그 어떤 우열도 존재하지 않습니다. 그

웨스트민스터 신앙 고백서 (1647)	웨스트민스터 소요리 문답 (1647)	웨스트민스터 대요리 문답 (1648)
떤 권위도 없으며, 어떤 방법으로든 사람의 다른 저작물을 더 가치 있는 것으로 승인하거나 사용해서는 안 됩니다.[1] — [1] 눅 24:27, 44; 롬 3:2; 벧후 1:21		

2장 하나님과 거룩한 삼위일체에 관하여

3항 신격의 연합 안에 한 본체와 권세와 영원성을 지닌 세 위격이 계시는데 곧 성부 하나님과 성자 하나님과 성령 하나님입니다.[1] 성부 하나님은 그 누구에게도 속하지 않으시고, 누구에게서 나거나 나오지 않으십니다. 성자 하나님은 영원토록 성부에게서 나오십니다.[2] 성령 하나님은 영원토록 성부와 성자 하나님에게서 나오십니다.[3]

—
[1] 요일 5:7; 마 3:16-17; 28:19; 고후 13:14(13)
[2] 요 1:14, 18
[3] 요 15:26; 갈 4:6

6문. 하나님의 신격에는 몇 위가 계십니까?

답. 하나님의 신격에는 삼위가 계시는데, 곧 성부와 성자와 성령이십니다. 이 삼위는 한 하나님이며, 본체가 같고 권세와 영광에 있어서 동등하십니다.[1]

—
[1] 요일 5:7; 마 28:19

9문. 하나님의 신격에는 몇 위가 계십니까?

답. 하나님의 신격에는 삼위가 계시는데, 곧 성부와 성자와 성령이십니다. 이 삼위는 참되시고 영원하신 한 하나님이며, 본체가 같고 권세와 영광에 있어서 동등하십니다. 그럼에도 삼위는 그 인격적 속성에 있어서 구분되십니다.[1]

—
[1] 요일 5:7; 마 3:16-17; 28:19; 고후 13:14(13); 요 10:30

10문. 하나님의 신격 안에 있는 삼위의 인격적 속성은 무엇입니까?

답. 아버지에게는 그분의 아들을 낳으신 것이,[1] 아들에게는 아버지에게서 독생하신 것

벨직 신앙 고백서 (1561)	하이델베르크 요리 문답 (1563)	제2 스위스 신앙 고백서 (1566)	도르트 신경 (1619)

벨직 신앙 고백서 (1561)

원과 시작이십니다.[4] 아들 하나님은 말씀이시고[5] 지혜이시며[6] 아버지 하나님의 형상이십니다.[7] 성령 하나님은 아버지와 아들 하나님으로부터 나오신[9] 영원한 능력과 권세이십니다.[8] 그럼에도 불구하고 하나님은 이 구별에 따라 셋으로 나누어지지 않으십니다. 성경이 우리에게 아버지와 아들과 성령 하나님이 각각 인격을 지니시며, 그 위격적 속성에서 구분되지만 이 세 위격이 오직 한 분 하나님이시라고 지혜롭게 가르치기 때문입니다. 그러므로 아버지는 아들이 아니시고, 아들은 아버지가 아니시며, 마찬가지로 성령은 아버지와 아들이 아니심이 명백합니다. 이 위격들은 비록 구분될지라도 나누어지거나 혼합되지 않습니다. 아버지 하나님과 성령 하나님이 우리의 살과 피를 취하지 않으셨고, 오직 아들 하나님만 우리의 살과 피를 취하셨기 때문입니다.[10] 아버지는 단 한 번도 아들 없이 계신 적이 없으시고 성령 하나님 없이 계신 적도 없으십니다. 세 위격이 함께 영원하시며 동일한 본질이시기 때문입니다. 아무도 먼저 되시거나 나중 되신 분은 없

하이델베르크 요리 문답 (1563)

25문. 본질상 오직 한 분 하나님만 계신데,[1] 당신은 왜 아버지와 아들과 성령 하나님을 말하는 것입니까?

답. 하나님이 그분의 말씀에서 자신을 그렇게 계시하셨기 때문입니다. 이 세 분의 구별된 위격은 유일하시고 참되시며 영원하신 한 분 하나님입니다.[2]

———

[1] 신 6:4
[2] 창 1:26; 사 61:1; 요 14:16-17; 요일 5:7; 요 1:13; 마 28:19; 고후 13:14(13)

제2 스위스 신앙 고백서 (1566)

본성 또는 본질에 관한 한 서로 완전하게 연합되어 있으므로 그들은 오직 한 하나님입니다. 이 신적 본체는 성부, 성자, 성령 모두 공통적으로 지니고 계십니다.[1]

———

[1] 그 누구도 마치 우리가 각 위격이 함께 존재하지만 동일한 본질로 계시지 않는다거나 다양한 본질의 신들이 하나로 결합되어 있다고 말하는 것처럼 우리를 중상모략하지 못하도록 당신은 '서로 완전하게 연합되어 있다'는 의미를 반드시 삼위의 각 위격이 (비록 그 속성에 있어서 각각 서로 독특하게 구별되지만) 하나이시며 완전한 신성을 지니셨다는 것으로, 또는 삼위의 각 위격이 완전하고 절대적인 신성을 지니셨다는 것으로 이해해야 합니다.

4항 성경은 우리에게 삼위의 인격을 분명하게 구분하여 전해 줍니다. 그 무엇보다도 천사가 동정녀 마리아에게 "성령이 네게 임하시고 지극히 높으신 이의 능력이 너를 덮으시리니 이러므로 나실 바 거룩한 이는 하나님의 아들이라 일컬어지리라"(눅 1:35)고 말해 주었습니다. 또 그리스도께서 세례를 받으실 때 하늘로부터 들려오는 소리가 있었는데 "이는 내 사랑하는 아들이요"(마 3:17)라는 말씀이었습니다. 또한 성령님도 비둘기 같은 모습으로 나타나신 바 있습니다(요 1:32). 또 주님이 친히 세례를 베풀라고 말씀하시면서 "아버지와 아들과 성령의 이름으로 세례를 베풀라"고 명령하셨습니다(마 28:19). 이와 마찬가지로 또 다른 복음서에서도 "보혜사 곧 아버지께서 내 이름으로 보내실 성령 그가 너희에게 모든 것을 가르치고 내가 너희에게 말한 모든 것을 생각나게 하리라"고 말씀하셨습니다(요 14:26). 계속해서 주님은 "내가 아버지께로부터 너희에게 보낼 보혜사 곧 아버지께로부터 나오시는 진리의 성령이 오실 때에 그가 나를 증언하실 것이요"라고 말씀하셨습니다(요 15:26). 요약하여 말하자면 사도신경이 우리에게 참된 신앙을 말해 주고 있기 때문에 우리가 사도신경을 받아들이는 것입니다.

5항 그러므로 우리는 유대교도들과 이슬람교도들, 그리고 거룩하시고 경배받을 만하신 삼위일

웨스트민스터 신앙 고백서 (1647)	웨스트민스터 소요리 문답 (1647)	웨스트민스터 대요리 문답 (1648)
		이,[2] 성령에게는 아버지와 아들에게서 영원 전부터 나오신 것이 고유한 속성입니다.[3] ―――― [1] 히 1:5-6, 8 [2] 요 1:14, 18 [3] 요 15:26; 갈 4:6

벨직 신앙 고백서 (1561)	하이델베르크 요리 문답 (1563)	제2 스위스 신앙 고백서 (1566)	도르트 신경 (1619)

으십니다. 세 위격 모두 진리와 능력과 선하심과 자비에 있어서 하나이시기 때문입니다.

___

[1] 사 43:10
[2] 요일 5:7; 히 1:3
[3] 마 28:19
[4] 고전 8:6; 골 1:16
[5] 요 1:1-2; 계 19:13; 잠 8:12
[6] 잠 8:12, 22
[7] 골 1:15; 히 1:3
[8] 마 12:28
[9] 요 15:26; 갈 4:6
[10] 빌 2:6-7; 갈 4:4; 요 1:14

9항 한 하나님 안에 있는 삼위일체에 대한 8항의 성경적 증거

우리는 이 모든 진리를 삼위 하나님의 활동뿐만 아니라 거룩한 성경의 증언들로부터 알게 되며, 주로 우리 안에서 지각된 증거들을 통해 알게 됩니다. 거룩하신 삼위일체를 믿으라고 우리에게 교훈하는 이 거룩한 성경의 증언들은 구약 성경의 많은 곳에 기록되어 있으므로, 이 모든 구절들을 일일이 열거할 필요는 없습니다. 하나님은 이렇게 말씀하십니다. "우리의 형상을 따라 우리의 모양대로 우리가 사람을 만들고."[1] 하나님은 그분의 형상을 따라 사람을 창조하시되 남자와 여자로 만드셨습니다. 또한 창세기 3장 22절은 "이 사람이 선악을 아는

제2 스위스 신앙 고백서(계속)

체를 모독하는 모든 자를 정죄합니다. 우리는 또 성자와 성령께서는 단지 명목상으로만 하나님일 뿐이라고 가르치는 모든 이단과 이단적 가르침을 정죄합니다. 또한 삼위일체 가운데는 지음받은 분도 계시다고 하거나 다른 신을 섬기고 봉사하는 신이 있다고 말하는 이들도 정죄합니다. 끝으로 삼위 가운데 서로 동등하지 못하거나 더 크거나 더 작은 분이 있다거나, 하나님이 육체이거나 또는 육체의 모양이 있다고 하거나, 행동이나 의지에 차이가 있다거나 혼합되었거나 또는 그 자체로 고립되어 있다고 말하고 가르치는 모든 이를 정죄합니다. 마치 단일신론자들(Monarchists), 노바티아누스주의자들(Novatians), 프락세아스(Praxeas), 성부수난설자들(the Partipassions), 사벨리우스(Sabellius), 사모사타의 바울(Samosatenus), 아에티우스(Aetius), 마케도니우스(Macedonius), 신인동성동형론자들(Anthropomorphites), 아리우스(Arius), 그리고 그와 유사한 자들처럼 성자와 성령이 한 하나님의 감정이나 속성 가운데 하나일 뿐이라고 여기는 모든 자를 정죄합니다.

웨스트민스터 신앙 고백서 (1647)	웨스트민스터 소요리 문답 (1647)	웨스트민스터 대요리 문답 (1648)

벨직 신앙 고백서(계속)

일에 우리 중 하나같이 되었으니"라고 기록합니다.[2] "우리의 형상을 따라 우리의 모양대로 우리가 사람을 만들고"라는 말씀에서 하나님의 신격 안에 한 분 이상의 위격이 계시다는 사실이 드러납니다. 또한 "하나님이 창조하셨다"고 말씀하실 때는 통일성을 나타내십니다. 여기에 얼마나 많은 위격이 계시는지 하나님은 말씀하지 않으십니다. 구약에서 다소 모호하게 보이는 것이 신약에서는 아주 분명해집니다.

우리 주님이 요단강에서 세례를 받으실 때,[3] "이는 내 사랑하는 아들이요"라는 아버지 하나님의 음성이 들렸고, 아들이 물에서 올라오실 때 성령이 비둘기같이 내려 아들 위에 임하셨습니다. 이런 형식은 모든 신자들이 세례를 받을 때 그리스도에 의해 시행됩니다. 주님은 "모든 민족을 제자로 삼아 아버지와 아들과 성령의 이름으로 세례를 베풀라"고 하셨습니다.[4] 누가복음에서 가브리엘 천사는 우리 주님의 어머니 마리아에게 이렇게 말합니다. "성령이 네게 임하시고 지극히 높으신 이의 능력이 너를 덮으시리니 이러므로 나실 바 거룩한 이는 하나님의 아들이라 일컬어지리라."[5] 이와 마찬가지로 다음 말씀도 동일합니다. "주 예수 그리스도의 은혜와 하나님의 사랑과 성령의 교통하심이 너희 무리와 함께 있을지어다."[6] "하늘에서 증언하시는 세 분이 계십니다. 곧 아버지와 말씀과 성령이십니다. 이 셋은 하나입니다."[7] 우리는 이 모든 말씀을 통해 한 분이시며 유일하신 하나님의 신적 본질 안에 세 위격이 계심을 배우게 됩니다. 비록 이 교리가 모든 인간의 이해를 초월하지만 그

럼에도 우리는 지금 하나님의 말씀이라는 방편을 통해 이 진리를 믿으며 장차 하늘에서 이 진리에 대한 완벽한 지식과 그 은덕을 누리게 될 것을 기대합니다.[8]

더욱이 우리는 우리를 향하신 이 세 위격의 특별한 직무와 활동을 주목해야 합니다. 아버지 하나님은 그분의 능력으로 말미암아 창조주로 불립니다.[9] 아들은 그의 피로 말미암아 우리 구주요 구속자로 불립니다.[10] 성령님은 우리 마음속에 거하심으로 성화주가 되십니다.[11]

이 거룩한 삼위일체 교리는 사도 시대로부터 오늘날에 이르기까지 유대인들과 무슬림들, 그리고 정통 교부들에게 합당한 정죄를 받았던 마르시온, 마니교, 프락세아스, 사벨리우스, 사모사타의 바울, 아리우스와 같은 거짓 그리스도인들과 이단들에 대항하여 참된 교회에 의해 변호받고 보존되어 왔습니다.

그러므로 이 교리 안에서 우리는 세 가지 신경, 즉 사도신경, 니케아 신경, 아타나시우스 신경을 기꺼이 받아들입니다. 또한 이 신경들과 조화를 이루는 것으로써 교부들이 인정한 다른 신경들도 받아들이는 바입니다.

---

[1] 창 1:26-27
[2] 창 3:22
[3] 마 3:16-17
[4] 마 28:19
[5] 눅 1:35
[6] 고후 13:13
[7] 요일 5:7
[8] 시 45:8; 사 61:1
[9] 전 12:3; 말 2:10; 벧전 1:2
[10] 벧전 1:2; 요일 1:7; 4:14
[11] 고전 6:11; 벧전 1:2; 갈 4:6; 딛 3:5; 롬 8:9; 요 14:16

벨직 신앙 고백서 (1561)	하이델베르크 요리 문답 (1563)	제2 스위스 신앙 고백서 (1566)	도르트 신경 (1619)

성자 하나님의 신성

10항 예수 그리스도는 참 되고 영원하신 하나님입 니다

우리는 예수 그리스도가 그분의 신성에 따라 하나 님의 독생자이시고,[1] 영원 으로부터 나셨으며,[2] 지음 받거나 창조되지 않으셨 고(만일 그렇다면 그분은 피조물이 되어야 할 것이 다), 성부와 동일한 본질이 시며,[3] 동등하게 영원하시 고,[4] 그 본체의 형상이시 며, 하나님의 영광의 광채 시고,[5] 모든 것에서 성부와 동등하신 분이심을 믿습 니다.[6] 그분은 우리의 본성 을 취하실 때부터가 아니 라 영원 전부터 하나님의 아들이셨습니다.[7] 우리가 다음 성경 구절의 증거들 을 비교할 때 이것을 알 수 있습니다. 모세는 하나님 이 세상을 창조하셨다고 말합니다.[8] 또한 사도 요한 은 말씀이신 하나님이 만 물을 지으셨다고 말합니 다.[9] 히브리서 기자는 하나 님이 예수 그리스도로 말 미암아 모든 세계를 지으 셨다고 말합니다.[10] 또한 사도 바울은 하나님이 예 수 그리스도로 말미암아 만물을 창조하셨다고 말

17문. 중보자이신 그리스 도는 왜 동시에 참 하나님 이어야 합니까?

답. 그분의 신적인 능력으 로 하나님의 진노의 무게 를 그분의 인성에 짊어지 시기 위함입니다.[1] 그리고 우리를 위한 의와 생명을 얻어 우리를 회복시키시 기 위함입니다.[2]

———
[1] 벧전 3:18; 행 2:24; 사 53:8
[2] 요일 1:2; 렘 23:6; 딤후 1:10; 요 6:51

18문. 그렇다면 참 하나님 이면서 동시에 참으로 의 로운 사람이신 이 중보자 는 누구십니까?

답. "하나님으로부터 나와 서 우리에게 지혜와 의로 움과 거룩함과 구원함이 되신"[1] 우리 주 예수 그리 스도이십니다.[2]

———
[1] 고전 1:30
[2] 마 1:23; 딤전 3:16; 눅 2:11

33문. 우리 역시 하나님의 자녀인데, 왜 그리스도만 하나님의 독생자라고 불 립니까?

답. 오직 그리스도만이 영 원하신 하나님의 참 아들 이시기 때문입니다.[1] 하지 만 우리는 은혜로 말미암

11장 참 하나님이자 사람이시고 온 세상의 구주 이신 예수 그리스도에 관하여

1항 더 나아가 우리는 우리 주 예수 그리스도이신 하나님의 아들께서 영원 전부터 성부의 예정과 정하심을 통해 세상의 구주가 되셨다는 것을 믿 고 가르칩니다. 그리고 우리는 성자께서 동정녀 마리아에게서 육체로 태어나셨을 때와 세상의 기 초가 놓이기 직전뿐만 아니라 영원 전부터 말로 는 전혀 표현할 수 없는 방식으로 성부 하나님으 로부터 나셨음을 믿습니다. 그렇기에 이사야 선 지자는 "누가 그의 세대를 말할 수 있으리오?"라 고 말하는 것입니다(사 53:8). 그리고 미가 선지자 역시 "그의 근본은 상고에, 영원에 있느니라"고 말했습니다(미 5:2). 사도 요한은 "태초에 말씀이 계시니라 이 말씀이 하나님과 함께 계셨으니 이 말씀은 곧 하나님이시니라"고 했습니다(요 1:1).

2항 그러므로 그분의 신성에 관한 한 성자는 성 부와 똑같이 동등하고 동일한 본체십니다. 성자 는 다만 이름뿐이거나 양자 됨으로나 특별한 호 의를 통해서 참 하나님인 것이 아니라 그 본체와 본성이 참 하나님입니다(빌 2:6). 심지어 사도조 차 다른 곳에서 "그는 참 하나님이시요 영생이시 라"고 말했습니다(요일 5:20). 바울 사도 역시 "이 모든 날 마지막에는 아들을 통하여 우리에게 말 씀하셨으니 이 아들을 만유의 상속자로 세우시고 또 그로 말미암아 모든 세계를 지으셨느니라 이 는 하나님의 영광의 광채시요 그 본체의 형상이 시라 그의 능력의 말씀으로 만물을 붙드시며 죄 를 정결하게 하는 일을 하시고 높은 곳에 계신 지 극히 크신 이의 우편에 앉으셨느니라"고 말했습 니다(히 1:2-3). 마찬가지로 우리 주님도 복음서에 서 친히 "창세전에 내가 아버지와 함께 가졌던 영 화로써 지금도 아버지와 함께 나를 영화롭게 하

둘째 교리

4항 이 그리스도의 죽으 심이 무한한 가치를 지니 는 이유는 자원하여 죽음 을 겪으신 그리스도께서 우리의 구주가 되시기 위 해 필요한 조건으로 참 사 람이시며 완전히 거룩한 분일 뿐만 아니라 하나님 의 유일한 독생자로서 성 부 하나님과 성령 하나님 과 본질이 같으시고 동등 하게 영원하시며 무한하 신 분이기 때문입니다. 또 한 이 그리스도의 죽으심 은 죄로 인해 우리가 마땅 히 받아야 할 하나님의 진 노와 저주를 그리스도께 서 우리 대신 친히 담당하 셨기 때문에 무한한 가치 를 지닙니다.

웨스트민스터 신앙 고백서 (1647)	웨스트민스터 소요리 문답 (1647)	웨스트민스터 대요리 문답 (1648)

8장 중보자이신 그리스도에 관하여

2항 삼위 가운데 제2위이신 성자께서는 참 되시고 영원하신 하나님으로서 성부와 본 질이 같고 동등하시며, 때가 차매 인간의 본 질적 속성과 그에 따른 일반적인 연약함을 동반한 인성을 취하셨으나[1] 죄는 없으십니 다.[2] 성자께서는 성령의 능력으로 동정녀 마리아의 몸의 형질을 가지고 마리아의 복 중에서 잉태되셨습니다.[3] 이에 따라 온전하 고 완전하며 구별되는 두 본성인 신성과 인 성이 변환이나 혼합이나 혼동 없이 한 분 안 에서 나뉠 수 없게 결합되었습니다.[4] 이 위 는 참 하나님인 동시에 참 사람이시며, 동시 에 한 분 그리스도시요, 하나님과 사람 사이 의 유일한 중보자이십니다.[5]

———
[1] 요 1:1, 14; 요일 5:20; 빌 2:6; 갈 4:4
[2] 히 2:14, 16-17; 4:15
[3] 눅 1:27, 31, 35; 갈 4:4
[4] 눅 1:35; 골 2:9; 롬 9:5; 벧전 3:18; 딤전 3:16
[5] 롬 1:3-4; 딤전 2:5

21문. 하나님이 택하신 자들의 구속자는 누 구십니까?

답. 하나님이 택하신 자들의 유일한 구속자 는 하나님의 영원한 아들이시요, 사람이 되 셨으나[1] 한 분 안에서 구별되는 두 본성으로 영원토록 계속해서 하나님과 사람이 되시 는[2] 주 예수 그리스도이십니다.[3]

———
[1] 요 1:14; 갈 4:4
[2] 롬 9:5; 눅 1:35; 골 2:9; 히 7:24-25
[3] 딤전 2:5-6

11문. 성자와 성령 하나님이 성부 하나님 과 동등하다는 사실은 어떻게 나타납니까?

답. 성경은 오직 하나님에게만 고유하게 합당한 그 이름들과[1] 속성들,[2] 사역들,[3] 그 리고 예배를[4] 그분들에게도 돌림으로 성부 하나님과 동등하시다는 것을 명백하게 표 현합니다.

———
[1] 사 6:3, 5, 8을 다음 구절들과 비교하라. 요 12:41; 행 28:25; 요일 5:20; 행 5:3-4
[2] 요 1:1; 사 9:6; 요 2:24-25; 고전 2:10-11
[3] 골 1:16; 창 1:2
[4] 마 28:19; 고후 13:14(13)

36문. 은혜 언약의 중보자는 누구십니까?

답. 은혜 언약의 유일한 중보자는 성부 하 나님과 동일한 본질을 지니시고 동등하며[1] 영원하신 아들로서 때가 차매 사람이 되셨 고[2] 과거에도 지금도 영원히 하나님과 사 람이라는, 전적으로 구별된 두 본성을 지니 신 한 분[3] 주 예수 그리스도이십니다.[4]

———
[1] 요 1:1, 14; 10:30; 빌 2:6
[2] 갈 4:4
[3] 눅 1:35; 롬 9:5; 골 2:9; 히 7:24-25
[4] 딤전 2:5

38문. 왜 중보자께서는 반드시 하나님이어 야만 했습니까?

답. 중보자께서 반드시 하나님이어야 했던 것은 그분이 하나님의 무한한 진노와 죽음 의 권세 아래로 침몰하지 않도록 인간의 본 성을 보존하고 유지시킬 수 있게 하기 위함 입니다.[1] 또한 그분의 고난과 순종과 중보 에 가치와 효력을 부여할 수 있게 하기 위 함입니다.[2] 그리고 하나님의 공의를 만족시 키며,[3] 그분의 은총을 확보하고,[4] 자기 백성

벨직 신앙 고백서 (1561)	하이델베르크 요리 문답 (1563)	제2 스위스 신앙 고백서 (1566)	도르트 신경 (1619)
합니다.[11] 그러므로 하나님, 말씀, 아들, 예수 그리스도라고 불리시는 분은 만물이 그분으로 말미암아 창조될 때 이미 계셨다는 사실이 반드시 따라옵니다.[12] 그러므로 미가 선지자는 그분의 근본이 상고에, 영원에 있다고 말합니다.[13] 또한 사도는 그분이 생의 시작이 없고 끝도 없다고 말합니다.[14] 그러므로 그분은 참되고 영원하신 하나님, 전능하신 분, 우리가 기도하고 예배하고 섬기는 분이 되십니다.	아 그리스도로 인해 입양된 하나님의 자녀입니다.[2] ___ [1] 요 1:1; 히 1:2 [2] 롬 8:15-17; 엡 1:5-6	옵소서"라고 말씀하셨습니다(요 17:5). 또한 다른 곳에도 이렇게 기록되어 있습니다. "유대인들이 이로 말미암아 더욱 예수를 죽이고자 하니 이는 …… 하나님을 자기의 친아버지라 하여 자기를 하나님과 동등으로 삼으심이러라"(요 5:18). 3항 그러므로 우리는 성자 하나님을 대적하며 떠드는 신성 모독적인 아리우스의 교리와 모든 아리우스주의자의 교리를 혐오합니다. 그리고 특히 스페인 출신인 미카엘 세르베투스의 참람함과 그의 동조자도 혐오하는데, 사탄은 사실상 이들을 통해서 지옥에서 나와 온 세상으로 퍼져 나가면서 가장 뻔뻔스럽고도 사악하게 성자를 대적하고 있습니다.	
___ [1] 요 1:18, 49 [2] 요 1:14; 골 1:15 [3] 요 10:30; 빌 2:6 [4] 요 1:2; 17:5; 계 1:8 [5] 히 1:3 [6] 빌 2:6 [7] 요 8:23, 58; 9:35-37; 행 8:37; 롬 9:5 [8] 창 1:1 [9] 요 1:3 [10] 히 1:2 [11] 골 1:16 [12] 골 1:16 [13] 미 5:2 [14] 히 7:3			

성령 하나님의 신성

11항 성령은 참되시고 영원하신 하나님입니다 우리는 또한 성령이 영원으로부터 성부와[1] 성자에	**53문. 성령 하나님에 관하여 당신은 무엇을 믿습니까?** 답. 첫째, 성령님은 성부와		

웨스트민스터 신앙 고백서 (1647)	웨스트민스터 소요리 문답 (1647)	웨스트민스터 대요리 문답 (1648)
		을 속량하며,[5] 그들에게 그분의 성령을 주시고,[6] 그들의 모든 대적을 정복하며,[7] 그들에게 영원한 구원을 주시기 위함입니다.[8] ——— [1] 행 2:24-25; 롬 1:4; 4:25; 히 9:14 [2] 행 20:28; 히 9:14; 7:25-28 [3] 롬 3:24-26 [4] 엡 1:6; 마 3:17 [5] 딛 2:13-14 [6] 갈 4:6 [7] 눅 1:68-69, 71, 74 [8] 히 5:8-9; 9:11-15 **40문. 왜 중보자께서 반드시 한 인격 안에서 하나님이자 사람이셔야 했습니까?** 답. 하나님과 인간을 화목시켜야 하는 중보자는 반드시 그 자신이 하나님이자 사람이셔야 했으며 한 인격을 지녀야 했는데, 그 이유는 신성과 인성 각 본성의 고유한 사역이 전인의 사역으로서[1] 우리를 위해 하나님에게 받아들여지시고[2] 우리가 의존할 수 있게 하기 위해서였습니다. ——— [1] 벧전 2:6 [2] 마 1:21, 23; 3:17; 히 9:14
		11문. 성자와 성령 하나님이 성부 하나님과 동등하다는 사실은 어떻게 나타납니까? 답. 성경은 오직 하나님에게만 고유하게 합당한 그 이름들과[1] 속성들,[2] 사역들,[3] 그

벨직 신앙 고백서 (1561)	하이델베르크 요리 문답 (1563)	제2 스위스 신앙 고백서 (1566)	도르트 신경 (1619)
게서[2] 나오신다는 것을 믿고 고백합니다. 성령은 지음받거나 창조되거나 출생하신 것이 아니라 성부와 성자로부터 나오셨습니다. 그러므로 성경이 우리에게 가르치는 바와 같이, 성령은 성삼위일체의 세 번째 위격이시며, 본질과 위엄과 영광에서 성부와 성자와 하나이시고 동일하시며, 참되고 영원하신 하나님이십니다.[3] ――― [1] 시 33:6, 17; 요 14:16 [2] 갈 4:6; 롬 8:9; 요 15:26 [3] 창 1:2; 사 48:16; 61:1; 행 5:3-4; 28:25; 고전 3:16; 6:19; 시 139:7	성자와 함께 참되고 동등하게 영원하신 하나님임을 믿습니다.[1] 둘째, 성령님은 내게 임하셔서[2] 참된 믿음으로 말미암아 그리스도와 그분의 모든 은덕에 참여하는 자가 되게 하시며,[3] 나를 위로하시고,[4] 나와 함께 영원히 거하심을 믿습니다.[5] ――― [1] 창 1:2; 사 48:16; 고전 3:16 [2] 마 28:19; 고후 1:22 [3] 갈 3:14; 벧전 1:2 [4] 행 9:31 [5] 요 14:16; 벧전 4:14		

하나님의 작정과 예정

16항 영원한 선택

우리는 아담의 모든 후손들이 첫 조상의 죄로 말미암아 파멸과 멸망에 떨어졌음을 믿으며, 그 후에 하나님이 자신을 나타내 보이셨는데 그분의 속성대로 자비로우시고 공의로우신 분으로 나타내셨음을 믿습니다.[1] 하나님은 그분의 영원하고 불변하는 경륜에 따라 그들의 행위를 전혀 고려하지 않으시고, 오직 자신의 선하심

54문. 당신은 그리스도의 "거룩한 공회"에 관해 무엇을 믿습니까?

답. 나는 세상의 시작부터 마지막까지[1] 하나님의 아들께서[2] 온 인류 가운데[3] 영원한 생명을 받도록[4] 택하신 교회를 참된 믿음으로 하나가 되도록 자신의 성령과 말씀으로[5] 모으시며[6] 보호하시고 보존하신다는 것을 믿습니다.[7] 그리고 나는 지금 이 교회의 살아 있는 지체이며 앞으

10장 하나님의 예정과 성도의 선택에 관하여

1항 태초에 하나님은 오직 그분의 은혜를 통해 무조건적으로 사람과는 상관없이 그리스도 안에서 구원하실 성도를 예정 또는 선택하셨습니다. 사도의 말에 따르면, 하나님은 "창세전에 그리스도 안에 우리를 택하셨[습니다]"(엡 1:4). 또한 "하나님이 우리를 구원하사 거룩하신 소명으로 부르심은 우리의 행위대로 하심이 아니요 오직 자기의 뜻과 영원 전부터 그리스도 예수 안에서 우리에게 주신 은혜대로 하심이라 이제는 우리 구주 그리스도 예수의 나타나심으로 말미암아 나타났으니 그는 사망을 폐하시고 복음으로써 생명과 썩지 아니할 것을 드러내[셨다]"고 했습니다(딤후 1:9-10).

첫째 교리

6항 어떤 이들은 하나님의 믿음의 선물을 받고 또 어떤 이들은 그것을 받지 못하는 것은 하나님의 영원한 작정에 따른 일입니다. "예로부터 이것을 알게 하시는 주의 말씀이라 함과 같으니라"(행 15:18). "모든 일을 그의 뜻의 결정대로 일하시는 이의 계획을 따라 우리가 예정을 입어 그 안에서 기업이 되었으니"(엡 1:11). 이러한 각각

웨스트민스터 신앙 고백서 (1647)	웨스트민스터 소요리 문답 (1647)	웨스트민스터 대요리 문답 (1648)
		리고 예배를[4] 그분들에게도 돌림으로 성부 하나님과 동등하시다는 것을 명백하게 표현합니다. ——— [1] 사 6:3, 5, 8을 다음 구절들과 비교하라. 요 12:41; 행 28:25; 요일 5:20; 행 5:3-4 [2] 요 1:1; 사 9:6; 요 2:24-25; 고전 2:10-11 [3] 골 1:16; 창 1:2 [4] 마 28:19; 고후 13:14(13)

3장 하나님의 영원한 작정에 관하여

1항 하나님은 영원 전부터 그분이 뜻하신 지극히 지혜롭고 거룩한 경륜을 따라 일어날 모든 일을 자유롭고 불변하게 정하셨습니다.[1] 그럼에도 이 때문에 하나님이 죄의 조성자가 되시는 것은 아니며,[2] 피조물의 의지를 힘으로 강제하지도 않으십니다. 모든 제2원인의 자유나 우연성이 제거되는 것은 더더욱 아니며, 오히려 그것이 확립됩니다.[3]

———
[1] 엡 1:11; 롬 11:33; 히 6:17; 롬 9:15, 18
[2] 약 1:13, 17; 요일 1:5
[3] 행 2:23; 마 17:12; 행 4:27-28; 요 19:11; 잠 16:33

7문. 하나님의 작정은 무엇입니까?

답. 하나님의 작정은 그분 뜻의 경륜에 따른 하나님의 영원한 목적으로, 그분은 자신의 영광을 위해 발생할 모든 일을 미리 정하셨습니다.[1]

———
[1] 엡 1:4, 11; 롬 9:22-23

8문. 하나님은 그분의 작정을 어떻게 시행하십니까?

답. 하나님은 그분의 작정을 창조와 섭리의 사역을 통해 시행하십니다.

12문. 하나님의 작정은 무엇입니까?

답. 하나님의 작정은 그분 뜻의 경륜에 따른 지혜롭고 자유로우며 거룩한 행위로,[1] 영원부터 하나님은 자신의 영광을 위해 때가 차매 발생할 모든 일,[2] 특별히 천사들과 사람들에 관한 모든 일을 불변하게 정하셨습니다.

———
[1] 엡 1:11; 롬 11:33; 9:14-15, 18
[2] 엡 1:4, 11; 롬 9:22-23; 시 33:11

13문. 하나님이 특별히 천사들과 사람들에 관해 정하신 작정은 무엇입니까?

답. 하나님은 때가 차면 분명히 나타날 순

벨직 신앙 고백서 (1561)	하이델베르크 요리 문답 (1563)	제2 스위스 신앙 고백서 (1566)	도르트 신경 (1619)

벨직 신앙 고백서 (1561)

으로 인해 예수 그리스도 우리 주 안에서 선택하신 모든 자들을 구원하고 보존하시기 때문에 자비로우십니다.[2] 또한 하나님은 다른 사람들을 그들이 스스로 빠져든 타락과 멸망 가운데 내버려 두심으로 공의로우십니다.[3]

———

[1] 롬 9:18, 22-23; 3:12
[2] 롬 9:15-16; 11:32; 엡 2:8-10; 시 100:3; 요일 4:10; 신 32:8; 삼상 12:22; 시 115:5; 말 1:2; 딤후 1:9; 롬 8:29; 9:11, 21; 11:5-6; 엡 1:4; 딛 3:4-5; 행 2:47; 13:48; 딤후 2:19-20; 벧전 1:2; 요 6:27; 15:16; 17:9
[3] 롬 9:17-18; 딤후 2:20

하이델베르크 요리 문답 (1563)

로도 영원히 그렇게 남아 있을 것을 믿습니다.[8]

———

[1] 창 26:4
[2] 요 10:11
[3] 신 10:14-15
[4] 행 13:48
[5] 사 59:21
[6] 롬 9:24; 엡 1:10
[7] 요 10:16
[8] 고전 1:8-9; 롬 8:35

제2 스위스 신앙 고백서 (1566)

2항 그러므로 하나님은 우리의 어떤 공로나 수단, 방편 때문이 아니라 그리스도 안에서, 그리스도로 인하여 우리를 택하셨습니다. 그리고 이제 믿음을 통해 그리스도께 접붙여지는 그들은 또한 선택받은 사람들입니다. 그러나 그리스도를 소유하지 못한 자들은 버림받는데, 이는 사도가 다음과 같이 말한 대로입니다. "너희는 믿음 안에 있는가 너희 자신을 시험하고 너희 자신을 확증하라 예수 그리스도께서 너희 안에 계신 줄을 너희가 스스로 알지 못하느냐 그렇지 않으면 너희는 버림받은 자니라"(고후 13:5).

3항 결론적으로 말하자면, 성도는 하나님에 의해 그리스도 안에서 선택을 입어 확실한 목표에 도달하는데, 사도는 이를 다음과 같이 선언합니다. "곧 창세전에 그리스도 안에서 우리를 택하사 우리로 사랑 안에서 그 앞에 거룩하고 흠이 없게 하시려고 그 기쁘신 뜻대로 우리를 예정하사 예수 그리스도로 말미암아 자기의 아들들이 되게 하셨으니"(엡 1:4-5).

4항 비록 하나님이 누가 자신에게 속한지 알고 계시며 그때나 지금이나 택함받은 무리가 소수라고 언급되었다 할지라도, 우리는 모든 사람에게 소망을 가져야 하며 함부로 어떤 사람을 버림받은 자라고 판단해서는 안 됩니다. 바울은 빌립보 교인들에게 이렇게 말합니다. "내가 너희를[지금 바울은 빌립보 교회 교인 전체를 향해 말하고 있습니다] 생각할 때마다 나의 하나님께 감사하며 간구할 때마다 너희 무리를 위하여 기쁨으로 항상 간구함은 너희가 첫날부터 이제까지 복음을 위한 일에 참여하고 있기 때문이라 너희 안에서 착한 일을 시작하신 이가 그리스도 예수의 날까지 이루실 줄을 우리는 확신하노라 내가 너희 무리를 위하여 이와 같이 생각하는 것이 마땅하니 이는 너희가 내 마음에 있음이며 나의 매임과 복음을 변명함과 확정함에 너희가 다 나와 함께 은혜에 참여한 자가 됨이라"(빌 1:3-7).

도르트 신경 (1619)

의 작정에 따라 하나님은 그들의 마음이 얼마나 완고하든 간에 하나님의 은혜 가운데 택하신 자들의 마음을 부드럽게 하셔서 믿을 수 있게 하시는 반면, 택하지 않으신 자들은 하나님의 공의로운 심판에 따라 그들 자신의 완악함과 완고함 가운데 내버려 두십니다. 여기에서 똑같이 멸망당해 마땅한 모든 사람을 구별하시는 심오하고도 자비로우며 공의로운 하나님의 행위가 특별히 드러납니다. 또는 계시된 하나님 말씀에 따라 우리는 이것을 선택과 유기의 작정이라 부릅니다. 악하고 불결하며 요동하는 마음을 가진 자들은 그들 스스로의 멸망에 빠지지만 거룩하고 경건한 영혼들은 말로 형언할 수 없는 위로를 받게 됩니다.

7항 선택은 하나님의 변하지 않는 결정으로, 창세전에 하나님은 오직 은혜로 그분의 자유롭고 선한 뜻에 따라, 원래의 흠 없는 상태에서 자신들의 잘못으로 죄와 파멸에 빠진 온 인류 가운데 정하신 수의 사람들을 중보자이자 택자의 머리이시며 구원의 기초로 지정되신 그리스도 안에서 구원하기로 택

웨스트민스터 신앙 고백서 (1647)	웨스트민스터 소요리 문답 (1647)	웨스트민스터 대요리 문답 (1648)

[왼쪽 칸]

2항 하나님은 가정할 수 있는 모든 조건에서 일어나거나 또는 일어날 가능성이 있는 모든 일을 알고 계시지만[1] 그 일들이 미래에 일어날 것임을 미리 아시기 때문에 또는 그러한 조건에서 일어날 것이라고 아시기 때문에 작정하신 것은 아닙니다.[2]

―――
[1] 행 15:18; 삼상 23:11-12; 마 11:21, 23
[2] 롬 9:11, 13, 16, 18

3항 하나님의 영광을 드러내기 위한 하나님의 작정으로 말미암아 어떤 사람들과 천사들은 영원한 생명에 이르도록 예정되었습니다.[1] 그리고 다른 사람들과 천사들은 영원한 죽음에 이르도록 예정되었습니다.[2]

―――
[1] 딤전 5:21; 마 25:41
[2] 롬 9:22-23; 엡 1:5-6; 잠 16:4

4항 이렇게 예정되고 미리 정해진 천사들과 사람들은 특별히 그리고 불변하게 지정되었고, 따라서 그들의 수는 매우 확실하고 한정되어 있기 때문에 그 수가 증가하거나 감소할 수 없습니다.[1]

―――
[1] 딤후 2:19; 요 13:18

5항 하나님은 창세전에 영원하고 불변하는 목적과 비밀한 경륜, 그리고 그분의 선하고 기쁜 뜻에 따라 생명을 얻도록 예정된 인류를 영원한 영광에 이르도록,[1] 그들에게 있는 믿음과 선행과 인내나 피조물에게 있는 어떤 것을 미리 아심 없이 그것 때문에 하나님의 마음을 움직이게 할 조건이나 원인으로 삼지 않으시고, 오직 그리스도 안에서 그분의 순전하고 무조건적인 은혜와 사랑으로 선택하셨습니다.[2] 그리고 이 모든 것은 하나님의 영광스러운 은혜를 찬양하기 위함입니다.[3]

[오른쪽 칸]

전한 사랑에서 흘러나오는 영원하고 불변한 작정에 의해 천사 가운데 일부를 영광으로 선택하셔서 그분의 영광스러운 은총을 찬양하게 하셨습니다.[1] 또한 그리스도 안에서 사람 가운데 일부를 영원한 생명으로 선택하시고 그 방편도 선택하셨습니다.[2] 그리고 하나님은 그분의 주권적 능력과 그분 뜻의 측량치 못할 경륜(이에 의해 하나님이 기뻐하시는 대로 은총을 베풀기도 하시고 거두기도 하십니다)에 따라 나머지를 지나치셨고, 그분의 공의의 영광을 찬양하며 그들의 죄에 형벌을 가함으로 불명예와 진노를 받도록 미리 정하셨습니다.[3]

―――
[1] 딤전 5:21
[2] 엡 1:4-6; 살후 2:13-14
[3] 롬 9:17-18, 21-22; 마 11:25-26; 딤후 2:20; 유 4절; 벧전 2:8

14문. 하나님은 그분의 작정을 어떻게 시행하십니까?
답. 하나님은 그분의 오류 없는 미리 아심과 그 자신의 뜻의 자유롭고 변하지 않는 경륜에 따라 창조와 섭리의 사역을 통해 그분의 작정을 시행하십니다.[1]

―――
[1] 엡 1:11

벨직 신앙 고백서 (1561)	하이델베르크 요리 문답 (1563)	제2 스위스 신앙 고백서 (1566)	도르트 신경 (1619)

제2 스위스 신앙 고백서 열:

5항 그리고 그리스도께서는 구원받을 자가 적을 것인지에 관해 질문받으셨을 때, 구원받을 자나 저주받을 자의 많고 적음에 관해 답하지 않으시고 오직 각 사람에게 "좁은 문으로 들어가기를 힘쓰라"고 권면하셨습니다(눅 13:24). 이는 마치 주님이 "너희는 이 문제를 함부로 판단하려 하지 말고 좁은 문을 통해 천국에 들어가는 것에 힘쓰라"고 말씀하신 것과 같습니다.

6항 그러므로 우리는 "택함받은 자가 소수에 불과하고 내가 이 소수에 들어 있는지 아닌지 확신할 수 없으니 나는 본성의 욕망을 억제하지 않겠다"고 말하는 악인의 말을 용납하지 않습니다. 또 어떤 이들은 "만일 내가 하나님의 예정과 택하심을 받았다면, 그 무엇도 이미 확실하게 보장받은 구원에서 나를 방해하지 못하므로 나는 이제 어느 때라도 내가 원하는 모든 것을 마음대로 할 수 있다"고 말합니다. 또한 "만일 내가 버림받은 자의 무리에 속했다면, 하나님의 작정은 변할 수 없기에 믿음이나 회개가 나에게 도움이 되지 않을 것"이며, 따라서 모든 가르침이나 훈계도 쓸데없을 것이라고 말하는 자도 있을 것입니다. 하지만 이런 사람들을 반대하며 사도는 다음과 같이 말하고 있습니다. "주의 종은 마땅히 다투지 아니하고 모든 사람에 대하여 온유하며 가르치기를 잘하며 참으며 거역하는 자를 온유함으로 훈계할지니 혹 하나님이 그들에게 회개함을 주사 진리를 알게 하실까 하며 그들로 깨어 마귀의 올무에서 벗어나 하나님께 사로잡힌 바 되어 그 뜻을 따르게 하실까 함이라"(딤후 2:24-26).

7항 게다가 아우구스티누스도 값없는 선택의 은혜나 예정과 더불어서 건전한 교훈과 교리가 전파되어야 할 것을 가르쳤습니다(「견인의 축복에 관하여」, 14장).

8항 그러므로 우리는 자신이 영원 전에 선택받았는지에 관해, 그리고 태초에 만물이 시작되기 전

하셨습니다.

이 택함받은 사람들은 택함받지 않은 사람들보다 훌륭하거나 나은 대접을 받아야 하는 이들이 아니고, 그저 동일한 비참에 빠져 있었습니다. 그런데 하나님이 그들을 그리스도께 주어 그리스도에 의해 구원을 얻고 효과적으로 부르심을 받으며 그분의 말씀과 영으로 그리스도와 교제할 수 있도록 그들에게 참된 믿음과 칭의와 성화를 주시고, 하나님의 아들과 교제 가운데 강력하게 보존시키셔서 마침내 하나님의 자비와 영광스러운 은혜의 풍성함으로 말미암아 찬송받으시기 위해 이 모든 일을 작정하셨습니다. 성경에는 다음과 같이 기록되어 있습니다. "곧 창세전에 그리스도 안에서 우리를 택하사 우리로 사랑 안에서 그 앞에 거룩하고 흠이 없게 하시려고 그 기쁘신 뜻대로 우리를 예정하사 예수 그리스도로 말미암아 자기의 아들들이 되게 하셨으니 이는 그가 사랑하시는 자 안에서 우리에게 거저 주시는 바 그의 은혜의 영광을 찬송하게 하려는 것이라"(엡 1:4-6). 그리고 다른 곳에도 이렇게 기록되어 있습니다. "또 미

웨스트민스터 신앙 고백서 (1647)	웨스트민스터 소요리 문답 (1647)	웨스트민스터 대요리 문답 (1648)

---
[1] 엡 1:4, 9, 11; 롬 8:30; 딤후 1:9; 살전 5:9
[2] 롬 9:11, 13, 16; 엡 1:4, 9
[3] 엡 1:6, 12

6항 하나님은 택하신 자들이 영광에 이르도록 정하셨을 뿐만 아니라 그분이 뜻하신 영원하고 지극히 자유로운 목적에 따라 그 모든 수단도 미리 정하셨습니다.[1] 그러므로 하나님에게 택함받은 사람들은 비록 아담 안에서 타락했지만 그리스도로 말미암아 구속을 받으며,[2] 뜻하신 때에 역사하시는 성령님으로 말미암아 그리스도를 믿는 믿음으로 효과 있게 부르심을 받고, 의롭다 하심을 받으며, 입양되고, 거룩해지며,[3] 성령님의 능력으로 믿음을 통해 구원에 이르기까지 보호받습니다.[4] 오직 택함받은 사람들 외에는 그 누구도 그리스도로 말미암아 구속을 받거나, 효과적으로 부르심을 받거나, 의롭다 함을 받거나, 입양되거나, 거룩해지거나, 구원을 얻지 못합니다.[5]

---
[1] 벧전 1:2; 엡 1:4-5; 2:10; 살후 2:13
[2] 살전 5:9-10; 딛 2:14
[3] 롬 8:30; 엡 1:5; 살후 2:13
[4] 벧전 1:5
[5] 요 17:9; 롬 8:28-39; 요 6:64-65; 10:26; 8:47; 요일 2:9

7항 하나님은 모든 피조물을 다스리시는 그분의 주권적 능력의 영광을 위하여, 자비를 베풀기도 하시고 거두기도 하시는 그분 뜻의 측량할 수 없는 경륜에 따라 나머지 인류를 지나치는 것을 기뻐하셨습니다. 하나님은 그분의 영광스러운 공의를 찬미하게 하시기 위해 그들의 죄로 말미암아 그들이 당할 불명예와 진노를 받도록 작정하는 것을 기뻐하셨습니다.[1]

---
[1] 마 1:25-26; 롬 9:17-18, 21-22; 딤후 2:19-20; 유 4절; 벧전 2:8

벨직 신앙 고백서 (1561)	하이델베르크 요리 문답 (1563)	제2 스위스 신앙 고백서 (1566)	도르트 신경 (1619)
		에 하나님이 작정을 하셨는지에 관해 그리스도 외에 다른 곳에서 찾는 이들을 정죄합니다. 사람들은 반드시 선포된 복음을 들어야 하고 그것을 믿어야만 합니다. 만일 당신이 복음을 믿고 그리스도 안에 있는 자라면, 당신은 선택받은 자임을 의심하지 않고 분명하게 확신할 수 있습니다. 사도가 지금까지 우리가 볼 수 있도록 디모데후서 1장 9-10절에서 말한 것처럼 성부께서는 그분의 예정의 영원하신 결정을 그리스도 안에서 우리에게 계시해 주셨기 때문입니다. 그러므로 그리스도 안에서 우리를 향하신 성부의 위대한 사랑이 얼마나 위대하게 계시되었는지는 가르침이나 저울에 달아보는 수준을 넘어섭니다. 우리는 주님이 날마다 그분의 복음을 통해 우리에게 말씀하시는 것을 들어야 합니다. 주님은 이렇게 부르시고 말씀하십니다. "수고하고 무거운 짐 진 자들아 다 내게로 오라 내가 너희를 쉬게 하리라"(마 11:28). 또 "하나님이 세상을 이처럼 사랑하사 독생자를 주셨으니 이는 그를 믿는 자마다 멸망하지 않고 영생을 얻게 하려 하심이라"라고 말씀하셨습니다(요 3:16). 계속해서 "이와 같이 이 작은 자 중의 하나라도 잃는 것은 하늘에 계신 너희 아버지의 뜻이 아니니라"고 하셨습니다(마 18:14). 9항 그러므로 우리는 우리의 예정을 바라볼 수 있도록 그리스도를 우리의 거울로 삼아야 합니다. 우리가 참된 믿음으로 말미암아 그리스도와 더불어 교제를 나누며, 그리스도가 우리의 것이고 우리가 그분의 것임을 확신한다면, 우리가 생명책에 기록되어 있다는 가장 명백하고 확실한 증언을 갖게 될 것입니다. 우리가 시험 중에 있을 때에도 예정에 관한 이 진리가 우리의 위로가 되게 하십시오. 그러면 다른 어떤 것도 더 이상 위험이 되지 못할 것입니다. 하나님의 약속은 모든 믿는 자의 것입니다. 주님은 이렇게 말씀하십니다. "내가 또 너희에게 이르노니 구하라 그러면 너희에게 주실 것이요 찾으라 그러면 찾아낼 것이요 문을 두드리라 그러면 너희에게 열릴 것이니 구하	리 정하신 그들을 또한 부르시고 부르신 그들을 또한 의롭다 하시고 의롭다 하신 그들을 또한 영화롭게 하셨느니라"(롬 8:30). 8항 다양한 종류의 선택은 없으며, 구약과 신약 아래에서 구원받기로 택함받은 모든 사람에게는 단 하나의, 같은 선택만이 있습니다. 성경은 하나님의 선한 기쁨과 목적과 경륜의 뜻이 하나라고 선언하기 때문이며, 이 선택의 작정에 따라 하나님은 우리가 은혜와 영광에 이르고 구원받으며, 우리를 위해 예비하신 구원의 길을 걷도록 우리를 선택하셨습니다. 9항 예정은 사람들이 택함받는 데 반드시 필요한 전제 조건이나 원인이나 상태로서 앞을 내다보신 믿음의 순종이나 거룩, 또는 사람에게 있는 다른 어떤 선한 자질이나 기질에 근거하지 않습니다. 도리어 사람은 믿음과 믿음의 순종과 거룩을 위해 선택받습니다. 따라서 선택은 구원에 따르는 모든 혜택의 근원이며, 믿음과 거룩과 구원의 다른 모든 은사가 선택에서 흘러나오며, 궁극적으로 영생 그 자체도

웨스트민스터 신앙 고백서 (1647)	웨스트민스터 소요리 문답 (1647)	웨스트민스터 대요리 문답 (1648)
8항 지극히 높은 이 예정의 신비한 교리는 말씀에 계시하신 하나님의 뜻에 주의하며 순종하는 사람들이 그들의 효과적인 부르심의 확실성을 통해 자신들의 영원한 선택을 확신할 수 있도록[1] 특별한 사려 분별과 주의를 기울여 다루어져야 합니다.[2] 그럴 때에야, 이 교리가 하나님을 찬양하고 경외하며 경배하게 만들어 줄 것입니다.[3] 또한 복음에 신실하게 순종하는 모든 자를 겸손하고 부지런하게 하며, 그들 모두에게 풍성한 위로를 줄 것입니다.[4] ——— [1] 롬 9:20; 11:33; 신 29:29 [2] 벧후 1:10 [3] 엡 1:6; 롬 11:32 [4] 롬 11:5-6, 20; 벧후 1:10; 롬 8:33; 눅 10:20		

벨직 신앙 고백서 (1561)	하이델베르크 요리 문답 (1563)	제2 스위스 신앙 고백서 (1566)	도르트 신경 (1619)
		는 이마다 받을 것이요 찾는 이는 찾아낼 것이요 두드리는 이에게는 열릴 것이니라"(눅 11:9-10). 결론적으로 우리는 하나님의 모든 교회와 더불어 "하늘에 계신 우리 아버지"를 부르며 기도합니다(마 6:9). 또한 세례를 통해 그리스도의 몸에 접붙임을 받으며, 종종 그분의 교회 안에서 그분의 살과 피를 먹음으로 영생에 이르게 됩니다. 그러므로 우리는 힘을 얻어 바울이 빌립보서 2장 12절에서 "두렵고 떨림으로 너희 구원을 이루라"고 하신 계율의 명령을 지켜야 합니다.	선택의 열매와 효과로서 바로 이 선택에서 흘러나옵니다. 사도에 따르면 다음과 같습니다. "곧 창세 전에 [우리 때문이 아니라] 그리스도 안에서 우리를 택하사 우리로 사랑 안에서 그 앞에 거룩하고 흠이 없게 하시려고"(엡 1:4). 10항 하나님의 선한 기쁨은 바로 이 은혜로운 선택의 유일한 조건으로, 따라서 인간의 모든 가능한 자질과 행위를 구원의 조건으로 삼아 어떤 이들을 선택하신 것이 아닙니다. 하나님은 모두 같은 죄인의 무리 중에서 어떤 사람들을 입양하여 자신의 자녀로 삼으십니다. 이는 다음과 같이 기록된 성경이 증언합니다. "그 자식들이 아직 나지도 아니하고 무슨 선이나 악을 행하지 아니한 때에 ……… 리브가에게 이르시되 큰 자가 어린 자를 섬기리라 하셨나니 기록된 바 내가 야곱은 사랑하고 에서는 미워하였다 하심과 같으니라"(롬 9:11-13). "영생을 주시기로 작정된 자는 다 믿더라"(행 13:48). 11항 하나님은 지극히 지혜로우시고 불변하시며 전지하시고 전능하시기

웨스트민스터 신앙 고백서 (1647)	웨스트민스터 소요리 문답 (1647)	웨스트민스터 대요리 문답 (1648)

도르트 신경(계속)

때문에 그분이 하신 선택은 방해를 받거나 변하거나 철회될 수 없으며, 무효가 될 수도 없습니다. 뿐만 아니라 택함받은 사람들은 버림받을 수 없으며, 그 수가 감소될 수도 없습니다.

12항 각기 다양한 단계와 각기 다른 차이를 보이기는 하지만, 택함받은 자들은 정한 때에 자신의 영원하고 불변하는 선택을 확신하게 됩니다. 이는 하나님에 관한 비밀스럽고 깊은 것을 꼬치꼬치 캐묻는 호기심에 의해서가 아니라, 하나님의 말씀에서 그들 안에 있다고 가리키는 영적 기쁨과 거룩한 즐거움, 그리스도를 믿는 참된 믿음, 자녀로서 품는 경외감, 죄에 대한 경건한 슬픔, 의에 주리고 목마름 등과 같이 선택의 확실한 열매들을 발견함으로 확신하게 되는 것입니다.

13항 이러한 선택을 깨달아 알고 확신하는 것은 하나님의 자녀로 하여금 날마다 하나님 앞에서 겸손하고, 하나님의 측량할 수 없는 깊은 자비하심을 찬양하며, 자신을 정결하게 하고, 그들에게 먼저 그토록 큰 사랑을 보여 주신 하나님에게 뜨거운 사랑으로 다시 감사하게 만들어 줍니다. 따라서 선택 교리를 고찰하는 일이 하나님의 자녀로 하여금 하나님의 계명을 준수하는 데 부주의하게 하거나 육적인 자기 과신에 빠지게 만든다고 할 수 없습니다. 이런 육적 자기 과신은 하나님의 공의로운 심판에 따라 분별없이 선택의 은혜를 받았다고 추정하거나 택함받은 사람들이 가는 길로 걷기를 거절하면서 선택의 은혜에 게으르고 뻔뻔하게 이야기하는 사람들에게 일어납니다.

14항 하나님의 선택 교리는 하나님의 지극히 지혜로운 경륜에 따라 선지자들과 그리스도와 사도들에 의해 선포되었고 구약 성경과 신약 성경에 명백하게 계시되어 있습니다. 따라서 오늘날에도 우리는 여전히 지극히 높으신 하나님의 비밀한 방식을 호기심으로 헛되게 조사하려 해서는 안 되며, 도리어 하나님의 지극히 거룩한 이름에 영광을 돌리고, 하나님의 백성에게 살아 있는 위로를 주기 위해 이러한 가르침을 선포하도록 특별히 세우신 하나님의 교회 안에서 경건하고 거룩한 방법으로 적절한 때와 장소에서 신중하게 하나님의 선택 교리를 가르쳐야 합니다. "이는 내가 꺼리지 않고 하나님의 뜻을 다 여러분에게 전하였음이라"(행 20:27). "깊도다 하나님의 지혜와 지식의 풍성함이여, 그의 판단은 헤아리지 못할 것

이며 그의 길은 찾지 못할 것이로다 누가 주의 마음을 알았느냐 누가 그의 모사가 되었느냐"(롬 11:33-34). "내게 주신 은혜로 말미암아 너희 각 사람에게 말하노니 마땅히 생각할 그 이상의 생각을 품지 말고 오직 하나님께서 각 사람에게 나누어 주신 믿음의 분량대로 지혜롭게 생각하라"(롬 12:3). "하나님은 약속을 기업으로 받는 자들에게 그 뜻이 변하지 아니함을 충분히 나타내시려고 그 일을 맹세로 보증하셨나니 이는 하나님이 거짓말을 하실 수 없는 이 두 가지 변하지 못할 사실로 말미암아 앞에 있는 소망을 얻으려고 피난처를 찾은 우리에게 큰 안위를 받게 하려 하심이라"(히 6:17-18).

15항 우리에게 특별히 강조하고 권하고자 하는 사실은 하나님의 백성에 대한 하나님의 선택이 영원하며, 받을 자격이 없는 자에게 베풀어지는 과분한 은혜가 바로 성경의 명백한 증언이라는 것이며, 뿐만 아니라 모든 사람이 택함받은 것이 아니라 어떤 사람들은 하나님의 택하심을 받지 못하고 그분의 영원한 작정에서 지나쳐 버림을 당한다는 것입니다. 하나님은 주권적이고 지극히 공의로우며, 흠이 없고, 불변하는 자신의 선한 기쁨에 따라 택하지 않으신 자들을 스스로 잘못하여 빠지게 된 그 공통의 비참 가운데 내버려 두기로, 그들에게 구원받는 믿음과 회심하게 하는 은혜를 베풀지 않기로, 마지막에는 하나님의 공의로움을 나타내기 위해 그들의 불신앙과 그들이 저지른 다른 모든 죄로 말미암아 그들을 정죄하시고 그들이 영원히 형벌받게 하기로 작정하셨습니다. 이것이 유기의 작정인데, 이는 하나님을 결코 (매우 신성 모독적인 생각으로서) 죄의 조성자로 만들지 않으며, 도리어 그분을 두렵고 흠 없으시며 공의로 재판하시는 심판자이자 보응하는 분으로 선포합니다.

16항 확실한 영혼의 신뢰, 양심의 평안, 어린 자녀가 부모에게 순종하는 것과 같은 순종의 열심, 그리스도를 통해 하나님에게 영광 돌리는 일과 같은, 그리스도를 믿는 살아 있는 믿음을 경험하지 못하는 사람들이 있습니다. 이들은 그럼에도 유기에 관한 언급으로 놀라지 않아야 하며, 스스로를 유기된 자들 가운데 있는 사람으로 여겨서도 안 되고, 오히려 계속해서 하나님이 우리 안에서 이러한 은사들을 역사하겠다고 주신 수단들을 부지런히 사용하고 그분이 은혜를 더욱 풍성히 베풀어 주시기를 간절히 원하며, 하나님을 경외하면서 하나님이 은혜 베풀어 주실 때를 겸손하게 기다려야 합니다. 하물며 진심으로 하나님에게로 돌이키고자 하며 오직 그분

벨직 신앙 고백서 (1561)	하이델베르크 요리 문답 (1563)	제2 스위스 신앙 고백서 (1566)	도르트 신경 (1619)

도르트 신경(계속)

만을 기쁘시게 하고 사망의 몸에서 구원받기를 원하지만, 아직 그들이 열망하는 만큼 거룩과 믿음에 이르지 못한 사람들은 더욱 이 유기 교리를 두려워 할 필요가 없습니다. 자비로우신 하나님이 꺼져 가는 등불을 끄지 않고 상한 갈대를 꺾지 않겠다고 약속하셨기 때문입니다. 그러나 하나님에게로 진심으로 돌이키지 않는 한, 하나님과 구주 예수 그리스도를 전혀 개의치 않고 이 세상의 염려와 육신의 정욕 가운데 전적으로 몰두하는 자들에게는 이 유기 교리가 심히 공포스러운 것이 마땅합니다.

17항 우리는 신자의 자녀들이 본성상 거룩해서가 아니라 그들이 부모와 맺게 된 은혜 언약 때문에 거룩하다고 증언하는 하나님 말씀에 따라 그분의 뜻을 판단해야 합니다. 그래서 경건한 부모들은 하나님이 유아기 때 이 세상에서 불러 가신 자기 자녀들의 선택과 구원을 의심할 이유가 전혀 없습니다.

18항 이 무조건적인 선택의 은혜와 유기의 공의로운 엄격함에 대해 불평하는 사람들에게 우리는 사도와 함께 다음과 같이 대답합니다. "이 사람아 네가 누구이기에 감히 하나님께 반문하느냐 지음을 받은 물건이 지은 자에게 어찌 나를 이같이 만들었느냐 말하겠느냐"(롬 9:20). 그리고 우리 주님의 말씀도 다음과 같이 인용합니다. "내 것을 가지고 내 뜻대로 할 것이 아니냐 내가 선하므로 네가 악하게 보느냐"(마 20:15).

그러므로 우리는 선택과 유기와 관련된 이 신비한 일들에 관해 거룩한 경외감으로 사도와 함께 다음과 같은 말씀을 큰 소리로 외칩니다. "깊도다 하나님의 지혜와 지식의 풍성함이여, 그의 판단은 헤아리지 못할 것이며 그의 길은 찾지 못할 것이로다 누가 주의 마음을 알았느냐 누가 그의 모사가 되었느냐 누가 주께 먼저 드려서 갚으심을 받겠느냐 이는 만물이 주에게서 나오고 주로 말미암고 주에게로 돌아감이라 그에게 영광이 세세에 있을지어다 아멘"(롬 11:33-36).

둘째 교리

8항 왜냐하면 오직 그들에게만 의롭다 하는 믿음의 선물을 주시고, 그 믿음으로 그들을 실패 없이 구원에 이르게 하시는 하나님의 아들의 지극히 고귀한 죽으심을 통해 살려 주심과 구원하심의 효과를 모든 택함받은 자에게 확장시키는 것이 하나님 아버지의 주

권적인 경륜과 지극히 은혜로운 뜻이요, 목적이었기 때문입니다. 말하자면, 새 언약을 확증하는 십자가의 피로 말미암아 그리스도께서 모든 족속과 나라와 방언 가운데서 구원하도록 하나님이 영원 전에 택하셔서 그리스도께 주신 모든 사람을 효과적으로 구원하는 것이 바로 하나님의 뜻이었습니다. 성령님이 주시는 다른 구원하는 은사들과 함께 그리스도께서 그들에게 믿음을 주시고 그 자신의 죽으심으로 그들을 값 주고 사신 것이 하나님의 뜻이었습니다. 그들이 믿기 전에 지었든 믿은 후에 지었든 간에 원죄와 자범죄를 포함한 모든 죄를 깨끗하게 하시는 것이 하나님의 뜻이었습니다. 그리고 그들을 마지막까지 신실하게 지키시고 드디어 티나 주름 잡힌 것 없이 그리스도의 임재 앞에 영광스러운 교회로 세우시는 것이 하나님의 뜻이었습니다.

9항 택함받은 자들을 향한 영원한 사랑에서 흘러나오는 이 목적은 이 계획을 좌절시키려는 무력한 지옥의 적대적인 권세에도 태초부터 지금까지 강력하게 성취되어 왔으며 앞으로도 계속 강력하게 성취될 것입니다. 때가 차면 택함받은 자들은 하나로 모일 것이며 그리스도의 보혈로 그 기초를 세운 신자의 교회는 부족함 없이 항상 있을 것입니다. 이 교회는 신부인 교회를 위해 신랑으로서 십자가 위에서 자기 목숨을 버리신 그리스도를 그들의 구주로 변함없이 사랑하고 신실하게 예배할 것이며, 그분의 영광을 지금부터 영원까지 찬양할 것입니다.

지금까지 선택과 유기에 관한 참된 교리를 설명했으므로 총회는 다음과 같이 가르치는 자들의 오류를 **배격합니다.**

오류 1

"앞으로 믿게 될 것이고 믿음과 믿음의 순종 가운데 인내하게 될 사람들을 하나님이 구원하신다는 것이 구원을 향한 선택의 전부이며, 이 작정 외에 그 어떤 것도 하나님의 말씀에서 계시되지 않았습니다."

이 주장은 순진한 사람들을 미혹하는 동시에 성경의 가르침에도 명백하게 모순됩니다. 성경은 하나님이 앞으로 믿을 사람을 선택하실 뿐만 아니라 영원 전에 어떤 사람들을 선택하셔서 이 세상에 사는 동안 다른 사람들이 아닌 하나님이 영원 전에 선택하신 바로 그 사람들에게 믿음을 주시고 그들이 그 믿음 안에서 인내하게

웨스트민스터 신앙 고백서 (1647)	웨스트민스터 소요리 문답 (1647)	웨스트민스터 대요리 문답 (1648)

도르트 신경(계속)

될 것이라고 선포합니다. 이는 기록된 말씀이 증언하는 바입니다. "세상 중에서 내게 주신 사람들에게 내가 아버지의 이름을 나타내었나이다 그들은 아버지의 것이었는데 내게 주셨으며 그들은 아버지의 말씀을 지키었나이다"(요 17:6). "이방인들이 듣고 기뻐하여 하나님의 말씀을 찬송하며 영생을 주시기로 작정된 자는 다 믿더라"(행 13:48). "곧 창세전에 그리스도 안에서 우리를 택하사 우리로 사랑 안에서 그 앞에 거룩하고 흠이 없게 하시려고"(엡 1:4).

오류 2

"영생을 주시는 하나님의 선택에는 일반적이며 제한 없는 선택이 있고 동시에 특별하며 제한적인 선택이 있는 것처럼 여러 종류가 있습니다. 그리고 특별하며 제한적인 선택에는 불완전하고 취소될 수 있으며 단정적이지 않고 조건적인 선택과, 완전하고 취소될 수 없으며 단정적이고 절대적인 선택이 있습니다. 이와 마찬가지로 믿음에 이르는 선택이 있고 동시에 구원에 이르는 선택이 있습니다. 즉 구원받는 단정적인 선택은 아니지만 의롭다 하는 믿음을 향한 선택도 있는 것입니다."

이런 주장은 선택 교리를 부패시키고 구원의 황금사슬을 끊어 버리는 사람이 상상해 낸 이야기이며 성경과 상관없이 고안해 낸 이야기입니다. "또 미리 정하신 그들을 또한 부르시고 부르신 그들을 또한 의롭다 하시고 의롭다 하신 그들을 또한 영화롭게 하셨느니라"(롬 8:30).

오류 3

"선택 교리에 관해 성경에서 언급하는 하나님의 선한 기쁨과 목적은 하나님이 어떤 사람들은 택하시고 어떤 사람들은 택하지 않으신다는 사실에 있는 것이 아니라 오히려 하나님이 (율법의 행위를 포함하여) 가능한 모든 조건 가운데서 또는 본질적으로 구원의 조건으로서 아무런 자격이 없거나 가치 없는 믿음의 행위와 불완전한 순종의 행위를 선택하신다는 사실에 있습니다. 또한 하나님은 이런 행위 자체를 완전한 순종으로 은혜롭게 받아 주시고 영원한 생명을 보상으로 받을 만한 것으로 여겨 주십니다."

이런 해로운 오류는 하나님의 선한 목적과 그리스도의 공로를 아무런 효과가 없는 것으로 만들어 버리며, 사람들이 무익한 연구를 하게 하여 받을 자격 없는 사람들에게 베푸시는 은혜로운 칭의의 진리와 성경 교훈의 단순성에서 이탈하게 하고, 다음과 같은 사도의 가르침을 거짓이라고 선언하는 꼴이 됩니다. "하나님이 우리를 구원하사 거룩하신 소명으로 부르심은 우리의 행위대로 하심이 아니요 오직 자기의 뜻과 영원 전부터 그리스도 예수 안에서 우리에게 주신 은혜대로 하심이라"(딤후 1:9).

오류 4

"믿음에 이르는 선택에는 이런 조건이 전제됩니다. 즉 마치 선택이 이런 것들로 좌우되는 것처럼 사람은 본성의 빛을 올바르게 사용해야 하며, 경건하고, 겸손하며, 온유하고, 영생에 합당하게 살아야 합니다."

그러나 펠라기우스적인 가르침의 냄새를 풍기는 이런 주장은 사도의 교리와 정면으로 반대됩니다. 사도는 이렇게 말하고 있습니다. "전에는 우리도 다 그 가운데서 우리 육체의 욕심을 따라 지내며 육체와 마음의 원하는 것을 하여 다른 이들과 같이 본질상 진노의 자녀이었더니 긍휼이 풍성하신 하나님이 우리를 사랑하신 그 큰 사랑을 인하여 허물로 죽은 우리를 그리스도와 함께 살리셨고 (너희는 은혜로 구원을 받은 것이라) 또 함께 일으키사 그리스도 예수 안에서 함께 하늘에 앉히시니 이는 그리스도 예수 안에서 우리에게 자비하심으로써 그 은혜의 지극히 풍성함을 오는 여러 세대에 나타내려 하심이라 너희는 그 은혜에 의하여 믿음으로 말미암아 구원을 받았으니 이것은 너희에게서 난 것이 아니요 하나님의 선물이라 행위에서 난 것이 아니니 이는 누구든지 자랑하지 못하게 함이라"(엡 2:3-9).

오류 5

"어떤 특정한 사람들을 구원하는 불완전하고 단정적이지 않은 선택은 막 시작되었거나 어느 정도 계속된, 미리 내다본 믿음과 회심과 거룩함과 경건함 때문에 발생합니다. 그러나 완전하고 단정적인 선택은 믿음과 회심과 경건을 통해 끝까지 인내하게 되는, 바로 그 미리 내다본 인내 때문입니다. 그리고 이것은 은혜롭고 복음적인 가치를 지닙니다. 선택받은 사람이 선택받지 못한 사람보다 가치 있기 때문입니다. 그러므로 믿음, 믿음의 순종, 거룩함, 경건함, 그리고 인내는 영광에 이르게 되는 불변하는 선택의 열매가 아니라 선택 안에서 택함받을 사람들에게 요구되는, 그리고 그들 안에서 성취될 것으로서 하나님이 앞을 내다보신 조건이며, 이것 없이는 영광에 이르는 불변하는 선택이 발생하지 않습니다."

벨직 신앙 고백서 (1561)	하이델베르크 요리 문답 (1563)	제2 스위스 신앙 고백서 (1566)	도르트 신경 (1619)

도르트 신경(계속)

이는 성경 전체의 가르침에 어긋나는 혐오스러운 사상으로, 성경은 끊임없이 선택은 행위로 말미암는 것이 아니라 하나님에게서 나오는 것이라는 다음과 같은 유사한 말씀들을 우리에게 심어 줍니다. "그 자식들이 아직 나지도 아니하고 무슨 선이나 악을 행하지 아니한 때에 택하심을 따라 되는 하나님의 뜻이 행위로 말미암지 않고 오직 부르시는 이로 말미암아 서게 하려 하사"(롬 9:11). "이방인들이 듣고 기뻐하여 하나님의 말씀을 찬송하며 영생을 주시기로 작정된 자는 다 믿더라"(행 13:48). "곧 창세전에 그리스도 안에서 우리를 택하사 우리로 사랑 안에서 그 앞에 거룩하고 흠이 없게 하시려고"(엡 1:4). "너희가 나를 택한 것이 아니요 내가 너희를 택하여 세웠나니 이는 너희로 가서 열매를 맺게 하고 또 너희 열매가 항상 있게 하여 내 이름으로 아버지께 무엇을 구하든지 다 받게 하려 함이라"(요 15:16). "만일 은혜로 된 것이면 행위로 말미암지 않음이니 그렇지 않으면 은혜가 은혜 되지 못하느니라"(롬 11:6). "사랑은 여기 있으니 우리가 하나님을 사랑한 것이 아니요 하나님이 우리를 사랑하사 우리 죄를 속하기 위하여 화목 제물로 그 아들을 보내셨음이라"(요일 4:10).

오류 6

"구원에 이르는 모든 선택이 불변하는 것은 아니며, 택함받은 자들 가운데 어떤 이들은 하나님의 경륜에도 멸망당할 수 있으며 실제로 멸망합니다."

이들은 이 치명적인 오류로 하나님을 변할 수 있는 분으로 만들고, 경건한 자들이 그들의 선택을 확신함으로 받은 위로를 파괴하며, 택자들이 결코 배교에 이를 수 없다는 성경의 가르침과도 모순됩니다. "거짓 그리스도들과 거짓 선지자들이 일어나 큰 표적과 기사를 보여 할 수만 있으면 택하신 자들도 미혹하리라"(마 24:24). 그리스도께서는 아버지 하나님이 주신 자들을 결코 잃어버리지 않으실 것입니다. "나를 보내신 이의 뜻은 내게 주신 자 중에 내가 하나도 잃어버리지 아니하고 마지막 날에 다시 살리는 이것이니라"(요 6:39). 하나님은 미리 정하신 이들을 부르시고 부르신 이들을 의롭다 하시고 영화롭게 하셨습니다. "또 미리 정하신 그들을 또한 부르시고 부르신 그들을 또한 의롭다 하시고 의롭다 하신 그들을 또한 영화롭게 하셨느니라"(롬 8:30).

오류 7

"이 세상에서 가변적이고 불확실한 조건에 좌우되는 것 말고는 영광에 이르는 불변하는 선택에 관해 어떤 열매도, 자각도, 확실성도 존재하지 않습니다."

불확실한 확실성에 관해 말하는 것 자체가 터무니없을 뿐만 아니라, 이는 에베소서 1장에서 자신들의 이름이 하늘에 기록된 것으로 기뻐하라는 주님의 권면에 따라 자신이 택함받은 자라는 것을 자각함으로 사도와 함께 하나님의 은총을 찬양하며 크게 기뻐하는 성도들의 경험과도 반대됩니다. "그러나 귀신들이 너희에게 항복하는 것으로 기뻐하지 말고 너희 이름이 하늘에 기록된 것으로 기뻐하라 하시니라"(눅 10:20). 마귀가 쏘는 유혹의 불화살에 대항하면서 그들은 선택을 의식적으로 자각하여 다음과 같은 말씀에 의지합니다. "누가 능히 하나님께서 택하신 자들을 고발하리요 의롭다 하신 이는 하나님이시니"(롬 8:33).

오류 8

"하나님은 단지 자신의 공의로운 뜻을 따라 어떤 이를 아담의 타락 안에서 죄와 정죄의 공통적인 상태에 내버려 두거나 믿음과 회개에 필요한 은혜를 나누어 주시는 일에 지나치기로 결정하신 것이 아닙니다."

그러나 이는 다음과 같은 성경 말씀에 따라 분명하게 확립되어 있습니다. "그런즉 하나님께서 하고자 하시는 자를 긍휼히 여기시고 하고자 하시는 자를 완악하게 하시느니라"(롬 9:18). 그리고 다음 말씀도 보십시오. "대답하여 이르시되 천국의 비밀을 아는 것이 너희에게는 허락되었으나 그들에게는 아니되었나니"(마 13:11). 마찬가지로 이런 말씀도 있습니다. "그때에 예수께서 대답하여 이르시되 천지의 주재이신 아버지여 이것을 지혜롭고 슬기 있는 자들에게는 숨기시고 어린아이들에게는 나타내심을 감사하나이다 옳소이다 이렇게 된 것이 아버지의 뜻이니이다"(마 11:25-26).

오류 9

"하나님이 어떤 민족에게는 복음을 전해 주시고 또 어떤 민족에게는 복음을 주시지 않는 것은 그것이 단순히 하나님의 유일하고 선한 뜻이어서가 아니라 어떤 민족이 복음을 받지 못한 다른 민족보다 훨씬 낫고 가치 있기 때문입니다."

하지만 모세는 이스라엘 백성에게 다음과 같이 말함으로 이런

웨스트민스터 신앙 고백서 (1647)	웨스트민스터 소요리 문답 (1647)	웨스트민스터 대요리 문답 (1648)

도르트 신경(계속)

주장을 배격합니다. "하늘과 모든 하늘의 하늘과 땅과 그 위의 만물은 본래 네 하나님 여호와께 속한 것이로되 여호와께서 오직 네 조상들을 기뻐하시고 그들을 사랑하사 그들의 후손인 너희를 만민 중에서 택하셨음이 오늘과 같으니라"(신 10:14-15). 또한 그리스도께서도 이렇게 말씀하셨습니다. "화 있을진저 고라신아 화 있을진저 벳새다야 너희에게 행한 모든 권능을 두로와 시돈에서 행하였더라면 그들이 벌써 베옷을 입고 재에 앉아 회개하였으리라"(마 11:21).

지금까지 (구속에 관한) 참된 교리를 설명했으므로 총회는 다음과 같이 가르치는 자들의 오류를 **배격합니다.**

오류 1
"비록 그리스도께서 얻으신 구속이 실제로 어느 누구에게도 적용되지 않았다 할지라도, 그리스도의 죽으심으로 얻은 구속의 필요성과 유익과 가치가 모든 면에서 완벽하고 완전하며 온전하게 남아 있게 하기 위해 성부 하나님은 어떤 사람들을 구원할, 변하지 않고 분명한 작정 없이 그리스도께서 십자가에서 죽으실 것을 예정하신 것입니다."

그러나 이런 교리는 성부 하나님의 지혜와 동시에 예수 그리스도의 공로를 모욕하고 성경의 가르침과도 모순됩니다. 우리 구주께서는 이렇게 말씀하셨기 때문입니다. "나는 양을 위하여 목숨을 버리노라 …… 나는 그들을 알며"(요 10:15, 27). 또한 선지자 이사야도 구주에 관해 이렇게 말했습니다. "여호와께서 그에게 상함을 받게 하시기를 원하사 질고를 당하게 하셨은즉 그의 영혼을 속건제물로 드리기에 이르면 그가 씨를 보게 되며 그의 날은 길 것이요 또 그의 손으로 여호와께서 기뻐하시는 뜻을 성취하리로다"(사 53:10). 결론적으로 이 거짓 가르침은 거룩한 기독교회에 관해 우리가 믿는 믿음의 조항과 모순됩니다.

오류 7
"그리스도께서는 이들이 그리스도의 죽으심을 필요로 하지 않기 때문에 하나님이 최고의 작정 가운데 사랑하시고 영생을 주기로 선택하신 사람들을 위해 죽으실 수도 없었고, 죽으실 필요도 없었고, 실제로 죽지도 않으셨습니다."

그러나 이는 다음과 같이 선포하는 사도의 가르침과 모순됩니다. "나를 사랑하사 나를 위하여 자기 자신을 버리신 하나님의 아들을 믿는 믿음 안에서 사는 것이라"(갈 2:20). "누가 능히 하나님께서 택하신 자들을 고발하리요 의롭다 하신 이는 하나님이시니 누가 정죄하리요 죽으실 뿐 아니라 다시 살아나신 이는 그리스도 예수시니 그는 하나님 우편에 계신 자요 우리를 위하여 간구하시는 자시니라"(롬 8:33-34). "아버지께서 나를 아시고 내가 아버지를 아는 것 같으니 나는 양을 위하여 목숨을 버리노라"(요 10:15). "내 계명은 곧 내가 너희를 사랑한 것같이 너희도 서로 사랑하라 하는 이것이니라 사람이 친구를 위하여 자기 목숨을 버리면 이보다 더 큰 사랑이 없나니"(요 15:12-13).

지금까지 (성도의 견인에 관한) 참된 교리를 설명했으므로 총회는 다음과 같이 가르치는 자들의 오류를 **배격합니다.**

오류 1
"참된 신자들의 견인은 선택의 열매이거나 그리스도의 죽으심으로 얻은 하나님의 선물이 아니라 (그들이 주장하듯이) 사람이 자신의 단정적인 선택과 칭의 이전에 자신의 자유 의지로 성취해야만 하는 새 언약의 조건입니다."

하지만 성경은 이것이 선택을 따라 흘러나오며, 그리스도의 죽으심과 부활하심과 중보하심의 공로로 말미암아 택함받은 자들에게 주어지는 것이라고 증언합니다. "그런즉 어떠하냐 이스라엘이 구하는 그것을 얻지 못하고 오직 택하심을 입은 자가 얻었고 그 남은 자들은 우둔하여졌느니라"(롬 11:7). 마찬가지로 다음과 같은 말씀도 증언합니다. "자기 아들을 아끼지 아니하시고 우리 모든 사람을 위하여 내주신 이가 어찌 그 아들과 함께 모든 것을 우리에게 주시지 아니하겠느냐 누가 능히 하나님께서 택하신 자들을 고발하리요 의롭다 하신 이는 하나님이시니 누가 정죄하리요 죽으실 뿐 아니라 다시 살아나신 이는 그리스도 예수시니 그는 하나님 우편에 계신 자요 우리를 위하여 간구하시는 자시니라 누가 우리를 그리스도의 사랑에서 끊으리요 환난이나 곤고나 박해나 기근이나 적신이나 위험이나 칼이랴"(롬 8:32-35).

결론
이는 네덜란드에서 논쟁되어 온 다섯 조항에 관한 정통 교리를 분명하고 간결하며 정직하게 설명한 선언이며, 동시에 잠시 동안 네덜란드 교회를 동요시킨 오류들에 대한 배격입니다. 총회는 이 설

벨직 신앙 고백서 (1561)	하이델베르크 요리 문답 (1563)	제2 스위스 신앙 고백서 (1566)	도르트 신경 (1619)

도르트 신경(계속)

명과 배격을 하나님의 말씀에서 이끌어 냈으며, 개혁교회들의 신앙 고백에 일치하는 것으로 판결합니다. 따라서 어떤 이들이 아래와 같은 말과 행동으로 사람들을 설득하려 시도한 것은 매우 부적절하며, 모든 진리와 공평과 자비를 거스른 것임이 분명히 드러납니다.

"예정과 이 예정 교리에 부가된 개혁교회의 교리는 바로 그 자체의 특성과 필연적 성향 때문에 사람들의 마음을 모든 경건과 신앙에서 이탈하게 만듭니다. 이 교리는 육신과 마귀가 역사하는 마취제이며, 이곳에 숨어서 모든 사람을 기다리는 사탄의 요새입니다. 여기서 사탄은 많은 사람에게 해를 입히고 절망과 자기 안심이라는 화살을 통해 치명상을 입힙니다. 이 교리는 하나님을 죄의 조성자로 만들고, 불의하고 독재적이며 위선적인 분으로 만듭니다. 이 교리는 스토아주의, 마니교, 방종주의, 이슬람교에 덧붙인 것에 지나지 않습니다. 이 교리는 그 어떤 것도 택함받은 자의 구원을 방해할 수 없기 때문에 그들이 원하는 대로 살게 만드는 육적인 안심과 자만에 빠지게 합니다. 따라서 그들은 안심하면서 가장 사악한 죄들을 저지릅니다. 또한 타락한 죄인이 성도에게 속한 모든 일을 진심으로 행한다 할지라도 그들의 구원에 그 어떤 공헌도 할 수 없습니다. 또한 이 교리는 결국 하나님이 죄를 전혀 고려하지 않으시고 순전히 그분 뜻에 따라 독단적인 행동으로 세상 대부분이 영원토록 정죄받도록 예정하셨으며, 그들을 바로 이런 목적으로 창조하셨다고 가르칩니다. 이와 같은 방식으로 선택은 믿음과 선한 일의 토대와 이유이며, 유기는 불신앙과 불경건의 토대이자 원인입니다. 신자의 많은 자녀가 어머니의 가슴에서 아무런 죄도 없이 떨어져 나와 폭압적으로 지옥에 던져집니다. 그래서 세례도, 세례받을 때 이뤄진 교회의 기도들도 그들에게 아무런 유익을 끼치지 못합니다."

이 밖에도 개혁교회에서 인정하지 않을 뿐 아니라 그들이 온 영혼으로 혐오하는 이와 유사한 다른 오류가 많습니다. 그러므로 우

창조

12항 창조

우리는 성부 하나님이 말씀으로 말미암아, 곧 그분의 아들을 통하여[1] 무에서 천지만물을 창조하셨고, 만물은 하나님이 보시기에 좋았으며, 모든 피조물에게 존재와 모양과 형태를 부여하시고 각각의 피조물들에게 창조주를 섬기도록 여러 가지 임무를 주셨다는 것을 믿습니다. 우리는 하나님이 그분의 영원하신 섭리와 무한하신 능력으로[2] 만물을 붙드시고 다스리심으로 만

6문. 그러면 하나님이 사람을 그렇게나 악하고 패역하게 창조하신 것입니까?

답. 결코 그렇지 않습니다. 도리어 하나님은 사람이 창조자 하나님을 올바로 알며, 온 마음을 다해 사랑하고 하나님과 함께 영원한 복락 가운데 살며, 하나님에게 영광과 찬양을 드리도록[1] 선하게,[2] 그리고 참된 의와 거룩에 있어서 하나님의 형상을 따라 지으셨습니다.[3]

___
[1] 엡 1:6; 고전 6:20

7장 만물의 창조에 관하여, 천사와 마귀, 그리고 사람에 관하여

1항 선하시고 전능하신 하나님이 그분의 영원하신 말씀으로 보이는 것과 보이지 않는 모든 것을 창조하셨으며, 동시에 그분의 영원하신 영으로 만물을 보존하십니다. 이는 다윗이 다음과 같이 증언하는 것과 같습니다. "여호와의 말씀으로 하늘이 지음이 되었으며 그 만상을 그의 입 기운으로 이루었도다"(시 33:6). 또한 성경은 이렇게 "하나님이 지으신 그 모든 것을 보시니 보시기에 심히 좋았더라"고 말하며(창 1:31) 사람의 사용과 유익을 위해 만들어진 것이라고 말합니다.

2항 이제 우리는 이 모든 것이 하나의 시작으로부터 나오는 것임을 분명히 말합니다. 따라서 우리는 하나는 선하고 다른 하나는 악한, 두 본체와 본

웨스트민스터 신앙 고백서 (1647)	웨스트민스터 소요리 문답 (1647)	웨스트민스터 대요리 문답 (1648)

도르트 신경(계속)

리 도르트 총회는 우리 주님의 이름으로, 여기저기 곳곳에 가득 쌓인 거짓 중상모략에 근거하여 개혁교회의 신앙을 판단하지 않도록 우리 구주 예수 그리스도의 이름을 경건하게 부르는 모든 사람에게 간청하는 바입니다. 또한 몇몇 고대와 현대 교사의 개인적인 표현들을 종종 부정직하게 인용하거나 그들의 본래 의도와 다르게 왜곡하여 인용한 것에 근거하여 판단하지 말 것을 간청합니다. 도리어 신자들은 교회 자체의 공적 신앙 고백과, 총회에 참석한 각 사람의 만장일치로 확증하여 선언한 정통 교리로 판단할 것을 간청합니다. 또한 총회는 수많은 교회의 신앙 고백을 거슬러 거짓 증언하고, 연약한 사람들의 양심에 고통을 주며, 참 신자들의 모임에 의심을 불러일으키려고 한 것에 관해 그들에게 다가올 하나님의 무시무시한 심판을 깊이 고찰해 보라고 경고하는 바입니다. 마지막으로 이 총회는 그리스도의 복음 안에 있는 모든 형제에게 학교와 교회에서 이 교리를 다룰 때 스스로 경건한 마음과 신앙심으로 다

룰 것을 권면합니다. 그들은 이 교리에 관해 말하고 글을 쓸 때 하나님의 이름의 영광과 삶의 거룩과 고통받는 영혼의 위로를 위해 해야 합니다. 또한 신앙의 유비에 기초하여 성경에 부합하도록 그들의 감정뿐 아니라 언어도 규정되어야 합니다. 그리고 복음 사역자들은 성경이 확실하게 가르치는 참 의미의 한계를 벗어나는 모든 표현과 문장을 삼가야 하며, 무례한 궤변가들이 개혁 교회의 교리를 공격하거나 심지어 비방할 구실을 제공하지 않아야 합니다.

하나님 아버지 오른편에 앉으신 하나님의 아들 예수 그리스도께서 사람들에게 은사를 주시고, 우리를 진리 안에서 거룩하게 하시며, 오류를 범하는 자들을 진리로 인도하시고, 건전한 교리를 비방하는 자들의 입을 막으시며, 하나님 말씀의 신실한 사역자들에게는 지혜와 분별의 영을 주셔서 그들이 전하는 모든 말이 하나님에게 영광이 되게 하시고, 그들의 말을 듣는 모든 이를 훈육하고 세우게 하여 주시옵소서! 아멘.

4장 창조에 관하여

1항 성부, 성자, 성령 하나님은[1] 그분의 영원하신 능력과 지혜와 선하심의 영광을 나타내시기 위해[2] 태초에 아무것도 없는 것에서 세상과 그 안에 있는 모든 것, 보이는 것이나 보이지 않는 모든 것을 엿새 동안 창조하거나 만들기를 기뻐하셨습니다. 그리고 그 만드신 모든 것은 심히 좋았습니다.[3]

---

[1] 히 1:2; 요 1:2-3; 창 1:2; 욥 26:13; 33:4
[2] 롬 1:20; 렘 10:12; 시 104:24; 33:5-6
[3] 창 1장; 히 11:3; 골 1:16; 행 17:24

2항 하나님은 다른 모든 피조물을 창조하신 후 사람을 남자와 여자로 만드시고[1] 그들에게 이성적이며 죽지 않는 영혼을 주시고,[2] 하나님의 형상을 따라 지식과 의와 참된 거

9문. 창조 사역은 무엇입니까?

답. 창조 사역은 하나님이 능력의 말씀으로 아무것도 없는 상태에서 엿새 동안 모든 것을 만드신 것이며, 그 만드신 모든 것은 심히 좋았습니다.[1]

---

[1] 창 1장; 히 11:3

10문. 하나님은 사람을 어떻게 창조하셨습니까?

답. 하나님은 그분의 형상을 따라 지식과 의와 거룩을 지닌 남자와 여자로 사람을 창조하시고, 다른 피조물들을 다스리게 하셨습니다.[1]

---

[1] 창 1:26-28; 골 3:10; 엡 4:24

15문. 창조 사역은 무엇입니까?

답. 창조 사역은 태초에 하나님이 능력의 말씀으로 아무것도 없는 상태에서 엿새 동안 그분 자신을 위하여 세상과 그 안에 있는 모든 것을 만드신 것이며, 그 만드신 모든 것은 심히 좋았습니다.[1]

---

[1] 창 1장; 히 11:3; 잠 16:4

16문. 하나님은 천사들을 어떻게 창조하셨습니까?

답. 하나님은 하나님의 명령을 수행하고 그분의 이름을 찬양하게 하시기 위해[1] 모든 천사를[2] 영적이며[3] 불멸하고[4] 거룩하며[5] 지식과[6] 능력에 탁월하도록[7] 지으셨으나 변할 수 있는 존재로 창조하셨습니다.[8]

벨직 신앙 고백서 (1561)	하이델베르크 요리 문답 (1563)	제2 스위스 신앙 고백서 (1566)	도르트 신경 (1619)

물이 인류를 섬기게 하시고,[3] 그로 말미암아 인간이 하나님을 섬기게 하신다는 것을 믿습니다.[4]

또한 하나님은 천사들을 선하게 창조하시고,[5] 그분의 사자들이 되게 하시며,[6] 하나님이 택하신 사람들을 섬기게 하셨습니다.[7] 이 천사들 중 일부가 하나님이 창조하신 높은 지위에서 타락하여 영원한 파멸로 떨어졌습니다.[8] 하지만 다른 천사들은 하나님의 은혜로[9] 본래 지위를 유지하며 그곳에 계속 머물러 있습니다. 마귀들과 악한 영들은 너무 타락하여 하나님과 모든 선한 것들의 원수가 되었습니다.[10] 그들은 온 힘을 다해 교회와 교회의 모든 지체들을 멸망시키려는 살인자들처럼 지켜보면서 악한 궤계를 통해 모든 것을 파괴하려 합니다.[11] 또한 자신들의 악으로 인해 영원한 형벌을 선고받아 날마다 무서운 고통을 기다리며 지냅니다.[12] 그러므로 우리는 영들과 천사들의 존재를 부인하는 사두개인들의 오류와,[13] 마귀들은 스스로의 기원을 가지고 있으며 타락한 적이 없는 상태에서 본성상 악하다고 주장하는 마니교의 잘못을 배격하고 혐

[2] 창 1:31
[3] 창 1:26-27; 골 3:10

성에서 나온다고 사악하게 상상하는 마니교도들과 마르시온주의자들을 배격합니다. 또한 두 개의 시작이 있으며, 두 신이 있고 하나의 신이 다른 신과 반대되는, 즉 선과 악의 신이 있다고 주장하는 모든 주장도 배격합니다.

3항 모든 피조물 가운데 천사와 사람이 가장 탁월합니다. 천사들에 관하여 성경은 이렇게 말합니다. "바람을 자기 사신으로 삼으시고 불꽃으로 자기 사역자를 삼으시며"(시 104:4). 또한 다음과 같이 말합니다. "모든 천사들은 섬기는 영으로서 구원받을 상속자들을 위하여 섬기라고 보내심이 아니냐"(히 1:14).

4항 또한 주 예수님은 마귀에 관해 이렇게 증언하셨습니다. "너희는 너희 아비 마귀에게서 났으니 너희 아비의 욕심대로 너희도 행하고자 하느니라 그는 처음부터 살인한 자요 진리가 그 속에 없으므로 진리에 서지 못하고 거짓을 말할 때마다 제 것으로 말하나니 이는 그가 거짓말쟁이요 거짓의 아비가 되었음이라"(요 8:44).

5항 그러므로 우리는 어떤 천사들이 줄곧 순종했고, 하나님과 사람을 신실하게 섬기기로 임명되었다는 것을 가르칩니다. 또한 다른 천사들은 그들의 지위에서 타락하여 멸망으로 달려가 모든 선함과 신실한 자들의 대적자가 되었다는 것을 가르칩니다.

6항 이제 사람에 관하여 성령님은 사람이 태초에 하나님의 형상과 모양을 따라 지으심을 받았다고 말씀하십니다(창 1:27). 하나님이 그를 낙원에 두시고 그에게 모든 만물을 주셨습니다. 다윗은 시편 8편에서 이를 매우 고상하게 노래한 바 있습니다. 나아가 하나님은 그에게 아내를 주시고 그들을 축복하셨습니다.

7항 우리는 또한 사람이 한 인격 안에 두 요소로

웨스트민스터 신앙 고백서 (1647)	웨스트민스터 소요리 문답 (1647)	웨스트민스터 대요리 문답 (1648)

록함을 부여하셨습니다.[3] 또한 그들 마음에 하나님의 법을 기록하시고[4] 그 법을 수행할 수 있는 능력도 주셨습니다.[5] 그러나 죄 지을 가능성 아래 그 의지를 자유롭게 하셨기에 그 의지는 언제든 변할 수 있는 상태였습니다.[6] 그들 마음에 기록하신 이 법 외에도 그들은 선악을 알게 하는 나무의 열매를 먹지 말라는 명령을 받았습니다.[7] 그들이 이 명령을 지키는 동안에는 하나님과 교제하면서 행복을 누렸으며, 피조물을 다스리는 주권을 행사했습니다.[8]

---

[1] 창 1:27
[2] 창 2:7; 전 12:7; 눅 23:43; 마 10:28
[3] 창 1:26; 골 3:10; 엡 4:24
[4] 롬 2:14-15
[5] 전 7:29
[6] 창 3:6; 전 7:29
[7] 창 2:17; 3:8-11, 23
[8] 창 1:26, 28

---

[1] 시 103:20-21
[2] 골 1:16
[3] 시 104:4
[4] 마 22:30
[5] 마 25:31
[6] 삼하 14:17; 마 24:36
[7] 살후 1:7
[8] 벧후 2:4

17문. 하나님은 사람을 어떻게 창조하셨습니까?

답. 하나님은 다른 모든 피조물을 만드신 후에 사람을 남자와 여자로 창조하셨습니다.[1] 남자의 몸은 땅의 흙으로[2] 여자는 남자의 갈비뼈로 조성하셨고,[3] 살아 있고 이성적이며 불멸하는 영혼을[4] 부여하셨으며, 지식과[5] 의와 거룩함에[6] 있어서 하나님의 형상을 따라 지으셨습니다.[7] 또한 그들 마음에 하나님의 법을 기록하시고[8] 그것을 준행할 수 있는 힘을 주셨으며,[9] 피조물들을 다스리게 하셨으나[10] 타락할 가능성이 있는 존재로 지으셨습니다.[11]

---

[1] 창 1:27
[2] 창 2:7
[3] 창 2:22
[4] 창 2:7; 욥 35:11; 전 12:7; 마 10:28; 눅 23:43
[5] 골 3:10
[6] 엡 4:24
[7] 창 1:27
[8] 롬 2:14-15
[9] 전 7:29
[10] 창 1:28
[11] 창 3:6; 전 7:29

벨직 신앙 고백서 (1561)	하이델베르크 요리 문답 (1563)	제2 스위스 신앙 고백서 (1566)	도르트 신경 (1619)
오합니다. ―― **1** 창 1:1; 사 40:26; 히 3:4; 계 4:11; 고전 8:6; 요 1:3; 골 1:16 **2** 히 1:3; 시 104:10; 행 17:25 **3** 딤전 4:3-4; 창 1:29-30; 9:2-3; 시 104:14-15 **4** 고전 3:22; 6:20; 마 4:10 **5** 골 1:16 **6** 시 103:20; 34:8; 148:2 **7** 히 1:14; 시 34:8 **8** 요 8:44; 벧후 2:4; 눅 8:31; 유 6절 **9** 마 25:31 **10** 벧전 5:8; 욥 1:7 **11** 창 3:1; 마 13:25; 고후 2:11; 11:3, 14 **12** 마 25:41; 눅 8:30-31 **13** 행 23:8		구성되었다고 말합니다. 하나는 (그의 몸과 분리되어도 잠들거나 죽지 않는) 불멸의 영혼이며 다른 하나는 필멸의 육체인데, 그럼에도 최후 심판 때에 죽은 자 가운데서 다시 살아날 것이며 이후에 온전한 사람으로 생명 가운데 또는 사망 가운데 영원히 계속 살아갈 것입니다. 8항 우리는 영혼의 불멸성을 조롱하거나 의심하게 만들거나 또는 영혼이 잠을 잔다거나 하나님의 일부분이라고 말하는 모든 자를 정죄합니다. 결론적으로 말하자면, 천사와 마귀와 사람의 창조에 관해 그리스도의 사도적 교회에서 성경을 통해 전하여진 것 외에 다른 견해들은 그 무엇이든 모두 정죄하는 바입니다.	

섭리

13항 하나님의 섭리 우리는 이 동일하신 하나님이 만물을 창조하신 후에 만물을 버려두거나 운명이나 우연에 맡겨 포기하지 않으시고 그분의 거룩하신 뜻에 따라[1] 다스리고 통치하심으로 이 세상에서 하나님의 지시 없이는 아무 일도 일어날 수 없음을 믿습니다.[2] 그럼에도 불구하고 하나님은 죄의 조성자도 아니시고, 또한 발생된 죄의 책임을 물을 수 있는 분도 아니십니다. 하나님의 능력과 선하심이 너무 위대하고 우리의 이해를 초월하는 것	**26문. "전능하사 천지를 만드신 하나님 아버지를 내가 믿사오며"라고 말할 때 당신이 믿는 것은 무엇입니까?** 답. (아무것도 없는 가운데서 하늘과 땅과 그 안에 있는 모든 것을 만드시고,[1] 그분의 영원한 경륜과 섭리로 그 모든 것을 지금도 유지하시고 통치하시는)[2] 우리 주 예수 그리스도의 영원하신 아버지께서 그분의 독생자 그리스도로 인하여 나의 하나님, 나의 아버지가 되신다는 것입니다. 내가 하나님 아버지를 전적으로 신뢰하기	**6장 하나님의 섭리에 관하여** 1항 우리는 하늘과 땅에 있는 모든 것이, 그리고 모든 피조물이 지혜로우시고 영원하시며 전능하신 하나님의 섭리로 유지되고 다스려진다는 것을 믿습니다. 다윗이 이렇게 증언하여 말했기 때문입니다. "여호와는 모든 나라보다 높으시며 그의 영광은 하늘보다 높으시도다 여호와 우리 하나님과 같은 이가 누구리요 높은 곳에 앉으셨으나 스스로 낮추사 천지를 살피시고"(시 113:4-6). 계속해서 다윗은 이렇게 말합니다. "나의 모든 길과 내가 눕는 것을 살펴보셨으므로 나의 모든 행위를 익히 아시오니 여호와여 내 혀의 말을 알지 못하시는 것이 하나도 없으시니이다"(시 139:3-4). 바울 또한 이렇게 증언합니다. "이는 만물이 주에게서 나오고 주로 말미암고 주에게로 돌아감이라 그에게 영광이 세세에 있을지어다 아멘"(롬 11:36). 2항 그러므로 아우구스티누스는 그의 책 「그리스	

웨스트민스터 신앙 고백서 (1647)	웨스트민스터 소요리 문답 (1647)	웨스트민스터 대요리 문답 (1648)

5장 섭리에 관하여

1항 만물의 위대하신 창조자 하나님은 그분의 지혜와 권능과 공의와 선하심과 자비하심의 영광을 찬양하게 하시기 위해[1] 그분의 오류 없는 미리 아심과,[2] 자유롭고 불변하는 그분 뜻의 경륜을 따라[3] 그분의 지극히 지혜롭고 거룩한 섭리로 말미암아[4] 지극히 큰 것부터 가장 작은 것에 이르기까지[5] 모든 피조물과 그 행위와 일들을[6] 보존하시고[7] 지시하시며 처리하시고 다스리십니다.

___

[1] 사 63:14; 엡 3:10; 롬 9:17; 창 45:7; 시 145:7
[2] 행 15:18; 시 94: 8-11
[3] 엡 1:11; 시 33:10-11
[4] 잠 15:3; 시 104:24; 145:17
[5] 마 10:29-31
[6] 단 4:34-35; 시 135:6; 행 17:25-26, 28; 욥 38-41장
[7] 히 1:3

2항 미리 아심과 그분의 작정에 관한 한, 제

11문. 하나님의 섭리 사역이란 무엇입니까?

답. 하나님의 섭리 사역이란 그분의 피조물과 그들의 모든 행동을[1] 향한 지극히 거룩하고[2] 지혜로우며[3] 강력한 보존하심과[4] 통치하심입니다.

___

[1] 시 103:19; 마 10:29-31
[2] 시 145:17
[3] 시 104:24; 사 28:29
[4] 히 1:3

18문. 하나님의 섭리 사역이란 무엇입니까?

답. 하나님의 섭리 사역이란 그분의 피조물을 향한 지극히 거룩하고[1] 지혜로우며[2] 강력한 보존하심과[3] 통치하심입니다.[4] 또한 하나님 자신의 영광을 위하여[5] 그들과 그들의 모든 행동을 지시하시는 것입니다.[6]

___

[1] 시 145:17   [4] 시 103:19
[2] 시 104:24; 사 28:29   [5] 롬 11:36; 사 63:14
[3] 히 1:3   [6] 마 10:29-31; 창 45:7

19문. 천사들을 향한 하나님의 섭리는 무엇입니까?

답. 하나님은 그분의 섭리로 말미암아 자신의 영광을 위하여[1] 천사 가운데 일부의 죄를 제한하고 정하셔서 그들이 고의적으로 회복될 수 없게 죄를 짓고 저주에 빠지는 것을 허용하셨습니다.[2] 그리고 나머지 천사들은 거룩하고 행복하게 세우셔서[3] 그

벨직 신앙 고백서 (1561)	하이델베르크 요리 문답 (1563)	제2 스위스 신앙 고백서 (1566)	도르트 신경 (1619)

이어서 마귀들과 악한 자들이 불의하게 행할 때조차도 하나님은 가장 탁월하고 공의로운 방식으로 그분의 일을 정하고 실행하시기 때문입니다.[3] 또한 하나님이 인간의 이해를 초월하여 행하시는 일에 대해서는 호기심을 발동하여 우리의 능력이 허용하는 이상의 것을 물어서는 안 됩니다. 우리는 최고의 겸손과 경외감으로 하나님의 의로우신 판단을 찬양하고,[4] 하나님이 그분의 말씀 안에서 우리에게 계시해 주신 것을 배우면서 그 경계를 넘으면 안 되는 그리스도의 제자들이라는 사실에 만족해야 합니다.

이 교리는 우리에게 말할 수 없는 위로를 줍니다. 우연히 일어나는 일은 아무것도 없으며, 오직 은혜로우신 하늘 아버지의 지시에 따라 모든 일이 일어난다는 것을 알기 때문입니다. 하나님은 부성적인 사랑으로 우리를 지켜보십니다. 또한 모든 피조물을 그분의 능력 아래에 두셔서[5] 우리의 머리카락 하나도(다 세신 바 되었으므로), 참새 한 마리도 하나님의 뜻이 아니면[6] 땅에 떨어지지 않게 하십니다. 우리는 이 하나님 아버지

에 하나님 아버지께서 나의 몸과 영혼에 필요한 모든 것을 채워 주실 것을 믿어 의심치 않으며,[3] 이 눈물 골짜기에서 나에게 허용하시는 그 어떤 악이라도 내게 유익하도록 선하게 바꾸어 주실 것을 믿습니다.[4] 전능하신 하나님이기에 이렇게 하실 수 있으며,[5] 신실하신 아버지이시기에 기꺼이 그렇게 하기를 원하시기 때문입니다.[6]

___

[1] 창 1장; 2장; 시 33:6
[2] 시 115:3; 마 10:29; 히 1:3; 요 5:17
[3] 요 1:12, 16; 롬 8:15-16; 갈 4:5-6; 엡 1:5; 요일 3:1
[4] 시 55:22; 마 6:26
[5] 롬 8:28; 4:21
[6] 롬 10:12; 마 6:26; 7:9-11

27문. 하나님의 섭리가 의미하는 바는 무엇입니까?

답. 섭리는 모든 곳에 이르는 하나님의 전능한 능력입니다.[1] 그것은 마치 하나님이 자신의 손으로 하늘과 땅과 모든 피조물을 보존하시고 다스리시는 것과 같습니다.[2] 따라서 식물과 풀들, 비와 가뭄,[3] 풍년과 흉년의 시기, 양식과 음료,[4] 건강과 질병,[5] 부와 가난[6] 등 실로 세상 모든 것은 우연이 아니라 하나님 아버지의 사랑스러운 손길에 의해 일어납니다.[7]

___

[1] 행 17:25-28

도의 고난에 관하여」(De Agone Christi) 8장에서 성경에 따라 참으로 진실하고 합당하게 이렇게 말했습니다. "주님은 '참새 두 마리가 한 앗사리온에 팔리지 않느냐? 그러나 너희 아버지께서 허락하지 아니하시면 그 하나도 땅에 떨어지지 아니하리라'고 하셨다. 주께서 이렇게 말씀하심은 생각할 수 있는 가장 사악한 사람도 하나님의 전능한 능력으로 다스림을 받고 있음을 우리에게 깨닫게 해주시려는 것이었다. 진실은 우리의 머리카락 하나까지도 다 세신 바 되었다는 것이며, 동시에 주님이 공중의 새를 먹이시고 들의 백합화도 입히신다는 것이다."

3항 그러므로 우리는 하나님의 섭리를 부인하는 에피쿠로스 학파를 배격하며, 하나님이 하늘의 장대에 거주하시고 우리를 보지도 않으시며 우리가 행하는 일들에 신경 쓰지도 않으신다는 신성 모독적인 주장을 일삼는 모든 이를 배격합니다. 왕적 선지자 다윗 역시 다음과 같이 말함으로 이런 자들을 정죄했습니다. "여호와여 악인이 언제까지, 악인이 언제까지 개가를 부르리이까 …… 말하기를 여호와가 보지 못하며 야곱의 하나님이 알아차리지 못하리라 하나이다 백성 중의 어리석은 자들아 너희는 생각하라 무지한 자들아 너희가 언제나 지혜로울까 귀를 지으신 이가 듣지 아니하시랴 눈을 만드신 이가 보지 아니하시랴"(시 94:3, 7-9).

4항 그럼에도 우리는 어떤 수단들이 하나님의 섭리로 사용된다면, 그것이 유익한 열매를 맺지 못하더라도 정죄하지 않습니다. 도리어 우리는 하나님 말씀을 통해 우리에게 권고되는 한, 그 수단들을 우리 자신에게 적용하고 사용해야 합니다. 그러므로 모든 것이 하나님의 섭리에 의해 통치된다면 우리의 연구나 노력은 모두 아무런 열매를 맺지 못하는 소용없는 짓이라는 말이나, 만물이 하나님의 섭리로 다스려지도록 그저 내버려 두라는 경술한 말들을 우리는 미워합니다. 또

웨스트민스터 신앙 고백서 (1647)	웨스트민스터 소요리 문답 (1647)	웨스트민스터 대요리 문답 (1648)

1원인이신 하나님은 모든 일이 불변하고 오류 없이 일어나게 하셨습니다.[1] 그럼에도 동일한 섭리로 제2원인들의 본성에 따라 하나님은 그 모든 일을 필연적으로 자유롭게 또는 우연히 일어나도록 정하셨습니다.[2]

[1] 행 2:23
[2] 창 8:22; 렘 31:35; 출 21:13; 신 19:5; 왕상 22:28, 34; 사 10:6-7

3항 하나님은 일반적인 섭리를 이루어 가실 때 여러 수단을 사용하시지만,[1] 그분의 기쁘신 뜻에 따라 그러한 수단들 없이도,[2] 또는 그런 수단들을 초월하거나[3] 그 수단들을 역행하여[4] 자유롭게 역사하십니다.

[1] 행 27:31, 44; 사 55:10-11; 호 2:21-22
[2] 호 1:7; 마 4:4; 욥 34:10
[3] 롬 4:19-21
[4] 왕하 6:6; 단 3:27

4항 하나님의 전능한 권능과 측량할 수 없는 지혜와 무한한 선하심이 그분의 섭리를 통해 매우 잘 나타나서 심지어 최초의 타락과 천사들과 사람들의 다른 모든 죄에까지 확장됩니다.[1] 이 섭리는 단순한 죄의 허용이 아니라[2] 다양한 분배 가운데 그 죄를 가장 지혜롭고 매우 강력하게 제한하시며,[3] 또는 지시하고 통치하기도 하시므로 하나님의 거룩한 목적을 이루게 합니다.[4] 그럼에도 지극히 거룩하시고 의로우신 하나님은 죄를 조성하거나 승인하는 분이 아니며 그러실 수도 없기 때문에 죄는 하나님이 아니라 오직 피조물에게서 나옵니다.[5]

[1] 롬 11:32-34; 삼하 24:1; 대상 21:1; 왕상 22:22-23; 대상 10:4, 13-14; 삼하 16:10; 행 2:23; 4:27-28
[2] 행 14:16
[3] 시 76:10; 왕하 19:28
[4] 창 50:20; 사 10:6-7, 12
[5] 약 1:13-14, 17; 요일 2:16; 시 50:21

분의 기쁘신 뜻대로 그들 모두를 사용하여[4] 하나님의 능력과 긍휼과 공의를 시행하는 일을 하게 하셨습니다.[5]

[1] 욥 1:12; 마 8:31
[2] 유 6절; 벧후 2:4; 히 2:16; 요 8:44
[3] 딤전 5:21; 막 8:38; 히 12:22
[4] 시 104:4
[5] 왕하 19:35; 히 1:14

20문. 창조된 상태의 사람에게 하나님이 행하신 섭리는 무엇이었습니까?
답. 창조된 상태의 사람에게 하나님이 행하신 섭리는 그를 낙원에 두어, 그 낙원을 가꾸도록 임명하시고, 그에게 땅의 소산을 먹을 자유를 주시는 것입니다.[1] 또한 피조물을 그의 통치 아래 두시고,[2] 그를 돕기 위해 결혼을 제정하시며,[3] 그로 하여금 하나님과 교제할 수 있게 하시고,[4] 안식일을 제정하시며,[5] 생명나무를 보증으로 하는[6] 개인적이고 완전하며 영속적인 순종을 조건으로[7] 그와 생명의 언약을 맺으시고, 동시에 선과 악을 알게 하는 나무 먹는 것을 사망이라는 형벌 아래 금하신 것입니다.[8]

[1] 창 2:8, 15-16
[2] 창 1:28
[3] 창 2:18
[4] 창 1:26-29; 3:8
[5] 창 2:3
[6] 창 2:9
[7] 갈 3:12; 롬 10:5
[8] 창 2:17

벨직 신앙 고백서 (1561)	하이델베르크 요리 문답 (1563)	제2 스위스 신앙 고백서 (1566)	도르트 신경 (1619)

벨직 신앙 고백서 (1561)

를 전적으로 신뢰합니다. 하나님 아버지가 마귀와 우리의 모든 원수들을 제재하심으로 아버지의 뜻과 허락 없이는 그들이 결코 우리를 해칠 수 없다는 사실을 확신합니다. 그러므로 우리는 하나님이 만물에 아무런 관심이 없으시고 모든 것을 우연에 내버려 두셨다고 말하는 에피쿠로스 학파의 가증한 오류를 배격합니다.

———

[1] 요 5:17; 히 1:3; 잠 16:4; 시 104:9 등; 139:2 등
[2] 약 4:15; 욥 1:21; 왕상 22:20; 행 4:28; 삼상 2:25; 시 115:3; 45:7; 암 3:6; 신 19:5; 잠 21:1; 시 105:25; 사 10:5-7; 살후 2:11; 겔 14:9; 롬 1:28; 창 45:8; 1:20; 삼하 16:10; 창 27:20; 시 75:7-8; 사 45:7; 잠 16:4; 애 3:37-38; 왕상 22:34, 38; 출 21:13
[3] 마 8:31-32; 요 3:8
[4] 롬 11:33-34
[5] 마 8:31; 욥 1:12; 2:6
[6] 마 10:29-30

하이델베르크 요리 문답 (1563)

[2] 히 1:3
[3] 렘 5:24
[4] 행 14:17
[5] 요 9:3
[6] 잠 22:2; 욥 1:21
[7] 마 10:29-30; 엡 1:11

28문. 하나님이 모든 것을 창조하시고 그분의 섭리로 여전히 모든 것을 보존하신다는 사실을 아는 것은 우리에게 어떤 유익을 줍니까?

답. 그것은 역경 가운데서도 우리가 인내할 수 있게 해줍니다.[1] 또한 형통할 때는 감사할 수 있게 해줍니다.[2] 그리고 지금부터 장래에 이르기까지 우리에게 어떤 일이 발생한다 할지라도, 어떤 피조물도 우리를 하나님의 사랑에서 끊을 수 없게 하신 신실하신 하나님 아버지를[3] 굳게 신뢰할 수 있게 해줍니다.[4] 하나님의 손이 모든 피조물을 다스리시기에 하나님의 뜻이 아니고서는 어떠한 일도 일어날 수 없으며, 움직일 수조차 없습니다.[5]

———

[1] 롬 5:3; 시 39:10
[2] 신 8:10; 살전 5:18
[3] 롬 5:3-6
[4] 롬 8:38-39
[5] 욥 1:12; 2:6; 마 8:31; 사 10:15

125문. 네 번째 간구는 무엇입니까?

답. "오늘 우리에게 일용

제2 스위스 신앙 고백서 (1566)

한 지금부터 우리는 어떤 문제에 관해서든 조심스럽게 처신하거나 행동할 필요가 없다고 말하는 것도 미워합니다. 바울이 "그날 밤에 주께서 바울 곁에 서서 이르시되 담대하라 네가 예루살렘에서 나의 일을 증언한 것같이 로마에서도 증언하여야 하리라"(행 23:11)고 말씀하신 하나님의 섭리에 따라 항해한다고 고백하고, 이어서 하나님이 "내가 너희를 권하노니 이제는 안심하라 너희 중 아무도 생명에는 아무런 손상이 없겠고 오직 배뿐이리라 …… 음식 먹기를 권하노니 이것이 너희의 구원을 위하는 것이요 너희 중 머리카락 하나도 잃을 자가 없으리라"(행 27:22, 34)라고 약속하셨는데도 선원들이 피할 길을 찾으려 애썼으며, 백부장과 군인들에게 "이 사람들이 배에 있지 아니하면 너희가 구원을 얻지 못하리라"고 말했기 때문입니다(행 27:31). 하나님은 만물에 그분의 목적을 정하신 것처럼 그 시작도 정하셨고, 우리가 마땅히 도달해야 할 목적을 성취할 수 있는 시기와 방편도 정하셨습니다. 이방인들은 모든 일을 맹목적인 행운이나 우연으로 돌립니다. 그러나 사도 야고보는 이렇게 말합니다. "들으라 너희 중에 말하기를 오늘이나 내일이나 우리가 어떤 도시에 가서 거기서 일 년을 머물며 장사하여 이익을 보리라 하는 자들아 …… 너희가 도리어 말하기를 주의 뜻이면 우리가 살기도 하고 이것이나 저것을 하리라 할 것이거늘"(약 4:13, 15). 아우구스티누스는 "세상에서 사람들에게 쓸데없어 보이는 모든 일은 하나님의 계명에 따르지 않는 것으로 하나님의 말씀을 성취할 뿐"이라고 말합니다. 그리고 자신의 시편 148편 주해를 통해서도 다음과 같이 말합니다. "아버지의 암나귀들을 찾으러 나간 사울이 선지자 사무엘을 만난 것은 순전히 우연처럼 보였을 것이다." 하지만 여호와께서는 이미 그전에 선지자 사무엘에게 이렇게 말씀하셨습니다. "내일 이맘때에 내가 베냐민 땅에서 한 사람을 네게로 보내리니"(삼상 9:16).

웨스트민스터 신앙 고백서 (1647)	웨스트민스터 소요리 문답 (1647)	웨스트민스터 대요리 문답 (1648)

5항 지극히 지혜로우시고 의로우시며 은혜로우신 하나님은 그들이 이전에 지은 죄를 징계하시기 위해 또는 그들 마음의 부패와 거짓됨의 숨은 힘을 발견하여 겸손하게 하시기 위해 때때로 자기 자녀들을 여러 유혹에, 그리고 그들 마음의 부패한 상태에 잠시 내버려 두십니다.[1] 그리고 그들로 하여금 하나님의 도우심을 받기 위해 더욱 친밀하고 계속적으로 하나님을 의지하도록 일으켜 세우시고, 미래에 지을 모든 죄에 대비하여 더욱 깨어 있게 하시며 다른 여러 가지 의롭고 거룩한 목적을 이루게 하십니다.[2]

———
[1] 대하 32:25-26, 31; 삼하 24:1
[2] 고후 12:7-9; 시 73편; 77:1, 10, 12; 막 14:66 이하; 요 21:15-17

6항 의로운 재판장이신 하나님은 이전에 그들이 지은 죄로 인해 눈이 어두워지고 마음이 강퍅해진 악하고 불경건한 자들에 관한 한, 그들의 지성을 밝아지게 하거나 마음에서 일어날 수도 있는 은혜를 허락하지 않으실 뿐만 아니라,[1] 때때로 그들이 가지고 있던 은사들을 거두기도 하시며,[2] 죄를 짓게 하는 그들 자신의 부패함에 그들을 내버려 두기도 하십니다.[3] 또 이와 함께 그들을 자신의 정욕과 세상의 유혹과 사탄의 권세에 넘겨주기도 하시며,[4] 이로 말미암아 그들은 다른 사람들의 마음을 부드럽게 하심에 있어 하나님이 사용하시는 수단을 통해서조차 그들 자신을 강퍅하게 만듭니다.[5]

———
[1] 롬 1:24, 26, 28; 11:7-8
[2] 신 29:4
[3] 마 13:12; 25:29
[4] 신 2:30; 왕하 8:12-13
[5] 시 81:11-12; 살후 2:10-12; 출 7:3; 8:15, 32; 고후 2:15-16; 사 8:14; 벧전 2:7-8; 사 6:9-10; 행 28:26-27

7항 일반적으로, 하나님의 섭리는 모든 피

벨직 신앙 고백서 (1561)	하이델베르크 요리 문답 (1563)	제2 스위스 신앙 고백서 (1566)	도르트 신경 (1619)
	할 양식을 주시옵고"입니다.[1] 몸에 필요한 모든 것을 우리에게 기꺼이 채워 주셔서[2] 오직 주님만이 모든 좋은 것의 근원임을 인정하게 하시고,[3] 주께서 우리에게 복 주시지 않으면 우리의 염려나 수고, 심지어 주님이 주신 선물조차 우리에게 아무 유익이 되지 못함을 알게 하시며,[4] 그리하여 피조물을 향한 우리의 모든 의지를 거두어 오직 하나님 당신에게만 두게 하시기를 구하는 것입니다.[5] ——— [1] 마 6:11 [2] 시 145:15; 마 6:25 등 [3] 행 17:25; 14:17 [4] 고전 15:58; 신 8:3; 시 127:1-2 [5] 시 62:11; 55:22		

웨스트민스터 신앙 고백서 (1647)	웨스트민스터 소요리 문답 (1647)	웨스트민스터 대요리 문답 (1648)
조물에 이릅니다. 그러나 지극히 특별한 방식을 따라 하나님은 더욱 그분의 교회를 돌보시며, 모든 것을 합력하여 교회의 유익이 되게 하십니다.[1]		

---

[1] 딤전 4:10; 암 9:8-9; 롬 8:28; 사 43:3-5, 14

R e f o r m e d

Anthropology
The Doctrine of Man

H a r m o

Confessions

인간론
인간에 관한 교리

n i z e d

벨직 신앙 고백서 (1561)	하이델베르크 요리 문답 (1563)	제2 스위스 신앙 고백서 (1566)	도르트 신경 (1619)

사람의 타락과 원죄, 형벌

14항(첫 번째 부분) 인간의 창조와 타락, 그리고 참된 선을 행할 수 없는 무능력

우리는 하나님이 땅의 흙으로 사람을 창조하시고, 그분의 형상과 모양에 따라[1] 사람을 선하고 의롭고 거룩하게 하여 모든 일에서 하나님의 뜻을 수행할 수 있는 존재로 만들고 조성하셨음을 믿습니다.[2] 하지만 사람은 이런 영예를 이해하지 못하고 그 탁월함을 알지도 못하여[3] 마귀의 말에 귀를 기울이고 자신을 죄에 굴복시킴으로 죽음과 저주에 이르게 되었습니다.[4] 사람이 자신이 받은 생명의 계명을[5] 위반했기 때문입니다. 이 죄로 말미암아 사람은 참된 생명이신 하나님으로부터 분리되어[6] 그의 본성 전체가 부패해졌습니다.[7] 이로 말미암아 사람은 육적이고 영적인 죽음에 처하게 되었습니다.[8]

또한 사람은 모든 행실에 있어서 악하고 뒤틀리고 부패해져서 자신이 하나님으로부터 받은 탁월한 은사들을 모두 잃어버렸습니다.[9] 다만 그중에 몇 가지만 남아 있을 뿐인

5문. 당신은 이 모든 것을 완전히 지킬 수 있습니까?

답. 결코 지킬 수 없습니다.[1] 나는 본성적으로 하나님과 나의 이웃을 미워하기 때문입니다.[2]

---
[1] 롬 3:10; 요 1:8
[2] 롬 8:7; 딛 3:3

7문. 그러면 인간 본성의 이런 타락은 어디로부터 온 것입니까?

답. 에덴동산에서 우리의 첫째 부모인 아담과 하와가 타락하고 불순종한 데서 온 것입니다.[1] 이로 말미암아 우리의 본성이 심히 부패하여 모두 죄악 중에서 잉태되고 태어납니다.[2]

---
[1] 창 3:6; 롬 5:12, 18-19
[2] 시 5:15; 창 5:3

8문. 그렇다면 우리는 선은 조금도 행할 수 없으며, 온갖 악을 행하는 경향을 가질 만큼 전적으로 부패하다는 말입니까?

답. 우리가 하나님의 성령으로 거듭나지 않는 한[1] 실제로 그러합니다.[2]

---
[1] 요 3:5; 엡 2:5
[2] 창 6:5; 욥 14:4; 15:14, 16

8장 사람의 타락에 관하여, 죄와 죄의 원인에 관하여

1항 사람은 처음부터 하나님에 의해 하나님의 형상을 따라 의롭고 참으로 거룩하고 선하고 올바르게 창조되었습니다. 그러나 뱀의 유혹과 자신의 실책 때문에 그 선함과 올바름에서 타락하고 죄와 죽음과 많은 재난에 처하게 되었습니다. 그가 자신의 타락으로 인한 것처럼 그의 모든 후손도 죄와 죽음과 다양한 재난에 빠지게 만들었습니다.

2항 또한 죄는 사람의 자연적 본성을 부패시키고 우리의 첫 조상에게서 우리 모두에게로 퍼져 우리 역시 악한 탐욕에 빠지고 하나님에게서 완전히 돌아서게 만들었으며, 도리어 우리는 모든 악을 행하는 경향을 가지게 되어 모든 악함과 불신과 경멸과 하나님을 미워함으로 가득 차서 스스로는 도무지 선을 행할 수 없게 되었습니다. 아니, 선을 생각조차 하지 못하게 되었습니다(마 12:34-35).

3항 더욱이 우리는 시간이 갈수록 성장하는 것처럼 하나님의 계명에 반대하는 악한 생각과 말과 행동도 자라나서 부패한 열매를 맺는 나쁜 나무가 됩니다. 이런 측면에서 황폐해진 우리 모습을 통해 우리는 하나님의 진노에 처하게 되고, 그 하나님의 의로운 형벌을 받을 위험에 빠지게 됩니다. 이렇게 우리는 하나님에게서 쫓겨났고 우리의 구원자이신 그리스도가 아니고서는 결코 회복될 수 없습니다.

4항 그러므로 우리는 죽음을 우리의 모든 죄 때문에 한 번은 고통당해야 할 단지 신체적 죽음으로 이해할 뿐만 아니라 우리의 부패와 죄로 인한 영원한 형벌로 여깁니다. 사도가 이렇게 말하기 때문입니다. "허물과 죄로 죽었던 너희를 …… 다른

첫째 교리

1항 모든 사람이 아담 안에서 죄를 지었고 저주 아래 있으며 영원한 죽음을 당하는 것이 마땅하기에, "온 세상으로 하나님의 심판 아래에 있게 하려 함이라"(롬 3:19)라는 사도의 말에 따르면 하나님이 그들 모두를 멸망 가운데 두시고 그들의 죄로 말미암아 정죄하시는 것은 전혀 불의한 일이 아닙니다. 사도는 계속해서 이렇게 말합니다. "모든 사람이 죄를 범하였으매 하나님의 영광에 이르지 못하더니"(롬 3:23). "죄의 삯은 사망이요"(롬 6:23).

둘째 교리

1항 하나님은 주권적으로 지극히 자비로우실 뿐만 아니라 지극히 공의로운 분입니다. 하나님의 공의는 (하나님이 자신의 말씀을 통해 하나님 자신을 계시하신 것과 같이) 그분의 무한한 위엄을 대적하여 저지른 우리의 죄로 인해 우리의 몸과 영혼에 일시적 형벌뿐만 아니라 영원한 형벌을 받아야 할 것을 요구합니다. 하나님의

웨스트민스터 신앙 고백서 (1647)	웨스트민스터 소요리 문답 (1647)	웨스트민스터 대요리 문답 (1648)

6장 사람의 타락과 죄와 그에 따른 형벌에 관하여

1항 우리의 첫 부모는 사탄의 간계와 유혹에 빠져 금지된 열매를 먹음으로 죄를 범했습니다.[1] 이것이 그들의 죄인데 하나님이 그분의 지혜롭고 거룩한 경륜에 따라 그것을 허용하기를 기뻐하셨고 그것이 하나님의 영광을 위해 일어나도록 하셨습니다.[2]

―――
[1] 창 3:13; 고후 11:3
[2] 롬 11:32

2항 그들은 바로 이 죄로 그들의 원의(original righteousness)와 하나님과의 교제를 상실했고,[1] 따라서 그 죄 가운데 죽었으며,[2] 영혼과 육체의 모든 부분과 기능이 전적으로 더러워졌습니다.[3]

―――
[1] 창 3:6-8; 전 7:29; 롬 3:23
[2] 창 2:17; 엡 2:1
[3] 딛 1:15; 창 6:5; 렘 17:9; 롬 3:10-18

3항 그들이 온 인류의 뿌리이기 때문에 바로 이 죄의 죄책이 전가되었습니다.[1] 그리고 동일한 죄의 죽음과 부패한 본성이 보통의 출생으로 인해 모든 후손에 전해졌습니다.[2]

―――
[1] 창 1:27-28; 2:16-17; 행 17:26; 롬 5:12, 15-19; 고전 15:21-22, 45, 49
[2] 시 51:5; 창 5:3; 욥 14:4; 15:14

4항 이 본래의 부패로 말미암아 우리는 선을 행하고자 하는 마음이 전혀 없으며, 행할 수도 없고, 도리어 반대하며,[1] 전적으로 악을 행하려는 성향으로 기울게 되었고[2] 모든 실제적인 죄악이 나오게 되었습니다.[3]

13문. 우리의 첫 부모는 그들이 창조된 상태 그대로 있었습니까?
답. 우리의 첫 부모는 그들 자신의 의지의 자유에 따라 하나님을 대적하여 범죄함으로 그들이 창조된 상태에서 타락했습니다.[1]

―――
[1] 창 3:6-8, 13; 전 7:29

14문. 죄는 무엇입니까?
답. 죄는 하나님의 법을 따르지 않거나 어기는 것입니다.[1]

―――
[1] 요일 3:4

15문. 우리의 첫 부모가 창조된 상태에서 타락하게 된 죄는 무엇입니까?
답. 우리의 첫 부모가 창조된 상태에서 타락하게 된 죄는 하나님이 금하신 열매를 먹은 것입니다.[1]

―――
[1] 창 3:6, 12

16문. 온 인류가 아담의 첫 번째 범죄를 통해 타락했습니까?
답. 하나님이 아담과 맺은 언약은 단지 아담하고만 맺은 것이 아니라 그의 후손과도 맺은 것입니다. 따라서 보통의 출생으로 아담에게서 태어난 모든 인류는 아담의 첫 죄를 통해 아담 안에서 아담과 함께 죄를 짓고 타락했습니다.[1]

―――
[1] 창 2:16-17; 롬 5:12; 고전 15:21-22

17문. 이 타락은 인류를 어떤 상태로 이끌었습니까?

21문. 인간은 하나님이 처음에 창조하신 상태를 유지하였습니까?
답. 우리의 첫 부모는 그들 자신의 의지의 자유에 따라 사탄의 유혹에 넘어가 금지된 열매를 먹음으로 하나님의 명령을 범했습니다. 그 결과 그들이 처음 창조된 무죄 상태에서 타락했습니다.[1]

―――
[1] 창 3:6-8, 13; 전 7:29; 고후 11:3

22문. 그 첫 범죄로 모든 인류가 타락했습니까?
답. 아담은 공적 존재로서 그와 맺은 언약은 단지 아담하고만 맺은 것이 아니라 그의 후손과도 맺은 것입니다. 따라서 보통의 출생으로 아담에게서 태어난 모든 인류는[1] 아담의 첫 죄를 통해 아담 안에서 아담과 함께 죄를 짓고 타락했습니다.[2]

―――
[1] 행 17:26
[2] 창 2:16-17; 롬 5:12-20; 고전 15:21-22

23문. 이 타락은 인류를 어떤 상태로 이끌었습니까?
답. 이 타락은 온 인류를 죄와 비참의 상태에 빠지게 했습니다.[1]

―――
[1] 롬 5:12; 3:23

24문. 죄는 무엇입니까?
답. 죄는 이성적인 피조물에게 규범으로 주어진 하나님의 어떤 법을 따르지 않거나 어기는 것입니다.[1]

―――
[1] 요일 3:4; 갈 3:10, 12

벨직 신앙 고백서 (1561)	하이델베르크 요리 문답 (1563)	제2 스위스 신앙 고백서 (1566)	도르트 신경 (1619)

벨직 신앙 고백서 (1561)

데도,[10] 이는 사람으로 하여금 변명의 여지가 없을 정도로 충분합니다.[11] "빛이 어둠에 비치되 어둠이 깨닫지 못하더라"는[12] 성경 구절의 가르침처럼, 우리 안에 있는 모든 빛이 어둠으로 변했기 때문입니다.[13] 이 구절에서 사도 요한은 사람을 "어둠"이라 부릅니다.

---

[1] 창 1:26; 전 7:29; 엡 4:24
[2] 창 1:31; 엡 4:24
[3] 시 49:21; 사 59:2
[4] 창 3:6, 17
[5] 창 1:3, 7
[6] 사 59:2
[7] 엡 4:18
[8] 롬 5:12; 창 2:17; 3:19
[9] 롬 3:10
[10] 행 14:16-17; 17:27
[11] 롬 1:20-21; 행 17:27
[12] 요 1:5
[13] 엡 5:8; 마 6:23

15항 원죄

우리는 아담의 불순종으로 말미암아 원죄가 모든 인류에게 퍼졌음을 믿습니다.[1] 원죄는 죄의 뿌리로서[2] 인간 안에 있어 인간 본성의 전적인 타락과 심지어 유아들조차 모태에 있을 때[3] 부모를 통해 감염되어 물려받은 유전적인 악으로서 모든 종류의 죄를 만들어 냅니다. 따라서 원죄는 하나님이 보시기에 악하고 가증하기 때문에 모든 인류를 정죄하기에 충분합니다.[4] 마

하이델베르크 요리 문답 (1563)

9문. 그러면 하나님은 우리가 지킬 수 없는 율법을 요구하심으로 사람에게 부당하게 행하시는 것이 아닙니까?

답. 결코 그렇지 않습니다.[1] 하나님은 사람이 율법을 행할 수 있도록 창조하셨기 때문입니다.[2] 하지만 사람이 마귀의 유혹에 빠져[3] 고의로 불순종하였고, 그 결과 스스로와 자신의 모든 후손에 이르기까지 하나님이 베푸신 신적 은사를 상실했습니다.[4]

---

[1] 전 7:29
[2] 요 8:44; 고후 11:3
[3] 창 3:4, 7
[4] 롬 5:12

10문. 하나님은 그러한 불순종과 반역을 벌하지 않고 내버려 두셔서 악화시키십니까?

답. 결코 그렇지 않습니다. 하나님은 우리의 원죄뿐만 아니라 자범죄 역시 지극히 불쾌해 하십니다.[1] 따라서 그분의 의로운 심판으로 그 죄를 일시적으로 그리고 영원히 심판하십니다.[2] 하나님은 "누구든지 율법 책에 기록된 대로 모든 일을 항상 행하지 아니하는 자는 저주 아래에 있는 자"라고 선언하셨습니다.[3]

제2 스위스 신앙 고백서 (1566)

이들과 같이 본질상 진노의 자녀이었더니 긍휼이 풍성하신 하나님이 …… 허물로 죽은 우리를 그리스도와 함께 살리셨고"(엡 2:1-5). 또 이렇게 말합니다. "그러므로 한 사람으로 말미암아 죄가 세상에 들어오고 죄로 말미암아 사망이 들어왔나니 이와 같이 모든 사람이 죄를 지었으므로 사망이 모든 사람에게 이르렀느니라"(롬 5:12).

5항 그러므로 우리는 모든 사람에게 원죄가 있음을 시인합니다. 그리고 이 원죄에서 나오는 다른 모든 죄는 대죄든 소죄든 어떤 이름으로 불리든, 또는 도무지 용서받을 수 없는 성령을 거스르는 죄라고 불리든 간에 실제 죄이자 죄라고 불린다는 사실을 인정합니다.

6항 우리는 또한 모든 죄가 부패와 불신앙의 원천에서 흘러나오기는 하지만 모두 동일하거나 등등한 것은 아니며(요 5:16-17), 어떤 죄는 다른 죄보다 심각하다는 것을 고백합니다(막 3:28-29). 심지어 주님도 복음의 말씀을 멸시하는 도시보다 도리어 "소돔과 고모라 땅이 견디기 쉬우리라"고 말씀하셨습니다(마 10:15). 그러므로 우리는 이것과 반대하여 다른 것들을 가르치는 모든 교훈을 정죄합니다. 스토아 학파와 더불어 모든 죄가 동일하다고 여기는 요비니아누스주의자들(Jovinianists)과 특별히 펠라기우스와 모든 펠라기우스주의자를 정죄합니다. 이 문제에 관한 한 우리는 자신의 말과 주장을 성경에서 도출한 아우구스티누스에 전적으로 동의합니다. 더욱이 우리는 (이레네우스도 글을 써서 반대한) 플로리누스와 블라스투스와 같이 하나님을 죄의 조성자로 만드는 모든 이를 정죄합니다. 매우 명백히 기록된 성경을 주의 깊게 보십시오. "주는 죄악을 기뻐하는 신이 아니시니 악이 주와 함께 머물지 못하며 …… 거짓말하는 자들을 멸망시키시리이다 여호와께서는 피 흘리기를 즐기는 자와 속이는 자를 싫어하시나이다"(시 5:4, 6). 다음과 같은 말씀도 있습니다. "그는 처음부터 살인한 자요 진리가 그

도르트 신경 (1619)

공의가 만족되지 않는 한, 우리가 형벌을 피할 방법은 전혀 없습니다.

2항 우리 스스로는 이런 만족을 이룰 수 없으며 하나님의 진노에서 우리 자신을 구원할 수 없기에, 하나님이 우리를 대신하여 그분의 공의를 만족시킬 수 있도록 그분의 무한한 자비를 베푸셔서 우리를 위해 그리고 우리를 대신하여 친히 죄와 저주가 되신 그분의 독생자를 우리의 보증으로 주셨습니다.

셋째 · 넷째 교리

1항 사람은 본래 하나님의 형상을 따라 지음받았습니다. 사람의 지성은 그의 창조자이신 하나님의 구원에 관한 진실한 지식과 영적인 것들에 대한 지식으로 채워졌습니다. 사람의 마음과 뜻은 정직했습니다. 사람의 모든 정서는 순결했습니다. 참으로 사람의 전인이 거룩했습니다. 그러나 마귀의 유혹에 넘어가고 인간 자신이 의지의 자유를 남용하여 하나님의 계명을 어겨 반역함으로 사람은 이런 탁월한 은사들을 잃어버렸습니다. 그리고 도리어 이 탁월한 은사들을 대신하여 사람의 지성은 무지

웨스트민스터 신앙 고백서 (1647)	웨스트민스터 소요리 문답 (1647)	웨스트민스터 대요리 문답 (1648)

1 롬 5:6; 8:7; 7:18; 골 1:21
2 창 6:5; 8:21; 롬 3:10-12
3 약 1:14-15; 엡 2:2-3; 마 15:19

5항 이 세상을 사는 동안 이러한 본성의 부패는 중생한 사람들에게도 여전히 남아 있습니다.[1] 비록 그리스도로 말미암아 이 부패가 용서받고 억제된다 하더라도 부패한 본성 자체와 그로부터 나오는 모든 행동은 참으로, 그리고 마땅히 죄입니다.[2]

1 요일 1:8, 10; 롬 7:14, 17-18, 23; 약 3:2; 잠 20:9; 전 7:20
2 롬 7:5, 7-8, 25; 갈 5:17

6항 원죄든 실제적인 죄든 모든 죄는 하나님의 의로운 율법을 범하고 거스르는 것이기에,[1] 본질상 죄인에게 죄책을 부과합니다.[2] 이로 인해 죄인은 하나님의 진노와[3] 율법의 저주에 처하게 되며,[4] 영적이고[5] 한시적이며[6] 동시에 영원한[7] 비참을 동반한 죽음에 처하게 됩니다.[8]

1 요일 3:4
2 롬 2:15; 3:9, 19
3 엡 2:3
4 갈 3:10
5 엡 4:18
6 롬 8:20; 애 3:39
7 마 25:41; 살후 1:9
8 롬 6:23

답. 이 타락은 온 인류를 죄와 비참의 상태에 빠지게 했습니다.[1]

1 롬 5:12

18문. 사람이 타락한 상태에서 죄성은 무엇으로 구성됩니까?

답. 사람이 타락한 상태에서 죄성은 보통 원죄라고 불리는 것으로, 아담이 범한 첫 죄의 죄책과 의의의 결핍, 본성 전체의 부패입니다. 그리고 이 죄와 함께, 또 이 죄에서 모든 실제적인 죄가 흘러나옵니다.[1]

1 롬 5:12, 19; 5:10-20; 엡 2:1-3; 약 1:14-15; 마 15:19

19문. 타락한 상태에서 사람의 비참은 무엇입니까?

답. 그들의 타락으로 말미암아 온 인류는 하나님과의 교제를 상실했고,[1] 그분의 진노와 저주 아래 처하게 되었으며,[2] 이 세상에서 온갖 비참함에 놓이고 죽음에 이르며, 지옥에서 영원한 고통을 받습니다.[3]

1 창 3: 8, 10, 24
2 엡 2:2-3; 갈 3:10
3 애 3:39; 롬 6:23; 마 25:41, 46

25문. 사람이 타락한 상태에서 죄성은 무엇으로 구성됩니까?

답. 사람이 타락한 상태에서 죄성은 아담이 범한 첫 죄의 죄책과[1] 처음 창조되었을 때 가지고 있던 의의 결핍, 그리고 그의 본성 전체의 부패인데, 이로 인해 사람은 선을 행하고자 하는 마음이 전혀 없으며, 행할 수도 없고, 도리어 반대하며, 전적으로 악을 행하려는 성향으로 기울게 되었고 그것을 계속해서 행하게 되었습니다.[2] 우리는 보통 이것을 원죄라 부르며, 이 원죄에서 모든 실제적인 죄가 흘러나옵니다.[3]

1 롬 5:12, 19
2 롬 3:10-19; 엡 2:1-3; 롬 5:6; 8:7-8; 창 6:5
3 약 1:14-15; 마 15:19

26문. 원죄는 어떻게 우리의 첫 부모에게서 그들의 후손에게 전해집니까?

답. 원죄는 자연적인 출생에 의해 우리의 첫 부모에게서 그들의 후손에게 전해집니다. 그러므로 그러한 방식으로 그들에게서 나온 사람은 모두 죄 가운데 잉태되고 출생합니다.[1]

1 시 51:5; 욥 14:4; 15:14; 요 3:6

27문. 타락이 인류에게 가져온 비참은 무엇입니까?

답. 타락은 인류에게 하나님과의 교제 상실,[1] 하나님의 분노와 저주를 가져왔습니다. 따라서 우리는 본질상 진노의 자녀와[2] 사탄에게 묶인 노예가 되었으며,[3] 공의에 따라 이 세상과 다가오는 세상에서 모든 형벌을 공의롭게 받게 되었습니다.[4]

1 창 3:8, 10, 24
2 엡 2:2-3
3 딤후 2:26
4 창 2:17; 애 3:39; 롬 6:23; 마 25:41, 46; 유 7절

벨직 신앙 고백서 (1561)	하이델베르크 요리 문답 (1563)	제2 스위스 신앙 고백서 (1566)	도르트 신경 (1619)

치 물이 샘에서 솟아 나오는 것처럼 죄가 이 비참한 근원으로부터 솟구쳐 흘러나오기 때문에 원죄는 심지어 세례나 그 어떤 다른 방편이나 수단으로도 없애거나 근절할 수 없습니다. 그럼에도 불구하고 하나님의 자녀들에게는 원죄가 전가되지 않아 정죄에 이르지 않게 하며, 오히려 그들은 하나님의 은혜와 긍휼로 용서하심을 받았습니다. 이 말은 하나님의 자녀들이 죄 가운데 평안하게 안주해도 된다는 말이 아니라, 이 타락에 대한 인식으로 말미암아 신자들이 종종 신음하고 이 죽을 사망의 몸에서 구원받기를 간절히 원한다는 것을 의미합니다.[5] 바로 이런 점에서 우리는 죄가 단지 모방에 의해 일어나는 것이라고 주장하는 펠라기우스주의자들의 오류를 배격합니다.

---

[1] 롬 5:12-13; 시 51:7; 롬 3:10; 창 6:3; 요 3:6; 욥 14:4
[2] 갈 5:19; 롬 7:8, 10, 13, 17-18, 20, 23
[3] 사 48:8; 롬 5:14
[4] 엡 2:3, 5
[5] 롬 7:18, 24

---

[1] 시 5:5
[2] 롬 1:18; 신 28:15; 히 9:27
[3] 신 27:26; 갈 3:10

11문. 그렇다면 하나님은 자비롭지 않으신 것입니까?

답. 하나님은 참으로 자비로우시지만[1] 동시에 공의로우십니다. 죄는 지극히 높으신 하나님의 위엄을 거슬러 저지른 것이기에 하나님의 공의는 그에 따른 가장 극심한 형벌,[2] 즉 몸과 영혼 모두에 영원한 형벌을[3] 요구합니다.[4]

---

[1] 출 34:6
[2] 시 5:5-6
[3] 창 2:17; 롬 6:23
[4] 출 20:5; 욥 34:10-11

12문. 하나님의 공의로운 심판에 따라 우리는 일시적이고도 영원한 형벌을 받아 마땅하나, 우리가 이 형벌을 피하고 다시 하나님의 은총을 입을 수 있는 길은 없는 것입니까?

답. 하나님은 그분의 공의가 만족되기를 원하시기 때문에[1] 우리 스스로에 의해서든 다른 이를 통해서든 이 완전한 만족을 반드시 이루어야만 합니다.[2]

---

[1] 출 20:5
[2] 신 24:16; 고후 5:14-15

속에 없으므로 진리에 서지 못하고 거짓을 말할 때마다 제 것으로 말하나니 이는 그가 거짓말쟁이요 거짓의 아비가 되었음이라"(요 8:44). 참으로 그렇습니다. 실로 우리 안에는 죄와 부패가 충분해서 하나님이 우리 안에 새로운 또는 더 큰 악을 주입하실 필요조차 없습니다.

7항 그러므로 성경에서 하나님이 사람의 마음을 강퍅하게 하시고(출 7:13), 눈을 멀게 하시고(요 12:40), 상실한 대로 내버려 두셨다고(롬 1:28) 말할 때, 그분이 의로우신 심판자와 보복자로서 의로운 심판을 내리신 것으로 이해해야 합니다. 결론적으로 성경에서 종종 하나님이 어떤 악을 행하시는 것처럼 말하거나 그렇게 보이는 것은 사람이 악을 행하지 않았다는 것을 의미하는 것이 아니라 하나님이 그렇게 하도록 내버려 두시고 막지 않으셨다는 것을 의미합니다. 하나님이 원하셨다면, 공의로운 판단에 따라 그것을 막으셨을 것입니다. 그러지 않으셨다면, 그것은 요셉의 형제들이 죄를 지을 때 하신 것처럼 사람의 악을 선하게 사용하시려 했기 때문입니다. 또는 하나님이 친히 그 죄를 다스리셔서 막지 않으시고 더 큰 보응을 받게 하시려 했기 때문입니다. 아우구스티누스는 그의 저서 「교훈집」(*Enchiridion*)에서 이렇게 말합니다. "하나님의 뜻에 반하여 이루어지는 것 같지만 하나님의 뜻과 무관하게 발생하는 일은 하나도 없다는 것이 바로 기이하고 말로 설명할 수 없는 하나님의 방식이다. 하나님이 허락하지 않으시면 그것은 결코 발생하지 않을 것이기 때문이다. 뿐만 아니라 하나님은 자신의 뜻이 마지못해 이루어지게 하시지 않는다. 더욱이 하나님으로서 악이 이루어지도록 허용하시지도 않는다. 하나님은 전능하신 분으로서 악을 선으로 사용하시는 분이다." 여기까지가 아우구스티누스의 견해입니다.

8항 다른 질문들, 즉 아담이 타락하도록 하나님이 허락하신 것인가, 또는 하나님이 타락을 강요

와 끔찍한 어둠과 헛된 생각과 왜곡된 판단에 사로잡혔고, 그 마음과 의지가 사악하고 패역하고 완고해졌으며, 그의 정서는 불결해졌습니다.

2항 타락 이후에 사람은 자기 자신과 닮은 자녀를 낳았습니다. 말하자면, 부패한 존재가 부패한 후손을 생산하게 된 것입니다. 따라서 오직 그리스도를 제외하고는, 아담의 모든 후손이 이전에 펠라기우스주의자들이 주장한 것과 같은 모방에 의해서가 아니라 악한 본성의 유전에 의해 그들의 첫 부모에게서 이 부패를 물려받았습니다.

3항 그러므로 모든 사람은 죄 가운데 잉태되며 본성상 진노의 자녀로 태어나서 구원받을 만한 어떤 선도 행할 수 없고, 항상 악을 행하는 일에 기울며, 죄의 노예가 되고, 성령님의 중생의 은혜 없이는 결코 하나님에게 돌아오거나, 그들의 타락한 본성을 개혁하거나, 그러한 개혁에 자신을 내어놓을 수 없습니다.

4항 그러나 타락 후에도 사람 안에 어느 정도 본성

웨스트민스터 신앙 고백서 (1647)	웨스트민스터 소요리 문답 (1647)	웨스트민스터 대요리 문답 (1648)
		28문. 이 세상에서 받는 죄의 형벌은 무엇입니까? 답. 이 세상에서 받는 죄의 형벌은 내적으로 정신의 맹목,[1] 타락한 감각,[2] 강한 망상,[3] 마음의 굳어짐,[4] 양심의 공포,[5] 사악한 감정이며,[6] 외적으로는 우리 때문에 피조물에 임한 하나님의 저주와,[7] 죽음 그 자체를[8] 포함하여, 우리 몸과 평판, 상태와 관계, 그리고 직업에서[9] 우리에게 임하는 다른 모든 악과 같은 것들입니다. ——— [1] 엡 4:18 [2] 롬 1:28 [3] 살후 2:11 [4] 롬 2:5 [5] 사 33:14; 창 4:13; 마 27:4 [6] 롬 1:26 [7] 창 3:17 [8] 롬 6:21, 23 [9] 신 28:15-18 **29문. 다가오는 세상에서 받을 죄의 형벌은 무엇입니까?** 답. 다가오는 세상에서 받을 죄의 형벌은 하나님의 위안이 되는 임재에서 영원히 분리되고, 영원히 계속되는 지옥 불에서 끊임없이 당하는 영혼과 육체의 가장 괴로운 고통입니다.[1] ——— [1] 살후 1:9; 막 9:43-44, 46, 48; 눅 16:24

벨직 신앙 고백서 (1561)	하이델베르크 요리 문답 (1563)	제2 스위스 신앙 고백서 (1566)	도르트 신경 (1619)
	13문. 그러면 우리 자신이 이 만족을 이룰 수 있습니까? 답. 결코 그럴 수 없습니다.[1] 도리어 우리는 날마다 죄책과 빚만 쌓을 뿐입니다.[2] —— [1] 욥 9:2-3; 15:14-16 [2] 마 6:12; 사 64:6 **14문. 이 세상에 있는 피조물 가운데서 우리를 위해 이 공의를 만족시킬 수 있는 존재를 찾을 수 있습니까?** 답. 전혀 없습니다. 우선, 하나님은 사람이 범한 죄 때문에 다른 피조물을 형벌하지는 않으실 것이기 때문입니다.[1] 나아가 피조물에 지나지 않은 그 어떤 피조물도 하나님의 영원한 진노의 짐을 감당하여 다른 피조물을 그 진노에서 구원할 수는 없기 때문입니다.[2] —— [1] 겔 18:20 [2] 계 5:3; 시 49:8-9	하신 것인가, 아니면 그의 타락을 왜 막지 않으셨는가 등과 같은 질문들은 모두 호기심에 찬 질문들입니다(이런 질문들은 사람들로 하여금 이단에 빠지게 하고 불행하게 만듭니다. 또한 이런 질문들에 우리를 노출하는 것은 하나님 말씀에서 일탈하는 것입니다. 교회의 많은 경건한 교사가 그랬던 것처럼 말입니다). 우리는 여호와께서 금지된 열매 먹는 일을 사람에게 금하셨고 그 악을 행하는 자를 형벌하셨음을 알아야 합니다. 또한 그 일은 하나님의 섭리와 뜻과 능력의 측면에서 볼 때에는 악한 것이 아니지만, 사탄과 우리의 의지 측면에서는 하나님의 뜻을 거역한 것임을 알아야 합니다.	의 빛이 남아 있어서 하나님과 세상 만물과 선과 악의 차이에 대해 약간의 지식을 가지고 있으며, 덕과, 사회 안에서의 선한 질서와, 외적인 선행을 질서 있게 수행하는 능력을 지니고 있습니다. 하지만 이 본성의 빛은 사람을 구원에 관한 하나님의 지식이나 참된 회심에 이르게 할 수 없으며, 지금까지도 자연적이며 사회적인 일들에서조차 이 본성의 빛을 올바르게 사용하지 못합니다. 더욱이 사람은 여러 방법으로 이 본성의 빛을 오염시키고 불의로 이 빛을 억누르는데, 그렇게 함으로 사람은 하나님 앞에서 결코 핑계할 수 없게 됩니다. (구속에 관한) 참된 교리를 설명했으므로 총회는 다음과 같이 가르치는 자들의 오류를 **배격합니다.** 오류 5 "모든 사람이 하나님과 화목한 상태에 있고 은혜 언약으로 받아들여졌으므로 어느 누구도 원죄 때문에 정죄받을 필요가 없고, 그것 때문에 정죄받지도 않을 것이며, 도리어 모든 사람은 원죄에 대한 책임에서 벗어납니다."

웨스트민스터 신앙 고백서 (1647)	웨스트민스터 소요리 문답 (1647)	웨스트민스터 대요리 문답 (1648)

도르트 신경(계속)

하지만 이런 주장은 우리가 본질상 진노의 자녀라는 성경의 가르침에 의해 배격됩니다(엡 2:3).

(부패와 회심에 관한) 참된 교리를 설명했으므로 총회는 다음과 같이 가르치는 자들의 오류를 **배격합니다.**

오류 1
"올바로 말하자면, 원죄 자체로 온 인류를 정죄하는 것이 충분하다거나 일시적인 형벌과 영원한 형벌을 마땅히 받게 만드는 데 충분하다고 할 수 없습니다."

이런 주장들은 다음과 같이 선포하는 사도의 가르침과 모순됩니다. "그러므로 한 사람으로 말미암아 죄가 세상에 들어오고 죄로 말미암아 사망이 들어왔나니 이와 같이 모든 사람이 죄를 지었으므로 사망이 모든 사람에게 이르렀느니라"(롬 5:12). "심판은 한 사람으로 말미암아 정죄에 이르렀으나"(롬 5:16). 또한, "죄의 삯은 사망이요"(롬 6:23).

오류 2
"선함과 거룩함, 의로움 등과 같은 영적 은사, 또는 선한 자질과 덕목은 사람이 처음 지음받을 때 사람의 의지에 속할 수 없었기에 사람의 타락으로 말미암아 이런 덕목들이 그 의지에서 분리될 수가 없습니다."

이런 주장은 에베소서 4장 24절에서 사도가 하나님의 형상은 의와 거룩함으로 구성되어 있으며, 이것은 의심의 여지 없이 사람의 의지에 속해 있다며 하나님의 형상에 관해 선포하는 묘사와 반대됩니다.

오류 3
"영적 은사들은 영적 죽음을 통해 사람의 의지에서 분리되지 않았습니다. 의지 자체는 결코 부패할 수 없기 때문이며, 다만 지성의 어둠과 정서의 불규칙성으로 방해받을 뿐이기 때문입니다. 이러한 방해 요소들이 제거되기만 한다면 사람의 의지는 그 선천적인 능력을 발휘할 수 있습니다. 말하자면, 의지 자체가 뜻하고 선택할 수 있으며, 또는 뜻하지 않고 선택하지 않을 수 있습니다."

이런 주장은 새롭게 고안한 생각이자 오류이며, 자유 의지의 능력을 한껏 치켜세우는 경향을 지닌 것으로, 선지자의 선포와 매우 반대됩니다. "만물보다 거짓되고 심히 부패한 것은 마음이라"(렘 17:9). 이는 또한 사도의 증언과도 반대됩니다. "전에는 우리도 다 그[불순종의 아들들] 가운데서 우리 육체의 욕심을 따라 지내며 육체와 마음의 원하는 것을 하여"(엡 2:3).

오류 4
"중생받지 못한 사람이 죄로 인해 실제로 또는 전적으로 죽은 것은 아니며, 영적 선을 행할 수 있는 모든 능력을 박탈당한 것도 아니고, 도리어 의와 생명에 주리고 목말라할 수 있으며, 하나님을 기쁘시게 하는 통회하고 상한 심령의 제사를 드릴 수 있습니다."

이런 주장은 성경의 명백한 증언과 반대됩니다. "허물과 죄로 죽었던 너희 …… 허물로 죽은 우리"(엡 2:1, 5). "사람의 죄악이 세상에 가득함과 그의 마음으로 생각하는 모든 계획이 항상 악할 뿐임을 보시고"(창 6:5). "사람의 마음이 계획하는 바가 어려서부터 악함이라"(창 8:21).

더욱이 비참에서 건짐받아 생명에 주리고 목말라하며 하나님에게 상한 심령의 제사를 드리는 것은 오직 중생하고 복 있는 사람이라고 불리는 사람들만의 특징입니다. "하나님이여 내 속에 정한 마음을 창조하시고 내 안에 정직한 영을 새롭게 하소서 …… 그때에 주께서 의로운 제사와 번제와 온전한 번제를 기뻐하시리니 그때에 그들이 수소를 주의 제단에 드리리이다"(시 51:10, 19). "의에 주리고 목마른 자는 복이 있나니 그들이 배부를 것임이요"(마 5:6).

벨직 신앙 고백서 (1561)	하이델베르크 요리 문답 (1563)	제2 스위스 신앙 고백서 (1566)	도르트 신경 (1619)

하나님이 사람과 맺으신 언약

17항 타락한 사람의 회복

우리는 사람이 스스로 육체적이고 영적인 죽음에 자신을 던져서 전적으로 비참하게 되어 두려움에 떨면서[1] 하나님의 임재로부터 도망칠 때, 은혜로우신 하나님이 놀라운 지혜와 선하심으로 그를 찾아오시고, 그에게 여자에게서 태어나 뱀의 머리를 상하게 하고 그를 복되게 할 하나님의 아들을 주겠다고 약속하심으로 위로하기를 기뻐하셨음을 믿습니다.[2]

———
[1] 창 3:8-9, 19; 사 65:1-2
[2] 히 2:14; 창 22:18; 사 7:14; 요 7:42; 딤후 2:8; 히 7:14; 창 3:15; 갈 4:4

둘째 교리

(구속에 관한) 참된 교리를 설명했으므로 총회는 다음과 같이 가르치는 자들의 오류를 **배격합니다.**

오류 2

"그리스도께서 죽으신 목적은 그분 자신의 피로 새 언약을 실제로 확증하시려는 것이 아니라, 은혜 언약이든 행위 언약이든 간에 성부 하나님을 위해 그분이 기뻐하시는 대로 사람과 언약을 맺을 권리만 얻는 것이었습니다."

이는 그리스도께서 더 좋은 언약, 곧 새 언약의 보증과 중보자가 되셨으며, 유언은 유언한 자가 죽은 후에 유효하다고 가르치는 성경과 반대되는 불쾌한 주장입니다. "이와 같이 예수는 더 좋은 언약의 보증이 되셨느니라"(히 7:22). "이로 말미암아 그는 새 언약의 중보자시니 이는 첫 언약 때에 범한 죄에서 속량하려고 죽으사 부르심을 입은 자로 하여금 영원한 기업의 약속을 얻게 하려 하심이라 …… 유언은 그 사람이 죽은 후에야 유효한즉 유언

웨스트민스터 신앙 고백서 (1647)	웨스트민스터 소요리 문답 (1647)	웨스트민스터 대요리 문답 (1648)

7장 하나님이 사람과 맺으신 언약에 관하여

1항 하나님과 피조물 사이의 거리가 심히 크기 때문에 이성적 피조물이 그들의 창조주 하나님에게 마땅한 순종을 나타낸다 해도 그들이 받을 복과 보상의 열매로 하나님을 누릴 수는 없습니다. 그러나 하나님 편에서 스스로 자신을 낮추실 때 그렇게 할 수 있으며, 하나님은 이를 언약으로 나타내기를 기뻐하셨습니다.[1]

———
[1] 사 40:13-17; 욥 9:32-33; 삼상 2:25; 시 113:5-6; 100:2-3; 욥 22:2-3; 35:7-8; 눅 17:10; 행 17:24-25

2항 사람과 맺으신 첫 번째 언약은 아담에게 생명을 약속한 행위 언약이었는데,[1] 이는 아담 안에서 그의 후손에게[2] 완전하고 인격적인 순종을 조건으로 생명을 약속한 언약이었습니다.[3]

———
[1] 갈 3:12　　　[3] 창 2:17; 갈 3:10
[2] 롬 10:5; 5:12-20

3항 타락으로 말미암아 사람이 그 행위 언약을 통해 주어지는 생명을 얻을 수 없게 되자, 주님은 이른바 은혜 언약이라 불리는 두 번째 언약 맺기를 기뻐하셨습니다.[1] 이 은혜 언약을 통해 하나님은 죄인들에게 예수 그리스도로 말미암은 생명과 구원을 무조건적으로 베푸셨습니다. 그들이 구원을 얻을 수 있도록 그리스도를 믿을 것을 요구하시고,[2] 영생으로 예정된 모든 사람에게 성령님을 보내서서 그들로 하여금 기꺼이 믿으며 또한 믿을 수 있게 하겠다고 약속하셨습니다.[3]

———
[1] 갈 3:21; 롬 8:3; 3:20-21; 창 3:15; 사 42:6
[2] 막 16:15-16; 요 3:16; 롬 10:6, 9; 갈 3:11

12문. 창조된 상태의 사람에게 하나님이 행하신 섭리의 특별한 행위는 무엇입니까?

답. 하나님은 사람을 창조하셨을 때, 선과 악을 알게 하는 나무의 열매를 먹는 것을 사망이라는 형벌 아래 금하심으로 완전한 순종을 조건으로 그와 생명의 언약을 맺으셨습니다.[1]

———
[1] 갈 3:12; 창 2:17

20문. 하나님은 모든 인류를 비참의 상태에서 멸망하도록 내버려 두셨습니까?

답. 순전하고 선한 기뻐하심 가운데 영원 전에 어떤 사람들을 영생에 이르도록 선택하신 하나님은[1] 구속자를 통해 그들을 죄와 비참의 상태에서 건져 내어 구원받은 상태로 이끄시려고 은혜 언약을 시작하셨습니다.[2]

———
[1] 엡 1:4
[2] 롬 3:20-22; 갈 3:21-22

20문. 창조된 상태의 사람에게 하나님이 행하신 섭리는 무엇이었습니까?

답. 창조된 상태의 사람에게 하나님이 행하신 섭리는 그를 낙원에 두어, 그 낙원을 가꾸도록 임명하시고, 그에게 땅의 소산을 먹을 자유를 주시는 것입니다.[1] 또한 피조물을 그의 통치 아래 두시고,[2] 그를 돕기 위해 결혼을 제정하시며,[3] 그로 하여금 하나님과 교제할 수 있게 하시고,[4] 안식일을 제정하시며,[5] 생명나무를 보증으로 하는[6] 인격적이고 완전하며 영속적인 순종을 조건으로[7] 그와 생명의 언약을 맺으시고, 동시에 선과 악을 알게 하는 나무 먹는 것을 사망이라는 형벌 아래 금하신 것입니다.[8]

———
[1] 창 2:8, 15-16　　[5] 창 2:3
[2] 창 1:28　　　　　[6] 창 2:9
[3] 창 2:18　　　　　[7] 갈 3:12; 롬 10:5
[4] 창 1:26-29; 3:8　[8] 창 2:17

30문. 하나님은 모든 인류를 죄와 비참의 상태에서 멸망하도록 내버려 두셨습니까?

답. 하나님은 모든 인류가 일반적으로 행위 언약이라고 불리는[1] 첫 번째 언약을 위반하여 맞이한 죄와 비참의 상태에서 멸망하도록 내버려 두지 않으셨습니다.[2] 도리어 하나님의 순전한 사랑과 자비로 그 가운데서 그분이 택하신 자들을 건져 내어 일반적으로 은혜 언약이라고 불리는 두 번째 언약을 통해 그들을 구원받은 상태로 이끄셨습니다.[3]

———
[1] 갈 3:10, 12　　　[3] 딛 3:4-7; 갈 3:21; 롬 3:20-22
[2] 살전 5:9

31문. 은혜 언약은 누구와 맺은 것입니까?

벨직 신앙 고백서 (1561)	하이델베르크 요리 문답 (1563)	제2 스위스 신앙 고백서 (1566)	도르트 신경 (1619)
			한 자가 살아 있는 동안에는 효력이 없느니라"(히 9:15, 17).

웨스트민스터 신앙 고백서 (1647)	웨스트민스터 소요리 문답 (1647)	웨스트민스터 대요리 문답 (1648)

웨스트민스터 신앙 고백서 (1647)

[3] 겔 36:26-27; 요 6:44-45

4항 이 은혜 언약은 유언자이신 예수 그리스도의 죽음과 영원한 기업과 그 기업에 속한 모든 것과 관련하여 유언이라는 이름으로 성경에 자주 설명되어 있습니다.[1]

———
[1] 히 9:15, 16-17; 7:22; 눅 22:20; 고전 11:25

5항 이 언약은 율법의 시대와 복음의 시대에 각각 다르게 시행되었습니다.[1] 율법의 시대에 이 언약은 약속, 예언, 제사, 할례, 유월절 어린양을 비롯하여 오실 그리스도를 미리 보여 주는 것으로서 유대인에게 주어진 다른 여러 예표와 규례로 시행되었습니다.[2] 그 시대에는 이러한 것들이 성령님의 역사하심을 통해 택함받은 자들에게 약속된 메시아를[3] 믿는 믿음을 가르치고 그 믿음을 세우기에 충분하고 효과적이었는데, 택함받은 자들은 메시아를 통해 완전한 죄 사함과 영원한 구원을 받습니다. 이것이 바로 옛 언약이라고 불리는 것입니다.[4]

———
[1] 고후 3:6-9
[2] 히 8장; 9장; 10장; 롬 4:11; 골 2:11-12; 고전 5:7
[3] 고전 10:1-4; 히 11:13; 요 8:56
[4] 갈 3:7-9, 14

6항 복음의 시대에 실체이신 그리스도께서[1] 나타나셨을 때, 이 언약은 말씀 선포, 세례와 성찬이라는 성례의 시행을 통해 전달되었습니다.[2] 비록 이 의식들은 수가 적고, 더 단순하게 시행되며, 겉보기에 화려하지도 않지만, 유대인과 이방인을 포함한 모든 민족에게[3] 더 충만하고 명백하며 뛰어난 영적 효과를 전달합니다.[4] 이것은 새 언약이라 불립니다.[5] 그러므로 실체에 있어서 다른 두 은혜 언약이 있는 것이 아니라 다양한 시대를 통해 하나의 동일한 언약이 시행되는

웨스트민스터 대요리 문답 (1648)

답. 은혜 언약은 두 번째 아담이신 그리스도와 맺어졌으며, 또한 그분 안에서 그분의 씨인 모든 택함받은 자와 맺어졌습니다.[1]

———
[1] 갈 3:16; 롬 5:15 이하; 사 53:10-11

32문. 하나님의 은혜가 두 번째 언약에 어떻게 나타났습니까?

답. 하나님의 은혜는 두 번째 언약에서 하나님이 값없이 죄인들에게 중보자를 보내시고,[1] 그분으로 말미암는 생명과 구원을 베푸신 것과,[2] 그들로 하여금 그리스도에 대한 관심을 갖는 조건으로 믿음을 요구하면서,[3] 그분의 모든 택함받은 자에게 성령님을 약속하고 주셔서,[4] 그들 안에서 다른 모든 구원의 은총과 함께[5] 그 믿음을 역사하신 것으로 나타났습니다.[6] 그리고 그들의 믿음의 진실성과[7] 하나님에 대한 감사의 증거로서,[8] 그리고 그분이 그들을 구원으로 작정하신 방식으로서,[9] 그들로 하여금 모든 거룩한 순종을 가능하게 만들어 주신 것으로 나타났습니다.[10]

———
[1] 창 3:15; 사 42:6; 요 6:27
[2] 요일 5:11-12
[3] 요 3:16; 1:12
[4] 잠 1:23
[5] 갈 5:22-23
[6] 고후 4:13
[7] 약 2:18, 22
[8] 고후 5:14-15
[9] 엡 2:18
[10] 겔 36:27

33문. 은혜 언약은 항상 하나의 유일하고 동일한 방식으로 시행되었습니까?

답. 은혜 언약은 항상 동일한 방식으로 시행되지는 않았습니다. 그 언약이 구약에서 시행된 방식과 신약에서 시행된 방식은 달랐습니다.[1]

———
[1] 고후 3:6-9

34문. 은혜 언약은 구약에서 어떻게 시행되었습니까?

벨직 신앙 고백서 (1561)	하이델베르크 요리 문답 (1563)	제2 스위스 신앙 고백서 (1566)	도르트 신경 (1619)

자유 의지와 무능력

14항(두 번째 부분)

그러므로 우리는 인간의 자유 의지에 대해 이와 모순되게 말하는 모든 가르침을 배격합니다. 인간은 죄의 종이며,[1] 하늘로부터 주어지지 않으면 그 무엇도 자기 것으로 소유할 수 없습니다.[2] 그리스도께서 "나를 보내신 아버지께서 이끌지 아니하시면 아무도 내게 올 수 없다"고 말씀하셨는데 도대체 그 누

8문. 그렇다면 우리는 선은 조금도 행할 수 없으며, 온갖 악을 행하는 경향을 가질 만큼 전적으로 부패하다는 말입니까?

답. 우리가 하나님의 성령으로 거듭나지 않는 한[1] 실제로 그러합니다.[2]

___
[1] 요 3:5; 엡 2:5
[2] 창 6:5; 욥 14:4; 15:14, 16

9장 자유 의지와 그에 따른 사람의 힘과 가능성에 관하여

1항 모든 시대에 교회 안에서 많은 갈등의 원인이 된 이 문제에 관해 우리는 고찰해야 할 삼중의 조건 또는 상태가 있다고 가르칩니다. 첫째는 타락 이전의 사람으로서 계속하여 선을 행하거나 악으로 기울 수도 있던 지혜롭고 의롭고 자유로운 사람입니다. 그러나 그는 악을 행하여 타락했고 앞에서 살펴본 것처럼 그 자신과 모든 인류를 죄와 죽음으로 몰아넣었습니다.

2항 둘째로, 우리는 타락 이후의 사람이 어떠했는지를 살펴보아야 합니다. 실제로 그는 이해력을

둘째 교리

(구속에 관한) 참된 교리를 설명했으므로 총회는 다음과 같이 가르치는 자들의 오류를 **배격합니다.**

오류 3

"그리스도께서는 자신이 드리신 만족을 통해 실제로 그 누구를 구원하는 그 자체를 위한 공로를 세우신 것이 아니며, 구원을 위한 그리스도의 이 만족

웨스트민스터 신앙 고백서 (1647)	웨스트민스터 소요리 문답 (1647)	웨스트민스터 대요리 문답 (1648)

것입니다.[6]

———
[1] 골 2:17
[2] 마 28:19-20; 고전 11:23-25
[3] 마 28:19; 엡 2:15-19
[4] 히 12:22-27; 렘 31:33-34
[5] 눅 22:20
[6] 갈 3:14, 16; 행 15:11; 롬 3:21-23, 30; 시 32:1; 롬 4:3, 6, 16-17, 23-24; 히 13:8

웨스트민스터 대요리 문답(계속)

답. 은혜 언약은 구약에서 약속,[1] 예언,[2] 제사,[3] 할례,[4] 유월절,[5] 그리고 다른 여러 예표와 규례로 시행되었는데, 그것은 모두 앞으로 오실 그리스도를 예표하였고, 그 당시에는 그분에 의해 완전한 죄 사함과 영원한 구원을 받게 될,[6] 약속된 메시아에 대한 믿음을 택함받은 자들에게 일으키는 데 충분했습니다.[7]

———
[1] 롬 15:8   [5] 고전 5:7
[2] 행 3:20, 24   [6] 갈 3:7-9, 14
[3] 히 10:1   [7] 히 8장; 9장; 10장; 11:13
[4] 롬 4:11

35문. 은혜 언약은 신약에서 어떻게 시행되었습니까?

답. 그 실체이신 그리스도께서 나타나신 신약에서는 동일한 은혜 언약이 말씀 선포와[1] 세례와[2] 성찬[3]이라는 성례의 집례를 통해 시행되었고, 지금도 여전히 그렇게 시행되고 있습니다. 이것들 안에 은혜와 구원이 더 충만하고 분명하게, 그리고 효과적으로 모든 나라에 제시되었습니다.[4]

———
[1] 막 16:15   [3] 고전 11:23-25
[2] 마 28:19-20   [4] 고후 3:6-9; 히 8:6, 10-11; 마 28:19

9장 자유 의지에 관하여

1항 하나님은 사람의 의지에 자연적 자유를 부여하셨는데 이 의지는 강제되지도, 본성의 어떤 절대적 필요에 따라 선이나 악을 행하도록 결정되어 있지도 않았습니다.[1]

———
[1] 마 17:12; 약 1:14; 신 30:19

2항 무죄한 상태에 있는 사람은 하나님에게 기쁨이 되고 선한 일을 원하고 행하는 자유와 능력을 지니고 있었습니다.[1] 그럼에도 변할 수 있는 것이었기에 그 무죄 상태에서 타락할 수도 있었습니다.[2]

82문. 누가 하나님의 계명을 완전히 지킬 수 있습니까?

답. 타락 이후 이 세상에서는 그 누구라도 하나님의 계명을 완전히 지킬 수 없으며,[1] 오히려 날마다 생각과 말과 행동으로 그것을 어깁니다.[2]

———
[1] 전 7:20; 요일 1:8, 10; 갈 5:17
[2] 창 6:5; 8:21; 롬 3:9-21; 약 3:2-13

149문. 누구라도 하나님의 계명을 완전히 지킬 수 있습니까?

답. 타락 이후에는 어느 누구도 그 자신 스스로나[1] 이 세상에서 받은 어떤 은혜로든지 하나님의 계명을 완전히 지킬 수 없습니다.[2] 오히려 날마다 생각과[3] 말과 행동으로 그것을 어깁니다.[4]

———
[1] 약 3:2; 요 15:5; 롬 8:3
[2] 전 7:20; 요일 1:8, 10; 갈 5:17; 롬 7:18-19
[3] 창 6:5; 8:21
[4] 롬 3:9-21; 약 3:2-13

벨직 신앙 고백서 (1561)	하이델베르크 요리 문답 (1563)	제2 스위스 신앙 고백서 (1566)	도르트 신경 (1619)

가 스스로 선행을 할 수 있다고 자랑할 수 있겠습니까?[3] 육의 생각은 하나님과 원수가 된다는 것을 이해하는 사람이 어떻게 자신의 의지를 높일 수 있겠습니까?[4] 육에 속한 사람은 하나님의 성령의 일을 받지 못하는데, 그 누가 자신의 지식에 대해 말할 수 있겠습니까?[5] 요약하면, 무엇이든 우리에게서 나온 것처럼 생각하여 스스로 능력이 있다고 여기지 않고 우리의 능력이 오직 하나님에게서 나온다는 것을 안다면 감히 그 누가 어떤 생각을 제시하겠습니까?[6] 그러므로 사도가 "너희 안에서 행하시는 이는 하나님이시니 자기의 기쁘신 뜻을 위하여 너희에게 소원을 두고 행하게 하시나니"라고 한 말씀은 당연히 분명하고 확실하게 지켜져야 합니다.[7] 그리스도께서 "나를 떠나서는 너희가 아무것도 할 수 없음이라"고 우리에게 가르쳐 주신 것처럼, 그분이 우리 안에 역사하시지 않는다면 하나님의 뜻과 지식과 일치하는 우리의 뜻과 지식은 없을 것이기 때문입니다.[8]

---

[1] 사 26:12; 시 94:11; 요 8:34; 롬 6:17; 7:5, 17

빼앗기지 않았고 의지도 빼앗기지 않았으며, 돌이나 막대기로 변하지 않았습니다. 그럼에도 이것들은 사람 안에서 심히 변하여 타락 이전에 할 수 있던 것들을 이제는 할 수 없게 되었습니다. 그의 이해력이 어두워졌고 이전에 자유로웠던 그의 의지는 노예적 의지로 전락했기 때문입니다. 그 의지는 마지못해서가 아니라 기꺼이 죄를 섬깁니다. 그것이 무의지가 아니라 의지로 불리는 이유입니다. 그러므로 악이나 죄에 관한 한, 사람은 하나님이나 마귀의 강요에 의해서가 아니라 자기 자신의 뜻으로 악을 행합니다. 이 점에 있어서 사람은 가장 자유로운 의지를 지니고 있는 것입니다. 우리는 종종 지극히 악한 행동과 사람의 계략이 하나님에게 방해를 받아 그들의 목적을 성취하지 못하는 것을 봅니다. 이는 악을 행하는 사람에게서 자유를 빼앗지는 않으나 그가 자유롭게 목적하는 바를 이루지 못하도록 하나님이 그분의 능력으로 막으시는 것입니다. 요셉의 형제들은 자유롭게 요셉을 죽이려 했습니다. 그러나 그들은 성공하지 못했는데 하나님이 그분의 비밀한 경륜 가운데 그렇게 하시는 일이 선한 것이었기 때문입니다.

3항 그러나 선함과 덕에 관한 한, 사람의 이해력 자체로는 하늘의 것들을 올바로 판단하지 못합니다. 복음적이며 사도적인 성경이 구원받을 우리 모두에게 중생을 요구하기 때문입니다. 그러므로 아담으로 말미암은 우리의 첫 출생은 우리의 구원에 아무런 공헌을 하지 못합니다. 이에 대해 바울은 다음과 같이 말합니다. "육에 속한 사람은 하나님의 성령의 일들을 받지 아니하나니"(고전 2:14). 동일한 사도 바울이 다른 곳에서 "우리가 무슨 일이든지 우리에게서 난 것같이 스스로 만족할 것이 아니니"라고 말씀합니다(고후 3:5).

4항 이제, 지성과 이해력이 의지의 안내자라는 것이 분명합니다. 그리고 그 안내자가 눈이 멀었기에 의지가 얼마나 멀리 영향을 끼칠 수 있는지는

이 효과적이게 하는 믿음을 위해 공헌하신 것도 아닙니다. 그리스도께서는 다만 사람과 다시 관계를 맺고 하나님이 원하시는 새로운 조건을 규정하기 위한 권위와 완전한 뜻만을 성부 하나님을 위해 공로로 얻으신 것입니다. 이 조건은 사람의 자유로운 뜻에 의해 좌우되는 순종으로서 어느 누구도 이 조건을 충족시키지 못할 수도 있고, 모든 사람이 이 조건을 충족시킬 수도 있습니다."

이런 주장은 그리스도의 죽으심을 매우 경시하는 판단입니다. 또 그리스도께서 자신의 죽으심을 통해 얻으신 가장 중요한 열매와 은덕을 전혀 인정하지 않으며, 정죄받은 펠라기우스의 오류를 지옥에서 다시 꺼내 온 것일 뿐입니다.

오류 6

"공로와 적용 사이의 차이에 대한 용법에 관해서, 그들은 하나님이 그리스도의 죽으심을 통해 얻은 은덕들을 모든 사람에게 차별 없이 공평하게 적용하기 원하신다는, 이런 경솔하고 미숙한 가르침을 마음에 주입합니다. 하지만 어떤 사람들은 죄를 용

웨스트민스터 신앙 고백서 (1647)	웨스트민스터 소요리 문답 (1647)	웨스트민스터 대요리 문답 (1648)

1 전 7:29; 창 1:26
2 창 2:16-17; 3:6

3항 타락하여 죄의 상태에 빠진 사람은 구원을 수반하는 그 어떤 영적인 선을 행할 의지의 능력을 모두 전적으로 상실했습니다.[1] 따라서 영적인 선을 철저하게 싫어하는 상태에 빠지고[2] 죄로 죽은 자연인은[3] 스스로의 힘으로는 회심할 수도, 회심을 위한 준비를 할 능력도 없습니다.[4]

1 롬 5:6; 8:7; 요 15:5
2 롬 3:10, 12
3 엡 2:1, 5; 골 2:13
4 요 6:44, 65; 엡 2:2-5; 고전 2:14; 딛 3:13, 4-5

4항 죄인을 회심시키시고 그를 은혜의 상태로 옮기실 때, 하나님은 죄 아래 처한 그의 자연적 속박에서 자유롭게 하시고,[1] 오직 그의 은혜로만 영적으로 선한 것을 뜻하고 수행할 수 있게 해주십니다.[2] 그럼에도 그에게 여전히 남아 있는 부패로 인해 선한 일을 온전히 수행하지도, 그것만 행하지도 못할 뿐 아니라, 악한 일도 뜻하고 행하게 됩니다.[3]

1 골 1:13; 요 8:34, 36
2 빌 2:13; 롬 6:18, 22
3 갈 5:17; 롬 7:15, 18-19, 21, 23

5항 사람의 의지는 오직 영화의 상태에서만 완전하고 변함없이 자유롭게 선만을 행할 수 있습니다.[1]

1 엡 4:13; 히 12:23; 요일 3:2; 유 24절

벨직 신앙 고백서 (1561)	하이델베르크 요리 문답 (1563)	제2 스위스 신앙 고백서 (1566)	도르트 신경 (1619)
2 요 3:27; 사 26:12 3 요 3:27; 6:44, 65 4 롬 8:7 5 고전 2:14; 시 94:11 6 고후 3:5 7 빌 2:13 8 요 15:5		쉽게 알 수 있습니다. 그러므로 아직 중생하지 못한 사람은 선을 향한 의지의 자유가 없으며, 선한 일을 수행할 능력도 없습니다. 주님이 복음서에서 이렇게 말씀하십니다. "예수께서 대답하시되 진실로 진실로 너희에게 이르노니 죄를 범하는 자마다 죄의 종이라"(요 8:34). 사도 바울도 이렇게 말합니다. "육신의 생각은 하나님과 원수가 되나니 이는 하나님의 법에 굴복하지 아니할 뿐 아니라 할 수도 없음이라"(롬 8:7). 5항 나아가 타락 이후에도 사람 안에 어느 정도 초기의 이해력이 남아 있습니다. 하나님이 사람의 타락 이전의 그것과는 많은 부분에서 다를지라도 사람에게 지식을 남겨 주시는 자비를 베풀어 주셨기 때문입니다. 하나님은 우리의 지식을 연마할 것을 명령하셨고, 그와 함께 그 지식을 증가시킬 수 있는 은사들도 주셨습니다. 모든 학문에서 하나님의 축복 없이는 큰 유익을 얻을 수 없다는 것은 명백합니다. 성경은 의심의 여지 없이 모든 학문이 하나님의 것이라 말합니다. 이방인들 역시 학문의 기원을 마치 그것의 주인인 것처럼 우상 신들에게로 돌립니다. 6항 마지막으로 우리는 중생받은 자가 자유로운 의지를 지녔는지, 어느 정도까지 그런 의지를 소유하고 있는지를 살펴보아야 합니다. 중생에 있어서 이해력은 하나님의 신비와 뜻을 이해할 수 있도록 성령의 조명을 받습니다. 또한 의지 자체가 성령으로 말미암아 변화를 받을 뿐 아니라 그 영을 따라 선을 행할 수 있게 하는 능력을 부여합니다(롬 8:4). 우리가 이것을 인정하지 않는다면 우리는 그리스도인의 자유를 부인하게 될 것이며, 율법에 종노릇하게 될 것입니다. 게다가 선지자는 하나님의 말씀을 이렇게 말합니다. "내가 나의 법을 그들의 속에 두며 그들의 마음에 기록하여 나는 그들의 하나님이 되고 그들은 내 백성이 될 것이라 여호와의 말씀이니라"(렘 31:33; 겔 36:27). 주님도 복음서에서 말씀하셨습니다. "그	서받고 영생을 얻는 반면, 어떤 사람들은 그렇지 못합니다. 이런 차이는 예외 없이 베푸시는 은혜와 결합되어 있는 사람들의 자유로운 의지에 따라 좌우되며, 이 은혜를 다른 사람들보다 자신들에게 매우 힘 있게 적용하시는 하나님의 자비라는 특별한 선물 때문이 아닙니다." 　이런 주장은 이들이 이런 차이를 건전하게 제시하는 것처럼 가장하지만, 실제로는 사람들 마음에 펠라기우스주의의 파괴적인 독을 주입하려는 것과 같습니다.

웨스트민스터 신앙 고백서 (1647)	웨스트민스터 소요리 문답 (1647)	웨스트민스터 대요리 문답 (1648)

제2 스위스 신앙 고백서(계속)

러므로 아들이 너희를 자유롭게 하면 너희가 참으로 자유로우리라"(요 8:36). 바울 역시 빌립보 교인들에게 이렇게 말합니다. "그리스도를 위하여 너희에게 은혜를 주신 것은 다만 그를 믿을 뿐 아니라 또한 그를 위하여 고난도 받게 하심이라"(빌 1:29). 계속해서 이렇게 말합니다. "너희 안에서 착한 일을 시작하신 이가 그리스도 예수의 날까지 이루실 줄을 우리는 확신하노라"(빌 1:6). 또한 이렇게 말했습니다. "너희 안에서 행하시는 이는 하나님이시니 자기의 기쁘신 뜻을 위하여 너희에게 소원을 두고 행하게 하시나니"(빌 2:13).

7항 그럼에도 우리는 두 가지 문제를 살펴보아야 합니다. 첫째, 중생받은 사람이 그 선택과 선을 행함에서 비단 수동적으로 하지 않고 적극적으로 한다는 사실입니다. 그들은 하나님의 감동을 통해 일하기 때문입니다. 아우구스티누스는 이것을 다음과 같이 주장했습니다. "하나님은 우리의 도움이시다. 그러나 사람이 무언가를 하지 않는다면 그 도움을 받을 수 없다." 마니교도들은 사람의 모든 행동을 그와 분리시켜 사람을 돌이나 나무로 만들어 버립니다.

8항 둘째, 중생받은 자들에게도 연약함이 남아 있다는 사실입니다. 죄가 우리 안에 남아 있기 때문에 중생받은 사람 안에 있는 육체가 성령과 싸우는데, 심지어 죽기까지 그렇게 합니다. 그는 본래 목적한 바대로 기꺼이 그 일을 수행하지 못합니다. 이런 일들은 사도에 의해 확증된 바입니다(롬 7:13-26; 갈 5:17).

9항 그러므로 모든 자유 의지는 우리가 살아 있는 한 우리 안에 남아 있는 옛 아담의 흔적과 우리에게 들러붙은 인간적인 부패로 인해 연약합니다. 그러나 육체의 강함과 옛 아담의 흔적이 성령의 역사하심을 꺼 버릴 만큼 강하지는 않기 때문에 신자들은 자유롭다고 할 수 있지만 그들의 연약을 인정하면서 그들의 자유 의지에 티끌만큼도 영광을 돌려서는 안 됩니다. 따라서 신자들은 아우구스

티누스가 자주 반복하여 인용하는 사도의 말씀을 마음에 새겨야 합니다. "누가 너를 남달리 구별하였느냐 네게 있는 것 중에 받지 아니한 것이 무엇이냐 네가 받았은즉 어찌하여 받지 아니한 것같이 자랑하느냐"(고전 4:7). 그러므로 일의 역사하심이 하나님의 손 안에 있기 때문에 우리가 목적한 바대로 일이 당장에 발생하지 않는다는 것을 덧붙여 언급하는 것이 필요합니다. 바울은 하나님이 그의 선교 여행 일정을 인도하여 주시기를 간구합니다(롬 1:10). 그러므로 이 점에 있어서 자유 의지는 매우 연약한 것입니다.

10항 그러나 외적인 일들에 관해서 중생받은 사람이나 중생받지 못한 사람이나 모두 그들이 의지의 자유를 가지고 있다는 점을 부인할 사람은 없습니다. 사람은 다른 피조물들처럼(이런 피조물에 비해 사람이 결코 열등하지 않습니다) 어떤 것을 뜻하고 또 어떤 것을 뜻하지 않는 공통된 특질을 소유하고 있기 때문입니다. 따라서 사람은 말하기도 하고 침묵하기도 합니다. 집을 나가기도 하고 집 안에 머물기도 합니다. 그럼에도 발람이 자기 마음대로 이동할 수 없었고(민 24:13), 성전에서 나온 스가랴가 자신이 원하는 대로 말할 수 없었던 것처럼(눅 1:22) 하나님의 권세가 여전히 역사하고 있습니다.

11항 이 점에 있어서 우리는 사람을 향한 악의 기원과 선하게 창조된 것, 그리고 인간의 자유로운 의지 등을 부인하는 마니교도들을 정죄합니다. 우리는 또한 악인이 선한 계명을 수행하기에 충분한 의지의 자유를 가졌다고 주장하는 펠라기우스주의자들을 정죄합니다. 이 두 부류의 사람들은 다음과 같이 말하는 성경에 의해 배격되는데, 전자는 "하나님은 사람을 정직하게 지으셨으나"(전 7:29)라는 말씀에 의해, 후자는 "그러므로 아들이 너희를 자유롭게 하면 너희가 참으로 자유로우리라"(요 8:36)라는 말씀에 의해 배격됩니다.

Reformed

Christology
The Doctrine of Christ

Harmo

Confessions

기독론
그리스도에 관한 교리

n   i   z   e   d

벨직 신앙 고백서 (1561)	하이델베르크 요리 문답 (1563)	제2 스위스 신앙 고백서 (1566)	도르트 신경 (1619)

중보자이신 그리스도

17항 타락한 사람의 회복
우리는 사람이 스스로 육체적이고 영적인 죽음에 자신을 던져서 전적으로 비참하게 되어 두려움에 떨면서[1] 하나님의 임재로부터 도망칠 때, 은혜로우신 하나님이 놀라운 지혜와 선하심으로 그를 찾아오시고, 그에게 여자에게서 태어나 뱀의 머리를 상하게 하고 그를 복되게 할 하나님의 아들을 주겠다고 약속하심으로 위로하기를 기뻐하셨음을 믿습니다.[2]

———
[1] 창 3:8-9, 19; 사 65:1-2
[2] 히 2:14; 창 22:18; 사 7:14; 요 7:42; 딤후 2:8; 히 7:14; 창 3:15; 갈 4:4

12문. 하나님의 공의로운 심판에 따라 우리는 일시적이고도 영원한 형벌을 받아 마땅하나, 우리가 이 형벌을 피하고 다시 하나님의 은총을 입을 수 있는 길은 없는 것입니까?
답. 하나님은 그분의 공의가 만족되기를 원하시기 때문에[1] 우리 스스로에 의해서든 다른 이를 통해서든 이 완전한 만족을 반드시 이루어야만 합니다.[2]

———
[1] 출 20:5
[2] 신 24:16; 고후 5:14-15

18문. 그렇다면 참 하나님이면서 동시에 참으로 의로운 사람이신 이 중보자는 누구십니까?
답. "하나님으로부터 나와서 우리에게 지혜와 의로움과 거룩함과 구원함이 되신"[1] 우리 주 예수 그리스도이십니다.[2]

———
[1] 고전 1:30
[2] 마 1:23; 딤전 3:16; 눅 2:11

5장 유일하신 중보자이신 예수 그리스도를 통한 찬미와 경배와 기도에 관하여
2항 하나님이 "영과 진리로" 예배하라고 가르치신 대로 우리는 "하나님이 찬미와 경배를 받으셔야 할 분"이라고 가르칩니다. 하나님이 우리에게 "이것을 누가 너희에게 요구하였느냐"(사 1:12; 렘 6:20)라고 말씀하시지 않도록 우리는 그 어떤 미신이 아니라 하나님 말씀에 따른 진실함으로 경배해야 합니다. 바울 역시 하나님에 관하여 "무엇이 부족한 것처럼 사람의 손으로 섬김을 받으시는 것이 아니니"라고 말하였습니다(행 17:25).

3항 우리는 삶의 모든 위험과 응급 상황 속에서도 우리의 유일한 중보자이시며 중재자이신 예수 그리스도의 중보로 말미암아 오직 하나님에게만 도움을 요청합니다. 성경은 우리에게 분명히 명령하고 있습니다. "환난 날에 나를 부르라 내가 너를 건지리니 네가 나를 영화롭게 하리로다"(시 50:15). 더욱이 우리 주님은 다음과 같이 말씀하시면서 가장 긴요한 약속을 주셨습니다. "수고하고 무거운 짐 진 자들아 다 내게로 오라 내가 너희를 쉬게 하리라"(마 11:28). 다음과 같이 기록된 말씀, 즉 "그런즉 그들이 믿지 아니하는 이를 어찌 부르리요 듣지도 못한 이를 어찌 믿으리요 전파하는 자가 없이 어찌 들으리요"(롬 10:14)라는 말씀에 따라 우리는 오직 하나님만 믿습니다. 그러므로 우리는 그리스도를 통하여 오직 하나님에게만 간구합니다. 사도가 이렇게 말하기 때문입니다. "하나님은 한 분이시요 또 하나님과 사람 사이에 중보자도 한 분이시니 곧 사람이신 그리스도 예수라"(딤전 2:5). 또한 다음과 같이 기록된 말씀도 있습니다. "만일 누가 죄를 범하여도 아버지 앞에서 우리에게 대언자가 있으니 곧 의로우신 예수 그리스도시라"(요일 2:1).

웨스트민스터 신앙 고백서 (1647)	웨스트민스터 소요리 문답 (1647)	웨스트민스터 대요리 문답 (1648)

8장 중보자이신 그리스도에 관하여

1항 하나님은 그분의 영원한 목적 안에서 자신의 유일한 독생자이신 주 예수님을 하나님과 사람 사이의 중보자로,[1] 선지자와[2] 제사장과[3] 왕으로,[4] 자신의 교회의 머리와 구주로,[5] 만유의 상속자와[6] 세상의 재판장으로 세우기를 기뻐하셨습니다.[7] 하나님은 영원 전에 한 백성을 주셔서 그리스도의 후손이 되게 하시고,[8] 때가 차매 그로 말미암아 구속함을 받고 부름받으며 의롭다 하심을 받고 거룩해지며 영화롭게 하셨습니다.[9]

---

[1] 사 42:1; 벧전 1:19-20; 요 3:16; 딤전 2:5
[2] 행 3:22
[3] 히 5:5-6
[4] 시 2:6; 눅 1:33
[5] 엡 5:23
[6] 히 1:2
[7] 행 17:31
[8] 요 17:6; 시 22:30; 사 53:10
[9] 딤전 2:6; 사 55:4-5; 고전 1:30

벨직 신앙 고백서 (1561)	하이델베르크 요리 문답 (1563)	제2 스위스 신앙 고백서 (1566)	도르트 신경 (1619)

그리스도의 이름

| | **29문. 왜 하나님의 아들을 "예수", 즉 구주라고 부릅니까?**

답. 그분이 우리를 구원하시고 우리 죄에서 우리를 해방해 주시기 때문입니다.[1] 또한 마찬가지로 다른 어떤 것에서도 구원을 추구해서는 안 되며 찾을 수도 없기 때문입니다.[2]

———
[1] 마 1:21
[2] 행 4:12

30문. 그렇다면 그들의 구원과 복을 성인에게서나 자기 자신에게서, 또는 다른 어떤 것에서 구하는 사람들은 과연 예수님을 유일하신 구주로 믿는 것입니까?

답. 그들은 예수님을 유일하신 구주로 믿는 것이 아닙니다. 비록 그들이 말로는 예수님을 자랑하지만, 행위로는 유일한 구원자이자 구주이신 예수님을 부인합니다.[1] 예수님이 완전한 구주가 아니시든지, 아니면 참된 믿음으로 이 구주를 영접하는 사람들이 그분 안에서 그들의 구원에 필요한 모든 것을 반드시 찾든지 둘 중 하나만 참되기 때문입니다.[2] | | |

웨스트민스터 신앙 고백서 (1647)	웨스트민스터 소요리 문답 (1647)	웨스트민스터 대요리 문답 (1648)

하이델베르크 요리 문답(계속)

[1] 고전 1:13, 31; 갈 5:4
[2] 골 2:20; 사 9:6-7; 1:19-20

31문. 왜 그분을 "그리스도", 즉 기름 부음받은 자라고 부릅니까?

답. 그분은 우리의 구원을 위한 하나님의 감춰진 계획과 뜻을 우리에게 온전히 계시하신 큰 선지자와 선생이 되시기로[1] 아버지 하나님에게 세움받으시고 성령으로 기름 부음받으셨기 때문입니다.[2] 그리고 자신의 몸을 희생 제물로 단번에 드려 우리를 구속하시고,[3] 우리를 위해 하나님 아버지께 항상 간구하시는 대제사장이 되시기 때문입니다.[4] 또한 그분의 말씀과 성령으로 우리를 다스리고, 우리를 위해 값 주고 사신 그 구원을 (우리가 즐거워하도록 하기) 위해 우리를 보호하고 보존하시는[5] 우리의 영원한 왕이 되시기 때문입니다.[6]

[1] 신 18:18; 행 3:22; 요 1:18; 15:15; 마 11:27   [4] 롬 8:34
[2] 히 1:9   [5] 마 28:18; 요 10:28
[3] 시 110:4; 히 7:21; 10:14   [6] 시 2:6; 눅 1:33

32문. 그러면 당신은 왜 그리스도인이라고 불립니까?

답. 내가 믿음으로 그리스도의 지체가 되고,[1] 그리스도의 기름 부음에 참여하기 때문입니다.[2] 그렇게 함으로써 나는 그리스도의 이름을 고백하고,[3] 그에 대한 살아 있는 감사의 제물로 나 자신을 그리스도께 드리며,[4] 자유롭고 선한 양심으로 이 세상에서 죄와 마귀에 대항하여 싸우고,[5] 이후로는 영원히 그리스도와 함께 모든 피조물을 다스릴 것입니다.[6]

[1] 고전 6:15   [4] 롬 12:1
[2] 요일 2:27; 욜 2:28   [5] 엡 6:11-12; 딤전 1:18-19
[3] 마 10:32   [6] 딤후 2:12

33문. 우리 역시 하나님의 자녀인데, 왜 그리스도만 하나님의 독생자라고 불립니까?

답. 오직 그리스도만이 영원하신 하나님의 참 아들이시기 때문입니다.[1] 하지만 우리는 은혜로 말미암아 그리스도로 인해 입양된 하나님의 자녀입니다.[2]

[1] 요 1:1; 히 1:2   [2] 롬 8:15-17; 엡 1:5-6

34문. 그렇다면 당신은 무슨 이유로 그분을 "우리의 주"라고 부릅니까?

답. 그분이 금이나 은이 아니라 자신의 보배로운 피로 우리의 몸과 영혼을 우리의 모든 죄에서 구속하셨고, 모든 마귀의 권세에서 해방시키셨으며, 우리를 그분 소유로 삼아 주셨기 때문입니다.[1]

[1] 벧전 1:18-19; 고전 6:20

41문. 왜 우리 중보자께서 예수라고 불립니까?

답. 우리 중보자께서 자신의 백성을 그들의 모든 죄에서 구원하시기 때문에 예수라고 불립니다.[1]

[1] 마 1:21

42문. 왜 우리 중보자께서 그리스도라고 불립니까?

답. 우리 중보자께서 성령으로 측량할 수 없는 기름 부음을 받으셨기 때문에 그리스도라 불립니다.[1] 또한 구별되어 자신의 낮아지심(비하)과 높아지심(승귀)의 상태에서 자신의 교회의[2] 선지자와[3] 제사장과[4] 왕의 직무를[5] 수행할 수 있도록 모든 권세와 능력 가운데 완전히 구비되었기 때문입니다.[6]

[1] 요 3:34; 시 45:7   [4] 히 5:5-7; 4:14-15
[2] 빌 2:6-11   [5] 시 2:6; 마 21:5; 사 9:6-7
[3] 행 3:21-22; 눅 4:18, 21   [6] 요 6:27; 마 28:18-20

벨직 신앙 고백서 (1561)	하이델베르크 요리 문답 (1563)	제2 스위스 신앙 고백서 (1566)	도르트 신경 (1619)

예수 그리스도의 본성

19항 그리스도의 인격 안에 있는 두 본성의 연합과 구분

우리는 이 잉태가 하나님의 아들의 인격이 인성과 분리될 수 없이 연합되고 연결되어 있기에, 하나님의 두 아들이 있거나 두 인격이 있는 것이 아니라, 두 본성이 한 인격 안에 연합되어 있음을 믿습니다. 그럼에도 각 본성은 고유의 독특한 속성을 유지하고 있습니다. 즉 그리스도의 신성은 하늘과 땅에 충만하고, 창조되지 않았으며, 시작된 날도 없고 생명의 끝도 없이 계속 남아 있습니다.[1] 그리스도의 인성 역시 자체의 속성을 상실하지 않고, 창조된 상태로 남아 있으며, 시작된 날이 있고, 유한한 본성을 지녔으며, 참된 몸의 모든 속성들을 지니고 있습니다.[2] 비록 그리스도께서 부활로 말미암아 인성에 불멸성을 부여하셨음에도 불구하고 인성의 실체를 변화시키지 않으셨는데, 이는 우리의 구원과 부활이 모두 그분 몸의 실체에 달려 있기 때문입니다.[3] 그러나 이 두 본성이

15문. 그렇다면 우리는 어떠한 중보자와 구원자를 찾아야 합니까?

답. 우리는 참 사람이시면서 완전히 의로우신 분을 찾아야 합니다.[1] 동시에 모든 피조물보다 능력이 뛰어나신 분, 즉 참 하나님을 찾아야 합니다.[2]

———
[1] 고전 15:21; 롬 8:3
[2] 롬 9:5; 사 7:14

16문. 그렇다면 그분은 왜 참 사람이시면서 완전히 의로우신 분이어야 합니까?

답. 하나님의 공의가 죄를 지은 인간 본성에 그 죄에 대한 대가를 치르기를 요구하기 때문입니다.[1] 또한 그 자신이 죄인인 사람은 다른 이를 위해 죄에 대한 대가를 치를 수 없기 때문입니다.[2]

———
[1] 롬 5:12, 15
[2] 벧전 3:18; 사 53:11

17문. 그분은 왜 한 분 안에서 동시에 참 하나님이어야 합니까?

답. 그분이 자신의 신성의 능력으로 하나님의 진노의 무게를 자신의 인성에

11장 참 하나님이자 사람이시고 온 세상의 구주이신 예수 그리스도에 관하여

6항 그러므로 우리는 한 분 우리 예수 그리스도 안에 두 본성, 즉 신성과 인성이 존재함을 인정합니다. 그리고 우리는 이 두 본성이 매우 단단히 결합 또는 연합되어 있으나, 서로에게 흡수되거나 혼동되거나 혼합되어 있는 것이 아님을 밝힙니다. 이 두 본성은 우리가 두 분이 아니라 한 분 그리스도이신 우리 주님을 경배할 수 있도록 (각 본성은 속성이 안전히 보존되어 있으므로) 연합 또는 결합되어 있습니다. 우리는 그리스도께서 참되신 하나님이자 사람이시며, 신성에 관한 한 하나님과 동일 본질이시고, 우리와 성정이 같은 분이며 "모든 일에 우리와 똑같이 시험을 받으신 이로되 죄는 없으[신]" 분이라고 고백합니다(히 4:15).

7항 그러므로 우리는 위격의 연합을 분해하여 두 그리스도를 만들어 버린 네스토리우스 이단을 배격하며, 마찬가지로 인성의 속성을 내던져 버린 유티커스와 단의론자 및 단성론자의 어리석은 행동을 혐오합니다.

8항 그러므로 우리는 그리스도 안에 있는 신성이 고난받았다거나 그분의 인성에 따라 그리스도께서 여전히 이 세상에 계셔서 모든 곳에 존재한다고 가르치지 않습니다. 우리는 그리스도의 몸이 영화롭게 된 이후 참된 몸이기를 중지했다든지, 매우 신성화된 결과 몸과 영혼의 속성이 사라져 버렸기에 전적으로 신성이 되었다거나 오직 한 실체가 되었다고 가르치지 않기 때문입니다. 그러므로 우리는 우둔한 교묘함과 모호하고 복잡하며 번덕스러운 논쟁을 불러일으키는 슈벵크펠트(Schwenkfeldt)와 이와 유사한 주장들을 허용하

웨스트민스터 신앙 고백서 (1647)	웨스트민스터 소요리 문답 (1647)	웨스트민스터 대요리 문답 (1648)

8장 중보자이신 그리스도에 관하여

2항 삼위 가운데 제2위이신 성자께서는 참되시고 영원하신 하나님으로서 성부와 본질이 같고 동등하시며, 때가 차매 인간의 본질적 속성과 그에 따른 일반적인 연약함을 동반한 인성을 취하셨으나[1] 죄는 없으십니다.[2] 성자께서는 성령의 능력으로 동정녀 마리아의 몸의 형질을 가지고 마리아의 복중에서 잉태되셨습니다.[3] 이에 따라 온전하고 완전하며 구별되는 두 본성인 신성과 인성이 변환이나 혼합이나 혼동 없이 한 분 안에서 나뉠 수 없게 결합되었습니다.[4] 이 위는 참 하나님인 동시에 참 사람이시며, 동시에 한 분 그리스도요, 하나님과 사람 사이의 유일한 중보자이십니다.[5]

―――――

[1] 요 1:1, 14; 요일 5:20; 빌 2:6; 갈 4:4
[2] 히 2:14, 16-17; 4:15
[3] 눅 1:27, 31, 35; 갈 4:4
[4] 눅 1:35; 골 2:9; 롬 9:5; 벧전 3:18; 딤전 3:16
[5] 롬 1:3-4; 딤전 2:5

3항 주 예수님은 신성과 결합된 그분의 인성 안에서 거룩해지셨으며, 한량없이 임하신 성령의 기름 부음을 받으셨으며,[1] 그 안에 지혜와 지식의 모든 보화를 가지고 계셨습니다.[2] 성부 하나님은 모든 충만으로 그리스도 안에 거하게 하기를 기뻐하셨습니다.[3] 이는 거룩하시고 악하지 않으시며 더러움이 없으시고 은혜와 진리로 충만하신[4] 그리스도께서 중보자와 보증자의 직무를 수행하실 수 있도록 모든 것을 구비하게 하시기 위함이었습니다.[5] 그리스도께서는 이 중보자와 보증자의 직분을 스스로 취하신 것이 아니라, 그분의 손에 모든 권세와 심판의 권세를 맡기시고 그 권세를 시행하라는

21문. 하나님이 택하신 자들의 구속자는 누구십니까?

답. 하나님이 택하신 자들의 유일한 구속자는 하나님의 영원한 아들이시요, 사람이 되셨으나[1] 한 분 안에서 구별되는 두 본성으로 영원토록 계속해서 하나님과 사람이 되시는[2] 주 예수 그리스도이십니다.[3]

―――――

[1] 요 1:14; 갈 4:4
[2] 롬 9:5; 눅 1:35; 골 2:9; 히 7:24-25
[3] 딤전 2:5-6

36문. 은혜 언약의 중보자는 누구십니까?

답. 은혜 언약의 유일한 중보자는 성부 하나님과 동일한 본질을 지니시고 동등하며[1] 영원하신 아들로서 때가 차매 사람이 되셨고[2] 과거에도 지금도 영원히 하나님과 사람이라는, 전적으로 구별된 두 본성을 지니신 한 분[3] 주 예수 그리스도이십니다.[4]

―――――

[1] 요 1:1, 14; 10:30; 빌 2:6
[2] 갈 4:4
[3] 눅 1:35; 롬 9:5; 골 2:9; 히 7:24-25
[4] 딤전 2:5

38문. 왜 중보자께서는 반드시 하나님이어야만 했습니까?

답. 중보자께서 반드시 하나님이어야 했던 것은 그분이 하나님의 무한한 진노와 죽음의 권세 아래로 침몰하지 않도록 인간의 본성을 보존하고 유지시킬 수 있게 하기 위함입니다.[1] 또한 그분의 고난과 순종과 중보에 가치와 효력을 부여할 수 있게 하기 위함입니다.[2] 그리고 하나님의 공의를 만족시키며,[3] 그분의 은총을 확보하고,[4] 자기 백성을 속량하며,[5] 그들에게 그분의 성령을 주시고,[6] 그들의 모든 대적을 정복하며,[7] 그들에게 영원한 구원을 주시기 위함입니다.[8]

―――――

[1] 행 2:24-25; 롬 1:4; 4:25; 히 9:14
[2] 행 20:28; 히 9:14; 7:25-28
[3] 롬 3:24-26
[4] 엡 1:6; 마 3:17
[5] 딛 2:13-14
[6] 갈 4:6
[7] 눅 1:68-69, 71, 74
[8] 히 5:8-9; 9:11-15

39문. 중보자께서 반드시 사람이셔야 했던 이유는 무엇입니까?

벨직 신앙 고백서 (1561)	하이델베르크 요리 문답 (1563)	제2 스위스 신앙 고백서 (1566)	도르트 신경 (1619)
한 인격 안에 긴밀하게 연합되어 있기 때문에 그분의 죽음으로도 분리되지 않았습니다. 그러므로 그리스도께서 죽으실 때 아버지의 손에 부탁하신 것은 그분의 몸에서 분리된 참된 인간의 영이었습니다. 그리스도의 신성은 언제나 그분의 인성과 연합되어 있었고, 무덤에 있는 동안에도 그랬습니다. 그리스도의 신성은 (비록 아주 잠시 동안 확연하게 드러나지 않았을지라도) 갓난아이였을 때도 그분 안에 계셨던 것처럼 항상 있었습니다. 그러므로 우리는 그분이 참 하나님이요 참 사람이라고 고백합니다. 우리는 그분이 자신의 능력으로 죽음을 정복하신 참 하나님이요, 자기 육신의 연약함을 따라 우리를 대신하여 죽으신 참 사람이라고 고백합니다.	짊어지셔야 하기 때문입니다.[1] 또한 우리를 위해, 그리고 우리에게 의와 생명을 회복시키기 위함입니다.[2]	지도, 받아들이지도 않습니다. 우리는 슈벵크펠트주의자가 아닙니다.	

---

[1] 히 7:3
[2] 고전 15:13, 21; 빌 3:21; 마 26:11; 행 1:2, 11; 3:21; 눅 24:39; 요 20:25, 27
[3] 눅 23:46; 마 27:50

[1] 벧전 3:18; 행 2:24; 사 53:8
[2] 요일 1:2; 렘 23:6; 딤후 1:10; 요 6:51

웨스트민스터 신앙 고백서 (1647)	웨스트민스터 소요리 문답 (1647)	웨스트민스터 대요리 문답 (1648)

명령을 주신[6] 성부 하나님에 의해 이 직분으로 부름받으신 것입니다.[7]

———
[1] 시 45:7; 요 3:34
[2] 골 2:3
[3] 골 1:19
[4] 히 7:26; 요 1:14
[5] 행 10:38; 히 12:24; 7:22
[6] 요 5:22, 27; 마 28:18; 행 2:36
[7] 히 5:4-5

7항 그리스도께서는 그분의 중보 사역을 통해 그분의 두 본성에 따라 각 본성에 고유한 일을 수행하십니다.[1] 그러나 두 본성이 하나로 연합된 위격의 통일성 때문에, 성경에서는 때때로 한 본성에 고유한 것이 다른 본성으로 일컬어지는 위격에 돌려지기도 합니다.[2]

———
[1] 히 9:14; 벧전 3:18
[2] 행 20:28; 요 3:13; 요일 3:16

답. 중보자께서 반드시 사람이셔야 했던 이유는 그분이 우리의 본성을 취하시고,[1] 율법에 순종하시며,[2] 고난받으시고, 우리의 본성 가운데서 우리를 위해 중보하시며,[3] 우리의 연약함을 함께 동정하시기 위함입니다.[4] 그리고 우리가 양자 되어[5] 은혜의 보좌 앞에 위로 가운데 담대히 나아갈 수 있게 하시기 위함입니다.[6]

———
[1] 히 2:16
[2] 갈 4:4
[3] 히 2:14; 7:24-25
[4] 히 4:15
[5] 갈 4:5
[6] 히 4:16

벨직 신앙 고백서 (1561)	하이델베르크 요리 문답 (1563)	제2 스위스 신앙 고백서 (1566)	도르트 신경 (1619)

그리스도의 직무들

21항 우리의 유일한 대제사장이신 그리스도의 우리를 위한 만족

우리는 선지자들이 예언한 바와 같이, 예수 그리스도께서 멜기세덱의 반차를 따르는 영원한 대제사장이 되리라고 맹세로 확증되신 것과,[1] 우리를 대신하여 성부 하나님 앞에 자신을 내어 주시고 십자가 위에서 자신을 드리시고, 우리의 죄를 씻어 주시기 위해 보배로운 피를 흘리신 완전한 만족(배상)으로 말미암아[2] 하나님의 진노가 가라앉았음을 믿습니다. 성경에는 다음과 같이 기록되어 있습니다. "그가 찔림은 우리의 허물 때문이요 그가 상함은 우리의 죄악 때문이라 그가 징계를 받으므로 우리는 평화를 누리고 그가 채찍에 맞으므로 우리는 나음을 받았도다." 그분은 도수장으로 끌려가는 어린양 같았고, 범죄자와 같은 취급을 당했습니다.[3] 빌라도는 처음에 그분을 죄 없다 선언했지만, 결국 그분을 범죄자로 정죄했습니다.[4] 그분은 자신이 빼앗지 않은 것도 갚아 주셨고,[5] 의인으로

31문. 왜 그분을 "그리스도", 즉 기름 부음받은 자라고 부릅니까?

답. 그분은 우리의 구원을 위한 하나님의 감춰진 계획과 뜻을 우리에게 온전히 계시하신 큰 선지자와 선생이 되시기로[1] 아버지 하나님에게 세움받으시고 성령으로 기름 부음받으셨기 때문입니다.[2] 그리고 자신의 몸을 희생 제물로 단번에 드려 우리를 구속하시고,[3] 우리를 위해 하나님 아버지께 항상 간구하시는 대제사장이 되시기 때문입니다.[4] 또한 그분의 말씀과 성령으로 우리를 다스리시고, 우리를 위해 값 주고 사신 그 구원을 (우리가 즐거워하도록 하기) 위해 우리를 보호하시고 보존하시는[5] 우리의 영원한 왕이 되시기 때문입니다.[6]

———
[1] 신 18:18; 행 3:22; 요 1:18; 15:15; 마 11:27
[2] 히 1:9
[3] 시 110:4; 히 7:21; 10:14
[4] 롬 8:34
[5] 마 28:18; 요 10:28
[6] 시 2:6; 눅 1:33

11장 참 하나님이자 사람이시고 온 세상의 구주이신 예수 그리스도에 관하여

16항 우리는 이 예수 그리스도 우리 주님이 인류의 유일하시고 영원한 구주이시며, 실로 율법이 있기 전에, 율법 아래서, 복음의 시대에, 그리고 세상 끝 날까지 많은 사람을 구원하실 온 세상의 구주이심을 가르치고 믿습니다. 주님 자신께서 복음서에서 이렇게 말씀하셨기 때문입니다. "내가 진실로 진실로 너희에게 이르노니 문을 통하여 양의 우리에 들어가지 아니하고 다른 데로 넘어가는 자는 절도며 강도요"(요 10:1). "나는 양의 문이라"(7절). 동일한 복음서 다른 곳에서도 이렇게 말씀하셨습니다. "너희 조상 아브라함은 나의 때 볼 것을 즐거워하다가 보고 기뻐하였느니라"(요 8:56). 그리고 사도 베드로도 말합니다. "다른 이로써는 구원을 받을 수 없나니 천하 사람 중에 구원을 받을 만한 다른 이름을 우리에게 주신 일이 없음이라 하였더라"(행 4:12). 그러므로 우리는 우리 주 예수 그리스도의 은혜를 통해 우리가 구원을 얻을 것이며 심지어 우리 조상들도 그렇게 구원을 얻는다고 믿습니다. 바울이 이렇게 말하기 때문입니다. "다 같은 신령한 음식을 먹으며 다 같은 신령한 음료를 마셨으니 이는 그들을 따르는 신령한 반석으로부터 마셨으매 그 반석은 곧 그리스도시라"(고전 10:3-4). 그러므로 요한도 이렇게 말합니다. "죽임을 당한 어린양의 생명책에 창세 이후로 이름이 기록되지 못하고 이 땅에 사는 자들은 다 그 짐승에게 경배하리라"(계 13:8). 그리고 세례 요한도 그리스도를 "세상 죄를 지고 가는 하나님의 어린양"이라고 증언했습니다(요 1:29).

17항 그러므로 우리는 예수 그리스도께서 유일한 구속자이자 세상의 구주요, 왕이요, 대제사장이

웨스트민스터 신앙 고백서 (1647)	웨스트민스터 소요리 문답 (1647)	웨스트민스터 대요리 문답 (1648)

8장 중보자이신 그리스도에 관하여

1항 하나님은 그분의 영원한 목적 안에서 자신의 유일한 독생자이신 주 예수님을 하나님과 사람 사이의 중보자로,[1] 선지자와[2] 제사장과[3] 왕으로,[4] 자신의 교회의 머리와 구주로,[5] 만유의 상속자와[6] 세상의 재판장으로 세우기를 기뻐하셨습니다.[7] 하나님은 영원 전에 한 백성을 주셔서 그리스도의 후손이 되게 하시고,[8] 때가 차매 그로 말미암아 구속함을 받고 부름받으며 의롭다 하심을 받고 거룩해지며 영화롭게 하셨습니다.[9]

---

[1] 사 42:1; 벧전 1:19-20; 요 3:16; 딤전 2:5
[2] 행 3:22
[3] 히 5:5-6
[4] 시 2:6; 눅 1:33
[5] 엡 5:23
[6] 히 1:2
[7] 행 17:31
[8] 요 17:6; 시 22:30; 사 53:10
[9] 딤전 2:6; 사 55:4-5; 고전 1:30

8항 그리스도께서는 그분이 값 주고 사서 구속하신 모든 사람에게 그 구속함을 확실하고 효과적으로 적용하시고 전달하십니다.[1] 그들을 위해 간구하시고,[2] 말씀 안에서 그리고 말씀으로 말미암아 구원의 비밀을 계시하십니다.[3] 그분의 성령으로 말미암아 그들을 효과적으로 설득하셔서 그들이 믿고 순종하게 하시고, 그분의 말씀과 성령으로 그들의 마음을 다스리십니다.[4] 그분의 경이롭고 측량할 수 없는 섭리에 지극히 합당한 방식과 방법 안에서 그분의 전능한 권세와 지혜로 말미암아 그들의 모든 원수를 정복하십니다.[5]

---

[1] 요 6:37, 39; 10:15-16

23문. 그리스도께서 우리의 구속자로서 행하시는 직분은 무엇입니까?

답. 그리스도께서는 우리의 구속자로서 그분의 낮아지시고 높아지신 두 상태 모두를 통해 선지자와 제사장과 왕의 직분을 행하십니다.[1]

---

[1] 행 3:21-22; 히 12:25; 고후 13:3; 히 5:5-7; 7:25; 시 2:6; 사 9:6-7; 마 21:5; 시 2:8-11

24문. 그리스도께서는 어떻게 선지자의 직분을 행하십니까?

답. 그리스도께서는 우리의 구원에 관한 하나님의 뜻을 그분의 말씀과 성령으로 우리에게 계시하심으로 선지자의 직분을 행하십니다.[1]

---

[1] 요 1:18; 벧전 1:10-12; 요 15:15; 20:31

25문. 그리스도께서는 어떻게 제사장의 직분을 행하십니까?

답. 그리스도께서는 자신을 단번에 제물로 드리셔서 하나님의 공의를 만족시키시고,[1] 우리를 하나님과 화목시키시며,[2] 우리를 위해 끊임없이 중보하심으로 제사장의 직분을 행하십니다.[3]

---

[1] 히 9:14, 28
[2] 히 2:17
[3] 히 7:24-25

26문. 그리스도께서는 어떻게 왕의 직분을 행하십니까?

답. 그리스도께서는 우리를 그분에게 복종하게 하시며,[1] 우리를 통치하시고[2] 보호하시며,[3] 그분과 우리의 모든 원수를 제어하시

43문. 그리스도께서는 어떻게 선지자의 직분을 행하십니까?

답. 그리스도께서는 자신의 성령과 말씀으로 말미암아[1] 그들의 덕을 세움과 구원에 관하여 모든 것 안에서[2] 하나님의 전체적인 뜻을[3] 모든 시대의 교회에 다양한 방식으로[4] 계시하심으로[5] 선지자의 직분을 행하십니다.

---

[1] 벧전 1:10-12   [4] 히 1:1-2
[2] 행 20:32; 엡 4:11-13; 요 20:31   [5] 요 1:18
[3] 요 15:15

44문. 그리스도께서는 어떻게 제사장의 직분을 행하십니까?

답. 그리스도께서는 자기 백성의 죄에 대한 화목제가 되어[1] 하나님에게 흠 없는 제물로 자기 자신을 단번에 드리심으로,[2] 그리고 그들을 위해 끊임없이 중보하심으로 제사장의 직분을 행하십니다.[3]

---

[1] 히 2:17
[2] 히 9:14, 28
[3] 히 7:25

45문. 그리스도께서는 어떻게 왕의 직분을 행하십니까?

답. 그리스도께서는 한 백성을 세상에서 자기 자신에게로 불러내어[1] 유형적으로 그들을 통치하는[2] 직분자와[3] 계명과[4] 징벌을 주심으로, 또한 그분이 택하신 자들에게 구원의 은총을 수여하시며,[5] 그들의 순종을 포상하시고,[6] 그들이 범죄할 때 교정하시며,[7] 모든 유혹과 고난에서 그들을 보존하시고 지원하시며,[8] 그들의 모든 적을 억제하시고 정복하시며,[9] 나아가 자기 자신의

벨직 신앙 고백서 (1561)	하이델베르크 요리 문답 (1563)	제2 스위스 신앙 고백서 (1566)	도르트 신경 (1619)
서 고난당하심으로 불의한 자를 대신하셨고,[6] 자기 육신뿐만 아니라 영혼으로도 우리가 받아야 할 죄에 따른 끔찍한 형벌을 받으셨습니다. 이로 인해 그분의 고통은 마치 땀이 핏방울같이 될 정도였습니다.[7] 그분은 "나의 하나님, 나의 하나님, 어찌하여 나를 버리셨나이까"라고 부르짖으셨으며, 이 모든 고난을 우리의 죄 용서를 위해 견디셨습니다.[8]		요, 모든 율법의 그림자와 선지자들의 예언에 의해 예언되고 약속된 거룩하시고 복되신 분인, 참으로 대망하였던 메시아이심을 분명하고도 공개적으로 고백하고 설교합니다. 하나님이 이런 분을 준비하시고 우리에게 보내셨기에 우리는 이제 다른 어떤 것을 기다리지 않습니다. 그리고 이제 우리에게 남아 있는 것은 오직 우리 모두가 모든 영광을 그리스도께 돌리며 그분을 믿고 그분 안에서만 안식을 얻으며, 우리 인생의 다른 모든 도움을 경멸하고 거절하는 것입니다. 오직 그리스도 외에 다른 것에서 구원을 찾는 이들은 하나님의 은혜로부터 끊어졌으며 그리스도를 자신에게 가치 없는 분으로 만들었기 때문입니다(갈 5:4).	

벨직 신앙 고백서(계속)

그러므로 우리가 사도 바울과 함께 "예수 그리스도와 그가 십자가에 못 박히신 것 외에는 아무것도 알지 아니하기로 작정했다"고 말하는 것은 옳습니다.[9] 우리는 "내 주 그리스도 예수를 아는 지식이 가장 고상하기 때문에 그를 위하여 모든 것을 잃어버리고 배설물로 여긴다"고 고백합니다.[10] 우리는 그분의 상처에서 모든 위로를 찾습니다. 우리는 단번에 드려진 이 희생 제사 외에는 하나님과 화목하게 될 다른 수단을 찾거나 고안할 필요가 없음을 고백합니다. 신자는 이 희생 제사로 말미암아 단번에 영원토록 완전하게 됩니다.[11] 바로 이것이 하나님의 천사가 그분을 "예수라 하라"고 한 이유입니다. 이는 그분이 자기 백성을 죄에서 구원할 자이시기 때문입니다.[12]

---

[1] 시 110:4; 히 5:10
[2] 골 1:14; 롬 5:8-9; 골 2:14; 히 2:17; 9:14; 롬 3:24; 8:2; 요 15:3; 행 2:24; 13:28; 요 3:16; 딤전 2:6
[3] 사 53:5, 7, 12
[4] 눅 23:22, 24; 행 13:28; 요 22:16; 요 18:38; 시 69:5; 벧전 3:18
[5] 시 69:5
[6] 벧전 3:18
[7] 눅 22:44
[8] 시 22:2; 마 27:46
[9] 고전 2:2
[10] 빌 3:8
[11] 히 9:25-26; 10:14
[12] 마 1:21; 행 4:12

26항 그리스도의 중보

우리는 오직 유일한 중보자이시며 대언자이신 의로우신 예수 그리스도를[1] 통하지 않고서는 하나님께 나아갈 수 없음을 믿습니다. 그분은 사람들이 하나님의 위엄 앞으로 나아갈 수 있도록 한 인격 안에서 신성과 인성이 연합되어 사람이 되셨습니다. 그렇지 않고서는 우리가 다른 방법으로 하나님께 나아가는 길은 모두 막혔을 것입니다. 그러나 성부 하나님이 자신과 우리 사이에 임명하신 이 중보자는 그분의 위엄으로 우리를 두렵게 하거나 우리가 공상으로 또 다른 중보자를 찾게 만들지 않으십니다.[2] 하늘이나 땅의 어떤 피조물도 예수 그리스도보다 우리를 더 사랑할 수 없기 때문입니다.[3] 그리스도는 근본 하나님의 본체시나 자기를 비워 종의 형체를 가져 사람과 같이 되셨고[4] 모든 일에 그의 형제들과 같이 되셨습니다. 그럼에도 우리가 우리를 사랑하는 또 다른 중보자를 찾는다면, 우리가 원수 되었을 때에도 우리를 위해 자기 생명을 내어 주신 그분보다 우리를 더 사랑하는 누군가를 찾을 수 있겠습니까?[5] 또한 우리가 권세와 위엄을 가진 누군가를 찾는다면, 자기 아버지의 오른편에 앉으셔서 하늘과 땅의 모든 권세와 위엄을 다 가지신 분 외에 누가 있겠습니까?[6] 또한 하나님이 가장 사랑하시는 아들 외에 하나님의 음성을 더욱 빨리 알아들을 수 있는 분이 누구겠습니까? 그러므로 성인들을 영예롭게 하기보다 불명예스럽게 만드는 관행이 도입된 것은 불신에 따른 것이었습니다. 그들의 저작에서 잘 드러나듯이 그런 관행은 그들이 행하거나 요구한 적이 없으며 도리어 그들의 마땅한 본분에 따라 늘 거부한 것이었습니다.[7] 우리는 자신의 무가치함을 내세워서는 안 됩니다. 우리는 자신의 가치가 아니라 오직 믿음으로 말미암아 그분의 의가 우리 것이 되는 주 예

웨스트민스터 신앙 고백서 (1647)	웨스트민스터 소요리 문답 (1647)	웨스트민스터 대요리 문답 (1648)
[2] 요일 2:1-2; 롬 8:34 [3] 요 15:13, 15; 엡 1:7-9; 요 17:6 [4] 요 14:16; 히 12:2; 고후 4:13; 롬 8:9, 14; 15:18-19; 　요 17:17 [5] 시 110:1; 고전 15:25-26; 말 4:2-3; 골 2:15	고 정복하심으로 왕의 직분을 행하십니다.[4] ―――― [1] 행 15:14-16 [2] 사 33:22 [3] 사 32:1-2 [4] 고전 15:25; 시 110편	영광과[10] 그들의 유익을 위하여[11] 만물을 능력 있게 정리하심으로, 또한 하나님을 알지 못하고 복음에 불순종하는 나머지에게 복수하심으로 왕의 직분을 행하십니다.[12] ―――― [1] 행 15:14-16; 사 55:4-5; 　창 49:10; 시 110:3　　[7] 계 3:19 [2] 마 18:17-18; 고전 5:4-5　[8] 사 63:9 [3] 엡 4:11-12; 고전 12:28　[9] 고전 15:25; 시 110:1-2 [4] 사 33:22　　　　　　　[10] 롬 14:10-11 [5] 행 5:31　　　　　　　　[11] 롬 8:28 [6] 계 22:12; 2:10　　　　　[12] 살후 1:8-9; 시 2:8-9

벨직 신앙 고백서(계속)

수 그리스도의 위엄과 탁월하심을 근거로 하나님께 기도해야 하기 때문입니다.[8]

그러므로 사도는 이 어리석은 두려움, 더 올바로 말하면, 우리에게서 비롯된 불신을 제거하기 위해 예수 그리스도께서 모든 일에 형제들과 같이 되셔서 백성의 죄를 속죄하실 인애롭고 신실한 대제사장이 되셨다고 정확히 말합니다. 그분이 친히 시험을 받아 고난을 당하셨기에 시험받는 자들을 능히 도우실 수 있기 때문입니다.[9] 또한 사도는 우리를 격려하기 위해 이렇게 덧붙입니다. "그러므로 우리에게 큰 대제사장이 계시니 승천하신 이 곧 하나님의 아들 예수시라 우리가 믿는 도리를 굳게 잡을지어다 우리에게 있는 대제사장은 우리의 연약함을 동정하지 못하실 이가 아니요 모든 일에 우리와 똑같이 시험을 받으신 이로되 죄는 없으시니라 그러므로 우리는 긍휼하심을 받고 때를 따라 돕는 은혜를 얻기 위하여 은혜의 보좌 앞에 담대히 나아갈 것이니라."[10] 또한 사도는 말합니다. "그러므로 형제들아 우리가 예수의 피를 힘입어 성소에 들어갈 담력을 얻었나니 …… 참 마음과 온전한 믿음으로 하나님께 나아가자."[11] 이와 마찬가지로, 그리스도는 불변하는 제사장직을 소유하심으로 자신을 통하여 하나님께 나아오는 자를 누구라도 구원하실 수 있으시며, 항상 살아서 그들을 위해 간구하십니다.[12]

그리스도께서 "내가 곧 길이요 진리요 생명이니 나로 말미암지 않고는 아버지께로 올 자가 없느니라"고 말씀하셨으니 무엇이 더

필요하겠습니까?[13] 하나님이 자기 아들을 우리에게 대언자로 주시기를 기뻐하셨는데[14] 우리가 무슨 목적으로 다른 대언자를 찾겠습니까?[15] 따라서 우리는 다른 대언자를 취하거나 찾으려고 그분을 배반함으로써 영원히 그분을 찾지 못하는 일이 없어야 합니다. 하나님 아버지가 자기 아들을 우리에게 주셨을 때 우리가 죄인임을 잘 알고 계셨기 때문입니다.

그러므로 주님이 가르쳐 주신 기도에 잘 나타나 있듯이[16] 우리가 그분의 이름으로 아버지께 구하는 것은 무엇이든 주실 것을 확신하며, 그리스도의 명령에 따라 우리의 중보자가 되시는 예수 그리스도를 통하여 하늘에 계신 하나님 아버지를 부르며 기도해야 합니다.[17]

――――
[1] 딤전 2:5; 요일 2:1; 롬 8:33
[2] 호 13:9; 렘 2:13, 33
[3] 요 10:11; 요일 4:10; 롬 5:8; 엡 3:19;요 15:13
[4] 빌 2:7
[5] 롬 5:8
[6] 막 16:19; 골 3:1; 롬 8:33; 마 11:27; 28:18
[7] 행 10:26; 14:15
[8] 단 9:17-18; 요 16:23; 엡 3:12; 행 4:12; 고전 1:31; 엡 2:18
[9] 히 2:17-18
[10] 히 4:14-16
[11] 히 10:19, 22
[12] 히 7:24-25
[13] 요 14:6
[14] 딤전 2:5; 요일 2:1; 롬 8:33
[15] 시 44:21
[16] 눅 11:2
[17] 요 4:17; 16:23; 14:13

벨직 신앙 고백서 (1561)	하이델베르크 요리 문답 (1563)	제2 스위스 신앙 고백서 (1566)	도르트 신경 (1619)

그리스도의 상태들

18항 예수 그리스도의 성육신에 관하여

그러므로 우리는 하나님이 정하신 때에 그분의 독생자이시고 영원하신 아들을 세상에 보내셨을 때, 그분의 거룩한 선지자들의 입을 통해[1] 조상들과 맺으신 약속을 성취하셨음을 고백합니다. 이 아들은 성령의 능력으로 남자라는 수단 없이[2] 복된 동정녀 마리아의 모태에서 잉태되어 종의 형체를 취하시고 사람과 같이 되셨으며,[3] 참된 인성을 취하셨으나 죄는 없으십니다.[4] 이 아들은 참 사람이 되기 위해 몸에 대해서만 인성을 취하신 것이 아니라 참된 인간의 영혼도 취하셨습니다.[5] 인간이 육신뿐만 아니라 영혼까지도 잃어버린 바 되었기 때문에 이 아들은 몸과 영혼 둘 다를 구원하시기 위해 둘 다를 취하셔야 했습니다. 그러므로 우리는 (그리스도께서 그분의 어머니로부터 인간의 몸을 취하셨다는 사실을 부인하는 재세례파 이단 사상에 반대하여) 그리스도께서 자녀의 혈육에 함께 속한 분이 되

35문. "성령으로 잉태하사 동정녀 마리아에게 나시고"라는 말씀의 의미는 무엇입니까?

답. 지금도 그러하듯 언제나 계속해서 참되시고 영원하신 하나님인,[1] 바로 그 하나님의 영원하신 아들이[2] 성령님의 역사하심으로 말미암아[3] 다윗의 참된 자손이 되시고[4] 모든 면에서 그 형제들과 같이 되셨으나 죄는 없는 분이 되기 위해[5] 동정녀 마리아의 살과 피로부터 참된 인성을 취하신 것을 의미합니다.[6]

———
[1] 롬 9:5; 요일 5:20
[2] 요 1:1; 골 1:15; 시 2:7
[3] 마 1:18; 눅 1:35
[4] 시 132:2; 행 2:30; 롬 1:3
[5] 빌 2:7; 히 4:15
[6] 요 1:14; 갈 4:4

36문. 그리스도의 거룩한 잉태되심과 탄생하심으로 당신이 얻는 유익은 무엇입니까?

답. 그리스도께서 우리의 중보자이시기에,[1] 그분의 무죄하심과 완전한 거룩하심이 내가 잉태되고 출생할 때부터 가지고 나온 나의 죄를[2] 하나님 앞에서 가려 줍니다.

11장 참 하나님이자 사람이시고 온 세상의 구주이신 예수 그리스도에 관하여

4항 우리는 또한 영원하신 하나님의 영원하신 아들께서 아브라함과 다윗의 후손으로 오셨음을 가르치고 믿습니다(마 1:25). 그리스도께서는 에비온파가 주장하듯이 사람의 방편에 의해서가 아니라, 복음의 역사가 선포하고 있듯이 지극히 순결하게 성령으로 잉태되시고 언제나 동정녀였던 마리아에게서 나셨습니다. 이에 대해 바울이 말합니다. "이는 확실히 천사들을 붙들어 주려 하심이 아니요 오직 아브라함의 자손을 붙들어 주려 하심이라"(히 2:16). 또한 사도 요한도 말합니다. "예수를 시인하지 아니하는 영마다 하나님께 속한 것이 아니니"(요일 4:3). 그러므로 그리스도의 육체는 발렌티누스(Valentinus)와 마르시온(Marcion)이 공상한 것처럼 그저 육체로 보인 것도, 육체를 하늘에서 가져온 것도 아닙니다.

5항 더욱이 우리 주 예수 그리스도께서는 아폴리나리스(Apollinaris)가 생각한 것처럼 감각도 이성도 없는 영혼을 지니신 것도, 에우노미우스(Eunomius)가 가르친 대로 영혼 없는 육체를 지니신 것도 아닙니다. 그리스도께서는 이성을 가지고 그 육체는 감각을 가져서 바로 이 이성과 감각에 의해 수난의 시간에 참된 슬픔을 느끼시고, 다음과 같이 말씀하실 때 이에 대해 증언하신 것입니다. "이에 말씀하시되 내 마음이 매우 고민하여 죽게 되었으니 너희는 여기 머물러 나와 함께 깨어 있으라 하시고"(마 26:38). 또한 이렇게도 말씀하셨습니다. "지금 내 마음이 괴로우니 무슨 말을 하리요"(요 12:27).

9항 더욱이 우리는 우리 주 예수 그리스도께서 사도 베드로가 말하듯이 우리를 위하여 육체로 참

웨스트민스터 신앙 고백서 (1647)	웨스트민스터 소요리 문답 (1647)	웨스트민스터 대요리 문답 (1648)

8장 중보자이신 그리스도에 관하여

4항 주 예수께서는 이 직분을 지극히 기쁘게 자원하여 맡으셨습니다.[1] 주 예수께서는 이 직분을 수행하시기 위해 율법 아래 처하셨고,[2] 율법을 완전하게 성취하셨습니다.[3] 그분은 영혼의 가장 극심하고 슬픈 비탄을 몸소 견디셨고[4] 그분의 몸으로는 가장 괴로운 고통을 견디셨습니다.[5] 그분은 십자가에 못 박히시고 죽으셨으며,[6] 장사 지낸 바 되시고 죽음의 권세 아래 계셨으나 썩음을 당하지는 않으셨습니다.[7] 장사 지낸 지 사흘째 되던 날에 예수께서 자신이 고난받던 동일한 몸으로[8] 죽음 가운데서 다시 살아나셨고,[9] 하늘로 올라가셨으며, 거기서 하나님 우편에 앉으시고[10] 우리를 위해 중보하시며,[11] 세상 끝 날에 사람들과 천사들을 심판하시기 위해 다시 오실 것입니다.[12]

---

[1] 시 40:7-8; 히 10:5-10; 요 10:18; 빌 2:8
[2] 갈 4:4
[3] 마 3:15; 5:17
[4] 마 26:37-38; 눅 22:44; 마 27:46
[5] 마 26-27장
[6] 빌 2:8
[7] 행 2:23-24, 27; 13:37; 롬 6:9
[8] 요 20:25, 27
[9] 고전 15:3-5
[10] 막 16:19
[11] 롬 8:34; 히 9:24; 7:25
[12] 롬 14:9-10; 행 1:11; 10:42; 마 13:40-42; 유 6절; 벧후 2:4

22문. 하나님의 아들이신 그리스도께서는 어떻게 사람이 되셨습니까?

답. 하나님의 아들이신 그리스도께서는 참된 몸과[1] 이성적인 영혼을 취하시고,[2] 성령의 능력으로 동정녀 마리아의 몸에 잉태되어 그의 몸에서 나심으로 사람이 되셨으나[3] 죄는 없으십니다.[4]

---

[1] 히 2:14, 16; 10:5
[2] 마 26:38
[3] 눅 1:27, 31, 35, 42; 갈 4:4
[4] 히 4:15; 7:26

27문. 그리스도의 낮아지심(비하)은 어떻게 구성됩니까?

답. 그리스도의 낮아지심(비하)는 그분의 태어나심 자체, 비천한 형편에 처하신 것,[1] 율법 아래 나시고[2] 이 생애의 여러 비참을 겪으신 것,[3] 하나님의 진노,[4] 십자가에서 저주받은 죽으심의 상태와[5] 또한 장사되신 것,[6] 그리고 잠시 동안 죽음의 권세 아래 거하신 상태로 구성됩니다.[7]

---

[1] 눅 2:7
[2] 갈 4:4
[3] 히 12:2-3; 사 53:2-3
[4] 눅 22:44; 마 27:46
[5] 빌 2:8
[6] 고전 15:3-4
[7] 행 2:24-27, 31

28문. 그리스도의 높아지심(승귀)은 어떻게 구성됩니까?

답. 그리스도의 높아지심(승귀)은 죽으신 지 사흘 되던 날에 죽음 가운데서 살아나신 그분의 부활하심,[1] 하늘로 올라가심,[2] 하나님 아버지 우편에 앉으심,[3] 그리고 마지막 날에 세상을 심판하시기 위해 오심으로 구성됩니다.[4]

---

[1] 고전 15:4
[2] 막 16:19
[3] 엡 1:20
[4] 행 1:11; 17:31

37문. 하나님의 아들이신 그리스도께서는 어떻게 사람이 되셨습니까?

답. 하나님의 아들이신 그리스도께서는 참된 몸과 이성적인 영혼을 취하시고,[1] 성령의 능력으로 동정녀 마리아의 몸에 잉태되어 그의 형질을 가지고 그의 몸에서 나심으로 사람이 되셨으나[2] 죄는 없으십니다.[3]

---

[1] 요 1:14; 마 26:38
[2] 눅 1:27, 31, 35, 42; 갈 4:4
[3] 히 4:15; 7:26

46문. 그리스도의 낮아지심(비하)은 어떤 상태였습니까?

답. 그리스도의 낮아지심(비하)은 그분의 잉태와 출생, 삶, 죽음, 그리고 죽음 이후 그분이 부활하시기까지 그리스도께서 우리를 위하여 자신의 영광을 비우시고 자신에게 종의 형상을 입히신 비천한 상태였습니다.[1]

---

[1] 빌 2:6-8; 눅 1:31; 고후 8:9; 행 2:24

47문. 그리스도께서는 자신의 잉태와 출생에서 어떻게 낮아지셨습니까?

답. 그리스도께서는 영원 전부터 성부의 품에 있는 하나님의 아들이셨으나, 때가 차매 기꺼이 비천한 신분의 여인에게 잉태되어 사람의 아들이 되시고, 또한 그에게서 출생하여, 일반적인 비천 이하의 여러 환경에 자처하심으로 자신의 잉태와 출생에서 낮아지셨습니다.[1]

---

[1] 요 1:14, 18; 갈 4:4; 눅 2:7

48문. 그리스도께서는 자신의 삶에서 어떻

벨직 신앙 고백서 (1561)	하이델베르크 요리 문답 (1563)	제2 스위스 신앙 고백서 (1566)	도르트 신경 (1619)

벨직 신앙 고백서 (1561)

셨음을 고백합니다.[6] 우리는 그리스도께서 육신을 따라 다윗의 허리에서 나오셨으며,[7] 육신을 따라 다윗의 후손으로 나셨고,[8] 동정녀 마리아의 태에서 나셨으며,[9] 여인에게서 나셨고,[10] 다윗의 가지이시며,[11] 이새의 뿌리에서 나신 가지이시고,[12] 유다 지파에서 나셨으며,[13] 육신으로는 유대인의 후손이시고,[14] 아브라함의 씨를 취하심으로 아브라함의 후손이시며,[15] 매사에 자기 형제들과 같이 되셨으나 죄는 없으신 분이심을 고백합니다.[16] 따라서 우리는 그리스도께서 진실로 우리의 임마누엘, 즉 우리와 함께하시는 하나님이심을 고백합니다.[17]

[1] 사 1:1; 눅 1:55; 창 26:4; 삼하 7:12; 시 132:11; 행 13:23
[2] 눅 1:31; 34-35
[3] 딤전 2:5; 3:16; 빌 2:7
[4] 히 2:14-15; 4:15
[5] 마 26:38; 요 12:27
[6] 히 2:14
[7] 행 2:30
[8] 시 132:11; 롬 1:3
[9] 눅 1:42
[10] 갈 4:4
[11] 렘 33:15
[12] 사 11:1
[13] 히 7:14
[14] 롬 9:5
[15] 창 22:18; 삼하 7:12; 마 1:1; 갈 3:16
[16] 히 2:15-17
[17] 사 7:14; 마 1:23

하이델베르크 요리 문답 (1563)

___
[1] 히 2:16-17
[2] 시 32:1; 고전 1:30; 롬 8:34

37문. 당신은 "고난을 받으사"라는 말씀에서 무엇을 알게 됩니까?

답. 그리스도께서 이 세상에서 살아가신 모든 시간 동안, 그리고 특별히 그분의 생애 마지막 때에 온 인류에 대한 하나님의 진노를 친히 자신의 몸과 영혼에 담당하셨다는 것을 알게 됩니다.[1] 또한 그리스도께서 유일한 화목 제물로 받으신 고난을 통해 우리의 몸과 영혼을 영원한 저주에서 구속하시고,[2] 우리를 위해 하나님의 은총과 의와 영원한 생명을 얻으셨다는 것을 알게 됩니다.

___
[1] 벧전 2:24; 사 53:12
[2] 요일 2:2; 롬 3:25

38문. 그리스도께서는 왜 재판관인 본디오 빌라도에게 고난받으신 것입니까?

답. 무죄하심에도 그리스도께서 이 세상의 재판관에게 정죄받으신 것은[1] 우리에게 임할 하나님의 혹독한 심판에서 우리를 자유롭게 하시기 위해서입니다.[2]

___
[1] 눅 23:14; 요 19:4; 시 69:4
[2] 갈 3:13-14

제2 스위스 신앙 고백서 (1566)

된 고난을 받으시고 죽으셨음을 믿습니다(벧전 4:1). 우리는 주님의 수난을 중상모략 하는 모든 야코부스파와 튀르크족의 불경한 광기를 혐오합니다. 그럼에도 우리는 사도 바울이 말한 바에 따라 "영광의 주"께서 우리를 위해 십자가에 달리셨다는 것을 부정하지 않습니다(고전 2:8). 우리는 일견 서로 불일치해 보이는 성경 여러 곳을 성경에 근거하여 주해하고 조화를 이루기 위해 고대 교회에서 가르친 속성간 교류를 경외감과 경건함으로 받아들이고 사용하기 때문입니다.

10항 우리는 동일하신 주 예수 그리스도께서 십자가에 달리시고 죽으신 참된 육체를 통해 죽음에서 부활하셨다는 것을 믿고 가르칩니다. 그리스도는 무덤에 장사 지낸 바 된 육체 말고 또 다른 육체로 부활하지 않으셨습니다. 비록 그리스도의 제자들이 그들의 주시요, 그리스도이신 분의 영을 본 것이라고 생각했지만 그리스도께서는 그들에게 못 자국과 상처 난 자신의 손과 발을 보여 주시면서 이렇게 말씀하셨습니다. "내 손과 발을 보고 나인 줄 알라 또 나를 만져 보라 영은 살과 뼈가 없으되 너희 보는 바와 같이 나는 있느니라"(눅 24:39).

11항 우리는 우리 주 예수 그리스도께서 동일한 육체로 눈에 보이는 하늘들을 초월하셔서 지극히 높으신 하늘, 즉 하나님과 복 받은 영들의 좌소인 하나님 아버지의 오른편에 올라가셨다는 것을 믿습니다. 이는 하나님 아버지의 동일한 영광과 위엄에 참여하는 것을 의미하기도 하지만 동시에 특정한 장소를 의미하기도 합니다. 우리 주님은 복음서에서 이에 대해 주님이 우리를 위한 "거처를 예비하러 가노니"라고 말씀하셨습니다(요 14:2). 사도 베드로 역시 이렇게 말합니다. "하나님이 영원 전부터 거룩한 선지자들의 입을 통하여 말씀하신 바 만물을 회복하실 때까지는 하늘이 마땅히 그를 받아 두리라"(행 3:21).

12항 그리고 하늘로부터 동일하신 그리스도께서

웨스트민스터 신앙 고백서 (1647)	웨스트민스터 소요리 문답 (1647)	웨스트민스터 대요리 문답 (1648)

게 낮아지셨습니까?

답. 그리스도께서는 자신이 완전히 성취하신[1] 율법에 자신을 복종시키심으로,[2] 그리고 인간의 본성에 공통적인 것이든 그분의 비천한 상태에 수반되는 고유한 것이든 간에 세상의 모욕과[3] 사탄의 유혹,[4] 그분의 육신 안에 있는 연약성과 투쟁하심으로 자신의 삶에서 낮아지셨습니다.[5]

———
[1] 마 5:17; 롬 5:19   [4] 마 4:1-12; 눅 4:13
[2] 갈 4:4   [5] 히 2:17-18; 4:15; 사 52:13-14
[3] 시 22:6; 히 12:2-3

49문. 그리스도께서는 자신의 죽음에서 어떻게 낮아지셨습니까?

답. 그리스도께서는 유다에게 배신당하시고,[1] 제자들에게 버림당하시며,[2] 세상에서 모욕과 배척을 받으시고,[3] 빌라도에게 정죄당하시며, 자신을 박해하는 자들에게 고문당하심으로,[4] 또한 죽음의 공포와 흑암의 권세와 투쟁하며, 하나님의 무거운 진노를 느끼고 견디시면서도[5] 자기 생명을 속죄 제물로 내어놓으시고,[6] 고통스럽고 수치스러우며 저주받은 십자가의 죽음을 견디심으로 자신의 죽음에서 낮아지셨습니다.[7]

———
[1] 마 27:4   [5] 눅 22:44; 마 27:46
[2] 마 26:56   [6] 사 53:10
[3] 사 53:2-3   [7] 빌 2:8; 히 12:2; 갈 3:13
[4] 마 27:26-50; 요 19:34

50문. 죽음 이후에 그리스도의 낮아지심(비하)은 무엇으로 구성됩니까?

답. 죽음 이후 그리스도의 낮아지심(비하)은 그분이 장사되고[1] 제 삼 일까지 죽은 자의 상태와 사망의 권세 아래 계속 처하신 것인데,[2] 이것이 다른 말로 "그가 음부에 내려가셨다"고 표현되었습니다.

———
[1] 고전 15:3-4
[2] 시 16:10; 행 2:24-27, 31; 롬 6:9; 마 12:40

벨직 신앙 고백서 (1561)	하이델베르크 요리 문답 (1563)	제2 스위스 신앙 고백서 (1566)	도르트 신경 (1619)

39문. 그리스도께서 다른 방법이 아닌 십자가에 못 박혀 죽으심에는 어떤 특별한 의미가 있는 것입니까?

답. 그렇습니다. 나는 십자가에서 죽으심을 통해 그리스도께서 내가 받아야 할 저주를 친히 담당하셨음을 확신합니다. 십자가 죽음은 하나님에게 받는 저주이기 때문입니다.[1]

———
[1] 신 21:23; 갈 3:13

40문. 그리스도께서는 왜 죽기까지 자신을 낮추셔야 했습니까?

답. 하나님의 공의로우심과 진실하심에 관한 한 우리 죄에 대한 대가는 하나님의 아들의 죽으심 외에는[1] 다른 방법으로 해결될 수 없기 때문입니다.[2]

———
[1] 히 2:9-10; 빌 2:8
[2] 창 2:17

41문. 또한 그리스도께서는 왜 "장사 지낸 바 되셨"습니까?

답. 그리스도께서 장사 지낸 바 되심은 그분이 참으로 죽으셨다는 것을 증명하기 때문입니다.[1]

———
[1] 행 13:29; 막 15:43, 46

42문. 그리스도께서 우리를 위해 죽으셨다면, 도

심판하시기 위해 다시 오실 것인데, 그때에는 주로 악이 이 세상을 지배하고 적그리스도가 출현하여 참된 신앙을 부패시키며 미신과 불경건으로 모든 것을 물들이고 불과 유혈 사태로 가장 잔인하게 교회를 황폐화시킬 것입니다. 그러나 그분의 백성을 구속하시고 자신의 오심으로 적그리스도를 멸망시키시며 산 자와 죽은 자를 심판하시기 위해 그리스도께서 재림하실 것입니다(행 17:31). (모든 피조물에게 알려지지 않은) 그날에 죽은 자가 부활하고 살아 있는 자는 순식간에 변화될 것입니다(고전 15:51-52). 그리고 모든 신실한 신자는 공중에서 주를 만나기 위해 들림받을 것입니다(살전 4:17). 거기서 그리스도와 함께 천국으로 들어가 영원히 살게 될 것입니다(딤후 2:11). 그러나 불신자들은 마귀들과 함께 지옥으로 내려가 그곳에서 영원히 불탈 것이며 그 고통에서 결코 해방되지 못할 것입니다(마 25:41).

13항 그러므로 우리는 육체의 참된 부활을 부인하는 모든 사람과, 히에로니무스(제롬[Jerome])가 반대하는 글을 쓴 예루살렘의 요하네스(Johannes Hierosolymitanus)가 그렇게 한 것처럼 영화로워진 몸에 관해 바른 견해를 갖지 못한 모든 사람을 정죄합니다. 우리는 또한 마귀들과 모든 악인 둘 다 언젠가는 구원받을 것이며 그들이 당하는 고통이 종결될 것이라고 생각하는 이들도 정죄합니다. 주님 자신께서 완전히 단정적으로 "거기에서는 구더기도 죽지 않고 불도 꺼지지 아니하느니라"고 말씀하셨기 때문입니다(막 9:44).

14항 더욱이 우리는 심판 날 전에 이 세상에 황금 시대가 도래하고 경건한 자들이 이 세상의 왕국을 소유하며, 그들의 원수들이 굴복당할 것이라는 유대적 망상을 정죄합니다. 복음적 진리(마태복음 24장과 25장, 누가복음 21장)와 사도적 교리(데살로니가후서 2장과 디모데후서 3장과 4장)는 그와는 정반대를 교훈하고 있기 때문입니다.

웨스트민스터 신앙 고백서 (1647)	웨스트민스터 소요리 문답 (1647)	웨스트민스터 대요리 문답 (1648)
		51문. 그리스도의 높아지심(승귀)은 어떤 상태였습니까? 답. 그리스도의 높아지심(승귀)은 그분의 부활과[1] 승천,[2] 하나님 아버지의 우편에 좌정하심,[3] 그리고 세상을 심판하시기 위해 다시 오심을 포함합니다.[4] ────── [1] 고전 15:4 [3] 엡 1:20 [2] 막 16:19 [4] 행 1:11, 17:31 **52문. 그리스도께서는 자신의 부활에서 어떻게 높아지셨습니까?** 답. 그리스도께서는 자신의 부활에서, 사망 중에도 부패를 보지 않으시고(그리스도는 사망과 부패에 갇혀 계실 수 없는 분이었습니다[1]), 수난당한 동일한 육체를 가지고 그 본질적 속성들을 유지한 채[2] (그러나 현세의 생명에 속한 죽을 수 있음과 다른 공통적 연약성 없이) 실제로 자신의 영혼과 연합되어,[3] 제 삼 일에 그 자신의 능력으로 죽은 자로부터 살아나심으로 높아지셨습니다.[4] 그리하여 자신이 하나님의 아들이심과,[5] 하나님의 공의를 만족시키셨음과,[6] 사망과 사망의 권세 가진 자를 이기시고[7] 산 자와 죽은 자의 주 되심을 선포하셨습니다.[8] 그리스도는 자기 교회의 머리라는[9] 공인(public person)으로서,[10] 그들의 칭의와[11] 은혜 가운데의 중생,[12] 원수들에 대항하는 지지,[13] 그리고 그들에게 마지막 날에 죽은 자로부터 부활할 것을 확증시키기 위하여[14] 이 모든 것을 행하셨습니다. ────── [1] 행 2:24, 27 [8] 롬 14:9 [2] 눅 24:39 [9] 엡 1:20, 22-23; 골 1:18 [3] 롬 6:9; 계 1:18 [10] 고전 15:21-22 [4] 요 10:18 [11] 롬 4:25 [5] 롬 1:4 [12] 엡 2:1, 5-6; 골 2:12 [6] 롬 8:34 [13] 고전 15:25-27 [7] 히 2:14 [14] 고전 15:20 **53문. 그리스도께서는 자신의 승천에서 어**

벨직 신앙 고백서 (1561)	하이델베르크 요리 문답 (1563)	제2 스위스 신앙 고백서 (1566)	도르트 신경 (1619)

대체 우리가 왜 죽어야 합니까?

답. 우리의 죽음은 우리 죄에 대한 대가가 아니라 우리가 죄 짓는 것을 그치는 것이고, 영생으로 가는 통로가 됩니다.[1]

———
[1] 요 5:24; 빌 1:23

43문. 십자가 위에서의 그리스도의 희생 제사와 죽으심을 통해 우리가 추가로 얻는 은덕은 무엇입니까?

답. 십자가 위에서의 그리스도의 희생 제사와 죽으심을 통해 우리 옛 사람이 그리스도와 함께 십자가에 못 박히고 장사된 것입니다.[1] 그 결과 육신의 부패한 경향들이 더 이상 우리를 지배하지 못하고,[2] 우리 자신을 그리스도께 감사의 제사로 올려드릴 수 있게 된 것입니다.[3]

———
[1] 롬 6:6-7 등   [3] 롬 12:1
[2] 롬 6:12

44문. 사도신경에는 왜 "그가 지옥에 내려가셨다"라는 말이 부가되어 있습니까?

15항 더 나아가 그분의 수난 또는 죽음으로 말미암아, 그리고 우리를 위해 그분이 오신 이후 행하신 모든 일과 당하신 고난들로 말미암아 우리 주님은 하늘에 계신 아버지 하나님과 모든 신자를 화목시키시고(롬 5:10), 모든 죄를 정결케 하시고(히 1:3), 죽음을 정복하시고 정죄와 지옥을 떼어놓으셨습니다. 그리고 그분은 죽음에서 부활하심으로 생명과 불멸성을 되찾아 회복시키셨습니다(롬 4:25; 고전 15:17; 딤후 1:10). 그리스도께서는 우리의 의요, 생명이요, 부활이 되시기 때문입니다(요 6:44). 그리고 간결히 요약하자면, 그리스도께서는 모든 신자의 충만과 완전이시고, 또한 구원이시며 지극히 풍성한 만족이십니다. 이에 대해 사도는 다음과 같이 말하고 있습니다. "아버지께서는 모든 충만으로 예수 안에 거하게 하시고"(골 1:19). "너희도 그 안에서 충만하여졌으니"(골 2:10).

18항 이제 이 수많은 내용을 간략히 말하기 위해 우리는 신실한 마음과 자유로운 입술로 우리 주 예수 그리스도의 성육신의 신비에 관해 성경을 통해 정의된 것들과 신경들을 통해 이해된 것들, 그리고 축복받은 아타나시우스 신경과 그와 같은 다른 모든 신경과 더불어 첫 네 개의 가장 탁월한 종교 회의인 니케아, 콘스탄티노플, 에베소, 그리고 칼케돈 종교 회의의 규정을 자유롭게 고백합니다. 그리고 이제 우리는 이상의 것들에 반대되는 모든 것을 정죄하는 바입니다.

■   이 고백은 사도신경의 고대 로마형에는 없었으나 공인된 본문(Textus Receptus)에는 추가되어 있다. 본래 한글 사도신경에도 이 고백이 있었으나 합동 찬송가 발행 문제로 이 구절이 삭제되었다. 최근 새로 번역된 사도신경에도 이 문구는 없지만 난외주에 포함되어 있다. 그리스도의 지옥 강하에 대해 로마 가톨릭교회는 구약의 성도와 어려서 죽은 아이들의 영혼이 완전한 구원을 기다리는 장소로서의 연옥과 림보 교리를 만들어 냈다. 그러나 성경은 이에 대한 아무런 암시나 언급도 하지 않는다. 종교 개혁자 루터는 그리스도의 지옥 강하를 승리 선언과 연관시킨다. 십자가에서 죽으시고 문자 그대로 지옥에 내려가셔서 지옥에 있는 영들과 원수들에게 그리스도께서 사탄과 죽음을 상대로 이기셨다는 승리는 선언하셨다는 것이다. 그러나 이에 대한 가장 바람직한 해석은 그리스도께서 십자가에서 사망의 권세 아래 처하여 지옥과도 같은 고통을 당하셨다고 보는 것이다(시 18:5). 이에 대해서는 「사도신경」(지우 펴냄)을 참조하라._ 옮긴이 주

웨스트민스터 신앙 고백서 (1647)	웨스트민스터 소요리 문답 (1647)	웨스트민스터 대요리 문답 (1648)

웨스트민스터 대요리 문답(계속)

떻게 높아지셨습니까?

답. 그리스도께서는 자신의 승천에서, 부활 후에 자주 제자들에게 나타나 그들과 대화하시고, 하나님 나라에 관한 일들을 말씀하시며,[1] 그들에게 모든 나라에 복음을 전파하라는 사명을 주시고,[2] 부활한 지 사십 일 후에 우리의 본성으로 우리의 머리로서[3] 원수들에게 승리하시며,[4] 보는 데서 최상의 하늘로 올라가심으로 높아지셨습니다. 그리스도께서는 거기서 사람들에게 선물을 받으시며,[5] 우리의 애정을 그곳으로 끌어 올리시고,[6] 또한 우리를 위해 거주할 장소를 준비하십니다.[7] 그분은 거기 계시며, 이 세상 끝에 다시 오실 때까지 계속 거기 계실 것입니다.[8]

---

[1] 행 1:2-3
[2] 마 28:19-20
[3] 히 6:20
[4] 엡 4:8
[5] 행 1:9-11; 엡 4:10; 시 68:18
[6] 골 3:1-2
[7] 요 14:3
[8] 행 3:21

54문. 그리스도께서는 하나님 우편에 좌정하심에서 어떻게 높아지셨습니까?

답. 그리스도께서는 하나님 우편에 좌정하심에서, 하나님과 인간으로서 그분이 하나님 아버지의 지고한 총애를 받아[1] 하늘과 땅의 모든 것을 넘어서는 기쁨과[2] 영광과[3] 능력의 모든 충만에 나아가심으로 높아지셨습니다.[4] 이에 그리스도께서는 자기 교회를 모으시고 수호하시며, 그들의 원수들을 제압하시고, 그분의 사역자들과 백성에게 은사와 은총을 부여하시며,[5] 그들을 위해 중재하시며 간구하십니다.[6]

---

[1] 빌 2:9
[2] 행 2:28; 시 16:11
[3] 요 17:5
[4] 엡 1:22; 벧전 3:22
[5] 엡 4:10-12; 시 110:1
[6] 롬 8:34

55문. 그리스도께서는 어떻게 중재하시며 간구하십니까?

답. 그리스도께서는 지상에 계시는 동안 자신의 순종과 희생의 공로에 의지하여[1] 우리의 본성을 가지고 계속 하늘에 계신 아버지 앞에 나타나셔서,[2] 그 공로를 모든 신자에게 적용시키시려는 자신의 뜻을 선포하시고,[3] 그들에 대한 모든 정죄에 답변하시며,[4] 그들로 양심의 평정을 이루게 하시고, 그들이 날마다 실패함에도[5] 은혜의 보좌에 담대하게 나아가고[6] 그들의 인격과[7] 섬김이 용납되도록[8] 중재하시며 간구하십니다.

---

[1] 히 1:3
[2] 히 9:12, 24
[3] 요 3:16; 17:9, 20, 24
[4] 롬 8:33-34
[5] 롬 5:1-2; 요일 2:1-2
[6] 히 4:16
[7] 엡 1:6
[8] 벧전 2:5

56문. 그리스도께서는 세상을 심판하시기 위한 자신의 재림에서 어떻게 높아지십니까?

답. 그리스도께서는 세상을 심판하시기 위한 자신의 재림에서, 사악한 사람들에게 불공정하게 재판되고 정죄당하신[1] 그분이 자기와 아버지의 영광을 충만히 나타내시며, 그분의 모든 거룩한 천사를 대동하시고,[2] 큰 외침과 천사장의 호령과 하나님의 나팔 소리와 함께,[3] 공의로 세상을 심판하시기 위하여[4] 위대한 능력으로 마지막 날에 다시 오심으로[5] 높아지실 것입니다.

---

[1] 행 3:14-15
[2] 눅 9:26; 마 25:31
[3] 살전 4:16
[4] 행 17:31
[5] 마 24:30

57문. 그리스도께서는 자신의 중보로 말미암아 무슨 유익을 확보하셨습니까?

답. 그리스도께서는 자신의 중보로 말미암아 구속과[1] 은혜 언약에 포함된 다른 모든 유익을 확보하셨습니다.[2]

---

[1] 히 9:12
[2] 고후 1:20

벨직 신앙 고백서 (1561)	하이델베르크 요리 문답 (1563)	제2 스위스 신앙 고백서 (1566)	도르트 신경 (1619)

하이델베르크 요리 문답(계속)

답. 그것은 내가 극심한 유혹에 있을 때, 나의 주 예수 그리스도께서 지상 생애 동안 극심하게 당한 모든 고난, 특별히 십자가에서 받으신 표현할 수 없는 비탄과 고통과 공포와 지옥 같은 괴로움으로 말미암아 나를 지옥의 비통과 고통에서 구원하셨음을 확신하고 풍성한 위로를 받게 하기 위함입니다.[1]

———
[1] 사 53:10; 마 27:46

45문. 그리스도의 부활이 우리에게 주는 유익은 무엇입니까?

답. 첫째, 그리스도께서는 부활하심으로 죽음을 이기셨으며, 그분의 죽으심으로 우리를 위해 얻으신 의에 우리를 참여하게 하십니다.[1] 둘째, 우리는 또한 그리스도의 능력에 의해 새로운 생명으로 다시 태어났습니다.[2] 마지막으로 그리스도의 부활은 우리의 복스러운 부활을 확실하게 보증합니다.[3]

———
[1] 고전 15:16   [3] 고전 15장; 롬 8:11
[2] 롬 6:4; 골 3:1

46문. 당신은 "하늘에 오르사"라는 말씀을 어떻게 이해합니까?

답. 그리스도께서 제자들이 보는 가운데 땅에서 하늘로 들려 올라가신 것으로 이해합니다.[1] 그리고 그리스도께서 산 자와 죽은 자를 심판하러 다시 오실 때까지, 우리를 위해 계속 그곳에 계시는 것입니다.[2]

———
[1] 행 1:9; 막 16:19   [2] 히 4:14; 롬 8:34; 엡 4:10

47문. 그렇다면, 그리스도께서 약속하신 것처럼 세상 끝 날까지 우리와 함께하시는 것이 아닙니까?

답. 그리스도께서는 참 사람이시자 참 하나님입니다. 그분의 인성에 관한 한, 그리스도께서는 더 이상 이 세상에 계시지 않습니다.[1] 그러나 그분의 신성과 위엄과 은혜와 영에 관한 한, 그리스도께서는 잠시라도 우리와 함께하시지 않는 때가 없습니다.

———
[1] 행 3:21; 요 3:13; 16:28; 마 28:20

48문. 그러나 만일 그리스도의 신성이 계신 곳마다 그분의 인성이 함께 있지 않다면, 그리스도의 이 두 본성은 서로 분리되어 있는 것 아닙니까?

답. 결코 그렇지 않습니다. 그리스도의 신성은 그 무엇에도 제한받지 않고 어디에나 있기에[1] 그분이 취하신 인성의 제한도 초월하는데, 그럼에도 신성은 이 인성에 거하며 인격적으로 결합되어 있습니다.[2]

———
[1] 행 7:49; 마 24:30   [2] 마 28:20; 요 16:28; 7:11; 3:13

그리스도 안에 있는 하나님의 공의로운 자비하심

20항 하나님이 그리스도를 통해 공의와 자비를 나타내심

우리는 완전히 자비로우시며 공의로우신 하나님이 불순종을 행했던 그 인간 본성을 취하게 하시고, 그 동일한 본성에 대한 속

11문. 그렇다면 하나님은 자비롭지 않으신 것입니까?

답. 하나님은 참으로 자비로우시지만[1] 동시에 공의로우십니다. 죄는 지극히 높으신 하나님의 위엄을 거슬러 저지른 것이기에

둘째 교리

2항 우리 스스로는 이런 만족을 이룰 수 없으며 하나님의 진노에서 우리 자신을 구원할 수 없기에, 하나님이 우리를 대신하여 그분의 공의를 만족시킬 수 있도록 그분의 무한한

웨스트민스터 신앙 고백서 (1647)	웨스트민스터 소요리 문답 (1647)	웨스트민스터 대요리 문답 (1648)

하이델베르크 요리 문답(계속)

49문. 그리스도께서 하늘에 오르신 것은 우리에게 어떤 유익이 됩니까?

답. 첫째, 그리스도께서는 하늘에 계신 하나님 아버지 앞에서 우리의 대언자가 되십니다.[1] 둘째, 우리의 머리이신 그리스도께서 그분의 지체가 되는 우리를 자신에게로 이끌어 올리시리라는 확실한 보증으로서 우리의 육체를 하늘에 둔다는 것입니다.[2] 셋째, 그리스도께서는 우리에게 보증으로 자신의 성령을 보내시는데,[3] 그 성령의 능력으로 말미암아 우리는 그리스도께서 하나님 우편에 앉아 계신 곳인 하늘의 것을 구하며 땅의 것을 구하지 않게 됩니다.[4]

---
[1] 히 9:24; 요일 2:2; 롬 8:34   [3] 요 14:16; 고후 1:22; 5:5
[2] 요 14:2; 엡 2:6   [4] 골 3:1; 빌 3:20

50문. "하나님 우편에 앉아 계시다"는 말씀은 왜 부가되었습니까?

답. 그리스도께서 교회의 머리로 나타나시며,[1] 아버지 하나님이 그리스도로 말미암아 만물을 통치하신다는 것을 나타내려는 목적으로 그리스도께서 하늘에 오르셨기 때문입니다.[2]

---
[1] 엡 1:20-22; 골 1:18   [2] 마 28:18; 요 5:22

51문. 우리의 머리가 되시는 그리스도의 영광은 우리에게 어떤 유익이 됩니까?

답. 첫째, 그리스도께서는 그분의 성령으로 말미암아 그분의 지체된 우리에게 하늘의 은사를 부어 주십니다.[1] 그리고 그분의 능력으로 우리를 우리의 모든 원수에게서 지키시고 보존하십니다.[2]

---
[1] 엡 4:8   [2] 시 2:9; 요 10:28

52문. "그리스도께서 산 자와 죽은 자를 심판하러 오시리라"는 말씀은 당신에게 어떤 위로를 줍니까?

답. 내가 겪는 모든 슬픔과 박해 가운데서도 전에 나를 위하여 하나님의 심판대 앞에서 자신을 드리시고 모든 저주에서 나를 속량하신 그리스도께서 하늘에서 심판자로 오시기를 머리 들어 기다립니다.[1] 그분과 나의 모든 원수를 영원한 멸망으로 벌하시고,[2] 그리스도께서 택하신 모든 사람과 함께 나를 그분에게로 이끄셔서 하늘의 기쁨과 영광 가운데 거하게 하실 것입니다.[3]

---
[1] 눅 21:28; 롬 8:23-24; 살전 4:16   [3] 마 25:34
[2] 살후 1:6-9; 마 25:41

8장 중보자이신 그리스도에 관하여

5항 주 예수께서는 자신의 완전한 순종하심과 영원하신 성령님으로 말미암아 자신을 희생 제물로 단번에 드리심으로 아버지 하나님의 공의를 완전히 만족시키셨습니다.[1] 그리고 아버지 하나님이 그분에게 주신 모든 사람을 위하여 화목뿐 아니라 하늘 왕국의 영원한 기업도 값 주고 사셨습니다.[2]

벨직 신앙 고백서 (1561)	하이델베르크 요리 문답 (1563)	제2 스위스 신앙 고백서 (1566)	도르트 신경 (1619)
죄의 만족을 수행하게 하시며, 가장 극심한 고난과 죽음을 통해 죄의 형벌을 담당하게 하시려고 자기 아들을 보내셨음을 믿습니다.[1] 그러므로 하나님은 자기 아들에게 우리의 허물을 담당하게 하실 때,[2] 그에게 자신의 공의를 나타내시고, 범죄하여 저주를 받아 마땅한 우리에게는 자신의 자비와 선하심을 부어 주셨습니다. 하나님은 순전하고 완전한 사랑으로 자기 아들을 우리를 대신하여 죽도록 내어 주시고, 우리를 의롭다 하시기 위해[3] 그를 다시 살리심으로, 그를 통해 우리가 불멸과 영원한 생명을 얻게 하셨습니다. ___ [1] 히 2:14; 롬 8:3, 32-33 [2] 사 53:6; 요 1:29; 요일 4:9 [3] 롬 4:25	하나님의 공의는 그에 따른 가장 극심한 형벌,[2] 즉 몸과 영혼 모두에 영원한 형벌을[3] 요구합니다.[4] ___ [1] 출 34:6 [2] 시 5:5-6 [3] 창 2:17; 롬 6:23 [4] 출 20:5; 욥 34:10-11		자비를 베푸셔서 우리를 위해 그리고 우리를 대신하여 친히 죄와 저주가 되신 그분의 독생자를 우리의 보증으로 주셨습니다.

복음의 약속들

19문. 당신은 이것을 어디에서 알게 됩니까?

답. 하나님이 친히 에덴동산에서 처음 계시하신 거룩한 복음을 통해서 알게 됩니다.[1] 이후에 하나님은 족장들과 선지자들을 통

13장 예수 그리스도의 복음에 관하여, 약속과 영과 문자에 관하여

1항 복음은 참으로 율법과 대립됩니다. 율법은 진노를 이루고 저주를 선언하기 때문입니다. 그러나 복음은 은혜와 축복을 설교합니다. 사도 요한 또한 이렇게 말합니다. "율법은 모세로 말미암아 주어진 것이요 은혜와 진리는 예수 그리스도로

둘째 교리

5항 더욱이 복음의 약속은 십자가에 못 박히신 그리스도를 믿는 자마다 멸망하지 않고 영생을 얻는다는 것입니다. 이 약속은 회개하고 믿으라는 명

웨스트민스터 신앙 고백서 (1647)	웨스트민스터 소요리 문답 (1647)	웨스트민스터 대요리 문답 (1648)
[1] 롬 5:19; 히 9:14, 16; 10:14; 엡 5:2; 롬 3:25-26 [2] 단 9:24, 26; 골 1:19-20; 엡 1:11, 14; 요 17:2; 히 9:12, 15		

8장 중보자이신 그리스도에 관하여

6항 비록 그리스도께서 성육신하시기 전까지는 구속 사역이 그리스도에 의해 실제로 일어난 것이 아니지만, 그 구속의 힘과 효력과 은덕은 약속과 예표와 희생 제사를 통해 또한 그 약속과 예표와 희생 제사 안에서 태초부터 모든 시대의 택함받은 자들에게 계

벨직 신앙 고백서 (1561)	하이델베르크 요리 문답 (1563)	제2 스위스 신앙 고백서 (1566)	도르트 신경 (1619)

하이델베르크 요리 문답 (1563)

해 선포하시고,[2] 희생 제사들과 다른 여러 율법의 의식으로 나타내셨으며,[3] 마지막에는 하나님의 독생자를 통해 이 복음을 성취하셨습니다.[4]

---

[1] 창 3:15
[2] 창 22:17-18; 28:14; 롬 1:2; 히 1:1; 요 5:46
[3] 히 10:7-8
[4] 롬 10:4; 히 13:8

제2 스위스 신앙 고백서 (1566)

말미암아 온 것이라"(요 1:17). 그럼에도 율법이 있기 전의 사람이나 율법 아래 있었던 모든 사람이 복음과 전혀 무관하지 않다는 것이 지극히 분명합니다. 그들은 다음과 같은 명백한 복음적 약속들을 받았기 때문입니다. "내가 너로 여자와 원수가 되게 하고 네 후손도 여자의 후손과 원수가 되게 하리니 여자의 후손은 네 머리를 상하게 할 것이요 너는 그의 발꿈치를 상하게 할 것이니라 하시고"(창 3:15). "또 네 씨로 말미암아 천하 만민이 복을 받으리니"(창 22:18). "네 하나님 여호와께서 너희 가운데 네 형제 중에서 너를 위하여 나와 같은 선지자 하나를 일으키시리니"(신 18:15; 행 3:22; 7:37).

2항 또한 우리는 구약의 우리 조상들이 우리와 마찬가지로 그들에게 계시된 두 종류의 약속을 소유했음을 인정합니다. 그 가운데 하나는 현세적 또는 일시적인 것인데, 예를 들면 가나안 땅과 승리에 관한 약속들, 그리고 오늘날에는 일용할 양식에 관한 약속들이 바로 그것입니다. 또 다른 약속은 그때나 지금이나 동일한 것으로서 천상적이고 영원한 것입니다. 예를 들면 예수 그리스도를 믿는 믿음을 통해 주어지는 하나님의 은총, 죄 사함, 그리고 영원한 생명과 같은 것입니다. 그렇다면, 족장들은 외면적이며 이 땅의 것들만이 아니라 그리스도 안에 있는 영적이며 천상적인 약속들 역시 소유했던 것입니다. 베드로는 이렇게 말합니다. "이 구원에 대하여는 너희에게 임할 은혜를 예언하던 선지자들이 연구하고 부지런히 살펴서"(벧전 1:10). 또한 사도 바울도 동일하게 하나님의 약속은 "선지자들을 통하여 …… 성경에 미리 약속하신 것"이라고 말합니다(롬 1:2). 이것으로 볼 때, 구약의 백성 역시 복음이 아예 주어지지 않았다고 말할 수 없음은 매우 분명합니다.

도르트 신경 (1619)

령과 함께 하나님이 그 선하고 기뻐하시는 뜻 가운데 복음을 전하고자 하시는 모든 나라와 모든 사람에게 그 어떤 예외나 차별 없이 선포되어야 합니다.

웨스트민스터 신앙 고백서 (1647)	웨스트민스터 소요리 문답 (1647)	웨스트민스터 대요리 문답 (1648)
속해서 전해졌습니다. 그 안에서 그리스도께서는 뱀의 머리를 상하게 할 여자의 후손으로, 창세로부터 죽임당하신 어린양으로, 어제나 오늘이나 영원토록 동일하신 분으로 상징되었습니다.[1]		

---

[1] 갈 4:4-5; 창 3:15; 계 13:8; 히 13:8

Reformed

Soteriology
The Doctrine of Salvation

Harmo

Confessions

구원론
구원에 관한 교리

nized

벨직 신앙 고백서 (1561)	하이델베르크 요리 문답 (1563)	제2 스위스 신앙 고백서 (1566)	도르트 신경 (1619)

일반 은혜와 외적인 부르심

14항 인간의 창조와 타락, 그리고 참된 선을 행할 수 없는 무능력

또한 사람은 모든 행실에 있어서 악하고 뒤틀리고 부패해져서 자신이 하나님으로부터 받은 탁월한 은사들을 모두 잃어버렸습니다.[1] 다만 그중에 몇 가지만 남아 있을 뿐인데도,[2] 이는 사람으로 하여금 변명의 여지가 없을 정도로 충분합니다.

---
[1] 롬 3:10
[2] 행 14:16-17; 17:27

셋째 · 넷째 교리

8항 복음으로 말미암아 부르심을 받는 많은 사람은 진정으로 부르심을 받습니다. 하나님은 말씀 안에서 그분이 무엇을 기뻐하시는지 가장 진지하고 참되게 알려 주시기 때문입니다. 말하자면, 부르심을 받은 모든 사람은 마땅히 이 초청에 응해야 합니다. 더군다나 하나님은 그분에게 나와 그분을 믿는 모든 사람에게 영원한 생명과 안식을 진지하게 약속하시기 때문입니다.

9항 말씀 사역을 통해 부르심을 받는 어떤 사람들이 하나님에게 나와 회심하지 않는 것은 복음이나 복음에 제시된 그리스도의 책임이 아니며, 복음을 통해 사람을 부르시고 그들에게 여러 은사를 수여하시는 하나님의 책임도 아닙니다. 어떤 이들은 부르심을 받을 때 그들이 처한 위험을 개의치 않고 생명의 말씀을 거부하기 때문에 책임은 그들에게 있습니다. 또 어떤 이들은 비록 생명의 말씀을 받아들여도 그들 마음에 새기

웨스트민스터 신앙 고백서 (1647)	웨스트민스터 소요리 문답 (1647)	웨스트민스터 대요리 문답 (1648)

10장 효과적인 부르심에 관하여

4항 택함받지 못한 다른 사람들은 비록 그들이 말씀 사역을 통해 부르심을 받고[1] 성령의 어떤 일반적인 역사들을 소유한다 할지라도,[2] 결코 그리스도께 참되게 나오는 것이 아니며, 따라서 구원받을 수 없습니다.[3] 더욱이 기독교 신앙을 고백하지 않는 사람들은 다른 어떤 방법으로도 구원받을 수 없으며, 그들이 본성의 빛과 그들이 고백하는 신앙의 법을 따라서 삶을 열심히 가꾼다 할지라도 결코 구원받지 못합니다.[4] 그리고 그들이 구원받을 수도 있다고 단언하고 주장하는 것은 매우 사악하며 가증스러운 일입니다.[5]

---

[1] 마 22:14
[2] 마 7:22; 13:20-21; 히 6:4-5
[3] 요 6:64-66; 8:24
[4] 행 4:12; 요 14:6; 엡 2:12; 요 4:22; 17:3
[5] 요이 9-11절; 고전 16:22; 갈 1:6-8

16장 선행에 관하여

7항 중생하지 못한 사람들이 행하는 행위들은 비록 그 자체로 하나님이 명령하신 것들이고, 그들 자신과 다른 이들에게 유익한 것이라 할지라도,[1] 믿음으로 말미암아 정결해진 마음에서 나온 것이 아니며,[2] 말씀을 따라 올바른 방식으로 행한 것도 아니고,[3] 하나님의 영광이라는 올바른 목적을 향하지도 않기 때문에,[4] 그 행위들은 죄악적이며 하나님을 기쁘시게 할 수 없고, 하나님이 베푸시는 은혜를 받기에 합당하게 만들지도 못합니다.[5] 그럼에도 이런 행위에 대한 그들의 태만은 더욱 죄악적인 것이 되며 하나님을 불쾌하게 하는 일이 됩니다.[6]

60문. 복음을 한 번도 들어 본 적이 없고, 따라서 예수 그리스도를 알지 못하고 믿지도 않는 사람들이 본성의 빛에 따라 사는 자신의 삶을 통해 구원받을 수 있습니까?

답. 복음을 한 번도 들어 본 적이 없고,[1] 따라서 예수 그리스도를 알지 못하고[2] 믿지도 않는 사람들은 결코 본성의 빛에 따라[3] 또는 그들이 고백하는 신앙의 법도대로[4] 부지런히 삶을 꾸려 나갈지라도 구원받을 수 없습니다.[5] 그분의 몸 된 교회의 유일한 구주이신[6] 오직 그리스도가 아닌 다른 방법으로는 구원을 얻을 수 없습니다.[7]

---

[1] 롬 10:14
[2] 살후 1:8-9; 엡 2:12; 요 1:10-12
[3] 고전 1:20-24
[4] 요 4:22; 롬 9:31-32; 빌 3:4-9
[5] 요 8:24; 막 16:16
[6] 엡 5:23
[7] 행 4:12

68문. 택함받은 사람들만 효과적으로 부르심을 받습니까?

답. 모든 택함받은 자, 오직 그들만이 효과적으로 부르심을 받습니다.[1] 비록 선택받지 못한 다른 사람들이 말씀 사역을 통해 외적으로 부르심을 받을 수 있고,[2] 종종 부르심을 받으며, 성령의 일반적인 역사를 소유할지라도,[3] 그들에게 제공된 은혜를 고의로 등한시하고 경멸하여 공의롭게 불신앙에 남겨져서 결코 예수 그리스도께 진실로 나아오지 못합니다.[4]

---

[1] 행 13:48
[2] 마 22:14
[3] 마 7:22; 13:20-21; 히 6:4-6
[4] 요 12:38-40; 행 28:25-27; 요 6:64-65; 시 81:11-12

벨직 신앙 고백서 (1561)	하이델베르크 요리 문답 (1563)	제2 스위스 신앙 고백서 (1566)	도르트 신경 (1619)

도르트 신경(계속)

지 않습니다. 그러므로 일시적인 믿음에서 흘러나오는 그들의 기쁨은 곧 사라지고 또다시 타락합니다. 또 어떤 이들은 이 세상의 근심과 쾌락으로 말씀의 씨앗을 막아 아무런 열매를 맺지 못하게 합니다. 우리 구주께서는 바로 이것을 씨 뿌리는 사람의 비유로 가르치셨습니다(마 13장).

(부패와 회심에 관한) 참된 교리를 설명하였으므로 총회는 다음과 같이 가르치는 자들의 오류를 **배격합니다.**

오류 5
"부패한 자연인 역시 (그들이 본성의 빛이라고 이해하고 있는) 일반 은혜 또는 타락 이후에도 남아 있는 은사들을 잘 사용할 수 있으며, 이런 효과적인 사용을 통해 점진적으로 더 큰 은혜, 이른바 복음적 은혜 또는 구원적 은혜와 구원 그 자체를 얻을 수 있습니다. 그리고 이런 방법으로 하나님은 모든 사람이 그리스도를 알고 믿고 회심하는 데 필요한 방편들을 충분히, 그리고 효과적으로 베푸시기 때문에 자신의 편에서 모든 사람에게 그리스도를 친히 계시하실 준비를 하십니다."

모든 세대의 경험과 성경은 모두 이것이 사실이 아니라는 것을 증거합니다. "그가 그의 말씀을 야곱에게 보이시며 그의 율례와 규례를 이스라엘에게 보이시는도다 그는 어느 민족에게도 이와 같이 행하지 아니하셨나니 그들은 그의 법도를 알지 못하였도다 할렐루야"(시 147:19-20). "하나님이 지나간 세대에는 모든 민족으로 자기들의 길들을 가게 방임하셨으나"(행 14:16). 그리고 계속해서 또 이렇게 말합니다. "성령이 아시아에서 말씀을 전하지 못하게 하시거늘 그들이 브루기아와 갈라디아 땅으로 다녀가 무시아 앞에 이르러 비두니아로 가고자 애쓰되 예수의 영이 허락하지 아니하시는지라"(행 16:6-7).

효과적인 부르심과 중생

셋째 · 넷째 교리

6항 그러므로 하나님은 본성의 빛이나 율법이 할 수 없는 것을 말씀을 통한 성령님의 역사하심 또는 화목하게 하는 직분을 통해 이루시는데, 이것이 바로 메시아에 관한 복음입니다. 바로 이 메시아에 관한 복음을 통해 하나님은 구약과 신약 아래에서 믿는 모든 사람을 구원하는 일을 기뻐하셨습니다.

10항 복음으로 말미암아 부르심을 받은 어떤 사람

웨스트민스터 신앙 고백서 (1647)	웨스트민스터 소요리 문답 (1647)	웨스트민스터 대요리 문답 (1648)

——

1 왕하 10:30-31; 왕상 21:27, 29; 빌 1:15-16, 18
2 창 4:5; 히 11:4, 6
3 고전 13:3; 사 1:12
4 마 6:2, 5, 16
5 학 2:14; 딛 1:15; 암 5:21-22; 호 1:4; 롬 9:16; 딛 3:15
6 시 14:4; 36:3; 욥 21:14-15; 마 25:41-43, 45; 23:3

10장 효과적인 부르심에 관하여

1항 하나님은 생명을 주시려고 예정한 모든 사람, 오직 그들만을 자신이 정하시고 받아들이시는 기뻐하시는 때에, 하나님 말씀과 성령으로,[1] 그들이 본래 처한 죄와 죽음의 상태에서 효과적으로 부르셔서,[2] 예수 그리스도로 말미암아[3] 은혜와 구원을 받게 하기를 기뻐하셨습니다. 또한 그들의 마음을 밝히셔서 하나님의 일들을 영적으로 그리고 구원에 관하여 이해하게 하시며,[4] 그들의 돌 같은 심정을 제거하시고 그들에게 살 같은 심정을 주실 뿐 아니라[5] 부드러운 마음을 주십니다. 또한 그들의 의지를 새롭게 하셔서 하나님의 전능하신 능력으로 그들에게 선한 것을 결심시키시고,[6] 예수 그리스도께로 효력 있게 이끄십니다.[7] 그럼에도 그들

29문. 우리는 어떻게 그리스도께서 값 주고 사신 구속에 참여하는 자가 됩니까?

답. 우리는 그것을 우리에게 효력 있게 적용하시는[1] 그분의 성령으로 말미암아 그리스도께서 값 주고 사신 구속에 참여하는 자가 됩니다.[2]

——

1 요 1:11-12   2 딛 3:5-6

30문. 성령님은 그리스도께서 획득하신 구속을 어떻게 우리에게 적용하십니까?

답. 성령님은 효과적인 부르심을 통해 우리 안에 역사하는 믿음을 주시고[1] 그로 인해 우리를 그리스도와 연합시키셔서 그리스도께서 획득하신 구속을 우리에게 적용하십니다.[2]

58문. 우리는 어떻게 그리스도께서 확보하신 은덕에 참여하는 자가 됩니까?

답. 우리는 그것을 우리에게 적용하심을 통해[1] 그리스도께서 확보하신 은덕에 참여하는 자가 되는데, 이는 특별히 성령 하나님의 사역입니다.[2]

——

1 요 1:11-12   2 딛 3:5-6

59문. 누가 그리스도를 통해 구속에 참여하는 자가 됩니까?

답. 구속은 그리스도께서 값 주고 사신 모든 사람에게 확실히 적용되고 효과적으로 전달되는데,[1] 때가 되어 성령으로 말미암아 복음에 따라 그리스도를 믿게 하신 사람들이 구속에 참여하는 자가 됩니다.[2]

벨직 신앙 고백서 (1561)	하이델베르크 요리 문답 (1563)	제2 스위스 신앙 고백서 (1566)	도르트 신경 (1619)

도르트 신경(계속)

들이 그 부르심에 순종하며 회심하는 것을 자유 의지의 적절한 사용 덕분이라고 여겨서는 안 되며, 이로 말미암아 펠라기우스가 주장하는 교만한 이단처럼 믿음과 회심에 충분한 은혜를 동등하게 받은 다른 사람들에 비해 자신을 특별하게 만들어서는 안 됩니다. 그것은 전적으로 자신의 백성을 영원 전에 그리스도 안에서 택하시고, 믿음과 회개를 수여하시며, 그들로 하여금 어둠 가운데서 불러내어 그분의 기이한 빛에 들어가게 하신 이의 아름다운 덕을 선포하고, 사도들이 여러 곳에서 증언한 것처럼 그들이 아닌 오직 주님에게만 영광을 돌리게 하기 위하여 흑암의 권세에서 건져 주시고, 자신이 사랑하는 아들의 나라로 옮겨 주시는 하나님으로 말미암는 것입니다.

11항 더욱이 하나님은 자신의 기뻐하시는 선한 뜻을 택함받은 자들 안에서 성취하시거나 그들 안에 참된 회심을 일으키실 때 하나님의 영의 일을 올바르게 이해하고 분별할 수 있도록 그들에게 복음을 외적으로 선포하시고 성령으로 말미암아 그들의 지성을 강력하게 조명하십니다. 그뿐만 아니라 중생케 하시는 동일한 성령의 효과로 인하여 사람 가장 깊은 곳까지 침투하십니다. 하나님은 닫힌 마음을 여시고 강퍅한 마음을 부드럽게 하시며, 할례받지 못한 마음에 할례를 행하시고 의지에 새로운 특질을 부여하시며 그로 말미암아 죽은 자를 살리십니다. 이로 말미암아 악하고 불순종하는 의지를 선하고 순종적이며 유순한 의지로 바꾸십니다. 하나님은 이 의지를 활동하게 하시고 강하게 하시어, 좋은 나무가 그러하듯이 선한 행실의 열매를 맺게 하십니다.

12항 바로 이것이 성경에서 그토록 높이 기리며 새로운 피조물이라 불리는 중생입니다. 죽음 가운데서의 부활이요, 새 창조로서 하나님이 우리 도움 없이 우리 안에서 일하십니다. 그러나 중생은 외적인 복음 설교에 영향을 받거나 도덕적 설득으로 발생하지 않습니다. 또한 그러한 종류의 작용을 통해 하나님이 자신이 하셔야 할 일을 하신 후에 사람이 중생할지 그렇지 않을지, 또는 회심할지 회심하지 않은 채 남아 있을지가 여전히 사람의 능력에 달려 있는 것도 아닙니다. 중생은 명백한 초자연적 역사이며, 가장 강력한 동시에 가장 기쁘고 지극히 놀라우며 신비스럽고 말로 형언할 수 없는 일입니다. 이 역사하심의 주인이 기록하신 성경에 따르면, 중생의 효과는 창조 사역이나 죽음으로부터의 부활보다 결코 열등하지 않

습니다. 따라서 하나님이 이 놀라운 방식으로 역사하시는 모든 사람의 마음은 정확히 무오하게 그리고 효과적으로 중생하며 실제로 믿게 됩니다. 이렇게 새로워진 의지는 하나님에 의해 활동하게 되고 영향을 받을 뿐만 아니라, 이러한 영향의 결과를 통해 그 자체로 활동적인 상태가 됩니다. 그러므로 이렇게 받은 은혜의 은덕으로 말미암아 사람이 믿고 회개하게 된다고 말할 수 있는 것입니다.

13항 신자들은 이런 하나님의 활동 방식을 이생에서 완전히 이해할 수 없습니다. 그럼에도 신자들은 이 하나님의 은혜로 말미암아 마음으로 믿고 그들의 구주를 사랑하게 된다는 것을 알고 경험함으로 만족하게 됩니다.

15항 하나님은 그 누구에게도 이 은혜를 베풀어 주실 의무가 없으십니다. 주께 먼저 드려서 갚으심을 받을 것이 없는 사람에게 하나님이 어떻게 은혜를 베푸시며 빚진 자가 되시겠습니까? 결코 그럴 수 없습니다. 자신의 죄와 거짓 밖에 가진 것이 없는 사람에게 어떻게 은혜 베푸는 일이 의무가 되겠습니까? 그러므로 이 은혜의 대상이 되는 자는 오직 하나님에게 영원히 빚진 자가 되며 영원한 감사를 드려야 합니다. 그러나 이 은혜에 참여하지 못한 사람은 이런 영적 은사에 무관심하며 자신의 영적 상태에 만족하거나, 자신이 얼마나 위험한 상태인지 깨닫지 못하고 실제로는 가지고 있지 못한 것을 가지고 있다고 생각하며 헛되이 자랑합니다. 나아가 외적으로 신앙을 고백하고 일상적인 삶을 살아가는 사람들에 관해 우리는 사도들의 본을 따라 가장 호의적인 방식으로 판단하고 말해야 합니다. 그들 마음 가장 깊은 곳에서 어떤 일이 일어나는지 우리는 알지 못합니다. 또한 아직 부르심을 받지 못한 이들에 관해서는 그들을 위해 없는 것들을 있게 부르시는 하나님에게 기도하는 것이 우리의 의무입니다. 우리는 그들을 향해 우리가 그들보다 나은 것처럼 거만하게 행동해서는 안 됩니다.

16항 그러나 사람이 타락으로 말미암아 지성과 의지를 완전히 상실한 것은 아니며, 죄가 모든 인류에 퍼졌다고 해서 사람의 본성이 제거된 것도 아닙니다. 이는 다만 부패와 영적 죽음을 불러왔습니다. 마찬가지로 중생하게 하시는 하나님의 은혜 역시 사람을 아무런 지각이나 감각이 없는 돌이나 나무처럼 간주하지 않으며, 의지와 그 의지에 속한 합당한 속성들을 제거하거나 힘으로 강압하지도 않습

웨스트민스터 신앙 고백서 (1647)	웨스트민스터 소요리 문답 (1647)	웨스트민스터 대요리 문답 (1648)

[왼쪽 단]

은 하나님의 은혜로 말미암아 가장 간절한 마음으로 완전히 자유롭게 나아옵니다.[8]

1 살후 2:13-14; 고후 3:3, 6
2 롬 8:30; 11:7; 엡 1:10-11
3 롬 8:2; 엡 2:1-5; 딤후 1:9-10
4 행 26:18; 고전 2:10, 12; 엡 1:17-18
5 겔 36:26
6 겔 11:19; 빌 2:13; 신 30:6; 겔 36:27
7 엡 1:19; 요 6:44-45
8 아 1:4; 시 110:3; 요 6:37; 롬 6:16-18

2항 이 효력 있는 부르심은 사람 안에서 미리 보이는 어떤 것에서가 아니라, 값없이 베푸시는 하나님의 특별한 은혜로만 말미암는데,[1] 이 사람이 성령에 의해 소생되고 새롭게 되기까지 수동적입니다.[2] 이런 방식으로 그는 이 부르심에 응답할 수 있게 되며, 그 안에서 제공되고 전달되는 은혜를 받아들일 수 있게 됩니다.[3]

1 딤후 1:9; 딛 3:4-5; 엡 2:4-5, 8-9; 롬 9:11
2 고전 2:14; 롬 8:7; 엡 2:5
3 요 6:37; 겔 36:27; 요 5:25

3항 택함받은 유아들은 비록 유아일 때 죽는다 하더라도, 그 자신이 기뻐하시는 때와 장소와 방법으로 역사하시는 성령님을 통해,[1] 그리스도로 말미암아 거듭나고 구원을 받습니다.[2] 따라서 말씀의 사역으로 말미암아 외적으로 부르심을 받을 능력이 되지 않는 다른 모든 택함받은 사람들 또한 그러합니다.[3]

1 눅 18:15-16; 행 2:38-39; 요 3:3, 5; 요일 5:12; 롬 8:9
2 요 3:8
3 요일 5:12; 행 4:12

[가운데 단]

1 엡 1:13-14; 요 6:37, 39; 엡 2:8
2 엡 3:17; 고전 1:9

31문. 효과적인 부르심이란 무엇입니까?

답. 효과적인 부르심이란 하나님의 영의 사역으로,[1] 성령님이 우리에게 죄와 비참을 각성시키시고,[2] 우리 마음에 그리스도를 아는 지식을 비추어 주시며,[3] 우리 의지를 새롭게 하심으로[4] 복음 안에서 값없이 제시된 그리스도를 영접할 수 있도록 설득하시고 또한 그렇게 할 수 있게 해주시는 것입니다.[5]

1 딤후 1:9; 살후 2:13-14
2 행 2:37
3 행 26:18
4 겔 36:26-27
5 요 6:44-45; 빌 2:13

32문. 효과적으로 부르심을 받은 사람들은 이생에서 어떤 은덕들에 참여하게 됩니까?

답. 효과적으로 부르심을 받은 사람들은 이생에서 칭의와[1] 양자와[2] 성화와, 그것들에 동반되거나 흘러나와 이생에서 누리는 여러 은덕에 참여하게 됩니다.[3]

1 롬 8:30
2 엡 1:5
3 고전 1:26, 30

[오른쪽 단]

1 엡 1:13-14; 요 6:37, 39; 10:15-16
2 엡 2:8; 고후 4:13

66문. 택함받은 자들이 그리스도와 누리는 연합은 무엇입니까?

답. 택함받은 자들이 그리스도와 함께 누리는 연합은 하나님의 은혜의 역사로,[1] 이로 말미암아 그들이 그들의 머리와 남편이신 그리스도와 영적으로나 신비적으로, 그러나 참으로 나눌 수 없이 결합되는 것입니다.[2] 이는 그들의 효과적인 부르심을 통해 이루어집니다.[3]

1 엡 1:22; 2:6-8
2 고전 6:17; 요 10:28; 엡 5:23, 30
3 벧전 5:10; 고전 1:9

67문. 효과적인 부르심이란 무엇입니까?

답. 효과적인 부르심이란 하나님의 전능하신 능력과 은혜의 사역으로,[1] (택함받은 자들을 향한 그분의 무조건적이며 특별한 사랑으로, 그리고 그들 안에 있는 어떤 것으로 하나님을 움직이게 하는 것이 아니라)[2] 하나님이 정하신 때에 그분의 말씀과 성령으로 그들을 예수 그리스도께로 초청하시며 이끄시는 것입니다.[3] 그들의 마음을 구원적으로 비추시고,[4] 그들의 의지를 새롭게 하시며 강력히 결심하게 하시고,[5] 이로 인해 그들이 (그들 자체는 죄로 인해 죽었음에도) 하나님의 부르심에 기꺼이 자유롭게 응답하게 하시며, 그 안에 제공되고 전달된 은혜를 받아들이고 영접하게 하시는 것입니다.[6]

1 요 5:25; 엡 1:18-20; 딤후 1:8-9
2 딛 3:4-5; 엡 2:4-5, 7-9; 롬 9:11
3 고후 5:20; 6:1-2; 요 6:44; 살후 2:13-14
4 행 26:18; 고전 2:10, 12
5 겔 11:19; 36:26-27; 요 6:45
6 엡 2:5; 빌 2:13; 신 30:6

벨직 신앙 고백서 (1561)	하이델베르크 요리 문답 (1563)	제2 스위스 신앙 고백서 (1566)	도르트 신경 (1619)

도르트 신경(계속)

니다. 도리어 중생의 은혜는 사람을 영적으로 소생하게 하고 치유하고 고치는 동시에 달콤하고 강력하게 그 의지를 복종시킵니다. 이를 통해 전에 육적 배반과 저항이 만연하던 육체를 이제는 기꺼이 신실한 영적 순종이 지배하게 되며, 우리 의지의 참되고 영적인 회복과 자유가 일어나게 됩니다. 그러므로 우리 안에 역사하신 모든 선한 사역의 창시자이신 하나님이 우리에게 선한 일을 역사하시지 않는다면, 무죄 상태에서도 자신을 파멸로 이끈 사람의 자유로운 의지로는 타락에서 회복될 아무런 소망이 더 없을 것입니다.

(부패와 회심에 관한) 참된 교리를 설명했으므로 총회는 다음과 같이 가르치는 자들의 오류를 **배격합니다.**

오류 6

"사람의 참된 회심에 있어서 하나님은 사람의 의지에 새로운 자질이나 성향이나 은사를 주입하실 수 없습니다. 따라서 우리를 처음 회심하게 만들며 그 결과 우리를 신자라고 불리게 만드는 믿음은 하나님이 주입하시는 자질이나 은사가 아니라 단지 인간의 행위입니다. 이 믿음을 얻게 하는 능력에 관한 것이 아닌 한 믿음은 결코 선물이라고 불릴 수 없습니다."

이런 주장은 하나님이 믿음과 순종이라는 새로운 자질과 그분의 사랑에 대한 지각을 우리 마음에 부어 주신다는 성경 말씀과 모순됩니다. "곧 내가 나의 법을 그들의 속에 두며 그들의 마음에 기록하여 나는 그들의 하나님이 되고 그들은 내 백성이 될 것이라 여호와의 말씀이니라"(렘 31:33). "나는 목마른 자에게 물을 주며 마른

땅에 시내가 흐르게 하며 나의 영을 네 자손에게, 나의 복을 네 후손에게 부어 주리니"(사 44:3). "소망이 우리를 부끄럽게 하지 아니함은 우리에게 주신 성령으로 말미암아 하나님의 사랑이 우리 마음에 부은 바 됨이니"(롬 5:5). "주는 나의 하나님 여호와이시니 나를 이끌어 돌이키소서 그리하시면 내가 돌아오겠나이다"(렘 31:18).

오류 7

"우리가 하나님에게로 회심하게 되는 은혜는 (다른 사람들이 설명한 것처럼) 단지 부드러운 설득이며, 이는 권면과 설득으로 구성된 것으로 하나님이 사람의 회심에 있어서 역사하시는 가장 고상한 방식이며, 사람의 본성에 가장 적합하고 조화로운 방법입니다. 도덕적으로 설득하는 이 은혜만으로도 타락한 상태의 사람을 영적인 사람으로 만드는 데 충분합니다. 이 설득하는 은혜가 자연인을 영적인 사람으로 만드는 데 충분하지 못할 이유가 없는데, 하나님은 이런 설득의 방식이 아니고서는 사람의 의지를 동의하게 하시지 않기 때문입니다. 하나님의 신적인 역사하심의 권세는 사탄의 권세를 압도하는데, 사탄은 일시적인 유익을 약속하지만 하나님은 영원을 약속하시기 때문입니다."

그러나 이런 주장은 전적으로 펠라기우스주의적이며 전체 성경과 모순됩니다. 또한 성경은 에스겔서를 통해 이러한 설득 외에 그 이상의 다른 것, 곧 사람을 회심시키는 성령 하나님의 훨씬 강력한 신적인 방법을 가르칩니다. "또 새 영을 너희 속에 두고 새 마음을 너희에게 주되 너희 육신에서 굳은 마음을 제거하고 부드러운 마음을 줄 것이며"(겔 36:26).

구원 얻는 믿음

22항 예수 그리스도를 믿는 믿음을 통한 우리의 칭의
우리는 성령님이 이 위대한 신비에 대한 참된 지식을 얻도록 우리 마음속에 예수 그리스도를 그분의

20문. 그렇다면 아담 안에서 멸망당한 모든 사람이 그리스도로 말미암아 구원을 얻는 것입니까?
답. 그렇지 않습니다. 오직 그리스도께 접붙여지

16장 믿음과 선행에 관하여, 그것의 상급과 사람의 공로에 관하여
1항 기독교의 믿음은 하나의 견해나 인간적 설득이 아니라 확고한 신뢰이며 확실하고 견고한 지성적 동의입니다. 그것은 하나님의 말씀과 사도들의 신앙 고백에 담겨 있는 하나님의 진리에 관

첫째 교리
2항 그러나 하나님이 자신의 독생자를 이 세상에 보내셔서 그분을 믿는 자는 누구든지 멸망하지 않고 영원한 생명을 얻게 하

웨스트민스터 신앙 고백서 (1647)	웨스트민스터 소요리 문답 (1647)	웨스트민스터 대요리 문답 (1648)

도르트 신경(계속)

오류 8

"사람을 중생하게 하실 때 하나님은 사람의 의지를 강력하고도 무오하게 꺾으셔서 믿고 회개하도록 자신의 전능하신 권능을 사용하지 않으십니다. 하나님이 사람을 회심하게 하실 때 사용하시는 모든 은혜의 역사를 다 성취하셨다 할지라도 사람은 하나님과 하나님의 성령께 저항합니다. 따라서 하나님이 그에게 중생을 일으키고자 의도하시고 뜻하신다 할지라도 사람은 하나님의 중생이 전적으로 일어나지 못하게 저항합니다. 그러므로 사람이 중생할지 그렇지 않을지는 전적으로 참으로 사람의 능력에 달려 있습니다."

　그러나 이런 주장은 우리의 회심에서 하나님의 은혜의 모든 유효성을 부인하는 것이며, 전능하신 하나님의 역사하심을 사람의 의지에 종속시키는 것입니다. 이는 다음과 같이 가르치는 사도들의 증언과도 모순됩니다. "그의 힘의 위력으로 역사하심을 따라 믿는 우리에게……"(엡 1:19). "하나님이 너희를 그 부르심에 합당한 자로 여기시고 모든 선을 기뻐함과 믿음의 역사를 능력으로 이루게 하시고"(살후 1:11). 그리고 또 이렇게 기록하고 있습니다. "그의 신기한 능력으로 생명과 경건에 속한 모든 것을 우리에게 주셨으니"(벧후 1:3).

오류 9

"은혜와 자유 의지는 협력하여 회심의 시작을 역사하게 하는 부분적인 원인들인데, 그 역사하심의 순서에서 은혜는 의지의 역사하심을 앞서지 않습니다. 말하자면, 사람의 의지가 움직이고 회심하기로 결단하기 전까지는 하나님이 사람이 회심하도록 그 의지를 효과적으로 돕지 않으십니다."

　그러나 고대 교회는 오래전 이런 펠라기우스주의자들의 교리를 사도의 증언에 기초해 정죄한바 있습니다. "그런즉 원하는 자로 말미암음도 아니요 달음박질하는 자로 말미암음도 아니요 오직 긍휼히 여기시는 하나님으로 말미암음이니라"(롬 9:16). "누가 너를 남달리 구별하였느냐 네게 있는 것 중에 받지 아니한 것이 무엇이냐"(고전 4:7). "너희 안에서 행하시는 이는 하나님이시니 자기의 기쁘신 뜻을 위하여 너희에게 소원을 두고 행하게 하시나니"(빌 2:13).

68문. 오직 택함받은 자들만 효과적으로 부르심을 받습니까?

답. 모든 택함받은 자, 그리고 오직 택함받은 자만이 효과적으로 부르심을 받습니다.[1]

―――

[1] 행 13:48

11장 칭의에 관하여

2항 그러므로 그리스도와 그분의 의를 받아들이고 의지하게 만드는 믿음만이 칭의의 유일한 수단입니다.[1] 그러나 이 믿음은 의롭다 하심을 받은 사람 안에 홀로 있지 않고 구원을 얻게 하는 다른 은혜들과 함께 있으

85문. 우리의 죄로 말미암아 임한 하나님의 진노와 저주에서 벗어나기 위해 하나님이 우리에게 요구하시는 것은 무엇입니까?

답. 죄로 말미암아 임한 하나님의 진노와 저주에서 벗어나기 위해 하나님이 우리에게 요구하시는 것은 그리스도께서 구속의 은

72문. 의롭게 하는 믿음이란 무엇입니까?

답. 의롭게 하는 믿음은 죄인의 마음 안에 성령님과[1] 하나님 말씀으로[2] 역사하는 구원을 얻는 은혜입니다.[3] 이 은혜로 죄인은 자신의 죄와 비참과 스스로를 잃어버린 상태에서 회복시킬 수 없는 무능력과 다른 모

벨직 신앙 고백서 (1561)	하이델베르크 요리 문답 (1563)	제2 스위스 신앙 고백서 (1566)	도르트 신경 (1619)

모든 공로와 함께 영접하고, 그분을 소유하며,[1] 그리스도 외에 다른 어떤 것도 구하지 않는 참된 믿음을 일으키는 빛을 비추어 주심을 믿습니다.[2] 우리의 구원에 필요한 모든 것이 예수 그리스도 안에 있지 않은지, 아니면 모든 것이 예수 그리스도 안에 있어서 믿음으로 그분을 소유한 사람이 완전한 구원을 소유하게 되든지 어느 하나가 필연적으로 따라오기 때문입니다.[3] 그러므로 그리스도만으로 충분하지 않고 그리스도 외에 다른 무언가가 필요하다고 주장하는 것은 엄청난 신성 모독입니다. 이런 주장은 그리스도를 반쪽짜리 구주로 만드는 것이기 때문입니다.

그러므로 우리는 사람이 의롭다 하심을 얻는 것은 율법의 행위가 아니라 믿음으로 되는 것이라고 바울과 함께 올바로 고백하게 됩니다.[4] 하지만 좀 더 분명하게 말하면, 믿음 자체가 우리를 의롭게 하는 것은 아닙니다. 믿음은 우리의 의가 되시는 그리스도를 영접하는 수단일 뿐입니다. 오직 그리스도만이 우리를 대신하여 그분이 행하신 모든 공로와 수많은 거룩한 사역들을

고,[1] 참된 믿음으로 말미암아 그분의 모든 은덕을 받아들이는 사람이 구원을 얻습니다.[2]

---

[1] 마 1:21; 사 53:11
[2] 요 1:12-13; 롬 11:20; 히 10:39

21문. 참된 믿음이란 무엇입니까?

답. 참된 믿음이란 하나님이 그분의 말씀을 통해 내게 계시하여 주신 모든 진리를 내가 붙들고 있는 특정한 지식일 뿐만 아니라,[1] 그리스도의 공로로 말미암아[2] 오직 은혜로 다른 이들에게뿐만 아니라 내게도 죄 사함과[3] 영원한 의와 구원을[4] 하나님이 주셨음을 성령님이[5] 복음을 통해 내 마음에 역사하시는[6] 보증된 확신입니다.[7]

---

[1] 요 6:69; 17:3; 히 11:3, 6
[2] 롬 3:24-26
[3] 롬 5:1
[4] 갈 2:20
[5] 롬 4:16, 20-21; 히 11:1; 엡 3:12; 롬 1:16; 고전 1:21; 행 16:14
[6] 롬 10:14, 17; 마 9:2
[7] 엡 3:12

22문. 그렇다면 그리스도인이 믿어야 할 것은 무엇입니까?

답. 복음 안에서 우리에게 약속된 모든 것인데,[1] 보편적이며 의심할 여지가 없는 기독교 신앙의 조항들이 간략하게 우리를 교

한 가장 확실한 이해입니다. 참으로 그렇습니다! 그리고 지고한 복락이신 하나님 자신과, 특별히 하나님의 약속과 모든 약속의 성취가 되시는 그리스도에 관한 확신입니다. 이 믿음은 오직 하나님만이 자신의 능력으로 자신이 택하신 자들에게 한량없이 부어 주실 수 있기 때문에 하나님의 순수한 선물입니다. 누구에게 언제 얼마나 부어 주실지 역시 하나님의 능력에 달린 일입니다. 또한 이 믿음은 복음 설교와 신실한 기도라는 방편을 통해 그분의 성령께서 주시는 것입니다. 이 믿음은 어느 정도 자라는데, 만일 하나님이 성장케 하시는 일이 일어나지 않는다면, 사도들은 절대로 "우리에게 믿음을 더하소서"라고 말하지 않았을 것입니다(눅 17:5).

2항 우리가 지금까지 믿음에 관해 말한 이 모든 것을 우리 이전에 사도들이 가르쳤습니다. 바울이 "믿음은 바라는 것들의 실상" 또는 확실한 실상이요, "보이지 않는 것들의 증거" 또는 분명하고도 확실한 이해라고 말하기 때문입니다(히 11:1). 바울은 계속해서 "하나님의 약속은 얼마든지 그리스도 안에서 예가 되니 그런즉 그로 말미암아 우리가 아멘 하여"라고 말합니다(고후 1:20). 동일한 사도가 빌립보 교인들에게 "그리스도를 위하여 너희에게 은혜를 주신 것은 다만 그를 믿을 뿐 아니라 또한 그를 위하여 고난도 받게 하려 하심이라"고 말합니다(빌 1:29). 또한 하나님은 "각 사람에게 각기 다른 믿음의 분량"을 주셨다고 말합니다(롬 12:3). 그리고 또다시 말하기를 "믿음은 모든 사람의 것이 아니[며]"(살후 3:2), "[그들이] …… 복음에 복종하지 않았다"고 말합니다(살후 1:8). 그밖에도 누가는 다음과 같이 증언합니다. "영생을 주시기로 작정된 자는 다 믿더라"(행 13:48). 그러므로 바울은 또한 믿음을 가리켜 "하나님의 택하신 자들의 믿음"이라고 말합니다(딛 1:1). 또한 "믿음은 들음에서 나며 들음은 그리스도의 말씀으로 말미암는도다"라고 말합니다(롬 10:17). 또 다른 곳에서 바울은 종종 믿음을

는 하나님의 사랑을 나타내셨습니다. "하나님의 사랑이 우리에게 이렇게 나타난 바 되었으니 하나님이 자기의 독생자를 세상에 보내심은 그로 말미암아 우리를 살리려 하심이라"(요일 4:9). "하나님이 세상을 이처럼 사랑하사 독생자를 주셨으니 이는 그를 믿는 자마다 멸망하지 않고 영생을 얻게 하려 하심이라"(요 3:16).

3항 하나님은 자비롭게도 사람들로 하여금 그리스도를 믿게 하시려고 하나님이 원하시는 사람들에게 원하시는 때에 지극히 기쁜 이 소식을 전하는 자들을 보내십니다. 바로 이런 복음 전파 사역을 통해 사람들이 회개하고 십자가에 못 박혀 죽으신 그리스도를 믿도록 부르십니다. "그런즉 그들이 믿지 아니하는 이를 어찌 부르리요 듣지도 못한 이를 어찌 믿으리요 전파하는 자가 없이 어찌 들으리요 보내심을 받지 아니하였으면 어찌 전파하리요 기록된 바 아름답도다 좋은 소식을 전하는 자들의 발이여 함과 같으니라"(롬 10:14-15).

4항 이 복음을 믿지 않는

웨스트민스터 신앙 고백서 (1647)	웨스트민스터 소요리 문답 (1647)	웨스트민스터 대요리 문답 (1648)

며, 죽은 믿음이 아니라 사랑으로 역사하는 믿음입니다.[2]

___
[1] 요 1:12; 롬 3:28; 5:1
[2] 약 2:17, 22, 26; 갈 5:6

14장 구원 얻는 믿음에 관하여

1항 택함받은 자들이 자신의 영혼을 구원에 이르게 하는 일을 가능하게 하는[1] 이 믿음의 은혜는 그들 마음속에서 일하시는 성령님의 사역이며,[2] 통상적으로 말씀 사역을 통해 일어나고,[3] 말씀과 성례의 시행과 기도로 말미암아 증가되고 강화될 수 있습니다.[4]

___
[1] 히 10:39
[2] 고후 4:13; 엡 1:17-19; 2:8
[3] 롬 10:14, 17
[4] 벧전 2:2; 행 20:32; 롬 4:11; 눅 17:5; 롬 1:16-17

2항 이 믿음으로 말미암아 그리스도인은 말씀 안에 계시된 것은 무엇이든지 말씀 안에서 말씀하시는 하나님의 권위 때문에 참된 것으로 믿습니다.[1] 그리고 그 성경 말씀이 포함하는 각각의 특정한 본문 말씀에 따라 다르게 행동하는데, 명령에는 순종하고[2] 경고에는 두려워 떨며,[3] 이 세상에서의 생명과 오는 세상에서의 생명을 위해 하나님의 약속들을 붙잡습니다.[4] 그러나 구원을 얻는 믿음의 주요 행위는 은혜 언약의 효력으로 말미암아 칭의와 성화와 영원한 생명을 위해 오직 그리스도만을 영접하고 받아들이고 의지하는 것입니다.[5]

___
[1] 요 4:42; 살전 2:13; 요일 5:10; 행 24:14
[2] 롬 16:26
[3] 사 66:2
[4] 히 11:13; 딤전 4:8
[5] 요 1:12; 행 16:31; 갈 2:20; 행 15:11

3항 이 믿음은 정도에 따라 달라서 약하기도 하고 강하기도 합니다.[1] 또한 종종 여러

덕들을 우리에게 전달하기 위해 주신 외적인 방편들을 부지런히 사용하는 것과 함께,[1] 예수 그리스도를 믿는 믿음과 생명을 향한 회개입니다.[2]

___
[1] 잠 2:1-5; 8:33-36; 사 55:3
[2] 행 20:21

86문. 예수 그리스도 안에 있는 믿음이란 무엇입니까?

답. 예수 그리스도 안에 있는 믿음이란 구원 얻는 은혜로,[1] 이를 통해 우리가 구원을 위해 복음 안에 제시된 대로 오직 그리스도만을 영접하고 그분만 의지하는 것입니다.[2]

___
[1] 히 10:39
[2] 요 1:12; 사 26:3-4; 빌 3:9; 갈 2:16

든 피조물의 무능력을 깨닫습니다.[4] 또한 죄를 용서받고[5] 자신의 인격이 하나님 보시기에 구원 얻기에 의롭다고 여겨져 받아들여지기 위한[6] 복음의 약속의 진리에[7] 동의할 뿐만 아니라 그리스도와 그분의 의를 받아들이고 의지합니다.

___
[1] 고후 4:13; 엡 1:17-19
[2] 롬 10:14, 17
[3] 히 10:39
[4] 행 2:37; 16:30; 요 16:8-9; 롬 5:6; 엡 2:1; 행 4:12
[5] 요 1:12; 행 16:31; 10:43
[6] 빌 3:9; 행 15:11
[7] 엡 1:13

73문. 믿음이 어떻게 죄인을 하나님 보시기에 의롭게 만듭니까?

답. 믿음은 믿음에 따르는 다른 은혜들과 그 열매인 선한 행실 때문이 아니며,[1] 마치 믿음의 은혜 또는 그것에서 흘러나오는 어떤 행위가 칭의를 위해 그에게 전가되기 때문도 아닙니다.[2] 믿음은 죄인이 그리스도와 그분의 의를 받아들이고 적용하게 만드는 수단일 뿐입니다.[3]

___
[1] 갈 3:11; 롬 3:28   [3] 요 1:12; 빌 3:9; 갈 2:16
[2] 롬 4:5; 10:10

153문. 율법의 범죄로 우리에게 임한 하나님의 진노와 저주에서 벗어나기 위해 하나님이 우리에게 요구하시는 것은 무엇입니까?

답. 율법의 범죄로 우리에게 임한 하나님의 진노와 저주에서 벗어나기 위해 하나님은 그분을 향한 회개와, 우리 주 예수 그리스도를 향한 믿음과,[1] 아울러 그리스도께서 자신의 중보의 은덕들을 우리에게 전달하기 위해 주신 외적인 방편들을 부지런히 사용할 것을 요구하십니다.[2]

___
[1] 행 20:21; 마 3:7-8; 눅 13:3, 5; 행 16:30-31; 요 3:16, 18
[2] 잠 2:1-5; 8:33-36

벨직 신앙 고백서 (1561)	하이델베르크 요리 문답 (1563)	제2 스위스 신앙 고백서 (1566)	도르트 신경 (1619)
우리에게 전가시키심으로 우리의 의가 되십니다.[5] 믿음은 우리의 죄를 사면하고도 남을 만큼 충분한 그리스도의 모든 은덕이 우리의 소유가 되었을 때 그 은덕을 포함하여 그리스도 안에서 교제를 계속 유지하게 해주는 수단입니다. [1] 엡 3:16-17; 시 51:13; 엡 1:17-18; 고전 2:12 [2] 고전 2:2; 행 4:12; 갈 2:21; 렘 23:6; 고전 1:30; 렘 31:10 [3] 마 1:21; 롬 3:27; 8:1, 33 [4] 롬 3:27; 갈 2:6; 벧전 1:4-5; 롬 10:4 [5] 렘 23:6; 고전 1:30; 딤후 1:2; 눅 1:77; 롬 3:24-25; 4:5; 시 32:1-2; 빌 3:9; 딛 3:5; 딤후 1:9	훈합니다. [1] 요 20:31; 마 28:19-20 **23문. 그 신앙의 조항들은 무엇입니까?** 답. I. 나는 전능하신 아버지 하나님, 천지의 창조주를 믿습니다. II. 그리고 나는 그의 유일하신 아들, 우리 주 예수 그리스도를 믿습니다. III. 그는 성령으로 잉태되어 동정녀 마리아에게서 나시고 IV. 본디오 빌라도에게 고난을 받아 십자가에 못 박혀 죽으시고 장사되시고 지옥에 내려가셨음을 믿습니다. V. 사흘 만에 죽은 자 가운데서 다시 살아나셨으며 VI. 하늘에 오르시어 전능하신 아버지 하나님 오른편에 앉아 계시다가 VII. 거기로부터 살아 있는 자와 죽은 자를 심판하러 오십니다. VIII. 나는 성령을 믿습니다. IX. 나는 거룩한 공교회와 성도의 교제를 믿습니다. X. 죄를 용서받는 것과 XI. 몸의 부활과 XII. 영생을 믿습니다. 아멘.	위하여 기도하라고 명령합니다. 동일한 사도는 계속해서 믿음을 가리켜 사랑으로써 역사하는 믿음이라고 불렀습니다(갈 5:6). 이 믿음은 양심을 진정시키며 우리로 하여금 하나님에게 나아가는 자유로운 길을 열어 줍니다. 우리는 확신을 가지고 하나님에게 나아가며 하나님에게서 유익하고 필요한 것을 무엇이든 받게 됩니다. 이 동일한 믿음은 우리가 하나님과 우리 이웃에게 행해야 할 사역을 계속 수행하고 역경 가운데서도 인내하게 만듭니다. 이 믿음은 참된 고백을 형성하여 말하게 하며, (한마디로 하자면) 모든 종류의 선한 열매를 맺게 합니다.	사람들에게는 하나님의 진노가 머물러 있습니다. 그러나 이 복음을 받아들이고, 참되고 살아 있는 믿음을 통해 구주이신 예수님을 영접하는 자들은 구주 예수님으로 말미암아 하나님의 진노와 멸망에서 구원받으며 영원한 생명을 선물로 받습니다. 5항 다른 모든 죄뿐만 아니라 불신앙의 원인이나 죄책도 결코 하나님에게 있지 않고 사람 자신에게 있습니다. 반면, 예수 그리스도를 믿는 믿음과 그분을 통한 구원은 다음과 같이 기록된 대로 하나님의 무조건적인 선물입니다. "너희는 그 은혜에 의하여 믿음으로 말미암아 구원을 받았으니 이것은 너희에게서 난 것이 아니요 하나님의 선물이라"(엡 2:8). "그리스도를 위하여 너희에게 은혜를 주신 것은 다만 그를 믿을 뿐 아니라 또한 그를 위하여 고난도 받게 하려 하심이라"(빌 1:29). 6항 어떤 이들은 하나님의 믿음의 선물을 받고 또 어떤 이들은 그것을 받지 못하는 것은 하나님의 영원한 작정에 따른 일입니다. "예로부터 이것을 알게 하

웨스트민스터 신앙 고백서 (1647)	웨스트민스터 소요리 문답 (1647)	웨스트민스터 대요리 문답 (1648)
방식으로 공격당하여 약해지기도 하지만, 결국 승리합니다.[2] 우리 믿음의 주요, 또 온전하게 하시는 이인 그리스도를 통해[3] 완전한 확신에 이르기까지 이 믿음은 여러 방법을 통해 자랍니다.[4]		

---

[1] 히 5:13-14; 롬 4:19-20; 마 6:30; 8:10
[2] 눅 22:31-32; 엡 6:16; 요일 5:4-5
[3] 히 12:2
[4] 히 6:11-12; 10:22; 골 2:2

벨직 신앙 고백서 (1561)	하이델베르크 요리 문답 (1563)	제2 스위스 신앙 고백서 (1566)	도르트 신경 (1619)

하이델베르크 요리 문답(계속)

53문. 성령 하나님에 관하여 당신은 무엇을 믿습니까?
답. 첫째, 성령님은 성부와 성자와 함께 참되고 동등하게 영원하신 하나님임을 믿습니다.[1] 둘째, 성령님은 내게 임하셔서[2] 참된 믿음으로 말미암아 그리스도와 그분의 모든 은덕에 참여하는 자가 되게 하시며,[3] 나를 위로하시고,[4] 나와 함께 영원히 거하심을 믿습니다.[5]

---
[1] 창 1:2; 사 48:16; 고전 3:16　[4] 행 9:31
[2] 마 28:19; 고후 1:22　[5] 요 14:16; 벧전 4:14
[3] 갈 3:14; 벧전 1:2

61문. 당신은 왜 오직 믿음으로만 의롭게 된다고 말하는 것입니까?
답. 그것은 내가 나의 믿음의 어떤 가치로 인해 하나님 앞에서 받아들여질 만해서가 아니라,[1] 다만 그리스도의 만족과 의와 거룩이 하나님 앞에서 나의 의가 되기 때문입니다.[2] 그리고 나는 오직 믿음이 아닌 다른 방법으로는 이 동일한 의를 나의 것으로 받아들이고 적용할 수 없기 때문입니다.[3]

---
[1] 시 16:2; 엡 2:8-9　[3] 요일 5:10
[2] 고전 1:30; 2:2

도르트 신경(계속)

시는 주의 말씀이라 함과 같으니라"(행 15:18). "모든 일을 그의 뜻의 결정대로 일하시는 이의 계획을 따라 우리가 예정을 입어 그 안에서 기업이 되었으니"(엡 1:11). 이러한 각각의 작정에 따라 하나님은 그들의 마음이 얼마나 완고하든 간에 하나님의 은혜 가운데 택하신 자들의 마음을 부드럽게 하셔서 믿을 수 있게 하시는 반면, 택하지 않으신 자들은 하나님의 공의로운 심판에 따라 그들 자신의 완악함과 완고함 가운데 내버려 두십니다. 여기에서 똑같이 멸망당해 마땅한 모든 사람을 구별하시는 심오하고도 자비로우며 공의로운 하나님의 행위가 특별히 드러납니다. 또는 계시된 하나님 말씀에 따라 우리는 이것을 선택과 유기의 작정이라 부릅니다. 악하고 불결하며 요동하는 마음을 가진 자들은 그들 스스로의 멸망에 빠지지만 거룩하고 경건한 영혼들은 말로 형언할 수 없는 위로를 받게 됩니다.

둘째 교리

6항 하지만 복음으로 부르심을 받는 사람들 가운데 많은 이가 회개하지도, 그리스도를 믿지도 않고 불신앙 가운데 멸망당하는 것은 그리스도께서 십자가에서 올리신 희생 제사에 어떤 흠이 있거나 불충분해서가 아니라 전적으로 그들의 잘못 때문입니다.

7항 그러나 그리스도의 죽으심을 통해 참되게 믿고 죄와 멸망에서 건져져 구원을 얻는 많은 사람은 그들 자신의 어떤 공로 때문이 아니라 하나님이 영원으로

칭의

23항 믿음으로 말미암는 칭의
우리는 우리의 구원이 예수 그리스도로 말미암은 우리 죄의 용서에 있고, 그 죄 사함으로 인해 하나님 앞에서 우리가 의롭다 함을 받음을 믿습니다. 다윗과 바울이 우리에게 가르치는 것처럼, 이것이 인

1문. 삶과 죽음에 있어서 당신의 유일한 위로는 무엇입니까?
답. 삶과 죽음에 있어서[1] 나의 유일한 위로는 내 몸과 영혼이 내 것이 아니요,[2] 그분의 보혈로[3] 내 모든 죗값을 완전히 치르시고[4] 나를 마귀의 모든 권세에서 해방시키신[5] 신실

15장 신자의 참된 칭의에 관하여
1항 칭의에 관한 사도들의 논증에 따르면, 의롭게 한다는 것은 죄를 사한다는 것이며, 과실과 그에 따른 형벌을 용서한다는 것을 뜻하며, 은혜 가운데 받아들여져서 그를 의롭다고 선언하는 것입니다. 사도는 로마 교회 교인들에게 이렇게 말합니다. "의롭다 하신 이는 하나님이시니 누가 정죄하리요"(롬 8:33-34). 여기 의롭게 하는 것과 정죄하는 것이 서로 대조되어 있습니다. 또한 사도행전에서 사도들도 이렇게 말합니다. "이 사람을 힘

둘째 교리
3항 하나님의 아들의 죽으심만이 죄에 대한 유일하고도 완전한 희생 제사와 대가이며, 이 죽으심은 무한한 가치를 지니고 온 세상 죄를 속하고도 남을 만큼 충분합니다.

(구속에 관한) 참된 교리

웨스트민스터 신앙 고백서 (1647)	웨스트민스터 소요리 문답 (1647)	웨스트민스터 대요리 문답 (1648)

도르트 신경(계속)

부터 그리스도 안에서 그들에게 주신 오직 하나님의 전적인 은혜를 통해 이 은덕을 받습니다.

셋째 · 넷째 교리

13항 신자들은 이런 하나님의 활동 방식을 이생에서 완전히 이해할 수 없습니다. 그럼에도 신자들은 이 하나님의 은혜로 말미암아 마음으로 믿고 그들의 구주를 사랑하게 된다는 것을 알고 경험함으로 만족하게 됩니다.

14항 따라서 믿음은 사람들이 그것을 받아들일지 거절할지를 결정하도록 하나님이 사람에게 제공하시는 것이 아니라 실제로 믿음을 수여하고 불어넣으시며 그들에게 주입하시기 때문에 하나님의 선물로 여겨져야 합니다. 심지어 하나님이 믿는 권세와 능력을 수여하시고 사람이 자신의 자유 의지를 사용하여 구원의 조건들에 동의하며 실제로 그리스도를 믿을 것을 기대하시기 때문이 아니라, 하나님이 사람에게 원할 뿐만 아니라 행동하도록 역사하시며, 만유 가운데 만유를 통치하시는 하나님이 믿으려는 의지와 또한 믿음 그 자체를 주신다는 의미에서의 선물로 여겨져야 합니다.

11장 칭의에 관하여

1항 하나님은 효과적으로 부르시는 자들을 또한 그들 안에 의를 주입해서가 아니라 그들의 죄를 용서하시고 그들의 인격을 의로운 것으로 간주하고 받아 주심으로 값없이 의롭다 하십니다.[1] 이는 그들 안에 일어난 어떤 것이나 그들이 수행한 어떤 것에 의해서가 아니라 오직 그리스도 덕분이며, 믿음 자체나 믿는 행위, 또는 다른 어떤 복음적 순종이 아닌 그리스도의 순종과 만족을 그

33문. 칭의란 무엇입니까?

답. 칭의란 우리에게 전가되고 오직 믿음으로만 받게 되는[1] 그리스도의 의만으로 인하여[2] 하나님이 그 안에서 우리의 모든 죄를 용서하시고,[3] 그분이 보시기에 우리를 의로운 자로 받아 주시는[4] 하나님의 무조건적인 은혜의 행위입니다.

---
[1] 갈 2:16; 빌 3:9   [3] 롬 3:24-25; 4:6-8
[2] 롬 5:17-19   [4] 고후 5:19, 21

69문. 보이지 않는 교회의 회원들이 그리스도와 더불어 누리는 은혜 안에서의 교통이란 무엇입니까?

답. 보이지 않는 교회의 회원들이 그리스도와 더불어 누리는 은혜 안에서의 교통이란 그들의 칭의와[1] 양자와[2] 성화, 그리고 이 세상의 삶에서 그리스도와의 연합을 나타내는 모든 것 안에서 그리스도의 중보의 은덕에 참여하는 것입니다.[3]

벨직 신앙 고백서 (1561)	하이델베르크 요리 문답 (1563)	제2 스위스 신앙 고백서 (1566)	도르트 신경 (1619)

벨직 신앙 고백서 (1561)

간의 복이라고 선언할 때 하나님이 인간의 행위와 관계없이 그에게 의를 전가시켜 주십니다.[1] 사도 바울은 우리가 그리스도 예수 안에 있는 속량으로 말미암아 하나님의 은혜로 값없이 의롭다 함을 받았다고 말합니다.[2]

그러므로 우리는 항상 모든 영광을 하나님께 돌리고,[3] 하나님 앞에서 자신을 겸손히 낮추며, 우리 자신을 있는 모습 그대로 인정하고, 우리 안의 어떤 것이나 어떤 공로도 신뢰하지 않으며,[4] 우리가 그리스도를 믿을 때[5] 우리 것이 되는, 오직 십자가에 못 박히신 그리스도의 순종만 신뢰하고 의지하며 이 근거를 붙듭니다.[6] 이 근거는 우리의 모든 죄악을 가려 주고, 우리로 하여금 하나님께 가까이 나아갈 수 있는 확신을 줍니다.[7] 두려워 떨면서 무화과나무 잎으로 자신을 가리려 했던 우리의 첫 조상 아담의 예를 따르지 않도록 두려움과 공포와 불안에서 우리의 양심을 해방시켜 줍니다.[8] 그리고 진실로 우리가 자신이나 다른 피조물을 의지하여 하나님 앞에 나아가려고 한다면, 그것이 아무리 사소한 것이라 할지라도 우

하이델베르크 요리 문답 (1563)

하신 구주 예수 그리스도의 것이라는 사실입니다.[6]

[1] 고전 6:19-20
[2] 롬 14:7-9
[3] 벧전 1:18-19
[4] 요 1:7
[5] 요일 3:8; 히 2:14-15
[6] 고전 3:23

37문. 당신은 "고난을 받으사"라는 말씀에서 무엇을 알게 됩니까?

답. 그리스도께서 이 세상에서 살아가신 모든 시간 동안, 그리고 특별히 그분의 생애 마지막 때에 온 인류에 대한 하나님의 진노를 친히 자신의 몸과 영혼에 담당하셨다는 것을 알게 됩니다.[1] 또한 그리스도께서 유일한 화목 제물로 받으신 고난을 통해 우리 몸과 영혼을 영원한 저주에서 구속하시고,[2] 우리를 위해 하나님의 은총과 의와 영원한 생명을 얻으셨다는 것을 알게 됩니다.

[1] 벧전 2:24; 사 53:12
[2] 요일 2:2; 롬 3:25

38문. 그리스도께서는 왜 재판관인 본디오 빌라도에게 고난받으신 것입니까?

답. 무죄하심에도 그리스도께서 이 세상의 재판관에게 정죄받으신 것은[1] 우리에게 임할 하나님의 혹독한 심판에서 우리를 자

제2 스위스 신앙 고백서 (1566)

입어 죄 사함을 너희에게 전하는 이것이며 또 모세의 율법으로 너희가 의롭다 하심을 얻지 못하던 모든 일에도 이 사람을 힘입어 믿는 자마다 의롭다 하심을 얻는 이것이라"(행 13:38-39). 또한 율법과 선지자들도 이렇게 말합니다. "사람들 사이에 시비가 생겨 재판을 청하면 재판장은 그들을 재판하여 의인은 의롭다 하고 악인은 정죄할 것이며"(신 25:1). 이사야 5장에서도 이렇게 말합니다. "뇌물로 말미암아 악인을 의롭다 하는 자는 화 있을진저"(사 5:23).

2항 우리가 본성상 죄인들이며, 하나님의 심판의 보좌 앞에서 불경건한 자로 판결받아 죽음의 선고를 받은 자들이라는 사실은 매우 확실합니다. 그러나 우리는 재판장이신 하나님에게 우리의 그 어떤 공로나 평판이 아니라, 오직 그리스도의 은혜로 말미암아 의롭다 함을 받고 죄와 죽음에서 구원받았습니다. 바울이 다음과 같이 한 말보다 분명한 것이 무엇이겠습니까? "모든 사람이 죄를 범하였으매 하나님의 영광에 이르지 못하더니 그리스도 예수 안에 있는 속량으로 말미암아 하나님의 은혜로 값없이 의롭다 하심을 얻은 자 되었느니라"(롬 3:23-24).

3항 그리스도께서 친히 이 세상의 죄를 짊어지시고 하나님의 공의를 만족시키셨습니다. 그러므로 하나님은 우리 죄에 자비를 베푸시는데, 오직 그리스도께서 고난당하시고 부활하시며, 죄를 우리에게 전가하지 않으십니다. 대신 하나님은 그리스도의 공의를 우리 자신의 것으로 우리에게 전가하십니다. 따라서 이제 우리는 죄를 씻음받아 깨끗하고 거룩해질 뿐 아니라, 그리스도의 의로운 옷 입은 자가 되었습니다. 참으로 그렇습니다. 이제 우리는 죄와 죽음과 정죄에서 해방되었습니다(고후 5:19-21). 마침내 의롭게 되고 영원한 생명의 상속자들이 되었습니다. 더욱 합당하게 말하자면, 우리를 의롭다 하시는 분은 오직 하나님이며, 오직 그리스도로 인해 우리 죄를 우리에게 전

도르트 신경 (1619)

를 설명했으므로 총회는 다음과 같이 가르치는 자들의 오류를 **배격합니다.**

오류 4

"하나님 아버지께서 그리스도의 죽으심의 중보를 통해 사람과 맺으신 은혜의 새로운 언약은 우리가 믿음으로 그리스도의 공로를 받아들인다고 해서 하나님 앞에서 의롭다 하심을 얻고 구원받는다는 것이 아니라, 오히려 하나님이 율법에 완전히 순종하라는 요구를 철회하시고 믿음 그 자체와 불완전한 순종을 율법에 대한 완전한 순종으로 여겨 주실 뿐만 아니라 은혜롭게도 그 믿음과 불완전한 순종을 영생의 상을 받을 가치가 있는 것으로 여겨 주신다는 것입니다."

하지만 이런 가르침은 다음과 같은 성경의 교훈과 모순됩니다. "그리스도 예수 안에 있는 속량으로 말미암아 하나님의 은혜로 값없이 의롭다 하심을 얻은 자 되었느니라 이 예수를 하나님이 그의 피로써 믿음으로 말미암는 화목 제물로 세우셨으니 이는 하나님께서 길이 참으시는 중에 전에 지은 죄를 간과하심으로 자기의 의로우심을 나타내려 하

웨스트민스터 신앙 고백서 (1647)	웨스트민스터 소요리 문답 (1647)	웨스트민스터 대요리 문답 (1648)

들에게 전가하심으로 일어나는 일입니다.[2] 그들은 믿음으로 말미암아 그리스도와 그분의 의를 받아들이고 의지하는데, 이 믿음은 그들에게서 나온 것이 아니라 하나님의 선물입니다.[3]

---

[1] 롬 8:30; 3:24
[2] 롬 4:5-8; 고후 5:19, 21; 롬 3:22, 24-25, 27-28; 딛 3:5, 7; 엡 1:7; 렘 23:6; 고전 1:30-31; 롬 5:17-19
[3] 행 10:44; 갈 2:16; 빌 3:9; 행 13:38-39; 엡 2:7-8

2항 그러므로 그리스도와 그분의 의를 받아들이고 의지하게 만드는 믿음만이 칭의의 유일한 수단입니다.[1] 그러나 이 믿음은 의롭다 하심을 받은 사람 안에 홀로 있지 않고 구원을 얻게 하는 다른 은혜들과 함께 있으며, 죽은 믿음이 아니라 사랑으로 역사하는 믿음입니다.[2]

---

[1] 요 1:12; 롬 3:28; 5:1
[2] 약 2:17, 22, 26; 갈 5:6

3항 그리스도께서는 자신의 순종과 죽으심으로 의롭다 함을 받은 모든 사람의 빚을 완전히 갚으시고, 그들을 대신하여 아버지 하나님의 공의를 합당하고 실제적이며 완전하게 만족시키셨습니다.[1] 그럼에도 아버지 하나님은 그들을 위해 예수 그리스도를 주시고,[2] 그리스도의 순종과 만족을 그들의 것으로 받아 주셨습니다.[3] 이는 그들 안에 있는 어떤 것 때문이 아니라 값없이 주어진 것입니다. 그들의 칭의는 무조건적인 은혜로만 주어진 것입니다.[4] 그리고 이는 하나님의 엄밀한 공의와 풍성한 은혜가 죄인들의 칭의를 통해 영광받게 하려는 것입니다.[5]

---

[1] 롬 5:8-10, 19; 딤전 2:5-6; 히 10:10, 14; 단 9:24, 26; 사 53:4-6, 10-12
[2] 롬 8:32
[3] 고후 5:21; 마 3:17; 엡 5:2
[4] 롬 3:24; 엡 1:7
[5] 롬 3:26; 엡 2:7

---

[1] 롬 8:30
[2] 엡 1:5
[3] 고전 1:30

70문. 칭의란 무엇입니까?

답. 칭의란 죄인을 향한 하나님의 무조건적인 은혜의 행위로,[1] 하나님이 우리의 모든 죄를 용서하시고 그분이 보시기에 우리를 의로운 자로 받아 주시는 것입니다.[2] 이는 그들 안에 생겨난 어떤 것이나 그들이 수행한 어떤 것에 의해서가 아니라[3] 하나님이 그들에게 전가하시고[4] 오직 믿음으로만 받게 되는[5] 그리스도의 완전한 순종과 온전한 만족으로 일어나는 일입니다.

---

[1] 롬 3:22, 24-25; 4:5
[2] 고후 5:19, 21; 롬 3:22, 24-25, 27-28
[3] 딛 3:5, 7; 엡 1:7
[4] 롬 5:17-19; 4:6-8
[5] 행 10:43; 갈 2:16; 빌 3:9

71문. 칭의는 어떻게 하나님의 값없는 은혜의 행위가 됩니까?

답. 비록 그리스도께서 그분의 순종과 죽으심으로, 칭의받는 자들을 대신하여 합당하고 실제적이며 완전하게 하나님의 공의를 만족시키셨지만,[1] 이는 하나님이 그들에게 요구하셨을 만족을 보증자에게 받으신 것으로, 이 보증자로 자기의 유일한 독생자를 보내셨습니다.[2] 하나님은 그분의 의를 그들에게 전가하시고,[3] 그들의 칭의를 위해 믿음 이외의 아무것도 요구하지 않으셨는데,[4] 그 믿음 또한 그분이 주신 선물이므로,[5] 그들의 칭의는 그들에게 주신 값없는 은혜입니다.[6]

---

[1] 롬 5:8-10, 19
[2] 딤전 2:5-6; 히 10:10; 마 20:28; 단 9:24, 26; 사 53:4-6, 10-12; 히 7:22; 롬 8:32; 벧전 1:18-19
[3] 고후 5:21
[4] 롬 3:24-25
[5] 엡 2:8
[6] 엡 1:7

벨직 신앙 고백서 (1561)	하이델베르크 요리 문답 (1563)	제2 스위스 신앙 고백서 (1566)	도르트 신경 (1619)

벨직 신앙 고백서 (1561)

리에게 화가 임할 것입니다.[9] 그러므로 우리 각 사람은 다윗과 함께 이렇게 기도해야 합니다. "여호와여, 주의 종에게 심판을 행하지 마소서. 주의 눈앞에는 의로운 인생이 하나도 없나이다."[10]

———

[1] 눅 1:77; 골 1:14; 시 32:1-2; 롬 4:6-7
[2] 롬 3:23-24; 행 4:12
[3] 시 115:1; 고전 4:7; 롬 4:2
[4] 고전 4:7; 롬 4:2; 고전 1:29, 31
[5] 히 11:6-7; 엡 2:8; 고후 5:19; 딤전 2:6
[6] 롬 5:19
[7] 롬 5:1; 엡 3:12; 요일 2:1
[8] 창 3:7
[9] 사 33:14; 신 27:26; 약 2:10
[10] 시 130:3; 마 18:23-26; 시 143:2; 눅 16:15

하이델베르크 요리 문답 (1563)

유롭게 하시기 위해서입니다.[2]

———

[1] 눅 23:14; 요 19:4; 시 69:4
[2] 갈 3:13-14

39문. 그리스도께서 다른 방법이 아닌 십자가에 못 박혀 죽으심에는 어떤 특별한 의미가 있는 것입니까?
답. 그렇습니다. 나는 십자가에서 죽으심을 통해 그리스도께서 내가 받아야 할 저주를 친히 담당하셨음을 확신합니다. 십자가 죽음은 하나님에게 받는 저주이기 때문입니다.[1]

———

[1] 신 21:23; 갈 3:13

45문. 그리스도의 부활이 우리에게 주는 유익은 무엇입니까?
답. 첫째, 그리스도께서는 부활하심으로 죽음을 이기셨으며, 그분의 죽으심으로 우리를 위해 얻으신 의에 우리를 참여하게 하십니다.[1] 둘째, 우리는 또한 그리스도의 능력에 의해 새로운 생명으로 다시 태어났습니다.[2] 마지막으로 그리스도의 부활은 우리의 복스러운 부활을 확실하게 보증합니다.[3]

———

[1] 고전 15:16
[2] 롬 6:4; 골 3:1
[3] 고전 15장; 롬 8:11

제2 스위스 신앙 고백서 (1566)

가하지 않으시고 그리스도의 의를 우리에게 전가하셔서 우리를 의롭다 하십니다(롬 4:23-25).

4항 우리는 이 칭의를 그 어떤 행위가 아니라 하나님의 자비와 그리스도 안에 있는 믿음으로만 받습니다. 따라서 우리는 사도들과 더불어 죄인이 율법이나 그 어떤 행위가 아니라 오직 그리스도 안에 있는 믿음으로만 의롭다 함을 받는다고 가르치고 믿습니다. 사도는 이렇게 말합니다. "그러므로 사람이 의롭다 하심을 얻는 것은 율법의 행위에 있지 않고 믿음으로 되는 줄 우리가 인정하노라"(롬 3:28). "만일 아브라함이 행위로써 의롭다 하심을 받았으면 자랑할 것이 있으려니와 하나님 앞에서는 없느니라 성경이 무엇을 말하느냐 아브라함이 하나님을 믿으매 그것이 그에게 의로 여겨진 바 되었느니라"(롬 4:2-3, 5; 창 15:6). 사도는 또다시 이렇게 말합니다. "너희는 그 은혜에 의하여 믿음으로 말미암아 구원을 받았으니 이것은 너희에게서 난 것이 아니요 하나님의 선물이라 행위에서 난 것이 아니니 이는 누구든지 자랑하지 못하게 함이라"(엡 2:8-9). 그러므로 믿음이 그리스도를 우리의 의로 인식하기 때문에 그리스도 안에 있는 하나님의 영광을 찬양하는 것입니다. 이런 의미에서 칭의란 우리의 행위 때문이 아니라 그리스도를 영접하는 것 때문에 믿음으로 말미암는 것입니다. 따라서 이는 하나님의 선물입니다. 이제 우리가 믿음으로 그리스도를 영접하는 것에 대해 주님은 믿는 것을 먹는 것으로, 먹는 것을 믿는 것으로 표현하시며 우리를 가르치신 바 있습니다(요 6:27, 33, 35, 48-58). 먹음으로 우리가 음식을 받아들이듯이, 믿음으로 우리가 그리스도에 참여한 자가 되기 때문입니다.

5항 그러므로 우리는 일부분을 하나님의 은혜 또는 그리스도의 은혜로 돌리고 다른 부분은 우리의 자선과 행위 또는 공로로 인해 우리 자신에게 돌리는 식으로 칭의의 은덕을 나누지 않습니다. 우리는 도리어 모두 믿음을 통해 그리스도 안에 있

도르트 신경 (1619)

심이니"(롬 3:24-25). 이런 가르침은 사악한 소시누스가 그랬던 것처럼 전체 교회의 일치된 견해와 반대되는, 하나님 앞에서의 새롭고 기이한 사람의 칭의를 선언하는 것일 뿐입니다.

웨스트민스터 신앙 고백서 (1647)	웨스트민스터 소요리 문답 (1647)	웨스트민스터 대요리 문답 (1648)

4항 하나님은 영원 전부터 택하신 모든 자를 의롭게 하실 것을 작정하셨고,[1] 그리스도께서는 때가 차매 그들의 죄를 대신해 죽으시고 그들의 칭의를 위해 다시 살아나셨습니다.[2] 그럼에도 그들은 성령님이 알맞은 때에 실제로 그리스도를 그들에게 적용시키실 때 의롭다 함을 받을 것입니다.[3]

----

[1] 갈 3:8; 벧전 1:2, 19-20; 롬 8:30
[2] 갈 4:4; 딤전 2:6; 롬 4:25
[3] 골 1:21-22; 갈 2:16; 딛 3:4-7

5항 하나님은 의롭다 함을 받은 자들의 죄를 계속 용서하십니다.[1] 비록 그들은 칭의받은 상태에서 절대로 떨어져 나가지 않지만,[2] 그럼에도 그들의 죄로 인하여 그들 스스로 겸비하고 그들의 죄를 고백하며 용서를 구하고 그들의 믿음과 회개를 새롭게 하기까지 하나님의 부성적 징계에 놓일 수 있고, 그들을 회복시키시는 그분의 얼굴빛을 한동안 보지 못할 수도 있습니다.[3]

----

[1] 마 6:12; 요일 1:7, 9; 2:1-2
[2] 눅 22:32; 요 10:28; 히 10:14
[3] 시 89:31-33; 51:7-12; 32:5; 마 26:75; 고전 11:30, 32; 눅 1:20

6항 이 모든 국면에 있어서 구약 시대 신자들의 칭의는 신약 시대 신자들의 칭의와 하나이며 동일합니다.[1]

----

[1] 갈 3:9, 13-14; 롬 4:22-24; 히 13:8

벨직 신앙 고백서 (1561)	하이델베르크 요리 문답 (1563)	제2 스위스 신앙 고백서 (1566)	도르트 신경 (1619)

56문. 당신은 "죄를 사하여 주시는 것"에 관해 무엇을 믿습니까?

답. 그리스도의 속죄적 만족으로 인해[1] 하나님이 더 이상 내 죄를 기억하지 않으시며, 내가 평생 싸워야 할 나의 부패한 본성도 기억하지 않으신다는 것과, 하나님의 심판대 앞에서 결코 정죄받지 않도록 나에게 그리스도의 의를[2] 전가시키신다는 것을 믿습니다.[3]

———
[1] 요일 2:2; 고후 5:19, 21
[2] 렘 31:34; 시 103:3-4, 10-11; 롬 8:1-3
[3] 요 3:18

59문. 이 모든 것을 믿을 때, 당신이 누리는 유익은 무엇입니까?

답. 그리스도 안에서 내가 하나님 앞에서 의롭다는 것과 영원한 생명의 상속자가 된다는 것입니다.[1]

———
[1] 롬 5:1; 1:17; 요 3:36

60문. 당신은 하나님 앞에서 어떻게 의롭게 됩니까?

답. 오직 예수 그리스도 안에 있는 참된 믿음으로만 의롭게 될 수 있습니다.[1] 비록 하나님의 모든 계명을 심각하게 어겼고, 그것을 전혀 지키지 않았으며,[2] 여전히 악으로 달

제2 스위스 신앙 고백서(계속)

는 하나님의 영광에 전적으로 돌립니다. 더욱이 우리의 자선과 행위는 의롭지 못한 상태에서는 결코 하나님을 기쁘시게 하지 못합니다. 그러므로 사랑을 행하거나 어떤 의로운 행동을 하기 이전에 우리는 먼저 의로워져야 합니다. (이미 앞서 말한 바대로) 우리는 우리 죄를 우리에게 돌리지 않으시고 도리어 그리스도의 의를 전가하시는 하나님의 순전한 은혜로 말미암아 그리스도 안에 있는 믿음을 통해 의롭다 함을 받았습니다. 더욱이 사도는 다음과 같이 말함으로 믿음에서 사랑이 흘러나온다는 것을 분명히 합니다. "이 교훈의 목적은 청결한 마음과 선한 양심과 거짓이 없는 믿음에서 나오는 사랑이거늘"(딤전 1:5).

6항 그러므로 이 문제에 관한 한 우리는 거짓되거나 헛되거나 죽은 믿음이 아니라 생동하며 살아 있는 믿음에 관해 말하는 것입니다. (생명이시자 생명을 주시는) 그리스도께서 이른바 그리고 실제로 살아 있는 믿음이라 불리는 것을 살아 있는 행동으로 말미암아 살아 있는 믿음이 되도록 증거하시기 때문입니다. 그러므로 야고보가 말하는 것은 이 교리와 전혀 모순되지 않습니다. 야고보는 그들 안에 믿음으로 말미암아 그리스도께서 살아 계신 것이 아닌 어떤 이들이 자랑하고 떠벌리는 헛되고 죽은 믿음에 관해 말하고 있기 때문입니다. 또한 야고보는 행함이 의롭게 한다고 말하는데(약 2:14-26), 이는 바울과 모순되지 않습니다(정말 모순된다면 야고보의 주장은 거부당했을 것입니다). 그러나 야고보는 아브라함이 행함으로 살아 있고 의롭다 하는 자신의 믿음을 선언했다는 것을 보여 주고 있습니다. 그리고 그들의 행위가 아닌 오직 그리스도만을 의지하는 다른 모든 경건한 신자도 그렇습니다. 사도 바울이 또다시 이렇게 말하고 있기 때문입니다. "내가 그리스도와 함께 십자가에 못 박혔나니 그런즉 이제는 내가 사는 것이 아니요 오직 내 안에 그리스도께서 사시는 것이라 이제 내가 육체 가운데 사는 것은 나를 사랑하사 나를 위하여 자기 자신을 버리신 하나님의 아들을 믿는 믿음 안에서 사는 것이라 내가 하나님의 은혜를 폐하지 아니하노니 만일 의롭게 되는 것이 율법으로 말미암으면 그리스도께서 헛되이 죽으셨느니라"(갈 2:20-21).

웨스트민스터 신앙 고백서 (1647)	웨스트민스터 소요리 문답 (1647)	웨스트민스터 대요리 문답 (1648)

하이델베르크 요리 문답(계속)

려가는 경향이 있다고[3] 나의 양심이 나를 고소함에도 하나님은 나의 그 어떤 공로가 아니라[4] 순전한 은혜로 말미암아[5] 나를 받아주시고,[6] 그리스도의 완전한 만족과 의와 거룩을[7] 전가시키셔서[8] 마치 내가 전에 죄를 가지거나 그 어떤 죄도 전혀 지어 본 적 없는 것처럼 의롭게 여겨 주십니다. 참으로 그렇습니다. 내가 믿는 마음으로 그러한 유익을 받아들일 때,[9] 하나님은 그리스도께서 나를 위해 성취하신 모든 순종을[10] 내가 온전히 성취한 것처럼 여겨 주십니다.

___

[1] 롬 3:22; 갈 2:16; 엡 2:8-9
[2] 롬 3:9
[3] 롬 7:23
[4] 롬 3:24
[5] 딛 3:5; 엡 2:8-9
[6] 롬 4:4-5; 고후 5:19
[7] 롬 3:24-25
[8] 요일 2:1
[9] 롬 3:28; 요 3:18
[10] 고후 5:21

61문. 당신은 왜 오직 믿음으로만 의롭게 된다고 말하는 것입니까?

답. 그것이 내가 나의 믿음의 어떤 가치로 인해 하나님 앞에서 받아들여질 만해서가 아니라,[1] 다만 그리스도의 만족과 의와 거룩이 하나님 앞에서 나의 의가 되기 때문입니다.[2] 그리고 나는 오직 믿음이 아닌 다른 방법으로는 이 동일한 의를 나의 것으로 받아들이고 적용할 수 없기 때문입니다.[3]

___

[1] 시 16:2; 엡 2:8-9
[2] 고전 1:30; 2:2
[3] 요일 5:10

84문. 거룩한 복음의 설교를 통해 천국은 어떻게 열리고 닫힙니까?

답. 그리스도의 명령에 따라,[1] 신자들이 참된 믿음으로 복음의 약속을 받아들일 때,[2] 하나님이 그리스도의 공로로 말미암아 참으로 그들의 모든 죄를 용서하신다는 것을 선포하고 공적으로 증언할 때 천국이 열립니다.

___

[1] 마 28:19
[2] 요 3:18, 36; 막 16:16

126문. 다섯 번째 간구는 무엇입니까?

답. "우리가 우리에게 죄 지은 자를 사하여 준 것같이 우리 죄를 사하여 주시옵고"입니다.[1] 우리 안에 있는 주의 은혜의 증거, 즉 우리가 우리 이웃을 진심으로 용서하기로 굳게 다짐하는 것을 느끼는 것처럼,[2] 그리스도의 피로 말미암아 우리의 모든 허물과 우리에게 늘 붙어 있는 부패를 가련한 죄인인 우리에게 돌리지 마시길 구하는 것입니다.[3]

___

[1] 마 6:12
[2] 마 6:14-15
[3] 시 51:1; 요일 2:1-2

벨직 신앙 고백서 (1561)	하이델베르크 요리 문답 (1563)	제2 스위스 신앙 고백서 (1566)	도르트 신경 (1619)

성화

24항 인간의 성화와 선행
우리는 하나님의 말씀을 들음과 성령님의 역사하심으로 말미암아, 사람 안에 생기는 이 참된 믿음이[1] 그를 중생하게 하여 새사람으로 만들어, 새로운 삶을 살게 하며[2] 죄의 종 된 삶으로부터 자유롭게 해 준다는 것을 믿습니다.[3] 따라서 의롭다 하는 이 믿음이 사람으로 하여금 경건하고 거룩한 삶을 사는 데 태만하게 만든다는 것은 전혀 사실이 아닙니다.[4] 오히려 이 믿음 없이는 사람은 어떤 것도 하나님을 향한 사랑으로 행하지 않으며, 단지 이기적인 사랑이나 그저 멸망에 대한 두려움으로 행하게 될 것입니다.

---

[1] 벧전 1:23; 롬 10:17; 요 5:24
[2] 살전 1:5; 롬 8:15; 요 6:29; 골 2:12; 빌 1:1, 29; 엡 2:8
[3] 행 15:9; 롬 6:4, 22; 딛 2:12; 요 8:36
[4] 딛 2:12

32문. 그러면 당신은 왜 그리스도인이라고 불립니까?
답. 내가 믿음으로 그리스도의 지체가 되고,[1] 그리스도의 기름 부음에 참여하기 때문입니다.[2] 그렇게 함으로써 나는 그리스도의 이름을 고백하고,[3] 그에 대한 살아 있는 감사의 제물로 나 자신을 그리스도께 드리며,[4] 자유롭고 선한 양심으로 이 세상에서 죄와 마귀에 대항하여 싸우고,[5] 이후로는 영원히 그리스도와 함께 모든 피조물을 다스릴 것입니다.[6]

---

[1] 고전 6:15
[2] 요일 2:27; 욜 2:28
[3] 마 10:32
[4] 롬 12:1
[5] 엡 6:11-12; 딤전 1:18-19
[6] 딤후 2:12

43문. 십자가 위에서의 그리스도의 희생 제사와 죽으심을 통해 우리가 추가로 얻는 은덕은 무엇입니까?
답. 십자가 위에서의 그리스도의 희생 제사와 죽으심을 통해 우리 옛사람이 그리스도와 함께 십자가에 못 박히고 장사된 것입니다.[1] 그 결과 육신의 부패한 경향들이 더 이상 우리를 지배하지 못하고,[2] 우리 자신을 그리스

첫째 교리
13항 이러한 선택을 깨달아 알고 확신하는 것은 하나님의 자녀로 하여금 날마다 하나님 앞에서 겸손하고, 하나님의 측량할 수 없는 깊은 자비하심을 찬양하며, 자신을 정결하게 하고, 그들에게 먼저 그토록 큰 사랑을 보여 주신 하나님에게 뜨거운 사랑으로 다시 감사하게 만들어 줍니다.

다섯째 교리
13항 견인을 새롭게 확신하는 것은 영적 타락에서 회복된 자들 안에 교만을 낳거나 경건을 무시하게 만들지 않습니다. 오히려 이는 더 사려 깊고 세심한 태도로 계속해서 주의 길로 행하게 합니다. 이는 그 안에서 걷는 자들이 견인의 확신을 유지하도록 주께서 정하신 길입니다. 또한 그들이 하나님의 부성적인 자비하심을 남용하여 하나님이 자신의 은혜로운 얼굴을 그들에게서 돌리시고 그 결과 더욱 큰 양심의 고통을 당하는 일이 없게 하십니다. 경건한 자들에게는 주의 얼굴을 바라보

웨스트민스터 신앙 고백서 (1647)	웨스트민스터 소요리 문답 (1647)	웨스트민스터 대요리 문답 (1648)

13장 성화에 관하여

1항 한 번 효과적으로 부르심을 받고 중생한 자들은 그들 안에 새로운 마음과 영을 받아 계속해서 그리스도의 죽으심과 부활하심의 공로를 통해[1] 그분 말씀과 그들 안에 거하시는 성령으로 말미암아 참되고 인격적으로 거룩해집니다.[2] 온몸에 대한 죄의 지배가 파괴되고,[3] 그 몸의 여러 정욕이 약화되고 억제됩니다.[4] 그리고 모든 구원을 얻는 은혜 안에서 점점 살아나고 강해져서[5] 참된 거룩을 실천하게 되는데, 이것이 없으면 그 누구도 주를 보지 못하게 됩니다.[6]

___
[1] 고전 6:11; 행 20:32; 빌 3:10; 롬 6:5-6
[2] 요 17:17; 엡 5:26; 살후 2:13
[3] 롬 6:6, 14
[4] 갈 5:24; 롬 8:13
[5] 골 1:11; 엡 3:16-19
[6] 고후 7:1; 히 12:14

2항 이 성화는 전인을 통해 철저하게 이루어집니다.[1] 그럼에도 이 세상에서는 우리 몸의 각 지체에 어느 정도 부패가 남아 있기 때문에 불완전합니다.[2] 여기에서 화해될 수 없는 전쟁이 계속해서 일어나는데 육체의 소욕은 성령을 거스르고 성령은 육체를 거스릅니다.[3]

___
[1] 살전 5:23
[2] 요일 1:10; 롬 7:18, 23; 빌 3:12
[3] 갈 5:17; 벧전 2:11

3항 이 싸움에서는 남아 있는 부패가 잠시 동안 더 우세할 수 있습니다.[1] 그러나 그리스도의 거룩하게 하시는 영이 계속 힘을 공급해서, 거듭난 부분이 이를 극복하고 이깁니다.[2] 그렇기 때문에 성도는 은혜 안에

35문. 성화란 무엇입니까?

답. 성화란 하나님의 값없는 은혜의 사역으로,[1] 이를 통해 우리의 전인이 하나님의 형상을 따라 새로워지며,[2] 죄에 대하여는 점점 죽고 의에 대하여는 살아 있게 되는 것입니다.[3]

___
[1] 살후 2:13
[2] 엡 4:23-24
[3] 롬 6:4, 6; 8:1

75문. 성화란 무엇입니까?

답. 성화란 하나님의 은혜의 사역으로, 이로 말미암아 거룩하게 하시려고 하나님이 창세전에 택하신 자들이 때가 되매 강력한 성령의 역사를 통하여[1] 그리스도의 죽으심과 부활을 적용받게 하셔서,[2] 그들의 전인이 하나님의 형상을 따라 새로워지게 하시는 것입니다.[3] 생명에 이르는 회개의 씨와 그밖에 다른 구원의 은혜들을 그들 마음속에 두시고,[4] 그 은혜들이 강하게 고무되고 증가되며 강화되어[5] 그들로 하여금 죄에 대하여는 점점 죽고 새로운 생명에 대하여는 점점 살아 있게 하시는 것입니다.[6]

___
[1] 엡 1:4; 고전 6:11; 살후 2:13
[2] 롬 6:4-6
[3] 엡 4:23-24
[4] 행 11:18; 요일 3:9
[5] 유 20절; 히 6:11-12; 엡 3:16-19; 골 1:10-11
[6] 롬 6:4, 6, 14; 갈 5:24

77문. 칭의와 성화는 어떤 점에서 서로 다릅니까?

답. 비록 성화가 칭의와 불가분의 관계이지만[1] 그럼에도 서로 다른 점이 있는데, 곧 칭의에 있어서 하나님이 그리스도의 의를 우리에게 전가하시는 반면,[2] 성화에 있어서는 하나님의 영이 은혜를 주입하시어 신자로 하여금 그 은혜를 실천할 수 있게 만드십니다.[3] 전자에서는 죄가 용서되고,[4] 후자에서는 죄가 억제됩니다.[5] 전자는 보복하시는 하나님의 진노에서 모든 신자를 공평하게 해방하되 현세에서 이를 완성하며 그들이 다시 정죄에 떨어지지 않게 합니다.[6] 후자는 모든 신자 간에 동등하지도 않고,[7] 이 세상에서 결코 완성될 수 없으며,[8] 다만 완성

벨직 신앙 고백서 (1561)	하이델베르크 요리 문답 (1563)	제2 스위스 신앙 고백서 (1566)	도르트 신경 (1619)
	도께 감사의 제사로 올려드릴수 있게 된 것입니다.[3] --- [1] 롬 6:6-7 등 [3] 롬 12:1 [2] 롬 6:12		는 것이 생명보다 나으며 하나님이 그 얼굴을 가리시는 것이 죽음보다 쓴 고통이기 때문입니다.

하이델베르크 요리 문답(계속)

76문. 그렇다면 십자가에 못 박히신 그리스도의 몸을 먹고 그리스도께서 흘리신 피를 마신다는 것은 무엇을 의미합니까?

답. 그것은 그리스도의 모든 고난과 죽음을 우리가 믿는 마음으로 받아들여 이를 통해 죄 사함과 영원한 생명을 얻을 뿐만 아니라[1] 나아가 이 외에도 그리스도와 우리 안에 모두 거하시는 성령님으로 말미암아 우리가 그리스도의 거룩한 몸에 더욱 연합된다는 것을 의미합니다.[2] 그렇게 함으로써 비록 그리스도께서 하늘에 계시고[3] 우리는 이 세상에 있지만, 우리가 "그리스도의 뼈 중의 뼈요 살 중의 살"이 된다는 것입니다.[4] 우리 몸의 여러 지체가 한 영혼에 다스림받는 것처럼, 우리가 한 성령님에 의해 살고 다스림받는다는 것을 뜻합니다.[5]

---
[1] 요 6:35, 40, 47-48, 50-51, 53-54 [4] 엡 5:29-32; 고전 6:15, 17, 19; 요일 3:24
[2] 요 6:55-56 [5] 요 6:56-58; 엡 4:15-16
[3] 행 3:21; 1:9-11; 고전 11:26

86문. 우리의 공로는 전혀 없이 순전히 그리스도로 말미암아 오직 은혜를 통해 우리의 비참함에서 구원받았다면, 왜 우리가 여전히 선행을 해야 합니까?

답. 자신의 보혈로 우리를 구속하시고 구원하신 그리스도께서 또한 자신의 성령으로 자신의 형상을 닮게 하기 위하여 우리를 새롭게 하셔서 우리의 모든 행실을 통해 하나님이 주신 복락에 대해 하나님에게 감사드리고,[1] 우리를 통해 하나님이 찬양받으시게 하기 때문입니다.[2] 또한 우리 각 사람이 믿음의 열매로 우리 안에 있는 믿음을 확신하게 하시기 때문입니다.[3] 그리고 우리의 경건한 대화를 통해 다른 이들이 그리스도께 나아오게 하시기 때문입니다.[4]

---
[1] 고전 6:19-20; 롬 6:13; 12:1-2; 벧전 2:5, 9-10 [3] 벧후 1:10; 갈 5:6, 24
[2] 마 5:16; 벧전 2:12 [4] 벧전 3:1-2; 마 5:16; 롬 14:19

115문. 그렇다면 그 누구도 이 세상에서는 이 계명들을 지킬 수 없는데, 하나님은 왜 십계명을 그토록 엄격하게 선포하신 것입니까?

답. 첫째, 우리가 평생 우리의 죄 된 본성을 더욱 알게 되고,[1] 그에 따라 그리스도 안에 있는 죄 사함과 의를 더 간절히 구하게 하시기 위함입니다.[2] 또한 이 세상의 삶을 마치고 오는 세상에서 우리에게 약속된 완전함에 이를 때까지, 우리가 끊임없이 노력하고 하나님에게 성령님의 은혜를 간구하면서 하나님의 형상으로 더욱 변화되기를 원하시기 때문입니다.[3]

---
[1] 요 1:9; 롬 3:20; 5:13; 7:7 [3] 고전 9:24; 빌 3:12-14
[2] 롬 7:24

122문. 첫 번째 간구는 무엇입니까?

답. "이름이 거룩히 여김을 받으시오며"입니다.[1] 먼저 우리가 주님을 올바로 알고,[2] 주께서 행하시는 모든 역사 안에 밝히 드러나 있는 주님의 권능과 지혜와 선하심과 공의와 자비와 진실을 거룩히 여기며, 영화롭게 하고 찬송하게 하기를 구하는 것입니다.[3] 또한 우리의 모든 삶, 곧 우리의 생각과 말과 행동을 질서 있게 하시고 인도하셔서 주님의 이름이 우리 때문에 더럽혀지지 않고 오히려 영광과 찬송을 받기를 구하는 것입니다.[4]

---
[1] 마 6:9 [3] 시 119:137-138; 눅 1:46; 시 145:8-9
[2] 요 17:3; 렘 9:23-24; 마 16:17; 약 1:5 [4] 시 115:1; 71:8

124문. 세 번째 간구는 무엇입니까?

답. "뜻이 하늘에서 이루어진 것같이 땅에서도 이루어지이다"입니다.[1] 우리와 모든 사람이 우리 자신의 뜻을 버리고,[2] 불평 없이 주님의 유일하게 선하신 뜻에 복종하게 하시며,[3] 각 사람이 자신이 받은 직분과 소명을[4] 하늘의 천사들처럼 기꺼이 충성스럽게 수행하길 구하는 것입니다.[5]

---
[1] 마 6:10 [4] 고전 7:24; 엡 4:1
[2] 마 16:24; 딛 2:12 [5] 시 103:20
[3] 눅 22:42

웨스트민스터 신앙 고백서 (1647)	웨스트민스터 소요리 문답 (1647)	웨스트민스터 대요리 문답 (1648)

웨스트민스터 신앙 고백서 (1647)

서 자라고,[3] 하나님을 경외하는 가운데 온전히 거룩해집니다.[4]

---

[1] 롬 7:23
[2] 롬 6:14; 요일 5:4; 엡 4:15-16
[3] 벧후 3:18; 고후 3:18
[4] 고후 7:1

웨스트민스터 대요리 문답 (1648)

을 향해 자랄 뿐입니다.[9]

---

[1] 고전 6:11; 1:30
[2] 롬 4:6, 8
[3] 겔 36:27
[4] 롬 3:24-25
[5] 롬 6:6, 14
[6] 롬 8:33-34
[7] 요일 2:12-14; 히 5:12-14
[8] 요일 1:8, 10
[9] 고후 7:1; 빌 3:12-14

78문. 신자 안에 있는 성화의 불완전함은 어디에서 발생하는 것입니까?

답. 신자 안에 있는 성화의 불완전함은 그들의 모든 부분에 죄의 잔재가 머물고 있기 때문이며, 영을 거슬러 싸우는 끊임없는 육신의 정욕 때문입니다. 이로써 신자들은 흔히 유혹에 빠져 여러 죄에 떨어지게 되고,[1] 그들의 모든 신령한 봉사에서 방해받으며,[2] 그들의 최고 행위라 할지라도 하나님 보시기에는 불완전하고 더러운 것이 됩니다.[3]

---

[1] 롬 7:18, 23; 막 14:66 이하; 갈 2:11-12
[2] 히 12:1
[3] 사 64:6; 출 28:38

벨직 신앙 고백서 (1561)	하이델베르크 요리 문답 (1563)	제2 스위스 신앙 고백서 (1566)	도르트 신경 (1619)

양자 됨

| | 33문. 우리 역시 하나님의 자녀인데, 왜 그리스도만 하나님의 독생자라고 불립니까?
답. 오직 그리스도만이 영원하신 하나님의 참 아들이시기 때문입니다.[1] 하지만 우리는 은혜로 말미암아 그리스도로 인해 입양된 하나님의 자녀입니다.[2]

———
[1] 요 1:1; 히 1:2
[2] 롬 8:15-17; 엡 1:5-6 | | 다섯째 교리
6항 그러나 자비가 풍성하신 하나님은 그들이 슬픈 죄악을 저질렀을 때조차도 자신의 불변하는 선택의 목적에 따라 자기 백성에게서 성령을 완전히 거두지 않으십니다. 하나님은 양자 됨의 은혜를 잃어버리거나 칭의의 상태를 박탈당하거나 죽음에 이르게 하는 죄를 저지를 때까지 그들을 내버려 두지 않으십니다. 더욱이 그분은 그들이 완전히 버림받거나 영원한 멸망 가운데 스스로를 던져 넣도록 버려두지 않으십니다. |

회개와 회심

| | 2문. 복된 삶과 죽음을 맞이하게 해주는 이러한 위로를 즐기기 위해서 당신은 얼마나 많은 것을 알아야 합니까?
답. 세 가지를 알아야 합니다.[1] 첫째, 내 죄와 비참 | 14장 인간의 회개와 회심에 관하여
1항 복음은 회개의 교리와 연결되어 있습니다. 주님이 복음서에서 이렇게 말씀하셨기 때문입니다. "또 그의 이름으로 죄 사함을 받게 하는 회개가 예루살렘에서 시작하여 모든 족속에게 전파될 것이 기록되었으니"(눅 24:47). | 다섯째 교리
7항 무엇보다 하나님은 그들의 타락에도 그들 안에 중생의 썩지 아니할 씨앗을 두셔서 멸망당하거나 완전히 잃어버리지 않게 하시기 때문입니다. 그 |

웨스트민스터 신앙 고백서 (1647)	웨스트민스터 소요리 문답 (1647)	웨스트민스터 대요리 문답 (1648)

12장 양자(됨 또는 삼음)에 관하여

하나님은 의롭다 하심을 받은 모든 자를 하나님의 유일하신 독생자 예수 그리스도 안에서 그리고 그리스도로 인하여 하나님의 자녀로 삼으시며, 그 자유와 특권을 즐거워하게 하시고,[1] 하나님의 이름을 주시며,[2] 양자의 영을 주시고,[3] 은혜의 보좌에 담대함으로 나아가게 하시며,[4] 아바 아버지라고 부르짖게 하시고,[5] 불쌍히 여김을 받으며,[6] 보호받고,[7] 공급받으며,[8] 아버지께 부성적 징계를 받게 하시고,[9] 그럼에도 버림받지 않으며,[10] 구속의 날까지 인 침을 받게 하시고,[11] 약속을 기업으로 받으며,[12] 영원한 구원의 상속자가 되는[13] 양자의 은혜에 참여하게 하십니다.[14]

---

[1] 롬 8:17; 요 1:12
[2] 렘 14:9; 고후 6:18; 계 3:12
[3] 롬 8:15
[4] 엡 3:12; 롬 5:2
[5] 갈 4:6
[6] 시 103:13
[7] 잠 14:26
[8] 마 6:30, 32; 벧전 5:7
[9] 히 12:6
[10] 애 3:31
[11] 엡 4:30
[12] 히 6:12
[13] 벧전 1:3-4; 히 1:14
[14] 엡 1:5; 갈 4:4-5

34문. 양자 됨이란 무엇입니까?

답. 양자 됨이란 우리를 하나님의 아들의 수효에 받아들이시고 모든 특권에 관한 권리를 소유하게 하시는[1] 하나님의 값없는 은혜의 행위입니다.[2]

---

[1] 요 1:12; 롬 8:17
[2] 요일 3:1

74문. 양자 됨이란 무엇입니까?

답. 양자 됨이란 하나님의 유일하신 독생자 그리스도 안에서 그리고 그리스도로 인하여[1] 의롭다 하심을 받은 모든 자가 하나님의 자녀로 받아들여지고,[2] 그들에게 하나님의 이름과[3] 그분 아들의 성령을 부어주시며,[4] 하나님의 부성적 돌보심과 섭리에 처하게 하시고,[5] 하나님의 아들들의 모든 자유와 특권을 부여하시고 모든 약속의 상속자가 되게 하시며, 영광 가운데 그리스도와 함께한 후사가 되게 하시는[6] 하나님의 값없는 은혜의 행위입니다.[7]

---

[1] 엡 1:5; 갈 4:4-5
[2] 요 1:12
[3] 고후 6:18; 계 3:12
[4] 갈 4:6
[5] 시 103:13; 잠 14:26; 마 6:32
[6] 히 6:12; 롬 8:17
[7] 요일 3:1

15장 생명에 이르는 회개에 관하여

1항 생명에 이르게 하는 회개란 복음적 은혜로,[1] 모든 복음 설교자가 그리스도 안에 있는 믿음의 교리와 마찬가지로 마땅히 전파해야 할 교리입니다.[2]

---

[1] 슥 12:10; 행 11:18   [2] 눅 24:47; 막 1:15; 행 20:21

87문. 생명에 이르는 회개란 무엇입니까?

답. 생명에 이르는 회개란 구원 얻는 은혜로,[1] 이로 말미암아 죄인은 자신의 죄를 참으로 지각하고[2] 그리스도 안에 있는 하나님의 자비를 인식하여,[3] 자신의 죄를 슬퍼하고 미워하며, 새로운 순종에 대한 온전한 목적과 그에 따르는 온전한 노력을 동반하여[4] 죄

76문. 생명에 이르는 회개란 무엇입니까?

답. 생명에 이르는 회개란 성령과[1] 하나님 말씀으로 말미암아[2] 죄인의 마음에 역사하는 구원 얻는 은혜로,[3] 이로 말미암아 죄인은 죄의 위험뿐만 아니라[4] 그 더러움과 끔찍함을 보고 자각하며[5] 그리스도 안에 있는 하나님의 자비를 인식하여, 회개하는 죄

벨직 신앙 고백서 (1561)	하이델베르크 요리 문답 (1563)	제2 스위스 신앙 고백서 (1566)	도르트 신경 (1619)

벨직 신앙 고백서 (1561)

이 얼마나 큰지,[2] 둘째, 내 모든 죄와 비참에서 어떻게 구원받을 수 있는지,[3] 셋째, 이런 구원에 대해 내가 하나님에게 어떻게 감사를 표현할 수 있는지입니다.[4]

---

[1] 눅 24:47
[2] 고전 6:10-11; 요 9:41; 롬 3:10, 19
[3] 요 17:3
[4] 엡 5:8-10

하이델베르크 요리 문답 (1563)

81문. 성찬은 누구를 위해 제정되었습니까?

답. 자신의 죄를 참으로 슬퍼하는 자들, 그러나 그리스도로 인하여 자신의 죄를 용서받았음을 믿는 자들입니다.[1] 그리고 그리스도의 고난과 죽으심으로 말미암아 자신에게 남아 있는 연약함도 가려졌음을 믿는 사람들입니다.[2] 또한 자신의 믿음이 점점 강해지고, 자신의 삶이 더욱 거룩해지기를 진지하게 열망하는 사람들입니다.[3] 그러나 외식자와 진실한 마음으로 하나님에게 돌이키지 않는 사람은 자신이 받을 심판을 먹고 마시는 것입니다.[4]

---

[1] 마 5:3, 6; 눅 7:37-38; 15:18-19
[2] 시 103:3
[3] 시 116:12-14; 벧전 2:11-12
[4] 고전 10:20 등; 11:28 등; 딛 1:16; 시 50:15-16

제2 스위스 신앙 고백서 (1566)

2항 우리는 회개란 죄악 된 사람이 복음의 설교로 말미암아 성령을 통하여 자극을 받은 마음의 변화이며, 참된 믿음으로만 받을 수 있는 것으로 이해합니다. 이를 통해 죄악 된 사람은 하나님 말씀으로 각성되어 자신의 자연적 부패와 모든 죄를 인정하며, 마음으로 그것들을 슬퍼합니다. 그리고 하나님 앞에서 수치를 느끼며 그 죄를 통탄하고 자유롭게 고백할 뿐만 아니라 분노함으로 그것들을 미워하고 혐오하며, 진지하게 고쳐 나가고 계속해서 순결함과 덕목을 장려해 나가며, 이를 통해 스스로 자신의 남은 모든 삶 동안 거룩을 추구해 갑니다.

3항 확실히 이것이 참된 회개입니다. 즉 하나님과 모든 선함으로 진정으로 돌아서고, 마귀와 모든 악에서 진지하게 돌이키는 것입니다. 이러한 회개는 순전히 하나님의 선물이며 우리 자신의 힘의 행위가 아님을 분명히 말하는 바입니다. 사도는 신실한 사역자에게 이렇게 부지런히 교훈하고 있습니다. "거역하는 자를 온유함으로 훈계할지니 혹 하나님이 그들에게 회개함을 주사 진리를 알게 하실까 하며"(딤후 2:25). 또한 자신의 눈물로 그리스도의 발을 닦은, 복음서에 기록된 죄악 된 여인과, 자신의 주인을 부인한 일을 크게 후회하고 통탄하며 눈물을 흘린 베드로는 자신이 저지른 죄를 매우 신속하고 진지하게 회개하는 사람의 마음이 어떠해야 하는지를 분명히 보여 줍니다. 더욱이 복음서에 나오는 탕자와, 바리새인과 대조되는 세리는 하나님에게 우리 죄를 고백하는 가장 올바른 방식이 무엇인지를 잘 제시합니다. 탕자는 이렇게 말했습니다. "내가 일어나 아버지께 가서 이르기를 아버지여 내가 하늘과 아버지께 죄를 지었사오니 지금부터는 아버지의 아들이라 일컬음을 감당하지 못하겠나이다 나를 품꾼의 하나로 보소서 하리라 하고"(눅 15:18-19). 세리는 이렇게 말했습니다. "세리는 멀리 서서 감히 눈을 들어 하늘을 쳐다보지도 못하고 다만 가슴을 치며 이르되 하나님이여 불쌍히 여기소서

도르트 신경 (1619)

리고 그분의 성령과 말씀으로 말미암아 그들을 확실하고 효과적으로 새롭게 하심으로 그들을 회개하게 하시고, 그들의 죄로 인한 신실하고 경건한 슬픔으로 이끄시며, 중보자의 피 안에 있는 용서를 구하고 얻게 하시며, 하나님과 화목하는 은총을 체험하게 하시고, 믿음을 통해 하나님의 자비하심을 찬양하게 하시며, 이로 말미암아 이때부터 더 두렵고 떨림으로 그들의 구원을 이루어 가게 하시기 때문입니다.

웨스트민스터 신앙 고백서 (1647)	웨스트민스터 소요리 문답 (1647)	웨스트민스터 대요리 문답 (1648)
2항 이 회개로 말미암아 죄인은 하나님의 율법의 거룩한 본질과 의와는 반대되는 자신의 죄의 위험뿐만 아니라, 그 더러움과 끔찍함을 보고 지각하게 됩니다. 그리고 그리스도 안에 있는 하나님의 자비를 인식하여 자신의 죄를 슬퍼하며 미워하는 자로서 하나님의 계명에 이르는 모든 길에 하나님과 동행하려는 목적과 노력으로,[1] 그것들에서 돌이켜 하나님을 향하게 됩니다.[2] ——— [1] 시 119:6, 59, 106; 눅 1:6; 왕하 23:25 [2] 겔 18:30-31; 36:31; 사 30:22; 시 51:4; 렘 31:18-19; 욜 2:12-13; 암 5:15; 시 119:128; 고후 7:11	에서 하나님에게로 돌아서게 됩니다.[5] ——— [1] 행 11:18 [2] 행 2:37-38 [3] 욜 2:12; 렘 3:22 [4] 고후 7:11; 사 1:16-17 [5] 렘 31:18-19; 겔 36:31	인으로서[6] 자신의 죄를 슬퍼하고[7] 미워하며,[8] 새로운 순종의 모든 방식으로 하나님과 동행하는 것을 목적으로 노력함으로,[9] 그것들에서 하나님에게로 돌아서게 됩니다.[10] ——— [1] 슥 12:10 [2] 행 11:18, 20-21 [3] 딤후 2:25 [4] 겔 18:28, 30, 32; 눅 15:17-18; 호 2:6-7 [5] 겔 36:31; 사 30:22 [6] 욜 2:12-13 [7] 렘 31:18-19 [8] 고후 7:11 [9] 시 119:6, 59, 128; 눅 1:6; 왕하 23:25 [10] 행 26:18; 겔 14:6; 왕상 8:47-48
3항 회개는 죄에 대한 속죄나 죄를 용서받기 위한 어떤 원인으로 여겨서는 안 되며,[1] 그리스도 안에서 하나님이 값없이 베푸시는 은혜의 행위입니다.[2] 그럼에도 어느 누구도 회개 없이는 죄 사함을 기대할 수 없기에 회개는 모든 죄인에게 필요합니다.[3] ——— [1] 겔 36:31-32; 16:61-63 [2] 호 14:2, 4; 롬 3:24; 엡 1:7 [3] 눅 13:3, 5; 행 17:30-31		
4항 죄는 아무리 작다 할지라도 마땅히 정죄받아야 합니다.[1] 따라서 죄가 아무리 크다 할지라도 진실로 회개하는 자에게는 정죄함이 없습니다.[2] ——— [1] 롬 6:23; 5:12; 마 12:36 [2] 사 55:7; 롬 8:1; 사 1:16, 18		
5항 사람은 일반적인 회개로 만족해서는 안 되며, 자신의 특별한 죄를 구체적으로 회개하려는 노력은 모든 사람의 의무입니다.[1] ——— [1] 시 19:13; 눅 19:8; 딤전 1:13, 15		
6항 모든 사람은 하나님에게 자신의 죄		

벨직 신앙 고백서 (1561)	하이델베르크 요리 문답 (1563)	제2 스위스 신앙 고백서 (1566)	도르트 신경 (1619)

87문. 하나님에게로 회심하지 않고 계속해서 악하고 감사하지 않는 삶을 사는 자들도 구원받을 수 있습니까?

답. 결코 그럴 수 없습니다. 성경은 음행하는 자, 우상 숭배자, 간음하는 자, 도둑질하는 자, 탐심에 빠진 자, 술 취한 자, 비방하는 자, 강도질하는 자, 또는 이와 같은 자들이 하나님의 나라를 유업으로 받지 못할 것이라고 선언합니다.[1]

———
[1] 고전 6:9-10; 엡 5:5-6; 요일 3:14-15; 갈 5:21

88문. 사람의 참된 회심은 몇 부분으로 구성되어 있습니까?

답. 두 부분입니다. 옛 사람이 죽는 것이며, 새 사람으로 사는 것입니다.[1]

———
[1] 롬 6:4-6; 엡 4:22-23; 골 3:5; 고전 5:7

89문. 옛 사람이 죽는다는 것은 무엇입니까?

답. 우리 죄로 하나님을 노여워하시게 했음을 마음으로 진실하게 슬퍼하고, 그것들을 더욱 미워하며 점점 피하는 것입니다.[1]

———
[1] 시 51:3, 8, 17; 눅 15:18; 롬 8:13; 욜 1:12-13

나는 죄인이로소이다 하였느니라"(눅 18:13). 그리고 우리는 주님이 자비 가운데 이들을 받아 주셨음을 조금도 의심하지 않습니다. 사도 요한이 이렇게 말하고 있기 때문입니다. "만일 우리가 우리 죄를 자백하면 그는 미쁘시고 의로우사 우리 죄를 사하시며 우리를 모든 불의에서 깨끗하게 하실 것이요 만일 우리가 범죄하지 아니하였다 하면 하나님을 거짓말하는 이로 만드는 것이니 또한 그의 말씀이 우리 속에 있지 아니하니라"(요일 1:9-10).

4항 우리는 하나님과 죄인 사이의 사적인 고백이든, 죄를 반복하여 고백하는 것으로서 교회의 공개적인 고백이든 간에 오직 하나님에게만 향하는 이러한 신실한 고백이 충분하다고 믿습니다. 누구든 죄를 사함받기 위해서 그들의 귀에 속삭이며 그들의 머리에 안수하는 사제들에게 자신의 죄를 고백해야 하는 일은 전혀 필요하지 않습니다. 우리는 성경에서 그런 계명이나 실례를 전혀 찾을 수 없기 때문입니다. 다윗은 이렇게 말합니다. "내가 이르기를 내 허물을 여호와께 자복하리라 하고 주께 내 죄를 아뢰고 내 죄악을 숨기지 아니하였더니 곧 주께서 내 죄악을 사하셨나이다"(시 32:5). 참으로 그렇습니다. 그리고 우리 주님도 우리에게 기도할 때 죄를 고백하라고 가르치십니다. "그러므로 너희는 이렇게 기도하라 하늘에 계신 우리 아버지여 이름이 거룩히 여김을 받으시오며 …… 우리가 우리에게 죄 지은 자를 사하여 준 것같이 우리 죄를 사하여 주시옵고"(마 6:9, 12). 그러므로 우리가 하나님에게 범죄하였다면, 하나님에게 우리 죄를 고백하고 이웃들과 화목해야 하는 일은 필수입니다. 야고보 사도 역시 죄 고백에 대해 일반적으로 이렇게 말합니다. "그러므로 너희 죄를 서로 고백하며"(약 5:16). 자신의 죄의 짐과 고통과 유혹에 압도당하고 있는 자는 누구든 교회 사역자나 하나님의 계명의 말씀에 박식한 자에게 개인적으로 조언과 가르침, 위로를 구해야 합니다. 우리는 그것을 싫어해서

웨스트민스터 신앙 고백서 (1647)	웨스트민스터 소요리 문답 (1647)	웨스트민스터 대요리 문답 (1648)
개인적으로 고백하고 용서 구하는 기도를 드려야만 합니다.[1] 이를 통해 자기 죄를 버리면 그는 자비를 얻게 될 것입니다.[2] 이와 마찬가지로, 형제나 그리스도의 교회에 해를 끼친 사람은 반드시 자신의 죄를 개인적으로나 공적으로 고백해야 하며, 그 죄를 슬퍼하고 자신이 죄를 저지른 대상에게 분명하게 회개를 보여야 하며,[3] 그렇게 할 때 그들은 그와 화해하고 사랑으로 그를 받아들여야 합니다.[4]		

---

[1] 시 51:4-5, 7, 9; 32:5-6
[2] 잠 28:13; 요일 1:9
[3] 약 5:16; 눅 17:3-4; 수 7:19; 시 51편
[4] 고후 2:8

벨직 신앙 고백서 (1561)	하이델베르크 요리 문답 (1563)	제2 스위스 신앙 고백서 (1566)	도르트 신경 (1619)

90문. 새 사람으로 산다는 것은 무엇입니까?

답. 그리스도를 통하여 하나님 안에서 마음으로 누리는 진정한 기쁨이요,[1] 사랑과 기쁨으로 하나님의 뜻에 따라 모든 선을 행하며 살아가는 것입니다.[2]

———
[1] 롬 5:1-2; 14:17; 사 57:15
[2] 롬 6:10-11; 벧전 4:2; 갈 2:20

114문. 그런데 하나님에게로 회심한 사람들이 이 계명들을 완전히 지킬 수 있습니까?

답. 그럴 수 없습니다. 가장 거룩한 사람이라 할지라도 이 세상에서는 순종의 작은 시작만 할 수 있을 뿐입니다.[1] 그럼에도 그들은 신실한 결심으로 몇몇 계명만이 아니라 하나님의 모든 계명을 따라 살아가기 시작합니다.[2]

———
[1] 롬 7:14
[2] 롬 7:22, 15 등; 약 3:2

는 안 됩니다. 마찬가지로 우리는 교회 안에서나 거룩한 모임에서 행해지는 일반적이며 공적인 고백 역시 반드시 성경과 일치하는 선에서 전적으로 허용해야 합니다.

7항 그러나 부지런하며 신중한 모든 회심하는 사람이 새로운 생명 가운데 어떻게 살아가야 하는지, 그리고 어떻게 옛 사람을 죽이고 새 사람으로 살아가야 하는지에 대해 복음서에 기록된 실례들이 우리에게 교훈을 줄 것입니다. 주님이 중풍병자를 고치시고 그에게 이렇게 말씀하셨기 때문입니다. "그 후에 예수께서 성전에서 그 사람을 만나 이르시되 보라 네가 나았으니 더 심한 것이 생기지 않게 다시는 죄를 범하지 말라 하시니"(요 5:14). 또한 간음하던 여인에게도 이렇게 말씀하셨습니다. "가서 다시는 죄를 범하지 말라"(요 8:11). 예수님은 사람이 이 세상에서 육체를 가지고 살아갈 때 죄에서 자유롭게 살 것이라고 말씀하시지 않았습니다. 도리어 그분은 우리가 기도를 통해 하나님에게 도움을 간구하면서 우리가 구원받은 그 죄에 또다시 빠지지 않고 육체와 세상과 마귀에게 지지 않도록 모든 수단을 강구하여 부지런하고 사려 깊게 살필 것을 권면하십니다. 세리였던 삭개오는 주님의 은총을 받고 복음서에서 이렇게 외쳤습니다. "삭개오가 서서 주께 여쭈오되 주여 보시옵소서 내 소유의 절반을 가난한 자들에게 주겠사오며 만일 누구의 것을 속여 빼앗은 일이 있으면 네 갑절이나 갚겠나이다"(눅 19:8). 이와 동일한 방식으로 우리는 참되게 회심한 자에게는 배상과 자비, 즉 자선과 기부가 필요하다는 것을 설교합니다. 그리고 일반적으로 우리는 사도들의 말씀에 따라 다음과 같이 권면합니다. "그러므로 너희는 죄가 너희 죽을 몸을 지배하지 못하게 하여 몸의 사욕에 순종하지 말고 또한 너희 지체를 불의의 무기로 죄에게 내주지 말고 오직 너희 자신을 죽은 자 가운데서 다시 살아난 자같이 하나님께 드리며 너희 지체를 의의 무기로 하나님께 드리라"(롬 6:12-13).

웨스트민스터 신앙 고백서 (1647)	웨스트민스터 소요리 문답 (1647)	웨스트민스터 대요리 문답 (1648)

제2 스위스 신앙 고백서(계속)

8항 그러므로 우리는 복음 설교를 모욕하는 모든 불경건한 말을 정죄합니다. 다음과 같은 불경건한 말들 말입니다. "그리스도께서 우리의 모든 죄를 깨끗하게 하셨기 때문에 하나님에게로 돌아가는 것은 쉬운 일입니다. 죄도 쉽게 용서받을 수 있습니다. 그러므로 죄가 우리에게 어떤 위험이 되겠습니까? 그리고 우리는 회개에 대해 그렇게 지나치게 걱정하지 않아도 됩니다." 이와 달리 우리는 항상 하나님에게 나아가는 길이 모든 죄인에게 열려 있으며, 성령을 거슬러 범하는 죄를 제외하고는 하나님이 모든 신자의 죄를 용서하시는 분이라고 가르칩니다(막 3:28-29).

9항 그러므로 우리는 신구(新舊) 노바시아노주의자와 카타리파를 정죄하며, 특별히 교황의 끔찍한 고행 교리를 정죄합니다. 그리고 우리는 베드로의 말을 인용하며, 돈을 드려 성령의 권능을 사려 한 시몬과 시몬의 면죄부 역시 정죄합니다. "베드로가 이르되 네가 하나님의 선물을 돈 주고 살 줄로 생각하였으니 네 은과 네가 함께 망할지어다 하나님 앞에서 네 마음이 바르지 못하니 이 도에는 네가 관계도 없고 분깃 될 것도 없느니라"(행 8:20-21).

10항 우리는 또한 자신들의 만족으로 말미암아 그들 스스로 자신들이 저지른 죄를 보상할 수 있다고 생각하는 자들을 배격합니다. 우리는 오직 그리스도만이 그분의 죽으심과 고난당하심으로 우리의 만족과 화목 제물이 되시며, 우리의 모든 죄를 깨끗하게 하시는 분임을 가르치기 때문입니다(사 53:4). 그럼에도 전에 말한 바와 같이 우리는 육체를 죽이는 일을 쉬지 말라고 강권하는 바입니다. 더 나아가 우리는 하나님 앞에서 그것을 우리의 자랑거리로 내세워서는 안 됩니다(고전 8:8). 도리어 우리는 반드시 겸손한 자세로 하나님의 자녀로서 하나님의 아들의 죽으심과 만족으로 말미암아 얻은 완전한 만족과 구원으로 인해 감사하는 마음을 새로운 순종으로 나타내 보여야 할 것입니다.

벨직 신앙 고백서 (1561)	하이델베르크 요리 문답 (1563)	제2 스위스 신앙 고백서 (1566)	도르트 신경 (1619)

선행

24항 인간의 성화와 선행

그러므로 이 거룩한 믿음이 사람 안에서 열매를 맺지 못한다는 것은 불가능한 일입니다. 우리는 헛된 믿음이 아니라[1] 성경이 "사랑으로 역사하는 믿음"이라 부르는 믿음에 대해 말하고 있기 때문입니다.[2] 이 믿음은 사람으로 하여금 하나님이 말씀을 통해 명령하신 일들을 실천에 옮기도록 격려하고 자극합니다. 믿음의 선한 뿌리에서 나오는 이 행위들은 모두 하나님의 은혜로 거룩해지기 때문에 하나님이 보시기에 선하고 받으실 만합니다. 그럼에도 불구하고 이 행위들은 우리의 칭의에 아무런 소용이 없습니다.[3] 우리가 어떤 행위를 하기 전에 그리스도 안에서 믿음으로 말미암아 의롭다 하심을 받기 때문입니다.[4] 그렇지 않으면 그 행위들은 선한 행위가 될 수 없습니다. 나무 자체가 좋지 않고서는 그 열매가 나무보다 더 좋을 수 없기 때문입니다.[5]

그러므로 우리는 선한 행위를 하지만 어떤 공로를 쌓기 위해 하지 않습니

62문. 그러면 왜 우리의 선한 행위는 하나님 앞에서 우리 의의 전부 또는 부분이라도 될 수 없는 것입니까?

답. 하나님의 법정 앞에서 인정받을 수 있는 의는 절대적으로 완전해야 하며, 모든 국면에서 하나님의 율법에 순응해야 하기 때문입니다.[1] 또한 이 세상 삶에서는 우리의 최고 행위라 할지라도 죄로 인해 모두 불완전하며 더럽기 때문입니다.[2]

---
[1] 갈 3:10; 신 27:26
[2] 사 64:6

63문. 무엇이라고요! 하나님이 이 세상과 오는 세상의 삶에서 상급을 주시는데 우리의 선한 행위가 공로가 되는 것이 아닌가요?

답. 이 상급은 공로가 아니라 그저 은혜입니다.[1]

---
[1] 눅 17:10

64문. 그렇다면 이런 교리는 사람들을 부주의하고 불경하게 만들지 않겠습니까?

답. 결코 그렇지 않습니다. 참된 믿음으로 말미암

16장 믿음과 선행에 관하여, 그 상급과 인간의 공로에 관하여

2항 (실제로 선한) 선한 행위는 성령님으로 말미암아 살아 있는 믿음에서 흘러나온 것이며, 신자들이 하나님 말씀의 뜻 또는 규칙에 따라 행한 것입니다. 사도 베드로가 다음과 같이 말하기 때문입니다. "그러므로 너희가 더욱 힘써 너희 믿음에 덕을, 덕에 지식을, 지식에 절제를, 절제에 인내를, 인내에 경건을, 경건에 형제 우애를, 형제 우애에 사랑을 더하라"(벧후 1:5-7).

3항 이것은 전에 하나님의 뜻인 하나님의 율법이 선한 행실에 관해 우리에게 제정한 것입니다. 사도 바울은 이렇게 말합니다. "하나님의 뜻은 이것이니 너희의 거룩함이라 곧 음란을 버리고 …… 이 일에 분수를 넘어서 형제를 해하지 말라 이는 우리가 너희에게 미리 말하고 증언한 것과 같이 이 모든 일에 주께서 신원하여 주심이라"(살전 4:3, 6). 하나님을 향한 이런 행위나 경배가 사람을 따를 때, 사도 바울은 이를 "자의적 숭배"라 부릅니다(골 2:23). 이런 것들은 허락되지도 않았고, 하나님을 닮은 행위도 아닙니다. 우리 주님은 복음서에서 이런 것들에 관해 이렇게 말씀하셨습니다. "사람의 계명으로 교훈을 삼아 가르치니 나를 헛되이 경배하는도다 하였느니라 하시고"(마 15:9).

4항 그러므로 우리는 이런 방식의 행위들을 인정하지 않으며, 오직 하나님의 뜻과 계명에 따른 것들만 인정하고 준행하라고 사람들에게 촉구하는 것입니다. 그렇습니다. 하나님의 뜻과 일치하는 이런 동일한 행위들만 수행되어야 하며, 그것들을 영원한 생명에 공헌하는 것으로 여기지도 않아야 합니다. "영생"이란 "하나님의 은사(선물)"라고 사도가 말하기 때문입니다(롬 6:23). 이것은 주님이

다섯째 교리

12항 그러나 견인에 관한 이러한 확신은 신자들에게 교만한 마음을 갖게 하거나 그들로 하여금 육적인 안전을 과신하게 만드는 것과는 전혀 거리가 멉니다. 도리어 견인의 확신은 참된 겸손과 자녀로서 갖는 경외감, 참된 경건, 모든 시험 가운데서의 인내, 뜨거운 기도, 고난 가운데서의 일관성, 진리를 고백하는 일, 그리고 하나님 안에서 누리는 참된 기쁨의 근원이 됩니다. 성경의 증언들과 성도의 실례들을 통해 잘 나타나는 것처럼, 견인하게 하시는 하나님의 은덕을 묵상하는 일은 성도로 하여금 진지하고도 계속적으로 하나님에게 감사하고 선행을 하도록 격려해 줍니다.

웨스트민스터 신앙 고백서 (1647)	웨스트민스터 소요리 문답 (1647)	웨스트민스터 대요리 문답 (1648)

16장 선행에 관하여

1항 선행이란 오직 하나님이 그분의 거룩한 말씀 안에 명령하신 것만을 가리키며,[1] 성경의 보증 없이, 맹목적인 열심이나 선의를 가장하여 사람들이 고안해 낸 것은 선행이 아닙니다.[2]

---

[1] 미 6:8; 롬 12:2; 히 13:21
[2] 마 15:9; 사 29:13; 벧전 1:18; 롬 10:2; 요 16:2; 삼상 15:21-23

2항 하나님의 계명에 순종함으로 행한 이런 선한 행실들은 참되며 살아 있는 믿음의 열매이자 증거입니다.[1] 그리고 이 열매와 증거로 말미암아 신자는 자신의 감사함을 나타내며,[2] 자신의 확신을 강화하고,[3] 형제들에게 덕을 세우며,[4] 복음에 대한 신앙 고백을 장식하고,[5] 대적자의 입을 막으며,[6] 하나님에게 영광을 돌립니다.[7] 신자는 하나님이 지으신 바요, 그리스도 예수 안에서 선한 일을 위하여 창조되었으므로,[8] 거룩함에 이르는 열매를 맺으니 그 마지막에는 영생을 얻게 됩니다.[9]

---

[1] 약 2:18, 22
[2] 시 116:12-13; 벧전 2:9
[3] 요일 2:3, 5; 벧후 1:5-10
[4] 고후 9:2; 마 5:16
[5] 딛 2:5, 9-12; 딤전 6:1
[6] 벧전 2:15
[7] 벧전 2:12; 빌 1:11; 요 15:8
[8] 엡 2:10
[9] 롬 6:22

3항 선을 행할 수 있는 능력은 결코 신자 자신에게서 나오는 것이 아닙니다. 그 능력은 그리스도의 영에서 나옵니다.[1] 이를 통해 선을 행할 수 있으려면, 그들이 이미 받은 은사들 외에, 성령님의 선하신 뜻을 자원하여 행하게 하시는 동일하신 성령님의 실

78문. 신자 안에 있는 성화의 불완전함은 어디에서 발생하는 것입니까?

답. 신자 안에 있는 성화의 불완전함은 그들의 모든 부분에 죄의 잔재가 머물고 있기 때문이며, 영을 거슬러 싸우는 끊임없는 육신의 정욕 때문입니다. 이로써 신자들은 흔히 유혹에 빠져 여러 죄에 떨어지게 되고,[1] 그들의 모든 신령한 봉사에서 방해받으며,[2] 그들의 최고 행위라 할지라도 하나님 보시기에는 불완전하고 더러운 것이 됩니다.[3]

---

[1] 롬 7:18, 23; 막 14:66 이하; 갈 2:11-12
[2] 히 12:1
[3] 사 64:6; 출 28:38

벨직 신앙 고백서 (1561)	하이델베르크 요리 문답 (1563)	제2 스위스 신앙 고백서 (1566)	도르트 신경 (1619)

벨직 신앙 고백서

다. 우리가 도대체 어떤 공로를 쌓을 수 있겠습니까? 하나님이 우리에게 선한 행위를 빚고 있는 것이 아니라 우리가 하나님께 빚고 있습니다.[6] 우리 안에서 자기의 기쁘신 뜻을 위하여 우리에게 소원을 두고 행하게 하시는 분이 바로 하나님이시기 때문입니다.[7] 그러므로 우리는 기록된 이 말씀을 마음에 새겨야 합니다. "이와 같이 너희도 명령받은 것을 다 행한 후에 이르기를 우리는 무익한 종이라 우리가 하여야 할 일을 한 것뿐이라 할지니라."[8]

이와 동시에 우리는 하나님이 선행에 상급을 주신다는 사실을 부정하지 않습니다. 하지만 그것은 하나님이 자기의 선물을 은혜로 주시는 것입니다.[9] 심지어 우리가 선을 행한다 할지라도 우리 구원의 근거를 그 위에 두지 않습니다.[10] 우리가 하는 행위라는 것이 우리 육체로 오염되었고 따라서 형벌을 받기에 마땅한 행위 외에 다른 행위를 하지 않기 때문입니다.[11] 더구나 우리가 비록 선한 행위를 한다고 해도, 단 한 가지 죄의 흔적만으로도 하나님이 그런 선행을 거부하시기에 충분하기 때문입니다.

하이델베르크 요리 문답

아 그리스도 안에 접붙여진 사람들이 감사의 열매를 맺지 못하는 것은 불가능하기 때문입니다.[1]
___
[1] 마 7:17-18; 요 15:5

86문. 우리의 공로는 전혀 없이 순전히 그리스도로 말미암아 오직 은혜를 통해 우리의 비참함에서 구원받았다면, 왜 우리가 여전히 선행을 해야 합니까?
답. 자신의 보혈로 우리를 구속하시고 구원하신 그리스도께서 또한 자신의 성령으로 자신의 형상을 닮게 하기 위하여 우리를 새롭게 하셔서 우리의 모든 행실을 통해 하나님이 주신 복락에 대해 하나님에게 감사드리고,[1] 우리를 통해 하나님이 찬양받으시게 하기 때문입니다.[2] 또한 우리 각 사람이 믿음의 열매로 우리 안에 있는 믿음을 확신하게 하시기 때문입니다.[3] 그리고 우리의 경건한 대화를 통해 다른 이들이 그리스도께 나아오게 하시기 때문입니다.[4]
___
[1] 고전 6:19-20; 롬 6:13; 12:1-2; 벧전 2:5, 9-10
[2] 마 5:16; 벧전 2:12
[3] 벤후 1:10; 갈 5:6, 24
[4] 벧전 3:1-2; 마 5:16; 롬 14:19

91문. 그렇다면 선행이란 무엇입니까?

제2 스위스 신앙 고백서

받지 않으시는 자기 과시여서는 안 되며(마 6:1, 5, 16), 하나님이 미워하시는 외식이어서도 안 되고(마 23:23), 오직 하나님의 영광을 위하고 우리의 부르심을 증거하며, 하나님에게 감사를 올려 드리고 또한 우리 이웃의 유익을 위한 것이어야 합니다. 우리 주님이 또다시 복음서에서 이렇게 말씀하시기 때문입니다. "이같이 너희 빛이 사람 앞에 비치게 하여 그들로 너희 착한 행실을 보고 하늘에 계신 너희 아버지께 영광을 돌리게 하라"(마 5:16). 마찬가지로 사도 역시 이렇게 말합니다. "너희가 부르심을 받은 일에 합당하게 행하여"(엡 4:1). 또한 그는 계속해서 이렇게 말합니다. "또 무엇을 하든지 말에나 일에나 다 주 예수의 이름으로 하고 그를 힘입어 하나님 아버지께 감사하라"(골 3:17). "각각 자기 일을 돌볼 뿐더러 또한 각각 다른 사람들의 일을 돌보아 나의 기쁨을 충만하게 하라"(빌 2:4). "또 우리 사람들도 열매 없는 자가 되지 않게 하기 위하여 필요한 것을 준비하는 좋은 일에 힘쓰기를 배우게 하라"(딛 3:14).

5항 그러므로 사람이 의롭게 되는 것은 우리의 행위 때문이 아니요 오직 그리스도를 믿는 믿음으로만 되는 일임을 사도와 함께 가르치지만(롬 3:28), 우리는 선한 행위를 경시하거나 정죄하지 않습니다. 사람은 게으르다는 믿음으로 창조되었거나 중생한 것이 아니라 도리어 선하고 유익한 것은 무엇이든지 쉬지 않고 행하도록 창조되고 중생한 것이기 때문입니다. 복음서에서 우리 주님이 이렇게 말씀하십니다. "이와 같이 좋은 나무마다 아름다운 열매를 맺고 못된 나무가 나쁜 열매를 맺나니"(마 7:17). 주님은 계속해서 말씀하십니다. "나는 포도나무요 너희는 가지라 그가 내 안에, 내가 그 안에 거하면 사람이 열매를 많이 맺나니 나를 떠나서는 너희가 아무것도 할 수 없음이라"(요 15:5). 그리고 마지막으로 사도는 이렇게 말합니다. "우리는 그가 만드신 바라 그리스도 예수 안에서 선한 일을 위하여 지으심을 받은 자니 이 일은 하나님이 전에 예비하사 우리로 그

웨스트민스터 신앙 고백서 (1647)	웨스트민스터 소요리 문답 (1647)	웨스트민스터 대요리 문답 (1648)

웨스트민스터 신앙 고백서(계속)

제적인 감화가 그들 안에 있어야 합니다.[2] 그러나 성령님의 특별한 활동이 없으면 아무런 의무를 수행하지 않아도 되는 것처럼 나태에 빠져서는 안 됩니다. 그들은 도리어 그들 안에 있는 하나님의 은사를 불 일 듯 일으키는 일에 부지런해야 합니다.[3]

---

[1] 요 15:4-6; 겔 36:26-27
[2] 빌 2:13; 4:13; 고후 3:5
[3] 빌 2:12; 히 6:11-12; 벧후 1:3, 5, 10-11; 사 64:7; 딤후 1:6; 행 26:6-7; 유 20-21절

4항 순종에 있어서 신자가 마땅히 수행해야만 하는 의무조차 다 행하기에 부족하기 때문에, 이 세상에서 도달할 수 있는 가장 최고의 순종에 도달한다 할지라도 그들이 마땅히 수행해야 할 그 이상의 일을 할 수 없고, 하나님이 요구하시는 것 이상으로 행할 수도 없습니다.[1]

---

[1] 눅 17:10; 느 13:22; 욥 9:2-3; 갈 5:17

5항 우리는 선행과 장차 있을 영광 사이에 있는 엄청난 차이로 인해 우리의 최고 행위를 통해서도 하나님의 손으로 베푸시는 죄의 용서와 영원한 생명에 공로를 세울 수 없으며, 우리와 하나님 사이에 있는 무한한 거리로 인하여 하나님에게 무엇을 더해 드리거나 우리가 전에 저지른 죄의 빚을 갚을 수도 없습니다.[1] 우리가 할 수 있는 일을 모두 행한 후에도 단지 우리의 의무를 다했을 뿐이요, 무익한 종이라고 말할 뿐입니다.[2] 그런데 우리 행위가 선행이 되는 것은 그것이 하나님의 성령으로 말미암기 때문입니다.[3] 그것이 우리에 의해 행해지는 것이라면, 우리의 여러 연약함과 불완전함으로 더럽혀지고 혼잡해져서 결국 하나님의 엄중한 심판을 견뎌 낼 수 없을 것입니다.[4]

---

[1] 롬 3:20; 4:2, 4, 6; 엡 2:8-9; 딛 3:5-7; 롬 8:18; 시 16:2; 욥 22:2-3; 35:7-8
[2] 눅 17:10
[3] 갈 5:22-23
[4] 사 64:6; 갈 5:17; 롬 7:15, 18; 시 143:2; 130:3

6항 그럼에도 신자들의 인격이 그리스도를 통하여 받아들여지기 때문에 그들의 선한 행위도 그리스도 안에서 받아들여집니다.[1] 이는 이 세상의 삶에서 하나님 보시기에 전적으로 흠이 없거나 책망받을 것이 없다는 뜻에서가 아닙니다.[2] 도리어 하나님이 그들을 하나님의 아들 안에서 보시기 때문에 비록 많은 연약함과 불완전함을 동반하고 있음에도 그들이 신실하게 행한 것을 기쁘게 받아 주시고 상 주시는 것입니다.[3]

---

[1] 엡 1:6; 벧전 2:5; 출 28:38; 창 4:4; 히 11:4
[2] 욥 9:20; 시 143:2
[3] 히 13:20-21; 고후 8:12; 히 6:10; 마 25:21, 23

7항 중생하지 못한 사람들이 행하는 행위는 그것이 하나님이 명하신 문제이거나 그들 자신과 다른 이들에게 유익한 것이라 할지라도[1] 믿음으로 정결해진 마음에서 나온 것이 아니며,[2] 하나님 말씀에 따라 올바른 방식으로 행해진 것도 아니고,[3] 하나님의 영광을 위한 올바른 목적으로 수행한 것도 아니기에,[4] 그 행위들은 죄악적이며 하나님을 기쁘시게 할 수 없고, 또는 하나님에게 은혜받기에 합당하게 만들어 주지도 않습니다.[5] 그럼에도 그 같은 행위들을 행하는 데 게으르다면 더욱 죄악적인 것이 되며, 하나님에게 불쾌한 일이 됩니다.[6]

---

[1] 왕하 10:30-31; 왕상 21:27, 29; 빌 1:15-16, 18
[2] 창 4:5; 히 11:4, 6
[3] 고전 13:3; 사 1:12
[4] 마 6:2, 5, 16
[5] 학 2:14; 딛 1:15; 암 5:21-22; 호 1:4; 롬 9:16; 딛 3:15
[6] 시 14:4; 36:3; 욥 21:14-15; 마 25:41-43, 45; 23:3

벨직 신앙 고백서 (1561)	하이델베르크 요리 문답 (1563)	제2 스위스 신앙 고백서 (1566)	도르트 신경 (1619)

벨직 신앙 고백서 (1561)

그러므로 우리가 구주의 고난과 죽음의 공로를 의지하지 않는다면, 우리는 어떤 확신도 없이 항상 의심하고 좌우로 흔들리며 방황하게 될 것이고, 우리의 가련한 양심은 계속해서 고통을 받게 될 것입니다.[12]

---

[1] 딛 3:8; 요 15:5; 히 11:6; 딤전 1:5
[2] 딤전 1:5; 갈 5:6; 딛 3:8
[3] 딤후 1:9; 롬 9:32; 딛 3:5
[4] 롬 4:4; 창 4:4
[5] 히 11:6; 롬 14:23; 창 4:4; 마 7:17
[6] 고전 4:7; 사 26:12; 갈 3:5; 살전 2:13
[7] 빌 2:13
[8] 눅 17:10
[9] 마 10:42; 25:34-35; 계 3:12, 21; 롬 2:6; 계 2:11; 요이 8절; 롬 11:6
[10] 엡 2:9-10
[11] 사 64:6
[12] 사 28:16; 롬 10:11; 합 2:4

하이델베르크 요리 문답 (1563)

답. 선행은 참된 믿음에서만 나오는 것으로,[1] 하나님의 율법에 따라[2] 하나님의 영광을 위해 행한 것을 뜻합니다.[3] 그리고 우리의 상상이나 사람이 제정한 것에 근거한 것은 선행이 아닙니다.[4]

---

[1] 롬 14:23
[2] 삼상 15:22; 엡 2:2, 10
[3] 고전 10:31
[4] 신 12:32; 겔 20:18; 마 15:9

제2 스위스 신앙 고백서 (1566)

가운데서 행하게 하려 하심이니라"(엡 2:10). "그가 우리를 대신하여 자신을 주심은 모든 불법에서 우리를 속량하시고 우리를 깨끗하게 하사 선한 일을 열심히 하는 자기 백성이 되게 하려 하심이라"(딛 2:14). 그러므로 우리는 선한 행위를 모멸하는 모든 자와, 선한 행위가 필요 없고 중요하지도 않다고 횡설수설하는 자들을 정죄합니다. 그럼에도 전에 말한 바와 같이 우리가 선한 행위로 말미암아 구원받는 것이라고 생각하거나 선한 행위 없이는 그 누구도 구원을 얻지 못하는 것처럼 구원에 매우 필요한 것이라고 생각하지도 않습니다. 우리는 은혜로 말미암아 구원을 얻으며 오직 그리스도의 은덕으로 구원을 받기 때문입니다. 행위란 믿음에 필연적으로 뒤따르는 것입니다. 그러나 구원이란 행위에 기인한 것이 아니라 전적으로 은혜에 기인한 것입니다. 다음과 같은 사도의 말은 매우 주목할 만합니다. "만일 은혜로 된 것이면 행위로 말미암지 않음이니 그렇지 않으면 은혜가 은혜 되지 못하느니라"(롬 11:6).

6항 이제 우리가 믿음을 통해 하는 행위들은 하나님을 기쁘시게 하고 인정을 받습니다. 그렇게 하는 사람은 그리스도를 믿는 믿음으로 하나님을 기쁘시게 하는 것이며, 그들이 행하는 행위는 그분의 성령을 통한 하나님의 은혜로 하는 일이기 때문입니다. 그렇기에 베드로는 다음과 같이 말합니다. "각 나라 중 하나님을 경외하며 의를 행하는 사람은 다 받으시는 줄 깨달았도다"(행 10:35). 그리고 바울 역시 이렇게 말합니다. "이로써 우리도 듣던 날부터 너희를 위하여 기도하기를 그치지 아니하고 구하노니 너희로 하여금 모든 신령한 지혜와 총명에 하나님의 뜻을 아는 것으로 채우게 하시고 주께 합당하게 행하여 범사에 기쁘시게 하고 모든 선한 일에 열매를 맺게 하시며 하나님을 아는 것에 자라게 하시고"(골 1:9-10). 그러므로 여기서 우리는 거짓되고 철학적인 것이 아니라 참된 덕과 진정으로 선한 행위, 그리스도인의 진정한 의무를 부지런히 가르치는 것입

웨스트민스터 신앙 고백서 (1647)	웨스트민스터 소요리 문답 (1647)	웨스트민스터 대요리 문답 (1648)

제2 스위스 신앙 고백서(계속)

니다. 그리고 우리는 이 일을 모든 부지런함과 진지함으로 사람의 마음에 심고 두드립니다. 또한 입으로는 복음을 찬양하고 고백하면서도 수치스러운 삶으로 동일한 복음을 욕되게 하는 그들의 태만과 위선을 신랄하게 지적합니다. 이런 경우 그들 눈앞에 하나님의 무시무시한 경고와 위협을 제시하는 동시에 하나님이 크신 약속과 풍성한 상급을 제시함으로 그들을 훈계하고 위로하고 책망합니다.

7항 우리는 선지자가 말한 것처럼 하나님이 선을 행하는 자들에게 풍성한 상을 주시는 분이라고 가르칩니다. "네 울음소리와 네 눈물을 멈추어라 네 일에 삯을 받을 것인즉"(렘 31:16). 우리 주님도 복음서에서 이렇게 말씀하셨습니다. "기뻐하고 즐거워하라 하늘에서 너희의 상이 큼이라"(마 5:12). "또 누구든지 제자의 이름으로 이 작은 자 중 하나에게 냉수 한 그릇이라도 주는 자는 내가 진실로 너희에게 이르노니 그 사람이 결단코 상을 잃지 아니하리라 하시니라"(마 10:42). 그럼에도 우리는 하나님이 베푸시는 이 상급을 그것을 받는 자의 공로로 돌리지 않고 그것을 약속하시고 실제 베풀어 주신 하나님의 선하심, 또는 관대하심과 진실하심으로 돌립니다. 비록 하나님은 그 누구에게든 갚아야만 하는 빚이 없으시지만 하나님을 신실하게 경배하는 자들에게 상 주겠다고 약속하셨습니다. 이는 그들이 하나님을 예배하게 하시기 위함입니다. 더욱이 성도의 행위 가운데는 위엄하신 하나님 앞에 합당하지 않은 것도 많으며 불완전한 것도 있습니다. 그러나 하나님은 그리스도를 위해 그 일을 행하는 사람들을 은총 가운데 받아 주시고 안아 주시며, 그들에게 약속된 상급을 온전하게 허락하십니다. 만일 그렇지 않다면 우리의 모든 의는 그저 거지가 입는 넝마로 비유될 뿐입니다(사 64:6). 그렇습니다. 주님은 복음서에서 이렇게 말씀하십니다. "이와 같이 너희도 명령받은 것을 다 행한 후에 이르기를 우리는 무익한 종이라 우리가 하여야 할 일을 한 것뿐이라 할지니라"(눅 17:10). 따라서 하나님이 우리의 선한 행실에 상급을 주시는 분이라고 가르치지만 동시에 우리는 아우구스티누스가 가르친 바와 같이 "하나님이 우리에게 영예로 관을 씌워 주시는 것은 우리의 공로 때문이 아니라 하나님이 주시는 선물"이라고 가르칩니다. 또한 그러하기에 우리가 어떤 상급을 받든 그것은 모두 은혜이므로 우리는 그것을 상급이라기보다 은혜라고 말합니다. 우리가 행하는 선한 일은 우리 자신에 의해서가 아니라 하나님에 의해서 수행하는 것이기 때문입니다. 이런 이유로 바울은 다음과 같이 말합니다. "누가 너를 남달리 구별하였느냐 네게 있는 것 중에 받지 아니한 것이 무엇이냐 네가 받았은즉 어찌하여 받지 않은 것같이 자랑하느냐"(고전 4:7). 이는 복받은 순교자 키프리아누스가 집약하여 이렇게 말한 바와 같습니다. "그 어떤 것도 우리 것이 아니기에 우리는 절대로 그 무엇이라도 자랑해서는 안 된다." 그러므로 우리는 인간의 공로를 변호하며, 하나님의 은혜를 방해하는 모든 자를 정죄하고 배격합니다.

벨직 신앙 고백서 (1561)	하이델베르크 요리 문답 (1563)	제2 스위스 신앙 고백서 (1566)	도르트 신경 (1619)

견인

1문. 삶과 죽음에 있어서 당신의 유일한 위로는 무엇입니까?

답. …… 또한 하늘에 계신 나의 아버지의 뜻이 아니면 내 머리털 하나도 땅에 떨어지지 않게[1] 나를 보호하여 주신다는 것입니다.[2] 참으로 모든 것이 나의 구원을 위해 합력하여 선을 이루게 하십니다.[3]

———
[1] 눅 21:18; 마 10:30
[2] 요 6:39; 10:28-29
[3] 롬 8:28

46문. 당신은 "하늘에 오르사"라는 말씀을 어떻게 이해합니까?

답. 그리스도께서 제자들이 보는 가운데 땅에서 하늘로 들려 올라가신 것으로 이해합니다.[1] 그리고 그리스도께서 산 자와 죽은 자를 심판하러 다시 오실 때까지, 우리를 위해 계속 그곳에 계시는 것입니다.[2]

———
[1] 행 1:9; 막 16:19
[2] 히 4:14; 롬 8:34; 엡 4:10

47문. 그렇다면, 그리스도께서 약속하신 것처럼 세상 끝 날까지 우리와 함께 하시는 것이 아닙니까?

첫째 교리

11항 하나님은 지극히 지혜로우시고 불변하시며 전지하시고 전능하시기 때문에 그분이 하신 선택은 방해를 받거나 변하거나 철회될 수 없으며, 무효가 될 수도 없습니다. 뿐만 아니라 택함받은 사람들은 버림받을 수 없으며, 그 수가 감소될 수도 없습니다.

선택과 유기에 관한 참된 교리를 설명했으므로 총회는 다음과 같이 가르치는 자들의 오류를 **배격합니다.**

오류 6

"구원에 이르는 모든 선택이 불변하는 것은 아니며, 택함받은 자들 가운데 어떤 이들은 하나님의 경륜에도 멸망당할 수 있으며 실제로 멸망합니다."

이들은 이 치명적인 오류로 하나님을 변할 수 있는 분으로 만들고, 경건한 자들이 그들의 선택을 확신함으로 받은 위로를 파괴하며, 택자들이 결코 배교에 이를 수 없다는 성경의 가르침과도 모순됩니

웨스트민스터 신앙 고백서 (1647)	웨스트민스터 소요리 문답 (1647)	웨스트민스터 대요리 문답 (1648)

11장 칭의에 관하여

5항 하나님은 의롭다 함을 받은 자들의 죄를 계속 용서하십니다.[1] 비록 그들은 칭의받은 상태에서 절대로 떨어져 나가지 않지만,[2] 그럼에도 그들의 죄로 인하여 그들 스스로 겸비하고 그들의 죄를 고백하며 용서를 구하고 그들의 믿음과 회개를 새롭게 하기까지 하나님의 부성적 징계에 놓일 수 있고, 그들을 회복시키시는 그분의 얼굴빛을 한동안 보지 못할 수도 있습니다.[3]

———

[1] 마 6:12; 요일 1:7, 9; 2:1-2
[2] 눅 22:32; 요 10:28; 히 10:14
[3] 시 89:31-33; 51:7-12; 32:5; 마 26:75; 고전 11:30, 32; 눅 1:20

17장 성도의 견인에 관하여

1항 하나님이 자신의 사랑하는 아들 안에서 받으시고 효과적으로 부르셔서 성령님으로 거룩하게 된 자들은 은혜 상태에서 전적으로 그리고 최종적으로 타락할 수 없으며, 은혜 상태에서 확실하게 끝까지 인내하고 마침내 구원받습니다.[1]

———

[1] 빌 1:6; 벧후 1:10; 요 10:28-29; 요일 3:9; 벧전 1:5, 9

2항 성도의 견인은 그들 자신의 자유 의지에 좌우되지 않고 하나님 아버지의 선택이라는 작정의 불변성과 아버지 하나님의 변함없는 사랑과,[1] 예수 그리스도의 공로와 중보의 효력과,[2] 성령님의 거하심과 그들 안에 있는 하나님의 씨와,[3] 은혜 언약의 본질에 좌우됩니다.[4] 이 모든 것에서 견인의 확실성과 무오성이 나옵니다.[5]

———

[1] 딤후 2:18-19; 렘 31:3

36문. 이 세상의 삶에서 칭의, 양자 됨, 성화와 동반하거나 그것들에서 흘러나오는 은덕은 무엇입니까?

답. 이 세상의 삶에서 칭의, 양자 됨, 성화와 동반하거나 그것들에서 흘러나오는 은덕은 하나님의 사랑에 관한 확신, 양심의 평안,[1] 성령 안에서의 기쁨,[2] 은혜의 증진,[3] 그리고 그 안에서 끝까지 견디는 것입니다.[4]

———

[1] 롬 5:1-2, 5
[2] 롬 14:17
[3] 잠 4:18
[4] 요일 5:13; 벧전 1:5

79문. 참 신자가 자신의 불완전함과 자신이 빠진 여러 유혹과 죄 때문에 은혜의 상태에서 타락할 수는 없습니까?

답. 참된 신자는 하나님의 불변하는 사랑,[1] 그들을 견인하게 하는 하나님의 작정과 언약,[2] 그리스도와 나눌 수 없는 연합,[3] 그들을 위한 그리스도의 계속적인 간구하심,[4] 그들 안에 거하는 하나님의 영과 씨로 인하여[5] 전적으로나 종국적으로 은혜의 상태에서 떨어질 수 없을 뿐 아니라,[6] 하나님의 능력에 의해 믿음으로 말미암아 구원에 이르기까지 보존됩니다.[7]

———

[1] 렘 31:3
[2] 딤후 2:19; 히 13:20-21; 삼하 23:5
[3] 고전 1:8-9
[4] 히 7:25; 눅 22:32
[5] 요일 3:9; 2:27
[6] 렘 32:40; 요 10:28
[7] 벧전 1:5

벨직 신앙 고백서 (1561)	하이델베르크 요리 문답 (1563)	제2 스위스 신앙 고백서 (1566)	도르트 신경 (1619)

하이델베르크 요리 문답(계속)

답. 그리스도께서는 참 사람이시자 참 하나님입니다. 그분의 인성에 관한 한, 그리스도께서는 더 이상 이 세상에 계시지 않습니다.[1] 그러나 그분의 신성과 위엄과 은혜와 영에 관한 한, 그리스도께서는 잠시라도 우리와 함께하시지 않는 때가 없습니다.

---

[1] 행 3:21; 요 3:13; 16:28; 마 28:20

49문. 그리스도께서 하늘에 오르신 것은 우리에게 어떤 유익이 됩니까?

답. 첫째, 그리스도께서는 하늘에 계신 하나님 아버지 앞에서 우리의 대언자가 되십니다.[1] 둘째, 우리의 머리이신 그리스도께서 그분의 지체가 되는 우리를 자신에게로 이끌어 올리시리라는 확실한 보증으로서 우리의 육체를 하늘에 둔다는 것입니다.[2] 셋째, 그리스도께서는 우리에게 보증으로 자신의 성령을 보내시는데,[3] 그 성령의 능력으로 말미암아 우리는 그리스도께서 하나님 우편에 앉아 계신 곳인 하늘의 것을 구하며 땅의 것을 구하지 않게 됩니다.[4]

---

[1] 히 9:24; 요일 2:2; 롬 8:34   [3] 요 14:16; 고후 1:22; 5:5
[2] 요 14:2; 엡 2:6   [4] 골 3:1; 빌 3:20

51문. 우리의 머리가 되시는 그리스도의 영광은 우리에게 어떤 유익이 됩니까?

답. 첫째, 그리스도께서는 그분의 성령으로 말미암아 그분의 지체 된 우리에게 하늘의 은사를 부어 주십니다.[1] 그리고 그분의 능력으로 우리를 우리의 모든 원수에게서 지키시고 보존하십니다.[2]

---

[1] 엡 4:8   [2] 시 2:9; 요 10:28

53문. 성령 하나님에 관하여 당신은 무엇을 믿습니까?

답. 첫째, 성령님은 성부와 성자와 함께 참되고 동등하게 영원하신 하나님임을 믿습니다.[1] 둘째, 성령님은 내게 임하셔서[2] 참된 믿음으로 말미암아 그리스도와 그분의 모든 은덕에 참여하는 자가 되게 하시며,[3] 나를 위로

도르트 신경(계속)

다. "거짓 그리스도들과 거짓 선지자들이 일어나 큰 표적과 기사를 보여 할 수만 있으면 택하신 자들도 미혹하리라"(마 24:24). 또한 그리스도께서는 아버지 하나님이 주신 자들을 결코 잃어버리지 않으실 것입니다. "나를 보내신 이의 뜻은 내게 주신 자 중에 내가 하나도 잃어버리지 아니하고 마지막 날에 다시 살리는 이것이니라"(요 6:39). 하나님은 미리 정하신 이들을 부르시고 부르신 이들을 의롭다 하시고 영화롭게 하셨습니다. "또 미리 정하신 그들을 또한 부르시고 부르신 그들을 또한 의롭다 하시고 의롭다 하신 그들을 또한 영화롭게 하셨느니라"(롬 8:30).

둘째 교리

9항 택함받은 자들을 향한 영원한 사랑에서 흘러나오는 이 목적은 이 계획을 좌절시키려는 무력한 지옥의 적대적인 권세에도 태초부터 지금까지 강력하게 성취되어 왔으며 앞으로도 계속 강력하게 성취될 것입니다. 때가 차면 택함받은 자들은 하나로 모일 것이며 그리스도의 보혈로 그 기초를 세운 신자의 교회는 부족함 없이 항상 있을 것입니다. 이 교회는 신부인 교회를 위해 신랑으로서 십자가 위에서 자기 목숨을 버리신 그리스도를 그들의 구주로 변함없이 사랑하고 신실하게 예배할 것이며, 그분의 영광을 지금부터 영원까지 찬양할 것입니다.

다섯째 교리

1항 하나님은 자신의 목적에 따라 자신의 아들 우리 주 예수 그리스도와 교제하게 하려고 부르시고 성령님으로 말미암아 중생하게 하시는 자들을 또한 이 세상 삶의 죄의 지배와 종노릇에서 해방시키십니다. 그러나 그들이 이 세상을 살아가는 한, 죄의 몸과 육체의 연약에서 완전히 해방되지는 않습니다.

2항 따라서 그들은 연약함으로 말미암아 날마다 죄를 범하고, 이런 이유로 성도의 최고 행위라 할지라도 흠이 있으며, 이로 인해 성도로 하여금 하나님 앞에서 날마다 계속 겸비하게 하고 십자가에 못 박히신 그리스도께로 피하게 하십니다. 또한 기도의 영과 경건의 거룩한 훈련을 통해 육체를 더욱 죽이고 제어하게 하십니다. 그리고 이 죽을 몸에서 마침내 건짐받고 천국에 계신 하나님의 어린양과 함께 왕 노릇 하게 될 때까지 완전이라는 푯대를 향하여 계속 전진하게 하십니다.

3항 회심한 자들이라 할지라도 남아 있는 이 죄와 이 세상의 유혹으로 말미암아 그들의 힘만으로는 결코 이 은혜의 상태에서 계속 보존될 수 없습니다. 그러나 은혜를 베풀어 주신 신실하신 하나님이 자비하심으로 그들이 받은 은혜

웨스트민스터 신앙 고백서 (1647)	웨스트민스터 소요리 문답 (1647)	웨스트민스터 대요리 문답 (1648)

² 히 10:10, 14; 13:20-21; 9:12-15; 롬 8:33-39; 요 17:11, 24; 눅 22:32; 히 7:25
³ 요 14:16-17; 요일 2:27; 3:9
⁴ 렘 32:40
⁵ 요 10:28; 살후 3:3; 요일 2:19

3항 그러나 그들은 사탄과 이 세상의 유혹과 그들 안에 퍼져 남아 있는 부패와 그들의 견인을 위한 은혜의 방편을 소홀히 하여 중한 죄에 빠질 수 있습니다.[1] 그리고 얼마 동안 그 죄에 계속 거하기도 합니다.[2] 이로 말미암아 하나님의 분노를 사고,[3] 성령님을 근심시키며,[4] 그들이 받은 은혜와 위로를 어느 정도 상실하고,[5] 마음이 강퍅해지며,[6] 그들의 양심은 상처를 받습니다.[7] 뿐만 아니라 다른 사람을 다치게 하거나 중상하며[8] 일시적인 심판을 초래합니다.[9]

---

[1] 마 26:70, 72, 74
[2] 시 51편 표제, 14
[3] 사 64:5, 7, 9; 삼하 11:27
[4] 엡 4:30
[5] 시 51:8, 10, 12; 계 2:4; 아 5:2-4, 6
[6] 사 63:17; 막 6:52; 16:14
[7] 시 32:3-4; 51:8
[8] 삼하 12:14
[9] 시 89:31-32; 고전 11:32

벨직 신앙 고백서 (1561)	하이델베르크 요리 문답 (1563)	제2 스위스 신앙 고백서 (1566)	도르트 신경 (1619)

하이델베르크 요리 문답(계속)

하시고,[4] 나와 함께 영원히 거하심을 믿습니다.[5]

---

[1] 창 1:2; 사 48:16; 고전 3:16
[2] 마 28:19; 고후 1:22
[3] 갈 3:14; 벧전 1:2
[4] 행 9:31
[5] 요 14:16; 벧전 4:14

54문. 당신은 그리스도의 "거룩한 공회"에 관해 무엇을 믿습니까?

답. 나는 세상의 시작부터 마지막까지[1] 하나님의 아들께서[2] 온 인류 가운데[3] 영원한 생명을 받도록[4] 택하신 교회를 참된 믿음으로 하나가 되도록 자신의 성령과 말씀으로[5] 모으시며[6] 보호하시고 보존하신다는 것을 믿습니다.[7] 그리고 나는 지금 이 교회의 살아 있는 지체이며 앞으로도 영원히 그렇게 남아 있을 것을 믿습니다.[8]

---

[1] 창 26:4
[2] 요 10:11
[3] 신 10:14-15
[4] 행 13:48
[5] 사 59:21
[6] 롬 9:24; 엡 1:10
[7] 요 10:16
[8] 고전 1:8-9; 롬 8:35 등

127문. 여섯 번째 간구는 무엇입니까?

답. "우리를 시험에 들게 하지 마시옵고 다만 악에서 구하시옵소서"입니다.[1] 우리 자신은 매우 연약하여 한순간도 스스로 설 수 없으며,[2] 이 외에도 우리의 치명적인 원수들인 마귀와[3] 세상과[4] 우리 육신이[5] 끊임없이 우리를 공격하니, 주님의 성령의 능력으로 우리를 보존하시고 강하게 하셔서 우리가 이 영적 전쟁에서 패하지 않고 마침내 완전한 승리를 얻을 때까지,[6] 우리 원수에게 계속해서 굳세게 대항하게 해주시길 구하는 것입니다.[7]

---

[1] 마 6:13
[2] 롬 8:26; 시 103:14
[3] 벧전 5:8
[4] 엡 6:12; 요 15:19
[5] 롬 7:23; 갈 5:17
[6] 살전 3:13; 5:23
[7] 마 26:41; 막 13:33

도르트 신경(계속)

안에 머물게 하시며 세상 끝 날까지 그분의 권능으로 지켜 보존하여 주십니다.

4항 참된 신자들을 은혜의 상태에 있게 하시고 보존하시는 하나님의 권능에 대해 육체의 연약이 대적하여 우세할 수는 없습니다. 그러나 회심한 자들이라 할지라도 육신의 정욕에 유혹을 받아 그것에 이끌리어 하나님의 은혜의 인도하심에서 이탈하여 죄악적으로 행하는 몇몇 특정 상황처럼 항상 하나님의 영에 영향받고 활동하는 것은 아닙니다. 그러므로 그들은 시험에 들지 않도록 항상 깨어 있어야 하며 기도해야 합니다. 이런 일들을 소홀히 한다면, 사탄과 세상과 육체로 말미암아 심각하고 끔찍한 죄에 노출되기 쉽습니다. 그러나 또한 하나님의 공의로운 허용을 통해 이런 악들에 빠질 수도 있습니다. 이는 거룩한 성경이 묘사하는 다윗과 베드로, 그리고 다른 성도들이 빠진 통탄할 만한 타락이 증언하고 있습니다.

5항 그러나 바로 이러한 엄청난 죄악들은 하나님을 노엽게 하며, 죽음의 형벌을 받기에 합당하고, 성령님을 근심시키며, 믿음의 훈련을 방해하고, 그들의 양심에 치명적인 상처를 입히며, 때때로 잠시 동안 하나님의 은총을 지각하지 못하게 만듭니다. 그리고 이는 하나님이 다시금 그들에게 사랑의 얼굴을 비추시어 그들이 진지하게 회개하고 바른 길로 돌아올 때까지 계속됩니다.

6항 그러나 자비가 풍성하신 하나님은 그들이 슬픈 죄악을 저질렀을 때조차도 자신의 불변하는 선택의 목적에 따라 자기 백성에게서 성령을 완전히 거두지 않으십니다. 하나님은 양자 됨의 은혜를 잃어버리거나 칭의의 상태를 박탈당하거나 죽음에 이르게 하는 죄를 저지를 때까지 그들을 내버려 두지 않으십니다. 더욱이 그분은 그들이 완전히 버림받거나 영원한 멸망 가운데 스스로를 던져 넣도록 버려두지 않으십니다.

7항 무엇보다 하나님은 그들의 타락에도 그들 안에 중생의 썩지 아니할 씨앗을 두셔서 멸망당하거나 완전히 잃어버리지 않게 하시기 때문입니다. 그리고 그분의 성령과 말씀으로 말미암아 그들을 확실하고 효과적으로 새롭게 하심으로 그들을 회개하게 하시고, 그들의 죄로 인한 신실하고 경건한 슬픔으로 이끄시며, 중보자의 피 안에 있는 용서를 구하고 얻게 하시며, 하나님과 화목하는 은총을 체험하게 하시고, 믿음을 통해 하나님의 자비하심을 찬양하게 하시며, 이로 말미암아 이때부터 더 두렵고 떨림으로 그들의 구원을 이루어 가게 하시기 때문입니다.

8항 그러므로 그들이 믿음과 은혜에서 전적으로 타락하지 않으며, 나아가 계

웨스트민스터 신앙 고백서 (1647)	웨스트민스터 소요리 문답 (1647)	웨스트민스터 대요리 문답 (1648)

도르트 신경(계속)

속 영적 침체에 빠지거나 끝내 멸망하지 않는 것은 그들 자신의 공로나 능력의 결과가 아니라 하나님의 무조건적인 자비 때문입니다. 그들 자신의 능력만 생각하면, 이런 일은 가능하지도 않을 뿐만 아니라 의심할 여지 없이 파멸할 것입니다. 그러나 하나님에 관한 한, 그분의 뜻은 변경될 수 없고 그분의 약속 또한 실패할 수 없으며, 하나님의 목적에 따른 부르심이 취소될 수도 없고, 그리스도의 공로와 중보와 보존하심이 효과를 발휘하지 못할 수도 없으며, 성령님의 인 치심이 방해받거나 소멸될 수 없기에 신자들이 멸망당하는 일은 불가능합니다.

9항 택함받은 자들을 구원에 이르게 하시는 이러한 보존과 믿음 안에서의 견인에 관해서 참된 신자들은 자신의 믿음의 분량에 따라 확신을 소유하게 되고 또한 소유할 수 있습니다. 이 믿음의 확신을 통해 그들은 자신이 교회의 참되고 살아 있는 지체로 계속 남아 있게 될 것을 굳게 확신하게 됩니다. 그리고 그들은 죄의 용서를 경험하고 영원한 생명을 상속받게 될 것입니다.

10항 그러나 이러한 확신은 하나님 말씀과 반대되거나 분리된 그 어떤 특별한 계시로 생겨나지 않습니다. 도리어 이 확신은 우리를 위로하시기 위해 자신의 말씀 안에 지극히 풍성하게 계시하신 하나님의 약속을 믿는 데서 흘러나옵니다. 이 확신은 우리의 영과 더불어 우리가 하나님의 자녀요, 상속자라고 친히 증언하시는 성령님의 증언을 통해 나옵니다(롬 8:16). 그리고 마지막으로 이 확신은 선한 양심을 보존하고 선한 행실을 행하려는 진지하고도 거룩한 추구에서 나옵니다. 하나님이 택하신 자들이 궁극적으로 승리를 얻으며, 실패할 수 없는 이 보증 또는 영원한 영광을 소유하리라는 이러한 견고한 위로를 갖지 못한다면, 그들은 모든 사람 가운데서 가장 불쌍한 사람이 될 것입니다.

11항 더욱이 성경은 신자들이 이 세상의 삶에서 여러 인간적인 의심과 싸우고 심각한 유혹에 직면할 때, 이러한 믿음의 완전한 확신과 견인의 확실성을 늘 지각할 수 있는 것은 아님을 증언합니다. 하지만 모든 위로의 아버지가 되시는 하나님은 성도가 감당하지 못할 시험을 허락하지 않으시고, 시험당할 즈음에 피할 길을 주사 그들로 하여금 능히 감당하게 하십니다(고전 10:13). 그리고 성령님은 그들에게 평안한 견인의 확신을 회복시키십니다.

12항 그러나 견인에 관한 이러한 확신은 신자들에게 교만한 마음을 갖게 하거나 그들로 하여금 육적인 안전을 과신하게 만드는 것과는 전혀 거리가 멉니다. 도리어 견인의 확신은 참된 겸손과 자녀로서 갖는 경외감, 참된 경건, 모든 시험 가운데서의 인내, 뜨거운 기도, 고난 가운데서의 일관성, 진리를 고백하는 일, 그리고 하나님 안에서 누리는 참된 기쁨의 근원이 됩니다. 성경의 증언들과 성도의 실례들을 통해 잘 나타나는 것처럼, 견인하게 하시는 하나님의 은덕을 묵상하는 일은 성도로 하여금 진지하고도 계속적으로 하나님께 감사하고 선행을 하도록 격려해 줍니다.

13항 견인을 새롭게 확신하는 것은 영적 타락에서 회복된 자들 안에 교만을 낳거나 경건을 무시하게 만들지 않습니다. 오히려 이는 더 사려 깊고 세심한 태도로 계속해서 주의 길로 행하게 합니다. 이는 그 안에서 걷는 자들이 견인의 확신을 유지하도록 주께서 정하신 길입니다. 또한 그들이 하나님의 부성적인 자비하심을 남용하여 하나님이 자신의 은혜로운 얼굴을 그들에게서 돌리시고 그 결과 더욱 큰 양심의 고통을 당하는 일이 없게 하십니다. 경건한 자들에게는 주의 얼굴을 바라보는 것이 생명보다 나으며 하나님이 그 얼굴을 가리시는 것이 죽음보다 쓴 고통이기 때문입니다.

14항 하나님이 복음 선포를 통해 우리 안에 이 은혜의 역사가 시작되기를 기뻐하신 것처럼 하나님은 그분의 말씀을 듣고 읽고 묵상하는 것과 말씀의 권고와 경고와 그 약속들과 성례의 시행을 통해 지금도 이 은혜의 역사를 보존하시고 계속하시며 완성하십니다.

15항 육신에 속한 자는 하나님이 말씀에서 지극히 풍성하게 계시해 주신 이 교리, 즉 그분 이름의 영광과 경건한 영혼들의 위로를 위해 신실한 자들의 마음에 새겨 주시는 성도의 견인 교리와 그 확실성을 이해하지 못합니다. 사탄은 이것을 혐오합니다. 세상은 이것을 조롱합니다. 무지한 자들과 위선자들은 이 교리를 남용하고, 이단자들은 이를 반대합니다. 그러나 그리스도의 신부는 이 교리를 항상 사랑했고, 값을 매길 수 없는 보화로 옹호해 왔습니다. 그리고 그 어떤 계획도 권세도 대적할 수 없는 하나님은 그리스도의 신부가 세상 끝 날까지 이 교리를 계속 사랑하고 옹호하게 하실 것입니다. 아버지와 아들과 성령이신 한 분 하나님께 존귀와 영광이 영원무궁토록 있을지어다. 아멘.

벨직 신앙 고백서 (1561)	하이델베르크 요리 문답 (1563)	제2 스위스 신앙 고백서 (1566)	도르트 신경 (1619)

도르트 신경(계속)

(견인에 관한) 참된 교리를 설명했으므로 총회는 다음과 같이 가르치는 자들의 오류를 **배격합니다.**

오류 1

"참된 신자의 견인은 선택의 열매거나, 그리스도의 죽으심으로 말미암아 얻은 하나님의 선물이 아니라 확정적인 선택이나 칭의 이전에 사람이 자신의 자유 의지로 반드시 성취해야 할 새 언약의 조건입니다."

성경은 참된 신자의 견인이 선택을 따라 나오며, 그리스도의 죽으심과 부활하심과 중보의 은덕으로 택함받은 자들에게 주어지는 것이라고 증언합니다. "그런즉 어떠하뇨 이스라엘이 구하는 그것을 얻지 못하고 오직 택하심을 입은 자가 얻었고 그 남은 자들은 우둔하여졌느니라"(롬 11:7). 마찬가지로 바울은 다음과 같이 말합니다. "자기 아들을 아끼지 아니하시고 우리 모든 사람을 위하여 내주신 이가 어찌 그 아들과 함께 모든 것을 우리에게 주시지 아니하겠느냐 누가 능히 하나님께서 택하신 자들을 고발하리요 의롭다 하신 이는 하나님이시니 누가 정죄하리요 죽으실 뿐 아니라 다시 살아나신 이는 그리스도 예수시니 그는 하나님 우편에 계신 자요 우리를 위하여 간구하시는 자시니라 누가 우리를 그리스도의 사랑에서 끊으리요"(롬 8:32-35).

오류 2

"하나님은 신자가 자신의 의무를 다한다면, 실로 신자가 인내할 수 있도록 충분한 힘을 공급해 주시고 그 사람 안에 그 힘을 계속 공급해 주실 것입니다. 그러나 믿음 안에서 인내하기 위해 필요한 모든 것과 하나님이 그 믿음을 견인하기 위해 사용하시는 모든 것이 구비되어 있다 할지라도, 인내할지 인내하지 않을지는 신자의 의지에 달려 있습니다."

이러한 사상은 명백하게 펠라기우스주의자의 주장을 담고 있는데, 이는 사람들을 자유롭게 해주려는 것이지만 하나님의 영예를 도둑질하는 자로 만들며, 복음에 일치되는 가르침, 즉 사람으로 하여금 자랑의 원인을 모두 없애고 이러한 은총에 대한 찬양을 오직 하나님의 은혜에만 돌리려는 가르침과 반대됩니다. 그리고 다음과 같이 선언하는 사도의 가르침과도 반대됩니다. "주께서 너희를 우리 주 예수 그리스도의 날에 책망할 것이 없는 자로 끝까지 견고하게 하시리라"(고전 1:8).

오류 3

"참된 신자와 중생한 사람을 의롭다 하는 믿음과 마찬가지로 은혜와 구원에서도 전적으로 떨어질 수 있을 뿐만 아니라 실제로 이 모든 것에서 떨어지며 영원히 잃어버린 바 될 수 있습니다."

이런 개념은 은혜와 칭의와 중생과 그리스도께서 계속 지켜 주심을 무기력하게 만들고, 다음과 같은 사도 바울의 명백한 말씀과 전적으로 반대됩니다. "우리가 아직 죄인 되었을 때에 그리스도께서 우리를 위하여 죽으심으로 하나님께서 우리에 대한 자기의 사랑을 확증하셨느니라 그러면 이제 우리가 그의 피로 말미암아 의롭다 하심을 받았으니 더욱 그로 말미암아 진노하심에서 구원을 받을 것이니"(롬 5:8-9). 그리고 사도 요한의 가르침과도 반대됩니다. "하나님께로부터 난 자마다 죄를 짓지 아니하나니 이는 하나님의 씨가 그의 속에 거함이요 그도 범죄하지 못하는 것은 하나님께로부터 났음이라"(요일 3:9). 뿐만 아니라 예수 그리스도의 말씀과도 반대됩니다. "내가 그들에게 영생을 주노니 영원히 멸망하지 아니할 것이요 또 그들을 내 손에서 빼앗을 자가 없느니라 그들을 주신 내 아버지는 만물보다 크시매 아무도 아버지 손에서 빼앗을 수 없느니라"(요 10:28-29).

오류 4

"참된 신자와 중생한 사람도 사망에 이르는 죄를 짓거나 성령을 거스르는 죄를 저지를 수 있습니다."

그러나 동일한 사도인 요한은 그의 첫 번째 서신 5장 16-17절에서 사망에 이르는 죄를 저지르는 자들을 위해 기도하지 말라고 말했는데, 곧이어 다음과 같은 18절 말씀을 추가합니다. "하나님께로부터 난 자는 다 범죄하지 아니하는 줄을 우리가 아노라 하나님께로부터 나신 자가 그를 지키시매 악한 자가 그를 만지지도 못하느니라"(요일 5:18).

오류 5

"특별 계시 없이는 우리가 이 세상의 삶에서 앞으로의 인내를 확신할 수 없습니다."

성경은 특별하고 비범한 어떤 계시에서가 아니라 하나님의 자녀만이 지니는 특유의 표지와 하나님의 변함없는 약속에서 신자의 확신이 나온다고 끊임없이 가르치기 때문에, 이런 가르침은 이 세상에서 참된 신자가 누리는 확실한 위로를 빼앗아 가고 교황주의

웨스트민스터 신앙 고백서 (1647)	웨스트민스터 소요리 문답 (1647)	웨스트민스터 대요리 문답 (1648)

도르트 신경(계속)

자의 의심을 교회 안에 다시 들여오는 것과 같습니다. 따라서 특별히 사도 바울은 이렇게 선포합니다. "높음이나 깊음이나 다른 어떤 피조물이라도 우리를 우리 주 그리스도 예수 안에 있는 하나님의 사랑에서 끊을 수 없으리라"(롬 8:39). 그리고 사도 요한도 다음과 같이 선언합니다. "그의 계명을 지키는 자는 주 안에 거하고 주는 그의 안에 거하시나니 우리에게 주신 성령으로 말미암아 그가 우리 안에 거하시는 줄을 우리가 아느니라"(요일 3:24).

오류 6
"견인과 구원의 확실성의 교리는 그 자체의 특징과 본질 때문에 경건과 선한 도덕과 기도와 다른 거룩한 훈련들에 해악을 끼치는 원인이 되며, 견인을 의심하는 것이 도리어 칭찬받을 만한 일이 됩니다."

이 주장은 하나님의 은혜와 내주하셔서 역사하시는 성령님의 능력을 전혀 모른다는 것을 잘 보여 줍니다. 이는 첫 번째 서신에서 명백한 어조로 다음과 같이 말한 사도 요한의 말과 모순됩니다. "사랑하는 자들아 우리가 지금은 하나님의 자녀라 장래에 어떻게 될지는 아직 나타나지 아니하였으나 그가 나타나시면 우리가 그와 같을 줄을 아는 것은 그의 참모습 그대로 볼 것이기 때문이니 주를 향하여 이 소망을 가진 자마다 그의 깨끗하심과 같이 자기를 깨끗하게 하느니라"(요일 3:2-3). 더 나아가 이들의 주장은 견인과 구원을 확신했음에도 기도와 다른 경건 훈련에 매진한 구약과 신약의 성도가 보여 준 모범과도 모순됩니다.

오류 7
"한때 믿은 사람들의 믿음은 지속되는 기간만 제외하면 의롭다 하심과 구원 얻는 믿음과 서로 다르지 않습니다."

그러나 그리스도께서는 친히 마태복음 13장 20절, 누가복음 8장 13절과 다른 여러 곳에서 믿음의 기간뿐 아니라 잠시 동안 믿은 사람들의 믿음과 참된 신자들의 믿음이 세 가지 측면에서 서로 다르다고 분명하게 가르치십니다. 전자는 씨를 돌밭에서 받지만 후자는 좋은 땅 또는 마음으로 받습니다. 전자는 뿌리가 없지만 후자는 견고한 뿌리를 내립니다. 전자는 열매가 없지만, 후자는 꾸준함과 인내 가운데 다양한 열매를 맺습니다.

오류 8
"첫 번째 중생에서 떨어진 사람이 다시 또는 계속해서 수시로 중생하는 것은 이상한 일이 아닙니다."

그러나 이런 가르침은 우리를 중생하게 하시는 하나님의 썩지 아니할 씨를 부인하며, 다음과 같은 사도 베드로의 증언과도 모순됩니다. "너희가 거듭난 것은 썩어질 씨로 된 것이 아니요 썩지 아니할 씨로 된 것이니 살아 있고 항상 있는 하나님의 말씀으로 되었느니라"(벧전 1:23).

오류 9
"그리스도께서는 그 어디에서도 신자들의 믿음이 떨어지지 않고 실패 없이 계속되도록 기도하신 적이 없습니다."

그러나 그들은 다음과 같이 전하신 그리스도의 말씀과 반대됩니다. "그러나 내가 너를 위하여 네 믿음이 떨어지지 않기를 기도하였노니 너는 돌이킨 후에 네 형제를 굳게 하라"(눅 22:32). 또한 그리스도께서 사도들만이 아니라 그들이 전한 말씀을 듣고 믿게 될 이들을 위해서도 기도하신다고 선포하는 전도자 요한의 말과도 모순됩니다. "나는 세상에 더 있지 아니하오나 그들은 세상에 있사옵고 나는 아버지께로 가옵나니 거룩하신 아버지여 내게 주신 아버지의 이름으로 그들을 보전하사 우리와 같이 그들도 하나가 되게 하옵소서 …… 내가 비옵는 것은 그들을 세상에서 데려가시기를 위함이 아니요 다만 악에 빠지지 않게 보전하시기를 위함이니이다 …… 내가 비옵는 것은 이 사람들만 위함이 아니요 또 그들의 말로 말미암아 나를 믿는 사람들도 위함이니"(요 17:11, 15, 20).

벨직 신앙 고백서 (1561)	하이델베르크 요리 문답 (1563)	제2 스위스 신앙 고백서 (1566)	도르트 신경 (1619)

확신

1문. 삶과 죽음에 있어서 당신의 유일한 위로는 무엇입니까?

답. 삶과 죽음에 있어서 나의 유일한 위로는 …… 그리스도께서 그분의 성령으로 말미암아 나에게 영생을 확신시키시고,[1] 기꺼이 그리고 언제든지 온 마음을 다해 그리스도를 위해 살게 하시는 것입니다.[2]

---

[1] 고후 1:22; 5:5
[2] 롬 8:14; 7:22

79문. 그렇다면 그리스도께서는 왜 떡을 자신의 몸이라 하시고, 잔을 자신의 피 또는 자신의 피로 세우는 새 언약이라고 부르시는 것입니까? 그리고 바울은 왜 "그리스도의 몸과 피에 참여하는 것"에 대해 말합니까?

답. 그리스도께서 아무런 이유 없이 이렇게 말씀하신 것이 아닙니다. 즉 우리에게 떡과 포도주가 이 세상의 육신적 생명을 유지시키듯, 십자가에 못 박히신 그분의 몸과 흘리신 피가 우리 영혼을 영생하게 하는 참된 양식과 음료라는 사실을 가르치려 하신 것입니다.[1] 그뿐 아니

첫째 교리

12항 각기 다양한 단계와 각기 다른 차이를 보이기는 하지만, 택함받은 자들은 정한 때에 자신의 영원하고 불변하는 선택을 확신하게 됩니다. 이는 하나님에 관한 비밀스럽고 깊은 것을 꼬치꼬치 캐묻는 호기심에 의해서가 아니라, 하나님의 말씀에서 그들 안에 있다고 가리키는 영적 기쁨과 거룩한 즐거움, 그리스도를 믿는 참된 믿음, 자녀로서 품는 경외감, 죄에 대한 경건한 슬픔, 의에 주리고 목마름 등과 같이 선택의 확실한 열매들을 발견함으로 확신하게 되는 것입니다.

선택과 유기에 관한 참된 교리를 설명했으므로 총회는 다음과 같이 가르치는 자들의 오류를 **배격합니다.**

오류 8

"하나님은 단지 자신의 공의로운 뜻을 따라 어떤 이를 아담의 타락 안에서 죄와 정죄의 공통적인 상태에 내버려 두거나 믿음과 회개에 필요한 은혜를 나

웨스트민스터 신앙 고백서 (1647)	웨스트민스터 소요리 문답 (1647)	웨스트민스터 대요리 문답 (1648)

14장 구원 얻는 믿음에 관하여

3항 이 믿음은 정도에 따라 달라서 약하기도 하고 강하기도 합니다.[1] 또한 종종 여러 방식으로 공격당하여 약해지기도 하지만, 결국 승리합니다.[2] 우리 믿음의 주요, 또 온전하게 하시는 이인 그리스도를 통해[3] 완전한 확신에 이르기까지 이 믿음은 여러 방법을 통해 자랍니다.[4]

———
[1] 히 5:13-14; 롬 4:19-20; 마 6:30; 8:10
[2] 눅 22:31-32; 엡 6:16; 요일 5:4-5
[3] 히 12:2
[4] 히 6:11-12; 10:22; 골 2:2

18장 은혜와 구원의 확신에 관하여

1항 위선자들과 중생하지 않은 자들은 자신이 하나님의 은총과 구원의 상태에 있다는 (멸망당할 그들의) 거짓된 소망과[1] 육적인 추정으로 자신을 속일 수 있습니다.[2] 그러나 주 예수를 진실하게 믿고 신실하게 사랑하며 그 앞에서 선한 양심에 따라 행하는 자들은 이 세상에서 그들이 은혜의 상태에 있음을 분명히 확신할 수 있고,[3] 그들을 결코 부끄럽게 하지 않을 소망인 하나님의 영광을 소망하는 가운데 즐거워합니다.[4]

———
[1] 마 7:22-23
[2] 욥 8:13-14; 미 3:11; 신 29:19; 요 8:41
[3] 요일 2:3; 3:14, 18-19, 21, 24; 5:13
[4] 롬 5:2, 5

2항 이러한 확실성은 실패하는 소망에 근거한 추측이나 그럴듯한 설득이 아닙니다.[1] 이는 구원의 약속들이라는 신적인 진리와,[2] 이런 약속들로 말미암아 주어지는[3] 은혜의 내적 증거와, 우리의 영과 더불어 우리가 하나

36문. 이 세상의 삶에서 칭의, 양자 됨, 성화와 동반하거나 그것들에서 흘러나오는 은덕은 무엇입니까?

답. 이 세상의 삶에서 칭의, 양자 됨, 성화와 동반하거나 그것들에서 흘러나오는 은덕은 하나님의 사랑에 관한 확신, 양심의 평안,[1] 성령 안에서의 기쁨,[2] 은혜의 증진,[3] 그리고 그 안에서 끝까지 견디는 것입니다.[4]

———
[1] 롬 5:1-2, 5
[2] 롬 14:17
[3] 잠 4:18
[4] 요일 5:13; 벧전 1:5

80문. 참된 신자는 자신이 은혜 상태에 있는 것과 구원에 이르기까지 그 안에서 견인될 것을 무오하게 확신할 수 있습니까?

답. 그리스도를 진실로 믿고 그분 앞에서 모든 선한 양심으로 행하고자 노력하는 자는[1] 비범한 계시 없이도 하나님의 약속의 진리에 근거한 믿음과, 그들에게 생명의 약속을 주신[2] 그 은혜를 스스로 분별할 수 있게 하시고 그들이 하나님의 자녀임을[3] 그들의 영으로 더불어 증거하시는 성령님에 의하여, 그들이 은혜 상태에 있는 것과 구원에 이르기까지 그 안에서 견인될 것을 무오하게 확신할 수 있습니다.[4]

———
[1] 요일 2:3
[2] 고전 2:12; 요일 3:14, 18-19, 21, 24; 4:13, 16; 히 6:11-12
[3] 롬 8:16
[4] 요일 5:13

81문. 모든 참된 신자는 그들이 지금 은혜 상태에 있는 것과 장차 구원받을 것을 항상 확신합니까?

답. 은혜와 구원의 확신은 신앙의 본질에 속한 것이 아니므로[1] 참된 신자도 확신에 이르기까지 오래 기다릴 수 있으며,[2] 이러한 확신을 누린 후에도 다양한 병리, 죄, 유혹, 이탈 등으로 인하여 확신이 약화되거나 중단되기도 합니다.[3] 그러나 하나님의 영께서 버려두지 않으시고 동행하며 붙드심으로 결단코 전적인 절망에 빠지지 않도록 지켜 주십니다.[4]

———
[1] 엡 1:13
[2] 사 50:10; 시 88편
[3] 시 77:1-12; 51:8, 12; 31:22; 22:1
[4] 요일 3:9; 욥 13:15; 시 73:15, 23; 사 54:7-10

벨직 신앙 고백서 (1561)	하이델베르크 요리 문답 (1563)	제2 스위스 신앙 고백서 (1566)	도르트 신경 (1619)

도르트 신경(계속)

라 더 특별히는 눈에 보이는 이러한 표와 보증을 통해 우리가 그리스도를 기념하면서 우리 육신의 입으로 이 거룩한 표들을 받아먹는 것처럼 우리가 실제로 (성령의 역사하심을 통해) 그리스도의 참된 몸과 피에 참여하는 자가 된다는 사실을 확신시키려 하신 것입니다.[2] 그리고 마치 우리 자신이 고난을 당하고 하나님에게 우리의 죗값을 치른 것처럼, 그리스도의 모든 고난과 순종이 확실히 우리의 것이 된다는 것을 가르치려 하신 것입니다.[3]

---

[1] 요 6:51, 55-56
[2] 고전 10:16-17; 11:26-28; 엡 5:30
[3] 롬 5:9, 18-19; 8:4

86문. 우리의 공로는 전혀 없이 순전히 그리스도로 말미암아 오직 은혜를 통해 우리의 비참함에서 구원받았다면, 왜 우리가 여전히 선행을 해야 합니까?
답. …… 또한 우리 각 사람이 믿음의 열매로 우리 안에 있는 믿음을 확신하게 하시기 때문입니다.[1]

---

[1] 벧후 1:10; 갈 5:6, 24

129문. "아멘"이 의미하는 바는 무엇입니까?

누어 주시는 일에 지나치기로 결정하신 것이 아닙니다."

그러나 이는 다음과 같은 성경 말씀에 따라 분명하게 확립되어 있습니다. "그런즉 하나님께서 하고자 하시는 자를 긍휼히 여기시고 하고자 하시는 자를 완악하게 하시느니라"(롬 9:18). 그리고 다음 말씀도 보십시오. "사람들이 너희를 끌어다가 넘겨 줄 때에 무슨 말을 할까 미리 염려하지 말고 무엇이든지 그때에 너희에게 주시는 그 말을 하라 말하는 이는 너희가 아니요 성령이시니라"(막 13:11). 마찬가지로 이런 말씀도 있습니다. "그때에 예수께서 대답하여 이르시되 천지의 주재이신 아버지여 이것을 지혜롭고 슬기 있는 자들에게는 숨기시고 어린아이들에게는 나타내심을 감사하나이다 옳소이다 이렇게 된 것이 아버지의 뜻이니이다"(마 11:25-26).

다섯째 교리

9항 택함받은 자들을 구원에 이르게 하시는 이러한 보존과 믿음 안에서의 견인에 관해서 참된 신자들은 자신의 믿음의 분량에 따라 확신을 소유하게 되고 또한 소유할 수 있습니다. 이 믿음의 확신을 통해 그들은 자신이 교회의 참되고 살아 있는 지체로 계속 남아 있게 될 것을 굳게 확신하게 됩니다. 그리고 그들은 죄의 용서를 경험하고 영원한 생명을 상속받게 될 것입니다.

10항 그러나 이러한 확신은 하나님 말씀과 반대되거나 분리된 그 어떤 특별한 계시로 생겨나지 않습니다. 도리어 이 확신은 우리를 위로하기 위해 자신의 말씀 안에 지극히 풍성하게 계시하신 하나님의 약속을 믿는 데서 흘러나옵니다. 이 확신은 우리의 영과 더불어 우리가 하나님의 자녀요, 상속자라고 친히 증언하시는 성령님의 증언을 통해 나옵니다(롬 8:16). 그리고 마지막으로 이 확신은 선한 양심을 보존하고 선한 행실을 행하려는 진지하고도 거룩한 추구에서 나옵니다. 하나님이 택하신 자들이 궁극적으로 승리를 얻으며, 실패할 수 없는 이 보증 또는 영원한 영광을 소유하리라는 이러한 견고한 위로를 갖지 못한다면, 그들은 모든 사람 가운데서 가장 불쌍한 사람이 될 것입니다.

11항 더욱이 성경은 신자들이 이 세상의 삶에서 여러 인간적인 의심과 싸우고 심각한 유혹에 직면할 때, 이러한 믿음의 완전한 확신과 견인의 확실성을 늘 지각할 수 있는 것은 아님을 증언합니다. 하지만 모든 위로의 아버지가 되시는 하나님은 성도가 감당하지 못할 시험을 허락하지 않으시고, 시험당할 즈음에 피할 길을 주사 그들로 하여금 능히 감당하게 하십니다(고전 10:13). 그리고 성령님은 그들에게 평안한 견인의 확신을 회복시키십니다.

13항 견인을 새롭게 확신하는 것은 영적 타락에서 회복된 자들 안에 교만을 낳

웨스트민스터 신앙 고백서 (1647)	웨스트민스터 소요리 문답 (1647)	웨스트민스터 대요리 문답 (1648)

님의 자녀임을 증언하시는[4] 양자의 영의 증언에 기초한 무오한 믿음의 확신입니다. 이 성령님은 우리 기업의 보증이시며, 이로써 우리가 구원의 날까지 인 침을 받았습니다.[5]

---

1 히 6:11, 19
2 히 6:17-18
3 벧후 1:4-5, 10-11; 요일 2:3; 3:14; 고후 1:12
4 롬 8:15-16
5 엡 1:13-14; 4:30; 고후 1:21-22

3항 이 무오한 확신은 믿음의 본질에 속하지 않으며, 참된 신자가 이런 확신에 참여하는 자가 되기까지는 오랜 시간이 걸리고 많은 어려움으로 곤란을 당할 수도 있습니다.[1] 그러나 하나님이 신자에게 값없이 주신 것들을 성령님이 알 수 있게 하시기 때문에 비범한 계시가 없어도 일반적인 수단을 올바로 사용함을 통해 참된 신자는 이러한 확신을 얻게 됩니다.[2] 그러므로 자신의 부르심과 선택을 확신하기 위해 부지런히 이런 수단들을 사용할 의무가 모두에게 있습니다.[3] 이를 통해 신자의 마음은 확신의 참된 열매로서 성령님 안에서의 평강과 기쁨, 하나님을 향한 사랑과 감사, 순종의 의무를 감당할 수 있는 힘과 즐거움으로 더욱 충만해집니다.[4] 이런 확신은 결코 사람으로 하여금 해이해지게 하지 않습니다.[5]

---

1 요일 5:13; 사 1:10; 막 9:24; 시 88편; 77:1-12
2 고전 2:12; 요일 4:13; 히 6:11-12; 엡 3:17-19
3 벧후 1:10
4 롬 5:1-2, 5; 14:17; 15:13; 엡 1:3-4; 시 4:6-7; 119:32
5 요일 2:1-2; 롬 6:1-2; 딛 2:11-12, 14; 고후 7:1; 롬 8:1, 12; 요일 3:2-3; 시 130:4; 요일 1:6-7

4항 참된 신자라 할지라도 구원의 확신이 다양한 방식으로 흔들릴 수 있으며, 감소되거나 일시적으로 멈추기도 합니다. 이는 확신을 유지하는 일에 게으르거나, 양심이 상하고 성령님을 근심시키는 특정한 죄에 빠

벨직 신앙 고백서 (1561)	하이델베르크 요리 문답 (1563)	제2 스위스 신앙 고백서 (1566)	도르트 신경 (1619)

답. "아멘"은 이 모든 것이 이루어지기를 간절히 바라는 내 마음보다 확실하게 하나님이 내 기도를 들으시기 때문에 참으로 반드시 그렇게 될 것이라는 뜻입니다.[1]

———
1 고후 1:20; 딤후 2:13

도르트 신경(계속)

거나 경건을 무시하게 만들지 않습니다. 오히려 이는 더 사려 깊고 세심한 태도로 계속해서 주의 길로 행하게 합니다. 이는 그 안에서 걷는 자들이 견인의 확신을 유지하도록 주께서 정하신 길입니다. 또한 그들이 하나님의 부성적인 자비하심을 남용하여 하나님이 자신의 은혜로운 얼굴을 그들에게서 돌리시고 그 결과 더욱 큰 양심의 고통을 당하는 일이 없게 하십니다. 경건한 자들에게는 주의 얼굴을 바라보는 것이 생명보다 나으며 하나님이 그 얼굴을 가리시는 것이 죽음보다 쓴 고통이기 때문입니다.

(견인에 관한) 참된 교리를 설명했으므로 총회는 다음과 같이 가르치는 자들의 **오류를 배격합니다.**

오류 5
"특별 계시 없이는 우리가 이 세상의 삶에서 앞으로의 인내를 확신할 수 없습니다."

성경은 특별하고 비범한 어떤 계시에서가 아니라 하나님의 자녀만이 지니는 특유의 표지와 하나님의 변함없는 약속에서 신자의 확신이 나온다고 끊임없이 가르치기 때문에, 이런 가르침은 이 세상에서 참된 신자가 누리는 확실한 위로를 빼앗아 가고 교황주의자의 의심을 교회 안에 다시 들여오는 것과 같습니다. 따라서 특별히 사도 바울은 이렇게 선포합니다. "높음이나 깊음이나 다른 어떤 피조물이라도 우리를 우리 주 그리스도 예수 안에 있는 하나님의 사랑에서 끊을 수 없으리라"(롬 8:39). 그리고 사도 요한도 다음과 같이 선언합니다. "그의 계명을 지키는 자는 주 안에 거하고 주는 그의 안에 거하시나니 우리에게 주신 성령으로 말미암아 그가 우리 안에 거하시는 줄을 우리가 아느니라"(요일 3:24).

오류 6
"견인과 구원의 확실성의 교리는 그 자체의 특징과 본질 때문에 경건과 선한 도덕과 기도와 다른 거룩한 훈련들에 해악을 끼치는 원인이 되며, 견인을 의심하는 것이 도리어 칭찬받을 만한 일이 됩니다."

이 주장은 하나님의 은혜와 내주하셔서 역사하시는 성령님의 능력을 전혀 모른다는 것을 잘 보여 줍니다. 이는 첫 번째 서신에서 명백한 어조로 다음과 같이 말한 사도 요한의 말과 모순됩니다. "사랑하는 자들아 우리가 지금은 하나님의 자녀라 장래에 어떻게 될지는 아직 나타나지 아니하였으나 그가 나타나시면 우리가 그와 같을 줄을 아는 것은 그의 참모습 그대로 볼 것이기 때문이니 주를 향하여 이 소망을 가진 자마다 그의 깨끗하심과 같이 자기를 깨끗하게 하느니라"(요일 3:2-3). 더 나아가 이들의 주장은 견인과 구원을 확신했음에도 기도와 다른 경건 훈련에 매진한 구약과 신약의 성도가 보여 준 모범과도 모순됩니다.

웨스트민스터 신앙 고백서 (1647)	웨스트민스터 소요리 문답 (1647)	웨스트민스터 대요리 문답 (1648)
져서 그렇게 됩니다. 갑작스럽거나 격렬한 유혹으로, 하나님이 그 얼굴빛을 거두셔서 그분을 경외하는 자들조차 빛이 없는 어둠 가운데 행하는 고통으로 그렇게 됩니다.[1] 그러나 그들에게는 하나님의 씨와 믿음의 삶과 그리스도와 형제의 사랑과 마음의 진실함과 의무를 행하려는 양심이 절대 사라지지 않으며, 이 확신은 성령님의 역사하심으로 적당한 때에 되살아납니다.[2] 그러는 동안 성령님의 도우심으로 그들은 완전한 절망에서 보호받습니다.[3]		

[1] 아 5:2-3, 6; 시 51:8, 12, 14; 엡 4:30-31; 시 77:1-10; 마 26:69-72; 시 31:22; 88편; 사 1:10
[2] 요일 3:9; 눅 22:32; 욥 13:15; 시 73:15; 51:8, 12; 사 1:10
[3] 미 7:7-9; 렘 32:40; 사 54:7-10; 시 22:1; 88편

벨직 신앙 고백서 (1561)	하이델베르크 요리 문답 (1563)	제2 스위스 신앙 고백서 (1566)	도르트 신경 (1619)

하나님의 율법

25항 의식법의 폐지

우리는 율법의 의식들과 상징들이 그리스도의 오심과 함께 종결되었고[1] 모든 그림자들이 성취되었으므로, 그리스도인들 가운데서 이런 것들을 사용하는 일은 폐지되어야 함을 믿습니다.[2] 그러나 율법의 진리와 본질은 그 율법을 완전히 성취하신 그리스도 안에서 우리에게 여전히 남아 있습니다. 한편, 우리는 복음의 교리 안에서[3] 우리를 확고하게 하기 위해, 또한 하나님의 영광을 향해 우리 삶을 모든 정직 가운데 다스리기 위해 율법과 선지자들로부터 취한 증거를 여전히 사용합니다.

___
[1] 롬 10:4
[2] 갈 5:2-4; 3:1; 4:10-11; 골 2:16-17
[3] 벧후 1:19

3문. 당신은 어디에서 당신의 비참을 알게 됩니까?

답. 하나님의 율법을 통해서입니다.[1]

___
[1] 롬 3:20

4문. 하나님의 율법이 우리에게 요구하는 것은 무엇입니까?

답. 그리스도께서는 마태복음 22장 37-40절에 요약해서 우리에게 가르치십니다. "예수께서 이르시되 네 마음을 다하고 목숨을 다하고 뜻을 다하여 주 너의 하나님을 사랑하라 하셨으니 이것이 크고 첫째 되는 계명이요 둘째도 그와 같으니 네 이웃을 네 자신같이 사랑하라 하셨으니 이 두 계명이 온 율법과 선지자의 강령이니라."[1]

___
[1] 눅 10:27

92문. 하나님의 율법은 무엇입니까?

답. 하나님은 출애굽기 20장과 신명기 5장에서 다음과 같은 모든 말씀으로 율법에 관해 말씀하셨습니다. "하나님이 이 모든 말씀으로 말씀하여 이르시되 나는 너를 애굽 땅, 종

12장 하나님의 율법에 관하여

1항 우리는 하나님의 뜻이 하나님의 율법을 통해 우리에게 제시되어 있다는 것을 가르칩니다. 요약하자면, 하나님은 우리가 무엇을 하고 무엇을 하지 않아야 하는지, 무엇이 선하고 의로운지 또는 악하고 불의한지를 알게 해주십니다. 그러므로 우리는 "율법은 거룩하고 ……… 선하도다"라고 고백합니다(롬 7:12). 그리고 이 율법은 하나님이 손가락으로 사람의 마음에 쓰셨고(롬 2:15), 그렇기에 본성의 법이라 불리거나, 두 돌판에 새겨넣으셔서 모세의 책에 더 풍성하게 설명되어 있는 것입니다(출 20:1-17; 신 5:22). 매우 분명하게 말하자면, 우리는 계명에 포함되어 있거나 모세의 책들에 설명된 두 돌판에 새겨진 도덕법과, 의식과 하나님을 예배하는 것을 지정한 의식법, 그리고 정치적이고 민생적인 사안들에 관한 부분을 담당하는 재판법으로 율법을 구분합니다.

2항 우리는 이 율법이 우리 삶의 모든 부분을 위한 하나님의 모든 뜻과,[1] 필요한 모든 계율을 완전히 전달하고 있다고 믿습니다. 그렇지 않다면 여호와께서는 이 율법에 무엇이든 추가하거나 빼지 못하도록 하지 않으셨을 것입니다(신 4:2; 12:32). 나아가 "그 율법을 다 지켜 행하고 우로나 좌로나 치우치지 말며" 이 길에서 물러나지 말라고 명령하지 않으셨을 것입니다(수 1:7).

3항 우리는 이것을 반드시 준행하면 의롭게 되기 때문에 율법이 주어진 것이 아니라고 가르칩니다. 도리어 율법은 그 안에 있는 지식으로 말미암아 우리의 연약과 죄와 정죄받음을 깨닫고 인정하기 위해 주어진 것입니다. 따라서 우리의 능력에는 절망하고, 오직 믿음으로 그리스도께 향할 수 있게 하기 위함입니다. 이에 대해서는 사도

셋째 · 넷째 교리

5항 동일한 본성의 빛 안에서, 우리는 하나님이 모세를 통해 자신의 친 백성인 유대인들에게 주신 십계명을 살펴보아야 합니다. 십계명은 죄의 심각성을 드러내고 그 죄책을 더욱 깊이 깨닫게 하지만, 치료책을 제시하거나 그 비참에서 빠져나올 힘을 나누어 주지 못하며, 결국 육신으로 말미암아 연약하여 저주 아래 죄를 남겨 두기에 이 율법으로는 구원받는 은혜를 얻을 수 없습니다.

웨스트민스터 신앙 고백서 (1647)	웨스트민스터 소요리 문답 (1647)	웨스트민스터 대요리 문답 (1648)

19장 하나님의 율법에 관하여

1항 하나님은 아담에게 행위 언약으로서 한 법을 주셨는데, 이로 말미암아 아담과 아담의 모든 후손에게 개인적이고 전적으로, 엄밀하고 영속적으로 순종할 의무를 부여하셨고, 그것을 성취하면 생명을 약속하시고 그것을 어기면 사망을 경고하셨으며, 그것을 지킬 힘과 능력을 그에게 주셨습니다.[1]

_____
[1] 창 1:26-27; 2:17; 롬 2:14-15; 10:5; 5:12, 19, 갈 3:10, 12; 전 7:29; 욥 28:28

2항 이 율법은 아담의 타락 이후에도 줄곧 의의 완전한 규칙이 되었습니다. 그리고 시내산에서 그것을 의의 규칙으로서 십계명 형식으로 두 돌판에 기록하여 전해 주셨습니다.[1] 첫 네 계명은 하나님을 향한 우리의 의무입니다. 다른 여섯 계명은 인간에 대한 우리의 의무입니다.[2]

_____
[1] 약 1:25; 2:8, 10-12; 롬 13:8-9; 신 5:32; 10:4; 출 24:1
[2] 마 22:37-40

3항 일반적으로 도덕법이라 불리는 이 율법 외에 하나님은 아직 미성숙한 교회인 이스라엘 백성에게 부분적으로는 그리스도와 그분의 은혜와 행위, 고난, 그리고 은덕을 예표하는 예배에 관한 모형적 의식을 담고 있는 의식법을 주셨습니다.[1] 또한 이 법은 부분적으로는 도덕적인 의무에 관한 여러 교훈을 제시하고 있습니다.[2] 이제 이 모든 의식법은 신약 시대에 와서 폐지되었습니다.[3]

_____
[1] 히 9장; 10:1; 갈 4:1-3; 골 2:17
[2] 고전 5:7; 고후 6:17; 유 23절
[3] 골 2:14, 16-17; 단 9:27; 엡 2:15-16

39문. 하나님이 사람에게 요구하시는 의무는 무엇입니까?
답. 하나님이 사람에게 요구하시는 의무는 그분이 계시하신 뜻에 대한 순종입니다.[1]

_____
[1] 미 6:8; 삼상 15:22

40문. 하나님이 처음에 사람에게 순종의 법칙으로 무엇을 계시하셨습니까?
답. 하나님이 처음에 사람에게 순종을 위해 계시하신 법칙은 도덕법이었습니다.[1]

_____
[1] 롬 1:14-15; 10:5

41문. 도덕법은 어디에 요약적으로 포함되어 있습니까?
답. 도덕법은 십계명 안에 요약적으로 포함되어 있습니다.[1]

_____
[1] 신 10:4; 마 19:17

42문. 십계명의 요점은 무엇입니까?
답. 십계명의 요점은 우리의 온 마음과 온 영혼과 온 힘과 온 뜻을 다해 우리 주 하나님을 사랑하고, 우리의 이웃을 우리 자신과 같이 사랑하는 것입니다.[1]

_____
[1] 마 22:37-40

43문. 십계명의 서문은 무엇입니까?
답. 십계명의 서문은 다음과 같은 말씀에 있습니다. "나는 너를 애굽 땅, 종 되었던 집에서 인도하여 낸 네 하나님 여호와니라."[1]

_____
[1] 출 20:2

91문. 하나님이 사람에게 요구하시는 의무는 무엇입니까?
답. 하나님이 사람에게 요구하시는 의무는 그분이 계시하신 뜻에 대한 순종입니다.[1]

_____
[1] 롬 12:1-2; 미 6:8; 삼상 15:22

92문. 하나님이 처음에 사람에게 순종의 법칙으로 무엇을 계시하셨습니까?
답. 무죄한 상태에 있던 아담과 그 안에 있는 모든 인류에게 계시된 순종의 법칙은 선악을 알게 하는 나무의 실과를 먹지 말라는 특별한 명령 이외에 도덕법이었습니다.[1]

_____
[1] 창 1:26-27; 롬 2:14-15; 10:5; 창 2:17

93문. 도덕법이란 무엇입니까?
답. 도덕법이란 인류를 향해 선포된 하나님의 뜻입니다. 모든 사람이 개인적으로 온전하게 영구히 이 법을 지켜 순종하되 영혼과 몸을 포함한 전인으로,[1] 하나님과 사람에게 마땅히 해야 할 모든 의무를 거룩과 의로 행하도록 지시하고 요구하는 것입니다.[2] 이 도덕법을 지키면 생명이 약속되어 있고, 위반하면 죽음이 경고되어 있습니다.[3]

_____
[1] 신 5:1-3, 31, 33; 눅 10:26-27; 갈 3:10; 살전 5:23
[2] 눅 1:75; 행 24:16
[3] 롬 10:5; 갈 3:10, 12

94문. 도덕법은 타락 이후에도 사람에게 용도가 있습니까?
답. 타락 이후에는 어떤 사람도 도덕법으로 말미암아 의와 생명을 얻을 수 없습니다.[1] 그럼에도 도덕법은 중생한 사람이든 그렇지 못한 사람이든 모든 사람에게 공통

벨직 신앙 고백서 (1561)	하이델베르크 요리 문답 (1563)	제2 스위스 신앙 고백서 (1566)	도르트 신경 (1619)

되었던 집에서 인도하여 낸 네 하나님 여호와니라. 제1계명, 너는 나 외에는 다른 신들을 네게 두지 말라. 제2계명, 너를 위하여 새긴 우상을 만들지 말고 또 위로 하늘에 있는 것이나 아래로 땅에 있는 것이나 땅 아래 물속에 있는 것의 어떤 형상도 만들지 말며 그것들에게 절하지 말며 그것들을 섬기지 말라. 나 네 하나님 여호와는 질투하는 하나님인즉 나를 미워하는 자의 죄를 갚되 아버지로부터 아들에게로 삼사 대까지 이르게 하거니와 나를 사랑하고 내 계명을 지키는 자에게는 천 대까지 은혜를 베푸느니라. 제3계명, 너는 네 하나님 여호와의 이름을 망령되게 부르지 말라. 여호와는 그의 이름을 망령되게 부르는 자를 죄 없다 하지 아니하리라. 제4계명, 안식일을 기억하여 거룩하게 지키라. 엿새 동안은 힘써 네 모든 일을 행할 것이나 일곱째 날은 네 하나님 여호와의 안식일인즉 너나 네 아들이나 네 딸이나 네 남종이나 네 여종이나 네 가축이나 네 문안에 머무는 객이라도 아무 일도 하지 말라. 이는 엿새 동안에 나 여호와가 하늘과 땅과 바

가 분명하게 말했습니다. "율법은 진노를 이루게 하나니"(롬 4:15). "율법으로는 죄를 깨달음이니라"(롬 3:20). "그러면 율법이 하나님의 약속들과 반대되는 것이냐 결코 그럴 수 없느니라 만일 능히 살게 하는 율법을 주셨더라면 의가 반드시 율법으로 말미암았으리라 그러나 성경이 모든 것을 죄 아래에 가두었으니 이는 예수 그리스도를 믿음으로 말미암는 약속을 믿는 자들에게 주려 함이라"(갈 3:21-22). "이같이 율법이 우리를 그리스도께로 인도하는 초등교사가 되어 우리로 하여금 믿음으로 말미암아 의롭다 함을 얻게 하려 함이라"(24절). 죽는 순간까지 우리에게 붙어 있는 육체[2]의 연약함으로 말미암아 이전부터 지금까지 그 어떤 육체도 하나님의 율법을 만족시킬 수도, 지킬 수도 없었습니다. 사도는 또다시 다음과 같이 말합니다. "율법이 육신으로 말미암아 연약하여 할 수 없는 그것을 하나님은 하시나니 곧 죄로 말미암아 자기 아들을 죄 있는 육신의 모양으로 보내어 육신에 죄를 정하사"(롬 8:3). 그러므로 그리스도께서는 율법의 완성자시요, 우리를 위한 율법의 성취자이십니다. 그리스도께서 우리를 위한 저주가 되셨을 때, 그분이 율법의 저주를 제거하신 것처럼(갈 3:13), 믿음으로 말미암아 그 성취를 우리에게 전달해 주시고, 그리스도의 의와 순종을 우리에게 전가하십니다.

4항 그러므로 하나님의 율법은[3] 완전히 폐지되었습니다. 이후로 율법은 우리를 정죄하지 못하며, 우리 안에 저주를 이루지도 못합니다. "죄가 너희를 주장하지 못하리니 이는 너희가 법 아래에 있지 아니하고 은혜 아래에 있음이라"(롬 6:14). 더욱이 그리스도께서 율법의 모든 요구를 성취하셨습니다. 따라서 실체가 도래했기에 그림자는 사라졌으며 이제 우리는 그리스도 안에서 모든 진리와 충만을 소유하게 되었습니다. 그럼에도 우리는 율법을 무시하거나 거부하지 않습니다. 우리는 다음과 같은 주님의 말씀을 기억해야 합니다. "내가 율법이나 선지자를 폐하러 온 줄로 생

웨스트민스터 신앙 고백서 (1647)	웨스트민스터 소요리 문답 (1647)	웨스트민스터 대요리 문답 (1648)

[신앙 고백서]

4항 또한 하나님은 정치적 집단인 이스라엘에 여러 사법적 법을 주셨는데 이 법은 그 백성의 나라와 함께 시효가 만료되었습니다. 이제는 어느 누구에게도 이 사법적 율법의 일반적인 형평 원리가 요구하는 것 이상의 의무를 부과할 수 없습니다.[1]

[1] 출 21장; 22:1-29; 창 49:10; 벧전 2:13-14; 마 5:17, 38-39; 고전 9:8-10

5항 도덕법은 의롭다 하심을 받은 사람들뿐 아니라 다른 모든 이에게도 영속하는 구속력이 있어서 그 법에 순종할 것을 요구합니다.[1] 이는 도덕법 안에 포함된 내용뿐만 아니라 그 법을 주신 창조자 하나님의 권위 때문입니다.[2] 그리스도께서도 복음을 통해 이 의무를 폐기하지 않으시고 도리어 이 의무를 강화시키십니다.[3]

[1] 롬 13:8-10; 엡 6:2; 요일 2:3-4, 7-8
[2] 약 2:10-11
[3] 마 5:17-19; 약 2:8; 롬 3:31

6항 그럼에도 참된 신자는 행위 언약인 율법 아래 있지 않고 그로 인해 의롭다 함을 받지도, 정죄당하지도 않습니다.[1] 그러나 율법은 다른 사람뿐 아니라 참 신자들에게 매우 유익합니다. 하나님의 뜻과 그들의 의무를 알려 주는 삶의 법칙으로서 율법은 사람들에게 그에 따라 살도록 지도하고 명령합니다.[2] 또한 그들 본성과 마음과 삶에 있는 죄악된 오염을 발견하게 해줍니다.[3] 그렇게 하여 그들 자신을 살피고 나아가 죄를 깨닫게 하며, 수치를 느끼고 죄를 미워하게 만들며, 이 모든 것을 통해 그들은 그리스도와 그리스도의 순종의 완전함이 얼마나 필요한지를 분명히 보게 됩니다.[5] 마찬가지로 중생한 자들에게도 유익한데, 이는 율법이 죄를 금함으로 자신의 부패를 억제하게 만

[소요리 문답]

44문. 십계명의 서문은 우리에게 무엇을 가르쳐 줍니까?

답. 십계명의 서문은 우리에게 하나님이 주이시고, 우리의 하나님이며, 구속자이시기 때문에 우리가 하나님의 모든 계명을 지켜야 한다는 것을 가르쳐 줍니다.[1]

[1] 눅 1:74-75; 벧전 1:15-19

[대요리 문답]

으로 큰 용도가 있습니다.[2]

[1] 롬 8:3; 갈 2:16
[2] 딤전 1:8

95문. 도덕법은 모든 사람에게 어떤 용도가 있습니까?

답. 도덕법은 모든 사람에게 용도가 있는데, 하나님의 거룩한 성품과 뜻과,[1] 그들이 따라서 행해야 할 의무를 알게 하는 데 소용됩니다.[2] 또 도덕법은 사람들이 이를 지키는 데 무능함과, 그들의 성품과 마음과 생활의 죄악된 오염을 확신하게 하여[3] 그들로 하여금 자신의 죄와 재난을 느껴 겸손하게 함으로,[4] 그리스도와,[5] 그리스도의 완전한 순종의 필요성을[6] 더 명백히 깨닫게 하는 데 도움이 됩니다.

[1] 레 11:44-45; 20:7-8; 롬 7:12
[2] 미 6:8; 약 2:10-11
[3] 시 19:11-12; 롬 3:20; 7:7
[4] 롬 3:9, 23
[5] 갈 3:21-22
[6] 롬 10:4

96문. 중생하지 못한 자들에게 도덕법은 어떤 특별한 용도가 있습니까?

답. 도덕법은 중생하지 못한 자들에게도 용도가 있는데, 그것으로 그들의 양심을 일깨워 장차 임할 진노를 피하게 하며[1] 그리스도께로 나아가게 하거나,[2] 죄의 상태와 죄의 길에 계속 머물러 있을 경우 그들로 하여금 핑계할 수 없게 하여[3] 그 저주 아래 있게 하는 것입니다.[4]

[1] 딤전 1:9-10
[2] 갈 3:24
[3] 롬 1:20; 2:15
[4] 갈 3:10

97문. 중생한 자들에게 도덕법은 어떤 특별한 용도가 있습니까?

답. 중생하여 그리스도를 믿는 자는 행위 언약인 도덕법에서 해방되었으므로,[1] 도덕법에 의해 의롭다 함을 받거나[2] 정죄받는 일이 없습니다.[3] 그러나 모든 사람에게 공

벨직 신앙 고백서 (1561)	하이델베르크 요리 문답 (1563)	제2 스위스 신앙 고백서 (1566)	도르트 신경 (1619)

| | 다와 그 가운데 모든 것을 만들고 일곱째 날에 쉬었음이라. 그러므로 나 여호와가 안식일을 복되게 하여 그날을 거룩하게 하였느니라.

제5계명, 네 부모를 공경하라. 그리하면 네 하나님 여호와가 네게 준 땅에서 네 생명이 길리라.
제6계명, 살인하지 말라.
제7계명, 간음하지 말라.
제8계명, 도둑질하지 말라.
제9계명, 네 이웃에 대하여 거짓 증거하지 말라.
제10계명, 네 이웃의 집을 탐내지 말라. 네 이웃의 아내나 그의 남종이나 그의 여종이나 그의 소나 그의 나귀나 무릇 네 이웃의 소유를 탐내지 말라."

93문. 이 계명들은 어떻게 구분됩니까?
답. 두 부분으로 구분됩니다.[1] 첫째 부분은 우리가 하나님을 향해 어떻게 행할지를 가르칩니다. 둘째 부분은 우리가 우리 이웃들에게 어떤 의무를 지니는지를 가르칩니다.[2]

―――
[1] 출 34:28-29
[2] 신 4:13 | 각하지 말라 폐하러 온 것이 아니요 완전하게 하려 함이라"(마 5:17). 우리는 율법에[4] 여러 덕목이 묘사되어 있음을 압니다. 성경의 율법은[5] 복음으로 말미암아 잘 주해되기만 한다면 교회에 유익을 끼치는 것이요, 따라서 교회에서 그것을 낭독하는 일을 폐지할 이유가 없습니다. 비록 모세의 얼굴이 수건으로 가려져 있었으나 사도는 그 수건이 "그리스도 안에서 없어질 것"이라고 확증합니다(고후 3:14). 우리는 옛 이단과 새로운 이단이 하나님의 율법을 거슬러 가르친 모든 것을 정죄합니다.

―――
[1] 사람이 하나님을 향해, 그리고 이웃을 향해 마땅히 수행해야만 하는 것들이다.
[2] 즉, 거듭난 사람을 포함한 모든 사람이다.
[3] 더 정확히 말해서, 십계명에 함축되어 있는 도덕법을 가리킨다.
[4] 더 정확히 말해서, 도덕법을 가리킨다.
[5] 더 정확히 말해서, 의식법을 가리킨다. | |

웨스트민스터 신앙 고백서 (1647)	웨스트민스터 소요리 문답 (1647)	웨스트민스터 대요리 문답 (1648)

들어 주기 때문입니다.[6] 또한 율법의 경고는 그들의 죄가 받을 대가가 무엇인지를 보여 줍니다. 그리고 율법이 경고하는 저주에서 자유로워졌다 할지라도 이 세상을 사는 동안 그들이 지은 죄로 말미암아 어떤 고통을 당하게 될지를 보여 줍니다.[7] 마찬가지로 율법의 약속은 하나님이 순종을 인정하신다는 것과 그들이 율법을 수행할 때 하나님이 주실 복을 기대하게 만듭니다.[8] 그럼에도 이것은 행위 언약인 율법을 지켜서 주어지는 복이 아닙니다.[9] 따라서 율법이 선을 장려하고 악을 금하기 때문에 사람이 선을 행하고 악에서 떠나는 것이라 할지라도, 그것이 그가 율법 아래 있으며 은혜 아래 있지 않음을 증거하는 것은 아닙니다.[10]

----

[1] 롬 6:14; 갈 2:16; 3:13; 4:4-5; 행 13:39; 롬 8:1
[2] 롬 7:12, 22, 25; 시 119:4-6; 고전 7:19; 갈 5:14, 16, 18-23
[3] 롬 7:7; 3:20
[4] 약 1:23-25; 롬 7:9, 14, 24
[5] 갈 3:24; 롬 7:24-25; 8:3-4
[6] 약 2:11; 시 119:101, 104, 128
[7] 스 9:13-14; 시 89:30-34
[8] 레 26:1-14; 고후 6:16; 엡 6:2-3; 시 37:11; 마 5:5; 시 19:11
[9] 갈 2:16; 눅 17:10
[10] 롬 6:12, 14; 벧전 3:8-12; 시 34:12-16; 히 12:28-29

7항 앞서 언급한 율법의 용도들은 복음의 은혜와 반대되지 않으며, 도리어 복음의 은혜와 감미롭게 조화를 이룹니다.[1] 그리스도의 성령께서 사람의 의지를 복종하게 하시고 율법에 계시된 하나님의 뜻이 요구하는 바를 사람이 자유롭고 즐겁게 수행할 수 있게 하시기 때문입니다.[2]

----

[1] 갈 3:21
[2] 겔 36:27; 히 8:10; 렘 31:33

통된 도덕법의 일반적 용도 외에 중생한 자들에게 특수한 소용이 되는 것은 이 법을 친히 완성하시고 그들을 대신하여 그리고 그들을 위해 저주받으신 그리스도와 그들이 얼마나 밀접하게 묶여 있는지를 보여 준다는 것입니다.[4] 그리고 이를 통해 그들로 하여금 더 감사하게 하며, 이 감사를 표하기 위해 그들의 생활 법칙으로서 도덕법을 더 조심히 따르게 해줍니다.[5]

----

[1] 롬 6:14; 7:4, 6; 갈 4:4-5
[2] 롬 3:20
[3] 롬 5:23; 롬 8:1
[4] 롬 7:24-25; 갈 3:13-14; 롬 8:3-4
[5] 눅 1:68-69, 74-75; 골 1:12-14; 롬 7:22; 딛 2:11-14

98문. 도덕법은 어디에 요약적으로 포함되어 있습니까?

답. 도덕법은 십계명 안에 요약적으로 포함되어 있는데, 이는 시내산 위에서 하나님이 음성으로 이르시고 두 돌판에 친히 써 주신 것입니다.[1] 그리고 이것은 출애굽기 20장에 기록되어 있습니다. 첫 네 계명은 하나님에 대한 우리의 의무를, 나머지 여섯 계명은 사람에 대한 우리의 의무를 포함합니다.[2]

----

[1] 신 10:4; 출 34:1-4   [2] 마 22:37-40

99문. 십계명을 올바로 이해하기 위해서는 어떤 규칙들을 준수해야 합니까?

답. 십계명을 올바로 이해하기 위해서는 다음과 같은 규칙들을 준수해야 합니다.

1. 율법은 완전하여 누구나 전인격적으로 그 의를 충분히 따르고 영원토록 온전히 순종하게 합니다. 따라서 율법은 모든 의무를 철두철미하게 끝까지 완수하게 하며, 무슨 죄를 막론하고 극히 작은 죄라도 금합니다.[1]

----

[1] 시 19:7; 약 2:10; 마 5:21-22

벨직 신앙 고백서 (1561)	하이델베르크 요리 문답 (1563)	제2 스위스 신앙 고백서 (1566)	도르트 신경 (1619)

웨스트민스터 대요리 문답(계속)

2. 율법은 신령하여 말과 행실과 태도뿐만 아니라 이해와 의지와 감정과 기타 영혼의 전 영역에 이릅니다.[2]

[2] 롬 7:14; 신 6:5; 마 22:37-39; 5:21-22, 27-28, 33-34, 37-39, 43-44

3. 여러 국면에서 꼭 같은 것이 여러 계명을 통해 명령되어 있거나 금지되어 있습니다.[3]

[3] 골 3:5; 암 8:5; 잠 1:19; 딤전 6:10

4. 해야 할 의무를 명한 곳에서는 그와 반대되는 죄를 금하고 있습니다.[4] 그리고 어떤 죄를 금한 곳에서는 그와 반대되는 의무를 명하고 있습니다.[5] 따라서 약속이 부가된 곳에는 그와 반대로 경고가 포함되어 있습니다.[6] 그리고 어떤 경고가 부가된 곳에는 그와 반대로 약속이 포함되어 있습니다.[7]

[4] 사 58:13; 신 6:13; 마 4:9-10; 15:4-6   [6] 출 20:12; 잠 30:17
[5] 마 5:21-25; 엡 4:28   [7] 렘 18:7-8; 출 20:7; 시 15:1, 4-5; 24:4-5

5. 하나님이 금하신 것이라면 언제나 해서는 안 됩니다.[8] 그러나 하나님이 명하신 것은 언제나 우리의 의무가 됩니다.[9] 그럼에도 모든 특별한 의무를 항상 행해야 하는 것만은 아닙니다.[10]

[8] 욥 13:7-8; 롬 3:8; 욥 36:21; 히 11:25   [10] 마 12:7
[9] 신 4:8-9

6. 한 가지 죄 또는 의무 아래 같은 종류의 죄를 모두 금하거나 의무를 명령하고 있습니다. 여기에는 모든 원인, 방편, 기회, 모양과 이에 이르는 도전도 포함되어 있습니다.[11]

[11] 마 5:21-22, 27-28; 15:4-6; 히 10:24-25; 살전 5:22; 유 23절; 갈 5:26; 골 3:21

7. 우리에게 금하거나 명령한 일이라면, 다른 사람들의 지위와 의무에 따라 그들 역시 이를 피하거나 행하도록 도와줄 의무가 우리에게 있습니다.[12]

[12] 출 20:10; 레 19:17; 창 18:19; 수 24:15; 신 6:6-7

8. 다른 사람들에게 명령된 것 역시 우리의 지위와 부르심에 따라 그들을 도와야 할 의무가 있습니다.[13] 또한 그들에게 금한 일에 그들과 함께 참여하지 않도록 조심해야 할 의무가 우리에게 있습니다.[14]

[13] 고후 1:24   [14] 딤전 5:22; 엡 5:11

제1계명

94문. 제1계명에서 하나님은 무엇을 명하십니까?
답. 나의 영혼이 구원받기를 간절히 바라는 만큼, 모든 우상 숭배와[1] 마술과 점치는 일과 미신과[2] 성인들이나 다른 피조물에게 기도하는 것을 피하고 떠나는 것입니다.[3] 그리고 유

웨스트민스터 신앙 고백서 (1647)	웨스트민스터 소요리 문답 (1647)	웨스트민스터 대요리 문답 (1648)

웨스트민스터 대요리 문답(계속)

100문. 십계명에서 우리는 어떤 특별한 것들을 고찰해야 합니까?

답. 십계명에서 우리는 서문과 십계명 자체의 본질과, 계명을 더 강화하기 위해 그중 어떤 것에 부가된 몇 가지 이유를 고찰해야만 합니다.

101문. 십계명에 부가된 서문은 무엇입니까?

답. 십계명의 서문은 다음과 같은 말씀에 포함되어 있습니다. "나는 너를 애굽 땅, 종 되었던 집에서 인도하여 낸 네 하나님 여호와니라."[1] 여기서 하나님은 영원불변하시며 전능하신 분으로 자신의 주권을 나타내셨습니다.[2] 또 자기의 존재를 자존하는 이,[3] 자신의 모든 말과[4] 하시는 일에[5] 존재를 부여하는 이로 나타내셨습니다. 또 옛날에 이스라엘과 맺으신 것과 같이 자신의 모든 백성과 언약을 맺으신 하나님이며,[6] 이스라엘을 애굽의 종살이에서 인도하여 내신 것과 같이 우리를 영적 노예의 속박에서 구출하신 것을 나타내셨습니다.[7] 그러므로 이 하나님만을 우리의 하나님으로 삼고 그분의 모든 계명을 지켜야 합니다.[8]

---

[1] 출 20:2
[2] 사 44:6
[3] 출 3:14
[4] 출 6:3
[5] 행 17:24, 28
[6] 창 17:7; 롬 3:29
[7] 눅 1:74-75
[8] 벧전 1:15-18; 레 18:30; 19:37

102문. 하나님을 향한 우리의 의무를 담고 있는 네 계명은 어떻게 요약됩니까?

답. 하나님을 향한 우리의 의무를 담고 있는 네 계명은 우리의 온 마음을 다해, 우리의 온 영혼을 다해, 우리의 온 힘을 다해, 우리의 온 뜻을 다해 우리 하나님을 사랑하는 것으로 요약됩니다.[1]

---

[1] 눅 10:27

122문. 사람을 향한 우리의 의무를 담고 있는 여섯 계명은 어떻게 요약됩니까?

답. 사람을 향한 우리의 의무를 담고 있는 여섯 계명은 우리 이웃을 우리 자신과 같이 사랑하며,[1] 다른 이들이 우리에게 하기를 원하는 것처럼 우리가 다른 이들에게 행하는 것으로 요약됩니다.[2]

---

[1] 마 22:39   [2] 마 7:12

45문. 제1계명은 무엇입니까?

답. 제1계명은 "너는 나 외에는 다른 신들을 네게 두지 말라"입니다.[1]

---

[1] 출 20:3

46문. 제1계명에서 요구하는 것은 무엇입니까?

답. 제1계명은 하나님이 유일하신 참 하나

103문. 제1계명은 무엇입니까?

답. 제1계명은 "너는 나 외에는 다른 신들을 네게 두지 말라"입니다.[1]

---

[1] 출 20:3

104문. 제1계명에서 요구하는 의무는 무엇입니까?

답. 제1계명에서 요구하는 의무는 하나님

벨직 신앙 고백서 (1561)	하이델베르크 요리 문답 (1563)	제2 스위스 신앙 고백서 (1566)	도르트 신경 (1619)
	일하신 참 하나님을 올바르게 아는 법을 배우고 오직 하나님만 의지하는 것입니다.[5] 겸손과 인내로[6] 하나님에게 복종하며,[7] 오직 하나님에게서만 모든 좋은 것을 기대하는 것입니다.[8] 나의 온 마음을 다해 하나님을 사랑하고[9] 경외하며[10] 영화롭게 하는 것입니다.[11] 하나님의 뜻과 반대되는 지극히 작은 죄를 범하느니[12] 모든 피조물을 버리고 포기하는 것입니다.[13] ―― [1] 고전 6:9-10; 10:7, 14 [2] 레 18:21; 신 18:10-12 [3] 마 4:10; 계 19:10 [4] 요 17:3 [5] 렘 17:5, 7 [6] 히 10:36; 골 1:11; 롬 5:3-4; 빌 2:14 [7] 벧전 5:5-6 [8] 시 104:27; 사 45:7; 약 1:17 [9] 신 6:5; 마 22:37 [10] 신 6:5; 마 10:28 [11] 마 4:10 [12] 마 5:19 [13] 마 5:29-30; 행 5:29; 마 10:37 **95문. 우상 숭배란 무엇입니까?** 답. 우상 숭배란 말씀을 통해 자신을 계시하신 유일한 참 하나님 대신, 사람이 자신의 믿음을 두는 다른 것을 고안하거나 그것을 소유하는 것입니다.[1] ―― [1] 대하 16:12; 빌 3:18-19; 갈 4:8; 엡 2:12		

웨스트민스터 신앙 고백서 (1647)	웨스트민스터 소요리 문답 (1647)	웨스트민스터 대요리 문답 (1648)

(왼쪽 칸: 빈칸)

(가운데 칸):

님인 것과 우리의 하나님인 것을 알고 인정하는 것을 요구합니다.[1] 또한 그에 상응하게 하나님을 경배하고 영화롭게 하는 것을 요구합니다.[2]

———

[1] 대상 28:9; 신 26:17　　[2] 마 4:10; 시 29:2

47문. 제1계명에서 금하는 것은 무엇입니까?

답. 제1계명은 참되신 하나님이 하나님인 것을,[1] 그리고 우리의 하나님인 것을[2] 부인하거나,[3] 그 하나님에게 경배하고 영광 돌리지 않는 것을 금합니다. 그리고 오직 하나님에게만 돌려야 할 그 예배와 영광을 다른 어떤 것에 바치는 것을 금합니다.[4]

———

[1] 롬 1:21　　[3] 시 14:1
[2] 시 81:10-11　　[4] 롬 1:25-26

48문. 제1계명에 있는 "나 외에는"이라는 말씀은 우리에게 특별히 무엇을 가르쳐 줍니까?

답. 제1계명에 있는 "나 외에는"이라는 말씀은 모든 것을 보시는 하나님이 다른 어떤 신을 두는 죄를 주목하여 보시고, 그것을 매우 노여워하신다는 것을 우리에게 가르쳐 줍니다.[1]

———

[1] 겔 8:5-6; 시 46:20-21

(오른쪽 칸):

이 홀로 참되신 하나님이며 우리의 하나님임을 알고 인정하는 것입니다.[1] 따라서 오직 그분만을 생각하고,[2] 묵상하며,[3] 기억하고,[4] 지극히 높이며,[5] 공경하고,[6] 경배하며,[7] 선택하고,[8] 사랑하며,[9] 좋아하고,[10] 경외함으로[11] 그분에게만 합당하게[12] 예배하고 영화롭게 하는 것입니다. 또한 하나님을 믿고,[13] 의지하며,[14] 바라고,[15] 기뻐하며,[16] 그분 안에서 즐거워하는 것입니다.[17] 그분을 향한 열심을 품고,[18] 그분을 불러 모든 찬송과 감사를 드리며,[19] 전인격적으로 그분에게 온전히 순종하고 복종하며,[20] 그분을 기쁘시게 하기 위하여 범사에 조심하고,[21] 만일 무슨 일에든지 그분을 노엽게 하면 슬퍼하고,[22] 그분과 겸손히 동행하는 것입니다.[23]

———

[1] 대상 28:9; 신 26:17; 사 43:10; 렘 14:22　　[12] 시 95:6-7; 마 4:10; 시 29:2
[2] 말 3:16　　[13] 출 14:31
[3] 시 63:6　　[14] 사 26:4
[4] 전 12:1　　[15] 시 130:7
[5] 시 71:19　　[16] 시 37:4
[6] 말 1:6　　[17] 시 32:11
[7] 사 45:23　　[18] 롬 12:11; 민 25:11
[8] 수 24:15, 22　　[19] 빌 4:6
[9] 신 6:5　　[20] 렘 7:23; 약 4:7
[10] 시 73:25　　[21] 요일 3:22
[11] 사 8:13　　[22] 렘 31:18; 시 119:136
　　[23] 미 6:8

105문. 제1계명에서 금하는 죄는 무엇입니까?

답. 제1계명에서 금하는 죄는 하나님을 부인하거나 모시지 않는 무신론입니다.[1] 참 하나님 대신 다른 신을 모시거나, 유일신이 아닌 여러 신을 섬기고 예배하는 우상 숭배입니다.[2] 하나님을 하나님으로, 그리고 우리의 하나님으로 받아들이지 않거나 인정하지 않는 것입니다.[3] 이 계명이 요구하는 바 하나님에게 당연히 드릴 것을 생략하거나 태만히 하는 것입니다.[4] 무지와[5] 잊어버림과[6] 오해와[7] 그릇된 의견을 가지며,[8] 하나

벨직 신앙 고백서 (1561)	하이델베르크 요리 문답 (1563)	제2 스위스 신앙 고백서 (1566)	도르트 신경 (1619)

웨스트민스터 대요리 문답(계속)

님에게 합당하지 않은 악의로 그분을 생각하는 것입니다.[9] 감히 호기심을 가지고 그분의 비밀을 꼬치꼬치 파고들려 하는 것입니다.[10] 또 모든 신성 모독과[11] 하나님을 미워함과[12] 자기를 사랑함과[13] 자기중심적인 것과[14] 과도하고 무절제하게 다른 모든 일에 지식과 감정과 의지를 쏟는 것과 전적으로 또는 부분적으로 우리의 지정의를 하나님에게서 떠나게 하는 것입니다.[15] 공연한 경신과[16] 불신과[17] 이단과[18] 그릇된 신앙과[19] 의혹과[20] 절망과[21] 완고함과[22] 심판을 받으면서도 무감각함과[23] 군은 마음과[24] 교만과[25] 주제넘음과[26] 육신의 방심과[27] 하나님을 시험하는 것입니다.[28] 불법적인 수단을 쓰는 것과[29] 비합법적인 수단을 의뢰하는 것입니다.[30] 또 육에 속하는 기쁨과[31] 향락에 빠지는 것과 부패하고 맹목적이며 무분별한 열심을 가지는 것입니다.[32] 미지근하여[33] 하나님의 일에 대하여 죽은 것과[34] 하나님에게서 멀어짐과 배교하는 것입니다.[35] 성인들이나 천사 혹은 다른 어떤 피조물에게 기도하거나 종교적 예배를 드리는 것입니다.[36] 마귀와 의논하며,[37] 그의 암시에 귀를 기울이는 것과,[38] 사람들을 우리의 신앙과 양심의 주로 삼는 것입니다.[39] 하나님과 그분의 명령을 경시하고 경멸하는 것입니다.[40] 하나님의 영을 대항하여 근심시키고,[41] 그분의 경륜에 불만을 품고 참지 못하며 우리에게 주신 재난에 대해 어리석게 하나님을 원망하는 것입니다.[42] 우리의 됨됨이나 소유나 능히 할 수 있는 어떤 선에 대한 칭송을 행운과[43] 우상과[44] 우리 자신과[45] 다른 어떤 피조물에 돌리는 것입니다.[46]

___

[1] 시 14:1; 엡 2:12
[2] 렘 2:27-28; 살전 1:9
[3] 시 81:11
[4] 사 43:22-24
[5] 렘 4:22; 호 4:1, 6
[6] 렘 2:32
[7] 행 17:23, 29
[8] 사 40:18
[9] 시 50:21
[10] 신 29:29
[11] 딛 1:16; 히 12:16
[12] 롬 1:30
[13] 딤후 3:2
[14] 빌 2:21

제2계명

96문. 하나님이 제2계명에서 요구하시는 것은 무엇입니까?
답. 우리가 어떤 형태로든 하나님을 형상으로 만들어 표현해서는 안 되며,[1] 하나님이 그분의 말씀으로 명령하신 것과 다른 그 어떤 방법으로도 예배해서는 안 된다는 것입니다.[2]

___

[1] 신 4:15; 사 40:18; 롬 1:23 등; 행 17:29
[2] 삼상 15:23; 신 12:30

97문. 그렇다면, 형상은

4장 우상에 관하여, 또는 하나님과 그리스도와 성인들의 형상에 관하여
1항 하나님은 보이지 않는 영이시며 결코 완전히 파악할 수 없는 본질이시기 때문에, 그 어떤 예술 작품이나 형상으로도 표현해서는 안 됩니다. 그러므로 우리는 성경과 함께 하나님을 형상으로 만드는 것이 그저 허상이라는 것을 공언하기를 두려워하지 않습니다.

2항 그러므로 우리는 이교도의 우상뿐 아니라 그리스도인이 만든 형상도 배격합니다. 비록 그리스도께서 사람의 인성을 취하셨지만 그렇다고 자신을 조각가나 화가가 만드는 형식으로 제시하지는 않으셨습니다. 그리스도께서는 "율법이나 선지자를 폐하러" 온 것이 아니라고 말씀하셨습니다(마

웨스트민스터 신앙 고백서 (1647)	웨스트민스터 소요리 문답 (1647)	웨스트민스터 대요리 문답 (1648)

웨스트민스터 대요리 문답(계속)

15 요일 2:15-16; 삼상 2:29; 골 3:2, 5
16 요일 4:1
17 히 3:12
18 갈 5:20; 딛 3:10
19 행 26:9
20 시 78:22
21 창 4:13
22 렘 5:3
23 사 42:25
24 롬 2:5
25 렘 13:15
26 시 19:13
27 습 1:12
28 마 4:7
29 롬 3:8
30 렘 17:5
31 딤후 3:4

32 갈 4:17; 요 16:2; 롬 10:2; 눅 9:54-55
33 계 3:16
34 계 3:1
35 겔 14:5; 사 1:4-5
36 롬 10:13-14; 호 4:12; 행 10:25-26; 계 19:10; 마 4:10; 골 2:18; 롬 1:25
37 레 20:6; 삼상 28:7, 11; 대상 10:13-14
38 행 5:3
39 고후 1:24; 마 23:9
40 신 32:15; 삼하 12:9; 잠 13:13
41 행 7:51; 엡 4:30
42 시 73:2-3, 13-15, 22; 욥 1:22
43 삼상 6:7-9
44 단 5:23
45 신 8:17; 단 4:30
46 합 1:16

106문. 제1계명에 있는 "나 외에는"이라는 말씀은 우리에게 특별히 무엇을 가르치고 있습니까?

답. 제1계명에 있는 "나 외에는" 또는 "내 얼굴 앞에서"라는 말씀은 모든 것을 보시는 하나님이 다른 어떤 신을 두는 죄를 주목하여 보시고, 그것을 매우 노여워하신다는 것을 우리에게 가르쳐 줍니다. 이것은 이 죄를 범하지 못하게 막아 주며, 가장 파렴치한 격동임을 중대하게 보여 줍니다.[1] 또한 우리가 하나님을 섬기는 일로 무엇을 하든 하나님의 목전에서 하도록 설복시킵니다.[2]

———
[1] 겔 8:5-6; 시 44:20-21
[2] 대상 28:9

21장 종교적 예배와 안식일에 관하여

1항 본성의 빛은 만물을 다스리시는 통치권과 주권을 가지신 한 분 하나님이 계시다는 것과, 그 하나님이 선하시고 만물에 선을 행하시며, 따라서 온 마음과 온 영혼과 온 힘을 다하여 하나님을 경외하고 사랑하며 찬미하고 부르며 신뢰하고 섬겨야 한다는 것을 보여 줍니다.[1] 그러나 참되신 하나님을 예배하는 합당한 방법은 하나님이 친히 제정하셨고, 자신이 계시하신 뜻으로 제한하셨습니다. 따라서 사람의 상상력과 고안품으로, 또는 사탄의 제안을 따라 그 어떤 보이는 형상으로나 성경이 규정하지 않은 다른 방식으로 하나님을 예배해서는 안 됩니다.[2]

49문. 제2계명은 무엇입니까?

답. 제2계명은 "너를 위하여 새긴 우상을 만들지 말고 또 위로 하늘에 있는 것이나 아래로 땅에 있는 것이나 땅 아래 물속에 있는 것의 어떤 형상도 만들지 말며 그것들에게 절하지 말며 그것들을 섬기지 말라 나 네 하나님 여호와는 질투하는 하나님인즉 나를 미워하는 자의 죄를 갚되 아버지로부터 아들에게로 삼사 대까지 이르게 하거니와 나를 사랑하고 내 계명을 지키는 자에게는 천 대까지 은혜를 베푸느니라"입니다.[1]

———
[1] 출 20:4-6

50문. 제2계명에서 요구하는 것은 무엇입

107문. 제2계명은 무엇입니까?

답. 제2계명은 "너를 위하여 새긴 우상을 만들지 말고 또 위로 하늘에 있는 것이나 아래로 땅에 있는 것이나 땅 아래 물속에 있는 것의 어떤 형상도 만들지 말며 그것들에게 절하지 말며 그것들을 섬기지 말라 나 네 하나님 여호와는 질투하는 하나님인즉 나를 미워하는 자의 죄를 갚되 아버지로부터 아들에게로 삼사 대까지 이르게 하거니와 나를 사랑하고 내 계명을 지키는 자에게는 천 대까지 은혜를 베푸느니라"입니다.[1]

———
[1] 출 20:4-6

108문. 제2계명에서 요구하는 의무는 무엇

벨직 신앙 고백서 (1561)	하이델베르크 요리 문답 (1563)	제2 스위스 신앙 고백서 (1566)	도르트 신경 (1619)

절대로 만들어서는 안 됩니까?

답. 하나님은 어떤 형상으로든 표현될 수 없고 표현되어서도 안 됩니다.[1] 피조물에 관한 한 표현될 수 있다 하더라도, 하나님은 피조물을 예배하거나 그 피조물을 이용하여 하나님을 예배하려는 목적으로 형상을 만들거나 소유하는 것을 금하십니다.[2]

———
[1] 신 4:15-16; 사 46:5; 롬 1:23
[2] 출 23:24; 34:13-14; 민 33:52; 신 7:5

98문. 하지만 교회에서 일반 성도에게 책으로 교육하듯이 형상들을 허용할 수 없는 것입니까?

답. 허용할 수 없습니다. 우리는 말 못하는 우상을[1] 통해서가 아니라 그분의 말씀의 살아 있는 설교를 통해 그분의 백성을 가르치시려는 하나님보다 지혜로운 척해서는 안 되기 때문입니다.[2]

———
[1] 딤후 3:16; 벧후 1:19
[2] 렘 10:1; 합 2:18-19

5:17). 그러나 율법과 선지자는 형상을 금합니다(신 4:15; 사 44:9). 그리스도께서는 자신을 육체적으로 표현하는 것이 교회에 유익하다는 것을 인정하지 않으셨지만 그분의 성령으로 우리와 영원히 함께할 것을 약속하셨습니다(요 16:7; 고후 5:5).

3항 그렇다면, 그분의 육체의 모습이나 그림자가 경건한 사람들에게 어떤 유익을 주리라고 믿을 수 있겠습니까? 하나님이 성령으로 말미암아 우리 안에 거하신다면, 우리는 하나님의 성전입니다(고전 3:16). 그러나 "하나님의 성전과 우상이 어찌 일치"하겠습니까?(고후 6:16) 또한 축복받은 영들과 하늘의 성인들이 여기 지상에 살던 동안 자신들에 대한 어떠한 예배도 혐오하고(행 3:12; 14:15; 계 19:10; 22:9) 어떤 형상이든 만드는 것을 반대했는데, 그런 그들이 자신들의 형상 앞에 무릎을 꿇고 머리에 수건을 벗는 등 경의를 표하는 식의 행위를 기뻐할 것이라고 누가 상상할 수 있겠습니까?

4항 주님은 사람들이 종교에서 배우고 하늘의 것과 그들 자신의 구원에 관해 교육받도록 복음을 설교하라고 명령하신 것이지(막 16:15), 그림을 그려 일반 성도를 교육하도록 명령하신 것이 아닙니다. 주님은 또한 성례를 제정하셨고 그 어디에서도 형상을 세우지 않으셨습니다.

5항 더욱이 주위를 둘러보면 모든 곳에서 하나님의 살아 있는 피조물을 보게 되는데, 이것들은 인간이 만든 헛되며 움직이지 못하고 부패하며 생기 없는 그림들이나 모든 형상보다 훨씬 명료하게 보는 자에게 감동을 줍니다. 이에 대해 선지자는 진실로 이렇게 말합니다. "눈이 있어도 보지 못하며"(시 115:5).

6항 그러므로 우리는 고대 작가 락탄티우스(Lactantius)의 다음과 같은 말을 인정하는 바입니다. "의심할 여지 없이 형상이 있는 곳에는 결코 종교가 존재하지 않는다." 또한 우리는 교회 문들에

웨스트민스터 신앙 고백서 (1647)	웨스트민스터 소요리 문답 (1647)	웨스트민스터 대요리 문답 (1648)

웨스트민스터 신앙 고백서

—

1 롬 1:20; 행 17:24; 시 119:68; 렘 10:7; 시 31:23; 18:3; 롬 10:12; 시 62:8; 수 24:14; 막 12:33
2 신 12:32; 마 15:9; 행 17:25; 마 4:9-10; 신 15:1-20; 출 20:4-6; 골 2:23

2항 종교적 예배는 오직 성부 하나님과 성자 하나님과 성령 하나님에게만 드려야 합니다.[1] 천사나 성인들이나 다른 어떤 피조물을 예배해서는 안 됩니다.[2] 그리고 타락 이후에는 중보자 없이 예배할 수 없습니다. 오직 그리스도의 중보 이외에 다른 중보로는 예배할 수 없습니다.[3]

—

1 마 4:10; 요 5:23; 고후 13:14
2 골 2:18; 계 19:10; 롬 1:25
3 요 14:6; 딤전 2:5; 엡 2:18; 골 3:17

3항 감사로 기도하는 것은 종교적 예배의 특별한 부분으로,[1] 하나님이 모든 사람에게 요구하시는 것입니다.[2] 이런 기도가 받아들여지기 위해서는 성자의 이름으로[3] 그분의 성령의 도우심을 통해[4] 하나님의 뜻에 따라[5] 깨달음과 경외심과 겸손과 열정과 믿음과 사랑과 인내로 기도해야 합니다.[6] 그리고 소리 내어 기도할 때에는 누구나 알고 있는 언어로 해야 합니다.[7]

—

1 빌 4:6
2 시 65:2
3 요 14:13-14; 벧전 2:5
4 롬 8:26
5 요일 5:14
6 시 47:7; 전 5:1-2; 히 12:28; 창 18:27; 약 5:16; 1:6-7; 막 11:24; 마 6:12, 14-15; 골 4:2; 엡 6:18
7 고전 14:14

4항 합당한 것을 위해 기도해야 합니다.[1] 그리고 살아 있는 모든 사람과 앞으로 살아갈 모든 사람을 위해 기도해야 합니다. 그러나 죽은 자를 위해 기도하거나[3] 사망에 이르는 죄를 지은 것으로 알려진 사람들을 위해 기

웨스트민스터 소요리 문답

니까?

답. 제2계명은 하나님이 자신의 말씀 안에서 지정하신 모든 종교적 예배와 규례를 순수하고 온전한 상태로 받아들이고 지킬 것을 요구합니다.[1]

—

1 신 32:46; 마 28:20; 행 2:42

51문. 제2계명에서 금하는 것은 무엇입니까?

답. 제2계명은 형상들로[1] 하나님을 예배하거나 하나님 말씀에 지정되어 있지 않은 다른 어떤 방법으로 예배하는 것을 금합니다.[2]

—

1 신 4:15-19; 출 32:5, 8
2 신 12:31-32

52문. 제2계명에 부가된 근거는 무엇입니까?

답. 제2계명에 부가된 근거는 우리에 대한 하나님의 주권과,[1] 우리 안에 있는 그분의 자격,[2] 그리고 그분 자신의 예배에 대한 열정입니다.[3]

—

1 시 95:2-3, 6
2 시 45:11
3 출 34:13-14

웨스트민스터 대요리 문답

입니까?

답. 제2계명에서 요구하는 의무는 하나님이 자신의 말씀 안에서 제정하신 종교적 예배와 규례를 받아들여 준수하고, 순전하게 전적으로 지키는 것입니다.[1] 구체적으로는 그리스도의 이름으로 드리는 기도와 감사입니다.[2] 말씀을 읽고 전하고 듣는 것입니다.[3] 성례의 시행과 그 성례를 받는 것입니다.[4] 교회 정치와 권징입니다.[5] 목회의 사역과 그 사역을 유지하는 것입니다.[6] 종교적 금식입니다.[7] 하나님의 이름으로 맹세하는 것과,[8] 하나님에게 서약하는 것입니다.[9] 또한 모든 거짓된 예배를 부인하고 미워하며 반대하는 것입니다.[10] 그리고 각자의 위치와 부르심에 따라 거짓된 예배와 우상 숭배의 모든 기념물을 제거하는 것입니다.[11]

—

1 신 32:46-47; 마 28:20; 행 2:42; 딤전 6:13-14
2 빌 4:6; 엡 5:20
3 신 17:18-19; 행 15:21; 딤후 4:2; 약 1:21-22; 행 10:33
4 마 28:19; 고전 11:23-30
5 마 18:15-17; 16:19; 고전 5장; 12:28
6 엡 4:11-12; 딤전 5:17-18; 고전 9:7-15
7 욜 2:12-13; 고전 7:5
8 신 6:13
9 사 19:21; 시 76:11
10 행 17:16-17; 시 16:4
11 신 7:5; 사 30:22

109문. 제2계명에서 금하는 죄는 무엇입니까?

답. 제2계명에서 금하는 죄는 하나님이 친히 제정하지 않으신 어떤 종교적 예배를 고안하고,[1] 의논하며,[2] 명령하고,[3] 사용하며,[4] 어떤 모양으로 승인하는 것입니다.[5] 거짓 종교를 용인하는 것입니다.[6] 하나님의 삼위전부 또는 그중 어느 한 위라도 내적으로 우리 마음속에 그리거나 외적으로 피조물의 어떤 형상이나 모양으로 만드는 것입니다.[7] 이 모든 것을 예배하거나,[8] 그것들 안

벨직 신앙 고백서 (1561)	하이델베르크 요리 문답 (1563)	제2 스위스 신앙 고백서 (1566)	도르트 신경 (1619)
		그리스도와 함께 성인들과 다른 이들의 모습이 그려진 막을 보자 그것을 찢어서 멀리 치워 버린, 축복받은 주교 에피파니우스(Epiphanius)가 행한 일을 확증하는 바입니다. 그는 그리스도의 교회에 인간의 상을 그려 걸어 놓는 것을 성경의 권위에 반하는 것으로 보았기 때문입니다. 그러므로 에피파니우스는 그 이후부터 종교에 반대되는 그러한 천이나 막을 그리스도의 교회에 걸어 놓아서는 안 되며, 그리스도의 교회와 모든 경건한 신앙인에게 합당하지 않은, 양심에 거리끼는 것을 제거하도록 했습니다. 더욱이 우리는 다음과 같은 성 아우구스티누스의 문장을 승인하는 바입니다. "인간의 행위를 예배하게 만드는 것이 우리의 종교가 되지 않게 하자. 그러한 작품들을 만드는 예술가 자신은 확실히 뛰어난 자이지만 그럼에도 그러한 예술가들을 예배해서는 안 되기 때문이다"(「참된 종교에 관하여」, 55장). **5장 유일하신 중보자이신 예수 그리스도를 통한 찬미와 경배와 기도에 관하여** 1항 우리는 오직 참되신 하나님만 경배하고 예배할 것을 가르칩니다. 우리는 "주 너의 하나님께 경배하고 다만 그를 섬기라" 또는 "오직 그만 섬기라"는 주님의 계명에 따라 이 영예를 다른 이에게 돌리지 않습니다(마 4:10). 참으로 모든 선지자는 이스라엘 백성이 이방신을 숭배하고, 참되고 유일하신 하나님을 경배하지 않았을 때 그들을 강력하게 책망했습니다. 2항 하나님이 "영과 진리로" 예배하라고 가르치신 대로 우리는 "하나님이 찬미와 경배를 받으셔야 할 분"이라고 가르칩니다. 하나님이 우리에게 "이것을 누가 너희에게 요구하였느냐"(사 1:12; 렘 6:20)라고 말씀하시지 않도록 우리는 그 어떤 미신이 아니라 하나님 말씀에 따른 진실함으로 경배해야 합니다. 바울 역시 하나님에 관하여 "무엇이 부족한 것처럼 사람의 손으로 섬김을 받으시는 것이 아니니"라고 말하였습니다(행 17:25).	

웨스트민스터 신앙 고백서 (1647)	웨스트민스터 소요리 문답 (1647)	웨스트민스터 대요리 문답 (1648)

웨스트민스터 신앙 고백서 (1647)

도해서는 안 됩니다.[4]

---

[1] 요일 5:14
[2] 딤전 2:1-2; 요 17:20; 삼하 7:29; 룻 4:12
[3] 삼하 12:21-23; 눅 16:25-26; 계 14:13
[4] 요일 5:16

5항 경건한 두려움을 동반한 성경 낭독,[1] 건전한 설교,[2] 하나님에게 순종하기 위해 이해와 믿음과 경외감으로 하나님 말씀을 바르게 들음,[3] 마음에 있는 은혜를 동반한 시편 노래,[4] 그리스도께서 제정하신 성례를 합당하게 집례하고 그에 합당하게 받는 것 등은 하나님을 향한 일반적인 종교적 예배의 모든 부분입니다.[5] 그밖에 종교적 맹세,[6] 서원,[7] 엄숙한 금식,[8] 그리고 때와 절기를 따라[9] 거룩하고 경건한 방법으로 행해야 할 특별한 경우에 드리는 감사입니다.[10]

---

[1] 행 15:21; 계 1:3
[2] 딤후 4:2
[3] 약 1:22; 행 10:33; 마 13:19; 히 4:2; 사 66:2
[4] 골 3:16; 엡 5:19; 약 5:13
[5] 마 28:19; 고전 11:23-29; 행 2:42
[6] 신 6:13; 느 10:29
[7] 사 19:21; 전 5:4-5
[8] 욜 2:12; 에 4:16; 마 9:15; 고전 7:5
[9] 시 107편; 에 9:22
[10] 히 12:28

6항 이제 복음 아래에서는 기도나 종교적 예배의 다른 어떤 부분을 어디에서 행하고 어디를 향해 있는가에 매이지 않으며, 그에 따라 더 잘 받아들여지는 것도 아닙니다.[1] 도리어 하나님은 모든 곳에서,[2] 영과 진리 안에서 경배받으셔야 합니다.[3] 따라서 매일,[4] 사적인 가정에서,[5] 은밀하게 홀로 예배드려야 합니다.[6] 그렇다면, 하나님이 말씀과 섭리 가운데 공적 예배를 명령하시는 때에는 그 공적 예배 모임에 부주의하거나 그것을 고의로 소홀히 해서는 안 되며 더욱 엄숙히 예배드려야 합니다.[7]

웨스트민스터 대요리 문답 (1648)

에서 하나님을 예배하거나, 그것들로 말미암아 예배하는 것입니다.[9] 또한 이 꾸며낸 신의 형상으로[10] 하나님을 예배하며 섬기는 것입니다.[11] 또 우리 자신이 고안했든[12] 전통에 의해 다른 사람들에게 받았든 간에,[13] 고대 제도나[14] 풍속이나[15] 경건이나[16] 선한 의도 혹은 다른 명목으로든[17] 예배에 무엇을 더하거나 빼서[18] 하나님에게 드리는 예배를 부패하게 만드는[19] 미신적 고안품들과[20] 성직 매매,[21] 신성 모독입니다.[22] 또한 하나님이 정하신 예배와 규례에 대한 모든 태만과[23] 경멸과[24] 방해와[25] 반항입니다.[26]

---

[1] 민 15:39
[2] 신 13:6-8
[3] 호 5:11; 미 6:16
[4] 왕상 11:33; 12:33
[5] 신 12:30-32
[6] 신 13:6-12; 슥 13:2-3; 계 2:2, 14-15, 20; 17:12, 16-17
[7] 신 4:15-19; 행 17:29; 롬 1:21-23, 25
[8] 단 3:18; 갈 4:8
[9] 출 32:5
[10] 출 32:8
[11] 왕상 18:26, 28; 사 65:11
[12] 시 106:39
[13] 마 15:9
[14] 벧전 1:18
[15] 렘 44:17
[16] 사 65:3-5; 갈 1:13-14
[17] 삼상 13:11-12; 15:21
[18] 신 4:2
[19] 말 1:7-8, 14
[20] 행 17:22; 골 2:21-23
[21] 행 8:18
[22] 롬 2:22; 말 3:8
[23] 출 4:24-26
[24] 마 22:5; 말 1:7, 13
[25] 마 23:13
[26] 행 13:44-45; 살전 2:15-16

110문. 제2계명을 더욱 잘 지키도록 부가된 근거는 무엇입니까?

답. 제2계명을 더 잘 지키도록 부가된 근거는 다음 말씀에 내포되어 있습니다. 곧 "나 네 하나님 여호와는 질투하는 하나님인즉 나를 미워하는 자의 죄를 갚되 아버지로부터 아들에게로 삼사 대까지 이르게 하거니와 나를 사랑하고 내 계명을 지키는 자에게는 천 대까지 은혜를 베푸느라"고 한 것입니다.[1] 이는 우리 위에 계신 하나님의 주권과 우리 안에 있는 순종을 나타냅니다.[2] 또한 하나님이 자신의 예배에 대한 열정과,[3] 우상 숭배자를 영적으로 간음하는 자

벨직 신앙 고백서 (1561)	하이델베르크 요리 문답 (1563)	제2 스위스 신앙 고백서 (1566)	도르트 신경 (1619)

제2 스위스 신앙 고백서(계속)

4항 그러므로 우리는 하늘에 있는 성인들이나 다른 신들을 경배하거나 예배하거나 그들에게 기도하지 않습니다. 더욱이 우리는 이들을 하늘에 계신 하나님 앞에서 우리의 중재자나 중보자로 인정하지도 않습니다. 우리는 하나님과 중보자 되신 그리스도 한 분만으로 충분하기 때문입니다. 우리 하나님이 "내 영광을 다른 자에게 …… 주지 아니하리라"(사 42:8)고 분명히 말씀하신 것처럼, 우리는 하나님 한 분과 그분의 아들이신 성자께 드려야 할 영예를 다른 이들에게 돌리지 않습니다. 그리고 또한 사도 베드로 역시 "다른 이로써는 구원을 받을 수 없나니 천하 사람 중에 구원을 받을 만한 다른 이름을 우리에게 주신 일이 없음이라"(행 4:12)고 말했기 때문입니다. 의심할 여지 없이 믿음으로 말미암아 그리스도 안에서 평화를 누리는 자는 그리스도 외에 다른 어느 것도 추구하지 않습니다.

5항 그러나 이 모든 일에도 우리는 성인들을 경멸하거나 하찮게 생각하지 않습니다. 우리는 그들이 육체와 세상을 영광스럽게 이긴 그리스도의 살아 있는 지체이며, 하나님의 친구임을 인정하기 때문입니다. 그러므로 우리는 그들을 형제로 사랑하고 또한 존경합니다. 그들에게 그 어떤 예배를 드리는 것이 아니라 그들을 높이 평가하고 존중하며 단지 칭찬하는 것입니다. 우리는 또한 지극히 진지한 애정과 기도로 그들의 믿음과 덕행을 따르기 위해 성인들을 본받고자 합니다. 그들과 함께 영원한 구원에 참여하는 자가 되길 원하는 것입니다. 하나님과 함께한 그들과 영원히 함께 거하며 그들과 함께 그리스도 안에서 기뻐하기를 열망하는 것입니다. 이에 대하여 우리는 성 아우구스티누스가 자신의 책 「참된 종교에 관하여」(De Vera Religione)에서 말한 바를 인정합니다. "그 어떤 사람들을 예배하는 것이 우리의 종교가 되게 해서는 안 된다. 성인들이 거룩한 삶을 살았다 할지라도 그들이 그러한 경배받기를 추구했다고 여길 수는 없다. 도리어 그들은 우리가 그 상급에 관한 한 동료 종으로서 그들이 기뻐한 그리스도를 경배하기를 원할 것이다. 그러므로 그들은 우리가 본받고 존경해야 할 대상이지 종교의 이름으로 예배할 대상이 아니다."

6항 마찬가지로 우리는 성인들의 유물을 숭배하거나 경배해서는 안 됩니다. 고대의 성인들은 영혼이 하늘로 간 후에 그들의 시신을 땅에 묻음으로 죽은 자에 대한 충분한 예를 표했다고 생각했습니다. 그들은 선조들이 남긴 가장 고상한 유물은 다름 아닌 그들의 덕행과 교리, 믿음이라고 생각했습니다. 그들이 죽은 자들을 칭찬하고 기린 것처럼, 그들 또한 세상에 살아가는 동안 이를 위해 노력하고 애쓴 것입니다.

제3계명

99문. 하나님이 제3계명에서 요구하시는 것은 무엇입니까?

답. 저주함이나[1] 위증함으로뿐만 아니라 거칠게 맹세함으로,[2] 우리가 하나님의 이름을 더럽히거나 남용해서는 안 된다는 것입니다. 또한 다른 사람들이 이러한 끔찍한 죄를 저

5장 유일한 중보자이신 예수 그리스도를 통한 찬미와 경배와 기도에 관하여

7항 옛 선조들은 하나님의 율법에 명령된 바와 같이 오직 여호와의 이름 외에는 맹세하지 않았습니다. 그에 따라 이방신들에게 맹세하는 것이 금지되었으므로(출 23:13; 수 23:7), 우리는 사람들이 요구한다 할지라도 성인들에게 맹세해서는 안 됩니다. 그러므로 우리는 이 모든 일에 대해 하늘에 있는 성인들에게 지나친 영예를 돌리게 하는 이 교리를 배격하는 바입니다.

웨스트민스터 신앙 고백서 (1647)	웨스트민스터 소요리 문답 (1647)	웨스트민스터 대요리 문답 (1648)
—— 1 요 4:21 2 말 1:11; 딤전 2:8 3 요 4:23-24 4 마 6:11 5 렘 10:25; 신 6:6-7; 욥 1:5; 삼하 6:18, 20; 벧전 3:7; 행 10:2 6 마 6:6; 엡 6:18 7 사 56:6-7; 히 10:25; 잠 1:20-21, 24; 8:34; 행 13:42; 눅 4:16; 행 2:42		로 여기사 보복하는 분노를 나타냅니다.[4] 이 계명을 범한 자들을 자신을 미워하는 자로 여기셔서 여러 시대에 이르기까지 그들을 형벌한다고 경고하시며,[5] 자신을 사랑하고 이 계명을 지키는 자들에게는 여러 대에 이르기까지 긍휼을 약속하십니다.[6] —— 1 출 20:5-6 2 시 45:11; 계 15:3-4 3 출 34:13-14 4 고전 10:20-22; 렘 7:18-20; 겔 16:26-27; 신 32:16-20 5 호 2:2-4 6 신 5:29

22장 합법적인 맹세와 서원에 관하여

1항 합법적인 맹세는 사람이 엄숙하게 맹세함으로 자신이 증언하고 약속하는 것에 대해 하나님이 증인 되시며, 자신이 맹세하는 것에 대한 진실과 거짓에 따라 심판해 주시기를 하나님에게 구하는,[1] 종교적 예배의 한 부분입니다.[2]

——
1 출 20:7; 레 19:12; 고후 1:23; 대하 6:22-23
2 신 10:20

53문. 제3계명은 무엇입니까?

답. 제3계명은 "너는 네 하나님 여호와의 이름을 망령되게 부르지 말라 여호와는 그의 이름을 망령되게 부르는 자를 죄 없다 하지 아니하리라"입니다.[1]

——
1 출 20:7

54문. 제3계명에서 요구하는 것은 무엇입니까?

111문. 제3계명은 무엇입니까?

답. 제3계명은 "너는 네 하나님 여호와의 이름을 망령되게 부르지 말라 여호와는 그의 이름을 망령되게 부르는 자를 죄 없다 하지 아니하리라"입니다.[1]

——
1 출 20:7

112문. 제3계명에서 요구하는 것은 무엇입니까?

벨직 신앙 고백서 (1561)	하이델베르크 요리 문답 (1563)	제2 스위스 신앙 고백서 (1566)	도르트 신경 (1619)
	지를 때 침묵이나 묵인함으로 이에 동참하지 않는 것입니다. 간략히 말하자면, 우리가 하나님의 거룩한 이름을[3] 두려움과 경외감 없이 사용하지 않는 것이며, 우리를 통해 하나님이 올바르게 고백되고[4] 경배받으시며,[5] 우리의 모든 말과 행실로 하나님에게 영광을 돌리는 것입니다. ――― [1] 레 24:11; 19:12; 마 5:37; 레 5:4 [2] 사 45:23-24 [3] 마 10:32 [4] 딤전 2:8 [5] 고전 3:16-17 **100문. 그러면 맹세와 저주로 하나님의 이름을 욕되게 하는 일은 그러한 저주와 맹세를 있는 힘을 다해 막거나 금하려고 애쓰지 않은 사람들에게도 하나님이 진노하실 만큼 극악무도한 죄입니까?** 답. 의심할 여지 없이 그렇습니다. 이보다 큰 죄, 또는 하나님을 더 진노하시게 하는 죄는 없기 때문입니다.[1] 그러므로 하나님은 이 죄를 죽음으로 형벌하라고 명령하셨습니다.[2] ――― [1] 레 5:1 [2] 레 24:15 **101문. 그러면 우리가 하나님의 이름으로 경건하게 맹세할 수는 있습니까?**		

웨스트민스터 신앙 고백서 (1647)	웨스트민스터 소요리 문답 (1647)	웨스트민스터 대요리 문답 (1648)

2항 맹세할 때에는 반드시 하나님의 이름으로만 해야 합니다. 그리고 하나님의 이름은 모든 거룩과 두려움과 경외하는 마음으로 사용해야 합니다.[1] 그러므로 그 영광스럽고 두려운 이름으로 헛되고 경솔하게 맹세하거나, 다른 어떤 것들로 맹세하는 것은 죄악적이며 혐오스러운 것이 됩니다.[2] 그럼에도 무겁고 중대한 사안들의 경우, 맹세는 구약 성경 아래에서뿐 아니라 신약의 말씀 아래에서도 모두 하나님 말씀으로 보증되어 있습니다.[3] 그러므로 이런 사안들에서 정당한 권위에 의해 부과된 합법적인 맹세는 반드시 행해져야만 합니다.[4]

___
[1] 신 6:13
[2] 출 20:7; 렘 5:7; 마 5:34, 37; 약 5:12
[3] 히 6:16; 고후 1:23; 사 65:16
[4] 왕상 8:31; 느 13:25; 스 10:5

3항 맹세하고자 하는 사람은 누구든지 맹세가 매우 엄숙한 행위의 무거운 것이라는 사실을 합당하게 고려해야만 하며, 따라서 맹세할 때에는 틀림없이 진실이라고 설복되는 것만 맹세해야 합니다.[1] 선하고 정당한 것과, 자신이 그렇다고 믿는 것과, 자신이 할 수 있으며 행하려고 결심한 것 외에는 그 어떤 것에 대해서도 맹세로 자신을 묶어서는 안 됩니다.[2] 그럼에도 합법적인 권위에 의해 부과된 선하고 정당한 일에 관련된 것에 맹세하기를 거절하는 것은 죄입니다.[3]

___
[1] 출 20:7; 렘 4:2
[2] 창 24:2-3, 5-6, 8-9
[3] 민 5:19, 21; 느 5:12; 출 22:7-11

4항 맹세는 모호함이나 다른 의도 없이 분명하고 일반적인 말로 해야 합니다.[1] 죄를 짓는 맹세를 할 수는 없습니다. 그러나 죄가 아닌 일에 맹세했다면, 그 사람 자신에게 해가 된다 할지라도 반드시 지킬 의무가 있습

답. 제3계명은 하나님의 이름과[1] 칭호,[2] 속성,[3] 규례,[4] 말씀,[5] 사역을 거룩하고 경외하는 마음으로 사용할 것을 요구합니다.[6]

___
[1] 마 6:9; 신 28:58
[2] 시 68:4
[3] 계 15:3-4
[4] 말 1:11, 14
[5] 시 138:1-2
[6] 욥 36:24

55문. 제3계명에서 금하는 것은 무엇입니까?
답. 제3계명은 하나님이 자신을 알리시는 그 어떤 것이라도 속되게 하거나 오용하는 것을 금합니다.[1]

___
[1] 말 1:6-7, 12; 2:2; 3:14

56문. 제3계명에 부가된 근거는 무엇입니까?
답. 제3계명에 부가된 근거는 비록 이 계명을 어기는 자들이 사람들에게서는 형벌을 모면할 수 있을지라도, 우리 주 하나님은 그들이 그분의 의로운 심판을 모면하는 것을 결코 참지 않으신다는 것입니다.[1]

___
[1] 삼상 2:12, 17, 22, 29; 3:13; 신 28:58-59

답. 제3계명은 하나님의 이름과 칭호, 속성,[1] 규례,[2] 말씀,[3] 성례,[4] 기도,[5] 맹세,[6] 서원,[7] 제비뽑기,[8] 그분의 사역,[9] 그 외에 그분 자신을 나타내는 것은 무엇이든 생각과[10] 묵상과[11] 말과[12] 글을[13] 통해 거룩하고 경외하는 마음으로 사용할 것을 요구합니다. 또한 하나님의 영광과,[14] 우리 자신과[15] 다른 이들의 선을 위하여[16] 거룩한 고백과[17] 책임 있는 대화로[18] 그렇게 해야 합니다.

___
[1] 마 6:9; 신 28:58; 시 29:2; 68:4; 계 15:3-4
[2] 말 1:14; 전 5:1
[3] 시 138:2
[4] 고전 11:24-25, 28-29
[5] 딤전 2:8
[6] 렘 4:2
[7] 전 5:2, 4-6
[8] 행 1:24, 26
[9] 욥 36:24
[10] 말 3:16
[11] 시 8:1, 3-4, 9
[12] 골 3:17; 시 105:2, 5
[13] 시 102:18
[14] 고전 10:31
[15] 렘 32:39
[16] 벧전 2:12
[17] 벧전 3:15; 미 4:5
[18] 빌 1:27

113문. 제3계명에서 금하는 죄는 무엇입니까?
답. 제3계명에서 금하는 죄는 하나님의 이름을 명한 대로 사용하지 않고,[1] 무지하거나[2] 헛되거나[3] 불경하거나 모독적이거나[4] 미신적이거나[5] 사악하게 언급하거나, 그분의 칭호, 속성,[6] 규례,[7] 사역을[8] 모독하고[9] 위증하거나,[10] 모든 죄악된 저주,[11] 맹세,[12] 서약,[13] 제비뽑음으로 하나님의 이름을 남용하는 것입니다.[14] 또 합법적인 것에 대해 우리의 맹세와 서원을 위반하는 것과,[15] 불법적인 것을 행하는 것입니다.[16] 하나님의 작정과[17] 섭리에[18] 불평하고 시비를 걸거나[19] 호기심으로 파고드는 것이며,[20] 말씀을 오용하고, 잘못 해석하거나[21] 잘못 적용하는 것이며,[22] 하나님 말씀 전체나 어느 부분을 어떤 방식으로 곡해하여,[23] 신성을 모독하는 농담과,[24] 호기심에 넘친 무익한 질문이나 헛된 말다툼, 그릇된 교리를 지지하는 데 쓰는 것입니

벨직 신앙 고백서 (1561)	하이델베르크 요리 문답 (1563)	제2 스위스 신앙 고백서 (1566)	도르트 신경 (1619)
	답. 그럴 수 있습니다. 국가 위정자들이 백성에게 그것을 요구하거나, 하나님의 영광과 우리 이웃의 안전을 위해 진실함과 진리를 확증하는 일이 필요할 때에는 맹세할 수 있습니다.[1] 이러한 맹세는 하나님 말씀에 근거하며,[2] 그에 따라 구약과 신약 시대의 성도 모두 정당하게 사용했기 때문입니다.[3]		

[1] 출 22:11; 느 13:25
[2] 신 6:13; 히 6:16
[3] 창 21:24; 수 9:15, 19; 삼상 24:22; 고후 1:23; 롬 1:9

102문. 우리는 성인들이나 다른 어떤 피조물로도 맹세할 수 있습니까?
답. 그럴 수 없습니다. 합법적인 맹세는 사람의 마음을 아시는 유일하신 하나님에게 진실을 증언해 주시고 내가 거짓 맹세한다면 형벌하실 것을 구하는 것입니다.[1] 이러한 영예는 다른 어떤 피조물에게도 돌려져서는 안 됩니다.[2]

[1] 고후 1:23
[2] 마 5:34-35

웨스트민스터 신앙 고백서 (1647)	웨스트민스터 소요리 문답 (1647)	웨스트민스터 대요리 문답 (1648)

니다.[2] 이단자나 불경건한 자에게 한 맹세라도 어겨서는 안 될 것입니다.[3]

[1] 렘 4:2; 시 24:4
[2] 삼상 25:22, 32-34; 시 15:4
[3] 겔 17:16, 18-19; 수 9:18-19; 삼하 21:1

5항 서원은 약속의 성격을 띤 맹세와 같으며, 종교적 주의를 기울여 신실하게 행해야 합니다.[1]

[1] 사 19:21; 전 5:4-6; 시 61:8; 66:13-14

6항 서원은 다른 어떤 피조물이 아니라 오직 하나님에게만 해야 합니다.[1] 서원이 받아들여지려면 믿음과 양심의 의무에서 자발적으로 우러나야 하며, 우리가 받은 은혜에 감사하는 방식으로, 또는 우리가 원하는 것을 얻는 데 감사하는 마음으로 해야 합니다. 이로 인해 서원이 적절하게 이행되는 한, 우리는 이런 필연적인 의무와 다른 것들에 우리 자신을 엄격하게 묶는 것입니다.[2]

[1] 시 76:11; 렘 44:25-26
[2] 신 23:21-23; 시 50:14; 창 28:20-22; 삼상 1:11; 시 66:13-14; 132:2-5

7항 하나님 말씀이 금하는 일이나 그 말씀이 명령한 의무를 방해하는 일, 자신의 능력 밖의 일, 하나님에게 수행할 수 있다는 능력의 약속을 받지 않은 일은 어느 누구도 서원해서는 안 됩니다.[1] 이런 국면에서 볼 때, 영구한 독신 서원과 청빈 서원, 규칙적인 순종에 따라 살겠다는 로마 가톨릭의 수도원적 서원은 고상한 완전함의 단계와 거리가 멀며, 미신적이고 죄악적인 올가미이기 때문에 그 어떤 그리스도인도 이런 서원들에 자신을 얽어매서는 안 됩니다.[2]

[1] 행 23:12, 14; 막 6:26; 민 30:5, 8, 12-13
[2] 마 19:11-12; 고전 7:2; 엡 4:28; 벧전 4:2; 고전 7:23

웨스트민스터 대요리 문답(계속)

다.[25] 또 피조물이나 하나님의 이름 아래 있는 무엇이든 마술이나[26] 죄악된 정욕과 행사에 남용하는 것입니다.[27] 하나님의 진리와 은혜 및 방법을 훼방하고,[28] 경멸하며,[29] 욕하고,[30] 어떻게든 반항하는 것입니다.[31] 외식과 사악한 목적으로 신앙을 고백하는 것입니다.[32] 하나님의 이름을 부끄러워하거나,[33] 불안하고[34] 지혜 없는[35] 해로운 행위로[36] 그 이름을 수치스럽게 하거나[37] 배반하는 것입니다.[38]

[1] 말 2:2
[2] 행 17:23
[3] 잠 30:9
[4] 말 1:6-7, 12; 3:14
[5] 삼상 4:3-5; 렘 7:4, 9-10, 14, 31; 골 2:20-22
[6] 왕하 18:30, 35; 출 5:2; 시 139:20
[7] 시 50:16-17
[8] 사 5:12
[9] 왕하 19:22; 레 24:11
[10] 슥 5:4; 8:17
[11] 삼상 17:43; 삼하 16:5
[12] 렘 5:7; 23:10
[13] 신 23:18; 행 23:12, 14
[14] 에 3:7; 9:24; 시 22:18
[15] 시 24:4; 겔 17:16, 18-19
[16] 막 6:26; 삼상 25:22, 32-34
[17] 롬 3:5, 7; 6:1-2
[18] 전 8:11; 9:3; 시 39편
[19] 롬 9:14, 19-20
[20] 신 29:29
[21] 마 5:21
[22] 겔 13:22
[23] 벧전 3:16; 마 22:24-31
[24] 사 22:13; 렘 23:34, 36, 38
[25] 딤전 1:4, 6-7; 6:4-5, 20; 딤후 2:14; 딛 3:9
[26] 신 18:10-14; 행 19:13
[27] 딤후 4:3-4; 롬 13:13-14; 왕상 21:9-10; 유 4절
[28] 행 13:45; 요일 3:12
[29] 시 1:1; 벧후 3:3
[30] 벧전 4:4
[31] 행 13:45-46, 50; 4:18; 19:9; 살전 2:16; 히 10:29
[32] 딤후 3:5; 마 23:14; 6:1-2, 5, 16
[33] 막 8:38
[34] 시 73:14-15
[35] 고전 6:5-6; 엡 5:15-17
[36] 사 5:4; 벧후 1:8-9
[37] 롬 2:23-24
[38] 갈 3:1, 3; 히 6:6

114문. 제3계명에 부가된 근거는 무엇입니까?

답. 제3계명에 부가된 근거는 다음과 같은 말씀입니다. 즉 "네 하나님 여호와"와 "여호와는 그의 이름을 망령되게 부르는 자를 죄 없다 하지 아니하리라"고 하신 말씀입니다.[1] 이 말씀들이 제3계명에 부가된 것은 하나님은 주와 우리 하나님 여호와시므로 우리는 그분의 이름을 훼방하거나 어떤 방식으로든 악용할 수 없기 때문입니다.[2] 이 계명을 어기는 많은 자가 비록 사람들에게서는 비난과 형벌을 피할 수 있을지라도,[3] 하나님은 이 계명의 위반자를 그대로 내버려 두지 않으시고 그들로 하여금 그분의 의로운 심판을 결단코 피하지 못하게 하실 것입니다.[4]

[1] 출 20:7
[2] 레 19:12
[3] 삼상 2:12, 17, 22, 24; 3:13
[4] 겔 36:21-23; 신 28:58-59; 슥 5:2-4

벨직 신앙 고백서 (1561)	하이델베르크 요리 문답 (1563)	제2 스위스 신앙 고백서 (1566)	도르트 신경 (1619)

제4계명

103문. 하나님이 제4계명에서 요구하시는 것은 무엇입니까?

답. 첫째, 복음 사역과 교육이 유지되는 것입니다.[1] 특히 안식일에[2] 그리스도인으로서 내가 하나님의 교회에 부지런히 나가며,[3] 하나님 말씀을 듣고 성례에 참여하며,[4] 공적으로 주님의 이름을 부르고,[5] 가난한 자들을 구제하기를 요구하십니다.[6] 둘째, 내 생의 모든 날 동안 나의 악한 일을 멈추고, 주님이 그분의 성령으로 내 안에서 일하시도록 내 삶을 맡기며 이 세상에서 시작되는 영원한 안식을 누리라고 명령하십니다.[7]

---

[1] 신 12:19; 딛 1:5; 딤전 3:14-15; 고전 9:11; 딤후 2:2; 딤전 3:15
[2] 레 23:3
[3] 행 2:42, 46; 고전 14:19, 29, 31
[4] 고전 11:33
[5] 딤전 2:1
[6] 고전 16:2
[7] 사 66:23

웨스트민스터 신앙 고백서 (1647)	웨스트민스터 소요리 문답 (1647)	웨스트민스터 대요리 문답 (1648)

21장 종교적 예배와 안식일에 관하여

7항 일반적으로 하나님을 예배하기 위해 적절한 시간을 구별하는 것은 자연의 법칙입니다. 마찬가지로 하나님은 그분 말씀을 통해 적극적이고 도덕적이며 영구적인 명령으로 모든 세대, 모든 사람에게 7일 중 하루를 안식일로 지정하셔서 거룩하게 지키게 하셨습니다.[1] 이 안식일은 태초부터 그리스도의 부활 때까지는 일주일의 마지막 날이었습니다. 그리고 그리스도께서 부활하신 후로는 한 주의 첫째 날로 바뀌었습니다.[2] 성경은 이 날을 주의 날이라 부르며,[3] 세상 끝 날까지 기독교의 안식일로 계속 지켜져야 합니다.[4]

---
[1] 출 20:8, 10-11; 사 56:2, 4, 6-7
[2] 창 2:2-3; 고전 16:1-2; 행 20:7
[3] 계 1:10
[4] 출 20:8, 10; 마 5:17-18

8항 이 안식일은 주님에게 거룩하게 지켜져야 합니다. 이 날에 사람들은 자신의 마음을 올바르게 준비하고 자신의 일상적인 일들을 미리 정돈한 후에, 세상적인 업무와 오락에 관한 일과 말과 생각을 일체 중단하고 온종일 거룩하게 안식해야 합니다.[1] 그뿐 아니라 공적으로나 사적으로나 안식하는 내내 하나님을 예배하고, 반드시 행해야 하는 의무와 자비에 전념해야 합니다.[2]

---
[1] 출 20:8; 16:23, 25-26, 29-30; 31:15-17; 사 58:13; 느 13:15-22
[2] 사 58:13; 마 12:1-13

57문. 제4계명은 무엇입니까?

답. 제4계명은 "안식일을 기억하여 거룩하게 지키라 엿새 동안은 힘써 네 모든 일을 행할 것이나 일곱째 날은 네 하나님 여호와의 안식일인즉 너나 네 아들이나 네 딸이나 네 남종이나 네 여종이나 네 가축이나 네 문 안에 머무는 객이라도 아무 일도 하지 말라 이는 엿새 동안에 나 여호와가 하늘과 땅과 바다와 그 가운데 모든 것을 만들고 일곱째 날에 쉬었음이라 그러므로 나 여호와가 안식일을 복되게 하여 그날을 거룩하게 하였느니라"입니다.[1]

---
[1] 출 20:8-11

58문. 제4계명에서 요구하는 것은 무엇입니까?

답. 제4계명은 하나님이 말씀에서 지정하신 구별된 때들을 거룩하게 지킬 것을 요구합니다. 특히 7일 중 하루 전체를 하나님에게 거룩한 안식의 상태로 지킬 것을 요구합니다.[1]

---
[1] 신 5:12-14

59문. 하나님은 7일 중 어느 날을 한 주의 안식일로 지정하셨습니까?

답. 하나님은 세상이 시작된 때부터 그리스도께서 부활하실 때까지는 한 주의 일곱째 되는 날을 한 주의 안식일로 정하셨습니다. 그리고 이후부터는 한 주의 첫째 날을 그 주의 안식일로 세상 끝까지 계속되게 하셨는데 이 날이 기독교의 안식일입니다.[1]

---
[1] 창 2:2-3; 고전 16:1-2; 행 20:7

115문. 제4계명은 무엇입니까?

답. 제4계명은 "안식일을 기억하여 거룩하게 지키라 엿새 동안은 힘써 네 모든 일을 행할 것이나 일곱째 날은 네 하나님 여호와의 안식일인즉 너나 네 아들이나 네 딸이나 네 남종이나 네 여종이나 네 가축이나 네 문안에 머무는 객이라도 아무 일도 하지 말라 이는 엿새 동안에 나 여호와가 하늘과 땅과 바다와 그 가운데 모든 것을 만들고 일곱째 날에 쉬었음이라 그러므로 나 여호와가 안식일을 복되게 하여 그날을 거룩하게 하였느니라"입니다.[1]

---
[1] 출 20:8-11

116문. 제4계명에서 요구하는 것은 무엇입니까?

답. 제4계명이 모든 사람에게 요구하는 것은 하나님이 말씀으로 정하신 날, 특히 7일 중 하루를 온종일 거룩하게 지키는 것입니다. 이 날은 세상이 시작된 때부터 그리스도께서 부활하실 때까지는 한 주의 일곱째 날이었으나 그 후부터는 매주 첫 날로, 세상 끝 날까지 이렇게 계속되게 하셨는데, 이 날이 기독교의 안식일로[1] 신약은 "주의 날"이라고 일컫습니다.[2]

---
[1] 신 5:12-14; 창 2:2-3; 고전 16:1-2; 행 20:7; 마 5:17-18; 사 56:2, 4, 6-7
[2] 계 1:10

117문. 안식일 또는 주의 날은 어떻게 거룩하게 지킵니까?

답. 안식일 또는 주의 날은 온종일 거룩하게 쉬는 것으로 지켜야 합니다.[1] 항상 죄악된 일을 그칠 뿐 아니라 다른 날들에 합당

벨직 신앙 고백서 (1561)	하이델베르크 요리 문답 (1563)	제2 스위스 신앙 고백서 (1566)	도르트 신경 (1619)

웨스트민스터 신앙 고백서 (1647)	웨스트민스터 소요리 문답 (1647)	웨스트민스터 대요리 문답 (1648)
	60문. 안식일은 어떻게 거룩하게 지킵니까? 답. 안식일은 다른 날들에 합당한 세상의 업무와 오락에서[1] 벗어나 그날 하루를 온종일 거룩하게 쉬고,[2] 필수적인 일과 자비로 여겨질 수 있는 것 외에[3] 모든 시간을 공적이든 사적이든 하나님을 예배하는 예식에 사용하면서[4] 거룩하게 보내야 합니다. ―― [1] 느 13:15-22 [2] 출 20:8, 10; 16:25-28 [3] 마 12:1-31 [4] 눅 4:16; 행 20:7; 시 92편 표제; 사 66:23	한 세상의 업무나 오락까지 그만두되[2] (부득이한 일과 자선을 베푸는 데 쓰는 것을 제외하고는[3]) 공적이든 사적이든 그 시간을 전적으로 하나님을 예배하는 예식에 사용하는 것을 우리의 기쁨으로 삼는 것입니다.[4] 그리고 그 목적을 위하여 우리 마음을 준비하고, 세상의 일을 미리 부지런히 절제 있게 조절하고 적절히 처리하여 주의 날의 의무를 더 자유롭고 적당히 행할 수 있어야 합니다.[5] ―― [1] 출 20:8, 10 [2] 출 16:25-28; 느 13:15-22; 렘 17:21-22 [3] 마 12:1-13 [4] 사 58:13; 눅 4:16; 행 20:7; 고전 16:1-2; 시 92편 표제; 사 66:23; 레 23:3 [5] 출 20:8; 눅 23:54, 56; 16:22, 25-26, 29; 느 13:19
	61문. 제4계명에서 금하는 것은 무엇입니까? 답. 제4계명은 요구되는 의무들을 간과하거나 부주의하게 이행하는 것,[1] 게으르거나[2] 그 자체로 죄악된 일을 하거나[3] 우리의 세상적인 업무나 오락에 관한 불필요한 생각이나 말이나 일로[4] 그날을 속되게 하는 것을 금합니다. ―― [1] 겔 22:26; 암 8:5; 말 1:13 [3] 겔 23:38 [2] 행 20:7, 9 [4] 렘 17:24-26; 사 58:13	**118문. 왜 가장들과 다른 윗사람들에게 더 특별히 안식일을 지키라고 명령한 것입니까?** 답. 가장들과 다른 윗사람들에게 더 특별히 안식일을 지킬 것을 명령한 것은 그들 자신에게 안식일을 지킬 의무가 있을 뿐 아니라, 그들에게 통솔받는 사람들도 반드시 안식일을 지키게 할 의무가 있기 때문입니다. 그리고 아랫사람들이 안식일을 지킬 수 없도록 그들의 일이 방해하는 경우가 흔하기 때문입니다.[1] ―― [1] 출 20:10; 수 24:15; 느 13:15-17; 렘 17:20-22; 출 23:12
	62문. 제4계명에 부가된 근거는 무엇입니까? 답. 제4계명에 부가된 근거는 하나님이 우리의 업무를 위해 일주일에 엿새를 우리에게 허락해 주시는 것과,[1] 일곱째 날에 대해 하나님의 특별한 정당성을 주장하시는 것과 스스로 모범을 보이시는 것과 안식일을 복되게 하시는 것입니다.[2] ―― [1] 출 20:9 [2] 출 20:11	**119문. 제4계명에서 금하는 죄는 무엇입니까?** 답. 제4계명에서 금하는 죄는 요구된 의무 가운데 어느 것이라도 빠뜨리는 것과[1] 이 의무를 부주의하고 태만하고 무익하게 이행하는 것과, 주일에 지쳐서 괴로워하는 것입니다.[2] 또한 게으름을 피우거나 그 자체로 죄악된 일을 하거나[3] 세상의 일과 오락

벨직 신앙 고백서 (1561)	하이델베르크 요리 문답 (1563)	제2 스위스 신앙 고백서 (1566)	도르트 신경 (1619)

제5계명

| | **104문. 하나님이 제5계명에서 요구하시는 것은 무엇입니까?**
답. 나의 아버지와 어머니, 그리고 나에 대해 권위가 있는 모든 사람에게 모든 공경과 사랑과 충성을 나타내고, 이들의 선한 가르침과 징계에 마땅히 순종하며,[1] 이들의 연약함과 부족함에는 참고 견디 | | |

웨스트민스터 신앙 고백서 (1647)	웨스트민스터 소요리 문답 (1647)	웨스트민스터 대요리 문답 (1648)

웨스트민스터 대요리 문답(계속)

에 대하여 필요 없는 일과 말과 생각 등으로 그날을 더럽히는 것입니다.[4]

---
[1] 겔 22:26
[2] 행 20:7, 9; 겔 33:30-32; 암 8:5; 말 1:13
[3] 겔 23:38
[4] 렘 17:24, 27; 사 58:13

120문. 제4계명을 더 잘 지키도록 부가된 근거는 무엇입니까?

답. 제4계명을 더 잘 지키도록 부가된 근거는 하나님이 7일 중 엿새를 허락하셔서 우리 자신의 일을 돌보게 하시고, 그분 자신을 위해서는 하루만 남겨두신 이 계명의 공평성에 있습니다. 즉, "엿새 동안은 힘써 네 모든 일을 행할 것이나"라고 하신 말씀입니다.[1] 또 "일곱째 날은 네 하나님 여호와의 안식일인즉"[2]이라고 하셔서 그날의 특별성에 대해 하나님이 주의를 촉구하신 것과, "엿새 동안에 …… 하늘과 땅과 바다와 그 가운데 모든 것을 만들고 일곱째 날에 쉬[신]" 하나님을 본받는 것에 있습니다. 하나님이 이 날을 자기를 섬기는 거룩한 날로 거룩하게 하실 뿐 아니라 우리가 이 날을 거룩히 지킬 때 우리에게 복을 주기로 정하심으로 이 날을 복되게 하신 데 있습니다.[3]

---
[1] 출 20:9
[2] 출 20:10
[3] 출 20:11

121문. 제4계명은 왜 "기억하라"는 말로 시작됩니까?

답. 제4계명이 "기억하라"는 말로 시작되는 것은[1] 한편으로 안식일을 기억하는 데서 오는 유익이 크기 때문이며, 우리가 기억함으로 이 날을 지키려고 준비하는 일에 도움을 받고,[2] 이 안식일을 지킴으로 남은 모든 계명을 지키는 데 도움이 되기 때문입니다.[3] 이 날을 통해 신앙 요약이 담긴 창조와 구속, 이 두 가지 큰 은혜를 계속 감사함으로 기억하는 것이 더 좋은 일이기 때문입니다.[4] 다른 한편으로는 본성의 빛이 희미하여,[5] 우리가 이 날을 쉽게 잊어버리기 때문이며,[6] 다른 때에 합당한 일일지라도 오히려 안식일에는 우리 본래의 자유를 제재해야 하기 때문입니다.[7] 안식일은 7일 중 단 한 번만 오기 때문에 여러 세상적인 일이 이 날에 대한 생각에서 우리 마음을 빼앗아 이 날을 준비하거나 거룩히 하는 데 지장을 주기 때문입니다.[8] 또 사탄은 온갖 수단을 써서 이 날의 영광을 말살시키려 하고, 심지어 이를 기억하지도 못하게 하여 모든 비종교적이고 불경한 요소를 들어오게 하려 하기 때문입니다.[9]

---
[1] 출 20:8
[2] 출 16:23; 눅 23:54, 56; 막 15:42; 느 13:19
[3] 시 92편 표제, 13-14; 겔 20:12, 19-20
[4] 창 2:2-3; 시 118:22, 24; 행 4:10-11; 계 1:10
[5] 느 9:14
[6] 겔 22:26
[7] 출 34:21
[8] 신 5:14-15; 암 8:5
[9] 애 1:7; 렘 17:21-23; 느 13:15-23

63문. 제5계명은 무엇입니까?
답. 제5계명은 "네 부모를 공경하라 그리하면 네 하나님 여호와가 네게 준 땅에서 네 생명이 길리라"입니다.[1]

---
[1] 출 20:12

64문. 제5계명에서 요구하는 것은 무엇입니까?
답. 제5계명은 윗사람이나[1] 아랫사람이나[2] 동등한 사람이나,[3] 그들의 여러 지위와 관계

123문. 제5계명은 무엇입니까?
답. 제5계명은 "네 부모를 공경하라 그리하면 네 하나님 나 여호와가 네게 준 땅에서 네 생명이 길리라"입니다.[1]

---
[1] 출 20:12

124문. 제5계명에 있는 "부모"는 누구를 의미합니까?
답. 제5계명에 있는 "부모"는 혈육의 아버지와 어머니뿐 아니라,[1] 연령과[2] 은사에[3] 있

벨직 신앙 고백서 (1561)	하이델베르크 요리 문답 (1563)	제2 스위스 신앙 고백서 (1566)	도르트 신경 (1619)
	기를 명령하십니다.[2] 그들 손을 통해 우리를 다스리는 것을 하나님이 기뻐하시기 때문입니다.[3] ——— [1] 엡 6:1-2 등; 골 3:18, 20; 엡 5:22; 롬 1:31 [2] 잠 23:22 [3] 엡 6:5-6; 골 3:19, 21; 롬 13:1-8; 마 22:21		

웨스트민스터 신앙 고백서 (1647)	웨스트민스터 소요리 문답 (1647)	웨스트민스터 대요리 문답 (1648)
	안에서 모든 사람에게 속한 명예를 보존하고 의무를 다할 것을 요구합니다. ―― **1** 엡 5:21 **2** 벧전 2:17 **3** 롬 12:10 **65문. 제5계명에서 금하는 것은 무엇입니까?** 답. 제5계명은 모든 사람의 여러 지위와 관계에서 그들에게 속한 명예와 의무를 소홀히 하거나 그것에 반하여 어떤 것을 행하는 것을 금합니다.[1] ―― **1** 마 15:4-6; 겔 34:2-4; 롬 13:8 **66문. 제5계명에 부가된 근거는 무엇입니까?** 답. 제5계명에 부가된 근거는 (하나님의 영광과 그들 자신의 선에서 제 역할을 하는 경우에만) 이 계명을 지키는 모든 이에게 약속한 장수와 번영입니다.[1] ―― **1** 신 5:16; 엡 6:2-3	어서 모든 윗사람과, 특히 가정,[4] 교회,[5] 국가[6] 막론하고 하나님의 규례에 의하여 권위의 자리에서 우리를 다스리는 자들을 뜻합니다. ―― **1** 잠 23:22, 25; 엡 6:1-2 **4** 왕하 5:13 **2** 딤전 5:1-2 **5** 왕하 2:12; 13:14; 갈 4:19 **3** 창 4:20-22; 45:8 **6** 사 49:23 **125문. 윗사람을 왜 "부모"라 칭하는 것입니까?** 답. 윗사람을 "부모"라 칭하는 것은 육신의 부모처럼 아랫사람에게 모든 의무를 가르쳐 그들이 맺은 여러 관계에 따라 아랫사람들을 사랑으로 부드럽게 대하게 하기 위함입니다.[1] 그리고 아랫사람은 마치 자신의 부모에게 하듯 윗사람에 대한 의무를 더 자원하는 마음으로 즐겁게 행하게 하려 함입니다.[2] ―― **1** 엡 6:4; 고후 12:14; 살전 2:7-8, 11; 민 11:11-12 **2** 고전 4:14-16; 왕하 5:13 **126문. 제5계명의 일반적인 범위는 무엇입니까?** 답. 제5계명의 일반적인 범위는 아랫사람이나 윗사람, 동료와 같이 상호관계에서 서로 지고 있는 의무를 행하는 것입니다.[1] ―― **1** 엡 5:21; 벧전 2:17; 롬 12:10 **127문. 아랫사람이 윗사람에게 표할 존경은 무엇입니까?** 답. 아랫사람이 윗사람에게 표해야 할 존경은 마음과[1] 말과[2] 행동으로[3] 모든 합당한 경의와 그들을 위한 기도와 감사,[4] 그들의 덕과 은혜를 본받음[5] 그들의 합법적인 명령과 권고에 즐거이 순종함[6] 그들의 징계에 굴복함,[7] 그들의 여러 서열과 지위의 특성에 따라[8] 윗사람의 인격과 권

벨직 신앙 고백서 (1561)	하이델베르크 요리 문답 (1563)	제2 스위스 신앙 고백서 (1566)	도르트 신경 (1619)

웨스트민스터 대요리 문답(계속)

위에 충성하고[9] 그것을 옹호하며[10] 지지하고, 그들의 연약성을 참고 이를 사랑으로 덮음으로[11] 그들로 하여금 그들과 그들의 다스림에 영예가 되게 하는 것입니다.[12]

———

[1] 말 1:6; 레 19:3
[2] 잠 31:28; 벧전 3:6
[3] 레 19:32; 왕상 2:19
[4] 딤전 2:1-2
[5] 히 13:7; 빌 3:17
[6] 엡 6:1-2, 5-7; 벧전 2:13-14; 롬 13:1-5; 히 13:17; 잠 4:3-4; 23:22; 출 18:19, 24
[7] 히 12:9; 벧전 2:18-20
[8] 마 22:21; 롬 13:6-7; 딤전 5:17-18; 갈 6:6; 창 45:11; 47:12
[9] 딛 2:9-10
[10] 삼상 26:15-16; 삼하 18:3; 에 6:2
[11] 벧전 2:18; 잠 23:22; 창 9:23
[12] 시 127:3-5; 잠 31:23

128문. 아랫사람이 윗사람에게 범하는 죄는 무엇입니까?

답. 아랫사람이 윗사람에게 범하는 죄는 그들에게 요구된 모든 의무를 소홀히 함과,[1] 합법적인 권고와[2] 명령과 징계를 거스르는 것과,[3] 저주하고 조롱하는 것으로[4] 그들의 인격과[5] 지위를[6] 시기하고[7] 경멸하며[8] 반역함과,[9] 그들과 그들의 다스림에 치욕과 불명예로 판명되는 모든 수치스러운 태도 등입니다.[10]

———

[1] 마 15:4-6
[2] 삼상 2:25
[3] 신 21:18-21
[4] 잠 30:11, 17
[5] 출 21:15
[6] 삼상 10:27
[7] 민 11:28-29
[8] 삼상 8:7; 사 3:5
[9] 삼하 15:1-12
[10] 잠 19:26

129문. 아랫사람에 대해 윗사람에게 요구되는 것은 무엇입니까?

답. 윗사람에게 요구되는 것은 하나님에게 받은 권세대로 그들이 서 있는 관계에 따라 아랫사람을 사랑하고[1] 위하여 기도하며[2] 축복하고,[3] 그들을 가르치며[4] 권고하고 훈계하며[5] 잘하는 자들을 격려하고[6] 칭찬하며[7] 포상하고,[8] 잘못하는 자들을 바로잡아[9] 책망하고 징벌하는 일입니다.[10] 또한 그들을 보호하고[11] 그들의 영혼과[12] 육체에[13] 필요한 모든 것을 공급하고 예비하며, 정중하고 지혜롭고 거룩하고 모범적인 행위로 하나님에게 영광을 돌리고[14] 자신들에게 영예가 있게 하여[15] 하나님이 그들에게 주신 권위를 보존하는 것입니다.[16]

———

[1] 골 3:19; 딛 2:4
[2] 삼상 12:23; 욥 1:5
[3] 왕상 8:55-56; 히 7:7; 창 49:28
[4] 신 6:6-7
[5] 엡 6:4
[6] 벧전 3:7
[7] 벧전 2:14; 롬 13:3
[8] 에 6:3
[9] 롬 13:3-4
[10] 잠 29:15; 벧전 2:14
[11] 욥 29:12-17; 사 1:10, 17
[12] 엡 6:4
[13] 딤전 5:8
[14] 딤전 4:12; 딛 2:3-5
[15] 왕상 3:28
[16] 딛 2:15

130문. 윗사람의 죄는 무엇입니까?

답. 윗사람의 죄는 요구된 의무를 소홀히 하는 일 외에[1] 자기 자신의 영예,[2] 평안함, 유익 혹은 쾌락을[3] 과도히 추구하는 것입니다.[4]

제6계명

105문. 하나님이 제6계명에서 요구하시는 것은 무엇입니까?

답. 생각이나 말이나 몸짓, 무엇보다 행동으로 나 스스로든 다른 사람을 통해서든 내 이웃의 명예를 훼손하거나 그들을 미워하거나 해하거나 죽이지 않

웨스트민스터 신앙 고백서 (1647)	웨스트민스터 소요리 문답 (1647)	웨스트민스터 대요리 문답 (1648)

웨스트민스터 대요리 문답(계속)

또 불법하거나[5] 아랫사람들에게 그들의 능력보다 과한 일을 하라고 명령하는 것이며,[6] 악한 일을 권하고[7] 격려하거나[8] 찬성하는 것이며,[9] 선한 일을 못하게 말리고 낙심시키거나 반대하는 것이며,[10] 그들을 부당하게 징계하거나,[11] 부주의하여 잘못된 일이나 시험이나 위험에 빠지게 하거나[12] 내버려 두는 것이며, 그들의 진노를 유발시키고,[13] 그들을 욕되게 하거나 불공평하거나 무분별하거나 가혹하거나 태만한 행동으로 그들의 권위를 깎는 일입니다.[14]

---

[1] 겔 34:2-4
[2] 요 5:44; 7:18
[3] 사 56:10-11; 신 17:17
[4] 빌 2:21
[5] 단 3:4-6; 행 4:17-18
[6] 출 5:10-18; 마 23:2, 4
[7] 마 14:8; 막 6:24
[8] 삼하 13:28
[9] 삼상 3:13
[10] 요 7:46-49; 골 3:21; 출 5:17
[11] 벧전 2:18-20; 히 12:10; 신 25:3
[12] 창 38:11, 26; 행 18:17
[13] 엡 6:4
[14] 창 9:21; 왕상 12:13-16; 1:6; 삼상 2:29-31

131문. 동등한 자들 사이의 의무는 무엇입니까?

답. 동등한 자들 사이의 의무는 피차 존엄과 가치를 존중하여[1] 서로 경의를 표하며[2] 서로가 받은 은사와 진보를 자신의 것처럼 기뻐하는 것입니다.[3]

---

[1] 벧전 2:17
[2] 롬 12:10
[3] 롬 12:15-16; 빌 2:3-4

132문. 동등한 자들의 죄는 무엇입니까?

답. 동등한 자들의 죄는 명령받은 의무를 소홀히 하는 것 외에[1] 서로의 가치를 과소평가하고[2] 서로의 은사를 질투하며[3] 서로의 번영함의 진보를 기뻐하지 않고[4] 다른 사람보다 높아지려고 횡포를 부리는 것 등입니다.[5]

---

[1] 롬 13:8
[2] 딤후 3:3
[3] 행 7:9; 갈 5:26
[4] 민 12:2; 에 6:12-13
[5] 요삼 9절; 눅 22:24

133문. 제5계명을 더 잘 지키도록 부가된 근거는 무엇입니까?

답. "네 하나님 여호와가 네게 준 땅에서 네 생명이 길리라"는 말씀에[1] 제5계명에 부가된 근거가 나타나 있습니다. 이는 하나님의 영광과 그들 자신의 선을 위해 행하는 한, 이 계명을 지키는 모든 사람에게 장수와 번영을 주시겠다는 분명한 약속입니다.[2]

---

[1] 출 20:12
[2] 신 5:16; 왕상 8:25; 엡 6:2-3

67문. 제6계명은 무엇입니까?

답. 제6계명은 "살인하는 말라"입니다.[1]

---

[1] 출 20:13

68문. 제6계명에서 요구하는 것은 무엇입니까?

답. 제6계명은 우리 자신의 생명과[1] 다른 사람들의 생명을[2] 보존하는 모든 합법적인 노

134문. 제6계명은 무엇입니까?

답. 제6계명은 "살인하지 말라"입니다.[1]

---

[1] 출 20:13

135문. 제6계명에서 요구하는 의무는 무엇입니까?

답. 제6계명에서 요구하는 의무는 우리 자신의 생명과[1] 다른 사람들의 생명을[2]

벨직 신앙 고백서 (1561)	하이델베르크 요리 문답 (1563)	제2 스위스 신앙 고백서 (1566)	도르트 신경 (1619)

는 것입니다.[1] 오히려 모든 복수심을 내려놓아야 합니다.[2] 또한 나 자신을 해쳐서도, 고의로 위험에 빠뜨려서도 안 됩니다.[3] 그러므로 국가는 살인을 막기 위해 칼로 무장합니다.[4]

———
[1] 마 5:21-22; 잠 12:18; 마 26:52
[2] 엡 4:26; 롬 12:19; 마 5:39-40
[3] 마 4:5-7; 골 2:23
[4] 창 9:6; 마 26:52; 롬 13:4

106문 그러나 이 계명은 오직 살인에 관해서만 말하는 것처럼 보입니다.
답. 살인을 금함에서 하나님은 살인의 원인이 되는 시기,[1] 증오,[2] 분노, 복수의 열망을 혐오하신다고 우리를 가르치십니다. 그리고 하나님은 이 모든 것을 살인으로 간주하십니다.[3]

———
[1] 약 1:20; 갈 5:20   [3] 요일 3:15
[2] 롬 1:29; 요일 2:9

107문 그러면 우리가 앞서 언급한 방식으로 사람을 죽이지만 않으면 충분한 것입니까?
답. 그렇지 않습니다. 시기와 증오와 분노를 금하실 때, 하나님은 우리 이웃을 우리 자신과 같이 사랑하고,[1] 그에게 인내와[2] 평강과 온유함과[3] 자비와[4] 모든 친절을 나타내고, 우리가 할 수 있는 만큼 그가 해를 당하지 않게 하

웨스트민스터 신앙 고백서 (1647)	웨스트민스터 소요리 문답 (1647)	웨스트민스터 대요리 문답 (1648)

력을 요구합니다.

---

1 엡 5:28-29
2 왕상 18:4

69문. 제6계명에서 금하는 것은 무엇입니까?

답. 제6계명은 우리 자신의 생명이나 이웃의 생명을 부당하게 제하는 것뿐 아니라, 이와 같은 경향이 있는 것은 무엇이라도 금하고 있습니다.[1]

---

1 행 16:28; 창 9:6

보존하기 위해 주의 깊은 연구와 합법적인 노력을 아끼지 않는 것입니다. 누구의 생명이든 불법하게 빼앗아가려는[3] 모든 사상과 목적에 대항하고,[4] 모든 격분을 억제하며,[5] 모든 기회와[6] 시험과[7] 습관을 피하는 것입니다. 폭력에 정당하게 방어하고[8] 조용한 마음과[9] 즐거운 정신으로[10] 하나님의 징계를 참고 견디는 것입니다.[11] 육류와[12] 술과[13] 약과[14] 수면과[15] 노동과[16] 오락을 절제하여 취하는 것입니다.[17] 또한 자비로운 생각과[18] 사랑과[19] 인애와[20] 온유와 우아함과 친절과[21] 화평과[22] 부드럽고 예의 있는 언행을 행하며,[23] 관용하고 기꺼이 화해하며 상처를 인내하고 용서하며 악을 선으로 갚고[24] 곤궁에 빠진 자들을 위로하고 구제하며 죄 없는 자를 보호하고 옹호하는 것입니다.[25]

---

1 엡 5:28-29
2 왕상 18:4
3 삼상 24:12; 26:9-11; 창 37:21-22
4 렘 26:15-16; 행 23:12, 16-17, 21, 27
5 엡 4:26-27
6 삼하 2:22; 신 22:8
7 마 4:6-7; 잠 1:10-11, 15-16
8 시 82:4; 잠 24:11-12; 삼상 14:45
9 살전 4:11; 벧전 3:3-4; 시 37:8-11
10 잠 17:22
11 약 5:7-11; 히 12:9
12 잠 25:16, 27
13 딤전 5:23
14 사 38:21
15 시 127:2
16 전 5:12; 살후 3:10, 12; 잠 16:26
17 전 3:4, 11
18 삼상 19:4-5; 22:13-14
19 롬 13:10
20 눅 10:33-34
21 골 3:12-13
22 약 3:17
23 벧전 3:8-11; 잠 15:1; 삿 8:1-3
24 마 5:24; 엡 4:2, 32; 롬 12:17, 20-21
25 살전 5:14; 욥 31:19-20; 마 25:35-36; 잠 31:8-9

136문. 제6계명에서 금하는 죄는 무엇입니까?

답. 제6계명에서 금하는 죄는 공적 재판이나[1] 합법적인 전쟁,[2] 정당방위 외에[3] 우리 자신의 생명이나[4] 다른 사람의 생명을[5] 빼앗는 모든 행위입니다. 합법적이며 필요한 생명 보존의 방편을 소홀히 하거나 철회하는 것,[6] 죄악 된 분노,[7] 증오심,[8] 질투,[9] 복수

벨직 신앙 고백서 (1561)	하이델베르크 요리 문답 (1563)	제2 스위스 신앙 고백서 (1566)	도르트 신경 (1619)
	며,[5] 심지어 우리 원수들에게도 선을 베풀라고 명령하시기 때문입니다.[6] <hr> [1] 마 22:39; 7:12 [4] 출 23:5 [2] 롬 12:10 [5] 마 5:45 [3] 엡 4:2; 갈 6:1-2; 마 5:5; 롬 12:18 [6] 롬 12:20		

제7계명

벨직 신앙 고백서 (1561)	하이델베르크 요리 문답 (1563)	제2 스위스 신앙 고백서 (1566)	도르트 신경 (1619)
	108문. 제7계명이 우리에게 가르치는 것은 무엇입니까? 답. 하나님은 모든 부정을 저주하신다는 것입니다.[1] 그러므로 우리는 거룩한 결혼 관계에 있든 독신으로 있든[2] 온 마음을 다해 그러한 부정을 증오하고,[3] 순결하고 절제 있는 삶을[4] 살아야 한다는 것입니다. <hr> [1] 레 18:27 [2] 히 13:4; 고전 7:4-9 [3] 신 29:20-23 [4] 살전 4:3-4 **109문. 하나님은 제7계명에서 단지 간음과, 그와 같은 역겨운 죄만 금하십니까?** 답. 우리 몸과 영혼 모두 성령님의 성전이기 때문에 하나님은 우리에게 우리 몸과 영혼을 순결하고		

웨스트민스터 신앙 고백서 (1647)	웨스트민스터 소요리 문답 (1647)	웨스트민스터 대요리 문답 (1648)

웨스트민스터 대요리 문답(계속)

하려는 욕망을 품는 것,[10] 모든 과도한 격분,[11] 산란하게 하는 염려와,[12] 육류, 술,[13] 노동,[14] 오락을[15] 무절제하게 사용함과 격동시키는 말과[16] 압박,[17] 다툼,[18] 구타, 상해,[19] 그밖에 무엇이든 사람의 생명을 쉽게 파멸하는 것입니다.[20]

---

[1] 민 35:31, 33
[2] 렘 48:10; 신 20장
[3] 출 22:2-3
[4] 행 16:28

[5] 창 9:6
[6] 마 25:42-43; 약 2:15-16; 전 6:1-2
[7] 마 5:22
[8] 요일 3:15; 레 19:17
[9] 잠 14:30
[10] 롬 12:19
[11] 엡 4:31
[12] 마 6:31, 34

[13] 눅 21:34; 롬 13:13
[14] 전 12:12; 2:22-23
[15] 사 5:12
[16] 잠 15:1; 12:18
[17] 겔 18:18; 출 1:14
[18] 갈 5:15; 잠 23:29
[19] 민 35:16-18, 21
[20] 출 21:18-36

70문. 제7계명은 무엇입니까?

답. 제7계명은 "간음하지 말라"입니다.[1]

---

[1] 출 20:14

71문. 제7계명에서 요구하는 것은 무엇입니까?

답. 제7계명은 성정과 말과 행위에서 우리 자신과 이웃의 순결을 보존할 것을 요구합니다.[1]

---

[1] 고전 7:2-3, 5, 34, 36; 골 4:6; 벧전 3:2

72문. 제7계명에서 금하는 것은 무엇입니까?

답. 제7계명은 순결하지 않은 모든 생각과 말, 행동을 금합니다.[1]

---

[1] 마 15:19; 5:28; 엡 5:3-4

137문. 제7계명은 무엇입니까?

답. 제7계명은 "간음하지 말라"입니다.[1]

---

[1] 출 20:14

138문. 제7계명에서 요구하는 의무는 무엇입니까?

답. 제7계명에서 요구하는 의무는 몸과 마음, 애정,[1] 말,[2] 행위에[3] 있어서 정절하고, 우리 자신과 다른 사람들의 정절을 지키는 것입니다.[4] 또한 눈과 기타 모든 감각 기관에서[5] 방심하지 않고 주의를 기울이는 것이며,[6] 절제하고 정절 있는 친구와 사귀고[7] 단정한 복장을 하며,[8] 독신의 은사가 없는 자들은 결혼하고,[9] 부부는 사랑으로[10] 동거하며,[11] 우리의 사명 수행을 위해 부지런히 노력하고,[12] 모든 경우의 부정을 피하고 부정으로 향하는 유혹에 저항하는 것입니다.[13]

---

[1] 살전 4:4; 욥 31:1; 고전 7:34
[2] 골 4:6
[3] 벧전 2:3
[4] 고전 7:2, 35-36
[5] 욥 31:1
[6] 행 24:24-25
[7] 잠 2:16-20
[8] 딤전 2:9
[9] 고전 7:2, 9
[10] 잠 5:19-20
[11] 벧전 3:7
[12] 잠 31:11, 27-28
[13] 잠 5:8; 창 39:8-10

벨직 신앙 고백서 (1561)	하이델베르크 요리 문답 (1563)	제2 스위스 신앙 고백서 (1566)	도르트 신경 (1619)
	거룩하게 지킬 것을 명령하십니다. 그러므로 하나님은 모든 부정한 행동, 몸짓,[1] 말, 생각, 욕망[2]뿐 아니라 이것들을 통해 사람들을 유혹하는 모든 것을 금하십니다.[3] ——— [1] 엡 5:3; 고전 6:18 [2] 마 5:28 [3] 엡 5:18; 고전 15:33		

제8계명

벨직 신앙 고백서 (1561)	하이델베르크 요리 문답 (1563)	제2 스위스 신앙 고백서 (1566)	도르트 신경 (1619)
	110문. 제8계명에서 하나님이 금하시는 것은 무엇입니까? 답. 하나님은 국가가 처벌하는 도둑질과[1] 강도질만[2] 금하시는 것이 아니라, 이웃의 소유물을 자신의 것으로 삼으려고 행하는 모든 악한 속임수와 방법을 도둑질이라고 말씀하십니다.[3] 강제로 또는 합법을 가장하고 이런 일들을 저지를 수 있는데, 곧 거짓 저울이나[4] 자, 되,[5] 불량품, 위조지폐, 고리대금,[6] 또는 이 밖에 하나님이 금하신 일들입니다. 또한 하나님은 모든 탐욕을 금하시고,[7] 하나님이 주신 은		

웨스트민스터 신앙 고백서 (1647)	웨스트민스터 소요리 문답 (1647)	웨스트민스터 대요리 문답 (1648)

웨스트민스터 대요리 문답(계속)

139문. 제7계명에서 금하는 죄는 무엇입니까?

답. 제7계명에서 금하는 죄는 요구된 의무를 소홀히 하는 것 외에[1] 간통과 간음,[2] 강간, 근친상간,[3] 남색, 모든 부자연스러운 정욕,[4] 모든 부정한 상상과 생각과 애정이며,[5] 부패하거나 더러운 모든 서신이나 통신, 또는 그것에 귀를 기울임이며,[6] 음탕한 표정,[7] 뻔뻔스럽고 가벼운 행동, 야하고 무례한 옷차림이며,[8] 합법적인 결혼을 금하고[9] 불법적인 결혼을 시행하는 것이며,[10] 매음을 허락하고 용납하고 경영하며 바람을 피우는 것입니다.[11] 또 독신 생활의 서약에 얽어매는 것과[12] 결혼을 부당하게 지연시키는 것이며,[13] 동시에 한 사람 이상의 아내 또는 남편을 가지는 것이며,[14] 불의하게 이혼하거나[15] 결혼의 책임을 유기하는 일이며,[16] 게으름과 폭식과 술 취함과[17] 음란한 친구와 사귀는 것이며,[18] 음탕한 노래와 서적과 춤과 연극을 즐기는 것이며,[19] 우리 자신이나 다른 사람들에게 음란을 자극하거나 음란한 행위를 하는 것입니다.[20]

---

1 잠 5:7
2 히 13:4; 갈 5:19
3 삼하 13:14; 고전 5:1
4 롬 1:24, 26-27; 레 20:15-16
5 마 5:28; 15:19; 골 3:5
6 엡 5:3-4; 잠 7:5, 21-22
7 사 3:16; 벧후 2:14
8 잠 7:10, 13
9 딤전 4:3
10 레 18:1-21; 막 6:18; 말 2:11-12
11 왕상 15:12; 왕하 23:7; 신 23:17-18; 레 19:29; 렘 5:7; 잠 7:24-27
12 마 19:10-11
13 고전 7:7-9; 창 38:26
14 말 2:14-15; 마 19:5
15 말 2:16; 마 5:32
16 고전 7:12-13
17 겔 16:49; 잠 23:30-33
18 창 39:10; 잠 5:8
19 엡 5:4; 겔 23:14-17; 사 23:15-17; 3:16; 막 6:22; 롬 13:13; 벧전 4:3
20 왕하 9:30; 렘 4:30; 겔 23:40

73문. 제8계명은 무엇입니까?

답. 제8계명은 "도둑질하지 말라"입니다.[1]

---

1 출 20:15

74문. 제8계명에서 요구하는 것은 무엇입니까?

답. 제8계명은 우리 자신과 다른 사람들의 부와 재산을 합법적으로 얻고 늘릴 것을 요구합니다.[1]

---

1 창 30:30; 딤전 5:8; 레 25:35; 신 22:1-5; 출 23:4-5; 창 47:14, 20

75문. 제8계명에서 금하는 것은 무엇입니까?

답. 제8계명은 우리 자신이나 우리 이웃의 부나 재산을 불공정하게 방해하거나 그럴 가능성이 있는 모든 것을 금합니다.[1]

---

1 잠 21:17; 23:20-21; 28:19; 엡 4:28

140문. 제8계명은 무엇입니까?

답. 제8계명은 "도둑질하지 말라"입니다.[1]

---

1 출 20:15

141문. 제8계명에서 요구하는 의무는 무엇입니까?

답. 제8계명에서 요구하는 의무는 사람과 사람 사이의 언약과 거래에 진실하고 신실하며 공의로운 것으로,[1] 각 사람에게 당연히 줄 것을 주고,[2] 바른 소유주에게서 불법으로 점유한 물건을 배상하며,[3] 우리의 능력과 다른 사람들의 필요에 따라 아낌없이 주고 빌리는 것입니다.[4] 이 세상 물건에 대한 우리의 판단, 의지, 애정을 절제하며,[5] 우리의 생명 유지에 필요하고 편리하며 우리의 상태에 맞는 것을 획득하여 보존하고 사용하고 처리하려는[6] 주의 깊은 배려와 연구입니다.[7] 합법적인 직업과,[8] 그 안에

벨직 신앙 고백서 (1561)	하이델베르크 요리 문답 (1563)	제2 스위스 신앙 고백서 (1566)	도르트 신경 (1619)
	사를 남용하거나 낭비하는 것도 금하십니다. ― [1] 고전 6:10 [2] 고전 5:10 [3] 눅 3:14; 살전 4:6 [4] 잠 11:1 [5] 겔 45:9-11; 신 25:13 [6] 시 15:5; 눅 6:35 [7] 고전 6:10 **111문. 그러면 이 계명에서 하나님이 요구하시는 것은 무엇입니까?** 답. 내가 할 수 있고 또 해도 되는 모든 경우에 언제든지 내 이웃의 유익을 증진하고, 남에게 대접받고자 하는 대로 이웃에게 대접하며,[1] 더 나아가 궁핍한 사람들을 도울 수 있도록 성실하게 일하는 것입니다.[2] ― [1] 마 7:12　[2] 잠 5:16; 엡 4:28		

제9계명

벨직 신앙 고백서 (1561)	하이델베르크 요리 문답 (1563)	제2 스위스 신앙 고백서 (1566)	도르트 신경 (1619)
	112문. 제9계명에서 요구하는 것은 무엇입니까? 답. 누구에 대해서도 거짓으로 증언하지 않고,[1] 다른 사람의 말을 조작하지 않으며,[2] 뒤에서 헐뜯거나 비방하지 않고,[3] 말을 들어보지도 않은 채 함부로 정죄하지 않으며, 다른 사람이 섣불리 정죄하는 데		

웨스트민스터 신앙 고백서 (1647)	웨스트민스터 소요리 문답 (1647)	웨스트민스터 대요리 문답 (1648)

웨스트민스터 대요리 문답(계속)

서의 부지런함과[9] 검소함이며,[10] 불필요한 소송과[11] 보증 같은 일을 피하는 것입니다.[12] 우리 자신의 것과 마찬가지로 다른 사람들의 부와 외형적 재산을 구하여 보존하고 증진하기 위해 공정하고 합법적인 모든 수단과 방법으로 노력함입니다.[13]

---

[1] 시 15:2, 4; 슥 7:4, 10; 8:16-17
[2] 롬 13:7
[3] 레 6:2-5; 눅 19:8
[4] 눅 6:30, 38; 요일 3:17; 엡 4:28; 갈 6:10
[5] 딤전 6:6-9; 갈 6:14
[6] 잠 27:23-27; 전 2:24; 3:12-13; 딤전 6:17-18; 사 38:1; 마 11:8
[7] 딤전 5:8
[8] 고전 7:20; 창 2:15; 3:19
[9] 엡 4:28; 잠 10:4
[10] 요 6:12; 잠 21:20
[11] 고전 6:1-9
[12] 잠 6:1-6; 11:15
[13] 레 25:35; 신 22:1-4; 출 23:4-5; 창 47:14, 20; 빌 2:4; 마 22:39

142문. 제8계명에서 금하는 죄는 무엇입니까?

답. 제8계명에서 금하는 죄는 요구된 의무를 소홀히 하는 것 외에[1] 절도,[2] 강도 행위,[3] 사람 납치와[4] 훔친 물건을 취득하는 것과,[5] 사기 거래,[6] 저울을 속이는 것과 치수 재기,[7] 땅 경계표를 마음대로 옮기는 것,[8] 사람들 사이에 맺은 언약이나[9] 신탁의 사건에[10] 불공정하고 불성실한 것과, 억압,[11] 착취,[12] 고리대금,[13] 뇌물,[14] 성가신 소송,[15] 공유지를 불법적으로 사유화하는 것과 주민을 절멸하는 것이며,[16] 물건 값을 올리기 위해서 상품을 마구 사들이는 것과[17] 합법적이지 않은 직업,[18] 이웃에게 속한 것을 빼앗거나 억류해 두거나 우리 자신을 부유하게 하기 위한 다른 모든 불공평하거나 죄악 된 방법입니다.[19] 또 탐욕과[20] 세상 재물을 과도하게 소중히 여기고 좋아하며,[21] 세상 재물을 얻어 보존하고 사용하는 일에 대해 의심이 많고 마음을 산란하게 하는 염려와 노력이며,[22] 다른 사람들이 잘되는 것을 질투하는 것과,[23] 그와 마찬가지로 게으름,[24] 방탕, 낭비하는 노름과 우리의 외형적 재산에 부당한 편견을 갖는 것과,[25] 우리 자신을 속여 하나님이 우리에게 주신 재물을 바르게 사용하지 못하는 것입니다.[26]

---

[1] 약 2:15-16; 요일 3:17
[2] 엡 4:28
[3] 시 62:10
[4] 딤전 1:10
[5] 잠 29:24; 시 50:18
[6] 살전 4:6
[7] 잠 11:1; 20:10
[8] 신 19:14; 잠 23:10
[9] 암 8:5; 시 37:21
[10] 눅 16:10-12
[11] 겔 22:29; 레 25:17
[12] 마 23:25; 겔 22:12
[13] 시 15:5
[14] 욥 15:34
[15] 고전 6:6-8; 잠 3:29-30
[16] 사 5:8; 미 2:2
[17] 잠 11:26
[18] 행 19:19, 24-25
[19] 욥 20:19; 약 5:4; 잠 21:6
[20] 눅 12:15
[21] 딤전 6:5; 골 3:2; 잠 23:5; 시 62:10
[22] 마 6:25, 31, 35; 전 5:12
[23] 시 73:3; 37:1, 7
[24] 살후 3:11; 잠 18:9
[25] 잠 21:17; 23:20-21; 28:19
[26] 전 4:8; 6:2; 딤전 5:8

76문. 제9계명은 무엇입니까?

답. 제9계명은 "네 이웃에 대하여 거짓 증거하지 말라"입니다.[1]

---

[1] 출 20:16

77문. 제9계명에서 요구하는 것은 무엇입니까?

답. 제9계명은 사람과 사람 사이의 진실과[1] 우리 자신과 우리 이웃의 명성을[2] 보존하고

143문. 제9계명은 무엇입니까?

답. 제9계명은 "네 이웃에 대하여 거짓 증거 하지 말라"입니다.[1]

---

[1] 출 20:16

144문. 제9계명에서 요구하는 의무는 무엇입니까?

답. 제9계명에서 요구하는 의무는 사람과 사람 사이의 진실과[1] 우리 이웃의 좋은 평

벨직 신앙 고백서 (1561)	하이델베르크 요리 문답 (1563)	제2 스위스 신앙 고백서 (1566)	도르트 신경 (1619)
	동참하지 않는 것입니다.[4] 도리어 하나님의 무서운 진노를 받지 않도록, 본질적으로 마귀의 일인[5] 모든 거짓과 속임을 피하는 것입니다.[6] 마찬가지로 법정에서나 다른 어디서든 진리를 사랑하고, 정직하게 진실을 말하고 고백하는 것입니다.[7] 또한 내가 할 수 있는 한 이웃의 명예와 평판을 지키고 높이는 것입니다.[8] ——— [1] 잠 19:5, 9; 21:28 [2] 시 15:3 [3] 롬 1:29-30 [4] 마 7:1 등; 눅 6:37 [5] 잠 12:22; 13:5 [6] 레 19:11 [7] 고전 13:6; 엡 4:25 [8] 벧전 4:8		

웨스트민스터 신앙 고백서 (1647)	웨스트민스터 소요리 문답 (1647)	웨스트민스터 대요리 문답 (1648)
	증진하는 것을 요구하는데, 특히 증언에서 그러합니다.[3] [1] 슥 8:16 [3] 잠 14:5, 25 [2] 요삼 12절 **78문. 제9계명에서 금하는 것은 무엇입니까?** 답. 제9계명은 진리에 편견을 갖게 하는 것이나 우리 자신 또는 우리 이웃의 명성에 해를 끼치는 것은 무엇이라도 금합니다.[1] [1] 삼상 17:28; 레 19:16; 시 15:3	판을 우리 자신의 것처럼 보존하고 증진하는 것입니다.[2] 진실을 위해 나서서 이를 옹호함이며,[3] 재판과 공의의 문제에서나[4] 무슨 일에 있어서든[5] 마음속에서부터[6] 성실하고[7] 자유로우며[8] 명백하고[9] 충분하게[10] 진실만 말하는 것입니다. 우리의 이웃을 관대하게 평가하고[11] 이웃의 좋은 평판을 사랑하며 소원하고 기뻐함이며,[12] 그들의 연약을 슬퍼하고[13] 감싸주는 것입니다.[14] 또한 그들의 재능과 미덕을 기꺼이 인정하고,[15] 그들의 결백을 변호하며,[16] 그들에 관한 좋은 소문을 쾌히 받아들이고[17] 나쁜 소문을 시인하기를 즐거워하지 않는 것입니다.[18] 고자질하는 자와[19] 아첨하는 자와[20] 중상하는 자들을[21] 낙망시키는 것이며, 우리 자신의 좋은 평판을 사랑하고 보호하여 필요할 때에는[22] 이를 옹호함이며, 합법적인 약속을 지키고[23] 무엇이든지 참되고 정직하고 사랑스럽고 좋은 평판이 있는 것을 연구하여 실천하는 것입니다.[24] [1] 슥 8:16　[13] 고후 2:4; 12:21 [2] 요삼 12절　[14] 잠 17:9; 벧전 4:8 [3] 잠 31:8-9　[15] 고전 1:4-5, 7; 딤후 1:4-5 [4] 레 19:15; 잠 14:5, 25　[16] 삼상 22:14 [5] 고후 1:17-18; 엡 4:25　[17] 고전 13:6-7 [6] 시 15:2　[18] 시 15:3 [7] 대상 19:9　[19] 잠 25:23 [8] 삼상 19:4-5　[20] 잠 26:24-25 [9] 수 7:19　[21] 시 101:5 [10] 삼하 14:18-20　[22] 잠 22:1; 요 8:49 [11] 히 6:9; 고전 13:7　[23] 시 15:4 [12] 롬 1:8; 요이 4절;　[24] 빌 4:8 　요삼 3-4절 **145문. 제9계명에서 금하는 죄는 무엇입니까?** 답. 제9계명에서 금하는 죄는 우리 자신의 것과 마찬가지로 이웃이 지닌 진실과 좋은 평판을,[1] 특히 공적 재판 사건에서[2] 해치는 모든 일입니다. 이는 거짓 증거를 제공하

벨직 신앙 고백서 (1561)	하이델베르크 요리 문답 (1563)	제2 스위스 신앙 고백서 (1566)	도르트 신경 (1619)

웨스트민스터 대요리 문답(계속)

고,[3] 위증을 시키며,[4] 고의적으로 악한 소송을 변호하고 진실을 외면하며,[5] 억압하고 불의한 판결을 하며[6] 악을 선하다 하고, 선을 악하다 하며, 악인을 의인의 행사에 따라 보상하고 의인을 악인의 행사에 따라 보상하는 것입니다.[7] 또한 문서 위조와[8] 진실 은폐이며, 공의의 소송에도 부당한 침묵을 지키는 것입니다.[9] 불법 행위가 우리 자신에게 책망을 요구하고 다른 사람들에게 항고를 요구할 때 잠잠한 것이며[10] 다른 사람을 불평하는 것입니다.[11] 진리를 불합리하게 말하거나[12] 그릇된 목적을 위해 악의로 말하고,[13] 그릇된 의미나[14] 의심스럽고 애매한 표현으로 진리와 공의에 불리하도록 진리를 곡해하는 것입니다.[15] 진리가 아닌 것을 말하고[16] 거짓말하며[17] 중상하고[18] 험담하며[19] 훼방하고[20] 없는 이야기를 지어내며[21] 고자질하고[22] 냉소적이며[23] 욕설하는 것과,[24] 조급하고[25] 가혹하며[26] 편파적으로 비난하는 것이며,[27] 불의한 의도와 언어와 행동이며,[28] 아첨,[29] 허영심에 가득 차서 자랑하는 것이며,[30] 우리 자신이나 다른 사람들을 과대평가 혹은 과소평가하는 것입니다.[31] 하나님의 은사와 은혜를 부인하고[32] 적은 과실을 더욱 악화시키며[33] 자유로이 죄를 자백하라고 호출된 때에 죄를 숨기거나 변명하거나 경감하는 것입니다.[34] 또 남의 약점을 쓸데없이 찾아내고[35] 거짓 소문을 내는 것이며[36] 나쁜 보도를 받아들이고 동조하며[37] 공정한 변호에 귀를 막는 것입니다.[38] 악한 의심을 품거나,[39] 누구의 것이든 받을 만해서 받는 신앙에 대해 시기하거나 마음 아파하는 것이며,[40] 그것을 손상시키려고 노력하거나 바라고,[41] 그들의 불명예와 추문을 기뻐하는 것이며,[42] 조소하는 멸시와[43] 맹목적인 칭찬이며[44] 정당한 약속을 위반하고[45] 좋은 소문이 있는 일을 소홀히 하며[46] 누명 쓸 일을 우리 자신이 실행하고 피하지 않거나, 다른 사람들이 못하도록 능히 막을 수 있는데도 하지 않는 것입니다.[47]

제10계명과 적용

113문. 제10계명이 우리에게 요구하는 것은 무엇입니까?

답. 하나님의 계명 어느 하나에라도 반대되는 지극히 작은 욕망이나 생각을 추호도 우리 마음에 품지 않는 것입니다. 도리어 항상 진심을 다하여 모든 죄를 미워하고, 모든 의를 기뻐하는 것입니다.[1]

―――

[1] 롬 7:7 등

114문. 그런데 하나님에게로 회심한 사람들이 이 계명들을 완전히 지킬 수 있습니까?

웨스트민스터 신앙 고백서 (1647)	웨스트민스터 소요리 문답 (1647)	웨스트민스터 대요리 문답 (1648)

웨스트민스터 대요리 문답(계속)

1 삼상 17:28; 삼하 16:3; 1:9-10, 15-16
2 레 19:15; 합 1:4
3 잠 19:5; 6:16, 19
4 행 6:13
5 렘 9:3, 5; 행 24:2, 5; 시 12:3-4; 52:1-4
6 잠 17:15; 왕상 21:9-14
7 사 5:23
8 시 119:69; 눅 19:8; 16:5-7
9 레 5:1; 신 13:8; 행 5:3, 8-9; 딤후 4:6
10 왕상 1:6; 레 19:17
11 사 59:4
12 잠 29:11
13 삼상 22:9-10; 시 52:1-5
14 시 56:5; 요 2:19; 마 26:60-61
15 창 3:5; 26:7, 9

16 사 59:13
17 레 19:11; 골 3:9
18 시 50:20
19 시 15:3
20 약 4:11; 렘 38:4
21 레 19:16
22 롬 1:29-30
23 창 21:9; 갈 4:29
24 고전 6:10
25 마 7:1
26 행 28:4
27 창 38:24; 롬 2:1
28 느 6:6-8; 롬 3:8; 시 69:10; 삼상 1:13-15; 삼하 10:3
29 시 12:2-3

30 딤후 3:2
31 눅 18:9, 11; 롬 12:16; 고전 4:6; 행 12:22; 출 4:10-14
32 욥 27:5-6; 4:6
33 마 7:3-5
34 잠 28:13; 30:20; 창 3:12-13; 렘 2:35; 왕하 5:25; 창 4:9
35 창 9:22; 잠 25:9-10
36 출 23:1
37 잠 29:12

38 행 7:56-57; 욥 31:13-14
39 고전 13:5; 딤전 6:4
40 민 11:29; 마 21:15
41 스 4:12-13
42 렘 48:27
43 시 35:15-16, 21; 마 27:28-29
44 유 16절; 행 12:22
45 롬 1:31; 딤후 3:3
46 삼상 2:24
47 삼하 13:12-13; 잠 5:8-9; 6:33

79문. 제10계명은 무엇입니까?
답. 제10계명은 "네 이웃의 집을 탐내지 말라 네 이웃의 아내나 그의 남종이나 그의 여종이나 그의 소나 그의 나귀나 무릇 네 이웃의 소유를 탐내지 말라"입니다.[1]

___
[1] 출 20:17

80문. 제10계명에서 요구하는 것은 무엇입니까?
답. 제10계명은 우리의 이웃과 이웃이 소유한 모든 것에 대해[1] 올바르고 자비로운 영의 태도를 취할 것과 함께, 우리 자신의 형편에 온전히 만족할 것을 요구합니다.[2]

___
[1] 욥 31:29; 롬 12:15; 딤전 1:5; 고전 13:4-7
[2] 히 13:5; 딤전 6:6

146문. 제10계명은 무엇입니까?
답. 제10계명은 "네 이웃의 집을 탐내지 말라 네 이웃의 아내나 그의 남종이나 그의 여종이나 그의 소나 그의 나귀나 무릇 네 이웃의 소유를 탐내지 말라"입니다.[1]

___
[1] 출 20:17

147문. 제10계명에서 요구하는 의무는 무엇입니까?
답. 제10계명에서 요구하는 의무는 우리 자신이 소유한 그대로 온전히 만족하고[1] 우리 이웃에 대하여 마음을 다해 인자한 태도를 가짐으로 이웃을 향한 우리의 모든 내면적 동기와 애정이 그를 감동시킬 만큼 그의 소유물 전체를 잘 돌봐 주는 것입니다.[2]

___
[1] 히 13:5; 딤전 6:6

벨직 신앙 고백서 (1561)	하이델베르크 요리 문답 (1563)	제2 스위스 신앙 고백서 (1566)	도르트 신경 (1619)
	답. 그럴 수 없습니다. 가장 거룩한 사람이라 할지라도 이 세상에서는 순종의 작은 시작만 할 수 있을 뿐입니다.[1] 그럼에도 그들은 신실한 결심으로 몇몇 계명만이 아니라 하나님의 모든 계명을 따라 살아가기 시작합니다.[2]		

[1] 롬 7:14
[2] 롬 7:22, 15 등; 약 3:2

115문. 그렇다면 그 누구도 이 세상에서는 이 계명들을 지킬 수 없는데, 하나님은 왜 십계명을 그토록 엄격하게 선포하신 것입니까?

답. 첫째, 우리가 평생 우리의 죄 된 본성을 더욱 알게 되고,[1] 그에 따라 그리스도 안에 있는 죄 사함과 의를 더 간절히 구하게 하시기 위함입니다.[2] 또한 이 세상의 삶을 마치고 오는 세상에서 우리에게 약속된 완전함에 이를 때까지, 우리가 끊임없이 노력하고 하나님에게 성령님의 은혜를 간구하면서 하나님의 형상으로 더욱 변화되기를 원하시기 때문입니다.[3]

[1] 요일 1:9; 롬 3:20; 5:13; 7:7
[2] 롬 7:24
[3] 고전 9:24; 빌 3:12-14

웨스트민스터 신앙 고백서 (1647)	웨스트민스터 소요리 문답 (1647)	웨스트민스터 대요리 문답 (1648)

소요리 문답 (가운데 단)

81문. 제10계명에서 금하는 것은 무엇입니까?

답. 제10계명은 우리 자신의 재산에 만족하지 않는 것과[1] 우리 이웃의 이익을 시기하거나 배 아파하는 것과[2] 이웃이 소유한 것에 대한 모든 과도한 행동과 애착을 금합니다.[3]

———
[1] 왕상 21:4; 에 5:13; 고전 10:10
[2] 갈 5:26; 약 3:14, 16
[3] 롬 7:7-8; 13:9; 신 5:21

82문. 누가 하나님의 계명을 완전히 지킬 수 있습니까?

답. 타락 이후 이 세상에서는 그 누구라도 하나님의 계명을 완전히 지킬 수 없으며,[1] 오히려 날마다 생각과 말과 행동으로 그것을 어깁니다.[2]

———
[1] 전 7:20; 요일 1:8, 10; 갈 5:17
[2] 창 6:5; 8:21; 롬 3:9-21; 약 3:2-13

83문. 율법을 범하는 죄는 모두 동등하게 가증스러운 것입니까?

답. 어떤 죄는 그 자체로, 그리고 여러 악화 요인에 의해 다른 죄보다 하나님이 보시기에 더욱 가증스럽습니다.[1]

———
[1] 겔 8:6, 13, 15; 요일 5:16; 시 78:17, 32, 56

대요리 문답 (오른쪽 단)

[2] 욥 31:29; 롬 12:15; 시 122:7-9; 딤전 1:5; 에 10:3; 고전 13:4-7

148문. 제10계명에서 금하는 죄는 무엇입니까?

답. 제10계명에서 금하는 죄는 우리 자신이 소유한 재산만으로 만족하지 못하며,[1] 이웃의 소유물을 시기하고[2] 배 아파하는 동시에[3] 이웃의 소유에 과도한 애착과 행동을 갖는 것입니다.[4]

———
[1] 왕상 21:4; 에 5:13; 고전 10:10
[2] 갈 5:26; 약 3:14, 16
[3] 시 112:9-10; 느 2:10
[4] 롬 7:7-8; 13:9; 골 3:5; 신 5:21

149문. 누가 하나님의 계명을 완전히 지킬 수 있습니까?

답. 그 누구라도 자신 스스로든,[1] 현세에서 받은 어떤 은혜로든 하나님의 계명을 완전하게 지킬 수 없습니다.[2] 도리어 날마다 생각과[3] 말과 행동에서[4] 그것들을 어깁니다.

———
[1] 약 3:2; 요 15:5; 롬 8:3
[2] 전 7:20; 요일 1:8, 10; 갈 5:17; 롬 7:18-19
[3] 창 6:5; 8:21
[4] 롬 3:9-19; 약 3:2-13

150문. 율법을 범하는 모든 죄는 그 자체로, 그리고 하나님 앞에서 동등하게 가증스러운 것입니까?

답. 하나님의 법을 범하는 모든 죄가 동등하게 가증스러운 것은 아닙니다. 어떤 죄는 그 자체로, 그리고 여러 악화 요인에 의해 다른 죄보다 하나님이 보시기에 더욱 가증스럽습니다.[1]

———
[1] 요 19:11; 겔 8:6, 13, 15; 요일 5:16; 시 78:17, 32, 56

151문. 어떤 죄를 다른 죄보다 가증스럽게 만드는 악화 요인은 무엇입니까?

벨직 신앙 고백서 (1561)	하이델베르크 요리 문답 (1563)	제2 스위스 신앙 고백서 (1566)	도르트 신경 (1619)

웨스트민스터 대요리 문답(계속)

답. 죄를 가중스럽게 만드는 악화 요인은 다음과 같습니다.

1. 죄를 범하는 가해자에 따라[1]: 더 성숙한 연령에 이르렀거나,[2] 경험이나 은혜가 더 많거나,[3] 직업,[4] 재능,[5] 지위,[6] 직책,[7] 타인에 대한 지도,[8] 그리고 타인이 그의 본을 따르는 고위에 있다면[9] 그만큼 가중됩니다.

2. 가해를 입은 피해 대상에 따라[10]: 하나님과[11] 그분의 속성과[12] 예배에 대해,[13] 그리스도와 그분의 은혜에 대해,[14] 성령님과[15] 그분의 증거[16] 및 사역에 대해,[17] 우리와 특별한 관계에 있고[18] 그를 돌볼 의무가 있는 윗사람이나 지위가 높은 사람들에 대해,[19] 특히 그들의 영혼이나 다른 무엇이[20] 약한 형제를[21] 포함한 모든 성도에 대해,[22] 그리고 만인 또는 다수의 공동선에 대해 직접적으로 범죄했는지에 따라 순서적으로 가중됩니다.[23]

3. 범죄의 특성과 그 질에 따라[24]: 율법의 명시된 조문인지,[25] 그 안에 담긴 많은 계명을 함께 범했는지,[26] 단지 마음속에서 생각했을 뿐 아니라 실제로 말과 행동으로 나타났는지,[27] 타인을 중상했는지,[28] 배상할 여지가 있는지에 따라 가중됩니다.[29] 은혜의 방편,[30] 하나님의 긍휼과[31] 심판,[32] 본성의 빛,[33] 양심의 가책,[34] 공

적 또는 사적 권면,[35] 교회의 권징,[36] 정부의 징벌에[37] 대항하여, 그리고 우리의 기도와 목표, 하나님 또는 사람들과 관계된[38] 약속과[39] 서원,[40] 언약,[41] 의무에 역행하였는지에 따라 가중됩니다. 그리고 회개한 후에도 의도적으로,[42] 의지적으로,[43] 주제넘게,[44] 파렴치하게,[45] 뽐내며,[46] 악의를 가지고,[47] 빈번하게,[48] 고집스럽게,[49] 즐거워하며,[50] 지속적으로[51] 다시 범죄했는지에 따라 가중됩니다.[52]

4. 시간과[53] 장소의[54] 환경에 따라: 주일에,[55] 다른 예배 시간에,[56] 바로 그 직전[57] 또는 직후에[58] 범죄했는지, 그와 같은 잘못을 예방하거나 조치할 다른 도움이 있었는지,[59] 그리고 공개적으로, 또는 그것에 의해 당연히 자극받거나 더럽혀질 타인의 면전에서 범죄했는지에 따라 가중됩니다.[60]

---

[1] 렘 2:8
[2] 욥 32:7, 9; 전 4:13
[3] 왕상 11:4, 9
[4] 삼하 12:14; 고전 5:1
[5] 약 4:17; 눅 12:47-48
[6] 렘 5:4-5
[7] 삼하 12:7-9; 겔 8:11-12
[8] 롬 2:17-24
[9] 갈 2:11-14
[10] 마 21:38-39
[11] 삼상 2:25; 행 5:4; 시 51:4
[12] 롬 2:4
[13] 말 1:8, 14
[14] 히 2:2-3; 12:25

그리스도인의 자유

| | | **27장 예식과 의식, 그리고 대수롭지 않은 것들에 관하여**

1항 율법 아래 초등 교사나 후견인에게 보호받던 구약의 백성에게는 교육의 일종으로 특정한 의식들이 주어졌습니다. 그러나 구원자이신 그리스도께서 오시고 그 법이 폐지되어 우리 신자는 이제 법 아래 있지 않으며(롬 6:14) 의식들도 용도 없이 사라져 버렸습니다. 사도들은 그리스도의 교회에 이 의식들을 보존하거나 되살리지 않았으며, 교회에 어떤 짐도 지우지 않았다는 것을 분명하게 증언했습니다(행 15:28). 그러므로 우리가 그리스 | |

웨스트민스터 신앙 고백서 (1647)	웨스트민스터 소요리 문답 (1647)	웨스트민스터 대요리 문답 (1648)

웨스트민스터 대요리 문답(계속)

[15] 히 10:29; 마 12:31-32

[16] 엡 4:30

[17] 히 6:4-6

[18] 잠 30:17; 고후 12:15; 시 55:12-15

[19] 유 8절; 민 12:8-9; 사 3:5

[20] 겔 13:19; 고전 8:12; 계 18:12-18; 마 23:15

[21] 고전 8:11-12; 롬 14:13, 15, 21

[22] 습 2:8, 10-11; 마 18:6; 고전 6:8; 계 17:6

[23] 살전 2:15-16; 수 22:20

[24] 잠 6:30-33

[25] 스 9:10-12; 왕상 11:9-10

[26] 골 3:5; 딤전 6:10; 잠 5:8-12; 6:32-33; 수 7:21

[27] 약 1:14-15; 마 5:22; 미 2:1

[28] 마 18:7; 롬 2:23-24

[29] 신 22:22, 28-29; 잠 6:32-35

[30] 마 11:21-24; 요 15:22

[31] 사 1:3; 신 32:6

[32] 암 4:8-11; 렘 5:3

[33] 롬 1:26-27

[34] 롬 1:32; 단 5:22; 딛 3:10-11

[35] 잠 29:1

[36] 딛 3:10; 마 18:17

[37] 잠 27:22; 23:35

[38] 잠 2:17; 겔 17:18-19

[39] 시 78:34-37; 렘 2:20; 42:5-6, 20-21

[40] 전 5:4-6; 잠 20:25

[41] 레 26:25

[42] 시 36:4

[43] 렘 6:16

[44] 민 15:30; 출 21:14

[45] 렘 3:3; 잠 7:13

[46] 시 52:1

[47] 요삼 10절

[48] 민 14:22

[49] 슥 7:11-12

[50] 잠 2:14

[51] 사 57:17

[52] 렘 34:8-11; 벧후 2:20-22

[53] 왕하 5:26

[54] 렘 7:10; 사 26:10

[55] 겔 23:37-39

[56] 사 58:3-7

[57] 고전 11:20-21

[58] 렘 7:8-10; 잠 7:14-15; 요 13:27, 30

[59] 스 9:13-14

[60] 삼하 16:22; 삼상 2:22-24

152문. 모든 죄는 하나님의 손에서 무엇을 받기에 합당합니까?

답. 모든 죄는 가장 작은 죄일지라도 하나님의 주권과[1] 선하심과[2] 거룩하심,[3] 그리고 그분의 공의로운 법에[4] 대항한 것이기 때문에, 현세와[5] 오는 세상에서[6] 그분의 진노와 저주를 받기에 합당하며,[7] 그리스도의 피가 아니고서는 결코 속죄될 수 없습니다.[8]

---

[1] 약 2:10-11

[2] 출 20:1-2

[3] 합 1:13; 레 10:3; 11:44-45

[4] 요일 3:4; 롬 7:12

[5] 애 3:39; 신 28:15-68

[6] 마 25:41

[7] 엡 5:6; 갈 3:10

[8] 히 9:22; 벧전 1:18-19

20장 그리스도인의 자유와 양심의 자유에 관하여

1항 그리스도께서 복음 아래 있는 신자들을 위해 값 주고 사신 자유는 죄책으로부터의 자유, 정죄하시는 하나님의 진노로부터의 자유, 도덕법의 저주로부터의 자유로 구성되어 있습니다.[1] 그리고 현재 이 악한 세상과 사탄의 종노릇과 죄의 지배로부터의 해방과,[2] 고통의 악과 사망의 쏘는 것과 무덤으로부터의 승리와 영원한 저주로부터의 해방으로 이루어져 있습니다.[3] 또한 이 자

벨직 신앙 고백서 (1561)	하이델베르크 요리 문답 (1563)	제2 스위스 신앙 고백서 (1566)	도르트 신경 (1619)

제2 스위스 신앙 고백서 열:

도의 교회 가운데 구약 교회의 관습에 따르는 의식이나 예식을 증가시키려 한다면, 유대주의를 다시 세우거나 재건하는 자들로 보일 것입니다. 따라서 우리는 그리스도의 교회가 일종의 교육으로서 다양한 의식에 속박되어야 한다고 생각하는 사람들의 판단을 결코 따르지 않습니다. 사도들이 그리스도의 교회 백성에게 하나님이 제정하신 의식이나 예식을 시행하려 하지 않았기 때문입니다. 내가 기도하건대, 건전한 정신을 가진 사람이라면, 어떻게 사람이 만들어 낸 고안품을 강요할 수 있겠습니까? 교회에 의식이 더 많아진다면, 그리스도인의 자유, 그리고 그리스도뿐 아니라 그리스도 안에 있는 믿음도 사라질 것입니다. 사람들이 믿음을 통해 하나님의 독생자 예수 그리스도만 찾아야 하는데 의식들 속에 있는 고안품을 추구하고 있습니다. 그러므로 경건한 자들에게는 하나님 말씀에 반하지 않는 적절하며 매우 단순한 의식만으로 충분합니다.

2항 그리고 교회들 안에 다양한 의식이 발견된다고 해서, 사람들이 이 문제에 서로 동의하지 않는다고 말해서는 안 됩니다. [5세기 콘스탄티노플의] 소크라테스는 자신의 책 「교회사」(*Church History*)에서 이렇게 말합니다. "도시와 지방의 교회에서 관찰되는 모든 의식을 전부 기록으로 제시할 수는 없다. 이것에 관한 한 그들이 동일한 하나의 교리를 인정하고 받아들인다 할지라도 그 어떤 종교도 모든 곳에서 동일한 의식을 지키지는 않는다. 동일한 하나의 신앙을 가진 자들이라도 의식에서는 서로 일치하지 않는다." 소크라테스가 이렇게 말했듯이, 우리 역시 오늘날 우리 교회들 가운데 주의 만찬의 기념, 그리고 다른 몇 가지 사안에서 다양성이 있다 하더라도 교리와 믿음에 반하는 것은 아닙니다. 교회들의 연합과 교제가 깨지는 일도 없습니다. 이래도 좋고 저래도 좋은 대수롭지 않은 이런 예식들에 관해 교회들은 언제나 자유로웠기 때문이며, 오늘날 우리 역시 그러합니다.

웨스트민스터 신앙 고백서 (1647)	웨스트민스터 소요리 문답 (1647)	웨스트민스터 대요리 문답 (1648)

유는 신자들이 하나님에게 자유롭게 나아가게 하고,[4] 노예로서 지니는 두려움이 아니라 자녀로서 사랑하고 자원하는 마음으로 하듯 하나님에게 순종하게 합니다.[5] 이 모든 것은 율법 아래 있는 신자들에게도 동일했습니다.[6] 그러나 새 언약 아래 누리는 그리스도인의 자유는 유대교가 복종하던 의식법의 멍에에서 해방되고,[7] 은혜의 보좌 앞에 더욱 담대히 나아가며,[8] 율법 아래 있던 신자들이 통상 누리던 것보다 훨씬 풍성하게 하나님의 자유로운 성령과 교통하도록 확장되었습니다.[9]

---

[1] 딛 2:14; 살전 1:10; 갈 3:13
[2] 갈 1:4; 골 1:13; 행 26:18; 롬 6:14
[3] 롬 8:28; 시 119:71; 고전 15:54-57; 롬 8:1
[4] 롬 5:1-2
[5] 롬 8:14-15; 요일 4:18
[6] 갈 3:9, 14
[7] 갈 4:1-3, 6-7; 5:1; 행 15:10-11
[8] 히 4:14, 16; 10:19-22
[9] 요 7:38-39; 고후 3:13, 17-18

2항 오직 하나님 한 분만이 양심의 주인이시며,[1] 하나님 말씀에 조금이라도 반하는 인간의 교리와 계명, 그리고 그밖에 믿음이나 예배에 관한 문제에서도 양심을 자유롭게 하셨습니다.[2] 따라서 양심을 벗어나 그런 교리를 믿거나 그런 계명에 순종하는 것은 양심의 참된 자유를 배반하는 것입니다.[3] 또 무조건적인 신앙과 절대적이고 맹목적인 순종을 요구하는 것은 양심의 자유와 이성의 자유를 파괴하는 것입니다.[4]

---

[1] 약 4:12; 롬 14:4
[2] 행 4:19; 5:29; 고전 7:23; 마 23:8-10; 고후 1:24; 마 15:9
[3] 골 2:20, 22-23; 갈 1:10; 2:4-5; 5:1
[4] 롬 10:17; 14:23; 사 8:20; 행 17:11; 요 4:22; 호 5:11; 계 13:12, 16-17; 렘 8:9

3항 그들이 그리스도인의 자유를 핑계로 어떤 죄라도 범하거나 어떤 정욕이라도 품는

벨직 신앙 고백서 (1561)	하이델베르크 요리 문답 (1563)	제2 스위스 신앙 고백서 (1566)	도르트 신경 (1619)

제2 스위스 신앙 고백서(계속)

3항 그러나 어떤 사람들이 미사나 교회의 성상 사용을 "대수롭지 않은 것"이라고 생각하듯이, 중요한 문제를 대수롭지 않은 것으로 여기는 사람들에게는 조심하라고 경고하는 바입니다. (히에로니무스는 아우구스티누스에게 보낸 편지에서 이렇게 말했습니다.) "어느 것이든 상관없다. 즉 선도 아니며, 악도 아니다. 당신이 그것을 하든 안 하든 그로 인해 더 의로워지거나 불의해지는 것은 아니다." 그러므로 대수롭지 않은 것이 신앙 고백을 왜곡시키다면, 그것은 자유로운 것이 되지 않습니다. 바울이 말하듯이, 그것이 우상에게 바쳐진 고기라는 것을 누군가 말하지 않는다면 그 고기를 먹어도 되지만(고전 10:27-28), 알고도 그것을 먹으면 우상 숭배를 용인하는 것처럼 보일 것이기 때문입니다(고전 8:10).

기도와 금식

116문. 그리스도인에게 왜 기도가 필요합니까?

답. 기도는 하나님이 우리에게 요구하시는 감사의 중요한 부분이기 때문입니다.[1] 또한 순전한 마음으로 계속해서 간구하고 그에 감사하는 자들에게 하나님이 그분의 은혜와 성령을 주실 것이기 때문입니다.[2]

---

[1] 시 50:14-15
[2] 마 7:7; 눅 11:9, 13; 마 13:2; 시 50:15

117문. 하나님이 받으실 만하고 들으실 기도의 필수 조건은 무엇입니까?

답. 첫째, 말씀을 통해 자

23장 교회의 기도와 찬송가, 그리고 성무 일과에 관하여

1항 개인 기도를 드릴 때는 자신이 이해하는 어떤 언어로든 기도할 수 있지만, 거룩한 모임에서 드리는 공적 기도는 반드시 통상적인 언어로 해야 하며 그 언어는 모든 사람이 알 수 있는 것이어야 합니다. 신실한 신자가 드리는 모든 기도는 참된 믿음과 순전한 사랑에서 비롯되어 오직 그리스도의 중보를 통해 하나님에게만 드려져야 할 것입니다. 성인들을 부르며 기도하거나 그들을 우리를 위한 중보자로 세우는 것은 우리 주 그리스도의 제사장직과 참된 신앙이 결코 허용할 수 없는 것입니다. 위정자들을 위해, 왕을 위해, 그리고 권위자로 세워진 모든 지위를 위해, 교회 사역자들을 위해, 교회의 모든 필요를 위해 기도해야 합니다. 또한 특별히 교회가 재난을 겪을 때에는 사적으로도 공적으로도 쉬지 않고 기도해야 합니다.

2항 그뿐만 아니라 억지로나 보상을 위해서가 아

웨스트민스터 신앙 고백서 (1647)	웨스트민스터 소요리 문답 (1647)	웨스트민스터 대요리 문답 (1648)

웨스트민스터 신앙 고백서(계속)

다면, 그것은 우리가 원수들의 손에서 건짐받고 우리 인생의 모든 날 동안 주 앞에서 거룩과 의로 두려움 없이 섬길 수 있게 하는 그리스도인의 자유의 목적을 파괴하는 것입니다.[1]

———
[1] 갈 5:13; 벧전 2:16; 벧후 2:19; 요 8:34; 눅 1:74-75

4항 하나님이 정하신 권세들과 그리스도께서 값 주고 사신 자유는 서로를 파괴하지 않고 옹호하며 보존하도록 의도되었습니다. 그렇기 때문에 그리스도인이 그리스도인의 자유를 핑계로 국가나 교회의 합법적인 권력과 그 권력의 합법적인 행사에 반대하는 것은 하나님의 규례에 대항하는 것입니다.[1] 본성의 빛이나 (믿음과 예배, 그리고 대화에 관하여) 기독교의 잘 알려진 원리나 경건의 능력에 반하는 견해를 공표하거나 그런 행위를 유지하는 것은 그 자체로나 그것을 공표하고 지속하는 방식으로나 그리스도께서 교회 안에 세우신 외적 평화와 질서를 파괴하는 것입니다. 그렇기에 그들은 교회 치리회와, 국가 위정자의 권세에 따라 합법적으로 해명하도록[2] 소환되거나 고소될 수 있습니다.[3]

———
[1] 마 12:25; 벧전 2:13-14, 16; 롬 13:1-8; 히 13:17
[2] 롬 1:32; 고전 5:1, 5, 11, 13; 요이 10-11절; 살후 3:14; 딤전 6:3-5; 딛 1:10-11, 13; 3:10; 마 18:15-17; 딤전 1:19-20; 계 2:2, 14-15, 20; 3:9
[3] 신 13:6-12; 롬 13:3-4; 요이 10-11절; 스 7:23, 25-28; 계 17:12, 16-17; 느 13:15, 17, 21-22, 25, 30; 왕하 23:5-6, 9, 20-21; 대하 34:33; 15:12-13, 16; 단 3:29; 딤전 2:2; 사 49:23; 슥 13:2-3

21장 종교적 예배와 안식일에 관하여

3항 감사로 기도하는 것은 종교적 예배의 특별한 부분으로,[1] 하나님이 모든 사람에게 요구하시는 것입니다.[2] 이런 기도가 받아들여지기 위해서는 성자의 이름으로[3] 그분의 성령의 도우심을 통해[4] 하나님의 뜻에 따라[5] 깨달음과 경외심과 겸손과 열정과 믿음과 사랑과 인내로 기도해야 합니다.[6] 그리고 소리 내어 기도할 때에는 누구나 알고 있는 언어로 해야 합니다.[7]

———
[1] 빌 4:6
[2] 시 65:2
[3] 요 14:13-14; 벧전 2:5
[4] 롬 8:26
[5] 요일 5:14
[6] 시 47:7; 전 5:1-2; 히 12:28; 창 18:27; 약 5:16; 1:6-7; 막 11:24; 마 6:12, 14-15; 골 4:2; 엡 6:18
[7] 고전 14:14

4항 합당한 것을 위해 기도해야 합니다.[1] 그리고 살아 있는 모든 사람과 앞으로 살아갈 모든 사람을 위해 기도해야 합니다. 그러나

98문. 기도는 무엇입니까?

답. 기도는 하나님 뜻에 알맞은 것들을 따라[1] 그리스도의 이름으로[2] 우리 죄를 고백하고[3] 하나님의 자비를 감사함으로 인정하며[4] 우리의 소원을 하나님에게 올려드리는 것입니다.[5]

———
[1] 요일 5:14
[2] 요 16:23
[3] 시 32:5-6; 단 9:4
[4] 빌 4:6
[5] 시 62:8

178문. 기도는 무엇입니까?

답. 기도는 그리스도의 이름으로[1] 그분의 성령의 도우심을 통해[2] 우리 죄를 고백하고[3] 하나님의 자비를 감사함으로 인정하며[4] 우리의 소원을 하나님에게 올려드리는 것입니다.[5]

———
[1] 요 16:23
[2] 롬 8:26
[3] 시 32:5-6; 단 9:4
[4] 빌 4:6
[5] 시 62:8

179문. 우리는 오직 하나님에게만 기도해야 합니까?

답. 오직 하나님만이 우리 마음을 감찰하실 수 있고,[1] 우리의 요청을 들으시며,[2] 죄를 용서하시고,[3] 모든 사람의 소원을 들어주실 수 있습니다.[4] 오직 그분만이 신앙과[5] 종교적 예배의 대상이 되십니다.[6] 예배의 특정 부분으로서 기도는[7] 오직 그분에게만 올려야 하며,[8] 다른 누구도 기도 대상이 되

벨직 신앙 고백서 (1561)	하이델베르크 요리 문답 (1563)	제2 스위스 신앙 고백서 (1566)	도르트 신경 (1619)

하이델베르크 요리 문답 (1563)

신을 나타내신 유일하고 참되신 하나님에게만[1] 하나님이 우리에게 구하라고 명하신 모든 것을 마음을 다해 구하는 것입니다.[2] 둘째, 우리의 부족함과 비참함을 똑바로 철저히 깨달아 하나님의 신적인 위엄 앞에 우리 자신을 깊이 낮추는 것입니다.[3] 셋째, 비록 우리는 자격 없는 자이지만,[4] 하나님이 말씀에서 약속하신 대로[5] 우리 주 그리스도 때문에 우리 기도를 틀림없이 들어 주실 것을 전적으로 확신하는 것입니다.[6]

___

[1] 요 4:22-23
[2] 롬 8:26; 요일 5:14
[3] 요 4:23-24; 시 145:18
[4] 대하 20:12
[5] 롬 10:13; 8:15-16; 약 1:6; 요 14:13; 단 9:17-18; 마 7:8; 시 143:1
[6] 시 2:11; 34:18-19; 사 66:2

제2 스위스 신앙 고백서 (1566)

니라 기꺼이 기도해야 합니다. 마치 교회가 아닌 장소에서 기도하는 것은 허용되지 않는 것인 양 미신적으로 기도를 특정 장소에 제한하는 것은 합당하지 않습니다. 모든 교회의 공적 기도가 그 시간과 형식에서 항상 동일할 필요는 없습니다. 모든 교회가 자유롭게 행할 수 있습니다. 소크라테스는 자신의 책 「교회사」에서 이렇게 말합니다. "어떠한 지역이든 당신은 기도에 관해 완전히 일치하는 교회를 두 곳 이상 발견하지 못할 것이다." 이러한 차이의 원인은 아마도 각 시대에 교회를 다스린 사람들 때문일 것입니다. 그러나 누구라도 일치하고 있다면, 그것은 크게 칭찬할 만하고 다른 사람들에게 모범이 될 만합니다.

3항 다른 모든 일이 그렇지만, 공적 기도에 관해서는 이 외에도 지나치게 길어지거나 지루해지지 않도록 수단과 규범이 있어야 합니다. 따라서 거룩한 모임에서 더 중요한 부분을 복음의 가르침에 할애하여, 지나치게 긴 기도로 사람들이 피곤해서 복음 설교를 들어야 할 시간에 모임을 떠나고 싶다거나 모임이 빨리 끝나기를 바라는 일이 없게 주의해야 합니다. 어떤 사람에게는 아주 짧은 설교가 다른 이들에게는 길고 지루하게 느껴지기도 합니다. 따라서 설교자는 반드시 이런 규범을 준수해야 합니다.

24장 거룩한 날들과 금식, 그리고 음식 선택에 관하여

4항 그리스도의 교회는 폭식과 술 취함과 온갖 정욕과 무절제를 더욱 예리하게 정죄하며, 그렇기에 더욱 진지하게 그리스도인의 금식을 권면합니다. 금식은 경건한 사람의 절제와 극기이며, 우리 육신을 제어하고 교정하는 데 매우 필요합니다. 이렇게 하여 우리가 하나님 앞에서 겸손해지며, 육신에서 정욕을 제어하고, 더 기꺼이 그리고 기쁘게 성령님에게 순종하는 자가 되기 위함입니다. 그러므로 이런 일들에 관심 없는 자는 전혀 금식하지 않으며, 하루에 한 번 정도 자신의 배를

웨스트민스터 신앙 고백서 (1647)	웨스트민스터 소요리 문답 (1647)	웨스트민스터 대요리 문답 (1648)
죽은 자를 위해 기도하거나[3] 사망에 이르는 죄를 지은 것으로 알려진 사람들을 위해 기도해서는 안 됩니다.[4]		어서는 안 됩니다.[9]

웨스트민스터 신앙 고백서

---

[1] 요일 5:14
[2] 딤전 2:1-2; 요 17:20; 삼하 7:29; 룻 4:12
[3] 삼하 12:21-23; 눅 16:25-26; 계 14:13
[4] 요일 5:16

웨스트민스터 대요리 문답 (상단)

---

[1] 왕상 8:39; 행 1:24; 롬 8:27
[2] 시 65:2
[3] 미 7:18
[4] 시 145:18-19
[5] 롬 10:14
[6] 마 4:10
[7] 고전 1:2
[8] 시 50:15
[9] 롬 10:14

180문. 그리스도의 이름으로 기도한다는 것은 무슨 뜻입니까?

답. 그리스도의 이름으로 기도한다는 것은 그분의 명령에 순종하고 그분의 약속을 신뢰하며 그분의 공로에 힘입어 긍휼을 간구하는 것입니다.[1] 이것은 단순히 그분의 이름을 언급하는 것만이 아니라,[2] 기도할 때 실제로 그리스도와 그분의 중보를 통해 기도할 용기를 얻고, 담대함과 능력과 기도 응답에 대한 소망을 얻는 것입니다.[3]

---

[1] 요 14:13-14; 16:24; 단 9:17
[2] 마 7:21
[3] 히 4:14-16; 요일 5:13-15

181문. 우리는 왜 그리스도의 이름으로만 기도해야 합니까?

답. 사람의 죄성과 그로 인해 생긴 하나님과의 괴리가 심히 크므로 중보자 없이는 우리가 하나님에게 나아갈 수 없기 때문입니다.[1] 그리고 하늘과 땅에서 그리스도 한 분 밖에는[2] 그 영광스러운 중보 사역을 임명받았거나 이를 감당하기에 적합한 자가 없으므로 우리는 오직 그분의 이름으로만 기도해야 합니다.[3]

---

[1] 요 14:6; 사 59:2; 엡 3:12
[2] 요 6:27; 히 7:25-27; 딤전 2:5
[3] 골 3:17; 히 13:15

182문. 성령님은 우리가 기도할 수 있도록 어떻게 도우십니까?

답. 우리가 마땅히 기도할 것을 알지 못하

벨직 신앙 고백서 (1561)	하이델베르크 요리 문답 (1563)	제2 스위스 신앙 고백서 (1566)	도르트 신경 (1619)

제2 스위스 신앙 고백서(계속)

채우고 특정 시간이나 일정한 시간에 음식을 멀리하는 것으로 하나님을 기쁘시게 하며 공로를 얻을 수 있다고 생각합니다. 금식은 성도의 기도와 모든 덕을 돕는 일입니다. 그러나 유대인은 음식을 멀리하기는 하지만 악을 멀리하지는 않았기에 우리가 선지자들의 책에서 보는 바와 같이 전혀 하나님을 기쁘시게 하지 못합니다.

5항 금식은 공적인 것과 사적인 것이 있습니다. 과거에 재난을 겪거나 고난을 당하던 시기에 교회는 공적으로 금식했습니다. 사람들은 다 함께 저녁까지 음식을 완전히 금했고, 거룩한 기도를 드리고 하나님을 예배하며 회개하는 데 그 시간을 온전히 사용했습니다. 이것은 슬퍼하고 애통하는 시간과 다름없었습니다. 이런 금식은 선지서들, 특히 요엘 2장에 잘 언급되어 있습니다. 오늘날에도 교회가 어려움을 당할 때 이런 금식이 반드시 시행되어야 합니다. 사적인 금식은 자신이 성령 충만한 생활을 하지 못한다고 느낄 때 모든 개인이 행해야 합니다. 이런 방식으로 그는 육신의 욕망을 품고 그 욕망이 강해지는 것을 제어할 수 있습니다.

6항 모든 금식은 반드시 자유롭고 기꺼운 마음과 진실로 겸손함으로 행해야 하며, 사람들의 칭찬이나 호의를 얻거나, 그에 따라 인간의 의에 공로를 더하기 위해 행해서는 안 됩니다. 따라서 모든 사람은 육신의 욕심을 제어하고 하나님을 더 열심히 섬기려는 목적으로 금식해야 합니다.

7항 40일 금식은 고대 교회의 증언에 따른 것이지만 사도들이 쓴 문서에 의한 것은 아닙니다. 그러므로 40일 금식을 신자들에게 강요해서는 안 되며, 강요할 수도 없습니다. 과거에는 40일 금식에 대한 다양한 방식과 용법이 있던 것이 확실합니다. 고대 저술가인 이레네우스는 이렇게 말합니다. "어떤 이들은 단 하루만 금식해야 한다고 생각하고, 또 어떤 이들은 이틀을, 또 어떤 이들은 그 이상이나 40일을 금식해야 한다고 생각한다. 금식에 대한 이런 다양성은 우리 시대에 생긴 것이 아니라 이미 우리 시대 이전에 생긴 것이다. 내 생각에 이것은 처음에 전해진 것이 아니라, 부주의나 무지로 다른 풍습에 빠져 버린 사람들에게서 시작된 것을 지키는 것이다." 더욱이 역사가인 소크라테스도 이렇게 말합니다. "이 문제에 관해 발견된 고대 문서가 없기에 나는 사도들이 두려움이나 강요가 아닌 선한 일을 하는 것으로 개인의 판단에 이 문제를 맡겼다고 생각한다."

8항 음식 선택 문제에 관한 한, 우리는 금식할 때에 육체를 더 방종하게 하거나 더 부적절한 방식으로 즐겁게 하거나 생선이나 향신료나 훌륭한 포도주로 즐기게 하는 모든 것을 육체로부터 금해야 한다고 생각합니다. 그러나 그 외에는 하나님의 모든 창조물이 사람들이 사용하고 봉사할 수 있도록 만들어진 것임을 알고 있습니다. 하나님이 만드신 모든 것은 선하며(창 1:31), 하나님을 두려워함으로 사용해야 하고, 그것들 사이에 차별을 두지 않고 절제하며 사용해야 합니다. 사도들이 다음과 같이 말하기 때문입니다. "깨끗한 자들에게는 모든 것이 깨끗하나"(딛 1:15). 또한 이렇게 말합니다. "무릇 시장에서 파는 것은 양심을 위하여 묻지 말고 먹으라"(고전 10:25). 동일한 사도가 어떤 음식은 멀리하라고 가르치는 것을 가리켜 "귀신의 가르침"이라고 부릅니다. "하나님께서 지으신 모든 것이 선하매 감사함으로 받으면 버릴 것이 없[이]" 감사함으로 먹도록 만드셨기 때문입니다(딤전 4:1, 3-4). 동일한 사도가 골로새 교회에 편지하면서 거룩한 자로 존경받기 위해 과도하게 금욕하는 자들을 책망합니다(골 2:20-23). 그러므로 우리는 타티아누스주의자(Tatians)와 엔크라테스주의자(Encratites)와 (세바스테의) 에우스타티우스(Eustathius)의 모든 제자를 인정하지 않습니다. 이를 논박하기 위해 강그리아 종교 회의(The Gangrian Synod)가 열렸습니다.

웨스트민스터 신앙 고백서 (1647)	웨스트민스터 소요리 문답 (1647)	웨스트민스터 대요리 문답 (1648)

웨스트민스터 대요리 문답(계속)

므로 성령님은 우리의 연약함을 도우셔서 누구를 위해 무엇을 어떻게 기도할지를 깨달을 수 있도록 우리를 도와주십니다. 또한 이러한 본분을 바르게 수행하기 위해 필요한 이해력과 열정과 은혜를 우리 마음 가운데 불러일으키도록 역사하시고 각성시키셔서 (비록 모든 사람에게, 언제든지, 다 같은 분량은 아닐지라도) 우리를 도와주십니다.[1]

——
[1] 롬 8:26-27; 시 10:17; 슥 12:10

183문. 우리는 누구를 위해 기도해야 합니까?

답. 우리는 지상에 있는 그리스도의 교회 전체를 위해,[1] 위정자들을 위해,[2] 사역자를 위해,[3] 우리 자신을 위해,[4] 우리의 형제와[5] 원수를 위해,[6] 그리고 살아 있는 모든 사람과[7] 앞으로 살아갈 사람들을 위해 기도해야 합니다.[8] 그러나 죽은 사람이나,[9] 사망에 이르는 죄를 지은 것으로 알려진 사람들을 위해 기도해서는 안 됩니다.[10]

——
[1] 엡 6:18; 시 28:9
[2] 딤전 2:1-2
[3] 골 4:3
[4] 창 32:11
[5] 약 5:16
[6] 마 5:44
[7] 딤전 2:1-2
[8] 요 17:20; 삼하 7:29
[9] 삼하 12:21-23
[10] 요일 5:16

184문. 우리는 무엇을 위해 기도해야 합니까?

답. 우리는 하나님의 영광을 향하는 것,[1] 교회의 복락,[2] 우리 자신과[3] 다른 사람들의 유익을 위한[4] 모든 것을 기도해야 합니다. 그러나 무엇이든 불법적인 것을 위해 기도해서는 안 됩니다.[5]

——
[1] 마 6:9
[2] 시 51:18; 122:6
[3] 마 7:11
[4] 시 125:4
[5] 요일 5:14

185문. 우리는 어떻게 기도해야 합니까?

답. 우리는 하나님의 위엄을 엄숙하게 이해하고,[1] 우리 자신의 무가치함과[2] 빈궁함과[3] 죄를[4] 깊이 깨닫고 통회하며,[5] 감사와[6] 열린 마음을 품고,[7] 이해와[8] 믿음,[9] 성실,[10] 열정,[11] 사랑,[12] 인내로[13] 하나님을 기다리며[14] 그분 뜻에 겸손히 복종하는 자세로[15] 기도해야 합니다.

——
[1] 전 5:1
[2] 창 18:27; 32:10
[3] 눅 15:17-19
[4] 눅 18:13-14
[5] 시 51:17
[6] 빌 4:6
[7] 삼상 1:15; 2:1
[8] 고전 14:15
[9] 막 11:24; 약 1:6
[10] 시 145:18; 17:1
[11] 약 5:16
[12] 딤전 2:8
[13] 엡 6:18
[14] 미 7:7
[15] 마 26:39

벨직 신앙 고백서 (1561)	하이델베르크 요리 문답 (1563)	제2 스위스 신앙 고백서 (1566)	도르트 신경 (1619)

주기도문

118문. 하나님은 우리에게 그분에 대해 무엇을 구하라고 명하셨습니까?

답. 영혼과 몸에 필요한 모든 것으로,[1] 그리스도 우리 주님이 친히 우리에게 가르쳐 주신 기도에[2] 다 담겨 있습니다.

———
[1] 약 1:17; 마 6:33
[2] 마 6:9-10 등; 눅 11:2 등

119문. 주님이 가르쳐 주신 기도는 무엇입니까?

답. "하늘에 계신 우리 아버지여 이름이 거룩히 여김을 받으시오며 나라가 임하시오며 뜻이 하늘에서 이루어진 것같이 땅에서도 이루어지이다 오늘 우리에게 일용할 양식을 주시옵고 우리가 우리에게 죄 지은 자를 사하여 준 것같이 우리 죄를 사하여 주시옵고 우리를 시험에 들게 하지 마시옵고 다만 악에서 구하시옵소서 나라와 권세와 영광이 아버지께 영원히 있사옵나이다 아멘."[1]

———
[1] 마 6:9-13

120문. 그러면 그리스도는 우리에게 하나님을 왜

웨스트민스터 신앙 고백서 (1647)	웨스트민스터 소요리 문답 (1647)	웨스트민스터 대요리 문답 (1648)

99문. 하나님은 기도에 관한 지침으로 우리에게 어떤 법칙을 주셨습니까?

답. 하나님 말씀 전체가 기도에 관한 지침으로 유용합니다.[1] 그러나 이 지침의 특별한 법칙으로 그리스도께서 자신의 제자들에게 가르치신 기도 형식이 있는데, 일반적으로 "주님의 기도"라고 불립니다.[2]

———
[1] 요일 5:14   [2] 마 6:9-13; 눅 11:2-4

100문. 주기도문의 서언은 우리에게 무엇을 가르칩니까?

답. 주기도문의 서언(즉, "하늘에 계신 우리 아버지여"[1])은 우리를 도울 수 있고 그럴 준비가 되어 있는 아버지에게[2] 자녀들이 하듯이 우리가 거룩한 경외와 확신을 가지고 하나님에게 다가가도록 가르칩니다. 또한 우리가 다른 사람들과 함께, 그리고 다른 사람들을 위해 기도할 것을 가르칩니다.[3]

———
[1] 마 6:9   [3] 행 12:5; 딤전 2:1-2
[2] 롬 8:15; 눅 11:13

101문. 첫 번째 간구에서 우리는 무엇을 위해 기도합니까?

답. 첫 번째 간구(즉, "이름이 거룩히 여김을 받으시오며"[1])에서 우리는 하나님이 스스로 자신을 알리시는 모든 것 안에서 우리와 다른 이들이 그분에게 영광 돌릴 수 있도록 해 주실 것을 기도합니다.[2] 그리고 하나님이 자신의 영광을 위해 모든 것을 처리하시기를 기도합니다.[3]

———
[1] 마 6:9   [3] 시 83편
[2] 시 67:2-3

186문. 하나님은 기도의 의무에 관한 지침으로 우리에게 어떤 법칙을 주셨습니까?

답. 하나님 말씀 전체가 기도의 의무에 관한 지침으로 유용합니다.[1] 그러나 이 지침의 특별한 법칙으로 우리 구주 그리스도께서 자신의 제자들에게 가르치신 기도 형식이 있는데, 일반적으로 "주님의 기도"라고 불립니다.[2]

———
[1] 요일 5:14
[2] 마 6:9-13; 눅 11:2-4

187문. 주기도문은 어떻게 사용되어야 합니까?

답. 주기도문은 우리가 드리는 다른 기도들이 본으로 삼아야 할 하나의 지침이자 표본으로 사용되어야 할 뿐 아니라, 우리 자신의 실제적인 기도로도 사용할 수 있습니다. 따라서 기도의 의무를 바르게 이행하는 데 필요한 이해, 믿음, 경건, 그리고 그 밖에 다른 은혜를 가지고 주기도문을 사용해야 합니다.[1]

———
[1] 마 6:9; 눅 11:2과 비교

188문. 주기도문은 얼마나 많은 부분으로 구성되어 있습니까?

답. 주기도문은 세 부분으로 구성되어 있습니다. 서언, 간구, 결론입니다.

189문. 주기도문의 서언은 우리에게 무엇을 가르칩니까?

답. 주기도문의 서언(즉, "하늘에 계신 우리 아버지여"[1])은 우리가 기도할 때, 부성적인 선하심과 우리가 받는 유익을 확신하면서[2]

벨직 신앙 고백서 (1561)	하이델베르크 요리 문답 (1563)	제2 스위스 신앙 고백서 (1566)	도르트 신경 (1619)

"우리 아버지"로 부르라 명하셨습니까?

답. 그리스도는 기도를 시작하자마자 우리에게 어린아이와 같은 경외감으로 하나님을 공경하고 신뢰하는 마음을 불러일으키길 원하셨습니다. 이것이 우리 기도의 기초가 되기 때문입니다. 그리스도 안에서[1] 우리 아버지가 되신 하나님은 우리가 참된 믿음으로 구하는 것을 우리 부모가 땅의 좋은 것들을 자녀에게 거절하지 않는 것보다 훨씬 거절하지 않으실 것입니다.[2]

———
[1] 마 6:9
[2] 마 7:9-11; 눅 11:11; 사 49:15

121문. 여기에 왜 "하늘에 계신"이라는 말이 더하여졌습니까?

답. 우리가 하나님의 신성한 위엄을 땅의 것으로 생각하지 않고,[1] 우리 몸과 영혼에 필요한 모든 것을 하나님의 전능하신 능력에 기대하도록 하기 위함입니다.[2]

———
[1] 렘 23:24
[2] 행 17:24; 롬 10:12

122문. 첫 번째 간구는 무엇입니까?

답. "이름이 거룩히 여김을 받으시오며"입니다.[1] 먼저

웨스트민스터 신앙 고백서 (1647)	웨스트민스터 소요리 문답 (1647)	웨스트민스터 대요리 문답 (1648)
	102문. 두 번째 간구에서 우리는 무엇을 위해 기도합니까? 답. 두 번째 간구(즉, "나라가 임하시오며"[1])에서 우리는 사탄의 나라가 파괴되기를 기도하며,[2] 은혜의 나라가 흥왕하여[3] 우리와 다른 이들이 그 나라에 들어가 머물게 되기를 기도하고,[4] 영광의 나라가 속히 임하기를 기도합니다.[5] ——— [1] 마 6:10 [2] 시 68:1, 18 [3] 계 12:10-11 [4] 살후 3:1; 롬 10:1; 요 17:9, 20 [5] 계 22:20 **103문. 세 번째 간구에서 우리는 무엇을 위해 기도합니까?** 답. 세 번째 간구(즉, "뜻이 하늘에서 이루어진 것같이 땅에서도 이루어지이다"[1])에서 우리는 하늘에서 천사들이 그렇게 하듯이[2] 하나님이 그분의 은혜로 우리가 모든 것에서 하나님의 뜻을 알고, 그 뜻에 순종하여 복종할 수 있을 뿐 아니라,[3] 기꺼이 그렇게 하게 해주시기를 기도합니다. ——— [1] 마 6:10 [2] 시 103:20-21 [3] 시 67편; 119:36; 마 26:39; 삼하 15:25; 욥 1:21 **104문. 네 번째 간구에서 우리는 무엇을 위해 기도합니까?** 답. 네 번째 간구(즉, "오늘 우리에게 일용할 양식을 주시옵고"[1])에서 우리는 우리가 하나님의 값없는 선물에 속하는 이생에서의 좋은 것들에 대해 충분한 몫을 받고, 그것으로 하나님의 복을 즐거워하기를 기도합니다.[2] ——— [1] 마 6:11 [2] 잠 30:8-9; 창 28:20; 딤전 4:4-5 **105문. 다섯 번째 간구에서 우리는 무엇을 위해 기도합니까?**	경외심과 자녀와 같은 태도와[3] 천상적인 사랑,[4] 그분의 주권적 권세와, 위엄, 은혜로운 낮아지심에[5] 대한 이해를 가지고 하나님에게 나아가 다른 사람들과 함께, 그리고 다른 사람들을 위해 기도할 것을 가르칩니다.[6] ——— [1] 마 6:9 [2] 눅 11:13; 롬 8:15 [3] 사 64:9 [4] 시 123:1; 애 3:41 [5] 사 63:15-16; 느 1:4-6 [6] 행 12:5 **190문. 첫 번째 간구에서 우리는 무엇을 위해 기도합니까?** 답. 첫 번째 간구(즉, "이름이 거룩히 여김을 받으시오며"[1])에서 우리는 하나님에게 올바르게 영예를 돌릴 수 없는 전적 무능과 부적당함이 모든 사람에게 있음을 인정하면서,[2] 하나님이 그분의 은혜로 우리와 다른 사람들을 능하게 하사 하나님과[3] 그분의 직위,[4] 속성,[5] 규례,[6] 말씀, 사역, 그리고 그분을 알게 하기를 기뻐하시는 무슨 일이든지 깨달아 알고 높이 존경할 수 있게 하실 것을 기도합니다.[7] 또한 생각과 말로[8] 행실로[9] 하나님을 영화롭게 할 것과 하나님이 무신론,[10] 무지함,[11] 우상 숭배,[12] 신성 모독[13]과 같이 무엇이든 그분에게 불경스러운 일을 예방하시고 제거하실 것,[14] 그분이 주관하시는 섭리로 자신의 영광을 위하여 모든 것을 지도하시고 처리하실 것을 위해 기도합니다.[15] ——— [1] 마 6:9 [2] 고후 3:5; 시 51:15 [3] 시 67:2-3 [4] 시 83:18 [5] 시 86:10-13, 15 [6] 살후 3:1; 시 147:19-20; 138:1-3; 고후 2:14-15 [7] 시 145편; 8편 [8] 시 103:1; 19:14 [9] 빌 1:9, 11 [10] 시 67:1-4 [11] 엡 1:17-18 [12] 시 97:7 [13] 시 74:18, 22-23 [14] 왕하 19:15-16 [15] 대하 20:6, 10-12; 시 83편; 140:4, 8 **191문. 두 번째 간구에서 우리는 무엇을 위**

벨직 신앙 고백서 (1561)	하이델베르크 요리 문답 (1563)	제2 스위스 신앙 고백서 (1566)	도르트 신경 (1619)

우리가 주님을 올바로 알고,[2] 주께서 행하시는 모든 역사 안에 밝히 드러나 있는 주님의 권능과 지혜와 선하심과 공의와 자비와 진실을 거룩히 여기며, 영화롭게 하고 찬송하게 하기를 구하는 것입니다.[3] 또한 우리의 모든 삶, 곧 우리의 생각과 말과 행동을 질서 있게 하시고 인도하셔서 주님의 이름이 우리 때문에 더럽혀지지 않고 오히려 영광과 찬송을 받기를 구하는 것입니다.[4]

———

[1] 마 6:9
[2] 요 17:3; 렘 9:23-24; 마 16:17; 약 1:5
[3] 시 119:137-138; 눅 1:46; 시 145:8-9
[4] 시 115:1; 71:8

123문. 두 번째 간구는 무엇입니까?

답. "나라가 임하시오며"입니다.[1] 하나님 말씀과 성령님으로 우리를 다스리셔서 우리로 점점 주님에게 순종하게 하시고,[2] 하나님의 교회를 보존하시고 흥왕하게 하시며,[3] 마귀의 일과,[4] 주님에게 맞서 자신을 스스로 높이는 모든 세력과, 주님의 거룩한 말씀을 거스르는 모든 악한 음모를 멸하시길 구하는 것입니다. 주님의 나라가 온전히 이루어져[5] 주께서 만유 가운데 만유가 되

웨스트민스터 신앙 고백서 (1647)	웨스트민스터 소요리 문답 (1647)	웨스트민스터 대요리 문답 (1648)
	답. 다섯 번째 간구(즉, "우리가 우리에게 죄 지은 자를 사하여 준 것같이 우리 죄를 사하여 주시옵고"[1])에서 우리는 하나님이 그리스도에 의해서만 우리의 모든 죄를 값없이 용서해 주시기를 기도합니다.[2] 그리고 우리는 하나님의 은혜로 다른 사람들을 진심으로 용서할 수 있기 때문에 그것을 간구하는 데 어느 정도 용기를 얻게 됩니다.[3] ―― [1] 마 6:12 [3] 눅 11:4; 마 18:35 [2] 시 51:1-2, 7, 9; 단 9:17-19 **106문. 여섯 번째 간구에서 우리는 무엇을 위해 기도합니까?** 답. 여섯 번째 간구(즉, "우리를 시험에 들게 하지 마시옵고 다만 악에서 구하시옵소서"[1])에서 우리는 하나님이 우리가 죄를 짓는 시험에 빠지지 않도록 막아 주시거나,[2] 우리가 속아서 시험에 빠졌을 때[3] 우리를 지원하고 건져 주시기를 기도합니다. ―― [1] 마 6:13 [3] 고전 12:7-8 [2] 마 26:41 **107문. 주기도문의 결론은 우리에게 무엇을 가르칩니까?** 답. 주기도문의 결론(즉, "나라와 권세와 영광이 아버지께 영원히 있사옵나이다"[1])은 기도에 있어 오직 하나님에게서 용기를 얻어[2] 나라와 권세와 영광을 그분에게 돌리면서 우리의 기도 안에서 그분을 찬양하도록 가르칩니다.[3] 그리고 우리의 소원과 그에 따른 확신에 대한 간증으로 우리는 "아멘"이라고 말합니다.[4] ―― [1] 마 6:13 [3] 대상 29:10-13 [2] 단 9:4, 7-9, 16-19 [4] 고전 14:16; 계 22:20-21	해 기도합니까? 답. 두 번째 간구(즉, "나라가 임하시오며"[1])에서 우리는 우리 자신과 모든 인류가 본질상 죄와 사탄의 주관 아래 있음을 인정하면서,[2] 죄와 사탄의 나라는 파멸되고,[3] 복음이 온 세상을 통해 전파되며,[4] 유대인들이 부르심을 받고[5] 이방인들의 충만한 수가 들어오기를 기도합니다.[6] 교회가 모든 복음 사역자와 규례를 갖추고[7] 부패에서 정화되며[8] 세상의 위정자에게 칭찬과 지지를 받기를 기도하고,[9] 그리스도의 규례가 순수하게 시행되며 아직 죄 중에 있는 자들을 회개시키고 이미 회개한 자들을 바로 세우며 위로하고 믿음으로 성장케 하고[10] 그리스도께서 현세에 우리 마음을 주관하시며[11] 속히 재림하셔서 우리도 그분으로 더불어 영원토록 왕 노릇 하기를 기도하고,[12] 아울러 하나님이 권세의 나라를 이루어 이 목적을 달성하도록 온 세계에 그 기쁘신 뜻대로 역사하시기를 기도합니다.[13] ―― [1] 마 6:10 [8] 말 1:11; 습 3:9 [2] 엡 2:2-3 [9] 딤전 2:1-2 [3] 시 67:1, 18; 계 12:10-11 [10] 행 4:29-30; 엡 6:18-20; 롬 15:29-30, 32; 살후 1:11; 2:16-17 [4] 살후 3:1 [5] 롬 10:1 [6] 요 17:9, 20; 롬 11:25-26; 시 67편 [11] 엡 3:14-20 [7] 마 9:38; 살후 3:1 [12] 계 22:20 [13] 사 64:1-2; 계 4:8-11 **192문. 세 번째 간구에서 우리는 무엇을 위해 기도합니까?** 답. 세 번째 간구(즉, "뜻이 하늘에서 이루어진 것같이 땅에서도 이루어지이다"[1])에서 우리는 본질상 모든 사람이 하나님의 뜻을 행하기에 전적으로 무능하고 행하려고 하지도 않을 뿐 아니라,[2] 그분 말씀을 거슬러 반역하며,[3] 그분의 섭리에 대항하여 원망하고 불평하며,[4] 육체와 마귀의 뜻을 전적으로 따르려 함을 먼저 인정합니다.[5] 우

벨직 신앙 고백서 (1561)	하이델베르크 요리 문답 (1563)	제2 스위스 신앙 고백서 (1566)	도르트 신경 (1619)

하이델베르크 요리 문답(계속)

시기를 구하는 것입니다.[6]

———
[1] 마 6:10
[2] 시 119:5
[3] 시 51:18
[4] 요일 3:8; 롬 16:20
[5] 계 22:17, 20
[6] 고전 15:15, 28

124문. 세 번째 간구는 무엇입니까?

답. "뜻이 하늘에서 이루어진 것같이 땅에서도 이루어지이다"입니다.[1] 우리와 모든 사람이 우리 자신의 뜻을 버리고,[2] 불평 없이 주님의 유일하게 선하신 뜻에 복종하게 하시며,[3] 각 사람이 자신이 받은 직분과 소명을[4] 하늘의 천사들처럼 기꺼이 충성스럽게 수행하길 구하는 것입니다.[5]

———
[1] 마 6:10
[2] 마 16:24; 딛 2:12
[3] 눅 22:42
[4] 고전 7:24; 엡 4:1
[5] 시 103:20

125문. 네 번째 간구는 무엇입니까?

답. "오늘 우리에게 일용할 양식을 주시옵고"입니다.[1] 몸에 필요한 모든 것을 우리에게 기꺼이 채워 주셔서[2] 오직 주님만이 모든 좋은 것의 근원임을 인정하게 하시고,[3] 주께서 우리에게 복 주시지 않으면 우리의 염려나 수고, 심지어 주님이 주신 선물조차 우리에게 아무 유익이 되지 못함을 알게 하시며,[4] 그리하여 피조물을 향한 우리의 모든 의지를 거두어 오직 하나님 당신에게만 두게 하시기를 구하는 것입니다.[5]

———
[1] 마 6:11
[2] 시 145:15; 마 6:25 등
[3] 행 17:25; 14:17
[4] 고전 15:58; 신 8:3; 시 127:1-2
[5] 시 62:11; 55:22

126문. 다섯 번째 간구는 무엇입니까?

답. "우리가 우리에게 죄 지은 자를 사하여 준 것같이 우리 죄를 사하여 주시옵고"입니다.[1] 우리 안에 있는 주의 은혜의 증거, 즉 우리가 우리 이웃을 진심으로 용서하기로 굳게 다짐하는 것을 느끼는 것처럼,[2] 그리스도의 피로 말미암아 우리의 모든 허물과 우리에게 늘 붙어 있는 부패를 가련한 죄인인 우리에게 돌리지 마시길 구하는 것입니다.[3]

———
[1] 마 6:12
[2] 마 6:14-15
[3] 시 51:1; 요일 2:1-2

127문. 여섯 번째 간구는 무엇입니까?

답. "우리를 시험에 들게 하지 마시옵고 다만 악에서 구하시옵소서"입니다.[1] 우리 자신은 매우 연약하여 한순간도 스스로 설 수 없으며,[2] 이 외에도 우리의 치명적 원수들인 마귀와[3] 세상과[4] 우리 육신이[5] 끊임없이 우리를 공격하니, 주님의 성령의 능력으로 우리를 보존하시고 강하게 하셔서 우리가 이 영적 전쟁에서 패하지 않고 마침내 완전한 승리를 얻을 때까지,[6] 우리의 원수에게 계속해서 굳세게 대항하게 해주시길 구하는 것입니다.[7]

———
[1] 마 6:13
[2] 롬 8:26; 시 103:14
[3] 벧전 5:8
[4] 엡 6:12; 요 15:19
[5] 롬 7:23; 갈 5:17
[6] 살전 3:13; 5:23
[7] 마 26:41; 막 13:33

128문. 당신은 당신의 기도를 어떻게 마칩니까?

답. "나라와 권세와 영광이 아버지께 영원히 있사옵나이다"라고 마칩니다.[1] 즉 우리 왕이요, 만물에 대한 권세를 가지신 주님은 우리에게 모든 좋은 것을 주기 원하시며, 또한 주실 수 있는 분이기에[2] 우리는 이 모든 것을 주님에게 구하며, 이로써 우리가 아니라 주님의 거룩한 이름이 영원히 영광받으시길 기도하는 것입니다.[3]

———
[1] 마 6:13
[2] 롬 10:12; 벧후 2:9
[3] 요 14:13; 시 115:1; 빌 4:20

129문. "아멘"이 의미하는 바는 무엇입니까?

답. "아멘"은 이 모든 것이 이루어지기를 간절히 바라는 내 마음보다 확실하게 하나님이 내 기도를 들으시기 때문에 참으로 반드시 그렇게 될 것이라는 뜻입니다.[1]

———
[1] 고후 1:20; 딤후 2:13

웨스트민스터 신앙 고백서 (1647)	웨스트민스터 소요리 문답 (1647)	웨스트민스터 대요리 문답 (1648)
		리는 하나님이 그분의 성령으로 우리 모든 사람에게서 우매함과[6] 연약함과[7] 못됨과[8] 마음의 사악함을[9] 제거하여 주시기를 기도합니다. 그리고 그분의 은혜로 우리로 하여금 하늘에서 천사들이 하는 것과 같이[10] 겸손과[11] 기쁨과[12] 충성과[13] 근면과[14] 열심과[15] 성실과[16] 구준함으로,[17] 범사에 하나님의 뜻을 알고 행하고 복종하기를[18] 즐거할 수 있게 하여 주시기를 기도합니다.

[1] 마 6:10
[2] 롬 7:18; 욥 21:14; 고전 2:14
[3] 롬 8:7
[4] 출 17:7; 민 14:2
[5] 엡 2:2
[6] 엡 1:17-18
[7] 엡 3:16
[8] 마 26:40-41
[9] 렘 31:18-19
[10] 사 6:2-3; 시 103:20-21; 마 18:10
[11] 미 6:8
[12] 시 100:2; 욥 1:21; 삼하 15:25-26
[13] 사 38:3
[14] 시 119:4-5
[15] 롬 12:11
[16] 시 119:80
[17] 시 119:112
[18] 시 119:1, 8, 35-36; 행 21:14

193문. 네 번째 간구에서 우리는 무엇을 위해 기도합니까?

답. 네 번째 간구(즉, "오늘 우리에게 일용할 양식을 주시옵고"[1])에서 우리는 아담의 원죄와 우리 자신의 죄로 말미암아 현세에 나타나는 모든 축복을 받을 권리를 상실하였으므로 하나님에게서 그 모든 것을 빼앗기는 것이 마땅하고, 우리가 이를 사용할 때에 우리에게 저주가 되어도 마땅하다는 것을 인정합니다.[2] 그리고 우리는 그것을 유지할 능력도,[3] 그것을 받을 공로도 없으며,[4] 우리 자신의 노력으로는 그것을 얻을 수 없으며,[5] 다만 불법적으로[6] 그것을 갈망하고[7] 얻어[8] 사용하기를 원함을 인정합니다. 우리는 우리 자신과 다른 사람을 위하여 기도하되, 그들과 우리 모두 합법적인 방편을 사용하여 날마다 하나님의 섭리를 기다리며 거저 주시는 선물을 받되 하나님

벨직 신앙 고백서 (1561)	하이델베르크 요리 문답 (1563)	제2 스위스 신앙 고백서 (1566)	도르트 신경 (1619)

웨스트민스터 대요리 문답(계속)

아버지의 지혜에 가장 적절해 보이는 은사의 상당 부분을 받아 누리기를 기도합니다.[9] 그 선물을 거룩하게 잘 사용하여[10] 만족을 누리며,[11] 이 세상에서 평안을 누리고 사는 데 반하는 모든 일에서 우리를 지켜 달라고 기도합니다.[12]

---

[1] 마 6:11
[2] 창 2:17; 3:17; 롬 8:20-22;
   렘 5:25; 신 28:15-68
[3] 신 8:3
[4] 창 32:10
[5] 신 8:17-18
[6] 약 4:3
[7] 렘 6:13; 막 7:21-22
[8] 호 12:7
[9] 창 43:12-14; 28:20; 엡 4:28; 살후 3:11-12;
   빌 4:6
[10] 딤전 4:3-5
[11] 딤전 6:6-8
[12] 잠 30:8-9

194문. 다섯 번째 간구에서 우리는 무엇을 위해 기도합니까?

답. 다섯 번째 간구(즉, "우리가 우리에게 죄 지은 자를 사하여 준 것같이 우리 죄를 사하여 주시옵고"[1])에서 우리는 모든 사람이 원죄와 자범죄의 죄책을 지녀서 하나님의 공의에 빚진 자가 되었다는 것을 먼저 인정합니다. 그리고 우리나 다른 아무 피조물이라도 그 죄의 빚을 조금도 갚을 수 없다는 것도 인정합니다.[2] 우리는 자신과 다른 사람을 위하여 기도하되, 하나님이 거저 주시는 은혜로 말미암아 믿음에 의해서만 이해되고 적용되는 그리스도의 순종과 속죄를 통해 우리를 죄책과 형벌에서 풀어 주시고,[3] 그분의 사랑하시는 자 안에서 우리를 받으시며,[4] 그분의 은총과 은혜를 계속 부어 주시고,[5] 그 은혜로 우리가 날마다 범하는 실수를 용서하시며,[6] 죄 사함을 더 확신하게 하셔서 우리를 화평과 기쁨으로 채워 주시기를 기도합니다.[7] 이는 다른 사람의 죄를 마음속에서 용서한다는 증거가 우리에게 있을 때 우리가 이를 담대히 구하고 기대할 용기가 생기기 때문입니다.[8]

---

[1] 마 6:12
[2] 롬 3:9-22; 마 18:24-25; 시 130:3-4
[3] 롬 3:24-26; 히 9:22
[4] 엡 1:6-7
[5] 벤후 1:2
[6] 호 14:2; 렘 14:7
[7] 롬 15:13; 시 51:7-10, 12
[8] 눅 11:4; 마 6:14-15; 18:35

195문. 여섯 번째 간구에서 우리는 무엇을 위해 기도합니까?

답. 여섯 번째 간구(즉, "우리를 시험에 들게 하지 마시옵고, 다만 악에서 구하시옵소서"[1])에서 우리는 가장 지혜로우시고 의로우시며 은혜로우신 하나님이 거룩하고 의로운 여러 목적을 위해 우리가 시험을 당해 실패하고 잠시 동안 시험에 빠져 붙잡히도록 모든 것을 조성하시기도 한다는 것을 인정합니다.[2] 이는 사탄과[3] 세상과[4] 육체가 우리를 탈선의 자리로 강력하게 이끌어 함정에 빠뜨리려고 한다는 것을 인정하는 것입니다.[5] 이는 심지어 죄 사함을 받은 후에도 우리의 부패성과[6] 연약함과 방심함으로[7] 시험을 받게 될 뿐 아니라,[8] 우리가 자신을 시험에 내어 주고,[9] 동시에 우리 스스로 시험에 저항하거나 거기에서 헤어 나오거나 뉘우칠 힘도, 의지도 없

웨스트민스터 신앙 고백서 (1647)	웨스트민스터 소요리 문답 (1647)	웨스트민스터 대요리 문답 (1648)

웨스트민스터 대요리 문답(계속)

으므로 마땅히 그런 권세 아래 버림받아야 할 것을 인정하는 것입니다.[10] 그러나 우리는 이런 시험 속에서도 하나님이 세상과 그 안에 있는 모든 것을[11] 다스리시고, 육신을 제어하시며,[12] 사탄을 제어하시고,[13] 만사를 처리하시며,[14] 모든 은혜의 방편을 주시고,[15] 복 주시며 우리를 새롭게 하사 조심스럽게 은혜의 방편을 사용케 하여 우리와 하나님의 모든 백성이 하나님의 섭리로 죄의 시험을 받지 않도록 지켜 주시기를 기도합니다.[16] 그러나 시험을 당하면 그때에 우리를 그분의 영으로 강력히 붙드셔서 설 수 있게 하시고,[17] 혹 넘어지면 다시 일으킴을 받아 회복됨으로[18] 시험을 거룩히 사용하고 이용하여,[19] 우리의 성화와 구원을 완성하고,[20] 사탄을 우리 발밑에 짓밟고,[21] 죄와 시험과 모든 악에서 우리를 영원히 자유하게 하시기를 기도합니다.[22]

---

[1] 마 6:13
[2] 대하 32:31
[3] 대상 21:1
[4] 눅 21:34; 막 4:19
[5] 약 1:14
[6] 갈 5:17
[7] 마 26:41
[8] 마 26:69-72; 갈 2:11-14; 대하 18:3; 19:2
[9] 롬 7:23-24; 대상 21:1-4; 대하 16:7-10
[10] 시 81:11-12
[11] 요 17:15
[12] 시 51:10; 119:133
[13] 고후 12:7-8
[14] 고전 10:12-13
[15] 히 13:20-21
[16] 마 26:41; 시 19:13
[17] 엡 3:14-17; 살전 3:13; 유 24절
[18] 시 51:12
[19] 벧전 5:8-10
[20] 고후 13:7, 9
[21] 롬 16:20; 슥 3:2; 눅 22:31-32
[22] 요 17:15; 살전 5:23

196문. 주기도문의 결론은 우리에게 무엇을 가르칩니까?

답. 주기도문의 결론(즉, "나라와 권세와 영광이 아버지께 영원히 있사옵나이다 아멘"[1])은 우리가 간절한 주장으로 우리의 간구를 아뢰되,[2] 우리 자신이나 다른 어떤 피조물을 의뢰하지 않고 오직 하나님만 의지해야 한다는 것을 교훈합니다.[3] 그리고 오로지 하나님에게만 영원한 주권과 전능과 영광스러운 탁월성을 돌리는[4] 찬송을 겸한 기도를 드리니,[5] 하나님이 우리를 도우실 수 있고, 또 도우시기를 즐겨하시므로[6] 우리의 요청을 이루어 주실 것을[7] 믿음으로[8] 담대히 아뢰어 고요히 하나님만 신뢰할 것입니다. 그뿐 아니라 이것이 우리의 소원이요, 확신임을 증언하기 위하여 우리는 "아멘" 하는 것입니다.[9]

---

[1] 마 6:13
[2] 롬 15:30
[3] 단 9:4, 7-9, 16-19
[4] 대상 29:10-13
[5] 빌 4:6
[6] 엡 3:20-21; 눅 11:13
[7] 대하 20:6, 11
[8] 대하 14:11
[9] 고전 14:16; 계 22:20-21

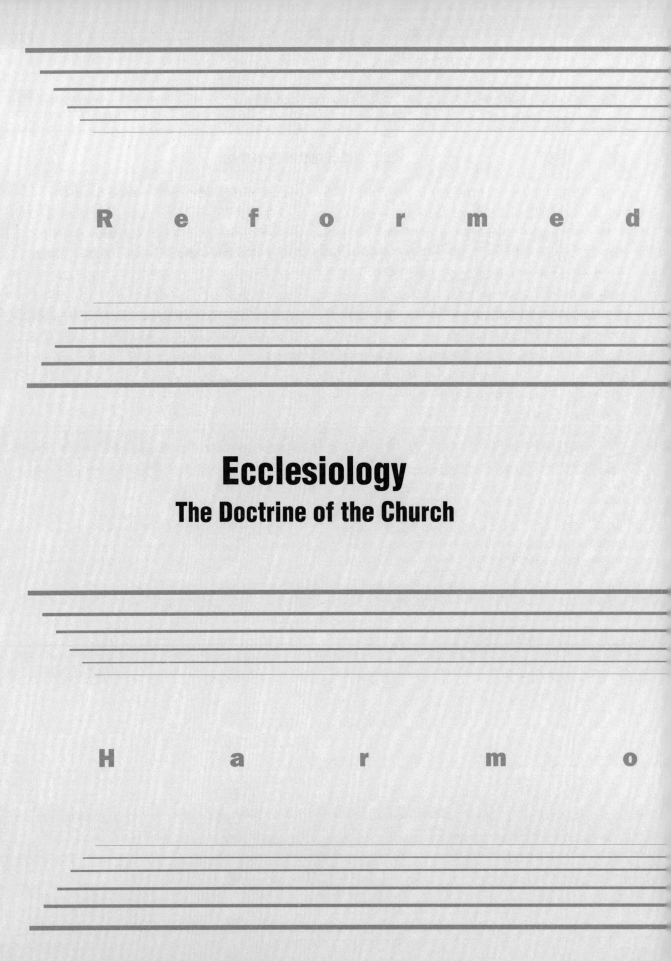

Reformed

Ecclesiology
The Doctrine of the Church

Harmo

교회론
교회에 관한 교리

벨직 신앙 고백서 (1561)	하이델베르크 요리 문답 (1563)	제2 스위스 신앙 고백서 (1566)	도르트 신경 (1619)

교회에 관한 교리

27항 보편적 그리스도의 교회

우리는 그리스도 예수 안에서 그들의 구원을 기대하며, 그분의 피로 씻음을 받고, 성령으로 거룩하게 되고 인 치심을 받은 참된 그리스도인들의 거룩한 회중이요 모임인 하나의 보편적 교회 또는 우주적 교회를 믿고 고백합니다.[1] 이 교회는 세상의 시작부터 있었고, 세상 끝 날까지 있을 것인데,[2] 이는 그리스도께서 백성 없이 계실 수 없는 영원한 왕이시기 때문입니다.[3] 이 거룩한 교회를 하나님이 온 세상의 분노로부터 보존해 주십니다.[4] 비록 잠시 동안 아합의 폭정 시기와 같이 사람의 눈에 아주 작고 없어진 것처럼 보일 때도 있지만[5] 주님은 바알에게 무릎을 꿇지 않은 7천 명을 친히 보존하셨습니다.[6]

또한 이 거룩한 교회는 어떤 특정한 장소나 특정한 사람들에게 국한되거나 제한되지 않고 전 세계에 퍼져 있고 산재해 있습니다. 하지만 이 교회는 믿음의 능력으로 말미암아 한 분 동일한 성령 안

54문. 당신은 그리스도의 "거룩한 공회"에 관해 무엇을 믿습니까?

답. 나는 세상의 시작부터 마지막까지[1] 하나님의 아들께서[2] 온 인류 가운데[3] 영원한 생명을 받도록[4] 택하신 교회를 참된 믿음으로 하나가 되도록 자신의 성령과 말씀으로[5] 모으시며[6] 보호하시고 보존하신다는 것을 믿습니다.[7] 그리고 나는 지금 이 교회의 살아 있는 지체이며 앞으로도 영원히 그렇게 남아 있을 것을 믿습니다.[8]

___

[1] 창 26:4
[2] 요 10:11
[3] 신 10:14-15
[4] 행 13:48
[5] 사 59:21
[6] 롬 9:24; 엡 1:10
[7] 요 10:16
[8] 고전 1:8-9; 롬 8:35

17장 보편적이며 거룩한 하나님의 교회와, 교회의 유일하신 머리에 관하여

1항 하나님은 태초부터 인간이 구원받고 진리를 아는 지식에 이르기를 원하셨기 때문에(딤전 2:4), 교회는 과거에도 존재해야 했고, 오늘날에도 존재해야 하며, 세상 끝 날까지 존재해야만 합니다. 교회란 이 세상에서 불러내어진 신실한 신자들의 모임이자 모든 성도의 교제로, 말하자면 구원의 주님 되신 그리스도 안에서 말씀과 성령으로 참 하나님을 진실로 인식하고 올바르게 예배하며, 더욱이 그리스도를 통해 값없이 베풀어진 모든 선한 것에 참여하는 자들의 교제입니다. 이들은 모두 하나의 동일한 도성에 속한 시민으로, 동일하신 주님 아래 동일한 법에 따라 생활하며, 모든 선한 것에 참여하여 동일하게 교제하는 자들입니다. 사도는 이러한 사람들을 "오직 성도들과 동일한 시민이요 하나님의 권속"이라고 했습니다(엡 2:19). 그는 또한 이 땅 위에 있는 신자들을 하나님의 아들의 보혈로 거룩함을 입은 성도라 불렀습니다(고전 6:11). "거룩한 공회와 성도가 서로 교통하는 것……을 믿사옵나이다"라는 신조 조항은 바로 이러한 사람들에 관하여 말하는 것으로 이해되어야 합니다.

2항 언제나 "하나님은 한 분이시요 또 하나님과 사람 사이에 중보자도 한 분이시니 곧 사람이신 그리스도 예수"이십니다(딤전 2:5). 동일하게 모든 무리의 목자도 한 분일 뿐더러, 이 몸의 머리도 하나입니다. 더욱이 성령님은 한 분이며, 구원도 하나, 믿음도 하나, 약속 또는 언약도 하나이기 때문에 필연적으로 교회는 오로지 하나밖에 없다는 결론에 이르게 됩니다. 그러므로 필연적으로 단 하나의 교회만 있는데, 우리는 그것을 '보편적'이라고 부릅니다. 이 교회는 세상 곳곳에 산재하며

웨스트민스터 신앙 고백서 (1647)	웨스트민스터 소요리 문답 (1647)	웨스트민스터 대요리 문답 (1648)

25장 교회에 관하여

1항 보이지 않는 보편적이고 우주적인 교회는 교회의 머리이신 그리스도 아래 과거와 현재와 미래에 하나로 모이는 모든 택함받은 사람으로 구성되어 있습니다. 이 교회는 그리스도의 신부이자 몸이며, 만물을 충만하게 하시는 이의 충만입니다.[1]

―――
[1] 엡 1:10, 22-23; 5:23, 27, 32; 골 1:18

2항 복음 아래 동일하게 보편적이고 우주적인 교회인 보이는 교회는 (과거 율법 아래 한 민족에게 국한된 것과 달리) 참 신앙을 고백하는 온 세계의 모든 사람과,[1] 그들의 자녀로 이루어져 있으며,[2] 주 예수 그리스도의 왕국이자[3] 하나님의 집이고 가족이며,[4] 이 교회 외에는 통상적으로 구원을 얻을 가능성이 전혀 없습니다.[5]

―――
[1] 고전 1:2; 12:12-13; 시 2:8; 계 7:9; 롬 15:9-12
[2] 고전 7:14; 행 2:39; 겔 16:20-21; 롬 11:16; 창 3:15; 17:7
[3] 마 13:47; 사 9:7
[4] 엡 2:19; 3:15
[5] 행 2:47

3항 그리스도께서는 이 보편적인 보이는 교회에 직분과 말씀과 하나님의 규례를 주셔서 세상 끝 날까지 이 세상에서 성도를 모으시고 완전하게 하시며, 주님의 약속을 따라 주님의 임재와 성령님을 통해 이 모든 일을 효과적으로 이루십니다.[1]

―――
[1] 고전 12:28; 엡 4:11-13; 마 28:19-20; 사 59:21

4항 이 보편 교회는 어떤 때는 더 분명하게, 또 어떤 때는 덜 분명하게 보입니다.[1] 보편

61문. 복음을 듣고 교회에서 생활하는 모든 사람은 구원을 얻습니까?

답. 복음을 듣고 보이는 교회에서 생활하는 사람이 모두 구원을 얻는 것은 아닙니다. 다만 보이지 않는 교회의 참된 회원들만이 구원을 얻습니다.[1]

―――
[1] 요 12:38-40; 롬 9:6; 마 22:14; 7:21; 롬 11:7

62문. 보이는 교회는 무엇입니까?

답. 보이는 교회는 세상의 모든 시대와 장소에서 참 종교를 고백하는[1] 모든 사람과 그들의 자녀로[2] 구성된 한 단체입니다.

―――
[1] 고전 1:2; 12:13; 롬 15:9-12; 계 7:9; 시 2:8; 22:27-31; 45:17; 마 28:19-20; 사 59:21
[2] 고전 7:14; 행 2:39; 롬 11:16; 창 17:7

63문. 보이는 교회의 특권은 무엇입니까?

답. 보이는 교회가 지닌 특권은 하나님의 특별한 보호와 관리를 받는 것과,[1] 모든 대적의 반항에도 모든 시대에 보호받으며 보존되는 것입니다.[2] 성도의 교통과 구원의 방편과[3] 그분에게 오는 자를 한 사람도 버리지 않고[4] 누구든지 그분을 믿으면 구원을 얻는다고 증언하는 복음의 역사 안에서 그리스도에 의해 교회의 모든 회원에게 베풀어지는 은혜를 누리는 것입니다.[5]

―――
[1] 사 4:5-6; 딤전 4:10
[2] 시 115:1-2, 9; 사 31:4-5; 슥 12:2-4, 8-9
[3] 행 2:39, 42
[4] 요 6:37
[5] 시 147:19-20; 롬 9:4; 엡 4:11-12; 막 16:15-16

64문. 보이지 않는 교회는 무엇입니까?

답. 보이지 않는 교회는 머리 되시는 그리

벨직 신앙 고백서 (1561)	하이델베르크 요리 문답 (1563)	제2 스위스 신앙 고백서 (1566)	도르트 신경 (1619)

에서[7] 마음과 뜻으로 함께 결합되고 연합되어 있습니다.[8]

———

[1] 사 2:2; 시 46:5; 102:14; 렘 31:36
[2] 마 28:20; 삼하 7:16
[3] 눅 1:32-33; 시 89:37-38; 110:2-4
[4] 마 16:18; 요 16:33; 창 22:17; 딤후 2:19
[5] 눅 12:32; 사 1:9; 계 12:6, 14; 눅 17:21
[6] 롬 12:4; 11:2, 4; 왕상 19:18; 사 1:9; 롬 9:29
[7] 엡 4:3-4
[8] 행 4:32

28항 참된 교회에 가입해야 할 모든 사람의 의무

우리는 이 거룩한 모임이 구원받은 자들의 집회이므로, 이 모임을 벗어나서는 구원이 없으며,[1] 신분이나 지위를 막론하고 누구라도 이 모임에서 탈퇴하거나 따로 떨어져 나와 살아서는 안 된다고 믿습니다.[2] 오히려 모든 사람들은 교회에 가입해야 하고 교회와 연합해야 할 의무가 있으며 교회의 하나 됨을 유지해야 합니다.[3] 그들은 스스로 교회의 교리와 권징에 복종해야 하고, 예수 그리스도의 멍에를 메야 합니다.[4] 그들은 한 몸에 속한 지체로서[5] 하나님이 각자에게 주신 재능에 따라 형제를 세우기 위해 봉사해야 합니다. 이것을 좀 더 효과적으로 준수하려면, 하나님의

모든 시대에 걸쳐 존재하므로 어떠한 지역이나 시대에도 제한받지 않기 때문입니다. 따라서 아프리카의 어느 지역에 있는 교회로 제한하려 한 도나투스주의자들을 우리는 배격합니다. 또한 오직 로마 교회만이 보편적이라 불리기에 합당하다고 말하는 로마 가톨릭 성직자들의 주장도 인정하지 않습니다.

3항 교회는 여러 부분 또는 여러 종류로 구분될 수 있습니다. 그러나 그것은 교회가 그 자체 안에서 분열되거나 분할되기 때문이 아닙니다. 그보다는 교회의 지체 사이에 존재하는 다양성으로 말미암아 구별되는 것입니다. 그러므로 그 가운데 한 부분은 전투적 교회를 형성하고, 또 다른 부분은 승리의 교회를 형성합니다. 전투적 교회는 지상에서 육과 싸우며, 세상과 이 세상의 군주인 마귀와 싸우고, 죄와 죽음과 싸웁니다. 다른 한 부분인 승리의 교회는 이미 전투에서 해방되어 지금은 승리하여 천상에 있으며, 그 모든 싸움의 승리 덕분에 하나님 앞에서 계속 기쁨을 누립니다. 그럼에도 이 두 교회는 서로 교통과 교제를 누리고 있습니다.

4항 더욱이 지상에 존재하는 전투적 교회에는 언제나 특정한 교회가 많이 있으며, 그 교회들은 거룩한 공교회에 연합되어 있습니다. 율법 이전 시대에는 족장들이 이 전투적 교회를 다스렸습니다. 또한 율법으로 모세가 다스리고, 복음으로 그리스도께서 다스리셨습니다.

일반적으로 우리는 이 세상에 두 종류의 백성이 있다는 것을 언급할 수 있습니다. 다시 말해 이스라엘 백성과 이방인, 또는 유대인과 이방인 가운데 교회로 불려 모인 백성입니다. 또한 동일하게 언약 역시 두 개인데, 옛 언약과 새 언약입니다. 그럼에도 이 두 백성은 하나의 언약 공동체, 즉 한 분 메시아 안에서 하나의 구원을 소유하고 있으며, 지금도 그러합니다. 이 메시아 안에서 그들은 모두 하나의 머리 아래 존재하는 유일한 몸

웨스트민스터 신앙 고백서 (1647)	웨스트민스터 소요리 문답 (1647)	웨스트민스터 대요리 문답 (1648)

교회에 속하는 특정한 교회들은 복음의 교리를 가르치고 받아들일 때, 규례를 시행할 때, 그리고 공적 예배를 드릴 때 이런 일들이 더 순수하게 또는 덜 순수하게 이루어지는지에 따라 달라집니다.[2]

———
[1] 롬 11:3-4; 계 12:6, 14
[2] 계 2장; 3장; 고전 5:6-7

5항 하늘 아래 가장 순수한 교회라 할지라도 혼합과 오류의 대상이 됩니다.[1] 그리고 일부는 매우 타락해서 전혀 그리스도의 교회가 아니라 사탄의 회당이 되기도 합니다.[2] 그럼에도 이 땅에는 하나님의 뜻에 따라 하나님을 예배하는 교회가 항상 있을 것입니다.[3]

———
[1] 고전 13:12; 계 2장; 3장; 마 13:24-30, 47
[2] 계 18:2; 롬 11:18-22
[3] 마 16:18; 시 72:17; 102:28; 마 28:19-20

6항 오직 주 예수 그리스도만이 교회의 머리이십니다.[1] 로마 교황은 어떤 의미에서도 교회의 머리가 될 수 없으며, 도리어 교회 안에서 그리스도를 대적하고, 범사에 하나님이라 일컫는 그리스도께 대항하여 자기 자신을 높이는 죄의 사람이요, 멸망의 아들인 적그리스도입니다.[2]

———
[1] 골 1:18; 엡 1:22
[2] 마 23:8-10; 살후 2:3-4, 8-9; 계 13:6

스도 아래 하나로 모이며 장차 모일 택한 자의 총수입니다.[1]

———
[1] 엡 1:10, 22-23; 요 10:16; 11:52

벨직 신앙 고백서 (1561)	하이델베르크 요리 문답 (1563)	제2 스위스 신앙 고백서 (1566)	도르트 신경 (1619)

벨직 신앙 고백서(계속)

말씀에 따라 교회에 속하지 않는 자들에게서 떠나고[6] 하나님이 교회를 세우신 곳이라면[7] 어디든지 심지어 위정자들이나 권세자들이 칙령을 내려 반대한다고 해도 이런 참된 회중에 가입하는 것이 모든 신자의 의무입니다. 이로 인해 죽음이나 육체적 형벌을 당한다 할지라도 그렇게 해야 합니다.[8] 그러므로 참된 교회에서 떠나거나 교회에 가입하지 않는 사람들은 모두 하나님의 법에 반대되는 행동을 하는 것입니다.

---

[1] 벧전 3:20; 욜 2:32
[2] 행 2:40; 사 52:11
[3] 시 22:23; 엡 4:3, 12; 히 2:12
[4] 시 2:10-12; 마 11:29
[5] 엡 4:12, 16; 고전 12:12 등
[6] 행 2:40; 사 52:11; 고후 6:17; 계 18:4
[7] 마 12:30; 24:28; 사 49:22; 계 17:14
[8] 단 3:17-18; 6:8-10; 계 14:14; 행 4:17, 19; 17:7; 18:13

29항 참된 교회와 거짓된 교회의 차이점

우리는 이 세상에 있는 모든 분파들이 스스로를 교회라는 이름으로 부르고 있기 때문에 하나님의 말씀에 따라 참된 교회가 무엇인지 신중하게 분별해야 함을 믿습니다. 우리는 여기서 교회 안에 선한 자들과 섞여 있지만 교회가 아닌 위선자들에 대해 말하는 것이 아닙니다.[1] 우리는 스스로를 교회라고 부르는 모든 분파들로부터 참된 교회의 몸과 교제가 구별되어야 한다는 것을 말하고 있습니다.

참된 교회임을 알 수 있는 표지들은 다음과 같습니다. 순수한 복음의 교리가 교회 안에서 설교되어야 합니다.[2] 그리스도께서 제정하신 성례가 순수하게 집행되어야 합니다.[3] 죄를 형벌하는 교회의 권징이 시행되어야 합니다.[4] 요약하면, 모든 것을 하나님의 말씀에 따라 경영하고, 말씀에 반대되는 모든 것을 교정하며,[5] 오직 예수 그리스도만이 교회의 유일한 머리이심을 인정해야 합니다.[6] 이런 표지들을 통해 참된 교회는 확실히 알려지며, 어느 누구도 스스로를 참된 교회로부터 분리할 권리가 없습니다.

참된 교회에 속한 회원들은 그리스도인의 특징, 즉

제2 스위스 신앙 고백서(계속)

의 지체로, 동일한 믿음으로 연결되어 있고 동일한 영적 음식과 음료에 참여합니다. 그러나 우리는 각 시대의 다양성이 존재하며, 약속된 메시아와 오신 메시아에 관한 약속과 표지가 다양함을 인정합니다. 이제 제의적 의식은 폐지되었으며, 빛이 이전보다 밝게 빛나고 더 풍성한 은혜와 은사가 주어졌으며, 우리의 자유 역시 더욱 충만하고 풍성합니다.

5항 하나님의 이 거룩한 교회는 "살아 계신 하나님의 성전"(고후 6:16)이고, "산 돌같이 신령한 집"으로 세워지며(벧전 2:5), "반석 위에" 세워지는(마 16:18) "흔들리지 않는 나라"로(히 12:28), 누구도 이 외에 다른 기초를 놓을 수 없습니다(고전 3:11). 따라서 교회는 "진리의 기둥과 터"라고 불립니다(딤전 3:15). 그리스도라는 반석과 선지자와 사도의 기초에 세워져 있는 한, 교회는 오류를 범하지 않습니다. 그러므로 교회가 유일한 진리 되신 그분을 버릴 때 오류를 범할 수밖에 없다는 것은 결코 놀라운 일이 아닙니다. 교회는 또한 정결한 "처녀"(고후 11:2), 그리스도의 "신부"(아 4:8), 그분의 "사랑하는 자"(아 5:16)로 불립니다. 이에 대해 사도는 다음과 같이 말합니다. "내가 하나님의 열심으로 너희를 위하여 열심을 내노니 내가 너희를 정결한 처녀로 한 남편인 그리스도께 드리려고 중매함이로다"(고후 11:2). 또한 교회는 한 목자이신 그리스도 아래 있는 양 떼로도 불립니다(겔 34:22-23). 동일한 의미에서 신자들이 머리 되신 그리스도 아래 있는 그리스도의 살아 있는 지체들이기 때문에 교회는 그리스도의 몸이라 불립니다(골 1:24).

6항 사람의 몸에서 우수하고 중요한 위치에 있는 것은 머리인데, 온몸이 머리에서 생명을 얻기 때문입니다. 머리의 영이 모든 것을 다스립니다. 몸은 머리에 의해 커지고 성장합니다. 그처럼 몸의 머리는 오로지 하나이며, 몸과 조화를 이룹니다. 이 때문에 교회는 그리스도 이외의 어떠한 머리도 가질 수 없습니다. 교회는 영적인 몸이기 때문에, 그 자체에 영적인 머리가 필요합니다. 교회는 그리스도의 성령이 아니고서는 다른 어떤 영으로도 다스림을 받을 수 없습니다. 여기서 바울은 이렇게 말합니다. "그는 몸인 교회의 머리시라 그가 근본이시요 죽은 자들 가운데서 먼저 나신 이시니 이는 친히 만물의 으뜸이 되려 하심이요"(골 1:18). 또 다른 곳에서도 이렇게 말합니다. "이는 남편이 아내의 머리 됨이 그리스도께서 교회의 머리 됨과 같음이니 그가 바로 몸의 구주시니라"(엡 5:23). 그리고 "또 만물을 그의 발아래에 복종하게 하시고 그를 만물 위에 교회의 머리로 삼으셨느니라 교회는 그의 몸이니 만물 안에서 만물을 충만하게 하시는 이의 충만함이니라"라고 했습니다(엡 1:22-23). 계속해서 이렇게 말합니다. "오직 사랑 안에서 참된 것을 하여 범사에 그에게까지 자랄지라 그는 머리니 곧 그리스도라 그에게서 온몸이 각 마디를 통하여 도움을 받음으

웨스트민스터 신앙 고백서 (1647)	웨스트민스터 소요리 문답 (1647)	웨스트민스터 대요리 문답 (1648)

제2 스위스 신앙 고백서(계속)

로 연결되고 결합되어 각 지체의 분량대로 역사하여 그 몸을 자라게 하며 사랑 안에서 스스로 세우느니라"(엡 4:15). 그러므로 로마 교황이 이 지상에 있는 전투적 교회의 보편적 목자요, 교회의 최고 머리요, 그리스도의 참된 대리인으로서 교회의 권능 또는 최고의 지배권을 완전히 소유하고 있다는 로마 가톨릭 사제들의 교리를 우리는 인정하지 않습니다. 우리는 그리스도가 우리의 주님이며 언제나 유일하신 우주적 목자이시고, 또한 아버지 되신 하나님 앞에 최고의 대제사장이시며, 이 세상 끝 날까지 교회에서 제사장 또는 목자의 직분을 스스로 수행하신다는 사실을 견지하고 가르치기 때문입니다. 그러므로 그리스도를 대신하는 다른 어떤 대리인도 필요 없다고 우리는 가르칩니다. 로마 가톨릭교회는 교황이 부재할 때 대리자가 필요하지만, 그리스도는 교회에 임재하시며 더욱이 교회에 생명을 주시는 머리가 되십니다. 그리스도는 자신의 사도들이나 사도들의 후계자가 교회 안에서 수위권과 지배권을 가지는 것을 엄하게 금하셨습니다. 따라서 이렇게 명료한 진리를 거스르며 반역하여 그리스도의 교회 안에 다른 종류의 다스림을 도입하는 자는 누구든 그리스도의 사도들, 즉 베드로와(벧후 2:1) 바울(행 20:29; 고후 11:13; 살후 2:8-9), 그리고 그 외 다른 많은 곳에서 경고한 사람들 속에 자신이 속해 있다는 것을 발견하지 않을 수 없을 것입니다.

7항 로마 가톨릭교회의 머리 됨을 제거한다고 해서 그리스도의 교회에 무질서나 혼란을 초래하지는 않습니다. 우리는 사도들이 물려준 교회 통치가 교회를 올바른 질서로 유지시키기에 충분했다고 가르치기 때문입니다. 오늘날과 같은 로마 교회의 수위성이 아직 존재하지 않던 초대 교회 시대에도 교회는 무질서하지 않았고 온통 혼란 속에 있지도 않았습니다. 로마 가톨릭교회의 수위성은 스스로 독재적 통치와 부패를 교회에 초래했습니다. 그 사이에 이는 힘을 다해 교회의 올바르고 합법적인 개혁을 저해하고 싸워서 이를 파멸시킵니다.

8항 로마 교회에서 분리된 이후, 그들은 우리의 여러 교회 사이에 여러 분쟁과 의견 불일치가 있으므로 우리가 참된 교회일 수 없다며 비난하고 반대했습니다. 마치 로마 가톨릭교회 안에는 종교 문제에 관해서나 학파들 간에, 심지어 말씀을 듣는 백성 가운데 어떤 분파나 의견 불일치, 분쟁 따위가 전혀 없는 것처럼 말입니다.

우리는 물론 사도가 다음과 같이 말한 것을 잘 압니다. "하나님은 무질서의 하나님이 아니시요 오직 화평의 하나님이시니라"(고전 14:33). 그리고 또 이렇게 말합니다. "너희는 아직도 육신에 속한 자로다 너희 가운데 시기와 분쟁이 있으니 어찌 육신에 속하여 사람을 따라 행함이 아니리요"(고전 3:3). 그러나 하나님이 사도들이 세운 교회 안에 계신다는 것과 비록 이 교회 가운데 논쟁과 의견 불일치가 있었음에도 사도적 교회가 참된 교회라는 것은 부인할 수 없는 사실입니다. 사도 바울이 사도 베드로를 비난했고(갈 2:11), 바나바도 바울과 의견을 달리했습니다(행 15:39). 누가가 사도행전에 기록한 바와 같이(행 15:2), 안디옥 교회에서도 동일하신 한 분 그리스도를 설교하는 사람들 사이에 중대한 분쟁이 일어났습니다. 교회 안에는 언제나 중대한 분쟁이 있었으며, 하찮은 것이라 말할 수 없는 사항에 관해 교회에서는 아주 저명한 학자들 사이에서도 견해가 일치하지 않았습니다. 그러나 이런 분쟁들에도 교회가 교회 되기를 멈춘 것은 아닙니다. 이처럼 교회 가운데에서 그분의 이름의 영광을 위해, 또한 진리가 더욱 빛을 발하도록 의견 불일치를 사용하여 진리로 확증된 것이 현저하게 나타나는 것을 하나님이 기뻐하시기 때문입니다(고전 11:19).

9항 뿐만 아니라 그리스도 외에 그 누구도 교회의 머리로 인정할 수 없는 것처럼, 우리는 참된 교회라고 자천하는 교회를 참된 교회라고 인정하지 않습니다. 우리는 참된 교회란 그에 합당한 표지나 표식을 발견할 수 있는 교회여야 한다고 가르칩니다. 무엇보다 가장 먼저 하나님 말씀이 올바르고 성실하게 선포되는 설교, 즉 선지자들과 사도들의 책에서 우리에게 전달하는 것처럼 우리를 그리스도로 인도하는 설교가 있어야 합니다. 그리스도께서는 복음서에서 이렇게 말씀하셨습니다. "타인의 음성은 알지 못하는 고로 타인을 따르지 아니하고 도리어 도망하느니라 …… 내 양은 내 음성을 들으며 나는 그들을 알며 그들은 나를 따르느니라 내가 그들에게 영생을 주노니 영원히 멸망하지 아니할 것이요 또 그들을 내 손에서 빼앗을 자가 없느니라"(요 10:5, 27-28).

10항 교회 안에 있는 이런 사람들은 모두 한 믿음과 한 영을 가졌습니다. 그러므로 그들은 오직 한 분 하나님만 예배하며, 이 한 분만을 신령과 진정으로 예배하고, 온 마음과 힘을 다해 하나님만 사랑하고 중보자 되신 그리스도를 통하여 간구하며, 그리스도와 그

벨직 신앙 고백서 (1561)	하이델베르크 요리 문답 (1563)	제2 스위스 신앙 고백서 (1566)	도르트 신경 (1619)

벨직 신앙 고백서(계속)

믿음을 보고 알 수 있습니다.[8] 그들은 그리스도를 유일하신 구주로 영접하고, 죄에서 떠나 의를 추구하며,[9] 좌로나 우로 치우치지 않고 참되신 하나님과 이웃을 사랑하며, 자기 육체와 육체의 일을 십자가에 못 박습니다.[10] 비록 그들에게 연약함이 남아 있다 할지라도 남은 생애 동안 성령의 도우심으로 그 연약함과 싸웁니다.[11] 그들은 우리 주 예수 그리스도의 보혈과 죽음과 고난과 순종을 피난처로 삼으며, 그리스도 예수를 믿는 믿음을 통해 죄 용서를 받습니다.[12]

반면, 거짓된 교회는 하나님의 말씀보다 자신과 자신의 법령에 더 큰 권세와 권위를 돌리고,[13] 그리스도의 멍에 아래 복종하지 않습니다.[14] 거짓된 교회는 그리스도께서 말씀으로 명하신 대로 성례를 집행하지 않으며, 자신의 판단에 따라 성례에 무언가를 더하거나 덜어 냅니다. 또한 그리스도보다 사람을 더 의지합니다. 하나님의 말씀에 따라 거룩하게 살면서 거짓된 교회의 오류와 탐욕과 우상 숭배를 책망하는 자들을[15] 핍박합니다.[16] 이 두 교회는 쉽게 알 수 있으며, 서로 분명하게 구별됩니다.

---

[1] 마 13:22; 딤후 2:18-20; 롬 9:6
[2] 요 10:27; 엡 2:20; 행 17:11-12; 골 1:23; 요 8:47
[3] 마 28:19; 눅 22:19; 고전 11:23
[4] 마 18:15-18; 살후 3:14-15
[5] 마 28:2; 갈 1:6-8
[6] 엡 1:22-23; 요 10:4-5, 14
[7] 엡 1:13; 요 17:20
[8] 요일 4:2
[9] 요일 3:8-10
[10] 롬 6:2; 갈 5:24
[11] 롬 7:6, 17; 갈 5:17
[12] 골 1:14
[13] 골 2:18-19
[14] 시 2:3
[15] 계 17:3-4, 6
[16] 계 12:4; 요 16:2

제2 스위스 신앙 고백서(계속)

리스도를 믿는 믿음을 떠나서 의와 생명을 추구하지 않습니다. 이들은 오로지 그리스도만이 교회의 유일한 머리와 기초가 되심을 인정하며, 확실하게 그 기초 위에 자신을 두고, 날마다 회개로 새롭게 되어 자기에게 주어진 십자가를 인내하며 짊어지기 때문입니다. 또한 거짓 없는 사랑으로 그리스도의 모든 지체와 결합되어 평화와 거룩한 띠를 견지하여 자신이 그리스도의 제자 됨을 분명하게 선포하기 때문입니다. 동시에 이러한 사람들은 그리스도께서 제정하시고 사도들이 전달한 성례에 참여하며, 이것을 주께 받은 것과 다른 방식으로는 사용하지 않습니다. 그들은 모든 사람에게 잘 알려진 사도 바울의 다음과 같은 말을 언급합니다. "내가 너희에게 전한 것은 주께 받은 것이니 곧 주 예수께서 잡히시던 밤에 떡을 가지사"(고전 11:23). 바로 이런 이유 때문에 우리는 들은 것과 전혀 다른 주교들의 계승, 통일성, 고대성을 자랑하는 교회들을 그리스도의 참된 교회에서 떠난 것으로 간주하고 정죄하는 것입니다. 더욱이 그리스도의 사도들은 우리에게 우상 숭배하는 일을 피하라고(고전 10:14; 요일 5:21), 바벨론에서 나와 그와 사귀지 말며 그의 죄에 참여하지 말고 그가 받은 재앙들을 받는 자가 되지 말라고 말합니다(계 18:4; 고후 6:17).

11항 그럼에도 우리는 그리스도의 참 교회와 나누는 교제를 아주 중요하게 생각하기 때문에, 하나님의 참된 교회와 교제하지 않고 이탈하는 자도 하나님 앞에서 살 수 있다는 것을 인정하지 않습니다. 세상이 홍수로 멸망할 때, 노아의 방주 외에는 구원이 없었습니다. 그러니 우리 역시 교회에서 유익을 얻도록 택함받은 자들에게 자신을 내어 놓으신 그리스도 외에는 어디에도 확실한 구원이 존재하지 않는다고 믿습니다. 따라서 우리는 구원 얻기를 소원하는 자가 그리스도의 참된 교회에서 스스로 떠나는 일은 도무지 지혜롭지 못한 것이라고 가르칩니다.

12항 그러나 우리가 이미 언급한 표지들로 교회를 매우 엄격하게 제한하는 것은 아니며, 이를 통해 (자원하거나 경멸에 차서가 아니라 필요에 의해 제약을 받거나 자신의 뜻에 반하여 불참하거나, 그러지 않다면 원했을) 성례에 참여하지 않는 사람들이나, 믿음이 부패하거나 완전히 죽은 것은 아니지만 믿음에 실패한 사람들, 또는 연약에서 비롯된 실수나 오류가 발견되는 사람들 모두를 교회 밖에 있는 이들로 치부하는 것은 아닙니다. 하나님은 이스라엘 나라 밖에 존재하는 세상에서도 여러 친구를 가지셨다는 것을 알기 때문입니다. 우리는 바벨론 포로 기간인 70년 동안 제사 드리기를 단념해야 했던 하나님의 백성에게 어떤 일이 일어났는지를 잘 알고 있습니다. 주님을 부인한 베드로에게 무슨 일이 일어났는지, 또는 하나님이 택하신 백성이 잘못을 범해 철저하게 약해졌을 때 그들에게 날마다 무슨 일이 일어났는지를 알고 있습니다. 우리는 또한

웨스트민스터 신앙 고백서 (1647)	웨스트민스터 소요리 문답 (1647)	웨스트민스터 대요리 문답 (1648)

제2 스위스 신앙 고백서(계속)

사도 시대에 갈라디아 교회와 고린도 교회가 어떠했는지, 사도 바울이 얼마나 많은 죄악을 정죄했는지를 잘 알고 있습니다. 그럼에도 바울은 이 교회들을 그리스도의 거룩한 교회라 불렀습니다(고전 1:2; 갈 1:2).

13항 때로 하나님은 자신의 의로운 심판으로 그분의 말씀의 진리와 거룩한 신앙과 하나님 자신의 참된 예배가 고통당하여 교회가 거의 소멸되어 사라져 버린 것처럼 보일 만큼 모호하고 흐릿해지는 일이 일어나기도 합니다. 우리는 엘리야 시대나 또 다른 시대에 그런 일이 있었다는 것을 압니다(왕상 19:10, 14). 그러나 이런 때에도 하나님은 이 세상 가운데, 심지어 암흑 가운데서도 자신의 진실한 예배자를 적은 수가 아닌 7천 명 혹은 그 이상 두셨습니다(왕상 19:18; 계 7:4, 9). 사도는 이렇게 외칩니다. "그러나 하나님의 견고한 터는 섰으니 인 침이 있어 일렀으되 주께서 자기 백성을 아신다 하며"(딤후 2:19). 그러므로 하나님의 교회는 보이지 않는 교회라고 부를 수 있습니다. 그러나 그것은 교회로 모인 사람들이 눈에 보이지 않기 때문이 아니라 교회가 우리 눈에 감추어져 있기 때문이며, 오직 하나님에게만 알려져서 사람의 판단으로는 분별될 수 없기 때문입니다.

14항 다시 말하지만, 교회 안에 있는 자로 헤아려지는 모든 사람이 성도이거나 교회의 살아 있는 참된 지체는 아닙니다. 겉으로 보기에 이들은 하나님 말씀을 듣고, 공적으로 성찬을 받으며, 오직 그리스도를 통해서만 하나님에게 기도하고, 그리스도를 자신의 유일한 의로 고백하며, 그렇게 함으로 하나님을 예배하고, 사랑의 사역을 행하고, 잠시 동안 인내하며 불행을 견디는 것으로 보입니다. 그러나 이들에게는 하나님의 성령의 내적 조명, 신앙과 마음의 성실함, 끝까지 인내하는 견인이 부족합니다. 그러나 이런 위선자들은 마침내 드러날 것입니다. 사도 요한이 이렇게 쓰고 있기 때문입니다. "그들이 우리에게서 나갔으나 우리에게 속하지 아니하였나니 만일 우리에게 속하였더라면 우리와 함께 거하였으려니와 그들이 나간 것은 다 우리에게 속하지 아니함을 나타내려 함이라"(요일 2:19). 그러나 이들이 종교적으로 보이는 한, 교회에 속한 자로 간주됩니다. 마치 국가 안에 있는 반역자가 발각되기 전까지는 시민의 한 사람으로 간주되는 것과 마찬가지입니다. 이는 또한 가라지나 잡초나 쭉정이가 보리에 혼합되어 있는 것과 같으며, 건강한 몸에 갑상선종이나 종양처럼 원래의 지체라기보다는 실질적인 병이나 불편한 것으로 나타나는 것과 같습니다. 그 때문에 하나님의 교회는 온갖 물고기를 긁어모으는 그물, 또는 보리와 좋은 곡식이 있는 밭에 비유됩니다(마 13:26, 47). 따라서 주님이 배제하거나 추방하지 않으시는 사람들을 때가 이르기도 전에 성급히 판단하여 배제하고 추방하여 잘라내지 않도록 충분히 주의를 기울여야 합니다. 교회에 큰 피해를 입히지 않는 한, 그들을 분리시킬 수 없습니다. 동시에 또다시 말하지만, 경건한 자들이 속히 깊은 잠에 빠져 있는 동안 불경건한 자들이 강하게 자라나서 교회에 해를 입히지 않도록 매우 경계해야만 합니다.

15항 더 나아가 우리는 교회 안에 경솔하게 분파를 만들지 않고 그것을 조장하지 않게 진리와 일치가 주로 어디에서 이루어지는지 충분히 주의를 기울이도록 가르칩니다. 교회의 일치는 외적인 제사나 의식이 아니라 보편적 신앙의 진리와 일치 가운데 존재합니다. 이런 보편적 신앙은 사람의 법령이나 계명에 의한 것이 아니라 하나님의 거룩한 성경에 의한 것으로, 이것의 개요와 요약이 바로 사도신경입니다. 그러므로 우리는 고대 문서에서 그들이 많은 의식의 다양성을 지니고 있었지만 늘 자유로웠다는 것을 읽습니다. 그 누구도 이런 다양성으로 교회의 일치가 깨지거나 와해된다고 생각하지 않았습니다. 그렇기에 우리는 교회의 참된 일치가 몇 가지 교리의 요점과 복음의 참되고 연합된 설교, 주님이 친히 분명하게 제정하신 의식으로 구성된다고 말하는 것입니다. 여기서 우리는 매우 진지한 마음으로 사도의 다음과 같은 말을 강조합니다. "그러므로 누구든지 우리 온전히 이룬 자들은 이렇게 생각할지니 만일 어떤 일에 너희가 달리 생각하면 하나님이 이것도 너희에게 나타내시리라 오직 우리가 어디까지 이르렀든지 그대로 행할 것이라"(빌 3:15-16).

벨직 신앙 고백서 (1561)	하이델베르크 요리 문답 (1563)	제2 스위스 신앙 고백서 (1566)	도르트 신경 (1619)

그리스도와의 연합과 성도의 교통

32문. 그러면 당신은 왜 그리스도인이라고 불립니까?

답. 내가 믿음으로 그리스도의 지체가 되고,[1] 그리스도의 기름 부음에 참여하기 때문입니다.[2] 그렇게 함으로써 나는 그리스도의 이름을 고백하고,[3] 그에 대한 살아 있는 감사의 제물로 나 자신을 그리스도께 드리며,[4] 자유롭고 선한 양심으로 이 세상에서 죄와 마귀에 대항하여 싸우고,[5] 이후로는 영원히 그리스도와 함께 모든 피조물을 다스릴 것입니다.[6]

---

[1] 고전 6:15
[2] 요일 2:27; 욜 2:28
[3] 마 10:32
[4] 롬 12:1
[5] 엡 6:11-12; 딤전 1:18-19
[6] 딤후 2:12

52문. "그리스도께서 산 자와 죽은 자를 심판하러 오시리라"는 말씀은 당신에게 어떤 위로를 줍니까?

답. 내가 겪는 모든 슬픔과 박해 가운데서도 전에 나를 위하여 하나님의 심판대 앞에서 자신을 드리시고 모든 저주에서 나를 속량하신 그리스도께서 하늘에서 심판자로 오시기

웨스트민스터 신앙 고백서 (1647)	웨스트민스터 소요리 문답 (1647)	웨스트민스터 대요리 문답 (1648)

26장 성도의 교통에 관하여

1항 그리스도의 성령과 믿음으로 말미암아 그들의 머리이신 예수 그리스도께 연합한 모든 성도는 그리스도의 은혜와 고난과 죽으심과 부활과 영광 안에서 그리스도와 함께 교제합니다.[1] 그리고 사랑 안에서 서로 연합하였기 때문에 그들은 각자 받은 은사와 은혜 안에서 서로 교제하며,[2] 서로에게 선이 되는 의무를 공적으로나 사적으로, 그리고 내적으로나 외적으로 수행할 의무가 있습니다.[3]

———
[1] 요일 1:3; 엡 3:16-19; 요 1:16; 엡 2:5-6; 빌 3:10; 롬 6:5-6; 딤후 2:12
[2] 엡 4:15-16; 고전 12:7; 3:21-23; 골 2:19
[3] 살전 5:11, 14; 롬 1:11-12, 14; 요일 3:16-18; 갈 6:10

2항 신앙 고백을 통해 성도가 된 사람들은 하나님을 예배하고, 서로의 덕을 세우는 영적 봉사를 수행하는 거룩한 교제와 교통을 유지할 의무가 있습니다.[1] 또한 그들에게 요구되는 여러 능력과 필요에 따라 다른 사람의 외적인 짐을 덜어 주어야 합니다. 이와 같은 성도의 교통은 하나님이 기회를 주시는 대로 주 예수의 이름을 부르는 모든 곳에서 모든 사람에게로 확대되어야 합니다.[2]

———
[1] 히 10:24-25; 행 2:42, 46; 사 2:3; 고전 11:20
[2] 행 2:44-45; 고후 8장; 9장; 요일 3:17; 행 11:29-30

3항 그리스도와 나누는 이러한 성도의 교통은 그리스도의 신성의 본질에 참여하게 하는 것이 아닙니다. 또한 모든 국면에서 그리스도와 동등하게 만드는 것도 결코 아닙니다. 이 가운데 어느 하나라도 주장하는 것은 불경한 것이며 신성 모독입니다.[1] 또한 성

37문. 신자들은 죽을 때에 그리스도께 어떤 은덕을 받습니까?

답. 신자들의 영혼은 죽을 때에 거룩함으로 완전해지고,[1] 즉시 영광으로 들어갑니다.[2] 그리고 그들의 몸은 여전히 그리스도와 연합된 채[3] 부활할 때까지[4] 자신들의 무덤에서 쉽니다.[5]

———
[1] 히 12:23
[2] 고후 5:1, 6, 8; 빌 1:23; 눅 23:43
[3] 살전 4:14
[4] 욥 19:26-27
[5] 사 57:2

38문. 신자들은 부활할 때에 그리스도께 어떤 은덕을 받습니까?

답. 신자들은 부활할 때에 영광 중에 일으켜지고,[1] 심판의 날에 공적으로 인정받고 무죄를 선고받을 것이며,[2] 하나님을 영원토록[3] 충만히 즐거워하는[4] 복을 온전히 누릴 것입니다.

———
[1] 고전 15:43
[2] 마 25:23; 10:32
[3] 살전 4:17-18
[4] 요일 3:2; 고전 13:12

65문. 보이지 않는 교회의 회원들은 그리스도로 말미암아 어떤 특별한 은덕을 누립니까?

답. 보이지 않는 교회의 회원들은 그리스도로 말미암아 은혜와 영광 중에 그분과 연합하고 교통하는 은덕을 누립니다.[1]

———
[1] 요 17:21; 엡 2:5-6; 요 17:24

66문. 택함받은 자들이 그리스도와 누리는 연합은 무엇입니까?

답. 택함받은 자들이 그리스도와 함께 누리는 연합은 하나님의 은혜의 역사로,[1] 이로 말미암아 그들이 그들의 머리와 남편이신 그리스도와 영적으로나 신비적으로, 그러나 참으로 나눌 수 없이 결합되는 것입니다.[2] 이는 그들의 효과적인 부르심을 통해 이루어집니다.[3]

———
[1] 엡 1:22; 2:6-8
[2] 고전 6:17; 요 10:28; 엡 5:23, 30
[3] 벧전 5:10; 고전 1:9

82문. 보이지 않는 교회의 회원들이 그리스도와 함께 영광 가운데 누리는 교통은 무엇입니까?

답. 보이지 않는 교회의 회원들이 그리스도와 함께 영광 가운데 누리는 교통은 이생의 삶에도 있는 것이며,[1] 죽음 직후에 일어나는 것인데,[2] 마침내 부활과 심판 날에 완성됩니다.[3]

———
[1] 고후 3:18   [3] 살전 4:17
[2] 눅 23:43

83문. 보이지 않는 교회의 회원들이 이생

벨직 신앙 고백서 (1561)	하이델베르크 요리 문답 (1563)	제2 스위스 신앙 고백서 (1566)	도르트 신경 (1619)
	를 머리 들어 기다립니다.[1] 그분과 나의 모든 원수를 영원한 멸망으로 벌하시고,[2] 그리스도께서 택하신 모든 사람과 함께 나를 그분에게로 이끄셔서 하늘의 기쁨과 영광 가운데 거하게 하실 것입니다.[3] —— [1] 눅 21:28; 롬 8:23-24; 살전 4:16 [2] 살후 1:6-9; 마 25:41 [3] 마 25:34		

하에델베르크 요리 문답(계속)

55문. 당신은 "성도가 서로 교통하는 것"을 어떻게 이해합니까?

답. 첫째, 그리스도의 지체가 되는 모든 성도는 각각 그리스도와 그리스도께 속한 모든 부요와 은사에 참여하는 자가 된다는 것입니다.[1] 둘째, 모든 성도는 다른 지체의 구원과 유익을 위해 자신의 은사를 언제라도 기쁨으로 사용해야 할 의무가 있음을 알아야 한다는 것입니다.[2]

——
[1] 요 1:3-4; 롬 8:32; 고전 12:13   [2] 고전 13:5; 빌 2:4-6

57문. "몸이 다시 사는 것"이 당신에게 주는 위로는 무엇입니까?

답. 이 삶이 끝난 후에 내 영혼은 머리 되신 그리스도께 즉시 올라갈 것입니다.[1] 그뿐 아니라 내 육신도 그리스도의 능력으로 일으켜져서 내 영혼과 다시 연합하여 그리스도의 영광스러운 몸과 같이 될 것입니다.[2]

——
[1] 눅 23:43; 빌 1:23   [2] 고전 15:53; 욥 19:25-26

58문. "영원히 사는 것"이라는 신앙 조항에서 당신은 어떤 위로를 얻습니까?

답. 내가 이미 마음으로 영원한 기쁨의 시작을 느끼는 것처럼,[1] 이 삶이 끝나면 "눈으로 보지 못하고 귀로 듣지 못하고 사람의 마음으로 생각하지도 못[한]"[2] 완전한 구원을 기업으로 받을 것이며,[3] 이로 말미암아 영원히 하나님을 찬양할 것입니다.

——
[1] 고후 5:2-3, 6; 롬 14:17   [3] 시 10:11
[2] 고전 2:9

웨스트민스터 신앙 고백서 (1647)	웨스트민스터 소요리 문답 (1647)	웨스트민스터 대요리 문답 (1648)
도로서 서로 교통하는 것은 각자의 물건과 소유물에 대한 재산권과 소유권을 빼앗거나 침해하지 않습니다.[2]		의 삶에서 그리스도와 함께 영광 가운데 누리는 교통은 무엇입니까? 답. 보이지 않는 교회의 회원들은 그들의 머리이신 그리스도의 지체이기에 이생의 삶에서 그리스도와 함께 영광의 첫 열매를 누리며, 그 안에서 그분이 소유하신 영광에 참여하고,[1] 그 보증으로 하나님의 사랑과[2] 양심의 화평과 성령의 기쁨과 영광의 소망을 누리게 됩니다.[3] 반면에 하나님의 보복하는 진노와 양심의 공포와 심판에 대한 두려움 등이 악인들에게 따르는데, 이것은 그들이 죽음 이후에 받을 고통의 시작입니다.[4]
[1] 골 1:18-19; 고전 8:6; 사 42:8; 딤전 6:15-16; 시 45:7; 히 1:8-9 [2] 출 20:15; 엡 4:28; 행 5:4		[1] 엡 2:5-6 [2] 롬 5:5; 고후 1:22 [3] 롬 5:1-2; 14:17 [4] 창 4:13; 마 27:4; 히 10:27; 롬 2:9; 막 9:44

웨스트민스터 대요리 문답(계속)

86문. 보이지 않는 교회의 회원들이 죽음 이후에 그리스도와 함께 영광 가운데 누리는 교통은 무엇입니까?

답. 보이지 않는 교회의 회원들이 죽음 이후에 그리스도와 함께 영광 가운데 누리는 교통은 그들의 영혼이 완전히 거룩해져서[1] 가장 높은 하늘로 영접받아[2] 그곳에서 그들이 빛과 영광 중에[3] 하나님의 얼굴을 바라보면서, 그들의 몸이 완전히 구속되길 기다리는 것입니다.[4] 그들의 몸은 비록 죽은 가운데 있어도 그리스도께 계속 연합되어,[5] 마치 잠자듯 무덤에서 쉬고 있다가[6] 마지막 날에 그들의 영혼과 다시 연합하게 됩니다.[7] 악인의 영혼은 죽을 때 지옥에 던져져 그곳에서 고통과 흑암 가운데 머물러 있는 한편, 그들의 몸은 부활과 큰 날의 심판 때까지 마치 감옥에 갇히듯 무덤에 보존됩니다.[8]

[1] 히 12:23
[2] 고후 5:1, 6, 8; 빌 1:23; 행 3:21; 엡 4:10
[3] 요일 3:2; 고전 13:12
[4] 롬 8:23; 시 16:9
[5] 살전 4:14
[6] 사 57:2
[7] 욥 19:26-27
[8] 눅 16:23-24; 행 1:25; 유 6-7절

90문. 심판 날에 의인에게는 어떤 일이 벌어지겠습니까?

답. 심판 날에 의인은 구름 속으로 그리스도께 끌어 올려져,[1] 그 오른편에 서서 공개적으로 인정받아 무죄를 선고받고,[2] 버림받은 천사들과 사람들을 그리스도와 함께 심판하고[3] 하늘로 영접될 것인데,[4] 그곳에서 그들은 영원무궁토록 모든 죄와 비참에서 해방되어[5] 도저히 상상할 수 없는 기쁨으로 충만할 것입니다.[6] 따라서 몸과 영혼이 완전히 거룩하고 행복하게 되어 무수한 성도와 거룩한 천사 무리 가운데,[7] 특히 아버지 하나님과 우리 주 예수 그리스도와 성령님을 영원무궁토록 직접 대하고 기쁨을 나눌 것입니다.[8] 이것이 부활과 심판의 날에 보이지 않는 교회의 회원들이 영광 가운데 그리스도와 함께 누릴 완전하고 충만한 교통입니다.

[1] 살전 4:17
[2] 마 25:33; 10:32
[3] 고전 6:2-3
[4] 마 25:34, 46
[5] 엡 5:27; 계 14:13
[6] 시 16:11
[7] 히 12:22-23
[8] 요일 3:2; 고전 13:12; 살전 4:17-18

벨직 신앙 고백서 (1561)	하이델베르크 요리 문답 (1563)	제2 스위스 신앙 고백서 (1566)	도르트 신경 (1619)

교회의 정치와 직무

30항 교회의 정치와 직무들

우리는 이 참된 교회가 우리 주님이 말씀으로 가르치신 영적 질서에 따라 다스려져야 함을 믿습니다. 교회에는 하나님의 말씀을 설교하고 성례를 집례하는 사역자들 또는 목사들이 있어야 합니다.[1] 또한 목사들과 함께 교회의 회의를 구성하는 장로들과 집사들이 있어야 합니다.[2] 이런 방식으로 참된 신앙이 보존되고, 모든 곳에서 참된 교리가 전파되며, 죄를 범한 자들은 형벌과 제재를 받습니다.[3] 또한 가난한 자들과 비탄에 빠진 자들이 그들의 필요에 따라 도움과 위로를 받습니다. 사도 바울이 디모데에게 보낸 편지에 규정해 놓은 원리에 따라 신실한 사람들을 선출한다면, 이런 방식으로 교회 안의 모든 일이 정당하고 질서 있게 이루어질 것입니다.[4]

---

[1] 엡 4:11; 고전 4:1-2; 고후 5:20; 요 20:23; 행 26:17-18; 눅 10:16
[2] 행 6:3; 14:23
[3] 마 18:17; 고전 5:4-5
[4] 딤전 3:1; 딛 1:5

82문. 신앙 고백과 삶에서 불신앙과 불경건을 드러내는 사람들을 성찬에 참여시킬 수 있습니까?

답. 그럴 수 없습니다. 그런 사람들을 성찬에 참여시키면 하나님의 언약이 더럽혀지고 하나님의 진노가 모든 회중에게 임할 것입니다.[1] 그러므로 그리스도와 그분의 사도들의 약속에 따라 천국 열쇠를 사용하여 그런 사람들이 삶을 돌이킬 때까지 그들을 성찬에서 제외하는 것이 기독교회의 의무입니다.[2]

---

[1] 고전 10:21; 11:30-31; 사 1:11, 13; 렘 7:21; 시 50:16, 22
[2] 마 18:17-18

83문. 천국 열쇠는 무엇입니까?[1]

답. 거룩한 복음의 설교와, 교회의 권징[2] 또는 기독교회로부터의 출교입니다.[3] 이 두 가지를 통해 천국은 신자에게는 열리고 불신자에게는 닫힙니다.

---

[1] 마 16:19
[2] 요 20:23
[3] 마 18:15-18

14장 인간의 회개와 회심에 관하여

5항 주님이 사도들에게 주신 천국 열쇠에 관하여 많은 사람(교황주의자)이 이상한 것들을 지껄입니다. 그 열쇠에 근거하여 그들은 검이나 창, 왕홀이나 관, 더욱이 최고 국왕 등, 영혼과 육체에 대한 완전한 지배권을 만들어 냈습니다. 주님의 말씀에 따라 바르게 판단하자면, 우리는 소명 받은 모든 사역자가 복음을 설교할 때(즉 그들의 충실함에 위탁된 자들을 가르치고, 훈계하며, 위로하고, 책망하며, 규율 안에서 견지할 때), 그 열쇠 혹은 열쇠의 행사권을 소유하며 또한 행사하는 것이라고 믿습니다. 이와 같은 방법으로 사역자들은 순종하는 자에게 천국을 열어 주고 불순종하는 자에게는 천국을 닫는 것입니다. 마태복음 16장 19절에 따르면 주님은 이 열쇠를 사도들에게 맡기셨고, 또한 요한복음 20장 23절, 마가복음 16장 15-16절, 누가복음 24장 47절에 기록된 대로 사도들을 파견하시면서 온 천하에 복음을 설교하고 죄를 용서하라고 명령하시며 이것을 전해 주셨습니다. 고린도 교회에 보내는 편지에서 사도는 주님이 "화목하게 하는 직분"을 주셨다고 말했습니다(고후 5:18). 그리고 곧이어 그것이 어떠한 직분인지를 설명하면서 그것은 "화목하게 하는 말씀"이라고 했습니다(19절). 그리고 사도는 더 명료하게 그리스도의 사역자들은 그리스도의 이름으로 대사의 직분을 수행하기 때문에 이른바 하나님 자신이 사역자들을 통하여 하나님과 화목하도록, 즉 신앙의 복종에 의해서 그렇게 하도록 사람들에게 설명하신다고 부언합니다(20절). 따라서 사역자들은 신앙과 회개에 이르도록 사람들을 권고함으로 열쇠의 권능을 행사합니다. 그들은 이런 방식으로 사람들을 하나님과 화목하게 하는 것입니다. 이처럼 그들은 죄를 사합니다. 더불어 천국 문을 열어, 신자들을 그곳으로 인도

웨스트민스터 신앙 고백서 (1647)	웨스트민스터 소요리 문답 (1647)	웨스트민스터 대요리 문답 (1648)

1장 성경에 관하여

6항 하나님의 영광과, 사람의 구원, 신앙, 그리고 삶에 필요한 모든 것에 관한 하나님의 전체 경륜은 성경에 명백하게 나타나 있거나 선하고 필연적인 결론에 따라 성경에서 추론할 수 있습니다. 따라서 성령님의 새로운 계시에 의해서든, 사람들의 전통에 의해서든 그 어떠한 때에라도 성경에 아무것도 더해져서는 안 됩니다.[1] 그럼에도 우리는 하나님 말씀 안에 계시된 것들을 깨달아 구원에 이르는 지식을 얻기 위해 하나님의 성령의 내적 조명이 필요함을 인정합니다.[2] 그리고 하나님을 예배하는 일과 교회 정치와 인간의 행위와 사회에 일반적인 상황들이 있다는 것을 인정합니다. 이런 상황들은 언제나 준수되어야 하는 말씀의 일반적인 법칙을 따라 본성의 빛과 기독교의 사려 분별을 통해 규정되어야 합니다.[3]

―――
[1] 딤후 3:15-17; 갈 1:8-9; 살후 2:2
[2] 요 6:45; 고전 2:9-12
[3] 고전 11:13-14; 14:26, 40

30장 교회의 권징에 관하여

1항 교회의 왕이요, 머리이신 주 예수님은 국가 위정자들과 구별되는 교회 직분자들의 손에 교회의 정치를 맡기셨습니다.[1]

―――
[1] 사 9:6-7; 딤전 5:17; 살전 5:12; 행 20:17-18; 히 13:7, 17, 24; 고전 12:28; 마 28:18-20

2항 이 직분자들에게 천국 열쇠가 맡겨졌습니다. 그들은 이 열쇠의 힘으로 각각 죄를 보류하기도 하고 용서하기도 합니다. 회개하지 않는 사람에게는 말씀과 권징으로 천

벨직 신앙 고백서 (1561)	하이델베르크 요리 문답 (1563)	제2 스위스 신앙 고백서 (1566)	도르트 신경 (1619)

31항 목사, 장로, 그리고 집사

우리는 하나님의 말씀 사역자들과[1] 장로들과 집사들이[2] 교회의 합법적인 선거를 통해 각자의 직무에 선출되어야 하며, 이 일이 하나님의 말씀이 가르치는 질서와 주님의 이름을 부르는 기도 가운데 이루어져야 한다고 믿습니다. 그러므로 모든 사람은 부적절한 방법으로 밀고 들어오지 않도록 주의해야 합니다. 하나님이 자신을 부르심에 대한 증거를 가지고, 그 부르심을 확신할 수 있도록 하나님이 그를 부르시기를 기뻐하실 때까지 기다려야 합니다.[3] 하나님의 말씀을 맡은 사역자들은 모두 온 세상의 유일한 감독이자 교회의 유일한 머리이신 그리스도께[4] 속한 목사들이기 때문에 어느 위치에 있든지 동등한 권세와 권위를 지닙니다.[5] 우리는 거룩한 하나님의 질서가 위반되거나 무시되지 않도록, 모든 사람이 하나님의 말씀을 맡은 목사와 교회의 장로들을 그들의 사역으로 인해 특별히 존경해야 하며, 가능한 한 다툼과 논쟁 없이[6] 그들과 화목해야 한다고 선언합니다.

84문. 거룩한 복음의 설교를 통해 천국은 어떻게 열리고 닫힙니까?

답. 그리스도의 명령에 따라,[1] 신자들이 참된 믿음으로 복음의 약속을 받아들일 때,[2] 하나님이 그리스도의 공로로 말미암아 참으로 그들의 모든 죄를 용서하신다는 것을 선포하고 공적으로 증언할 때 천국이 열립니다. 이와 반대로 그들이 회개하지 않는 한,[3] 하나님의 진노와 영원한 정죄가 그들에게 임한다는 것을 모든 불신자와 진실하게 회개하지 않는 위선자들에게 공적으로 선포하고 선언함으로 천국이 닫힙니다.[4] 이러한 복음의 증언에 따라 하나님은 이 세상과 오는 세상에서 그들을 심판하실 것입니다.

___
[1] 마 28:19
[2] 요 3:18, 36; 막 16:16
[3] 요 20:21-23; 마 16:19; 롬 2:2, 13-17
[4] 살후 1:7-9

85문. 교회의 권징에 의해 천국은 어떻게 열리고 닫힙니까?

답. 그리스도의 명령에 따라,[1] 그리스도인이라는 이름을 가졌는데도 일관되지 않은 교리와 관행을 유지하고,[2] 형제들의 계속되

합니다. 그들은 복음서를 통해 주님이 저주하신 사람들과는 전혀 다릅니다. "화 있을진저 너희 율법 교사여 너희가 지식의 열쇠를 가져가서 너희도 들어가지 않고 또 들어가고자 하는 자도 막았느니라 하시니라"(눅 11 :52).

6항 그러므로 사역자들이 그리스도의 복음 설교를 선포하고 그에 따라 죄 사람을 받는 것은 올바르고 유효합니다. 이는 믿는 모든 자에게 약속되었고 세례받는 모든 이에게 약속되었습니다. 우리는 이 죄 사람이 어떤 사제의 귓속 또는 어떤 사람들의 머리 위에서 개별적으로 속삭이는 것으로 더 효과적으로 이루어진다고 생각하지 않습니다. 그러나 우리는 그리스도의 피로 죄를 용서받는 것이 부지런히 선포되어서 이 죄 용서가 자기에게 해당된다는 사실을 각 사람에게 가르쳐 알려야 한다고 믿습니다.

18장 교회 사역자들과 그들의 임직과 직무에 관하여

1항 하나님은 자신의 교회를 모으시고 건설하시며 통치하시고 보존하시기 위해 항상 사역자들을 사용하시며, 오늘을 포함하여 이후까지도 교회가 지상에 존재하는 한, 언제나 사용하실 것입니다. 그러므로 사역자들의 기원과 임명과 기능은 이미 아주 오래되었고 하나님이 친히 제정하신 것으로, 새로이 만들어진 것이라 할지라도 인간이 제정한 것이 아닙니다. 하나님은 그 어떤 수단 없이 자신의 힘으로 사람들 가운데 어떤 자들과 직접 관계 맺으셔서 교회를 건설하실 수 있었습니다. 그러나 하나님은 그보다 사람들의 사역을 통해 사람들과 관계 맺기를 원하셨습니다. 그러므로 사역자들은 자신의 힘으로 사역하는 사역자가 아니라 참으로 그들을 통해 사람을 구원하시려는 하나님의 사역자로 간주되어야 할 것입니다. 이 때문에 우리의 회심과 가르침을 성령님의 은밀한 능력으로 돌려서 교회의 사역을 헛된 것으로 만들지 않도록 주의해야 할 것을 권면합니

웨스트민스터 신앙 고백서 (1647)	웨스트민스터 소요리 문답 (1647)	웨스트민스터 대요리 문답 (1648)

국 문을 닫습니다. 그리고 회개하는 죄인에게는 필요에 따라 복음 사역과 권징의 해벌을 통해 천국 문을 열어 줍니다.[1]

---
[1] 마 16:19; 18:17-18; 요 20:21-23; 고후 2:6-8

3항 교회의 권징은 죄를 범한 형제를 되찾아 얻고, 다른 사람들이 비슷한 죄를 짓지 않게끔 막으며, 온 덩어리에 퍼질지 모르는 그 죄의 누룩을 제거하고, 그리스도의 영예와 복음의 거룩한 고백을 변증하는 데 필요합니다. 또한 악명 높고 완고한 범죄자들로 말미암아 하나님의 언약과 그 인 치심이 모독당하는 것을 교회가 내버려 둘 때 그 교회 위에 공의롭게 쏟아질 하나님의 진노를 예방하기 위해 필요합니다.[1]

---
[1] 고전 5장; 딤전 5:20; 마 7:6; 딤전 1:20; 고전 11:27-34; 유 23절

4항 이러한 목적들을 더 잘 달성하기 위해서 교회의 직분자들은 죄 지은 사람의 잘못과 그 죄의 성질과 죄 지은 자의 결점에 따라 권면, 일정 기간 성찬의 성례 참여 금지, 출교와 같은 조처를 시행해야 합니다.[1]

---
[1] 살전 5:12; 살후 3:6, 14-15; 고전 5:4-5, 13; 마 18:17; 딛 3:10

31장 총회와 공의회에 관하여
1항 교회의 더 나은 정치와 건덕을 위해서 일반적으로 총회 또는 공의회라고 불리는 대회들이 있어야 합니다.[1]

---
[1] 행 15:2, 4, 6

2항 국가 위정자는 신앙 문제에 대해 의논하고 조언을 얻기 위해 목회자와 다른 합당한 사람들로 이루어진 총회를 합법적으로

벨직 신앙 고백서 (1561)	하이델베르크 요리 문답 (1563)	제2 스위스 신앙 고백서 (1566)	도르트 신경 (1619)

[1] 딤전 5:22
[2] 행 6:3
[3] 렘 23:21; 히 5:4; 행 1:23; 13:2
[4] 벧전 2:25; 5:4; 사 61:1; 엡 1:22; 골 1:18
[5] 고전 4:1; 3:9; 고후 5:20; 행 26:16-17
[6] 살전 5:12-13; 딤전 5:17; 히 13:17

32항 교회의 질서와 권징

이와 동시에, 우리는 교회를 다스리는 자들이 교회의 몸을 유지하기 위해 특정한 규례를 제정하고 세우는 것이 유익할지라도, 우리의 유일한 주인이신 그리스도께서 명령하신 것에서 벗어나지 않도록 신중해야 한다고 믿습니다.[1] 따라서 우리는 하나님을 예배하는 데 어떤 방식으로든 우리 양심을 구속하고 강요하기 위해 사람들이 도입하려는 모든 인간적인 고안물과 규례들을 배격합니다.[2]

그러므로 우리는 화합과 일치를 유지하고 증진하며, 모든 사람으로 하여금 계속해서 하나님께 순종하게 만드는 것만 받아들입니다. 바로 이런 목적을 위해 하나님의 말씀에 따라 여러 상황에서 권징과 출교가 시행되어야 합니다.[3]

[1] 골 2:6-7
[2] 고전 7:23; 마 15:9; 사 29:13; 갈 5:1; 롬 16:17-18
[3] 마 18:17; 고전 5:5; 딤전 1:20

는 권면을 받고도 자신의 잘못과 사악한 삶의 행위를 돌이키지 않으며, 교회를 향하여 불평하거나 교회에서 이 일을 위해 임명한[3] 자들을 불평하는[4] 이들에게 천국은 닫힙니다. 그리고 그들이 교회의 권고를 경멸한다면 성례에서 제외시키고[5] 기독교회 밖에 두어야 하며, 이런 사람들은 하나님도 친히 그리스도의 나라에서 쫓아내십니다. 그러나 그들이 참된 개선을 약속하고 나타내 보이면 그리스도의 지체이자 교회의 회원으로 다시 받아들여집니다.[6]

[1] 마 18:15
[2] 고전 5:12
[3] 롬 12:7-9; 고전 12:28; 딤전 5:17; 살후 3:14
[4] 마 18:15-18
[5] 마 18:17; 고전 5:3-5
[6] 고후 2:6-8, 10-11; 눅 15:18

다. 우리는 다음과 같은 사도의 말을 언제나 마음에 새겨야 합니다. "그런즉 그들이 믿지 아니하는 이를 어찌 부르리요 듣지도 못한 이를 어찌 믿으리요 전파하는 자가 없이 어찌 들으리요 …… 그러므로 믿음은 들음에서 나며 들음은 그리스도의 말씀으로 말미암았느니라"(롬 10:14, 17). 그리고 주님이 복음서에서 다음과 같이 말씀하신 것도 기억해야 합니다. "내가 진실로 진실로 너희에게 이르노니 내가 보낸 자를 영접하는 자는 나를 영접하는 것이요 나를 영접하는 자는 나를 보내신 이를 영접하는 것이니라"(요 13:20). 또한 마게도냐 사람 한 명이 아시아에서 활동하고 있던 바울에게 환상 중에 나타나 이렇게 말했습니다. "밤에 환상이 바울에게 보이니 마게도냐 사람 하나가 서서 그에게 청하여 이르되 마게도냐로 건너와서 우리를 도우라 하거늘"(행 16:9). 또한 다른 곳에서도 동일한 사도가 이렇게 말합니다. "우리는 하나님의 동역자들이요 너희는 하나님의 밭이요 하나님의 집이니라"(고전 3:9).

2항 그러나 다른 한편으로 우리는 사역자와 사역을 과대평가하는 일을 삼가 주의해야 합니다. 여기서 우리 주님이 복음서에서 하신 다음과 같은 말씀을 마음에 새겨야 합니다. "나를 보내신 아버지께서 이끌지 아니하시면 아무도 내게 올 수 없으니 오는 그를 내가 마지막 날에 다시 살리리라"(요 6:44). 다음과 같은 사도의 말도 주의 깊게 보십시오. "그런즉 아볼로는 무엇이며 바울은 무엇이냐 그들은 주께서 각각 주신 대로 너희로 하여금 믿게 한 사역자들이니라 …… 그런즉 심는 이나 물 주는 이는 아무것도 아니로되 오직 자라게 하시는 이는 하나님뿐이니라"(고전 3:5, 7). 그러므로 우리는 하나님이 그분 말씀으로 외적으로는 하나님 자신의 사역자들을 통해 우리를 가르치시고, 내적으로는 하나님이 친히 택하신 자들의 마음을 그분의 성령으로 감동시키셔서 믿음에 이르게 하신다고 믿습니다. 그러므로 이러한 모든 은덕에 관한 모든 영광을 하나님에게만 돌려야 합

웨스트민스터 신앙 고백서 (1647)	웨스트민스터 소요리 문답 (1647)	웨스트민스터 대요리 문답 (1648)

소집할 수 있습니다.[1] 마찬가지로 국가 위정자가 교회를 공개적으로 대적하는 경우, 그리스도의 사역자들은 그들이 지닌 직분의 권위에 따라 교회의 대표로 파견된 다른 합당한 사람들과 함께 그런 대회들을 소집할 수 있습니다.[2]

―――
[1] 사 49:23; 딤전 2:1-2; 대하 19:8-11; 29:1-36; 30:1-27; 말 2:4-5; 잠 11:14
[2] 행 15:2, 4, 22-23, 25

3항 믿음에 관한 논쟁과 양심에 관한 문제를 목회적으로 결정하는 일과, 하나님에게 드리는 공적 예배와 교회 정치를 더 낫게 하기 위해 규칙과 지침을 결정하는 일은 총회와 공의회에 속한 일입니다. 총회와 공의회는 잘못된 행정에 관한 불평을 접수하고 동일한 일들을 권위 있게 결정합니다. 총회와 공의회의 이러한 법령과 결정이 하나님 말씀과 일치하는 한, 그 명령과 결정을 경외심과 복종으로 받아들여야 합니다. 이는 그것들이 하나님 말씀과 일치하기 때문만이 아니라, 하나님이 자신의 말씀 안에 정하신 규례에 따른 권위로 시행되었기 때문입니다.[1]

―――
[1] 행 15:15, 19, 24, 27-31; 16:4; 마 18:17-20

4항 사도 시대부터 개최된 모든 총회와 공의회는 일반적인 경우든 특별한 경우든 오류를 저지를 수 있고, 많은 경우에 오류를 저질렀습니다. 그러므로 총회와 공의회의 명령과 결정을 믿음과 실천의 법칙으로 삼아서는 안 되며, 다만 믿음과 실천에 도움을 주는 수단으로 사용해야 합니다.[1]

―――
[1] 엡 2:20; 행 17:11; 고전 2:5; 고후 1:24

5항 총회와 공의회는 오직 교회와 관련된 문제만 다루거나 결정해야 합니다. 이 외에

벨직 신앙 고백서 (1561)	하이델베르크 요리 문답 (1563)	제2 스위스 신앙 고백서 (1566)	도르트 신경 (1619)

제2 스위스 신앙 고백서(계속)

니다. 우리는 이것에 관해 본 신앙 고백 1장에서 이미 언급한 바 있습니다.

3항 명확하게 하나님은 이 세상 처음부터 세상 가운데 지극히 탁월한 사람들(그들 가운데 많은 자는 이 세상의 지혜나 철학에 대해 깊은 소양이 없었지만, 참된 신학에 관해서는 매우 탁월했다), 즉 하나님이 자신의 천사들을 통해 자주 말씀하신 족장들을 사용하셨습니다. 족장들은 그들 시대의 선지자 또는 교사였고 이 세상의 조상과 빛이었기 때문에 이런 목적으로 하나님은 그들을 오래 살게 하셨습니다. 그들을 계승한 자들이 모세와 온 세상에 다 알려진 유명한 선지자들이었습니다.

4항 그 후, 하늘에 계신 하나님 아버지께서는 자신의 독생하신 아들, 가장 탁월하신 교사를 이 세상에 보내셨습니다. 그분 안에는 하나님의 지혜가 감추어져 있으며, 그분을 통해 우리는 가장 거룩하고 완전하며 순전한 복음의 교리를 받습니다. 다시 말해 하나님의 독생자는 자신을 위해 제자들을 택하시고 사도로 삼으셨습니다. 이후 사도들은 세상 모든 곳에서 복음을 설교하며 교회를 건설하고, 그리스도의 명령에 기초하여 전 세계 교회에 목사와 교사를 세웠습니다. 그 계승자들에 의해 지금까지 그리스도는 교회를 가르치고 다스리십니다. 그러므로 하나님은 구약 백성에게 족장들과 그들의 뒤를 이은 모세와 선지자들을 주신 것처럼 신약 백성에게는 자신의 독생자와 그분을 잇는 사도들과 교회의 교사들을 보내신 것입니다.

5항 나아가 새 언약의 사역자는 다양한 이름으로 불립니다. 즉 사도, 선지자, 복음 전하는 자, 감독, 장로, 목사, 교사 등으로 일컬어졌습니다(고전 12:28; 엡 6:11). 사도는 일정한 지역에 머물지 않고, 온 세상에 여러 교회를 건설하여 모았습니다. 이미 교회가 세워진 곳에는 머물지 않았고, 각 교회에 자신들을 대신하여 특정한 목사를 임명했습니다. 선지자는 옛 시대에 미래에 관한 것을 미리 보고 말하던 선견자였습니다. 이 외에도 그들은 성경을 해석했습니다. 오늘날에도 이런 사람들을 발견할 수 있습니다. 복음 전하는 자로 불리는 사람들은 복음의 역사를 기록하는 자이며, 그리스도의 복음을 설교하는 자이기도 했습니다. 그렇기에 바울도 디모데에게 "[복음] 전도자의 일을 하며 네 직무를 다하라"고 권고한 바 있습니

다(딤후 4:5). 감독은 교회의 감독자 또는 돌보는 자로, 교회에 음식과 다른 필요들을 공급하는 자입니다. 장로는 교회의 연장자 역할, 이른바 원로로서 아버지이며, 건전한 협의를 통해 교회를 치리하는 자입니다. 목사는 주님의 양 무리를 지키고, 그 무리에 필요한 것들을 공급합니다. 교사는 교육하고, 참된 믿음과 경건에 관해 교훈하고 가르칩니다. 그러므로 오늘날에는 교회 사역자를 감독, 장로, 목사, 교사라고 불러도 좋을 것입니다.

6항 그러나 시간이 흐르면서 교회 안에 사역자의 호칭이 더 많이 도입되었습니다. 다시 말해 어떤 이들은 총대주교, 대주교에, 또 어떤 이들은 주교에 임명되었습니다. 또한 대감독, 부주교, 집사, 부집사, 귀신을 쫓아내는 기도사, 시편 선창가, 수위, 그리고 무엇을 위한 것인지 알 수 없지만 추기경, 주석 사제, 수도원장, 상급 신부와 하급 신부, 상급 성직과 하급 성직 등으로 임명되었습니다. 그러나 이런 모든 것에 관해 과거에는 어떠했고 지금은 어떠한지는 크게 논의하지 않습니다. 사역자에 관한 한, 우리에게는 사도적 교리만으로 충분합니다.

7항 그러므로 수도사나 그들의 수도회 또는 수도사 교단은 그리스도께서 제정하신 것이 아니며, 사도들이 제정한 것도 아니라는 것을 확실히 알기 때문에 우리는 그것이 하나님의 교회에 조금도 유익한 것이 아니며, 오히려 참으로 유해한 것이라고 가르치는 바입니다. 다시 말해 이전에는 (그들이 은둔자이던 때에는 자신의 손으로 생계를 꾸려 누구에게도 부담을 주지 않고 어디든 교회 목자에게 성도로서 복종하였기에) 관용할 수 있었다 하더라도 지금은 그들이 어떤 부류인지를 온 세상이 보고 잘 알고 있습니다. 그들은 알 수 없는 서원을 하지만 그 서원과는 완전히 모순되는 생활을 하며, 그들 가운데 아주 선한 사람일지라도 이에 대해서는 사도가 다음과 같이 말한 사람으로 간주해야 할 것입니다. "우리가 들은즉 너희 가운데 게으르게 행하여 도무지 일하지 아니하고 일을 만들기만 하는 자들이 있다 하니"(살후 3:11). 그렇기에 우리 교회에는 이런 자가 없습니다. 게다가 우리는 그리스도의 교회 가운데 이런 자가 있어서는 안 된다고 가르칩니다.

8항 그러나 누구도 교회 사역의 영예를 칭찬해서는 안 됩니다. 말하자면, 많은 기부금에 의해서나 어떠한 책략에 의해서, 또는 자

웨스트민스터 신앙 고백서 (1647)	웨스트민스터 소요리 문답 (1647)	웨스트민스터 대요리 문답 (1648)

국가와 관련된 민간 사안들에 간섭해서는 안 됩니다. 다만 특별한 경우에 한해 겸손하게 청원할 수 있으며, 국가 위정자의 요구가 있을 때에도 양심에 충실하게 조언할 수 있습니다.[1]

---

[1] 눅 12:13-14; 요 18:36

제2 스위스 신앙 고백서(계속)

기 마음대로 그 영예를 탈취해서는 안 됩니다. 교회 사역자는 교회의 합법적인 선거와 선출에 따라 부르심과 선택을 받아야 합니다. 즉 그들은 교회에 의해서 올바른 질서에 입각하여 혼란이나 분열이나 분쟁 없이 선출되어야 합니다. 그러나 우리는 모든 사람이 선택되어서는 안 되며, 도리어 합당하고 충분한 학식, 특별히 성경에 대한 학식이 깊고, 경건한 웅변술과 단순한 지혜를 지닌 사람이 선택되어야 한다는 사실을 주의 깊게 보아야 합니다. 결론적으로 말하면, 디모데전서 3장 2-7절과 디도서 1장 7-9절에서 사도가 제시한 사도적 규범에 따라 절제 있는 평판과 생활의 정직함을 지닌 사람이 선출되어야 합니다. 이렇게 선출된 사람들은 공적 기도와 안수를 통해 장로들이 임직해야 합니다. 그러므로 우리는 여기서 선택받은 적이 없고 파송받은 바도 없으며 임직받은 바도 없는데 자기 마음대로 달려가는 사람을 정죄합니다. 우리는 또한 합당하지 못한 사역자와, 목사로서 반드시 지녀야 할 은사들을 구비하지 못한 자를 인정할 수 없습니다.

9항 다른 한편으로, 우리는 고대 교회 목사들의 순수한 단순함이 다방면에 걸쳐 탁월하고 섬세하면서 화려한 어떤 이들의 학식보다 교회에 큰 유익을 끼쳤다는 것을 모르지 않습니다. 바로 이런 이유에서 우리는 오늘날 지식과 학식이 완전히 전무하지 않은 이들의 진실한 단순함을 결코 배척하지 않습니다.

10항 분명 그리스도의 사도들은 그리스도를 믿는 모든 사람을 "제사장"이라고 부릅니다. 그들의 사역과 관련해서가 아니라 그리스도에 의해 모든 신자가 왕 또는 제사장이 되어 하나님에게 영적 제사들을 올려드릴 수 있기 때문입니다(출 19:6; 벧전 2:5, 9; 계 1:6). 따라서 사역과 제사장직은 서로 아주 다릅니다. 다시 말해, 지금 언급한 대로 제사장직은 모든 그리스도인에게 공통된 것이지만 사역은 그렇지 않습니다. 우리는 교황주의자의 사제직을 그리스도의 교회에서 배제했지만, 교회 사역을 이 세상에서 폐지한 것은 아닙니다. 새 언약에서 그리스도의 제사장직은 분명 구약 백성 가운데 보이는 것과 같은 외적인 기름 부으심이나 거룩한 의복이나 많은 의식을 수반하는 그런 제사장이 아닙니다. 그러한 것들은 그리스도를 예표하는 것이었고, 그리스도가 오심으로 모두 성취되고 폐지되었습니다(히 9:10-11). 그리고 그리스도만이 영원한 제사장으로 남으십니다. 그리스도에게서 이것을 탈취하는 일이 없도록 우리는 사역자들 가운데 어느 누구에게도 제사장이라는 용어를 사용하지 않습니다. 우리 주님은 신약의 교회 가운데 누군가를 임직자로 세우실 때, 주교에게 권능을 받고 주님의 몸과 피를 산 자와 죽은 자를 위해 날마다 희생 제사로 드리는 제사장으로 세우신 것이 아니라 말씀을 가르치고 성례전을 집행할 자로 세우셨기 때문입니다. 바울은 신약의 사역자 또는 그리스도 교회의 사역자를 어떻게 여겨야 하는지를 분명하고도 간단하게 다음과 같이 선언합니다. "사람이 마땅히 우리를 그리스도의 일꾼이요 하나님의 비밀을 맡은 자로 여길지어다"(고전 4:1). 그러므로 사도는 우리가 사역자를 그야말로 사역자로 간주하기를 원한 것입니다. 사도는 사역자를 갑판 아래에서 노 젓는 사람, 즉 단순히 선주에게만 집중하는 사람이라 부릅니다. 말하자면, 자신을 위해서나 자

벨직 신앙 고백서 (1561)	하이델베르크 요리 문답 (1563)	제2 스위스 신앙 고백서 (1566)	도르트 신경 (1619)

제2 스위스 신앙 고백서(계속)

기 뜻에 의해서가 아닌 다른 사람을 위해서 그 사람의 명령에만 전적으로 의존하는 사람, 즉 주인을 위해서만 사는 사람을 가리킵니다. 교회 사역자는 철저하게 자신의 모든 직분에서 자기 의지를 주장하는 것이 아니라 주인이 맡긴 것만 실행하도록 명령받았기 때문입니다. 또한 동일한 성경 구절에서 이 주인이 누구인지를 확실히 말합니다. 즉 그 주인은 그리스도이시며, 사역자는 그 모든 사역의 기능에서 그리스도께 복종하는 자입니다. 더 나아가 사도는 교회 사역자를 가리켜 "하나님의 비밀을 맡은 자"(고전 4:1)라고 부언합니다. 바울은 많은 구절, 특히 에베소서 3장 4절에서 하나님의 비밀을 "그리스도의 비밀"이라고 불렀습니다. 또한 고대 저자들은 그리스도의 성례를 '비밀'이라고 불렀습니다. 이런 이유로 교회 사역자는 신앙인으로서 그리스도의 복음을 설교하고 성례를 집행하기 위해 부름받은 것입니다. 우리는 또 다른 복음서에서 "지혜 있고 진실한 청지기가 되어 주인에게 그 집 종들을 맡아 때를 따라 양식을 나누어 줄 자"에 대해 읽을 수 있습니다(눅 12:42). 더욱이 복음서 다른 곳에는 어떤 사람이 집을 떠나 타국으로 여행 가면서 종들에게 자기 권능과 재산을 주어 각 사람에게 그들의 사역을 맡긴 이야기가 기록되어 있습니다(마 25:14).

11항 그러므로 이제 교회 사역자의 권세와 직무에 관해 몇 가지 언급하는 것이 적절할 것입니다. 어떤 사람들은 이 권세에 대해 열심히 논쟁을 벌이고 지상에 있는 최고의 것을 자기 권세 아래 복종하게 만들었습니다. 이것은 자기 백성에 대한 전적인 지배를 금하고 오히려 겸손할 것을 강하게 권면하신 하나님의 명령을 거역하는 것입니다(눅 22:26; 마 18:3). 사실 의로운 권세라고 불리는 순전하고 절대적인 권세가 존재하는 것도 사실입니다. 이 권세에 의해 우주의 주님이 되신 그리스도께 만물이 복종합니다. 그리스도께서 친히 증거하여 다음과 같이 말씀하셨습니다. "예수께서 나아와 말씀하여 이르시되 하늘과 땅의 모든 권세를 내게 주셨으니"(마 28:18). "내가 볼 때에 그의 발 앞에 엎드러져 죽은 자같이 되매 그가 오른손을 내게 얹고 이르시되 두려워하지 말라 나는 처음이요 마지막이니 곧 살아 있는 자라 내가 전에 죽었었노라 볼지어다 이제 세세토록 살아 있어 사망과 음부의 열쇠를 가졌노니"(계 1:17-18). "빌라델비아 교회의 사자에게 편지하라 거룩하고 진실하사 다윗의 열쇠를 가지신 이 곧 열면 닫을 사람이 없고 닫으면 열 사람이 없는 그가 이르시되"(계 3:7).

12항 주님은 이 권세를 친히 가지고 계시고, 다른 이에게 넘겨주지 않으시며, 한가하게 앉아 위임된 사역자들을 지켜보기만 하시는 분이 아닙니다. 이사야가 이렇게 말하기 때문입니다. "내가 또 다윗의 집의 열쇠를 그의 어깨에 두리니 그가 열면 닫을 자가 없겠고 닫으면 열 자가 없으리라"(사 22:22). 그는 계속해서 이렇게 말합니다. "그의 어깨에는 정사를 메었고"(사 9:6). 주님은 그 지배를 다른 자들의 어깨에 두지 않으시고, 지금에 이르기까지 자신의 권세를 보유하시며, 그것을 사용하여 모든 것을 다스리시기 때문입니다. 완전하고 절대적인 권세와 권위를 소유한 분이 제한하시는 직무의 권세 또는 사역적 권세가 있습니다. 그리고 이 권세는 지배라기보다는 섬김에 가깝습니다. 다시 말해 주인은 관리인에게 자기 집에 관한 권한을 위임하고, 이를 위해 열쇠를 주어 관리인이 그 열쇠로 사람들을 주인의 집에 들이기도 하고, 주인이 내쫓고자 하는 자를 내쫓아내기도 합니다. 이 권한에 근거하여 사역자는 직분상 주인이 행하라고 명령한 것을 행하고, 주님 또한 사역자가 행하는 것을 인정하여 자신의 사역자가 행하는 것을 마치 자신의 행위처럼 간주하고 승인하십니다. 다시 말해, 다음과 같은 복음서 말씀들이 명백하게 이것을 제시합니다. "내가 천국 열쇠를 네게 주리니 네가 땅에서 무엇이든지 매면 하늘에서도 매일 것이요 네가 땅에서 무엇이든지 풀면 하늘에서도 풀리리라"(마 16:19). "너희가 누구의 죄든지 사하면 사하여질 것이요 누구의 죄든지 그대로 두면 그대로 있으리라"(요 20:23). 그러나 사역자들이 자기 주인이 명령한 대로 일을 실행하지 않고, 충실하게 지켜야 할 믿음의 한계와 경계를 넘어선다면, 주인은 그 행하는 것을 무효화할 것입니다. 그러므로 교회 사역자의 교회적 권세는 확실히 그들이 하나님의 교회를 다스리는 기능이지만, 교회의 모든 것은 주님이 그분의 말씀으로 제정하신 대로 행해져야 합니다. 사역자들이 그렇게 할 때, 신자들도 그것을 마치 주님이 하신 것처럼 여기는 것입니다. 그러나 열쇠에 관해서는 이미 앞서 어느 정도 언급했습니다.

13항 그러나 교회에 있는 모든 사역자는 하나이며, 동등한 권세 또는 기능을 부여받았습니다. 감독과 장로는 처음부터 마음을 합하여 함께 수고로이 교회를 다스렸습니다. 누구도 자신을 다른 사람보다 높이지 않았고, 다른 감독들에게서 더 큰 권세나 지배권을 빼앗는 자도 없었습니다. 그들은 다음과 같은 주님의 말씀을 기억했기 때문입니다. "너희는 그렇지 않을지니 너희 중에 큰 자는 젊은

웨스트민스터 신앙 고백서 (1647)	웨스트민스터 소요리 문답 (1647)	웨스트민스터 대요리 문답 (1648)

제2 스위스 신앙 고백서(계속)

자와 같고 다스리는 자는 섬기는 자와 같을지니라"(눅 22:26). 그들은 겸손으로 자신을 지켰고, 교회의 정치와 보존을 위해 서로 돕고 협력했습니다. 그럼에도 질서를 지키기 위해서 사역자 가운데 어느 한 사람 또는 특정한 사람이 회의를 소집하여, 그 회의에서 논의해야 할 사안을 제안하고 다른 사람들의 의견을 모아 혼란이 생기지 않도록 최선을 다했습니다.

14항 우리가 사도행전에서 읽는 바와 같이(행 11:4-18), 베드로 역시 자신이 다른 자들 위에 선 것도, 또 다른 사람들보다 강력한 지위를 부여받은 것도 아니었습니다. 따라서 순교자 키프리아누스가 『성직자들의 단순성』(De Simplicitate Clericorum)이란 책에서 다음과 같이 말한 것은 매우 참된 것입니다. "다른 사도들도 베드로와 꼭 같은 영예와 권세를 부여받고 함께 등등한 교제를 나눈 것이 확실하다. 그러나 여기서 그 시작은 일치에 유래하는 것이기에, 이는 우리에게 오직 단 하나의 교회만 있다는 것을 의미한다." 동일하게 성 히에로니무스가 바울이 쓴 디도서를 주해하면서 거의 비슷하게 이렇게 말했습니다. "악마의 속삭임으로 종교상의 당파적 움직임이 생겨나기 전까지는 장로들의 공동 회의에서 교회를 다스렸다. 그러나 그 후에 모든 사람이 자신이 세례를 베푼 사람들을 그리스도께 속한 자가 아니라 자신의 소유물로 생각했기에, 장로들 가운데 어느 한 사람이 선출되어 나머지 장로들을 관장하고, 전체 교회에 대한 문제를 그에게 맡겨서 이런 방편으로 모든 분파를 제거하는 법령을 내렸다." 그러나 히에로니무스는 이 결정을 하나님의 뜻이라고 생각하지는 않았습니다. 이 후에 즉시 다음과 같이 부언했기 때문입니다. "장로들이 자기 위에 군림하는 자에게 복종하는 것은 교회 관습에 따른 것으로 알고 있듯이, 감독들도 자신이 장로보다 위에 있다는 것이 하나님의 진리로 규정된 법칙에 따른 것이라기보다 오히려 관습에 따른 것이라는 것과 장로들과 협력하여 교회를 정치해야 할 것을 늘 생각해야 한다." 이상이 히에로니무스가 말한 것입니다. 그러므로 우리가 인간이 고안한 관습을 받아들이기보다 하나님의 교회의 옛 제도로 돌아가는 것을 어떤 권리로든 그 누구도 금지할 수 없을 것입니다.

15항 사역자의 직무는 다양합니다. 그러나 대부분은 두 가지 직무에 모두 포함됩니다. 그 두 직무란 그리스도의 복음을 교훈하는 것과 성례전을 합당하게 집례하는 것입니다. 사역자의 의무는 거룩한 교회를 함께 모아 그곳에서 하나님 말씀을 강해하고, 일반적인 교리를 교회의 상태와 필요에 따라 적용하는 것입니다. 이런 목적으로 사역자는 듣는 자들의 유익을 위해, 그리고 신자들을 세우기 위해 교리를 가르칩니다. 내가 말하지만, 사역자의 의무는 무지한 자들을 가르치고 훈계하는 것입니다. 또한 태만한 자나 진보가 느린 자가 전진하여 주님의 길을 걸어가도록 강권하는 것입니다. 나아가 마음이 약한 자를 위로하여 힘을 실어 주고 사탄의 여러 유혹에서 지켜 죄에 빠진 자들을 강하게 하는 것입니다. 범죄한 자들을 책망하고, 그릇 행하는 자들을 바른길로 돌이키게 하며, 타락한 자를 다시 세워 주고, 거역하는 자를 설득하며, 주님의 양 무리에서 이리를 쫓아내고, 악덕을 행하는 자를 현명하고 엄중하게 책망하며, 하나님을 모독하는 자에 대해 모른 척 눈감는다거나 침묵하지 않는 것입니다. 이 외에도 사역자는 성례를 집례하고, 그것을 바르게 사용하도록 격려하며, 모든 사람이 성례를 받도록 건전한 교리로 준비시킵니다. 모든 신자를 거룩한 연합 가운데 보존하고, 분열에 대항하게 하는 것입니다. 결론적으로, 무지한 자들에게 교리 문답을 가르치며, 교회에 가난한 자들의 필요를 알리고 병자나 여러 시험에 빠져 있는 자를 찾아가 잘 훈계하여 생명의 길에서 벗어나지 않도록 보호하는 것입니다. 이 모든 일 외에도 필요한 때에 금식과 함께 공적 기도와 간구에 부지런히 애쓰는 것입니다. 즉 거룩한 절제를 제시하고, 교회의 평안과 안전에 유익한 모든 것을 되도록 주의 깊게 살피는 것입니다.

16항 사역자가 이 모든 것을 평안하게 더 잘 수행하기 위해서는 하나님을 경외하고, 부지런히 기도하며, 성경을 열심히 읽고, 모든 것에 언제나 깨어 있으며, 거룩한 생활로 모든 사람 앞에서 빛을 비추어야 합니다.

17항 교회에는 반드시 권징이 필요합니다. 고대 교부들 가운데서는 출교가 시행되기도 했습니다. 더욱이 교회의 백성 가운데 교회 재판이 있어서 현명하고 경건한 사람들이 이 권징을 실행했으며, 따라서 때와 일반적 상황에 따라 필요한 경우에는 덕을 세우기 위해 권징을 집행하는 것도 사역자의 임무입니다. 그러나 항상 견지해야 할 법칙은 소동이나 압박 없이 "모든 것을 품위 있게 하고 질서 있게" 하는 것입니다(고전 14:40). 다시 말해 사도가 증언하듯이, "주께서 주신 권세는 너희를 무너뜨리려고 하신 것이 아니요 세우려고

벨직 신앙 고백서 (1561)	하이델베르크 요리 문답 (1563)	제2 스위스 신앙 고백서 (1566)	도르트 신경 (1619)

제2 스위스 신앙 고백서(계속)

하신 것"입니다(고후 10:8). 알곡까지 뽑아 버릴 위험이 있기 때문에 주님은 주님의 밭에서 가라지 뽑는 일을 금하십니다(마 13:29).

18항 그러나 우리는 사역자의 삶의 선과 악에 따라 성례의 교리와 집례가 효과적이기도 하고 효과적이지 않다고도 평가한 도나투스주의자들의 오류를 반드시 배격해야 합니다. 우리는 악한 사역자의 입을 통해서도 그리스도의 음성이 들려야 한다는 것을 잘 알고 있기 때문입니다. 이에 대해서는 주님도 친히 이렇게 말씀하십니다. "그러므로 무엇이든지 그들이 말하는 바는 행하고 지키되 그들이 하는 행위는 본받지 말라 그들은 말만 하고 행하지 아니하며"(마 23:3). 우리는 성례가 그 제정과 그리스도의 말씀에 기초하여 거룩해졌다는 것을 압니다. 그리고 비록 경건하지 않은 사역자들이 그 성례를 집행하더라도 경건한 자들에게 효과적임을 알고 있습니다. 이것에 관해서는 축복받은 하나님의 종 아우구스티누스가 성경에 근거하여 도나투스주의자에게 다양한 방법으로 충분히 반박한 바 있습니다. 그럼에도 사역자들 사이에는 올바른 권징이 있어야만 합니다. 사역자들의 교리와 삶에 관해 교회 총회는 지성적으로 조사해야 하며, 장로들은 죄를 범한 자를 견책하고, 그것이 교정될 수 있는 경우에는 올바른 길로 다시 인도해야 합니다. 그것이 회복되기 어려운 경우에는 면직해야 하며, 참된 목사들에 의해 주님의 무리에서 쫓아내야 합니다. 그들이 거짓 교사라면, 관용을 베풀어서는 안 됩니다. 사도의 모범에 따라 교회 파괴가 아니라 교회의 구원을 위해 시행된 것이라면, 우리는 공의회를 인정하지 않을 이유가 없습니다.

19항 모든 신실한 사역자는 (선한 사역자로서) 보수를 받을 가치가 있습니다. 그들이 급여나, 자신과 가족에 필요한 것을 받는 것은 죄를 범하는 것이 아닙니다. 사도는 고린도전서 9장 14절과 디모데전서 5장 17-18절, 그리고 그 외 다른 곳에서도 교회가 보수를 정당하게 지불하고 사역자들이 그 보수를 받도록 제시하고 있기 때문입니다.

20항 같은 맥락에서 그들의 사역으로 생활하는 사역자를 비난하고 굴욕적으로 비판하는 재세례파도 이 사도의 가르침에 따라 논박됩니다.

22장 거룩한 교회의 모임에 관하여

1항 누구나 집에서 개인적으로 성경을 읽거나 참된 신앙생활 안에서 서로 덕을 세우도록 가르치는 것이 정당하긴 하지만, 하나님 말씀이 백성에게 바르게 선포되고, 기도와 간구가 공적으로 이루어지며, 성례가 합당하게 집례되고, 가난한 자들을 위해서나 교회 활동과 유지에 필요한 비용을 마련하기 위해서 교회에 헌금이 모이려면 거룩한 집회나 신자의 교회 모임이 반드시 필요합니다. 사도적인 교회와 초대 교회는 경건한 사람들이 이러한 모임을 끊임없이 지켜 왔음을 분명히 보여 주기 때문입니다. 그와 같은 모임들을 경시하여 그것에서 멀어지는 많은 사람은 그때마다 참 신앙을 경멸하는 것입니다. 그러한 사람들이 완고하게 거룩한 모임에서 멀어지거나 모임을 계속 소홀히 여기지 않도록 목사나 경건한 위정자들은 강하게 권고해야 합니다. 이제 이런 교회 모임은 결코 숨기거나 비밀스러운 것이 아니라 공적이며 공개적이어야 합니다. 단, 그리스도와 교회의 대적자들이 박해하는 경우를 제외하고 말입니다. 우리는 로마 황제의 폭군 정치 아래 이전 초대 교회의 모임이 비밀스런 장소에서 어떻게 진행되었는지를 잘 알고 있기 때문입니다. 신자가 모이는 장소는 그에 합당한 곳, 즉 모든 점에서 하나님 교회에 적합한 곳이어야 합니다. 그러므로 이런 목적으로 교회는 공간이 크고 충분하며 온당한 건물이나 교회당을 택해야 합니다. 교회로 적합하지 않은 모든 것은 제거해야 합니다. 모든 것은 품위와 필요와 경건에 합당하도록 질서 있게 정돈되어야 하며, 교회 의식과 질서와 기능에 필요한 것들이 결핍되어서는 안 됩니다.

2항 그리고 우리는 하나님이 손으로 지은 건물에 거하지 않으신다는 사실을 믿지만, 하나님 말씀과 그곳에서 집례되는 거룩한 규례로 인해 하나님과 그분에게 드리는 예배를 위해 드린 이 장소들이 세속적인 것이 아니라 거룩한 것임을 압니다. 그러므로 그들은 이 거룩한 장소, 즉 하나님의 임재와 하나님의 거룩한 천사들 앞에 있는 것이기에 겸손하고 신중하게 행동해야 합니다. 따라서 그리스도인이 기도하기 위해 모이는 모든 교회와 장소에서는 모든 사치스러운 복장과 모든 교만, 그리스도인의 겸손과 훈련과 신중함에 합당하지 않은 모든 것이 완전히 제거되어야 합니다. 교회당의 참된 장식은 상아나 금과 같은 보석에 있는 것이 아니라 교회당 가운데 있는 사람들의 신중함과 경건과 덕에 있습니다. 교회에서는 "모든 것을 품위 있게 하고 질서 있게" 해야 합니다(고전 14:40). "모든

웨스트민스터 신앙 고백서 (1647)	웨스트민스터 소요리 문답 (1647)	웨스트민스터 대요리 문답 (1648)

제2 스위스 신앙 고백서(계속)

것을 덕을 세우기 위하여" 해야 합니다(고전 14:26). 그러므로 모든 외국어나 이상한 언어는 거룩한 모임에서 사용하지 말아야 하며, 그 장소에 있는 사람들이 모두 이해할 수 있는 통상적인 언어로 이루어져야 합니다.

23장 교회의 기도와 찬송가, 그리고 성무 일과에 관하여

1항 개인 기도를 드릴 때는 자신이 이해하는 어떤 언어로든 기도할 수 있지만, 거룩한 모임에서 드리는 공적 기도는 반드시 통상적인 언어로 해야 하며 그 언어는 모든 사람이 알 수 있는 것이어야 합니다. 신실한 신자가 드리는 모든 기도는 참된 믿음과 순전한 사랑에서 비롯되어 오직 그리스도의 중보를 통해 하나님에게만 드려져야 할 것입니다. 성인들을 부르며 기도하거나 그들을 우리를 위한 중보자로 세우는 것은 우리 주 그리스도의 제사장직과 참된 신앙이 결코 허용할 수 없는 것입니다. 위정자들을 위해, 왕을 위해, 그리고 권위자로 세워진 모든 지위를 위해, 교회 사역자들을 위해, 교회의 모든 필요를 위해 기도해야 합니다. 또한 특별히 교회가 재난을 겪을 때에는 사적으로도 공적으로도 쉬지 않고 기도해야 합니다.

2항 그뿐만 아니라 억지로나 보상을 위해서가 아니라 기꺼이 기도해야 합니다. 마치 교회가 아닌 장소에서 기도하는 것은 허용되지 않는 것인 양 미신적으로 기도를 특정 장소에 제한하는 것은 합당하지 않습니다. 모든 교회의 공적 기도가 그 시간과 형식에서 항상 동일할 필요는 없습니다. 모든 교회가 자유롭게 행할 수 있습니다. 소크라테스는 자신의 책 「교회사」에서 이렇게 말합니다. "어떠한 지역이든 당신은 기도에 관해 완전히 일치하는 교회를 두 곳 이상 발견하지 못할 것이다." 이러한 차이의 원인은 아마도 각 시대에 교회를 다스린 사람들 때문일 것입니다. 그러나 누구라도 일치하고 있다면, 그것은 크게 칭찬할 만하고 다른 사람들에게 모범이 될 만합니다.

3항 다른 모든 일이 그렇지만, 공적 기도에 관해서는 이 외에도 지나치게 길어지거나 지루해지지 않도록 수단과 규범이 있어야 합니다. 따라서 거룩한 모임에서 더 중요한 부분을 복음의 가르침에 할애하여, 지나치게 긴 기도로 사람들이 피곤해서 복음 설교를 들어야 할 시간에 모임을 떠나고 싶다거나 피곤해서 빨리 끝나기를 바라는 일이 없게 주의해야 합니다. 어떤 사람에게는 아주 짧은 설교가 다른 이들에게는 길고 지루하게 느껴지기도 합니다. 따라서 설교자는 반드시 이런 규범을 준수해야 합니다.

4항 마찬가지로 찬송 역시 거룩한 모임에서 사용될 때 절제가 필요합니다. '그레고리우스 성가'(Gregorian Chant)라 불리는 찬송가에는 이상한 것이 많습니다. 우리 교회와 다른 대부분의 개혁교회들이 합당한 이유로 그것을 거부하고 있습니다. 찬송 없이 신실한 기도를 올리는 교회가 있다면, 그런 이유로 비난받아서는 안 됩니다. 모든 교회가 거룩한 음악을 사용할 좋은 상황에 있는 것은 아니기 때문입니다. 사실 고대 교회의 증언에 따르면, 찬송을 부르는 습관은 고대 동방 교회에서 있었고, 그것이 서방 교회로 수용된 것은 그 후에 일어난 일입니다.

5항 고대 시대에는 성무 일과와 같은 시간이 없었습니다. 말하자면, 교황주의자의 방식에 따라 날마다 정한 시간에 부르거나 낭송되는 것과 같은 기도 말입니다. 이런 성무 일과는 여러 시간에 읽히는 성무 일과 자체뿐 아니라 수많은 증거로도 증명할 수 있습니다. 더욱이 이 안에는 이상한 것이 많습니다(더 말하지는 않겠습니다). 그러므로 우리 교회에서 이런 것들을 생략하고 하나님의 우주적인 교회 전체의 유익에 필요한 것들로 대체하는 것은 좋은 일입니다.

24장 거룩한 날들과 금식, 그리고 음식 선택에 관하여

1항 신앙은 시간에 얽매이지 않지만, 시간의 적절한 구분과 배분 없이는 신앙이 배양되고 실천되기 어렵습니다. 그러므로 각 교회는 자체적으로 공적 기도와 복음 설교, 더욱이 성례 집행에 일정한 시간을 구별합니다. 따라서 그 누구도 이 교회의 결정을 자신이 원하는 대로 어지럽히지 못합니다. 또한 신앙의 외적 수련에 합당한 시간을 배분하지 않는다면, 사람들은 자신의 업무 때문에 그 수련에서 멀어질 것입니다

2항 따라서 고대 교회는 모임을 위해 일주일 가운데 특정한 시간을 구별했을 뿐 아니라, 주일은 사도 시대부터 거룩한 안식의 날로 거룩하게 구별했습니다. 그럼에도 우리는 유대인의 종교적 율법 준수와 그 어떤 미신도 인정하지 않는 바입니다. 우리는 어느 한 날이

벨직 신앙 고백서 (1561)	하이델베르크 요리 문답 (1563)	제2 스위스 신앙 고백서 (1566)	도르트 신경 (1619)

제2 스위스 신앙 고백서(계속)

다른 날보다 거룩하다고 믿지 않으며, 안식일 자체가 하나님이 받으실 만한 것이라 생각하지 않기 때문입니다. 게다가 우리는 유대인의 안식일이 아닌 주님의 날을 자유롭게 지키며 기념합니다.

3항 더욱이 교회에서 기독교적 자유함으로 주님의 탄생과 할례, 수난과 부활, 승천, 그리고 제자들에게 성령을 보내심을 경건하게 기념한다면, 우리는 이것을 크게 기뻐하며 승인합니다. 그러나 사람이나 여러 성인을 위해 만든 거룩한 날은 인정하지 않습니다. 거룩한 날은 율법의 첫째 돌판에 관련된 것으로, 오로지 하나님에게만 속하는 것이기 때문입니다. 결국 여러 성인을 위해 만들었지만 우리가 폐지한 축일에는 이상하고 무익하며 관용할 수 없는 것이 많습니다. 그러나 한편으로 우리는 성인을 생각하는 것이 적당한 때와 장소에서 선하게 사용되고 설교에서 사람들에게 유익을 줄 수 있다고 권면하며, 그들의 거룩한 삶의 모범을 따라야 하는 것으로 제시하는 것은 무익한 일이 아님을 고백합니다.

25장 교리 문답 교육, 병자 위로와 심방에 관하여

1항 주님은 자신의 구약 백성에게 청소년들이 심지어 유아 시절부터 올바르게 교육받을 수 있도록 최대한 배려해야 한다고 지시하셨습니다. 더욱이 그분의 율법으로 그들을 교육하고 성례의 비밀을 설명할 것을 확실하게 명하셨습니다. 또한 하나님이 자신의 새로운 백성 가운데 청소년에게 큰 관심을 갖고 계시다는 사실은 복음서와 서신서에 분명히 표현되어 있습니다. "예수께서 이르시되 어린아이들을 용납하고 내게 오는 것을 금하지 말라 천국이 이런 사람의 것이니라 하시고"(막 10:14). 교회의 목사는 철저하게 준비된 계획에 따라 청소년들에게 일찍 교리 문답을 가르쳐서 신앙의 첫 기초를 다지고, 또한 우리 종교의 초보를 상실하게 가르쳐서 십계명과 사도신경, 주기도문을 해설하고, 더욱이 우리 신앙의 원리와 주요 항목 같은 다른 것들과 함께 성례의 의의를 가르쳐야 합니다. 여기서 교회는 어린이들이 바르게 교육받는 것을 원하고 기뻐하며, 신실하고 부지런히 그들에게 교리 문답 교육을 시행해야 합니다.

2항 그러나 사람은 허약해지거나 병을 앓아 영도 육도 쇠약할 때

은혜의 방편들_ 말씀과 성례

33항 교회의 성례

우리는 우리의 은혜로우신 하나님이 우리의 연약함과 결합을 아시며, 우리에게 그분의 약속을 인 치시고,[1] 우리를 향한 하나님의 선하신 뜻과 은혜의 보증이 되시며, 우리의 믿음을 키우고 강하게 하기 위해 우리에게 성례를 제정해 주셨음을 믿습니다. 하나님은 복음의 말씀에 성례를 결합시키셔서, 우

65문. 우리는 오직 믿음으로만 그리스도와 그분의 은덕에 참여하는 자가 되는데, 이 믿음은 어디서 오는 것입니까?

답. 복음 설교를 통해 우리 마음에 믿음을 역사하시고,[1] 성례 시행을 통해 그 믿음을 확고하게 하시는 성령님에게서 옵니다.[2]
___
[1] 엡 2:8; 6:23; 빌 1:29
[2] 마 28:19; 롬 4:11

13장 예수 그리스도의 복음에 관하여, 약속과 영과 문자에 관하여

3항 그러므로 이런 방식으로 구약의 선조들은 예언서들 안에서 복음을 소유했으며, 그 복음을 통하여 믿음으로 말미암아 그리스도의 구원에 이르렀습니다. 본래 복음은 "기쁘고 행복한 소식"이라고 불립니다. 이 소식은 첫째는 세례 요한을 통해, 그리고 그리스도 주님 자신을 통해, 그 후에는 사도들 및 사도들의 후계자를 통해 세상에 설교되었는데, 이는 하나님이 세상이 시작될 때부터 약속하신 것을 지금 실행하셨고, 더욱이 그분의 유일하신 아들을 완전히 우리에게 보내셨다는 것입니다. 또한 이 아들 안에서 아버지 하나님과의

셋째ㆍ넷째 교리

17항 우리의 자연적인 생명을 연장시키시고 유지시키시는 하나님의 전능하신 일하심은 수단을 배제하지 않고 오히려 요구하시는데, 바로 이 수단으로 하나님은 자신의 무한한 자비와 선하심을 따라 자신의 권능을 행하십니다. 또한 앞에서 말한 바와 같이 우리를 중생하게 하시는 하나님의 초자연

웨스트민스터 신앙 고백서 (1647)	웨스트민스터 소요리 문답 (1647)	웨스트민스터 대요리 문답 (1648)

제2 스위스 신앙 고백서(계속)

만큼 큰 시련과 시험에 빠질 때가 없기 때문에, 이러한 약함과 병에 걸렸을 때 교회의 목사는 자기의 양 무리가 안전하도록 주의 깊고 신중하게 살펴야 합니다. 그러므로 목사는 신속하게 병자를 방문해야 하며, 상황에 따라 병자도 신속하게 목사에게 방문을 요청해야 합니다. 목사는 참된 믿음으로 그들을 위로하고 확신시켜야 합니다. 궁극적으로 사탄의 위험한 속삭임에 대항하도록 강하게 해주어야 합니다. 마찬가지 방식으로, 목사는 아픈 자를 위해 그의 집을 방문하여 기도해야 합니다. 필요하다면 병자의 구원을 위해 공적 모임에서도 기도해야 합니다. 그렇게 해서 병자가 축복 가운데 이 세상을 떠날 수 있도록 마음을 배려해야 합니다. 그러나 이미 말한 바와 같이, 우리는 기름 부음을 동반한 교황주의적 방문을 인정하지 않습니다. 그 안에는 매우 이상한 것이 많으며, 정경에서 인정하는 것도 아니기 때문입니다.

28장 교회의 재산과 올바른 사용에 관하여
1항 그리스도의 교회는 자신의 소유물을 교회에 바친 제후들의 기증과 신자들의 후한 헌금이라는 재산을 소유하고 있습니다. 다시 말해 교회는 재산이 필요하며, 또한 예로부터 교회에 필요한 물질을 위해 재산을 소유했습니다. 그렇다면 교회의 재산은 예부터 지금까지 학교의 가르침, 거룩한 모임의 교리, 공적 예배 의식, 교회의 건물 유지를 위해서, 또한 교사, 학생, 사역자들에게 필요한 것을 지원하고 특별히 가난한 자들을 돕고 돌보기 위해서 사용됩니다. 그러나 이런 교회의 재산을 합법적으로 분배하려면 하나님을 경외하고 지혜로우며, 자기 가정을 잘 다스리는 좋은 평판을 지닌 사람들이 선택되어야 합니다.

2항 그러나 교회의 재산이 시대의 부정이나 어떤 사람들의 폭력, 무지나 탐욕으로 남용되고 있다면, 경건하고 현명한 사람들에 의해 거룩하게 사용되도록 회복시켜야 합니다. 다시 말해 최악의 성물 절도라는 남용을 묵인해서는 안 됩니다. 그러므로 우리는 교리와 예배와 도덕적인 면에서 부패한 학교와 대학이 개혁되어야 한다고 가르칩니다. 또한 가난한 사람들을 돕기 위한 물질적 공급 역시 경건하고 신실하며 지혜롭게 실행되어야 합니다.

27장 말씀과 성례에 관하여
1항 성례는 그리스도와 그분의 은덕을 보여주기 위해, 또한 그리스도 안에 있는 우리의 권리를 확증하기 위해[1] 하나님이 즉시 제정하신[2] 은혜 언약의 거룩한 표요, 인입니다.[3] 또한 성례는 교회에 속한 사람과 세상에 속한 사람의 분명한 차이를 보여 주고,[4] 그들이 하나님 말씀을 따라 그리스도 안에서 하나님을 엄숙히 섬기게 해줍니다.[5]

---
[1] 고전 10:16; 11:25-26; 갈 3:27
[2] 마 28:19; 고전 11:23
[3] 롬 4:11; 창 17:7, 10
[4] 롬 15:8; 출 12:48; 창 34:14

85문. 우리의 죄로 말미암아 임한 하나님의 진노와 저주에서 벗어나기 위해 하나님이 우리에게 요구하시는 것은 무엇입니까?
답. 죄로 말미암아 임한 하나님의 진노와 저주에서 벗어나기 위해 하나님이 우리에게 요구하시는 것은 그리스도께서 구속의 은덕들을 우리에게 전달하기 위해 주신 외적인 방편들을 부지런히 사용하는 것과 함께,[1] 예수 그리스도를 믿는 믿음과 생명을 향한 회개입니다.[2]

---
[1] 잠 2:1-5; 8:33-36; 사 55:3
[2] 행 20:21

153문. 율법의 범죄로 우리에게 임한 하나님의 진노와 저주에서 벗어나기 위해 하나님이 우리에게 요구하시는 것은 무엇입니까?
답. 율법의 범죄로 우리에게 임한 하나님의 진노와 저주에서 벗어나기 위해 하나님은 그분을 향한 회개와, 우리 주 예수 그리스도를 향한 믿음과,[1] 아울러 그리스도께서 자신의 중보의 은덕들을 우리에게 전달하기 위해 주신 외적인 방편들을 부지런히 사용할 것을 요구하십니다.[2]

---
[1] 행 20:21; 마 3:7-8; 눅 13:3, 5; 행 16:30-31; 요 3:16, 18
[2] 잠 2:1-5; 8:33-36

벨직 신앙 고백서 (1561)	하이델베르크 요리 문답 (1563)	제2 스위스 신앙 고백서 (1566)	도르트 신경 (1619)

벨직 신앙 고백서 (1561)

리의 감각이 하나님의 말씀에 드러난 하나님의 뜻과 우리 마음에 이루시는 하나님의 일을 더 잘 깨닫게 하십니다. 이를 통해 우리에게 베푸시는 구원을 우리 안에서 확인시키고 확증하십니다. 성례는 내적이며 보이지 않는 것에 대한 가시적 표와 인이며, 하나님이 우리 안에서 성령의 능력으로 일하시는 방편입니다. 그러므로 표는 우리를 속이는 헛되거나 무의미한 것들이 아닙니다. 성례를 통해 제시되는 분은 예수 그리스도이시므로 그리스도가 없다면 성례는 아무것도 아닙니다.[2]

더욱이 우리는 우리 주 그리스도께서 제정하신 두 가지 성례, 즉 세례의 성례와 우리 주 예수 그리스도의 거룩한 만찬의 성례에 만족합니다.[3]

___
[1] 롬 4:11; 창 9:13; 17:11
[2] 골 2:11, 17; 고전 5:7
[3] 마 26:36; 28:19

하이델베르크 요리 문답 (1563)

66문. 성례는 무엇입니까?
답. 성례는 하나님이 지정하신 것으로, 눈에 보이는 거룩한 표지와 인이며, 성례 시행을 통해 우리에게 복음의 약속을 더욱 풍성히 선언하고 확증해 주십니다. 말하자면, 그리스도께서 십자가에서 단번에 성취하신 희생 제사를 통해 하나님이 죄 사함과 영원한 생명을 값없이 베풀어 주시는 것입니다.[1]

___
[1] 창 17:11; 롬 4:11; 레 6:25; 행 22:16; 2:38; 마 26:28

67문. 그렇다면 말씀과 성례 모두 우리의 믿음을 우리 구원의 유일한 근거인 예수 그리스도께서 십자가에서 성취하신 희생 제사로 향하게 하려는 이 목적으로 제정된 것입니까?
답. 진실로 그렇습니다. 성령님은 우리의 구원 전체가 그리스도께서 우리를 위해 십자가에서 단번에 드리신 희생 제사에 달려 있음을 복음을 통해 가르치시고 성례를 통해 확신시키십니다.[1]

___
[1] 롬 6:3; 갈 3:27

68문. 새 언약 또는 신약에서 그리스도는 얼마나 많은 성례를 제정하셨습니까?

제2 스위스 신앙 고백서 (1566)

화목, 죄 사함, 그리고 모든 풍성함과 영생을 주신다는 것입니다. 따라서 네 사람의 복음서 전도자가 기록한 역사는 이와 같은 일들이 어떻게 일어났고, 그리스도에 의해 어떻게 성취되었으며, 그리스도께서 무엇을 가르치시고 어떤 사역을 행하셨는가를 설명합니다. 그리스도를 믿는 자는 모든 풍성함을 가지기 때문에 이것이 복음이라 불리는 것은 당연합니다. 동일하게 아버지께서 어떤 방식으로 우리에게 아들을 주셨는지, 이 아들 안에 생명과 구원의 모든 것이 존재하고 있음을 설명하는 사도적 설교와 글이 복음적 교리로 불리는 것은 정당합니다. 그러므로 이 교리는 신실함을 잃지 않는 한, 참으로 오늘날에도 명성을 잃어버리지 않습니다.

4항 사도는 이 설교가 믿음으로 말미암아 신실한 자들의 귀에, 실로 마음속에 성령님의 조명에 의해 효과적이고 살아 있는 것이 되기 때문에 이 동일한 복음 설교를 성령님과 "영의 직분"이라 불렀습니다(고후 3:8). '성령'에 반대되는 '문자'는 확실히 모든 외적인 것을 의미하지만 특히 율법의 가르침을 의미하며, 성령님과 믿음이 없다면 이 율법의 가르침은 믿지 않는 자들의 마음속에 진노를 일으키며 죄를 촉발시킵니다. 따라서 사도는 이것을 "죽게 하는 직분"이라 부릅니다(고후 3:7). "율법 조문은 죽이는 것이요 영은 살리는 것"(고후 3:6)이라는 말은 이 점에 관한 것입니다. 그러나 거짓 사도들은 마치 그리스도께서 율법을 제외하고는 구원하실 수 없는 것처럼 율법과 뒤섞인 부패한 복음을 전했습니다. 이단자 에비온에서 유래한 에비온주의자들과, 전에 미네안스(Mineans)라 불린 나사렛주의자들이 그러했습니다. 우리는 이런 모든 자를 배격하며, 순수하게 복음을 설교하고 오로지 성령님에 의해서만 가르치며, 율법에 의해서는 의롭게 될 수 없다고 교훈합니다. 이 주제에 관해서는 '칭의'라는 제목 아래 더 상세하게 설명할 것입니다.

도르트 신경 (1619)

적인 사역은 복음의 사용을 배제하거나 무효로 하지 않으며, 도리어 지극히 지혜로우신 하나님은 그 복음을 중생의 씨와 우리 영혼의 양식으로 삼으십니다. 그러므로 사도들과 이 사도들을 계승한 교사들은 하나님에게 영광을 돌리고 사람들로 모든 교만을 낮추게 하기 위해 이 하나님의 은혜를 가르쳤습니다. 이와 동시에 사도들과 교사들은 복음의 거룩한 권고에 따라 하나님 말씀의 선포와 성례와 권징을 통해 사람들을 지키는 일 역시 소홀히 하지 않았습니다. 그러므로 오늘에 이르기까지 교회에서 가르치는 사람이나 가르침을 받는 사람은 모두 하나님이 선하고 기뻐하시는 뜻 안에서 밀접하게 결합해 놓은 것을 분리함으로 하나님을 시험해서는 안 됩니다. 하나님의 은혜는 권면의 말씀을 통해 주어집니다. 우리가 자원하는 마음으로 기꺼이 우리 의무를 수행할수록 우리 안에서 일하시는 하나님의 축복이 더욱 탁월해질 것이며, 그 하나님의 역사하심이 더욱 직접적으로 진전될 것이기 때문입니다. 오직 그 수단과 구원하는 열매와 그 효과

웨스트민스터 신앙 고백서 (1647)	웨스트민스터 소요리 문답 (1647)	웨스트민스터 대요리 문답 (1648)

[5] 롬 6:3-4; 고전 10:16, 21

2항 모든 성례에는 표와 그 표가 의미하는 것 사이에 영적 관계 또는 성례적 연합이 있습니다. 따라서 표의 이름과 효과는 그 표가 의미하는 것에서 나옵니다.[1]

———
[1] 창 17:10; 마 26:27-28; 딛 3:5

3항 성례가 바르게 집례될 때, 성례 안에서나 성례로 말미암아 나타나는 은혜는 성례 안에 있는 어떤 능력으로 주어지는 것이 아닙니다. 성례의 효과도 성례를 집례하는 사람의 경건이나 의도에 의존하지 않습니다.[1] 그것은 성령님의 역사하심과[2] 성례가 집례될 때 선포되는 제정에 관한 말씀, 즉 성례를 사용하는 권한과 그것에 합당하게 성례를 받는 사람들에게 주어지는 은덕을 약속한 말씀에 달려 있습니다.[3]

———
[1] 롬 2:28-29; 벧전 3:21
[2] 마 3:11; 고전 12:13
[3] 마 26:27-28; 28:19-20

4항 복음서에서 그리스도 우리 주님이 제정하신 성례는 오직 두 가지입니다. 곧 세례와 성찬입니다. 이 두 성례는 그 누구에 의해서가 아니라 오직 합법적으로 임직을 받은 말씀 사역자에 의해서만 베풀어져야 합니다.[1]

———
[1] 마 28:19; 고전 11:20, 23; 4:1; 히 5:4

5항 구약의 성례는 그것이 의미하고 드러내는 영적인 것에서 신약의 성례와 본질적으로 같습니다.[1]

———
[1] 고전 10:1-4

88문. 그리스도께서 구속의 은덕을 우리에게 전달하시는 외적이며 통상적인 수단은 무엇입니까?

답. 그리스도께서 구속의 은덕을 우리에게 전달하시는 외적이며 통상적인 수단은 그분의 규례입니다. 특히 하나님 말씀과 성례와 기도로, 이 모든 것은 택함받은 자들이 구원에 이르는 데 효력 있게 됩니다.[1]

———
[1] 마 28:19-20; 행 2:42, 46-47

89문. 하나님 말씀은 어떻게 구원에 효력 있게 됩니까?

답. 하나님의 성령은 말씀을 읽는 것, 특히 말씀 설교를 통해 죄인을 확신시키고 회심하게 하며 거룩함과 위로 안에서 믿음으로 구원에 이르도록 그들을 세우는 효력 있는 수단이 되게 합니다.[1]

———
[1] 느 8:8; 고전 14:24-25; 행 26:18; 시 19:8; 행 20:32; 롬 15:4; 딤후 3:15-17; 롬 10:13-17; 1:16

90문. 하나님 말씀을 어떻게 읽고 들어야 구원에 효력 있게 됩니까?

답. 하나님 말씀이 구원에 효력 있게 되려면 우리는 반드시 부지런함과[1] 준비와[2] 기도에[3] 집중해야 합니다. 그 말씀을 믿음과 사랑으로 받고[4] 우리 마음에 간직하며[5] 삶을 통해 실천해야 합니다.[6]

———
[1] 잠 8:34
[2] 벧전 2:1-2
[3] 시 119:18
[4] 히 4:2; 살후 2:10
[5] 시 119:11
[6] 눅 8:15; 약 1:25

91문. 성례는 어떻게 구원의 효과적인 수단이 됩니까?

답. 성례는 성례 자체나 그것을 집례하는 자 안에 있는 어떤 덕으로 효력 있게 되는 것이 아닙니다. 성례는 오직 그리스도의 축복하

154문. 그리스도께서 중보의 은덕을 우리에게 전달하시는 외적인 수단은 무엇입니까?

답. 그리스도께서 중보의 은덕을 우리에게 전달하시는 외적이고 통상적인 수단은 그분의 모든 규례입니다. 특히 말씀과 성례와 기도로, 이 모든 것은 택함받은 자들이 구원에 이르는 데 효력 있게 됩니다.[1]

———
[1] 마 28:19-20; 행 2:42, 46-47

155문. 하나님 말씀은 구원에 어떻게 효력 있게 됩니까?

답. 하나님의 성령은 말씀을 읽는 것, 특히 말씀 설교를 통해 죄인을 조명하시고[1] 확신시키고 겸손하게 하시며[2] 그들을 자기 자신에게서 몰아내어 그리스도께로 가까이 이끄십니다.[3] 또한 그들로 하여금 그분의 형상을 본받게 하시며,[4] 그분 뜻에 복종케 하시고,[5] 그들을 강건케 하셔서 시험과 부패에 빠지지 않게 하시며,[6] 은혜로 그들을 세우시고[7] 구원에 이르는 믿음을 통해 그들 마음을 거룩함과 위로로 굳게 세우십니다.[8]

———
[1] 느 8:8; 행 26:18; 시 19:8
[2] 고전 14:24-25; 대하 34:18-19, 26-28
[3] 행 2:37, 41; 8:27-39
[4] 고후 3:18
[5] 고후 10:4-6; 롬 6:17
[6] 마 4:4, 7, 10; 엡 6:16-17; 시 19:11; 고전 10:11
[7] 행 20:32; 딤후 3:15-17
[8] 롬 16:25; 살전 3:2, 10-11, 13; 롬 15:4; 10:13-17; 1:16

156문. 모든 사람이 하나님 말씀을 읽어야 합니까?

답. 회중에게 공적으로 말씀을 봉독하는 것이 누구에게나 허락되지는 않으나,[1] 모든 사람은 각각 그들 홀로,[2] 그리고 가족과 함께 말씀을 읽을 의무가 있습니다.[3] 이 목적을 위해 성경이 원어에서 각 나라의 언어로 번역되었습니다.[4]

벨직 신앙 고백서 (1561)	하이델베르크 요리 문답 (1563)	제2 스위스 신앙 고백서 (1566)	도르트 신경 (1619)
	답. 두 가지로, 거룩한 세례와 거룩한 성찬입니다.[1] —— [1] 고전 10:2-4	5항 바리새파의 율법의 가르침과 비교해 볼 때, 복음의 교리는 (그리스도에 의해 처음 설교되었을 때) 새로운 가르침으로 간주되었습니다(또한 선지자 예레미야도 새 언약에 관해 예언한 바 있습니다). 그럼에도 이것은 (오늘날에도 교황주의자들은 그들이 이미 수용한 가르침과 관련하여 새로운 가르침이라고 말하기 때문에) 새로운 것이 아니라 언제나 오래된 가르침이며, 이 세상에서 가장 오래된 가르침입니다. 하나님이 영원부터 그리스도에 의해 이 세상을 구원하고자 예정하셨고, 복음을 통해 이러한 그분의 예정과 영원한 뜻을 세상에 나타내셨기 때문입니다(딤후 1:9-10). 따라서 복음 교리와 신앙은 오래전부터 있었고, 지금도 있으며, 앞으로도 있을 모든 것 가운데 가장 오래된 것입니다. 따라서 우리는 복음 교리와 신앙이 최근에 출현한 것이며 불과 30년도 되지 않는다고 말하는 모든 사람[교황주의자]이 부끄러운 잘못을 범하고 있으며, 하나님의 영원한 계획에 관해 말할 자격이 없다고 믿습니다. 이런 자들에 대해서는 선지자 이사야의 다음과 같은 말이 맞을 것입니다. "악을 선하다 하며 선을 악	를 동시에 역사하시는 하나님에게만 모든 영광이 있습니다. 아멘. **다섯째 교리** 14항 하나님이 복음 선포를 통해 우리 안에 이 은혜의 역사가 시작되기를 기뻐하신 것처럼 하나님은 그분의 말씀을 듣고 읽고 묵상하는 것과 말씀의 권고와 경고와 그 약속들과 성례의 시행을 통해 이 은혜의 역사를 보존하시고 계속하시며 완성하십니다.

제2 스위스 신앙 고백서(계속)

하다 하며 흑암으로 광명을 삼으며 광명으로 흑암을 삼으며 쓴 것으로 단 것을 삼으며 단 것으로 쓴 것을 삼는 자들은 화 있을진저"(사 5:20).

19장 그리스도의 교회의 성례에 관하여
1항 하나님은 처음부터 교회에 선포되는 말씀 설교에 그분의 성례 또는 성례전적 표지를 더하셨습니다. 이는 성경 전체가 명료하게 증언하는 바입니다. 그러나 성례는 신비한 상징, 거룩한 의식, 신성한 행위로 하나님이 제정하셨고, 그분 말씀과 표지, 그리고 그것이 제시하는 것들로 구성되어 있습니다. 하나님은 사람에게 베푸신 최고의 은혜를 교회 가운데 기억으로 보존하시며, 그 기억을 계속 새롭게 하십니다. 동일하게 성례에 의해 하나님은 자신의 약속을 인 치시고, 그분이 우리에게 내적으로 주신 것을 외적으로 표시

하셔서, 즉 눈앞에 두어 보이게 하셔서 우리 마음 가운데 역사하시는 하나님의 성령을 통해 우리 신앙을 강하게 하시고 또한 성장시키십니다. 마지막으로, 성례를 통해 하나님은 우리를 다른 모든 백성과 종교에서 분리하시며, 오로지 그분 자신을 위해 우리를 성별하시고 묶으시며, 하나님이 우리에게 요구하시는 것이 무엇인지를 깨닫게 하십니다.

2항 이러한 성례는 옛 교회와 새 교회의 성례입니다. 구약 시대의 성례는 할례와, 제물로 드려져 죽임당하는 어린양이었습니다. 이는 세상이 시작될 때부터 드려진 희생 제사들과 관련된 것입니다. 신약 교회의 성례는 세례와 성찬입니다.

3항 어떤 이들은 신약의 성례가 일곱 가지라고 주장합니다. 그 일

웨스트민스터 신앙 고백서 (1647)	웨스트민스터 소요리 문답 (1647)	웨스트민스터 대요리 문답 (1648)
	심과[1] 그것을 믿음으로 받는 자들 안에 있는 그분의 성령의 역사하심으로 효력 있는 구원의 수단이 됩니다.[2] ——— [1] 벧전 3:21; 마 3:11; 고전 3:6-7 [2] 고전 12:13 **92문. 성례는 무엇입니까?** 답. 성례는 그리스도께서 제정하신 거룩한 규례입니다. 성례 안에서 감각적인 표들에 의해 그리스도와 새 언약의 은덕이 신자들에게 나타나고 인 쳐지며 적용됩니다.[1] ——— [1] 창 17:7, 10; 출 12장; 고전 11:23, 26 **93문. 신약의 성례는 어떤 것들입니까?** 답. 신약의 성례는 세례와[1] 성찬입니다.[2] ——— [1] 마 28:19 [2] 마 26:26-28	——— [1] 신 31:9, 11-13; 느 8:2-3; 9:3-5 [2] 신 17:19; 계 1:3; 요 5:39; 사 34:16 [3] 신 6:6-9; 창 18:17, 19; 시 78:5-7 [4] 고전 14:6, 9, 11-12, 15-16, 24, 27-28 **157문. 하나님 말씀을 어떻게 읽어야 합니까?** 답. 성경은 높이 받들고 경외하는 마음으로 읽어야 합니다.[1] 곧 성경이 하나님 말씀이라는 사실과[2] 하나님만이 우리로 성경을 깨닫게 하실 수 있다는 굳은 확신으로,[3] 또한 그 가운데 계시되어 있는 하나님의 뜻을 알고 믿고 순종하고 싶어 하는 욕구로[4] 부지런히[5] 읽어야 합니다. 그리고 성경의 내용과 범위에 주의하여[6] 묵상과[7] 적용과[8] 자기 부인과[9] 기도로 성경을 읽어야 합니다.[10] ——— [1] 시 19:10; 느 8:3-10; 출 24:7; 대하 34:27; 사 66:2 [2] 벧후 1:19-21 [3] 눅 24:45; 고후 3:13-16 [4] 신 17:10, 20 [5] 행 17:11 [6] 행 8:30, 34; 눅 10:26-28 [7] 시 1:2; 119:97 [8] 대하 34:21 [9] 잠 3:5; 신 33:3 [10] 잠 2:1-6; 시 119:18; 느 7:6, 8

웨스트민스터 대요리 문답(계속)

158문. 누가 하나님 말씀을 설교해야 합니까?
답. 충분한 은사를 받았을 뿐 아니라[1] 정식으로 공인되어 이 직분에 부름받은 자가 하나님 말씀을 설교해야 합니다.[2]

———
[1] 딤전 3:2, 6; 엡 4:8-11; 호 4:6; 말 2:7; 고후 3:6
[2] 렘 14:15; 롬 10:15; 히 5:4; 고전 12:28-29; 딤전 3:10; 4:14; 5:22

159문. 말씀 설교로 부름받은 사람들은 하나님 말씀을 어떻게 설교해야 합니까?
답. 말씀 사역에 부름받은 사람들은 바른 교리를 가르치되[1] 부지런히[2] 때를 얻든지 못 얻든지 가르칠 것이며,[3] 명백하게 설교하되[4] 사람의 지혜의 권하는 말로 하지 않고 오직 성령님의 나타나심과 능력으로만 할 것이며,[5] 충성스럽게 설교하되[6] 하나님의 모든 뜻을 알도록 할 것입니다.[7] 말씀을 듣는 자의 필요와 이해 능력에 적용

하여[8] 지혜롭게 설교하며,[9] 하나님과[10] 그분의 백성의 영혼에[11] 대한 뜨거운 사랑으로 열렬히[12] 설교하며, 하나님의 영광과[13] 그들의 회개와[14] 건덕과[15] 구원을[16] 목표로 성실히[17] 설교해야 합니다.

———
[1] 딛 2:1, 8
[2] 행 18:25
[3] 딤후 4:2
[4] 고전 14:19
[5] 고전 2:4
[6] 렘 23:28; 고전 4:1-2
[7] 행 20:27
[8] 고전 3:2; 히 5:12-14; 눅 12:42
[9] 골 1:28; 딤후 2:15
[10] 고후 5:13-14; 빌 1:15-17
[11] 골 4:12; 고후 12:15
[12] 행 18:25
[13] 살전 2:4-6; 요 7:18
[14] 고전 9:19-22
[15] 고후 12:19; 엡 4:12
[16] 딤전 4:16; 행 26:16-18
[17] 고후 2:17; 4:2

160문. 말씀 설교를 듣는 자들에게 요구되는 것은 무엇입니까?
답. 말씀 설교를 듣는 자들에게는 부지런함과[1] 준비와[2] 기도로[3] 설

벨직 신앙 고백서 (1561)	하이델베르크 요리 문답 (1563)	제2 스위스 신앙 고백서 (1566)	도르트 신경 (1619)

제2 스위스 신앙 고백서(계속)

곱 가지 가운데 회개와 독신과 사역자의 임직(우리가 의미하는 바는 교황적 의미가 아닌 사도적 임직을 뜻합니다)은 하나님이 제정하신 유익한 것으로 인정하지만, 그것을 성례전으로 받아들이지는 않습니다. 견진 성사와 병자 성사는 인간이 만든 것으로, 그것이 없어도 교회는 어떤 손상도 입지 않습니다. 따라서 이런 것들은 우리 교회에 존재하지 않습니다. 이런 것들에는 우리가 결코 인정할 수 없는 것이 있기 때문입니다.[1] 우리는 로마 교황주의자들이 성례를 집례할 때 시행하는 모든 상업 행위를 혐오합니다.

4항 모든 성례의 창시자이자 제정자는 그 누구도 아닌 오직 하나님 한 분입니다. 성례는 하나님을 예배하는 일과 관련된 것이기 때문에 사람은 결코 성례를 제정할 수 없습니다. 따라서 사람이 행할 수 있는 것은 하나님의 예배를 제정하거나 형성하는 것이 아니라, 하나님이 주신 것을 받아들여서 지켜 행하는 것입니다. 더욱이 이 성례적 표지들에는 믿음을 요구하는 약속들이 부가되어 있습니다. 그러나 믿음은 오직 하나님 말씀에만 기초합니다. 하나님 말씀이 문서 또는 서신과 같은 것이라면 성례는 인감도장과 같은 것으로, 그것을 문서에 찍는 분은 오직 하나님뿐입니다. 그리고 하나님이 성례의 주인이시기 때문에, 하나님은 성례가 바르게 집행되는 교회 가운데 언제나 역사하십니다. 따라서 신자는 사역자에게 성례전을 받을 때 하나님이 제정하신 것을 통해 역사하고 계심을 인정해야 하며, 이는 마치 성례를 하나님의 손에서 수령하는 것과 같기 때문에 사역자 자신의 결함이 (비록 그것이 굉장히 심각하더라도) 아무런 장애가 될 수 없다는 것을 인정해야 합니다. 성례전의 완전성은 주님의 제정에 근거한다는 것을 알기 때문입니다. 따라서 성례 집행에서 신자는 주님과 주님의 사역자를 명확하게 구별해야 합니다. 성례의 본질은 주님에게서 주어지는 것이며, 외적인 표지는 주님의 사역자에 의해 주어지는 것입니다.

4항 그러나 모든 성례에는 하나님이 제시하시는 것, 즉 모든 시대에 거쳐 모든 경건한 사람이 주목해 온 요점(어떤 사람들은 이것을 성례의 실체 또는 실질이라고 부릅니다)이 있습니다. 이는 곧 구주이신 그리스도와 그 유일한 희생과(히 10:12), 세상 처음부터 죽임당한 하나님의 어린양(계 13:8), 그리고 우리 선조가 물을 받아 마신 바위입니다(고전 10:4). 이 그리스도에 의해 택함받은 모든 자가 손이 아닌 성령님에 의해(골 2:11-12) 할례를 받아 모든 죄를 씻어 깨끗함을 얻고(계 1:5), 그리스도의 참된 몸과 피로 양육받아 영원한 생명에 이르는 것입니다(요 6:54).

5항 성례의 주요 요점과 중심, 그리고 본질에 관한 한, 구약과 신약의 두 성례는 동등합니다. 유일한 중보자이시며 믿는 자의 구주이신 그리스도께서 구약과 신약 모두에서 주요 요점이시며 본질이시기 때문입니다. 또한 유일하시고 동일하신 하나님이 어느 경우에든 성례의 주인이 되십니다. 성례는 하나님의 은혜와 약속의 표징 또는 인으로, 하나님의 위대한 은혜를 기억하고 새롭게 하여 신자로 하여금 이 세상의 다른 모든 종교에서 분리되어 하나님의 은혜를 믿음에 의해 영적으로 받아들이게 하기 위함이며, 또한 이것을 받은 사람들을 교회에 연결하여 자신의 직분을 생각나게 하기 위함입니다. 이러한 것들, 그리고 이와 유사한 점에서 구약과 신약의 성례는 비록 외적인 표지가 다양하지만 동등하다고 할 수 있습니다.

6항 그럼에도 우리는 실제로 구약과 신약의 성례 사이에 큰 차이가 있다는 것을 인정합니다. 다시 말해 우리의 성례는 더 견고하며 영속적입니다. 그것은 세상 끝 날까지 결코 변함 없기 때문입니다. 우리의 성례는 그 본질과 약속이 그리스도 안에서 이미 성취되고 완성된 것임을 증언합니다. 하지만 구약 백성에게 주어진 것은 언젠가 성취될 것을 암시하고 있었습니다. 따라서 우리의 성례전은 더 단순하고, 복잡하지 않으며, 사치스럽지 않고, 의식에 있어서도 모호하지 않습니다. 더욱이 그것은 전 세계에 거하는 더 많은 백성에게 속합니다. 또한 더 탁월하며 더 큰 믿음을 (성령님에 의해) 일으키기 때문에, 더 풍성한 성령님의 역사하심을 누리게 됩니다.

7항 참된 메시아 되신 그리스도께서 우리에게 나타나셨고 그 은혜가 신약 백성에게 차고 넘치기 때문에, 구약 백성의 성례는 완전히 폐지되었고 멈추어 버렸습니다. 이제 신약의 성례가 그것을 대체했습니다. 할례를 대신하여 세례가, 유월절 어린양과 희생 제사를 대신하여 주님의 만찬이 주어졌습니다.

8항 이전 성례가 말씀과 표지, 그리고 그것들이 제시하는 것들로 구성되어 있듯이, 지금도 동일한 부분으로 구성되어 있습니다. 이전에는 그렇지 않던 것이 하나님 말씀에 의해 지금은 성례가 되었기 때문입니다. 성례는 하나님 말씀으로 성별되며, 그것을 제정하

웨스트민스터 신앙 고백서 (1647)	웨스트민스터 소요리 문답 (1647)	웨스트민스터 대요리 문답 (1648)

웨스트민스터 대요리 문답(계속)

교 말씀을 따르는 것이 요구됩니다. 또한 들은 바를 성경에서 살피며,[4] 믿음과[5] 사랑과[6] 온유함과[7] 준비된 마음으로[8] 그것을 하나님 말씀으로 마음에 받아들이며,[9] 묵상하고[10] 참고하며[11] 그들 마음속에 숨겨 두고[12] 그들의 삶에서 그 말씀의 열매를 맺는 것이 요구됩니다.[13]

---

[1] 잠 8:34
[2] 벧전 2:1-2; 눅 8:18
[3] 시 119:18; 엡 6:18-19
[4] 행 17:11
[5] 히 4:2
[6] 살후 2:10
[7] 약 1:21
[8] 행 17:11
[9] 살전 2:13
[10] 눅 9:44; 히 2:1
[11] 눅 24:14; 신 6:6-7
[12] 잠 2:1; 시 119:11
[13] 눅 8:15; 약 1:25

161문. 성례는 어떻게 구원의 효과적인 수단이 됩니까?

답. 성례가 구원의 효과적인 수단이 되는 것은 성례 자체 안에 있는 능력이나 성례를 집례하는 자의 경건이나 의도에서 나오는 어떤 효능으로 말미암는 것이 아닙니다. 다만 성령님의 역사와 그것을 제정하신 그리스도의 복 주심으로 말미암는 것입니다.[1]

---

[1] 벧전 3:21; 행 8:13, 23; 고전 3:6-7; 12:13

162문. 성례는 무엇입니까?

답. 성례는 그리스도께서 그분의 교회에[1] 제정하신 거룩한 규례입니다. 이 규례는 은혜 언약 안에 있는 자들에게[2] 주의 중보의 은덕을[3] 표시하고 인 치시며 나타내시기[4] 위한 것이며, 그들의 신앙과 다른 모든 은혜를 강화하고 더하게 하기 위한 것이고,[5] 그들로 하여금 순종하게 하기 위한 것이며,[6] 상호간에 사랑과 교통을 증거하고 소중히 기리며[7] 그들을 은혜의 언약 밖에 있는 자들과 구별하기 위한 것입니다.[8]

---

[1] 창 17:7, 10; 출 12장; 마 28:19; 26:26-28
[2] 롬 15:8; 출 12:48
[3] 행 2:38; 고전 10:16
[4] 롬 4:11; 고전 11:24-25
[5] 롬 4:11; 갈 3:27
[6] 롬 6:3-4; 고전 10:21
[7] 엡 4:2-5; 고전 12:13
[8] 엡 2:11-12; 창 34:14

163문. 성례의 요소는 무엇입니까?

답. 성례의 요소는 두 가지입니다. 하나는 그리스도의 지정하심에 따라 사용되는 외적이고 감지할 수 있는 표입니다. 다른 하나는 이

표로 표시되는 내적이며 영적인 은혜입니다.[1]

---

[1] 마 3:11; 벧전 3:21; 롬 2:28-29

164문. 그리스도께서는 신약에서 자신의 교회에 몇 가지 성례를 제정하셨습니까?

답. 그리스도께서는 신약에서 자신의 교회에 두 가지 성례만 제정하셨는데, 곧 세례와 성찬입니다.[1]

---

[1] 마 28:19; 고전 11:20, 23; 마 26:26-28

176문. 세례와 성찬은 어떤 점에서 일치합니까?

답. 세례와 성찬은 창시자가 하나님이라는 점과[1] 둘의 영적 부분이 그리스도와 그분의 은덕이라는 점,[2] 둘 모두 같은 언약의 인 치심이라는 점,[3] 둘 모두 복음의 사역자, 곧 목사에 의해 집행되며 그 밖에 다른 사람에 의해서 집행될 수 없다는 점,[4] 주님이 재림하실 때까지 그리스도의 교회에서 계속 집행되어야 한다는 점에서 일치합니다.[5]

---

[1] 마 28:19; 고전 11:23
[2] 롬 6:3-4; 고전 10:16
[3] 롬 4:11; 골 2:12; 마 26:27-28
[4] 요 1:33; 마 28:19; 고전 11:23; 4:1; 히 5:4
[5] 마 28:19-20; 고전 11:26

177문. 세례와 성찬은 어떠한 점에서 서로 다릅니까?

답. 세례는 우리의 거듭남과 그리스도께 접붙임된 표와 보증으로 물로 단 한 번만 시행되며,[1] 심지어 어린아이에게도 시행되는 반면,[2] 성찬은 떡과 포도주로 자주 시행되며 영혼의 신령한 양식이 되시는 그리스도를 표시하고 나타내며[3] 우리가 그 안에 계속하여 거하고 자라남을 확인하기 위한 것으로,[4] 자신을 점검할 수 있는 연령과 능력에 이른 사람에게만 시행된다는 점에서 다릅니다.[5]

---

[1] 마 3:11; 딛 3:5; 갈 3:27
[2] 창 17:7, 9; 행 2:38-39; 고전 7:14
[3] 고전 11:23-26
[4] 고전 10:16
[5] 고전 11:28-29

벨직 신앙 고백서 (1561)	하이델베르크 요리 문답 (1563)	제2 스위스 신앙 고백서 (1566)	도르트 신경 (1619)

제2 스위스 신앙 고백서(계속)

신 분에 의해 거룩해집니다. 그리고 성별한다는 것은 어떤 것을 하나님을 위해 또는 거룩하게 사용하기 위해 드리는 것을 의미합니다. 즉 일반적 또는 세속적 사용에서 분리시켜서 거룩하게 사용되는 것으로 구별하는 것입니다. 다시 말해 성례전의 표지는 일반적 용도로 사용하지 않으며, 외적이며 눈에 보이는 것입니다. 즉 세례의 경우, 외적인 표지는 물이라는 요소이며 사역자가 씻어 깨끗하게 합니다. 그러나 이것이 제시하는 바는 중생 또는 죄에서 깨끗케 되는 정결함입니다. 마찬가지로, 성찬의 표지는 떡과 포도주로, 이는 식물과 음료라는 일반적 사용과는 다릅니다. 그러나 이것들이 제시하는 바는 넘겨진 주님의 몸과 우리를 위해 흘리신 주님의 피, 또는 주님의 몸과 피에 참여하는 것입니다. 따라서 물과 떡과 포도주는 하나님의 제정과 거룩한 용도의 측면을 제외하고 본연의 특성을 고려한다면, 단순히 우리가 경험상 알고 있는 그대로의 것에 지나지 않습니다. 그러나 여기에 하나님의 거룩하신 이름과 최초의 제정과 성화가 갱신되는 것과 함께 하나님 말씀이 더해지면, 이 표지들은 거룩하게 구별되고 그리스도에 의해 거룩해진 것으로 선언됩니다. 그리스도께서 제정하신 최초의 성례의 제정과 구별은 하나님의 교회 안에서 언제나 지속적으로 유효합니다. 따라서 성례를 집례하는 이들은 지금까지도 그 무엇보다 뛰어난 최초의 지극히 탁월한 거룩을 누립니다. 이는 주님이 처음에 친히 제정하신 것과 다르지 않습니다. 이런 이유로 성례가 집례될 때마다 그리스도의 말씀 자체가 반복적으로 선포되어야 하는 것입니다.

9항 하나님 말씀에 의해서 이러한 표지를 통상적 용도와는 다른 목적과 용법으로 주님이 제정하셨다는 것을 배우기 때문에 우리는 거룩한 용도로 사용될 때에는 이것들이 단지 물이나 떡, 또는 포도주가 아니라 이것들이 제시하는 이름으로 불린다고 가르칩니다. 따라서 우리는 물을 "중생의 씻음"(딛 3:5)으로, 떡이나 포도주는 "그리스도의 몸"(고전 10:16) 또는 그분의 살과 피의 서약 또는 성례라고 부릅니다. 이는 이 표지들이 그것이 제시하는 것으로 변화했다거나 그 물질들이 본연의 특성을 상실했다는 의미가 아닙니다(그들이 상징하는 바만 있고 표지가 없다면, 그것들은 성례가 될 수 없기 때문입니다). 그러므로 표지들을 그것이 제시하는 것들의 이름으로 부르는 것은 그러한 것이 거룩한 것의 신비적 표이며, 그것이 제시하는 것들이 성례전적으로 서로 결합하여 있기 때문입니다. 즉 이것들은 신비적인 의미에서 결합되어 있고, 성례를 처음 제정하신 주님의 뜻과 목적 안에 연합되어 있습니다. 물과 떡과 포도주는 일반적인 표지가 아니라 거룩한 표지이기 때문입니다. 그리고 세례 시에 물을 제정하신 분은 신자가 단순히 세례의 물을 바르는 것만 염두에 두고 의도하신 것이 아닙니다. 또한 성찬에서 떡을 먹고 포도주를 마시도록 명하신 분은 자기 집에서 떡을 먹는 것처럼 신비적인 뜻 없이 신자가 단순히 떡과 포도주만 받는 것을 의미하지 않으셨습니다. 도리어 이것들이 의미하는 일에 그들이 영적으로 참여하는 자가 되고, 믿음에 의해 진실로 자신의 죄에서 씻음받아 정결해져서 그리스도께 참여하기를 원하신 것입니다.

거룩한 세례

34항 거룩한 세례

우리는 율법의 마침이 되신 예수 그리스도께서[1] 그분의 피를 흘리심으로써 사람들이 죄를 속상(贖償, 보상)하거나 만족하게 하기 위해 드렸던 모든 피 흘림을 끝내셨다는 것을

69문. 그리스도께서 십자가에서 단번에 이루신 희생 제사가 당신에게 실질적인 유익이 된다는 것을 거룩한 세례가 어떻게 권면하고 확신을 줍니까?

답. 그리스도께서는 일반적으로 몸의 더러운 것을

20장 거룩한 세례에 관하여

1항 세례는 하나님이 제정하시고 성별하신 것입니다. 최초로 세례를 베푼 사람은 바로 요단강에서 그리스도께 물로 세례를 베푼 요한입니다. 그후에 이것이 사도들에게 전달되고, 사도들도 물로 세례를 베풀었습니다. 주님은 그들에게 분명하게 복음을 선포하시고, "아버지와 아들과 성령의 이름으로" 세례를 주라고 명령하셨습니다(마

웨스트민스터 신앙 고백서 (1647)	웨스트민스터 소요리 문답 (1647)	웨스트민스터 대요리 문답 (1648)

제2 스위스 신앙 고백서(계속)

10항 그러므로 우리는 성례의 거룩함을 올바로 이해하지 못하는 자들을 용납할 수 없습니다. 즉 성별된 사람[2] 또는 성별의 의도를 가진 사람이 표명하는 특정한 말의 반복이라거나, 또는 그리스도나 그분의 사도들의 말씀이나 모범에 의해 우리에게 전해지지 않은 우연적인 것이라고 주장하는 자들 말입니다. 더욱이 성례가 거룩한 것이 아니며, 효력 없는 일반적인 표지인 것처럼 말하는 자들의 교리도 인정하지 않습니다. 보이지 않는 요소 때문에 성례에서 보이는 요소를 경시하는 자들, 특히 메살리안주의자들(Messalians, '메살리안'이란 기도하는 사람이라는 뜻의 시리아어에 유래_ 옮긴이)의 주장처럼 우리는 이미 물질을 맛보았다고 생각하기 때문에 표지는 더 이상 필요 없는 것으로 생각하는 자들 역시 인정할 수 없습니다. 또한 우리는 은혜와 제시되는 성례의 요소들에 표지가 강력하게 연결되어 있고 내포되어 있기 때문에 표지에 외적으로 참여하는 자는 누구든지 은혜로 제시된 것들에 내적으로 참여하는 것이라고 가르치는 자들의 교리도 허용할 수 없습니다.

11항 동시에 성례의 온전함이 사역자의 가치나 무가치에 좌우된다고 평가하지 않는 것처럼, 우리는 성례를 받는 자들의 조건에 좌우되지 않는다고 믿습니다. 성례의 온전함은 하나님의 진실 또는 진리와 순수한 사랑에 달려 있다는 것을 알고 있기 때문입니다. 다시 말해서 하나님 말씀은 언제든지 하나님의 참된 말씀으로 남아 있습니다. 그것이 설교될 때 단순히 말씀으로 읊어지는 것이 아니며,

동시에 그 말씀에서 제시하거나 고지하는 것들은 하나님이 제시하시는 것입니다. 비록 불경건한 자나 믿지 않는 자가 그 말씀을 듣고 이해한다 할지라도 그들은 그 말씀에서 제시하는 것을 받아 누리지 못합니다. 그들은 참된 믿음으로 말씀을 받지 않기 때문입니다. 마찬가지로 성례는 말씀과 표지, 그리고 그것으로 제시되는 것들로 말미암아 언제까지나 참되고 완전한 성례가 되며, 단순히 거룩한 사항을 제시하는 것만이 아니라 하나님이 그 사항을 제시하시는 것입니다. 따라서 이것들을 진정으로 받지 못하는 이유는 성례의 주인이시며 그것을 베푸시는 하나님의 실수가 아니라, 믿음 없이 합당하지 않게 그것들을 받으려는 인간의 죄 때문입니다. "어떤 자들의 믿지 아니[함]"이 "하나님의 미쁘심을 폐[할 수 없습니다]"(롬 3:3).

12항 시작하면서 우리는 성례가 무엇이며 그것이 어떤 목적으로 제정되었는지를 설명했기 때문에 이미 다룬 모든 문제를 다시 반복하여 번거롭게 할 필요는 없을 것입니다. 그러므로 이제 그 다음으로 기독교회의 성례에 관해 더 개별적으로 논하고자 합니다.

---

[1] 예비적 교리 문답의 가르침을 동반한 견진 성사는 그 후 유럽의 많은 개혁교회에 도입되었고 유아 세례 시 보충 교육으로 활용되었다.

[2] 독법에 따르면 '코르세크라토'(corsecrato)로 읽어야 한다. 다른 판본들은 '거룩하게 하는 이에 의해서'라는 뜻의 '콘세크라토레'(consecratore)로 읽는다.

28장 세례에 관하여

1항 세례는 예수 그리스도께서 제정하신 신약의 성례입니다.[1] 세례는 세례받는 사람을 보이는 교회 안으로 엄숙히 받아들일 뿐 아니라,[2] 그가 그리스도께 접붙여졌으며,[3] 중생과[4] 죄 사함과,[5] 예수 그리스도를 통해 새 생명 가운데 행하기로 하나님에게 자신을 드림을 나타내는[6] 은혜 언약의 표와 인입니

94문. 세례가 무엇입니까?

답. 세례는 아버지와 아들과 성령의 이름으로 물로 씻는 성례로,[1] 우리가 그리스도께 접붙여짐으로 은혜 언약의 유익에 참여하는 것과 그로 인해 주님의 소유가 되겠다는 우리의 맹세를 표하고 인 치는 것입니다.[2]

---

[1] 마 28:19   [2] 롬 6:4; 갈 3:27

165문. 세례가 무엇입니까?

답. 세례는 그리스도께서 아버지와 아들과 성령의 이름으로 물로 씻는 신약의 한 성례입니다.[1] 이것은 그리스도께 접붙여지고,[2] 그분의 피로 죄 사함을 받으며,[3] 그분의 성령으로 거듭나고,[4] 양자가 되어[5] 영생에 이르는 부활의 표와 인 침입니다.[6] 이로써 세례받은 사람은 보이는 교회에 엄숙히 받아

벨직 신앙 고백서 (1561)	하이델베르크 요리 문답 (1563)	제2 스위스 신앙 고백서 (1566)	도르트 신경 (1619)

믿고 고백합니다. 또한 우리는 그리스도께서 피로 행한 할례를 폐하시고 그 대신 세례의 성례를 제정하셨음을 믿습니다.[2] 우리는 세례로 인해 하나님의 교회에 받아들여졌고, 다른 모든 사람들과 이방 종교들로부터 구별되어 전적으로 그분께 속하여 그분의 깃발과 상징을 갖게 되었습니다. 세례는 그분이 영원히 우리의 은혜로우신 아버지가 되신다는 사실을 증거합니다.

그러므로 그분은 자신에게 속한 모든 자들이 "아버지와 아들과 성령의 이름으로" 정결한 물로 세례를 받아야 한다고 명령하셨습니다.[3] 따라서 물이 우리 몸 위에 부어질 때 육체의 더러움을 씻어 내듯이, 그리스도의 피가 성령의 능력으로 우리 영혼에 내적으로 뿌려질 때, 우리를 죄에서 깨끗하게 하고 진노의 자녀에서 하나님의 자녀로 중생하게 합니다.[4] 이는 물에 의해서가 아니라 하나님 아들의 보혈을 뿌림으로[5] 그 효과를 발휘하는 것입니다. 그분은 우리가 마귀, 즉 바로의 압제에서 벗어나 영적 가나안 땅으로 들어가기 위해 통과해야 하는 홍해입니다.

물로 씻어 내는 것처럼, 그리스도의 피와 성령으로 내 영혼의 모든 더러운 오염, 곧 내 모든 죄가[1] 확실하게 씻긴다는 약속을 담아[2] 물로 씻는 외적 의식을 제정하셨습니다.[3]

———
[1] 막 1:4; 눅 3:3
[2] 막 16:16; 마 3:11; 롬 6:3
[3] 마 28:19; 행 2:38

70문. 그리스도의 피와 성령으로 씻음받는다는 것은 무슨 뜻입니까?

답. 그리스도께서 십자가에서 희생 제사로 우리를 위해 흘리신 피로 말미암아 하나님에게 값없이 죄 용서를 받은 것을 뜻합니다.[1] 그리고 점점 죄에 대하여는 죽고, 거룩하며 비난받을 만한 점이 없는 삶으로 살아가는 그리스도의 지체가 되도록 새롭게 하시고 거룩하게 하신 것을 뜻합니다.[2]

———
[1] 히 12:24; 벧전 1:2
[2] 요 1:33; 롬 6:4; 골 2:11

71문. 우리가 세례의 물로 씻기는 것처럼, 그리스도께서 그분의 피와 성령으로 우리를 확실히 씻기실 것이라는 약속은 어디에 있습니까?

답. 세례를 제정하실 때 약속하신 것으로, 다음과

28:19). 베드로는 무엇을 해야 할지 묻는 유대인들에게 사도행전에서 이렇게 말했습니다. "너희가 회개하여 각각 예수 그리스도의 이름으로 세례를 받고 죄 사함을 얻으라 그리하면 성령의 선물을 받으리니"(행 2:38). 따라서 어떤 사람들은 세례를 하나님의 백성으로 받아들여지는 성별의 표라고 불렀으며, 이것에 의해서 하나님이 택하신 자들이 하나님에게 성별되는 것입니다.

2항 하나님의 교회에는 오직 단 하나의 세례만 있습니다. 한 번 세례를 받거나 하나님에게 성별되는 것으로 충분합니다. 세례는 한 번 받으면 사람의 삶에서 평생 계속되며, 우리가 양자 된 영구한 표이기 때문입니다. 그리스도의 이름으로 세례를 받는다는 것은 언약과 가족 안으로 받아들여지는 것이며, 그렇게 함으로 하나님의 아들의 상속인이 되는 것입니다. 그리고 이생에서 하나님의 이름을 따라 불리게 되는데, 말하자면 하나님의 아들이라 불리는 것입니다. 죄의 더러움에서도 깨끗해져서 이제 더러움이 없는 새롭고 순결한 삶을 살도록 하나님의 많은 은혜를 받습니다. 그러므로 세례는 인류에 행하신 하나님의 광대한 은덕을 마음에 새기고 간직하는 것입니다. 우리 모두는 죄의 오염 가운데 태어났으며 진노의 자녀이기 때문입니다. 그러나 자비가 풍성하신 하나님이 값없이 자신의 아들의 피로 말미암아 우리를 정결하게 하시고, 그 아들 안에서 우리에게 자녀가 되는 신분을 주시며, 이를 통해 거룩한 언약으로 우리를 자신과 연합하게 하시고, 여러 은사가 충만하게 하시며, 새로운 생명으로 살아가게 해주십니다. 이 모두가 세례로 우리에게 인 쳐집니다. 내적으로 우리는 하나님에 의해 성령님으로 말미암아 중생하고, 정결해지며, 새롭게 되기 때문입니다. 그리고 외적으로는 물을 통해 지극히 주목할 만한 은사들이 인 쳐지고, 또한 마치 우리 눈앞에 보이는 것처럼 그 위대한 은덕들이 나타납니다. 그러므로 우리는 눈에 보이는 물로 씻기거나 물을 뿌려 세례를 받습니다. 물은 더러운

웨스트민스터 신앙 고백서 (1647)	웨스트민스터 소요리 문답 (1647)	웨스트민스터 대요리 문답 (1648)

다.[7] 이 성례는 그리스도께서 친히 명령하신 것으로 세상 끝 날까지 그분의 교회에서 계속되어야 합니다.[8]

---

[1] 마 28:19 [5] 막 1:4
[2] 고전 12:13 [6] 롬 6:3-4
[3] 갈 3:27; 롬 6:5 [7] 롬 4:11; 골 2:11-12
[4] 딛 3:5 [8] 마 28:19-20

2항 이 성례에 사용되는 외적 요소는 물인데, 이 물로 세례받는 사람은 합법적으로 부르심받은 복음 사역자에 의해 성부와 성자와 성령의 이름으로 세례를 받아야 합니다.[1]

---

[1] 마 3:11; 요 1:33; 마 28:19-20

3항 세례 시에 사람을 물에 잠기게 할 필요는 없습니다. 그 사람 위에 물을 붓거나 뿌리기만 해도 세례를 올바로 시행하는 것입니다.[1]

---

[1] 히 9:10, 19-22; 행 2:41; 16:33; 막 7:4

4항 그리스도를 믿는 신앙을 실제로 고백하고 그리스도를 향한 순종을 나타내는 사람뿐 아니라,[1] 한편이든 양편이든 믿는 부모의 유아도 세례를 받아야 합니다.[2]

---

[1] 막 16:15-16; 행 8:37-38
[2] 창 17:7, 9; 갈 3:9, 14; 골 2:11-12; 행 2:38-39; 롬 4:11-12; 고전 7:14; 마 28:19; 막 10:13-16; 눅 18:15

5항 이 규례를 경멸하거나 소홀히 하는 것은 큰 죄이긴 하지만,[1] 세례 없이는 중생할 수 없다거나 구원받을 수 없는 것처럼 은혜와 구원이 세례와 나눌 수 없게 결합되어 있지는 않습니다.[2] 또는 세례를 받은 모든 사람이 의심할 여지 없이 중생한 것도 아닙니다.[3]

---

[1] 눅 7:30; 출 4:24-26

95문. 세례는 누구에게 시행되어야 합니까?
답. 그리스도를 믿는 신앙을 고백하고 그리스도를 향한 순종을 나타내기 전까지는 보이는 교회에 속하지 않은 사람 누구에게라도 세례를 시행해서는 안 됩니다.[1] 그러나 보이는 교회 회원들의 유아에게는 세례를 베풀어야 합니다.[2]

---

[1] 행 8:36-37; 2:38
[2] 행 2:38-39; 창 17:10; 골 2:11-12; 고전 7:14

들여지고,[7] 오직 주님에게만 전적으로 속한다는 약속을 공개적으로 고백하며 들어가게 되는 것입니다.[8]

---

[1] 마 28:19 [5] 갈 3:26-27
[2] 갈 3:27 [6] 고전 15:29; 롬 6:5
[3] 막 1:4; 계 1:5 [7] 고전 12:13
[4] 딛 3:5; 엡 5:26 [8] 롬 6:4

166문. 세례는 누구에게 시행되어야 합니까?
답. 그리스도를 믿는 신앙을 고백하고 그리스도를 향한 순종을 나타내기 전까지는 보이는 교회에 속하지 않은 사람과 약속의 언약에 있어서 외인인 사람에게 세례를 베풀 수 없습니다.[1] 한편이나 양편이 그리스도를 믿는 신앙과 그분을 향한 순종을 고백하는 부모에게서 난 유아는 언약 안에 있으므로 세례를 받을 수 있습니다.[2]

---

[1] 행 8:36-38
[2] 창 17:7, 9; 갈 3:9, 14; 골 2:11-12; 행 2:38-39; 롬 4:11-12; 고전 7:14; 마 28:19; 눅 18:15-16; 롬 11:16

167문. 우리가 받은 세례를 어떻게 더 향상시킬 수 있습니까?
답. 세례를 잘 사용하는 의무는 필요하지만 소홀해졌는데, 이 의무는 우리가 평생 동안, 특히 시험을 당할 때와 다른 사람이 세례받는 자리에 참석했을 때 행해야 합니다.[1] 우리는 세례의 성질과 그리스도께서 그것을 제정하신 목적, 그것에 의해 우리에게 주어지고 보증된 특권과 혜택, 세례를 받으며 행한 엄숙한 서약 등을 진지하고 감사히 고찰함으로 이 의무를 행해야 합니다.[2] 우리의 죄악스런 더러움, 세례의 은혜와 우리의 약속에 미치지 못하거나 역행하는 것으로 인해 겸손하게 행해야 합니다.[3] 그 성례 안에서 우리에게 보증된 죄 사함과 다른 모든 축복을 확신하기까지 성숙해지는 것으로 행해야 합니다.[4] 우리가 세례

벨직 신앙 고백서 (1561)	하이델베르크 요리 문답 (1563)	제2 스위스 신앙 고백서 (1566)	도르트 신경 (1619)

그러므로 목회자들은 눈에 보이는 성례를 시행하는 것이지만,[6] 우리 주님은 그 성례가 상징하는 눈에 보이지 않는 은사와 은혜를 주십니다. 그분은 모든 더러움과 불의에서 우리 영혼을 씻기시고 깨끗하게 하십니다.[7] 우리 마음을 새롭게 하시고, 모든 위로로 채워 주십니다. 그분의 아버지의 선하심에 대한 참된 확신을 주십니다. 우리에게 새사람을 입혀 주시고, 옛 사람을 그 모든 행위와 함께 벗기십니다.[8]

그러므로 우리는 영생을 열망하는 사람은 동일한 세례를 반복하지 않고,[9] 단 한 번만 세례를 받아야 한다고 믿습니다. 우리가 두 번 태어날 수 없기 때문입니다. 이 세례는 그 물이 우리에게 부어지고 우리가 세례를 받는 순간만이 아니라 우리의 전 생애에 걸쳐 효력을 끼칩니다.[10]

그러므로 우리는 단 한 번의 세례에 만족하지 않고, 더 나아가 유아들의 세례를 정죄하는 재세례파의 오류를 배격합니다. 우리는 이스라엘의 자녀들이 할례를 받았던 것처럼[11] 우리 자녀들도 동일한 약속에 근거하여 세례를 받고 언약의 표로[12] 인

같은 말씀입니다. "그러므로 너희는 가서 모든 민족을 제자로 삼아 아버지와 아들과 성령의 이름으로 세례를 베풀고."[1] "믿고 세례를 받는 사람은 구원을 얻을 것이요 믿지 않는 사람은 정죄를 받으리라."[2] 이 약속은 또한 성경이 세례를 "중생의 씻음"과[3] "죄 씻음"이라고 말한 곳에도 반복되어 있습니다.[4]

---

[1] 마 28:19   [3] 딛 3:5
[2] 막 16:16   [4] 행 22:16

72문. 물로 세례를 주는 행위 자체가 죄를 씻어 없애 줍니까?
답. 전혀 그렇지 않습니다. 오직 예수 그리스도의 피와[1] 성령님만이 우리를 모든 죄에서 깨끗하게 씻어 줍니다.[2]

---

[1] 마 3:11; 벧전 3:21
[2] 요일 1:7; 고전 6:11

73문. 그러면 성령님은 왜 세례를 "중생의 씻음"과 "죄 씻음"이라고 부르십니까?
답. 하나님은 몸의 더러운 것이 물로 씻기듯, 그리스도의 피와 성령으로 우리의 죄가 제거된다는 것을 우리에게 가르치고자 하시기 때문입니다.[1] 특히, 우리가 물로 씻기듯 실제로 우리 죄가 영적으로 씻

것을 씻어 내며, 실패하고 무기력한 육신을 새롭게 하고 시원하게 해주기 때문입니다. 하나님의 은혜는 이와 같은 방식으로 눈에 보이면서도 영적으로 영혼을 다룹니다.

3항 뿐만 아니라 세례의 성례로 말미암아 하나님은 우리를 다른 모든 종교나 백성에게서 분리하셔서 우리를 자신의 친백성으로 구별하십니다. 이런 까닭에 우리는 세례를 받을 때 자기 신앙을 고백하며, 하나님에게 순종하는 것과 육을 죽이고 새로운 생명으로 살아가는 것이 우리의 의무가 됩니다. 그렇습니다. 우리는 전 생애 동안 세상과 사탄과 우리 자신의 육에 대항하여 싸우는 그리스도의 거룩한 전쟁을 위해 등록된 병사입니다. 더욱이 우리는 교회의 한 몸이 되는 세례를 받는데, 이는 우리가 동일한 신앙과 서로에 대한 의무를 수행하는 교회의 지체가 되는 것에 동의하는 것입니다.

4항 우리는 세례의 가장 완전한 형식은 그리스도께서 받으신 형식, 사도들이 사용한 형식이라고 믿습니다. 따라서 우리는 후일에 인간이 고안한 방법이 부가되어 교회에서 사용하는 세례 형식에 관한 한, 세례의 완전성을 위해 필요하다고 생각하지 않습니다. 이런 것들은 귀신을 쫓아내는 것, 촛불 사용, 향유, 침 등과 같은 것입니다. 즉, 해마다 두 차례 다양한 의식으로 세례를 축성하는 것입니다. 그러나 오직 단 하나의 교회 세례는 하나님이 최초로 제정하시고 말씀으로 성별하신 것으로, 최초의 축복으로 인해 지금도 유효하다고 믿습니다.

5항 우리는 교회 안에서 여자나 조산사가 세례를 시행해서는 안 된다고 가르칩니다. 바울은 교회적 부르심의 직분에서 여자들을 제외했기 때문입니다. 그러나 세례는 교회적 직무에 속하는 것입니다.

웨스트민스터 신앙 고백서 (1647)	웨스트민스터 소요리 문답 (1647)	웨스트민스터 대요리 문답 (1648)
[2] 롬 4:11; 행 10:2, 4, 22, 31, 45, 47 [3] 행 8:13, 23 6항 세례의 효과는 세례가 베풀어지는 바로 그 순간과 완전히 묶여 있는 것은 아닙니다.[1] 그럼에도 이 성례를 바르게 사용한다면, 하나님이 정하신 때에 그분 뜻에 따라 (성인이든 유아든) 모든 사람에게 약속된 은혜가 베풀어질 뿐만 아니라 성령님에 의해 실제로 나타나고 수여됩니다.[2] ――― [1] 요 3:5, 8 [2] 갈 3:27; 딛 3:5; 엡 5:25-26; 행 2:38, 41 7항 세례의 성례는 누구에게든 오직 단 한 번만 베풀어져야 합니다.[1] ――― [1] 딛 3:5		를 받음으로 그리스도의 죽으심과 부활에서 힘을 얻어 죄를 억제하며 은혜를 소생시킴으로 행해야 합니다.[5] 또한 신앙으로 사는 것과,[6] 세례를 받음으로 그리스도께 자신의 이름을 바친 자로서[7] 거룩함과 의로운 삶을 사는 것과,[8] 같은 성령님으로 세례 받아 한 몸을 이룬 자들과 형제의 사랑 가운데 행하기를 노력하는 것으로 행해야 합니다.[9] ――― [1] 골 2:11-12; 롬 6:4, 6, 11 [2] 롬 6:3-5 [3] 고전 1:11-13; 롬 6:2-3 [4] 롬 4:11-12; 벧전 3:21 [5] 롬 6:3-5 [6] 갈 3:26-27 [7] 행 2:38 [8] 롬 6:22 [9] 고전 12:13, 25-27

벨직 신앙 고백서 (1561)	하이델베르크 요리 문답 (1563)	제2 스위스 신앙 고백서 (1566)	도르트 신경 (1619)

벨직 신앙 고백서 (1561)

치심을 받아야 한다고 믿습니다. 그리고 실제로 그리스도는 어른들을 위해 피를 흘리신 것과 마찬가지로 신실한 신자의 자녀들을 위해서도 피를 흘리셨습니다.[13] 그러므로 그들은 그리스도께서 그들을 위해 하신 일에 대한 표와 성례를 받아야 합니다. 이는 주님이 율법을 통해 예수 그리스도의 성례였던 어린양을 드리라고 명령하신 것처럼 그들이 태어난 지 얼마 되지 않아 그리스도의 고난과 죽음의 성례에 참여해야 한다고 명령하신 바와 같습니다.[14] 더욱이 유대인들이 받은 할례는 우리 자녀들이 받는 세례와 같습니다. 이런 이유로 바울이 세례를 그리스도의 할례라고 부른 것입니다.[15]

---

[1] 롬 10:4
[2] 골 2:11; 벧전 3:21; 고전 10:2
[3] 마 28:19
[4] 고전 6:11; 딛 3:5; 히 9:14; 요일 1:7; 계 1:6
[5] 요 19:34
[6] 마 3:11; 고전 3:5, 7; 롬 6:3
[7] 엡 5:26; 행 22:16; 벧전 3:21
[8] 갈 3:27; 고전 12:13; 엡 4:22-24
[9] 막 16:16; 마 28:19; 엡 4:5; 히 6:2
[10] 행 2:38; 8:16
[11] 창 17:11-12
[12] 마 19:14; 고전 7:14
[13] 골 2:11-12
[14] 요 1:29; 레 12:6
[15] 골 2:11

하이델베르크 요리 문답 (1563)

김받았음을 이런 신성한 약속과 표를 통해 우리에게 확신시키기 위해서입니다.[2]

---

[1] 계 1:5; 고전 6:11
[2] 막 16:16; 갈 3:27

74문. 유아도 세례를 받아야 합니까?

답. 그렇습니다. 어른뿐 아니라 유아도 언약과[1] 하나님의 교회에[2] 속하기 때문입니다. 그리고 그리스도의 피와, 믿음의 주 되시는 성령님의 역사하심을 통한 죄로부터의 구속이[3] 어른 못지않게 유아에게도 약속되었기 때문입니다.[4] 그러므로 유아도 언약의 표로 세례를 받아 그리스도의 교회에 속해야 하고, 믿지 않는 사람들의 자녀와 구별되어야 합니다.[5] 옛 언약 또는 구약 시대에는[6] 이런 일들이 할례를 통해 이루어졌으나, 이제 새 언약 아래에서는 세례가 제정되어 할례를 대체하게 되었습니다.[7]

---

[1] 창 17:7; 행 2:39
[2] 고전 7:14; 욜 2:16
[3] 마 19:14
[4] 눅 1:14-15; 시 22:10; 행 2:39
[5] 행 10:47; 고전 12:13; 7:14
[6] 창 17:14
[7] 골 2:11-13

제2 스위스 신앙 고백서 (1566)

6항 우리는 믿음의 가정에서 태어난 유아가 세례를 받아야 한다는 사실을 부정하는 재세례파를 정죄합니다. 복음의 교리에 따르면, "하나님의 나라가 이런 자의 것"(눅 18:16)이며, 그들은 또한 "언약의 자손"이기 때문입니다(행 3:25). 그런데 왜 하나님의 언약의 표가 그들에게 주어질 수 없다는 말입니까? 하나님의 친백성이요, 교회 안에 있는 자로서 그들이 거룩한 세례로 성별되지 못할 이유가 무엇입니까? 우리는 하나님 말씀을 반대하는 나머지 독특한 견해를 견지하는 재세례파를 정죄합니다. 그러므로 우리는 재세례파가 아니며, 어떤 점에서도 그들의 견해에 동의하지 않습니다.

웨스트민스터 신앙 고백서 (1647)	웨스트민스터 소요리 문답 (1647)	웨스트민스터 대요리 문답 (1648)

벨직 신앙 고백서 (1561)	하이델베르크 요리 문답 (1563)	제2 스위스 신앙 고백서 (1566)	도르트 신경 (1619)

성찬

35항 우리 주 예수 그리스도의 거룩한 성찬

우리는 우리 구주 예수 그리스도께서 이미 중생하게 하시고 그분 교회의 가족으로 받아들인 사람들을 양육하고 유지하시기 위해 거룩한 성만찬의 성례를 명하시고 제정하셨음을 믿고 고백합니다.[1]

중생한 사람들 안에는 이중적 생명이 있습니다.[2] 하나는 육체적이고 일시적인 생명으로, 그들이 첫 번째 태어날 때 받은 것이며 모든 사람에게 공통적인 것입니다. 다른 하나는 영적이고 천상적인 생명으로, 그들이 두 번째 태어날 때 받은 것이며,[3] 그리스도의 몸의 교제 안에서 복음의 말씀을 통해 이루어집니다.[4] 이 생명은 모든 사람에게 공통적이지 않고 오직 하나님의 택함받은 자들에게만 해당하는 독특한 생명입니다.[5] 하나님은 육체적이고 세속적인 생명을 유지하도록 하기 위해 육적 생명을 유지하는 수단으로 떡을 주셨습니다. 이 떡은 모든 사람의 육적 생명에 공통적인 것입니다. 하나님은

75문. 그리스도께서 십자가 위에서 단번에 이루신 속죄와 그분이 베푸시는 모든 은덕에 당신이 참여자가 된다는 것을 성찬이 어떻게 권면하고 확신하게 합니까?

답. 그것은 다음과 같습니다. 그리스도께서는 나와 모든 신자에게 그리스도 자신을 기억하며 떡을 떼어 먹고 잔을 마시라고 명령하시면서 다음과 같은 약속들을 더하셨습니다.[1] 첫째, 나를 위해 떡을 떼고 잔을 주는 것을 내 눈으로 보는 것처럼 그리스도의 몸이 나를 위해 십자가에 달리시고 찢기셨으며, 나를 위해 그리스도의 피를 흘리신 것이 확실합니다. 둘째, 그리스도께서 십자가에 달린 그분의 몸과 흘리신 피로 내 영혼이 영생에 이르도록 친히 나를 먹이시고 마시게 하시는 일은 그리스도의 몸과 피의 확실한 표인 주님의 떡과 잔을 내가 집례자의 손에서 받아 입으로 맛보는 것처럼 분명합니다.

___
1 마 26:26-28; 막 14:22-24; 눅 22:19-20; 고전 10:16-17; 11:23-25

21장 거룩한 주님의 만찬에 관하여

1항 (주님의 식탁 또는 유카리스트[Eucharist], 즉 감사라고도 불리는) 주님의 만찬은 그리스도께서 마지막 만찬 때에 제정하시고 여전히 동일한 것을 나타내기 때문에, 그리고 이를 통해 신자들이 영적으로 먹고 영양을 공급받기 때문에 일반적으로 만찬으로 불립니다. 성찬의 창시자는 천사나 사람이 아니라 자신의 교회를 위해 최초로 성찬을 거룩하게 하신 하나님의 아들, 우리 주 예수 그리스도이십니다. 그리고 주님이 제정하신 것과 동일한 만찬을 기념하는 사람들에게 여전히 동일한 축복과 거룩하게 하심이 있으며, 이 성찬을 통해 주님이 하신 만찬의 말씀을 낭송하는 이 모든 것은 참된 믿음으로 그리스도만을 바라보게 합니다. 그들이 교회 사역자들의 사역을 통해 받는 것은 마치 그리스도의 손에서 친히 받는 것과 같은 것입니다.

2항 주님은 이 거룩한 의식을 행함으로 인류에게 확보하신 위대한 은덕이 생생히 기억되며 잘 보존되기를 원하셨습니다. 다시 말해 주님은 자신의 몸을 희생하시고 자신의 피를 흘리심으로 우리의 모든 죄를 용서하시고 우리를 영원한 죽음과 마귀의 권세에서 구속하시며, 이제는 자신의 몸으로 먹이시고 우리에게 자신의 피를 주셔서 마시게 하십니다. 참된 믿음으로 말미암아 영적으로 그것을 받게 하시고 영원한 생명에 이르기까지 영양을 공급해 주십니다. 성찬이 시행될 때마다 이 위대한 은덕이 새롭게 됩니다. 주님이 이렇게 말씀하셨기 때문입니다. "너희가 이를 행하여 나를 기념하라"(눅 22:19).

3항 우리의 믿음이 다소간 동요되지 않도록 이 거룩한 만찬을 통해 주님의 몸을 우리에게 제공하신 것과, 우리 죄를 사하시려 주님의 피를 흘리

웨스트민스터 신앙 고백서 (1647)	웨스트민스터 소요리 문답 (1647)	웨스트민스터 대요리 문답 (1648)

29장 성찬에 관하여

1항 우리 주 예수님은 배반당하시던 날 밤에 자신의 죽음을 통한 희생 제사를 영원히 기념하도록 성찬이라 불리는 자신의 몸과 피의 성례를 제정하셔서 그분의 교회로 하여금 세상 끝 날까지 준수하게 하셨습니다. 이는 또한 성찬을 통해 참 신자들에게 주어지는 모든 은덕과, 주 안에서 영적 양식을 먹고 성장하는 일과, 주께 마땅히 행해야 할 모든 의무를 더욱 충실하게 이행하는 일에 인 치시기 위함입니다. 그리고 그리스도의 신비한 몸의 지체로서 참 신자들이 그리스도와의 교통과 신자들 간의 교통에 대한 연대와 보증이 되게 하셨습니다.[1]

———
[1] 고전 11:23-26; 10:16-17, 21; 12:13

2항 이 성례에서 그리스도는 성부 하나님에게 바쳐지지 않으십니다. 더욱이 살아 있는 자들과 죽은 자들의 죄 사함을 위해 실제로 그 어떤 희생 제물이 되지도 않으십니다.[1] 다만 그리스도께서 십자가 위에서 스스로 자신을 단번에 드리신 일을 기념하는 것이며, 동일한 목적으로 이 일에 감사하여 하나님에게 드릴 수 있는 모든 찬양을 영적으로 봉헌하는 것입니다.[2] 그러므로 로마 가톨릭 교회에서 행하는 (그들이 그렇게 부르듯이) 미사의 희생 제사는 택함받은 사람들의 모든 죄를 대신한 유일한 화목 제물이자 희생 제사인 그리스도의 희생을 가장 혐오스럽게 손상시키는 것입니다.[3]

———
[1] 히 9:22, 25-26, 28
[2] 고전 11:24-26; 마 26:26-27
[3] 히 7:23-24, 27; 10:11-12, 14, 18

96문. 성찬이란 무엇입니까?

답. 성찬은 그리스도께서 명하신 바를 따라 떡과 포도주를 주고받음으로 그분의 죽으심을 분명하게 드러내는 성례로, 성찬을 가치 있게 받는 자는 육체적이고 세속적인 방식을 따르지 않고 믿음으로 그분의 몸과 피에 참여하는 자가 되어 그분의 모든 은덕으로 영적으로 양육되고 은혜 안에서 성장합니다.[1]

———
[1] 고전 11:23-26; 10:16

97문. 성찬을 가치 있게 받기 위해서는 무엇이 요구됩니까?

답. 성찬에 가치 있게 참여하기 원하는 자에게는 주님의 몸을 분별하는 지식과,[1] 그분을 양식으로 삼는 믿음과,[2] 그들의 회개와[3] 사랑과[4] 새로운 순종,[5] 그리고 그들 스스로를 점검할 것이 요구됩니다. 이는 그들이 무가치하게 나와서 그들을 향한 심판을 먹고 마시지 않게 하기 위함입니다.[6]

———
[1] 고전 11:28-29   [4] 고전 10:16-17
[2] 고후 13:5   [5] 고전 5:7-8
[3] 고전 11:31   [6] 고전 11:28-29

168문. 성찬이란 무엇입니까?

답. 성찬이란 예수 그리스도께서 명하신 바를 따라 떡과 포도주를 주고받음으로 그분의 죽으심을 드러내는 신약의 성례입니다.[1] 성찬에 가치 있게 참여하는 자는 주의 살과 피를 먹고 마심으로 영적으로 양육되고 은혜 안에서 성장하며,[2] 주님과의 연합과 교통이 확고해지고,[3] 동일한 신비한 몸의 지체로서[4] 하나님을 향한 감사와[5] 약속,[6] 그리고 서로 사랑함과 사귐을 증거하고 그것을 새롭게 합니다.

———
[1] 눅 22:20   [4] 고전 10:17
[2] 마 26:26-28; 고전 11:23-26   [5] 고전 11:24
[3] 고전 10:16   [6] 고전 10:14-16, 21

169문. 그리스도께서는 성찬의 성례에서 떡과 포도주를 어떻게 나누어 주고 받으라고 하셨습니까?

답. 그리스도께서는 성찬의 성례를 집례할 때에 자신의 말씀 사역자들을 명하여 말씀과 감사와 기도를 드리고 성찬에 참여하는 자들에게 떡과 포도주를 나누어 주라고 하셨습니다. 성찬을 받는 자들은 같은 결정에 따라 자신을 위해 그리스도께서 몸을 떼어 주시고 그 피를 흘리신 것을 감사히 기억하면서 떡을 떼어 먹고 포도주를 마십니다.[1]

———
[1] 고전 11:23-24; 마 26:26-28; 막 14:22-24; 눅 22:19-20

170문. 성찬에 가치 있게 참여하는 사람들은 어떻게 그리스도의 살과 피를 먹습니까?

답. 그리스도의 살과 피는 성찬 떡과 포도주 안에,[1] 또는 함께, 또는 그 아래에 육체적으로 임재하지 않습니다. 그러나 믿음으

벨직 신앙 고백서 (1561)	하이델베르크 요리 문답 (1563)	제2 스위스 신앙 고백서 (1566)	도르트 신경 (1619)

영적이고 천상적인 생명을 유지하도록 하기 위해 신자들에게 하늘에서 내려온 살아 있는 떡이신 예수 그리스도를 주셨습니다.[6] 신자들이 그리스도를 먹을 때, 즉 믿음으로 그리스도를 받아들이고 영적으로 취할 때 그분은 신자들의 영적 생명에 자양분을 주시고 강하게 하십니다.[7]

그리스도는 하늘에 속한 이 영적 떡을 우리에게 보여 주시기 위해 지상적이고 가시적인 떡을 그분 몸의 성례로, 포도주를 그분 피의 성례로 정하셨습니다.[8] 이는 이 성례를 우리 손으로 받아들고 우리 입으로 먹고 마실 때 우리 육체의 생명이 영양을 공급받듯이, 우리의 영적 생명을 유지하기 위해 우리의 믿음으로 (우리 영혼의 손과 입이 되는) 우리의 유일한 구주이신 그리스도의 참된 살과 피를 확실히 받는다는 사실을 증거하시기 위함입니다.[9]

이제, 예수 그리스도께서 그분의 성례를 우리에게 헛되이 명령하신 것이 아니라는 사실이 의심의 여지 없이 분명하고 확실합니다. 비록 성령이 역사하시는 방식이 감추어져 있고 이해할 수 없기 때문

76문. 그렇다면 십자가에 못 박히신 그리스도의 몸을 먹고 그리스도께서 흘리신 피를 마신다는 것은 무엇을 의미합니까?

답. 그것은 그리스도의 모든 고난과 죽음을 우리가 믿는 마음으로 받아들여 이를 통해 죄 사함과 영원한 생명을 얻을 뿐만 아니라[1] 나아가 이 외에도 그리스도와 우리 안에 모두 거하시는 성령님으로 말미암아 우리가 그리스도의 거룩한 몸에 더욱 연합된다는 것을 의미합니다.[2] 그렇게 함으로써 비록 그리스도께서 하늘에 계시고[3] 우리는 이 세상에 있지만, 우리가 "그리스도의 뼈 중의 뼈요 살 중의 살"이 된다는 것입니다.[4] 우리 몸의 여러 지체가 한 영혼에 다스림받는 것처럼, 우리가 한 성령님에 의해 살고 다스림받는다는 것을 뜻합니다.[5]

———
[1] 요 6:35, 40, 47-48, 50-51, 53-54
[2] 요 6:55-56
[3] 행 3:21; 1:9-11; 고전 11:26
[4] 엡 5:29-32; 고전 6:15, 17, 19; 요일 3:24
[5] 요 6:56-58; 엡 4:15-16

77문. 그리스도께서는 신자들이 떡을 떼어 먹고 잔을 마시는 것처럼 그리스도의 몸과 피를 확실히 먹고 마시게 하겠다는 약속

신 것이 우리에게 인 쳐집니다. 그리고 성례를 집례하는 목사가 이것을 외적으로 제시하는데, 마치 우리 영혼 가운데 눈에 보이지 않는 방식으로 수행되는 성령님의 역사하심이 우리 눈에 보이는 것처럼 제시됩니다. 외적으로는 목사가 떡을 나누며 다음과 같은 주님의 말씀을 들려줍니다. "받아서 먹으라 이것은 내 몸이니라 너희가 다 이것을 마시라 이는 나의 피니라"(마 26:26-28; 눅 22:17-20). 따라서 신자들은 주님의 목사들이 주는 것을 받아 주님의 떡을 먹고 주님의 잔을 마시는 것입니다. 그리고 동시에 내적으로는 성령님을 통해 그리스도께서 역사하심으로 말미암아 신자들이 주님의 살과 피를 받고 그것에 의해 영원한 생명으로 먹게 됩니다. 그리스도의 살과 피는 영원한 생명으로 인도하는 참된 음식이요, 참된 음료이기 때문입니다. 실로 그렇습니다. 이를 통해 그리스도께서, 즉 우리를 위해 죽음에 넘겨지신 바로 그분이 우리의 구주이시며, 성찬의 특별한 요점이며 본질이십니다. 그러므로 그리스도를 대신하는 다른 어떤 것도 허용할 수 없습니다.

4항 그러나 그리스도의 살과 피가 어떻게 신자들의 음식과 음료가 되는지, 그리고 그것이 어떻게 신자들에게 영원한 생명으로 주어지는지에 대해 우리는 몇 가지를 더 언급하고자 합니다.

5항 성찬을 받아먹는 방법은 다양합니다. (1) 우선 '신체적인' 방식이 있습니다. 이것은 사람이 음식을 입에 넣고 이로 씹어 삼켜서 소화하는 것입니다. 과거 가버나움 사람들은 이런 방식으로 주님의 몸을 먹어야 한다고 생각했습니다. 요한복음 6장에 기록된 대로 주님은 이것을 논박하셨습니다(요 6:30-63). 사악하고 잔인하지 않은 한, 그리스도의 몸을 신체적으로 먹는 것은 불가능하며, 모든 사람이 인정하듯이 이 음식은 사람의 몸을 위한 것이 아니기 때문입니다. 그러므로 우리는 에고 베렝가리우스(Ego Berengarius)의 제2법인 '성별에 관하여'(*De Consecrat. Dist. 2*)라

웨스트민스터 신앙 고백서 (1647)	웨스트민스터 소요리 문답 (1647)	웨스트민스터 대요리 문답 (1648)

3항 이 규례에서 주 예수께서는 자신의 사역자들을 임명하셔서 백성에게 성찬 제정에 관한 자신의 말씀을 선포하고, 기도하며, 떡과 포도주의 요소를 축복하고, 그렇게 함으로 그 떡과 포도주를 일반적인 용도에서 거룩한 용도로 구별하게 하셨습니다. 떡을 취하여 떼고 잔을 취하여 떡과 포도주 모두를 (그들 자신도 나눌 뿐만 아니라) 성찬에 참여하는 사람들에게 나누어 주게 하셨습니다.[1] 그러나 회중에 참석하지 않은 사람에게는 주지 못하게 하셨습니다.[2]

———
[1] 마 26:26-28; 막 14:22-24; 눅 22:19-20; 고전 11:23-26
[2] 행 20:7; 고전 11:20

4항 사적인 미사, 또는 이 성례를 사제나 다른 사람들에게 혼자 받는 것,[1] 또한 사람들에게 잔을 나누는 것을 거절하는 것,[2] 떡과 포도주의 요소를 숭배하는 것, 높이 들어 올리는 것, 숭배의 목적으로 행렬하는 것, 거짓 종교적 사용을 위해 그것들을 보관하는 것은 모두 이 성례의 본질과 이를 제정하신 그리스도의 뜻에 어긋납니다.[3]

———
[1] 고전 10:6
[2] 막 14:23; 고전 11:25-29
[3] 마 15:9

5항 그리스도께서 정하신 용법에 합당하게 구별된 이 성례의 외적 요소들은 십자가에 달리신 그리스도와 관계가 매우 깊습니다. 그러나 이 떡과 포도주는 진실로 오직 성례전적으로 나타내는 것들의 명칭, 곧 그리스도의 몸과 피로 불립니다.[1] 그러나 그렇게 불린다 해도 그 떡과 포도주의 실체와 성질은 이전과 마찬가지로 여전히 참되게 떡과 포도주로 남아 있을 뿐입니다.[2]

———
[1] 마 26:26-28
[2] 고전 11:26-28; 마 26:29

로 받는 자에게 영적으로 존재하는데, 그것은 외적 감각에 의존되지 않습니다.[2] 그러므로 주의 성찬에 가치 있게 참여하는 자는 육체적으로가 아니라 영적으로 그리스도의 살과 피를 먹고 마시는 것입니다. 그러나 진실로 그리고 참되게[3] 그들은 십자가에 달려 죽으신 그리스도와 그분의 죽으심에서 오는 모든 은덕을 믿음으로 받아 자신에게 적용하는 것입니다.[4]

———
[1] 행 3:21   [3] 고전 11:24-29
[2] 마 26:26, 28   [4] 고전 10:16

171문. 성찬의 성례를 받고자 하는 사람은 성찬에 참여하기 전에 어떤 준비를 해야 합니까?

답. 성찬의 성례를 받고자 하는 사람은 성찬에 참여하기 전에 이에 대해 준비해야 합니다. 곧 먼저 자신이 그리스도 안에 있는지[1] 살펴야 합니다.[2] 자신의 죄와 부족을 느끼고,[3] 진리에 관하여 자신의 지식과[4] 믿음,[5] 회개를[6] 살피고, 하나님과 형제들을 향한 사랑과[7] 모든 사람을 향한 사랑이 있는지를 살펴야 합니다.[8] 자신에게 잘못한 사람들을 용서하고,[9] 그리스도를 사모하는 마음과[10] 새로운 순종을 다짐하여[11] 새로이 은혜를 받고[12] 진지하게 묵상하며[13] 뜨겁게 기도함으로[14] 성찬을 준비해야 합니다.

———
[1] 고후 13:5   [8] 고전 5:8; 11:18, 20
[2] 고전 11:28   [9] 마 5:23-24
[3] 고전 5:7; 출 12:15 [10] 사 55:1; 요 7:37
[4] 고전 11:29   [11] 고전 5:7-8
[5] 고전 13:5; 마 26:28 [12] 고전 11:25-26, 28; 히 10:21, 22, 24; 시 26:6
[6] 슥 12:10; 고전 11:31 [13] 고전 11:24-25
[7] 고전 10:16-17; 행 2:46-47 [14] 대하 30:18-19; 마 26:26

172문. 자신이 그리스도 안에 있는지 의심하는 자나 성찬에 참여할 합당한 준비가 되

벨직 신앙 고백서 (1561)	하이델베르크 요리 문답 (1563)	제2 스위스 신앙 고백서 (1566)	도르트 신경 (1619)

벨직 신앙 고백서 (1561)

에 우리의 이해를 초월하고 우리의 지각을 뛰어넘는다 해도, 그리스도는 이런 거룩한 표지들을 통해 우리에게 나타내신 것을 우리 안에서 이루십니다. 그동안 우리가 먹고 마시는 것이 그리스도의 참된 몸과 피라고 말한 것은 잘못된 것이 아닙니다.[10] 하지만 우리가 그 몸과 피에 참여하는 방식은 입을 통해서가 아니라 믿음을 통해 영으로 취하는 방식입니다. 그러므로 지금 그리스도는 하늘에 계신 하나님 우편에 앉아 계시지만,[11] 우리를 믿음으로 그분에게 참여시키는 일을 멈추지 않으십니다. 이 잔치는 그리스도께서 그분과 그분의 모든 은덕을 우리에게 전해 주시고, 그분의 고난과 죽음의 공로를 우리에게 주셔서 즐거워하게 하며,[12] 그분의 살을 먹이셔서 우리에게 영양을 공급하시고 강하게 하시며, 우리의 가련하고 위로 없는 영혼을 위로하시며, 그분의 피를 마시게 함으로 우리를 새롭게 하시는 영적 식탁입니다.[13]

또한 성례는 그것이 상징하는 것들과 연결되어 있지만, 모든 사람이 이 두 가지를 받는 것은 아닙니다. 불경건한 자들은 실

하이델베르크 요리 문답 (1563)

을 어디에서 하셨습니까? 답. 성찬을 제정하실 때 약속하셨는데, 다음과 같이 표현되어 있습니다. "주 예수께서 잡히시던 밤에 떡을 가지사 축사하시고 떼어 이르시되 이것은 너희를 위하는 내 몸이니 이것을 행하여 나를 기념하라 하시고[1] 식후에 또한 그와 같이 잔을 가지시고 이르시되 이 잔은 내 피로 세운 새 언약이니[2] 이것을 행하여 마실 때마다 나를 기념하라 하셨으니 너희가 이 떡을 먹으며 이 잔을 마실 때마다 주의 죽으심을 그가 오실 때까지 전하는 것이니라."[3] 거룩한 사도 바울도 이 약속을 반복했는데 그는 이렇게 말합니다. "우리가 축복하는 바 축복의 잔은 그리스도의 피에 참여함이 아니며 우리가 떼는 떡은 그리스도의 몸에 참여함이 아니냐 떡이 하나요 많은 우리가 한 몸이니 이는 우리가 다 한 떡에 참여함이라."[4]

___

[1] 고전 11:23; 마 26:26; 막 14:22; 눅 22:19
[2] 출 24:8; 히 9:20
[3] 출 13:9; 고전 11:26
[4] 고전 10:16-17

78문. 그렇다면 떡과 포도주가 그리스도의 실제 몸과 피가 되는 것입니까?

제2 스위스 신앙 고백서 (1566)

는 교황의 칙령을 허용하지 않습니다. 고대의 경건한 신자들도, 우리도, 우리 입으로 그리스도의 살을 신체적으로나 실질적으로 먹는다는 것을 믿지 않기 때문입니다.

6항 (2) 또한 그리스도의 몸을 '영적으로' 먹는 방식이 있습니다. 그러나 그것은 그 음식 자체가 영으로 변화한다는 뜻이 아니라, 그것들(주님의 몸과 피는 여전히 그 고유한 본질과 속성을 지닌 채 남아 있습니다)이 영적으로, 즉 우리를 대신한 희생 제사로서 우리 주님의 몸과 피로 말미암아 우리를 위해 준비된 그것들(말하자면, 죄 사함과 구원과 영원한 생명)을 우리에게 적용하시고 수여하시는 성령님을 통해 육체적인 방식이 아니라 영적인 방식으로 우리에게 전달된다는 것입니다. 이를 통해 그리스도께서 이제 우리 안에 사시며, 우리 또한 그리스도 안에 살게 하기 위함입니다. 그리고 이런 목적으로 참된 믿음을 통해 그리스도를 깨닫게 하시는데, 그리스도께서 우리에게 그런 영적 음식과 음료, 즉 우리의 생명이 되신 것입니다. 신체를 위한 음식과 음료조차 우리 몸을 상쾌하게 하고 강하게 만들어 줄 뿐 아니라 생명을 유지시킵니다. 마찬가지로 우리를 위해 죽음에 넘겨진 그리스도의 몸과 흘려신 피는 우리 영혼을 생기 넘치게 하고 강하게 할 뿐만 아니라 살아 있게 보존합니다. 이는 물론 주님의 몸과 피를 신체적으로 먹고 마시기 때문이 아니라, 하나님의 성령에 의해 영적으로 우리에게 전달되기 때문입니다. 우리 주님은 이렇게 말씀하십니다. "나는 하늘에서 내려온 살아 있는 떡이니 사람이 이 떡을 먹으면 영생하리라 내가 줄 떡은 곧 세상의 생명을 위한 내 살이니라 하시니라"(요 6:51). "살리는 것은 영이니 육은[즉 신체적으로 먹는 것을 뜻함] 무익하니라 내가 너희에게 이른 말이 영이요 생명이라"(요 6:63). 음식이 우리 가운데 작용하고 효력을 발휘하기 위해서는 그것이 우리 외부에 존재하는 것이 아니라(우리 밖에 있으면 우리에게 전혀 유익하지 않기에) 우리가 그것을 먹

웨스트민스터 신앙 고백서 (1647)	웨스트민스터 소요리 문답 (1647)	웨스트민스터 대요리 문답 (1648)

6항 떡과 포도주의 실체가 사제의 축성이나 다른 어떤 방법을 통해 실제 그리스도의 몸과 피의 본체로 변한다는 (일반적으로 성변화설이라고 불리는) 교리의 주장은 성경뿐 아니라 일반 상식과 이성에도 모순됩니다. 이 교리는 성례의 본질을 전복시키는 것으로, 여러 미신의 원인이 되었고, 지금도 되고 있습니다. 실로 역겨운 우상 숭배입니다.[1]

———
[1] 행 3:21; 고전 11:24-26; 눅 24:6, 39

7항 성찬을 합당하게 받으려는 사람들은[1] 외적으로는 눈에 보이는 이 요소들에 참여하고 내적으로는 믿음으로, 실제로, 그리고 참으로 성찬을 받으며, 십자가에 못 박히신 그리스도와 그분의 죽으심을 통해 오는 모든 은덕을 육체적이거나 물질적으로가 아니라 영적으로 받아서 먹고 마시게 됩니다. 그리스도의 살과 피는 떡과 포도주 안이든, 그 아래든, 그것들과 함께든 물질적으로나 육체적으로 존재하지 않습니다. 성찬의 요소들이 이 규례에 참여하는 사람들의 외적 감각에 감지되는 것처럼, 그리스도의 몸과 피는 실제로 그러나 영적으로 성찬에 참여하는 신자들의 믿음에 현존합니다.[2]

———
[1] 고전 11:28   [2] 고전 10:16

8항 무지하고 악한 사람들은 비록 이 성례에서 외적 요소들을 받을지라도, 그것들이 의미하는 것은 받지 못합니다. 오히려 그들은 가치 있게 참여하지 못하기에 주님의 몸과 피를 범하는 죄를 지어 스스로 정죄당합니다. 그러므로 무지하고 불경건한 모든 사람은 그리스도와 교통하기에 합당하지 않으므로 주님의 식탁에 참여할 자격이 없습니다. 그리고 비록 그리스도를 거스르는 큰 죄가 없더라도, 여전히 무지하고 불경건한

어 있는지 의심하는 사람도 성찬에 참여할 수 있습니까?

답. 자신이 그리스도 안에 있는지 또는 성찬의 성례에 참여할 합당한 준비가 되어 있는지 의심하는 사람도 비록 그에 대한 확신이 아직 없을지라도 그리스도를 향해 진정한 관심이 있을 수 있습니다.[1] 그가 그런 관심의 결핍을 우려하며,[2] 그리스도 안에서 발견되어[3] 죄악을 떠나고 싶어 하는 참된 소원이 있으면,[4] (심지어 약하고 의심하는 그리스도인까지도 돕기 위해 약속이 주어졌고 이 성례가 지정되었으므로[5]) 하나님 보시기에 받아들여진 사람입니다. 이런 경우에 약하고 의심하는 신자일지라도 불신앙을 애통해하고[6] 의심을 해결하려 노력해야 할 것입니다.[7] 그렇게 한다면 그는 앞으로 더욱 영적으로 성장하기 위해 성찬에 참여해도 좋을 뿐 아니라 참여할 의무가 있습니다.[8]

———
[1] 사 1:10; 요일 5:13; 시 88편; 77:1-12; 욘 2:4, 7
[2] 사 54:7-10; 마 5:3-4; 시 31:22; 73:13, 22-23
[3] 빌 3:8-9; 시 10:17; 42:1-2, 5, 11
[4] 딤후 2:19; 사 50:10; 시 66:18-20
[5] 사 40:11, 29, 31; 마 11:28; 12:20; 26:28
[6] 막 9:24
[7] 행 2:37; 16:30
[8] 롬 4:11; 고전 11:28

173문. 신앙을 고백하고 성찬에 나아오기를 원하는 자를 성찬 참여에 금지시킬 수 있습니까?

답. 신앙을 고백하고 성찬을 받고 싶어 할지라도 무지하거나 의혹이 있으면 가르침을 받아 올바로 깨닫기 전까지는 그리스도께서 자기 교회에 맡기신 권세에 따라[1] 그들로 하여금 성찬을 받지 못하게 할 수 있습니다.[2]

———
[1] 고전 11:27-31; 마 7:6; 고전 5장; 유 23절; 딤전 5:22
[2] 고후 2:7

벨직 신앙 고백서 (1561)	하이델베르크 요리 문답 (1563)	제2 스위스 신앙 고백서 (1566)	도르트 신경 (1619)

제로 성례를 받지만 이를 통해 정죄를 당하며[14] 성례의 진리를 받지 못합니다. 유다와 마술사 시몬은 성례를 받았지만 그 성례가 상징하는 그리스도를 받지는 못했습니다. 오직 신자들만 그리스도를 받을 수 있습니다.

마지막으로 우리는 하나님의 백성들 모임 가운데서 감사함으로 우리 구주 그리스도의 죽음을 계속 기리고, 기독교 신앙에 대한 우리 믿음을 고백하면서 겸손과 경외감으로[15] 이 거룩한 성례를 받습니다. 그러므로 그 누구도 자신을 살피지 않고 이 식탁에 나와서는 안 됩니다. 자신을 살피지 않고 이 식탁에 나와 이 떡을 먹고 이 잔을 마신다면, 그는 자신에 대한 심판을 먹고 마시는 자가 됩니다.[16] 한마디로, 우리는 이 거룩한 성례를 사용함으로 하나님과 우리 이웃을 뜨겁게 사랑하도록 자극을 받게 됩니다.

그러므로 우리는 사람들이 성례에 무언가를 더해 혼합한 모든 혼합물과 저주받을 만한 고안물을 배격합니다. 이것들은 성찬을 모독하는 것입니다. 우리는 그리스도와 사도들이 우리에게 가르친 규

답. 전혀 그렇지 않습니다. 세례의 물이 그리스도의 피로 변하지도, 죄 자체를 씻지도 못하고, 단지 하나님이 정하신 표와 확증인 것처럼[1] 성찬의 떡도 그리스도의 실제 몸으로 변하는 것이 아닙니다.[2] 그럼에도 성찬의 떡을 예수 그리스도의 몸이라고 부르는 것은 성례의 본질과 속성에 따른 것입니다.[3]

___
[1] 고전 10:1-4; 벧전 3:21; 요 6:35, 62-63
[2] 고전 10:16 등; 11:20 등
[3] 창 17:10-11, 14; 출 12:26-27, 43, 48; 행 7:8; 마 26:26; 막 14:24

79문. 그렇다면 그리스도께서는 왜 떡을 자신의 몸이라 하시고, 잔을 자신의 피 또는 자신의 피로 세우는 새 언약이라고 부르시는 것입니까? 그리고 바울은 왜 "그리스도의 몸과 피에 참여하는 것"에 대해 말합니까?

답. 그리스도께서 아무런 이유 없이 이렇게 말씀하신 것이 아닙니다. 즉 우리에게 떡과 포도주가 이 세상의 육신적 생명을 유지시키듯, 십자가에 못 박히신 그분의 몸과 흘리신 피가 우리 영혼을 영생하게 하는 참된 양식과 음료라는 사실을 가르치려 하

어 자기 안으로 섭취하지 않으면 안 되는 것처럼, 그리스도께서 우리의 것이 되고 우리 가운데 살아 계시며 우리도 그리스도 가운데 살기 위해서는 우리가 믿음으로 그리스도를 받아들여야 합니다. 그리스도께서 이렇게 말씀하십니다. "나는 생명의 떡이니 내게 오는 자는 결코 주리지 아니할 터이요 나를 믿는 자는 영원히 목마르지 아니하리라"(요 6:35). 주님은 또다시 이렇게 말씀하십니다. "이는 하늘에서 내려오는 떡이니 사람으로 하여금 먹고 죽지 아니하게 하는 것이니라"(요 6:50).

7항 이 모든 것을 통해 볼 때, 우리가 영적 음식이라고 부르는 것은 상상으로 그려 낸 어떤 음식이 아니라 우리를 위해 죽음에 넘겨지신 주 예수의 몸 그 자체입니다. 그럼에도 신자들은 이 몸을 신체적으로가 아니라 믿음을 통해 영적으로 받습니다. 그리고 이 점에 있어서 우리는 요한복음 6장에 기록된 우리 주님이요, 구주 그리스도의 교훈을 전적으로 따릅니다. 주님의 몸을 먹고 그분의 피를 마시는 일은 구원에 전적으로 필요하기 때문에 이것 없이는 누구도 구원을 얻을 수 없습니다. 그러나 이 영적인 먹음과 마심은 성찬 없이도 일어날 수 있습니다. 이는 사람이 그리스도를 믿을 때, 언제 어디서든 일어날 수 있는 것입니다. 아우구스티누스의 다음과 같은 말은 아마도 이것을 목적한 말일 것입니다. "그대는 왜 너희의 이(teeth)와 배(belly)를 준비하느냐? 주님을 믿으라! 그러면 그대는 먹은 것이다."

8항 (3) 앞서 살펴본 영적으로 먹는 방법 외에, 주님의 몸을 '성례전적으로' 먹는 방법이 있습니다. 이는 신자가 영적으로 또는 신체적으로 주님의 참된 몸과 피에 참여하는 자가 될 뿐만 아니라 외적으로도 주님의 식탁으로 나아와 주님의 몸과 피라는 눈에 보이는 성례를 받는 것입니다. 신자는 믿음으로 말미암아 이전에 생명을 주는 음식을 받았고, 여전히 동일한 음식을 받는 것이 사실입니다. 그러나 성례를 받을 때, 그는 무언가를

웨스트민스터 신앙 고백서 (1647)	웨스트민스터 소요리 문답 (1647)	웨스트민스터 대요리 문답 (1648)

상태에 있으면 이 거룩한 신비들에 참여할 수 없으며,[1] 참여할 수 있도록 허락받을 수도 없습니다.[2]

---

[1] 고전 11:27-29; 고후 6:14-16
[2] 고전 5:6-7, 13; 살후 3:6, 14-15; 마 7:6

174문. 성찬식이 집례되는 시간에 성찬의 성례를 받는 자들에게 요구되는 것은 무엇입니까?

답. 성찬식이 집례되는 시간에 성찬의 성례를 받는 자들에게는 모든 거룩한 경외심과 조심함으로 그 규례에서 하나님을 기다리는 것이 요구됩니다.[1] 또한 성례의 요소와 행동을 부지런히 지키고,[2] 주님의 몸을 주의 깊게 분별하며,[3] 그분의 죽으심과 고난을 사랑을 다해 묵상하여[4] 자신 안에 은혜의 역사가 활기차게 드러나는 것이 요구됩니다.[5] 그리고 자신을 살펴[6] 죄를 슬퍼하고,[7] 그리스도를 열심히 사모하여 주리고 목말라하듯[8] 믿음으로 그분을 먹으며,[9] 그분의 충만을 받고[10] 그분의 공로를 의지하며,[11] 그분의 사랑을 기뻐하고[12] 그분의 은혜에 감사하며,[13] 하나님과 맺은 언약과[14] 모든 성도를 향한 사랑을 새롭게 하는 것이 요구됩니다.[15]

---

[1] 레 10:3; 히 12:28; 시 5:7; 고전 11:17, 26-27
[2] 출 24:8; 마 26:28
[3] 고전 11:29
[4] 눅 22:19
[5] 고전 11:26; 10:3-5, 11, 14
[6] 고전 11:31
[7] 슥 12:10
[8] 계 22:17
[9] 요 6:35
[10] 요 1:16
[11] 빌 1:16
[12] 시 63:4-5; 대하 30:21
[13] 시 22:26
[14] 렘 50:5; 시 50:5
[15] 행 2:42

175문. 성찬의 성례를 받은 후에 그들이 해야 할 그리스도인의 의무는 무엇입니까?

답. 성찬의 성례를 받은 후에 해야 할 그리스도인의 의무는 성찬식에서 어떻게 행동했으며, 무슨 은혜를 받았는지를 심각하게 숙고하는 것입니다.[1] 소생함과 위로를 받았다면 하나님을 찬송하며,[2] 그 은혜가 계속되길 간구하고[3] 뒷걸음질하지 않도록 주의하며,[4] 맹세한 것을 실행하고[5] 이 규례에 자주 참여하도록 힘써야 합니다.[6] 그러나 현재 아무런 은덕이 없다면 이 성례를 위한

벨직 신앙 고백서 (1561)	하이델베르크 요리 문답 (1563)	제2 스위스 신앙 고백서 (1566)	도르트 신경 (1619)

례에 만족하며, 그들이 말한 것과 동일한 방식으로 말해야 한다는 것을 확증하는 바입니다.

———

[1] 마 26:26; 막 14:22; 눅 22:19; 고전 11:23-25
[2] 요 3:6
[3] 요 3:5
[4] 요 5:23, 25
[5] 요일 5:12; 요 10:28
[6] 요 6:32-33, 51
[7] 요 6:63
[8] 막 6:26
[9] 고전 10:16-17; 엡 3:17; 요 6:35
[10] 요 6:55-56; 고전 10:16
[11] 행 3:21; 막 16:19; 마 26:11
[12] 마 26:26 등; 눅 22:19-20; 고전 10:2-4
[13] 사 55:2; 롬 8:22-23
[14] 고전 11:29; 고후 6:14-15; 고전 2:14
[15] 행 2:42; 20:7
[16] 고전 11:27-28

신 것입니다.[1] 그뿐 아니라 더 특별히는 눈에 보이는 이러한 표와 보증을 통해 우리가 그리스도를 기념하면서 우리 육신의 입으로 이 거룩한 표들을 받아먹는 것처럼 우리가 실제로 (성령의 역사하심을 통해) 그리스도의 참된 몸과 피에 참여하는 자가 된다는 사실을 확신시키려 하신 것입니다.[2] 그리고 마치 우리 자신이 고난을 당하고 하나님에게 우리의 죗값을 치른 것처럼, 그리스도의 모든 고난과 순종이 확실히 우리의 것이 된다는 것을 가르치려 하신 것입니다.[3]

———

[1] 요 6:51, 55-56
[2] 고전 10:16-17; 11:26-28; 엡 5:30
[3] 롬 5:9, 18-19; 8:4

80문. 성찬과 로마 가톨릭교회의 미사는 어떻게 다릅니까?

답. 성찬은 예수 그리스도께서 십자가에서 친히 단번에 완전히 이루신 희생 제사를 통해 우리의 모든 죄가 완전히 사해졌음을 증거합니다.[1] 그리고 인성으로는 지금 이 땅에 계시지 않고, 그분의 아버지 하나님 오른편에 계시며[2] 그곳에서 우리의 예배를 받으실[3] 그리스도 안에 우

더 받게 됩니다. 주님의 몸과 피라는 성례에 계속 참여하면서 그의 믿음이 날마다 더욱 불타고 강해지며 새로워지기 때문입니다. 우리가 살아 있는 동안 신앙은 끊임없이 자랍니다. 그리고 참된 믿음을 가지고 외적으로 성례를 받는 사람은 단순히 표를 받는 것이 아니라 그 자체를 즐거워합니다. 더욱이 그 신자는 주님의 성찬 제정과 명령에 따라 기쁨으로 충만한 마음으로 자신과 전 인류의 구속에 감사드리며, 주님의 죽으심을 믿음으로 기념하고, 교회 앞에서 자신이 그 몸의 지체라는 것을 증거합니다. 또한 이것은 성찬에 참여하는 사람들을 인 치는 것으로, 주님의 몸이 죽음에 넘겨지고 그 피를 흘리신 것은 일반적인 의미에서 모든 사람을 위할 뿐 아니라 특별히 그분이 음식과 음료가 되는 성찬에 참여하는 모든 신실한 사람을 영원한 생명에 이르게 합니다.

9항 그러나 믿음 없이 주님의 거룩한 식탁에 나오는 자는 단순히 외적인 성례의 참여자일 뿐입니다. 그는 생명과 구원이 흘러나오는 성례의 본질을 전혀 누리지 못합니다. 이런 자들이 주님의 식탁에서 받아먹는 것은 합당하지 않습니다. "그러므로 누구든지 주의 떡이나 잔을 합당하지 않게 먹고 마시는 자는 주의 몸과 피에 대하여 죄를 짓는 것이니라 …… 마시는 자는 자기의 죄를 먹고 마시는 것이니라"(고전 11:27-29). 그들이 참된 믿음으로 나아가지 않는다면, 그리스도의 죽으심을 모욕하는 것이며, 그들 스스로 정죄를 먹고 마시는 것이 됩니다.

10항 그러므로 우리는 성례전적인 방식 이상으로 마치 떡이 그리스도의 몸인 것처럼 주님의 몸과 피를 떡과 포도주에 결합시키지 않습니다. 또는 떡 자체가 그리스도의 몸이라고 하거나 떡 아래에 그리스도의 몸이 신체적으로 놓여 있다거나, 따라서 떡의 형식 그 아래에 계신 그리스도를 예배해야 한다고 말하지 않습니다. 또는 누구든지 이 성례의 표를 받는 자들은 그것이 의미하는 것

웨스트민스터 신앙 고백서 (1647)	웨스트민스터 소요리 문답 (1647)	웨스트민스터 대요리 문답 (1648)
		준비와 자세를 더 면밀히 점검해야 할 것입니다.[7] 그들이 준비와 자세 모두에서 하나님 앞과 자신의 양심에 비추어 스스로를 확증할 수 있다면 때가 이르러 열매가 나타날 것을 믿고 기다려야 합니다.[8] 그러나 어느 편으로 보나 실패했음을 깨닫는다면 그들은 자신을 낮추어서[9] 후에 마음을 더 잘 준비하여 성찬식에 임해야 할 것입니다.[10] ——— [1] 시 28:7; 85:8; 고전 11:17, 30-31 [2] 대하 30:21-23, 25-26; 행 2:42, 46-47 [3] 시 36:10; 아 3:4; 대상 29:18 [4] 고전 10:3-5, 12 [5] 시 50:14 [6] 고전 11:25-26; 행 2:42, 46 [7] 아 5:1-6; 전 5:1-6 [8] 시 123:1-2; 42:5, 8; 43:3-5 [9] 대하 30:18-19; 사 1:16, 18 [10] 고후 7:11; 대상 15:12-14

벨직 신앙 고백서 (1561)	하이델베르크 요리 문답 (1563)	제2 스위스 신앙 고백서 (1566)	도르트 신경 (1619)

하이델베르크 요리 문답(계속)

리가 성령님으로 말미암아 접붙여졌음을 증거합니다.[4] 그러나 미사는 산 자나 죽은 자가 지금도 날마다 사제들에 의해 그리스도께 드려지지 않으면, 그리스도의 고난을 통해 죄를 용서받지 못한다고 가르칩니다. 그리고 나아가 그리스도께서 떡과 포도주의 형체 속에 몸으로 존재하시기 때문에 그것을 통해 그리스도를 예배해야 한다고 가르칩니다. 따라서 미사는 근본적으로 예수 그리스도께서 단번에 이루신 희생 제사와 고난을 부정하는 것이며 저주받을 우상 숭배입니다.[5]

———
[1] 히 7:27; 9:12, 26; 마 26:28; 눅 22:19-20; 고후 5:21
[2] 히 1:3; 8:1 등
[3] 요 4:21-23; 골 3:1; 빌 3:20; 눅 24:52-53; 행 7:55
[4] 고전 12:13
[5] 사 1:11, 14; 마 15:9; 골 2:22-23; 렘 2:13

81문. 성찬은 누구를 위해 제정되었습니까?

답. 자신의 죄를 참으로 슬퍼하는 자들, 그러나 그리스도로 인하여 자신의 죄를 용서받았음을 믿는 자들입니다.[1] 그리고 그리스도의 고난과 죽으심으로 말미암아 자신에게 남아 있는 연약함도 가려졌음을 믿는 사람들입니다.[2] 또한 자신의 믿음이 점점 강해지고, 자신의 삶이 더욱 거룩해지기를 진지하게 열망하는 사람들입니다.[3] 그러나 외식자와 진실한 마음으로 하나님에게 돌이키지 않는 사람은 자신이 받을 심판을 먹고 마시는 것입니다.[4]

———
[1] 마 5:3, 6; 눅 7:37-38; 15:18-19
[2] 시 103:3
[3] 시 116:12-14; 벧전 2:11-12
[4] 고전 10:20 등; 11:28 등; 딛 1:16; 시 50:15-16

82문. 신앙 고백과 삶에서 불신앙과 불경건을 드러내는 사람들을 성찬에 참여시킬 수 있습니까?

답. 그럴 수 없습니다. 그런 사람들을 성찬에 참여시키면 하나님의 언약이 더럽혀지고 하나님의 진노가 모든 회중에게 임할 것입니다.[1] 그러므로 그리스도와 그분의 사도들의 약속에 따라 천국 열쇠를 사용하여 그런

제2 스위스 신앙 고백서(계속)

자체를 받는 것이라고 말하지도 않습니다. 그리스도의 몸은 하늘들에 계신 하나님 아버지 오른편에 계십니다. 그러므로 마음은 높이 올라가야 하며, 우리는 떡에만 고정되어서는 안 되고 떡 속에 갇힌 주님을 예배해서도 안 됩니다. 그럼에도 교회가 성찬을 집례하는 동안 주님이 그분의 교회에 계시지 않는 것도 아닙니다. 태양은 우리와 멀리 떨어져 하늘에 있습니다. 그럼에도 우리 사이에 효과적으로 존재합니다. 하물며 의의 태양이신 그리스도는 몸으로는 우리와 멀리 떨어져 하늘에 계시지만, 우리 가운데 임재하십니다. 물론 신체적이 아닌 영적으로, 사람을 살리는 사역을 통해 그리스도께서 임재하십니다. 그리스도께서는 자신이 베푸신 만찬에서 우리 가운데 계실 것이라고 약속하셨습니다 (요 14장과 15장, 16장). 따라서 우리는 그리스도가 계시지 않은 성찬을 소유한 것이 아닙니다. 그러나 한편으로는 모든 고대 교회가 그렇게 부른 것처럼 피에 물들지 않은, 신비적인 성찬을 소유한 것입니다.

11항 더욱이 우리는 주의 만찬을 기념하면서 우리가 지체 된 그 몸이 무엇인지를 마음에 새겨야 합니다. 그러므로 우리는 형제들과 하나 되어야 하며, 거룩하게 살고, 사악함과 기이한 종교들로 우리 자신을 오염시켜서는 안 됩니다. 도리어 우리 삶의 마지막까지 거룩한 삶을 촉진시키기 위해 부지런해야 합니다. 그러므로 성찬에 나아가려는 목적을 이루기 위해 우리는 사도의 명령을 따라 우리 자신을 살펴야 합니다. 첫째, 우리가 어떤 믿음을 받았는지, 즉 그리스도께서 죄인을 구원하기 위해 오셨고 그들을 불러 회개하게 하시며, 또한 자신이 그리스도로 말미암아 구원을 얻어 지체의 수효에 포함되어 있는지를 살펴보아야 합니다. 또는 자신의 악한 생활을 변화시키고 거룩한 삶을 살며, 하나님의 도우심으로 참된 신앙을 유지하고 형제들과 하나 되며, 자신의 구원에 대해 하나님에게 합당한 감사를 올려드리고 있는지를 살펴보아야 합니다.

12항 우리는 성찬의 의식과 방식, 또는 그 형식이 주님의 처음 제정하심과 사도들의 교리에 따라 지극히 단순하고 탁월한 것이어야 한다고 믿습니다. 이는 하나님 말씀의 설교, 경건한 기도, 주님이 하신 행동 자체를 반복하는 것입니다. 즉 주님의 몸을 먹고 주님의 피를 마시는 것입니다. 또한 주님의 죽으심을 온전히 기억하고, 신실한 감사를 올려드리며, 교회의 몸과 하나 되어 거룩하게 교제하는 것입니다.

13항 그러므로 우리는 성례의 한 부분인 주님의 잔을 신자들에게서 강탈한 자들을 인정할 수 없습니다. 이들은 주님이 제정하신 성찬을 거역하는 중대한 죄를 범한 것이기 때문입니다. 주님은 이렇게 말씀하셨습니다. "너희가 다 이것을 마시라"(마 26:27). 그런데 주님은 떡에 대해서는 잔처럼 이렇게 분명하게 말씀

웨스트민스터 신앙 고백서 (1647)	웨스트민스터 소요리 문답 (1647)	웨스트민스터 대요리 문답 (1648)

벨직 신앙 고백서 (1561)	하이델베르크 요리 문답 (1563)	제2 스위스 신앙 고백서 (1566)	도르트 신경 (1619)

하이델베르크 요리 문답(계속)

사람들이 삶을 돌이킬 때까지 그들을 성찬에서 제외하는 것이 기독교회의 의무입니다.[2]

———
[1] 고전 10:21; 11:30-31; 사 1:11, 13; 렘 7:21; 시 50:16, 22
[2] 마 18:17-18

제2 스위스 신앙 고백서(계속)

하지 않으셨습니다.

14항 교부들이 어떤 방식으로 미사를 진행했는지, 받아들일 만한 것인지 아닌지에 대해서는 여기서 논쟁하지 않을 것입니다. 그러나 우리는 오늘날 로마 가톨릭교회에서 행하는 미사가 여러 이유로 우리 교회에서 폐지되었음을 거리낌 없이 말할 수 있는데, 간단하게 말하기 위해 지금은 특별히 반복하지 않을 것입니다. 그들이 가장 유익한 행위를 헛된 구경거리로 전락시켰기 때문에 미사를 인정할 수 없습니다. 또한 미사가 공로적으로 변질되고, 돈을 위하여 집례되기 때문입니다. 이와 마찬가지로, 미사를 통해 사제들이 주님의 몸 자체를 만들어서 그것을 산 자와 죽은 자의 죄 사함을 위해 실제로 드리기 때문입니다. 이 밖에도 그들은 천상의 성인들의 영예와 예배와 경배를 위해 (그리고 연옥에 있는 영혼들의 구원을 위해) 이것을 바치기 때문입니다.

국가 위정자들

36항 국가 정부

우리는 인류의 타락으로 말미암아 우리의 은혜로 우신 하나님이 왕들과 군주들과 통치자들을 임명하셨다는 것을 믿습니다.[1] 하나님은 사람의 방탕함이 억제되고, 모든 일이 선한 질서로 그들 가운데 유지되도록 세상을 특정한 법률과 정책으로 다스리기를 원하십니다. 이런 목적으로 하나님은 악을 행하는 자들을 처벌하고, 선을 행하는 자들을 보호하라고 위정자들에게 칼을 주신 것입니다. 그들의 직무는 시민의 복지를 돌보는 것뿐만 아니라 거룩

101문. 그러면 우리가 하나님의 이름으로 경건하게 맹세할 수는 있습니까?

답. 그럴 수 있습니다. 국가 위정자들이 백성에게 그것을 요구하거나, 하나님의 영광과 우리 이웃의 안전을 위해 진실함과 진리를 확증하는 일이 필요할 때에는 맹세할 수 있습니다.[1] 이러한 맹세는 하나님 말씀에 근거하며,[2] 그에 따라 구약과 신약 시대의 성도 모두 정당하게 사용했기 때문입니다.[3]

———
[1] 출 22:11; 느 13:25
[2] 신 6:13; 히 6:16
[3] 창 21:24; 수 9:15, 19; 삼상 24:22; 고후 1:23; 롬 1:9

30장 위정자에 관하여

1항 위정자가 행하는 모든 종류의 공권력은 인류의 평화와 안녕을 위해 하나님이 제정하신 것입니다. 따라서 하나님은 위정자들을 이 세상에서 중요한 위치에 두셨습니다. 위정자가 교회의 적대자라면, 그들은 교회를 크게 방해하고 혼란시킬 것입니다. 그러나 그들이 교회의 친구이며 교회의 지체라면, 가장 유익하고 가장 탁월한 지체가 되어 교회에 유용하고, 결국은 교회를 가장 잘 도울 수 있을 것입니다.

2항 위정자의 주요 의무는 공공의 평화와 안녕을 확보하고 유지하는 것입니다. 위정자가 이것을 성공적으로 이루는 데 하나님을 진정으로 두려워하고 참된 신앙을 갖는 것보다 좋은 일은 없습니다. 말하자면, 주님의 백성의 거룩한 왕이나 제후를 모범으로 삼아 진리의 설교와 신실한 신앙을 촉진하고, 모든 거짓과 미신, 모든 불경건과 우상 숭배 등을 근절하며, 하나님의 교회를 변호하는

웨스트민스터 신앙 고백서 (1647)	웨스트민스터 소요리 문답 (1647)	웨스트민스터 대요리 문답 (1648)
23장 국가 위정자들에 관하여 1항 온 세상의 주님이자 왕이신 지극히 높으신 하나님은 그분의 영광과 공공의 선을 위해 국가 위정자를 하나님 아래, 그리고 사람들 위에 세우셨습니다. 그리고 이러한 목적으로 그들을 칼의 권세로 무장하게 하셔서 선한 사람들을 보호하고 격려하며, 악을 행하는 사람들은 형벌하게 하셨습니다.[1] ―― **1** 롬 13:1-4; 벧전 2:13-14 2항 그리스도인이 위정자로 부름받았을 때, 그 직무를 받아들이고 수행하는 것은 합법적입니다.[1] 이 직분을 행할 때, 그들은 각 공화국의 건전한 법률에 따라, 특히 경건함과 정의와 평화를 유지해야 합니다.[2] 그러한 목적을 위해서는 지금 이 신약 시대에서도 정당하고 필요한 경우에 전쟁을 합법적으로 수행할 수 있습니다.[3]		

벨직 신앙 고백서 (1561)	하이델베르크 요리 문답 (1563)	제2 스위스 신앙 고백서 (1566)	도르트 신경 (1619)

한 사역을 보호하는 것도 포함되고, 모든 우상 숭배와 거짓 예배를 없애고 방지하며,[2] 적그리스도의 왕국이 멸망하고 그리스도의 왕국이 촉진되게 하는 것입니다. 그러므로 그들은 하나님이 말씀으로 명령하신 바와 같이, 하나님이 모든 사람에게 영광과 경배를 받으실 수 있도록 복음의 말씀을 선포하는 일을 장려해야 합니다.

더욱이 모든 사람은 자신의 신분이나 지위나 조건과 관계없이 국가 위정자들에게 복종해야 할 의무가 있습니다.[3] 세금을 내고,[4] 그들에게 합당한 영예와 존경을 돌리고, 하나님의 말씀에 어긋나는 일이 아니라면 모든 일에 그들에게 순종해야 합니다.[5] 또한 우리가 모든 경건과 정직함 가운데 고요하고 평화롭게 생활할 수 있도록 하나님이 그들의 모든 길을 다스리고 인도하시도록 기도해야 합니다.[6]

따라서 우리는 재세례파들과 다른 반역하는 자들의 오류, 그리고 일반적으로 높은 권세들과 통치자들을 거부하며, 공의를 파괴하고,[7] 재산의 공유를 도입하며, 하나님이 사람들 가운데 세우신 선하고 아름다운 질서를 혼란스

104문. 하나님이 제5계명에서 요구하시는 것은 무엇입니까?

답. 나의 아버지와 어머니, 그리고 나에 대해 권위가 있는 모든 사람에게 모든 공경과 사랑과 충성을 나타내고, 이들의 선한 가르침과 징계에 마땅히 순종하며,[1] 이들의 연약함과 부족함에는 참고 견디기를 명령하십니다.[2] 그들 손을 통해 우리를 다스리는 것을 하나님이 기뻐하시기 때문입니다.[3]

———
[1] 엡 6:1-2 등; 골 3:18, 20; 엡 5:22; 롬 1:31
[2] 잠 23:22
[3] 엡 6:5-6; 골 3:19, 21; 롬 13:1-8; 마 22:21

105문. 하나님이 제6계명에서 요구하시는 것은 무엇입니까?

답. 생각이나 말이나 몸짓, 무엇보다 행동으로 나 스스로든 다른 사람을 통해서든 내 이웃의 명예를 훼손하거나 그들을 미워하거나 해하거나 죽이지 않는 것입니다.[1] 오히려 모든 복수심을 내려놓아야 합니다.[2] 또한 나 자신을 해쳐서도, 고의로 위험에 빠뜨려서도 안 됩니다.[3] 그러므로 국가는 살인을 막기 위해 칼로 무장합니다.[4]

것입니다. 실제로 우리는 분명하게 신앙을 보호하는 것이야말로 거룩한 위정자에게 가장 합당하다고 가르칩니다.

3항 그러므로 위정자는 하나님 말씀을 그 손에 들고 이에 반대되는 것은 어떤 것도 가르치지 않아야 합니다. 동일한 방식으로 그의 손에 있는 하나님 말씀에 근거하여 작성된 훌륭한 법률에 따라 하나님에게 위임받은 백성을 지도하고, 하나님 말씀과 반대되는 것은 가르치지 않아야 합니다. 그들은 백성으로 하여금 의무와 순종 가운데 있도록 훈련해야 합니다. 재판에서 올바른 판단을 내리고, 특정한 사람에게 편견을 품지 않으며, 뇌물을 받지 않아야 합니다. 그들은 미망인이나 아버지를 잃은 자녀, 어려움에 처한 자가 잘못된 처사를 당하지 않도록 보호해야 합니다. 참으로 부정한 사람이나 사기꾼, 난폭자를 구속하여 근절해야 합니다. 이는 "공연히 칼을 가진 것이 아니기" 때문입니다(롬 13:4). 그러므로 모든 악인, 폭동을 일으키는 자, 도적질하는 자, 살인자, 협박자, 신성 모독자, 위증자를 비롯하여 하나님이 형벌하도록 명하시고 심지어 사형에 처하도록 명령하신 모든 자에게는 하나님의 검을 뽑아 들어야 합니다. 그리고 하나님의 위엄하심을 모독하기를 쉬지 않고 교회를 고통스럽게 하며, 결국 교회를 멸하려는 고집스러운 (실제로 이단자들인) 이단을 진압해야 합니다.

4항 전쟁을 통해 백성의 안전을 유지해야 한다면, 하나님의 이름으로 전쟁을 치러야 합니다. 그러나 그전에 모든 수단을 동원하여 평화를 추구해야 하며, 전쟁 이외에 자기 백성을 보호할 방도가 없을 경우에만 전쟁해야 합니다. 위정자가 신앙에 근거하여 이런 일을 할 때는 선한 사역 자체로 하나님을 섬기는 것이며, 주님에게 축복을 받을 것입니다.

5항 그러므로 우리는 그리스도인이 위정자의 직

웨스트민스터 신앙 고백서 (1647)	웨스트민스터 소요리 문답 (1647)	웨스트민스터 대요리 문답 (1648)

――――
[1] 잠 8:15-16; 롬 13:1-4
[2] 시 2:10-12; 딤전 2:2; 시 82:3-4; 삼하 23:3; 벧전 2:13
[3] 눅 3:14; 롬 13:4; 마 8:9-10; 행 10:1-2; 계 17:14, 16

3항 국가 위정자는 말씀과 성례를 선포하고 집행하는 일이나 천국 열쇠의 권세를 스스로 취해서는 안 됩니다.[1] 그러나 국가 위정자는 교회에 일치와 평화를 유지하고, 하나님의 진리가 순결하고 온전하게 보존되며, 모든 신성 모독과 이단을 억제하고, 예배하고 권징하는 일에서 부패와 남용을 예방하거나 개혁하며, 하나님이 정하신 모든 규례를 정당하게 시행하고 준수하도록 적절한 수단을 취해야 할 권위와 의무가 있습니다.[2] 이런 일들을 더 효과적으로 수행하기 위해 국가 위정자는 자신의 권위로 총회를 소집하여 참석하고, 총회에서 처리되는 모든 것이 하나님 뜻에 따라 이루어지도록 해야 합니다.[3]

――――
[1] 대하 26:18; 마 18:17; 16:19; 고전 12:28-29; 엡 4:11-12; 고전 4:1-2; 롬 10:15; 히 5:4
[2] 사 49:23; 시 122:9; 스 7:23, 25-28; 레 24:16; 신 13:5-6, 12; 왕하 18:4; 대상 13:1-9; 왕하 24:1-26; 대하 34:33; 15:12-13
[3] 대하 19:8-11; 29장; 30장; 마 2:4-5

4항 위정자를 위해 기도하고,[1] 그들의 인격을 존중하며,[2] 그들에게 세금과 다른 부과금을 납부하고,[3] 양심을 위해 그들의 합법적인 명령에 순종하고,[4] 그들의 권위에 복종하는 것이 백성의 의무입니다. 신앙이 없거나 신앙이 다르다고 해서 위정자의 정당하고 합법적인 권위를 무시한다거나, 그들에게 마땅히 해야 할 순종을 하지 않아도 되는 것은 아닙니다.[5] 이러한 의무는 교회 직분자도 예외가 아니며,[6] 더욱이 교황은 위정자의 통치권과 위정자가 다스리는 국민 누구에게도 그 어떤 권세나 사법권을 행사할 수 없습

벨직 신앙 고백서 (1561)	하이델베르크 요리 문답 (1563)	제2 스위스 신앙 고백서 (1566)	도르트 신경 (1619)

벨직 신앙 고백서 (1561)

럽게 하는 자들을 혐오합니다.[8]

___

[1] 출 18:20 등; 롬 13:1; 잠 8:15; 렘 21:12; 22:2-3; 시 82:1, 6; 101:2; 신 1:15-16; 16:18; 17:15; 단 2:21, 37; 5:18
[2] 사 49:23, 25; 왕상 15:12; 왕하 23:2-4
[3] 딛 3:1; 롬 13:1
[4] 막 12:17; 마 17:24
[5] 행 4:17-19; 5:29; 호 5:11
[6] 렘 29:7; 딤전 2:1-2
[7] 벧후 2:10
[8] 유 8절, 10절

하이델베르크 요리 문답 (1563)

___

[1] 마 5:21-22; 잠 12:18; 마 26:52
[2] 엡 4:26; 롬 12:19; 마 5:39-40
[3] 마 4:5-7; 골 2:23
[4] 창 9:6; 마 26:52; 롬 13:4

제2 스위스 신앙 고백서 (1566)

무를 수행할 수 있다는 것을 부정하거나, 누군가가 위정자에 의해 공의롭게 처형되는 것을 부정하고, 위정자가 전쟁을 수행하는 것을 거부하거나 공권력에 대한 서약을 부인하는 것과 같은 일들을 하는 재세례파를 배격합니다.

6항 하나님이 마치 이 세상의 아버지인 것처럼 위정자를 통해 그분의 백성이 안전하도록 지키시기 때문에 모든 백성은 위정자를 통해 드러나는 이 하나님의 은덕을 인정해야 합니다. 그러므로 백성은 위정자를 마치 하나님의 사역자처럼 존경하고 경의를 표해야 합니다. 아버지를 대하듯 그들을 사랑하고 호의를 가지며 기도해야 합니다. 그들의 정의롭고 공평한 모든 명령에 복종해야 합니다. 마지막으로 국세나 지방세와 같은 세금을 신실하게 기꺼이 내야 합니다. 그리고 나라의 공공 안전과 정의가 그것을 요구하고, 위정자도 필요에 따라 전쟁을 수행해야 할 때에는 공공의 안전과 위정자를 보호하기 위해 그들의 생명을 바치고 피를 흘려야 합니다. 하나님의 이름으로 자원해서 용감하게, 그리고 즐거운 마음으로 수행해야 합니다. 그들 스스로 위정자에게 대항하는 자들은 하나님의 진노를 불러일으키기 때문입니다.

7항 그러므로 우리는 위정자를 경멸하는 자, 반역자, 공화국의 적, 골칫거리 모반자, 그리고 마지막으로 마땅히 해야 할 의무를 행하지 않거나 공공연하게 또는 교묘하게 거부하는 자는 누구든지 정죄합니다.

결론. 하늘에 계신 지극히 자비하신 아버지 하나님에게 우리의 주님이요, 구주이신 예수 그리스도를 통해 백성을 다스리는 지도자들과 우리와 주님의 모든 백성에게 복 주시기를 기도하옵나이다. 주님에게 모든 찬송과 영광과 감사가 세세무궁토록 있을지어다. 아멘.

웨스트민스터 신앙 고백서 (1647)	웨스트민스터 소요리 문답 (1647)	웨스트민스터 대요리 문답 (1648)

니다. 더군다나 교황은 위정자를 이단으로 판결하거나, 그 밖의 다른 핑계를 내세워 그들의 통치권이나 생명을 앗아갈 수 없습니다.[7]

---

[1] 딤전 2:1-2
[2] 벧전 2:17
[3] 롬 13:6-7
[4] 롬 13:5; 딛 3:1
[5] 벧전 2:13-14, 16
[6] 롬 13:1; 왕상 2:35; 행 25:9-11; 벧후 2:1, 10-11; 유 8-11절
[7] 살후 2:4; 계 13:15-17

31장 총회와 공의회에 관하여

2항 국가 위정자는 신앙 문제에 대해 의논하고 조언을 얻기 위해 목회자와 다른 합당한 사람들로 이루어진 총회를 합법적으로 소집할 수 있습니다.[1] 마찬가지로 국가 위정자가 교회를 공개적으로 대적하는 경우, 그리스도의 사역자들은 그들이 지닌 직분의 권위에 따라 교회의 대표로 파견된 다른 합당한 사람들과 함께 그런 대회들을 소집할 수 있습니다.[2]

---

[1] 사 49:23; 딤전 2:1-2; 대하 19:8-11; 29:1-36; 30:1-27; 말 2:4-5; 잠 11:14
[2] 행 15:2, 4, 22-23, 25

5항 총회와 공의회는 오직 교회와 관련된 문제만 다루거나 결정해야 합니다. 이 외에 국가와 관련된 민간 사안들에 간섭해서는 안 됩니다. 다만 특별한 경우에 한해 겸손하게 청원할 수 있으며, 국가 위정자의 요구가 있을 때에도 양심에 충실하게 조언할 수 있습니다.[1]

---

[1] 눅 12:13-14; 요 18:36

벨직 신앙 고백서 (1561)	하이델베르크 요리 문답 (1563)	제2 스위스 신앙 고백서 (1566)	도르트 신경 (1619)

독신, 결혼, 이혼 그리고 가정생활

29장 독신 생활, 결혼, 가정 통치에 관하여
1항 위로부터 독신의 은사를 받아 마음과 온 영혼으로 순결을 간직하고 절제하며 정욕으로 불타오르지 않는 사람은 그들이 스스로 그 하늘의 은사를 입었다는 것을 느끼는 한, 하나님의 그 부르심 안에서 주님을 섬겨야 합니다. 그들은 다른 사람들 위에서 교만하지 않고 오히려 끊임없이 단순하고 겸손함으로 주님을 섬겨야 합니다. 이들은 가정의 사적인 문제로 정신이 분산되는 자들보다 하늘의 일에 마음을 집중할 수 있습니다. 그러나 은사가 사라져서 정욕이 계속 불타오르면 사도의 다음과 같은 말씀을 기억해야 합니다. "만일 절제할 수 없거든 결혼하라 정욕이 불같이 타는 것보다 결혼하는 것이 나으니라"(고전 7:9).

2항 (정욕의 약이며 절제 그 자체인) 결혼이란 주 하나님이 제정하신 것으로, 하나님은 결혼을 풍성하게 축복하셨고 남자와 여자가 서로 분리될 수 없도록 하나로 결합하여 온전한 사랑과 일치로 살아가기를 원하셨습니다(창 2:24; 마 14:5-6), 이 점에서 우리는 사도가 한 말을 잘 알고 있습니다. "모든 사람은 결혼을 귀히 여기고 침소를 더럽히지 않게 하라 음행하는 자들과 간음하는 자들을 하나님이 심판하시리라"(히 13:4). 또 이렇게 말합니다. "그러나 장가가도 죄 짓는 것이 아니요 처녀가 시집가도 죄 짓는 것이 아니로되"(고전 7:28). 그러므로 우리는 일부다처를 정죄하며, 재혼을 정죄하는 이들을 정죄합니다.
　　결혼이란 주님을 두려워하는 가운데 합법적으로 결정되어야 하는 것으로, 우리는 그 결혼이 근친상간이 되지 않도록 혈족 혼인을 금하는 법률을 어기지 말 것을 가르칩니다. 결혼은 부모의 동의 또는 부모를 대신하는 이들의 동의를 얻어 주님이 결혼을 제정하신 목적에 따라 결정되어야

웨스트민스터 신앙 고백서 (1647)	웨스트민스터 소요리 문답 (1647)	웨스트민스터 대요리 문답 (1648)

24장 결혼과 이혼에 관하여

1항 결혼은 한 남자와 한 여자 사이에서 이루어져야 합니다. 어떤 남자가 한 사람 이상의 아내를 두거나, 어떤 여자가 한 사람 이상의 남편을 동시에 두는 것은 합당하지 않습니다.[1]

———
[1] 창 2:24; 마 19:5-6; 잠 2:17

2항 결혼은 아내와 남편이 서로 돕고,[1] 합법적인 자손을 통해 인류를 번성하게 하며, 거룩한 후손을 통해 교회를 구성하기 위해 제정되었습니다.[2] 또한 부정함을 피하기 위해 제정되었습니다.[3]

———
[1] 창 2:18
[2] 말 2:15
[3] 고전 7:2, 9

3항 판단력이 있어서 동의할 수 있는 사람은 어떤 사람이든 누구나 결혼할 수 있습니다.[1] 그럼에도 오직 주님 안에서만 결혼해야 하는 것이 그리스도인의 의무입니다.[2] 그러므로 참된 개혁 신앙을 고백하는 사람들은 신앙이 없는 자나 로마 가톨릭 신자, 또는 다른 우상 숭배자와 결혼해서는 안 됩니다. 또한 경건한 사람들은 삶이 악하기로 이름난 사람이나 저주받을 이단을 주장하는 사람과 결혼하여 감당할 수 없는 멍에를 함께 메서는 안 됩니다.[3]

———
[1] 히 13:4; 딤전 4:3; 고전 7:36-38; 창 24:57-58
[2] 고전 7:39
[3] 창 34:14; 출 34:16; 신 7:3-4; 왕상 11:4; 느 13:25-27; 말 2:11-12; 고후 6:14

벨직 신앙 고백서 (1561)	하이델베르크 요리 문답 (1563)	제2 스위스 신앙 고백서 (1566)	도르트 신경 (1619)

제2 스위스 신앙 고백서(계속)

합니다. 그들의 결혼은 교회 안에서 기도와 축복과 함께 공적으로 확증되어야 합니다. 더욱이 결혼은 당사자들의 화평과 신실함과 경건과 사랑과 더불어 순결을 통하여 거룩한 것이 되도록 해야 합니다. 따라서 논쟁이나 불화, 간음이나 정사에 빠지지 않도록 주의를 기울여야 합니다. 따라서 결혼생활을 보살펴 주고, 모든 부정과 파렴치한 행위를 책망하며, 결혼생활에서의 다툼, 즉 결정할지 끝낼지를 조정하는 합법적인 재판과 거룩한 재판장들이 교회 가운데 세워져야 합니다.

3항 자녀는 부모에게 주님을 경외하는 양육을 받아야 합니다. 사도가 한 다음과 같은 말을 기억하십시오. "누구든지 자기 친족 특히 자기 가족을 돌아보지 아니하면 믿음을 배반한 자요 불신자보다 더 악한 자니라"(딤전 5:8). 그러나 특별히 부모는 그들의 자녀에게 스스로 생계를 꾸려 갈 정직한 기술과 직업을 가르쳐야 합니다. 그들로 하여금 게으르지 않게 하고, 이 모든 문제에서 하나님을 향한 참된 확신을 심어 주어야 합니다. 그렇지 않으면, 그들은 불신이나 과신, 부주의한 안심과, 추잡한 탐욕으로 나쁜 길에 빠져 결국 선한 열매를 하나도 맺지 못할 것입니다.

4항 참된 신앙을 가진 부모가 결혼생활과 가정을 다스리는 의무로 행하는 사역은 하나님 앞에서 거룩하고 참으로 선한 사역으로, 기도나 금식이나 구제만큼이나 하나님에게 기쁨이 되는 것이 확실합니다. 그러므로 사도 역시 편지들을 통해, 특별히 디모데와 디도에게 보낸 편지에서 이와 같이 가르친 것입니다. 따라서 우리는 사도와 더불어 그것이 마치 거룩하지도, 정결하지도 않은 것처럼 결혼을 금하고, 공공연히 비난하며, 간접적으로 중상하는 자들의 가르침을 "귀신의 가르침"으로 간주합니다(딤전 4:1).

5항 그리고 우리는 불결한 독신 생활이나, 내적으로는 욕정이 가득하면서 절제하는 척하는 위선자의 욕정과 음행을 혐오합니다. 하나님은 이런 모든 자를 심판하실 것입니다. 경건하고 바르게 부유함을 사용한다면, 우리는 부유함을 반대하지도, 부자를 경멸하지도 않습니다. 그러나 사도파와 같은 분파는 비난하는 바입니다.

웨스트민스터 신앙 고백서 (1647)	웨스트민스터 소요리 문답 (1647)	웨스트민스터 대요리 문답 (1648)

웨스트민스터 신앙 고백서(계속)

4항 결혼은 말씀이 금하는 혈족이나 친족 사이에 이루어져서는 결코 안 됩니다.[1] 사람이 만든 어떠한 법에 근거하더라도, 또는 당사자 간의 동의가 있더라도, 그와 같은 근친결혼을 합법화하여 두 사람이 남편과 아내로 함께 살 수는 없습니다.[2] 남자는 아내의 그 어떤 친인척과도 결혼해서는 안 되며, 자신의 친인척과도 결혼해서는 안 됩니다. 여자도 자신의 친인척뿐 아니라 남편의 그 어떤 친인척과도 결혼해서는 안 됩니다.[3]

---
[1] 레 18장; 고전 5:1; 암 2:7   [3] 레 20:19-21
[2] 막 6:18; 레 18:24-28

5항 약혼 후에 범한 간통이나 간음이 결혼 이전에 발각되면 아무 잘못이 없는 자는 결혼 약속을 파기할 정당한 이유를 갖게 됩니다.[1] 결혼 후에 간음하여 발각된 경우, 아무 잘못이 없는 배우자는 이혼을 청구할 수 있습니다.[2] 그리고 이혼한 뒤에는 잘못한 배우자가 죽은 것처럼 여겨 다른 사람과 결혼할 수 있습니다.[3]

---
[1] 마 1:18-20   [3] 마 19:9; 롬 7:2-3
[2] 마 5:31-32

6항 인간의 부패함은 하나님이 결혼으로 짝지어 주신 사람들을 부당하게 갈라놓기 위한 이유를 쉽게 생각하는 경향이 있습니다. 그럼에도 간음, 또는 교회와 국가 위정자도 도저히 화해시킬 수 없는 고의적인 유기 외에는 그 어떤 것도 결혼 계약을 파기할 충분한 사유가 될 수 없습니다.[1] 이혼할 때는 공적이고 질서 있는 절차를 따라야 하며, 이혼 당사자들이 자신의 뜻과 재량에 따라 이혼하도록 내버려 두어서는 안 됩니다.[2]

---
[1] 마 19:8-9; 고전 7:15; 마 19:6
[2] 신 24:1-4

Reformed

Eschatology
The Doctrine of the Last Things

Harmo

Confessions

종말론
마지막 일들에 관한 교리

n i z e d

벨직 신앙 고백서 (1561)	하이델베르크 요리 문답 (1563)	제2 스위스 신앙 고백서 (1566)	도르트 신경 (1619)

죽음으로부터의 부활

37항 최후 심판

모든 죽은 자들이 땅에서 부활할 것이고, 그들의 영혼은 전에 거했던 자신의 육체와 연합될 것입니다.[1] 아직 살아 있는 자들은 다른 사람들처럼 죽지 않고 썩어질 것이 썩지 않을 몸으로 순식간에 변화될 것입니다.[2]

———
[1] 요 5:28-29; 6:54; 단 12:2; 욥 19:26-27
[2] 고전 15:51-53

57문. "몸이 다시 사는 것"이 당신에게 주는 위로는 무엇입니까?

답. 이 삶이 끝난 후에 내 영혼은 머리 되신 그리스도께 즉시 올라갈 것입니다.[1] 그뿐 아니라 내 육신도 그리스도의 능력으로 일으켜져서 내 영혼과 다시 연합하여 그리스도의 영광스러운 몸과 같이 될 것입니다.[2]

———
[1] 눅 23:43; 빌 1:23
[2] 고전 15:53; 욥 19:25-26

26장 믿는 자의 매장, 죽은 자에게 필요한 배려, 연옥과 영들의 출현에 관하여

1항 우리가 확고히 믿듯이, 성경은 성령의 전으로서 마지막 날에 부활할 신자들의 몸을 귀하게 다룰 것과, 그 어떤 미신 없이 땅에 매장할 것을 명령하고 있습니다. 그밖에 성도로서 주님 안에서 죽은 자들의 명예를 언급하고, 죽은 자 뒤에 남겨진 부인이나 아버지 잃은 자녀에게 모든 사랑의 의무를 수행할 것을 명합니다. 죽은 자를 위한 다른 배려는 가르치지 않습니다. 그러므로 우리는 죽은 자의 몸을 경시하거나, 완전하게 멸시하고 무관심하게 땅에 버리며, 죽은 자들이 행한 일에 대해 좋은 말을 한 마디도 하지 않고, 남겨진 유가족을 조금도 배려하지 않는 키니코스(Cynics) 학파를 매우 혐오합니다.

2항 다시 말하지만, 우리는 반대로 죽은 자를 위해 지나치게 터무니없이 많은 관심을 쏟는 것, 즉 마치 이방인처럼 죽은 자를 위해 슬피 우는 것을 인정하지 않습니다(사도가 용인하는 슬픔을 틀렸다고 생각하는 것은 아닙니다[살전 4:13]. 적어도 슬퍼하지 않는 것은 비인간적이기 때문입니다). 또한 우리는 그들을 위해 미사를 바칠 뿐만 아니라 그에 대한 대가를 받고, 죽은 자를 해방시키기 위해 중얼거림으로 기도하며 마치 그것이 죽은 자를 해방시킨다고 믿는 자들도 인정하지 않습니다.

3항 우리는 신자들이 육체적 죽음 후에 곧바로 그리스도께로 가므로, 살아 있는 사람들의 도움이나 죽은 자를 위한 기도, 또는 그런 사람들의 어떠한 노력이 필요하지 않다고 믿기 때문입니다. 이와 마찬가지로 우리는 불신자가 즉시 음부로 떨어지며, 살아 있는 자들의 어떤 직분이나 노력에도 악인들이 그곳에서 되돌아오는 열린 길은 없

웨스트민스터 신앙 고백서 (1647)	웨스트민스터 소요리 문답 (1647)	웨스트민스터 대요리 문답 (1648)

32장 죽음 이후 사람의 상태와 죽은 자의 부활에 관하여

1항 죽음 이후 사람의 몸은 흙으로 돌아가 썩게 되나,[1] 그들의 영혼은 죽거나 잠들지 않고 불멸하는 본질을 지니고 있어서 그것을 주신 하나님에게 즉시 돌아갑니다.[2] 그 때 의인들의 영혼은 완전히 거룩해지며, 빛과 영광 중에 하나님의 얼굴을 뵈옵는 지극히 높은 하늘로 영접되어 올라가고, 그들의 몸이 온전히 구속되길 기다립니다.[3] 그리고 악인들의 영혼은 지옥에 던져지고, 그곳에서 고통과 완전한 흑암 안에 남겨지게 되며, 심판이 있는 큰 날까지 갇혀 지냅니다.[4] 성경은 영혼이 몸과 분리된 장소로 이 두 곳 외에는 그 어디도 인정하지 않습니다.

---
[1] 창 3:19; 행 13:36
[2] 눅 23:43; 전 12:7
[3] 히 12:23; 고후 5:1, 6, 8; 빌 1:23; 행 3:21; 엡 4:10
[4] 눅 16:23-24; 행 1:25; 유 6-7절; 벧전 3:19

2항 마지막 날에 살아 있는 상태로 남아 있는 사람들은 죽지 않고 변화될 것입니다.[1] 모든 죽은 사람은 이전과 동일한 몸으로 부활할 것입니다. 이 몸은 (이전과 질적으로 차이가 있지만) 자기 영혼과 다시 영원히 결합될 것입니다.[2]

---
[1] 살전 4:17; 고전 15:51-52
[2] 욥 19:26-27; 고전 15:42-44

3항 불의한 사람들의 몸은 그리스도의 권능으로 치욕 가운데 부활할 것입니다. 의로운 사람들의 몸은 그리스도의 성령으로 말미암아 영예 가운데 부활할 것이며, 그 몸은 그리스도의 영광스러운 몸을 닮을 것입니다.[1]

37문. 신자들은 죽을 때에 그리스도께 어떤 은덕을 받습니까?

답. 신자들의 영혼은 죽을 때에 거룩함으로 완전해지고,[1] 즉시 영광으로 들어갑니다.[2] 그리고 그들의 몸은 여전히 그리스도와 연합된 채[3] 부활할 때까지[4] 자신들의 무덤에서 쉽니다.[5]

---
[1] 히 12:23
[2] 고후 5:1, 6, 8; 빌 1:23; 눅 23:43
[3] 살전 4:14
[4] 욥 19:26-27
[5] 사 57:2

84문. 모든 사람이 죽습니까?

답. 죄의 삯으로 사망의 위협을 받게 되어,[1] 한 번 죽는 것이 모든 사람에게 정해졌습니다.[2] 모든 사람이 범죄했기 때문입니다.[3]

---
[1] 롬 6:23   [3] 롬 5:12
[2] 히 9:27

85문. 죽음이 죄의 삯이라면, 그리스도 안에서 자신의 모든 죄를 용서받은 의인은 왜 죽음에서 구출되지 못하는 것입니까?

답. 의인들은 마지막 날에 죽음에서 구원받을 것이며, 비록 죽을지라도 사망의 쏘는 것과 저주에서 구출됩니다.[1] 그러므로 비록 죽더라도 그들은 하나님의 사랑으로[2] 죄와 비참에서 완전히 해방되어[3] 죽음 이후에 들어가는 영광 가운데 그리스도와 함께 더 깊은 교통을 누립니다.[4]

---
[1] 고전 15:26, 55-57; 히 2:15
[2] 사 57:1-2; 왕하 22:20
[3] 계 14:13; 엡 5:27
[4] 눅 23:43; 빌 1:23

86문. 보이지 않는 교회의 회원들이 죽음 이후에 그리스도와 함께 영광 가운데 누리는 교통은 무엇입니까?

답. 보이지 않는 교회의 회원들이 죽음 이후에 그리스도와 함께 영광 가운데 누리는 교통은 그들의 영혼이 완전히 거룩해져서[1] 가장 높은 하늘로 영접받아[2] 그곳에서 빛과 영광 중에 하나님의 얼굴을 바라보면서,[3] 그들의 몸이 완전히 구속되길 기다리는 것입니다.[4] 그들의 몸은 비록 죽은 가운데 있어도 그리스도께 계속 연합되어,[5] 마치 잠자듯 무덤에서 쉬고 있다가[6] 마지막 날에

벨직 신앙 고백서 (1561)	하이델베르크 요리 문답 (1563)	제2 스위스 신앙 고백서 (1566)	도르트 신경 (1619)
		다고 믿습니다.	

제2 스위스 신앙 고백서 칸:

다고 믿습니다.

4항 그러나 어떤 자들이 연옥의 불에 관해 가르치는 문제에 관한 한, 그것은 기독교적 신앙("나는 죄를 사하여 주시는 것과 영원히 사는 것을 믿사옵나이다")과 그리스도에 의한 완전한 씻음과 정면으로 대립됩니다. 그리스도 우리 주님이 다음과 같이 말씀하셨습니다. "내가 진실로 진실로 너희에게 이르노니 내 말을 듣고 또 나 보내신 이를 믿는 자는 영생을 얻었고 심판에 이르지 아니하나니 사망에서 생명으로 옮겼느니라"(요 5:24). 또한 주님이 이렇게 말씀하십니다. "예수께서 이르시되 이미 목욕한 자는 발밖에 씻을 필요가 없느니라 온몸이 깨끗하니라 너희가 깨끗하나"(요 13:10).

5항 이제, 죽은 사람들의 영이나 혼이 때때로 살아 있는 사람들에게 나타나서 자신들을 해방시키기 위한 의무를 요구한다는 기록이 있습니다. 우리는 그러한 나타남이 마귀의 환상, 술책, 속임수라고 간주합니다. 마귀들은 스스로 빛의 천사로 둔갑할 수 있는 만큼, 참된 신앙을 없애 버리거나 회의적으로 바꾸어 놓으려고 애씁니다. 주님은 구약 성경에서 죽은 사람에게 진리를 묻는 행위와, 영들과 교제하는 것을 금하십니다(신 18:10-11). 복음서의 진리가 선포하듯이 이 땅에서 호화롭게 살다가 형벌에 넘겨진 형제는 다시 세상에 있는 자기 형제들에게 돌아가는 길이 거부되었습니다. 또한 하나님의 말씀이 다음과 같이 선포되었습니다. "그들에게 모세와 선지자들이 있으니 그들에게 들을지니라 …… 모세와 선지자들에게 듣지 아니하면 비록 죽은 자 가운데서 살아나는 자가 있을지라도 권함을 받지 아니하리라"(눅 16:29, 31).

웨스트민스터 신앙 고백서 (1647)	웨스트민스터 소요리 문답 (1647)	웨스트민스터 대요리 문답 (1648)
— 1 행 24:15; 요 5:28-29; 고전 15:43; 빌 3:21		그들의 영혼과 다시 연합하게 됩니다.[7] 악인의 영혼은 죽을 때 지옥에 던져져 그곳에서 고통과 흑암 가운데 머물러 있는 한편, 그들의 몸은 부활과 큰 날의 심판 때까지 마치 감옥에 갇히듯 무덤에 보존됩니다.[8] — 1 히 12:23 2 고후 5:1, 6, 8; 빌 1:23; 행 3:21; 엡 4:10 3 요일 3:2; 고전 13:12 4 롬 8:23; 시 16:9 5 살전 4:14 6 사 57:2 7 욥 19:26-27 8 눅 16:23-24; 행 1:25; 유 6-7절 **87문. 부활에 관해 우리가 믿어야 할 것은 무엇입니까?** 답. 우리는 마지막 날에 죽은 자들의 일반적인 부활, 즉 의인과 악인 모두가 부활할 것을 믿습니다.[1] 그때에 살아 있는 자들은 순식간에 변화될 것이며, 무덤에 있는 죽은 자들은 그 몸이 바로 그들의 영혼과 영원히 연합되어 그리스도의 능력으로 다시 살아날 것입니다.[2] 의인의 몸은 그리스도의 영에 의해, 또는 그들의 머리이신 그분의 부활의 효능에 의해 그분의 영광스러운 몸과 같은 신령하고 썩지 않는 몸으로 다시 살아날 것입니다.[3] 또한 악인의 몸은 진노하신 심판주이신 주님에 의해 수치스러운 중에 다시 살아날 것입니다.[4] — 1 행 24:15 2 고전 15:51-53; 살전 4:15-17; 요 5:28-29 3 고전 15:21-23, 42-44; 빌 3:21 4 요 5:27-29; 마 25:33

벨직 신앙 고백서 (1561)	하이델베르크 요리 문답 (1563)	제2 스위스 신앙 고백서 (1566)	도르트 신경 (1619)

최후 심판과 영원

37항 최후 심판

마지막으로, 우리는 하나님의 말씀에 따라, (모든 피조물에게 알려지지 않은)[1] 주님이 정하신 때가 이르고 택함받은 자들의 수가 차면, 우리 주 예수 그리스도께서 자신을 산 자와 죽은 자의 심판주로 선언하시고, 이 옛 세상을 불과 화염으로 정결하게 하시기 위해[2] 그분이 하늘로 올라가셨던 모습대로 육신을 입으시고 눈에 보이도록[3] 큰 영광과 위엄으로 하늘로부터 다시 오실 것을 믿습니다.[4] 그때 모든 사람, 즉 이 세상의 시작부터 끝까지 살았던[5] 남자와 여자와 아이, 모든 살아 있는 사람들이 천사장의 소리와 하나님의 나팔 소리에 소환되어 각자 위대하신 심판자 앞에 개인적으로 서게 될 것입니다.[6] 이 일이 있은 후에 책들(말하자면 양심)이 열리고 죽은 자들이 이 세상에서 선악 간에 행한 일에 따라 심판을 받을 것입니다.[7] 모든 사람이 자신의 모든 무익한 말들, 즉 세상에서 재미와 농담으로 한 말들에 대해 해명해야

58문. "영원히 사는 것"이라는 신앙 조항에서 당신은 어떤 위로를 얻습니까?

답. 내가 이미 마음으로 영원한 기쁨의 시작을 느끼는 것처럼,[1] 이 삶이 끝나면 "눈으로 보지 못하고 귀로 듣지 못하고 사람의 마음으로 생각하지도 못[한]"[2] 완전한 구원을 기업으로 받을 것이며,[3] 이로 말미암아 영원히 하나님을 찬양할 것입니다.

___
[1] 고후 5:2-3, 6; 롬 14:17
[2] 고전 2:9
[3] 시 10:11

123문. 두 번째 간구는 무엇입니까?

답. "나라가 임하시오며"입니다.[1] 하나님 말씀과 성령님으로 우리를 다스리셔서 우리로 점점 주님에게 순종하게 하시고,[2] 하나님의 교회를 보존하시고 흥왕하게 하시며,[3] 마귀의 일과,[4] 주님에게 맞서 자신을 스스로 높이는 모든 세력과, 주님의 거룩한 말씀을 거스르는 모든 악한 음모를 멸하시길 구하는 것입니다. 주님의 나라가 온전히 이루어져[5] 주께서 만유 가운데

웨스트민스터 신앙 고백서 (1647)	웨스트민스터 소요리 문답 (1647)	웨스트민스터 대요리 문답 (1648)

33장 최후 심판에 관하여

1항 하나님은 모든 권능과 심판의 권세를 하나님 아버지께 받으신 예수 그리스도로 말미암아,[1] 세상을 의로 심판하실 한 날을 정하셨습니다.[2] 그날에는 배역한 천사들이 심판받을 뿐 아니라,[3] 이 땅에 살았던 모든 사람도 그리스도의 심판대 앞에 서서 그들의 생각과 말과 행위를 설명해야 합니다. 그리고 선이든 악이든 몸으로 행한 일에 대해 보응받을 것입니다.[4]

———
[1] 행 17:31
[2] 요 5:22, 27
[3] 고전 6:3; 유 6절; 벧후 2:4
[4] 고후 5:10; 전 12:14; 롬 2:16; 14:10, 12; 마 12:36-37

2항 이 날을 지정하신 하나님의 목적은 택하신 자들의 영원한 구원에 나타난 하나님의 자비의 영광을 나타내시기 위함입니다. 그리고 유기된 자들, 곧 악하고 불순종하는 사람들을 정죄하시는 하나님의 공의를 드러내시기 위함입니다. 그때 의인들은 영원한 생명으로 들어가서 주님의 임재에서 비롯되는 충만한 기쁨과 즐거움을 누릴 것입니다. 그러나 하나님을 모르고 예수 그리스도의 복음에 순종하지 않은 악인들은 영원한 고통 속으로 던져져서 주님의 임재와 그분의 영광스러운 권능으로 영원한 파멸에 처할 것입니다.[1]

———
[1] 마 25:31-46; 롬 2:5-6; 9:22-23; 마 25:21; 행 3:19; 살후 1:7-10

3항 그리스도께서는 우리에게 심판의 날이 있을 것이라는 분명한 확신을 심어 주셔서 모든 사람이 죄를 멀리하고, 역경 가운데 있

38문. 신자들은 부활할 때에 그리스도께 어떤 은덕을 받습니까?

답. 신자들은 부활할 때에 영광 중에 일으켜지고,[1] 심판의 날에 공적으로 인정받고 무죄를 선고받을 것이며,[2] 하나님을 영원토록[3] 충만히 즐거워하는[4] 복을 온전히 누릴 것입니다.

———
[1] 고전 15:43
[2] 마 25:23; 10:32
[3] 살전 4:17-18
[4] 요일 3:2; 고전 13:12

88문. 부활 직후에 어떠한 일이 따라오게 됩니까?

답. 부활 직후에 천사와 사람에 대한 전체적인 최후 심판이 있을 것입니다.[1] 그날과 그 시를 아는 사람은 아무도 없는데, 이는 모두 깨어 기도하면서 주님의 오심을 항상 준비하게 하려 함입니다.[2]

———
[1] 벧후 2:4; 유 6-7절, 14-15절; 마 25:46
[2] 마 24:36, 42, 44; 눅 21:35-36

89문. 심판 날에 악인에게는 어떤 일이 벌어지겠습니까?

답. 심판 날에 악인은 그리스도의 왼편에 세워지고,[1] 명백한 증거와 그들 양심의 분명한 확증이 있은 후[2] 공정하게 정죄를 선고받을 것입니다.[3] 그리고 그곳에서 하나님의 은혜의 존전과, 그리스도와 그분의 성도, 그분의 모든 거룩한 천사와 누리는 영광스러운 사귐에서 쫓겨나 지옥에 던져져 마귀와 그의 천사들과 함께 몸과 영혼이 다 같이 영원히 고통의 형벌을 받을 것입니다.[4]

———
[1] 마 25:33
[2] 롬 2:15-16
[3] 마 25:41-43
[4] 눅 16:26; 살후 1:8-9

90문. 심판 날에 의인에게는 어떤 일이 벌어지겠습니까?

답. 심판 날에 의인은 구름 속으로 그리스도께 끌어 올려져,[1] 그 오른편에 서서 공개적으로 인정받아 무죄를 선고받고,[2] 버림받은 천사들과 사람들을 그리스도와 함께 심판하고[3] 하늘로 영접될 것인데,[4] 그곳에서 그들은 영원무궁토록 모든 죄와 비참에서 해방되어[5] 도저히 상상할 수 없는 기쁨

벨직 신앙 고백서 (1561)	하이델베르크 요리 문답 (1563)	제2 스위스 신앙 고백서 (1566)	도르트 신경 (1619)
할 것입니다.[8] 사람들의 은밀한 일들과 위선이 모두에게 폭로되고 밝혀질 것입니다.[9] 그러므로 이 심판에 대한 생각이 악인들과 불경건한 자들에게는 무시무시하고 두려운 일이 될 것이나,[10] 의인들과 택함받은 자들에게는 가장 큰 소망과 위로가 될 것입니다.	만유가 되시기를 구하는 것입니다.[6] ___ [1] 마 6:10 [2] 시 119:5 [3] 시 51:18 [4] 요일 3:8; 롬 16:20 [5] 계 22:17, 20 [6] 고전 15:15, 28		

벨직 신앙 고백서(계속)

그때 택함받은 자들의 완전한 구속이 완성되고, 그들의 수고와 그들이 견디어 낸 고난의 열매를 받을 것이기 때문입니다.[11] 그들의 무죄가 모든 사람에게 알려질 것이고, 악인들에게 보응하시는 무시무시한 하나님의 복수를 보게 될 것입니다.[12] 이 세상에서 그들을 잔인하게 핍박하고 억압하며 고통스럽게 했던[13] 악인들은 자기 양심의 증언에 의해 유죄 선고를 당할 것이며,[14] 마귀와 그의 타락한 사자들을 위해 준비된[15] 영원한 불 가운데서[16] 죽지 않고 계속 고통당할 것입니다.

이와 반대로 신실한 자들과 택함받은 자들은 영광과 존귀의 면류관을 쓸 것입니다.[17] 그리고 하나님의 아들이 그의 아버지 하나님과 그의 택한 천사들 앞에서 그들의 이름을 시인하실 것입니다.[18] 그들의 눈에서 모든 눈물을 씻어 주실 것입니다.[19] 지금은 많은 재판관들과 통치자들에 의해 이단적이며 불경하다고 정죄받고 있는 그들의 명분이 하나님의 아들을 위한 명분이었음이 알려질 것입니다.[20] 주님은 사람이 마음에 품어 본 적이 없는 영광을 그들에게 은혜로운 상급으로 주실 것입니다.[21]

그러므로 우리는 우리 주 예수 그리스도 안에서 하나님의 약속을 충만히 누릴 수 있도록 저 위대한 날을 열렬히 소망하며 고대합니다.[22] 아멘.

"주 예수여 오시옵소서"(계 22:20).

___
[1] 마 24:36; 25:13; 살전 5:1-2; 계 6:11; 행 1:7; 벧후 3:10
[2] 벧후 3:7, 10; 살후 1:8
[3] 행 1:11
[4] 살후 1:7-8; 행 17:31; 마 24:30; 25:31; 유 15절; 벧전 4:5; 딤후 4:1
[5] 계 20:12-13; 행 17:31; 히 6:2; 9:27; 고후 5:10; 롬 14:10
[6] 고전 15:42; 계 20:12-13; 살전 4:16
[7] 계 20:12-13; 고전 4:5; 롬 14:11-12; 욥 34:11; 요 5:24; 단 12:2; 시 62:13; 마 11:22; 23:33; 요 5:29; 롬 2:5-6; 고후 5:10; 히 6:2; 9:27
[8] 롬 2:5; 유 15절; 마 12:36
[9] 고전 4:5; 롬 2:1-2, 16; 마 7:1-2
[10] 계 6:15-16; 히 10:27
[11] 눅 21:28; 요일 3:2; 4:17; 계 14:7; 살후 1:5-7; 눅 14:14
[12] 단 7:26
[13] 마 25:46; 살후 1:6-8; 말 4:3
[14] 롬 2:15
[15] 말 4:1; 마 25:41
[16] 계 21:8; 벧후 2:9
[17] 마 25:34; 13:43
[18] 마 10:32
[19] 사 25:8; 계 21:4
[20] 사 66:5
[21] 사 64:4; 고전 2:9
[22] 히 10:36-38

웨스트민스터 신앙 고백서 (1647)	웨스트민스터 소요리 문답 (1647)	웨스트민스터 대요리 문답 (1648)

웨스트민스터 신앙 고백서 (1647)

는 경건한 사람들이 큰 위로를 받게 하셨습니다.[1] 따라서 그날이 언제인지 아무도 알지 못하게 하셔서 사람들이 육적인 방심에 빠지지 않게 하시고, 주님이 오실 시간을 알지 못함으로 항상 깨어 있게 하신 것입니다. 그리고 우리가 "주 예수여 속히 오시옵소서 아멘"이라고 말하며 항상 준비하며 살게 하셨습니다.[2]

———

[1] 벧후 3:11, 14; 고후 5:10-11; 살후 1:5-7; 눅 21:7, 28; 롬 8:23-25
[2] 마 24:36, 42-44; 막 13:35-37; 눅 12:35-36; 계 22:20

웨스트민스터 대요리 문답 (1648)

으로 충만할 것입니다.[6] 따라서 몸과 영혼이 완전히 거룩하고 행복하게 되어 무수한 성도와 거룩한 천사 무리 가운데,[7] 특히 아버지 하나님과 우리 주 예수 그리스도와 성령님을 영원무궁토록 직접 대하고 기쁨을 나눌 것입니다.[8] 이것이 부활과 심판의 날에 보이지 않는 교회의 회원들이 영광 가운데 그리스도와 함께 누릴 완전하고 충만한 교통입니다.

———

[1] 살전 4:17
[2] 마 25:33; 10:32
[3] 고전 6:2-3
[4] 마 25:34, 46
[5] 엡 5:27; 계 14:13
[6] 시 16:11
[7] 히 12:22-23
[8] 요일 3:2; 고전 13:12; 살전 4:17-18

선별된 참고 문헌

조엘 비키

여기에 수록된 참고 문헌과 해설은 영문 간행물에서만 추린 것으로, 이 책에 담겨 있는 가장 오래된 개혁
주의 교리적 표준 문서인 벨직 신앙 고백서의 순서를 따랐다. 몇 가지 예외를 제외하면, 여기 인용된 작품
들은 개혁주의 신념을 지닌 독자들에게 가치 있을 만한 것으로 한정했다.

1항 하나님에 관한 교리

부인할 수 없는 하나님의 존재와 속성에 관한 대표적인 저서로 열
네 권으로 이루어진 스티븐 차녹(Stephen Charnock, 1628-1680)의
엄청난 전집 *Discourses on the Existence and Attributes of God*
(1682; reprint 2 vols., Grand Rapids: Baker, 1979,「하나님의 존재
와 속성」, 전2권, 부흥과개혁사 역간)이 있다. 이 작품은 훌륭한 청교
도 신학과 심오한 사상, 그리고 하나님을 향한 겸손한 경배로 특징
지어진다. 차녹은 '신학의 체계' 전체를 설교하고자 했으나 52세의
나이로 하나님의 품에 안길 때까지 하나님의 속성 그 이상으로 나아
가지 못했다.

하나님의 속성에 관한 또 다른 중요한 저서로 윌리엄 베이츠
(William Bates, 1625-1699)의 *The Harmony of the Divine At-
tributes in the Contrivance and Accomplishment of Man's Re-
demption* (1674; reprint Harrisonburg, VA: Sprinkle, 1985)이 있
다. 베이츠는 하나님의 공의와 거룩, 권세, 그리고 자비에 초점을 맞
춘다. 그는 실제적인 경건을 강조했으며, '단순한 스타일'로 청교도
설교에 능숙했다.

다음과 같은 두 가지 19세기 저서도 꽤 도움이 된다. 로버트 필
립(Robert Phillip)의 *The Eternal; or, The Attributes of Jehovah*
(London: Ward, 1846)와 알렉산더 카슨(Alexander Carson)의 *The
Knowledge of Jesus the Most Excellent of the Sciences* (New
York: Edward Fletcher, 1851)다. 카슨의 저서는 제목이 잘못 표기
되었다. 이 책은 마지막 장 전까지도 그리스도에 관해서는 많이 다
루지 않으며, 하나님의 속성에 관한 전형적인 제시를 담고 있다.

개혁주의 교의학의 표준은 하나님의 교리에 관한 가치 있는 부

분들을 포함한다. 헤르만 혹세마(Herman Hoeksema)의 *Reformed
Dogmatics* (Grand Rapids: Reformed Free, 1966)는 특별히 하나
님의 속성을 감동적으로 전한다. 헤르만 바빙크(Herman Bavinck)
의 *The Doctrine of God* (Grand Rapids: Eerdmans, 1951)은 철저
한 작품으로, 조직 신학자들 가운데 단연 최고다.

대부분의 독자에게 칼 헨리(Carl Henry)의 *God, Revelation
and Authority*, 전6권 (Waco, TX: Word, 1976-1983)은 꽤 어려울
것이다. 그러나 2권, 5권, 6권은 하나님의 교리에 관하여 안목 있는
독자들에게 가치 있을 만한 자료들을 포함한다.

하나님의 속성에 관한 20세기 최고의 작품으로는 A. W. 토저
(Tozer)의 *The Knowledge of the Holy* (New York: Harper &
Brothers, 1961,「하나님을 바로 알자」, 생명의말씀사 역간), 아더
핑크(Arthur W. Pink)의 *The Attributes of God* (Swengel, PA:
Reiner, 1968,「하나님을 아는 즐거움」, 도서출판 누가 역간), J. I. 패
커(Packer)의 *Knowing God* (Downers Grove, IL: InterVarsity,
1973,「하나님을 아는 지식」, IVP 역간), C. 새뮤얼 스톰스(Samuel
Storms)의 *The Grandeur of God: A Theological and Devotional
Study of the Divine Attributes* (Grand Rapids: Baker, 1984)가 있
다. 토저의 저서는 가장 감동적이고, 핑크의 저서는 가장 경험적이
며, 패커의 저서는 가장 실제적이고, 스톰스의 저서는 가장 신학적
이다.

당신이 하나님과 그분의 속성에 관해 (성경 외에) 전혀 책을 읽지
않는 사람이라면, 패커의 저서로 시작하라. 이 저서는 이미 고전이
다. 1부는 하나님을 아는 지식이 주는 유익과 복을, 2부는 하나님의
속성 안에서 하나님이 누구신지를, 3부는 하나님의 존재와 속성이
우리 삶에 어떤 영향을 끼치는지를 다룬다.

2항 하나님은 어떤 수단으로 우리에게 자신을 알리시는가

장 칼뱅(John Calvin)의 *Institutes of the Christian Religion* (Vols. 20-21 of Library of Christian Classics; 존 맥닐[John T. McNeill] 편저, 포드 배틀즈[Ford Lewis Battles] 번역; Philadelphia: Westminster Press, 1960, 「기독교 강요」)은 하나님을 아는 지식에 관한 개혁주의 교리를 다룬 모든 시대의 고전이다. 「기독교 강요」의 전체 구조는 하나님이 어떻게 아버지와 아들과 성령으로 우리에게 알려지는지에 따라 구성되었다. 하나님의 지식에 관한 칼뱅의 견해를 다룬 최고의 2차적 저서로는 *Calvin and Augustine* (edited by Samuel Craig; reprint Philadelphia: Presbyterian and Reformed, 1956)에 실린 B. B. 워필드(Warfield)의 "Calvin's Doctrine of the Knowledge of God"이 있다. E. A. 도웨이(Dowey), Jr.의 *The Knowledge of God in Calvin's Theology* (1952; reprint New York: Columbia University Press, 1965)와 T. H. L. 파커(Parker)의 *The Doctrine of the Knowledge of God: A Study in the Theology of John Calvin* (Edinburgh: Oliver and Boyd, 1952)은 신정통주의 색채를 띤다. 진지한 사람들은 미출간 논문인 케네스 칸저(Kenneth Kantzer)의 "The Knowledge of God and the Word of God in John Calvin" (Harvard, 1950)을 참조할 수도 있다.

이 외에도 하나님의 계시에 관해 도움을 주는 오래된 저서로는 존 브라운(John Brown)의 *A Compendious View of Natural and Revealed Religion* (Philadelphia: David Hogan, 1819), Books 1 and 2, 그리고 *The Works of the Rev. Thomas Halyburton* (London: Thomas & Tegg, 1835), 254-503쪽에 실린 토마스 핼리버튼(Thomas Halyburton)의 "A Treatise on Natural and Revealed Religion," 조지 피셔(George P. Fisher)의 *The Nature and Method of Revelation* (New York: Charles Scribner's Sons, 1890)이 있다.

계시론에 관한 20세기 저서 가운데 레온 모리스(Leon Morris)의 *I Believe in Revelation* (Grand Rapids: Eerdmans, 1976)은 최고의 개론적 비평서다. 아더 핑크의 *The Doctrine of Revelation* (Grand Rapids: Baker, 1975)은 창조와 인간의 도덕적 본성, 역사, 성육신, 그리고 성경에 나타난 하나님 자신의 계시에 초점을 맞춘다. 이 저서는 대중적이고 경험적이며 개혁주의적인 관점에서 집필되었으며, 계시론을 가장 유익하게 다루었다. 메릴 테니(Merrill Chapin Tenney)가 편저한 *The Bible: The Living Word of Revelation* (Grand Rapids: Zondervan, 1968)은 복음적 신학 연구소(Evangelical Theological Society) 회원들이 집필한 열 편의 에세이로 구성되어 있는데, 상당 부분이 계시론의 여러 국면과 신적 소통의 방식 또는 무오성의 영향 등을 강조한다.

계시론을 다룬 깊이 있는 개혁주의 저서로는 벤자민 워필드의 *Revelation and Inspiration* (New York: Oxford, 1927), 윌리엄 마셀링크(William Masselink)의 *General Revelation and Common Grace* (Grand Rapids: Eerdmans, 1953), 헤르만 바빙크의 *The Philosophy of Revelation* (Grand Rapids: Baker, 1959, 「계시 철학」, 도서출판 다함 역간), 고든 클락(Gordon H. Clark)의 *Religion, Reason and Revelation* (Nutley, NJ: Presbyterian and Reformed, 1961), 코넬리우스 반틸(Cornelius VanTil)의 *An Introduction to Systematic Theology: Defense of the Faith* (Nutley. NJ: Presbyterian and Reformed, 1974, 「조직 신학 서론」, 크리스챤출판사 역간), 존 프레임(John H. Frame)의 *The Doctrine of the Knowledge of God* (Phillipsburg, NJ: Presbyterian and Reformed, 1987)을 참조하라. G. C. 베르카우어(Berkouer)는 네덜란드 개혁주의 신학자들과 자신의 떠오르는 사상을 상호 소통하면서 *General Revelation* (Grand Rapids: Eerdmans, 1955)을 썼다. 특히 7장과 10장이 유익한데, 10장 제목은 "벨직 신앙 고백서 2항에 관한 논쟁"(The Controversy Regarding Article II of the Belgic Confession)이다. 그러나 베르카우어는 늘 그렇듯 답해 주기보다 질문을 훨씬 많이 던진다.

계시론의 역사적 발전에 관한 가장 가치 있는 연구로는 브루스 데머레스트(Bruce A. DeMarest)의 *General Revelation: Historical Views and Contemporary Issues* (Grand Rapids: Zondervan, 1982)를 참조하라. 종교 개혁 이후 시기에 관해서는 리처드 뮬러(Richard Muller)의 *Post-Reformation Reformed Dogmatics*, 1권 5장 (Grand Rapids: Baker, 1987)을 참조하라. 또한 1960년대까지 매우 상세하고 광범위하게 다루는 유용한 저서로 H. D. 맥도날드(McDonald)의 *Theories of Revelation: An Historical Study 1700-1960* (2 vols. in 1; reprint Grand Rapids: Baker, 1979)이 있다. 이 책은 이전에 *Ideas of Revelation, An Historical Study, A. D. 1700 to A.D. 1860*, 그리고 *Theories of Revelation, An Historical Study, 1860-1960*라는 제목으로 출간된 바 있다. 계시에 관한 20세기의 관점에 관해서는 존 베일리(John Baillie)의 *The Idea of Revelation in Recent Thought* (New York: Columbia University Press, 1956)를 참조하라. 이 책은 비록 자주 인용되지만 도움을 얻기에는 지나치게 자유주의적이다. 좀 더 가치 있는 작품으로 약간 오래되기는 했지만, 칼 헨리가 편집한 *Revelation and the Bible: Contemporary Evangelical Thought* (Grand Rapids: Baker, 1958)가 있다.

어디서부터 읽어야 할까? 시편 19편과 로마서 1장부터 시작하라. 하나님이 자신을 풍성하게 계시하신 성경과 자연을 탐구하라. 칼뱅,

모리스, 핑크, 그리고 데머레스트를 정독하라.

3항 성경의 영감

벨직 신앙 고백서 3항에서 7항까지는 거룩한 성경에 담겨 있는 하나님의 특별 계시 교리를 언급한다. 이 교리와 관련하여 "책들을 짓는 것은 끝이 없고"라는 솔로몬의 권면은 시의적절하다. 특별히 지난 20년 동안 하나님의 기록된 말씀에 관해 온갖 수준의 두꺼운 저서가 끝없이 출간되었다. 우리의 목적에 따라 여기서는 이 가운데 과거와 현재 출간된 최선의 저서들을 다음과 같은 구분으로 소개하고자 한다. 성경의 영감론(3항), 성경의 정경성(4항), 성경의 권위(5항), 성경과 비교할 때 외경의 열등함(6항), 성경의 충분성과 무오성(7항)이다.

성경의 신적 영감에 관한 19세기 저서로는 로버트 할데인(Robert Haldane)의 *The Books of the Old and New Testaments Proved to be Canonical and Their Verbal Inspiration Maintained and Established* (Boston: American Doctrinal Tract Society, 1835), 아치볼드 알렉산더(Archibald Alexander)의 *Evidences of the Authenticity, Inspiration and Canonical Authority of the Holy Scriptures* (Philadelphia: Presbyterian Board of Publications, 1836), 프랑수아 가우센(François Louis Gaussen)의 *Theopneustia: The Plenary Inspiration of the Holy Scriptures* (1840; reprint Grand Rapids: Kregel, 1971), 제임스 배너만(James Bannerman)의 *Inspiration: The Infallible Truth and Divine Authority of the Holy Scriptures* (Edinburgh: T. & T. Clark, 1865)가 있다. 할데인은 축자 영감론에 관한 독일의 이성주의에 반응한다. 알렉산더의 저서는 여러 '증거'를 제시하나 사상의 관례적인 깊이가 결핍되어 있다. 가우센의 저서는 19세기 고전이며, 배너만은 영감론의 역사에 탁월하다.

20세기 고전으로 꼽을 수 있는 저서는 새뮤얼 크레이그(Samuel G. Craig)가 편저한 B. B. 워필드의 *The Inspiration and Authority of the Bible* (Philadelphia: Presbyterian and Reformed, 1970)이 있다. 이 저서는 *Revelation and Inspiration* (New York: Oxford, 1927) 안에 있는 (많은 글이 주해적으로나 신학적으로 능가하는 다른 작품이 없을 정도인) 상당한 소논문들과 코넬리우스 반틸의 탁월한 65쪽 분량의 개론을 포함한다. 워필드의 저서는 신적 영감론에 관한 '구 프린스턴'의 견해를 이해하려면 반드시 읽어야 할 책이다.

에드워드 영(Edward J. Young)의 *Thy Word is Truth* (Grand Rapids: Eerdmans, 1957)는 대중적 가독성과 교리적 정확성을 조합하는 훌륭한 일을 해냈다. 특히 영은 무오성과 개별적인 '난해 본

문', 그리고 성경에 관한 현대의 견해들을 효과적으로 제시한다.

대중적 수준에서 도움이 되는 다른 저서로는 완전 축자 영감론에 관한 격렬한 변증서인 테오도르 엥겔더(Theodore Engelder)의 *Scripture Cannot Be Broken* (St. Louis: Concordia, 1945), 교리적 깊이보다는 개인적 교양과 훈육을 목표로 한 A. W. 핑크의 *The Divine Inspiration of the Bible* (Swengel, PA: Reiner, 1971,「성경의 권위」, 프리스브러리 역간), 교리적 용어와 최근 논쟁에 익숙하지 않은 사람들에게 탁월한 저서인 브라이언 에드워즈(Brian Edwards)의 *Nothing but the Truth* (Welwyn, England: Evangelical Press, 1978), 성경 연구의 기쁨을 강조하고 성경이 성경 자체에 대해 말하는 바를 조사한 제임스 패커의 *God Has Spoken* (Downers Grove, IL: InterVarsity Press, 1979)이 있다. 패커의 저서에는 "성경 무오성에 관한 1978년 시카고 선언문"(Chicago Statement on Biblical Inerrancy)이 실려 있다.

로버트 프레우스(Robert Preus)의 *The Inspiration of Scripture*, 2판 (Edinburgh: Oliver and Boyd, 1957)은 17세기 루터파 조직 신학자들의 신학을 다룬 훌륭한 논문이다. 영감론에 관한 좀 더 깊이 있는 17세기 개혁주의 조직 신학자들에 관해서는 존 비어드즐리 3세(John W. Beardslee III)가 편저하고 번역한 프란시스 튜레틴(Francis Turretin)의 *The Doctrine of Scripture* (Grand Rapids: Baker, 1981)를 보라.

어디서부터 읽어야 할까? 평판이 좋은 주석들을 참조하여 디모데후서 3장 16절과 베드로후서 1장 21절을 연구하라. 그리고 나서 영과 에드워즈를 읽으라.

4항 성경의 정경성

이 주제에 관해 처음 관심을 가진 독자들은 성경의 거룩한 정경성 작업을 간단하게 다룬 윌리엄 맥레이(William J. McRae)의 *The Birth of the Bible* (Scarborough: Everyday Publications, 1984)이나 닐 라이트푸트(Neil Lightfoot)의 *How We Got Our Bible* (Grand Rapids: Baker, 1963,「성경의 탄생」, 미션월드라이브러리 역간)을 먼저 참조하는 것이 좋다. 이보다 높은 수준을 참조하려면, 정경성에 관한 기본적이며 믿을 만한 저서로 가장 중요한 쟁점을 다루는 R. 레어드 해리스(Laird Harris)의 *Inspiration and Canonicity of the Bible* (Grand Rapids: Zondervan, 1957,「성경의 영감과 정경」, 개혁주의출판사 역간)이 있다. 해리스는 영감론이야말로 정경성의 핵심 원리라고 주장한다. 또한 "영의 분석 용어 색인"(Young's Analytical concordance)에 관한 가장 현대적인 판본에서 찾아볼 수 있는 논문인 롤랜드 해리슨(Roland K. Harrison)의

"구약의 정경성"(The Canon of the Old Testament)과 에버렛 해리슨(Everett F. Harrison)의 "신약의 정경성"(The Canon of the New Testament)은 분명하고 간결하며 건전하다. 정경성에 대한 좀 더 학문적인 접근으로는 오래되긴 했지만 수확을 얻을 수 있는 윌리엄 그린(William Henry Green)의 *General Introduction to the Old Testament: The Canon* (London: John Murray, 1899)과, 윌리엄 커닝햄(William Cunningham)의 *Theological Lectures* (London: Nisbet, 1878)에 있는 정경성에 대한 그의 에세이를 부지런히 읽으라. 좀 더 최근의 학문적인 저서에 대해서는 브루스 메츠거(Bruce Metzger)의 *The Canon of the New Testament* (Oxford: University Press, 1987)를 참조하라.

'성경 개론'을 다룬 수많은 저서가 각각 저자와 기록 시기, 배경, 목적, 개요, 요약을 담고 있으며, 구약과 신약의 정경과 본문을 개관한다. 단순한 수준에서 가장 도움을 주는 저서로는 짧지만 신뢰할 만한 윌리엄 핸드릭슨(William Hendriksen)의 *Survey of the Bible* (reprint Grand Rapids: Baker, 1976), 각 성경에서 실천적인 교훈을 얻기에 탁월한 윌리엄 딜(William Deal)의 *Pictorial Introduction to the Bible* (Grand Rapids: Baker, 1982)이 있다. 중급 수준의 저서로는 보수적이며 다소 건조하나 지난 반세기 동안 표준적 저서로 자리매김한 존 레이븐(John Raven)의 *Old Testament Introduction* (New York: Revell, 1910)이 있으며, 중요한 비평적 문제들을 다룬 가장 신뢰할 만한 안내서로 레이븐을 능가하는 에드워드 영의 *An Introduction to the Old Testament* (Grand Rapids: Eerdmans, 1960, 「구약 총론」, 개혁주의출판사 역간), 보수적인 복음적 입장을 변호하는 글리슨 아처(Gleason Archer)의 *A Survey of Old Testament Introduction* (Chicago: Moody, 1964, 「구약 총론」, 기독교문서선교회 역간), 신학적으로는 약하나 교회 학교 교사와 기독교 교육자, 성경 공부 모임 인도자에게 실천적 안내서로 탁월한 로렌스 리처즈(Lawrence O. Richards)의 *Teacher's Commentary* (Wheaton: Victor Books, 1987)가 있다. 학문적인 수준에서 일반적으로 신뢰할 만한 저서로는 테오도어 찬(Theodor Zahn)의 *Introduction to the New Testament*, 전3권 (1909; reprint Grand Rapids: Kregel, 1953), 롤랜드 해리슨의 *Introduction to the Old Testament* (Grand Rapids: Eerdmans, 1969), 에버렛 해리슨의 *Introduction to the New Testament* (Grand Rapids: Eerdmans, 1971), 도널드 거스리(Donald Guthrie)의 *New Testament Introduction*, 개정4판 (Downers Grove, IL: InterVarsity, 1990, 「신약 서론」, 크리스천다이제스트 역간), D. A 카슨(Carson), 더글러스 무(Douglas J. Moo), 레온 모리스가 공저한 *An Introduction to the New Testament* (Grand Rapids: Zondervan, 1992), 레이몬드 딜라드(Raymond B. Dillard)와 트렘퍼 롱맨 3세(Tremper Logman

III)가 공저한 *An Introduction to the Old Testament* (Grand Rapids: Zondervan, 1995)를 참조하라.

R. 레어드 해리스부터 읽어 보길 권한다.

5항 성경의 권위

성경의 권위에 관해 가장 도움이 되는 두 저서로 네드 스톤하우스(Ned Stonehouse)와 폴 울리(Paul Woolley)가 편저한 *The Infallible Word: A Symposium by the Members of the Faculty of Westminster Theological Seminary* (Philadelphia: Presbyterian and Reformed, 1946)와 버나드 램(Bernard Ramm)의 *The Pattern of Religious Authority* (Grand Rapids: Eerdmans, 1957)가 있다. 전자는 성경의 권위와 정경성의 일반적 성격을 다룬 탁월한 개혁주의 에세이의 시리즈를 담고 있다. 이 저서들은 이 교리에 대한 적실성과 독특한 특징, 그리고 이것들을 설교하는 일에 관한 중요성을 강조한다.

램은 성경의 권위에 대해서 보수적인 복음주의을 대적하는 사안들을 전한다. 그는 '권위를 받아들이는 근거'와 '권위의 권리'를 구분하며, 이성이나 직관, 경향 등은 권위를 인식하고 받아들이는 방식이지만 받아들인 권위 그 자체의 권리를 구성하지는 않는다고 주장한다. 램은 신자에게 성경의 권위의 교리가 삼중적이라고 말하는데, 즉 성경의 권위, 성령님의 권위, 그리스도의 권위다. 이런 삼중적 도식은 로마 가톨릭교회의 가톨릭주의, 현대주의, 신정통주의와 대조된다.

제임스 보이스(James M. Boice)가 편저한 *The Foundation of Biblical Authority* (Grand Rapids: Zondervan, 1978)에서는 존 거스트너(John Gerstner), 제임스 패커, 프랜시스 쉐퍼(Francis Schaeffer), R. C. 스프로울(Sproul), 그리고 다른 이들이 쓴 유용한 소논문을 찾아볼 수 있다. 이 저서는 1977년에 설립된 성경 무오성에 관한 국제 공의회(Internationa Council on Biblical Inerrancy)의 첫 주요 출간물이다. 칼 헨리의 *God, Revelation and Authority* (Waco, TX: Word, 1979) 4권은 성경의 권위에 관한 상당히 전문적인 내용을 광범위하게 담고 있다. 메러디스 클라인(Meredith Kline)의 *The Structure of Biblical Authority* (Grand Rapids: Eerdmans, 1972, 「언약과 성경」, 부흥과개혁사 역간)는 성경의 권위에 대한 우리의 이해가 고대 근동 조약 문서들의 정경성에 대한 개념과 관련하여 나아갈 수 있다고 주장한다. 존 우드브리지(John D. Woodbridge)의 *Biblical Authority: A Critique of the Rogers/McKim Proposal* (Grand Rapids: Zondervan, 1982, 「성경의 권위」, 전2권, 선교횃불 역간)은 로저스(Rogers)와 맥킴(McKim)의

엉성한 학문적 내용을 효과적으로 드러내며, 보수적이고 복음적인 견해에서 오늘날 우리 시대의 성경적 권위에 대한 쟁점을 긍정적으로 다룬다.

성경의 권위의 역사적 연구에 대해서는 루퍼트 데이비스(Rupert Eric Davies)의 *The Problem of Authority in the Continental Reformers: A Study in Luther, Zwingli, and Calvin* (London: Epworth Press, 1946), 헨리 포스트먼(Henry Jackson Forstman)의 *Calvin's Doctrine of Biblical Authority* (Stanford: Stanford University Press, 1962)를 참조하라. 이 저서들에는 '칼뱅과 칼뱅주의, 그리고 현대의 상황'을 이해하도록 도와줄 에필로그와 탁월한 참고 문헌이 포함되어 있다.

어디서부터 읽어야 할까? 작지만 설득력 있는 D. 마틴 로이드 존스(Martyn Lloyd-Jones)의 *Authority* (London: InterVarsity, 1966, 「권위」, 생명의말씀사 역간)를 참조하라. 이 책은 그리스도와 말씀과 성령님의 권위로 돌아가야 한다고 명쾌하게 촉구한다.

6항 외경

외경이 포함되어 있는 출처는 다음과 같다.

(1) 흠정역(KJV) 성경: 1611년판 흠정역 성경을 재출간한 토마스 넬슨의 1990년판과 마찬가지로 대부분의 흠정역 강단 성경은 외경을 포함한다.
(2) 제네바 성경: 위스콘신 대학 출판부에서 출간한 1560년판의 복제판인 1969년판을 참조하라.
(3) 두에랭스(Reims-Douay) 성경: 로마 가톨릭교회에서는 전통을 유지하기 위해 정경 사이사이에 외경을 배치하였다.
(4) 개정역(RV) 성경: 외경은 1881년판의 순서에 따라 1894년판에 수록되었다(*The World's Classic Series,* 294권 [Oxford University Press]을 참조하라).
(5) 개정표준역(RSV) 성경: 브루스 메츠거가 편저한 "The Oxford Annotated Apocrypha" (New York: Oxford, 1965; *The New Oxford Annotated Bible with the Apocrypha* [1973]의 한 부분으로 출간됨)는 매우 도움이 되는 판본이다.

로버트 찰스(Robert H. Charles)가 편저하여 개론과 주석으로 두 권으로 구성된 *The Apocrypha and Pseudepigrapha* (Oxford: 1913, reprint: Clarendon Press, 1963)는 매우 표준적인 비평서다. 윌리엄 외스텔리(William Oesterley)의 *An Introduction to the Books of the Apocrypha* (London: SPCK, 1946)는 브루스 메츠거의 *An Introduction to the Apocrypha* (New York: Oxford, 1957)로 대체되었다. 메츠거는 외경의 역사와 중요성을 포함하여 외경을 평가한 포괄적인 연구를 제공한다. 데이비드 러셀(David Russell)의 *Between the Testaments* (London: SCM Press, 1960)와, 찰스 파이퍼(Charles F. Pfeiffer)가 개정하고 편저한 허버트 앤드류스(Herbert Andrews)의 *An Introduction to the Apocryphal Books of the Old and New Testament* (Grand Rapids: Baker, 1964)는 외경의 문화적이며 문학적인 배경을 다룬다. 롤랜드 해리슨의 *Introduction to the Old Testament* (Grand Rapids: Eerdmans, 1969)는 외경에 대해 100쪽 분량의 보충 자료를 제공한다.

어디서부터 읽는 것이 좋을까? 외경을 읽고, 해리슨과 메츠거의 개론서들에 이은 E. J. 굿스피드(Goodspeed)의 *The Story of the Apocrypha* (Chicago, 1939)를 읽으라.

7항 성경의 충분성과 무오성

충분성

성경의 충분성을 다루는 여러 저서가 있는데 노엘 윅스(Noel Weeks)의 *The Sufficiency of Scripture* (Edinburgh: Banner of Truth Trust, 1988)만큼 오랫동안 쟁점이 되어 온 문제들과 현대의 사안들을 능력 있고 매력적이며 읽기 쉽게 쓴 저서도 없을 것이다. 첫 번째 부분은 권위와 계시, 섭리, 무오성, 상황화와 같은 기본 사안을 다룬다. 이 저서의 남은 부분은 창조, 예언의 해석, 교회 직무에서 여성의 역할, 심리학, 그리고 성경 번역과 같은 논쟁의 특정 요점을 다룬다.

제임스 패커의 *Beyond the Battle for the Bible* (Westchester, IL: Cornerstone, 1980)은 공적 기도와 사적 기도에서 어떻게 성경을 사용할지에 대한 긴 분량의 장에서 성경의 충분성을 다룬다. 이 책은 또한 무오성에 관한 현대의 논쟁도 다루고 있다.

무오성

그리스도의 성경관에 기초하여 성경의 무오성을 변증하는 데 도움을 주는 읽을 만한 저서로 로버트 라이트너(Robert P. Lightner)의 *The Saviour and the Scriptures* (Philadelphia: Presbyterian and Reformed, 1966)가 있다. 존 몽고메리(John W. Montgomery)가 편저한 *God's Inerrant Word* (Minneapolis: Bethany, 1974)는 린드셀의 책 이전에 집필된 탁월한 에세이 모음집이다.

해롤드 린드셀(Harold Lindsell)의 *The Battle for the Bible* (Grand Rapids: Zondervan, 1976)은 복음주의 교단과 학교에서 이 교리에 대한 헌신이 상당히 침식했다는 것을 문서로 증거하여 무오성 논쟁을 신선하게 자극한다. 이 책의 속편 격인 *The Bible in the*

Balance (Grand Rapids: Zondervan, 1979)에서 린드셀은 자신의 주장을 더욱 구체화하고, 비평에 답하며, 교회와 학교에서 무오성이 계속 침식되는 것을 인용한다.

무오성에 관한 개혁주의의 견해를 다룬 최고의 몇몇 자료는 로저 니콜(Roger R. Nicole)과 J. 램지 마이클스(Ramsey Michaels)가 편저한 Inerrancy and Common Sense (Grand Rapids: Baker, 1980), 노먼 가이슬러(Norman L. Geisler)가 편저한 Inerrancy (Grand Rapids: Zondervan, 1980), D. A. 카슨과 존 우드브리지가 편저한 Scripture and Truth (Grand Rapids: Zondervan, 1983), 존 한나(John D. Hannah)가 편저한 Inerrancy and the Church (Chicago: Moody Press, 1984), 고든 루이스(Gordon R. Lewis)와 브루스 데머레스트가 편저한 Challenges to Inerrancy: A Theological Response (Chicago: Moody Press, 1984), 얼 래드매처(Earl D. Radmacher)와 로버트 프레우스가 편저한 Hermeneutics, Inerrancy, and the Bible (Grand Rapids: Zondervan, 1984), 로널드 영블러드(Ronald Youngblood)가 편저한 Evangelicals and Inerrancy (New York: Thomas Nelson, 1984), 하비 콘(Harvie Conn)이 편저한 Inerrancy and Hermeneutics (Grand Rapids: Baker, 1988)와 같이 1980년대에 출간된 몇몇 에세이 모음집에서 찾아볼 수 있다.

경고: 잭 로저스(Jack Rogers)가 옮긴 G. C. 베르카우어의 Holy Scripture (Grand Rapids: Eerdmans, 1975)는 피하라. 베르카우어는 역사적, 과학적 엄밀성에서 분리시켜서 무오성에 자격을 부여한다. 베르카우어는 선택된 성경에 대해 독단적으로 거절하는 것을 용인하는 데 따르는 위험한 결과들에 관해 말하는 것을 소홀히 한다.

성경의 무오성에 대해 어디서부터 읽어야 할까? 간략히 말하자면, 전문적이지 않은 존 거스트너의 Bible Inerrancy Primer (Grand Rapids: Baker, 1965)에서 시작하라.

8-9항 삼위일체

교회사 초기에 기독교의 신론은 "한 본체 또는 본질 안에 세 신격"이란 표현으로 형성되었고, 이후 대부분 이런 개념을 유지했다. 4세기경 아타나시우스와 카파도키아 사람들, 이후 아우구스티누스가 이와 관련하여 중요한 역할을 감당했다. 사도신경과 니케아 신경, 그리고 아타나시우스 신경은 삼위일체에 관한 교부들의 핵심 가르침을 구체화했다. 고대 교회의 삼위일체 교리 발전에 관한 1차 자료로는 알렉산더 로버트(Alexander Robert)와 제임스 도널드슨(James Donaldson)이 편저한 Ante-Nicene Fathers, 전10권 (1885-96; reprint Grand Rapids: Eerdmans, 1951-56), 필립 샤프(Philip Schaff) 등이 편저한 Nicene and Post-Nicene Fathers, 각 전14권

으로 구성된 두 시리즈 (1887-94; reprint Grand Rapids: Eerdmans, 1952-56)를 참조하라. 2차 연구에 관해서는 W. S. 비숍(Bishop)의 The Development of Trinitarian doctrine in the Nicene and Athanasian Creeds (New York: Longmans, Green, 1910), L. 프레스티지(Prestige)의 God in Patristic Thought, 2판 (London: SPCK, 1952), J. 크바스텐(Quasten)의 Patrology, 전3권 (1950-86; reprint Westminster, MD: Christian Classics, 1983-86), J. N. D. 켈리(Kelly)의 The Athanasian Creed (London: A. & C. Black, 1964)와 Early Christian Doctrines (New York: Harper & Row, 1965)와 Early Christian Creeds (London: Longmans, 1972), 에드먼드 포트먼(Edmund J. Fortman)의 The Triune God: A Historical Study of the Doctrine of the Trinity (Philadelphia: Westminster, 1972), 토마스 토렌스(Thomas F. Torrance)의 The Trinitarian Faith: The Evangelical Theology of the Ancient Catholic Church (Edinburgh: T. and T. Clark, 1988)를 참조하라.

놀랍게도 종교 개혁자들이 이 교리에서 고대 교회와의 통일성을 확증하기 위해 매우 신경 썼다는 사실을 고려하여 삼위일체에 관한 건전한 개혁주의 관점으로 저술된 유용한 저서는 많지 않다. 표준적인 개혁주의 교의학들은 삼위일체에 대한 가치 있는 부분들을 포함하고 있다. 특히 삼위일체적 구조로 구성된 칼뱅의 「기독교 강요」를 참조하라. 삼위일체에 관한 최고의 청교도 저서로는 존 오웬(John Owen)의 Works (reprint Edinburgh: Banner of Truth Trust, 1965), 2권과 존 하우(John Howe)의 Works (reprint Ligonier, PA: Soli Deo Gloria, 1990), 2권 마지막 100쪽에 있다. 2권에서 존 오웬의 주요 작품인 "성부와 성자와 성령과의 교통에 관하여"(Of Communion with God the Father, Son, and Holy Ghost, 365쪽 분량)는 신자가 어떻게 경험적으로 삼위일체의 각 신격과 교제할 수 있는지를 다루는 기독교 문헌 가운데 타의 추종을 불허한다. 또한 새뮤얼 크레이그가 편저한 Biblical and Theological Studies (Philadelphia: Presbyterian and Reformed, 1968), 22-59쪽에 실린 B. B. 워필드의 "The Biblical Doctrine of the Trinity"를 참조하라.

또한 삼위일체에 대해 추천할 만한 대중적 수준의 저서 4종이 있다. 19세기 고전인 에드워드 비커스테스(Edward H. Bickersteth)의 The Trinity (reprint Grand Rapids: Kregel, 1965)는 오래된 최고의 저서다. 1859년에 Rock of Ages라는 제목으로 처음 출간된 이후 이 작은 책자는 삼위일체 교리에 접근하는 예배적 분위기를 장려하며, 성부와 성자와 성령의 영원한 신성을 믿을 상당한 성경적 증거를 제공한다. 결론 장인 "믿음, 성경, 그리고 삼위일체"(Faith, the Scripture, and the Trinity)는 특히 유용하다. 또한 믿을 만한 기본적인 책으로는 로레인 뵈트너(Loraine Boettner)의 Studies in Theology (1947; reprint Grand Rapids: Baker, 1975)에서 삼위일

체를 다룬 부분(79-138쪽)이다. 삼위일체에 관해 가장 읽을 만한 현대 저서로는 스튜어트 올리오트(Stuart Olyott)의 *The Three are One* (Welwyn, Herts: Evangelical Press, 1979), 알리스터 맥그래스(Alister E. McGrath)의 *Understanding the Trinity* (Grand Rapids: Zondervan, 1990)가 있다.

더 깊은 저서를 원한다면, 다음을 참조하라. G. A F. 나이트(Knight)의 *A Biblical Approach to the Doctrine of the Trinity* (Edinburgh: Oliver and Boyd, 1953)와 E. 캘빈 베이즈너(Calvin Beisner)의 *God in Three Persons* (Wheaton: Tyndale, 1984)는 삼위일체 교리의 성경적 토대에 관해 설명한다. A. W. 웨인라이트(Wainwright)의 *The Trinity in the New Testament* (London: SPCK, 1962)는 삼위일체 교리가 신약 성경 메시지에 본질이라는 사실을 주장한다. 피터 툰(Peter Toon)과 제임스 스파이스랜드(James D. Spiceland)가 편저한 *One God in Trinity* (Westchester, IL: Cornerstone, 1980)에는 1978년 더럼의 영국 틴데일 펠로우십(British Tyndale Fellowship)에서 전한 강의가 수록되어 있다. 고든 클락의 *The Trinity* (Jefferson, MD: Trinity Foundation, 1985)는 지난 200년간 삼위일체 교리에 관한 교회의 이해를 역사 신학적으로 명료하게 설명한다. 그러나 이 책은 바빙크, 반틸, 크누센 등을 지나치게 비판적으로 다루고 있다. 로이스 고든 그륀러(Royce Gordon Gruenler)의 *The Trinity in the Gospel of John* (Grand Rapids: Baker, 1986)는 요한복음에 제시된 삼위일체를 세심하게 연구하고 있다. 밀라드 에릭슨(Millard J. Erickson)의 *God in Three Persons: A Contemporary Interpretation of the Trinity* (Grand Rapids: Baker, 1995)는 삼위일체를 다룬 최근의 최고 저서다. 이 저서는 구약과 신약과 초대 교회의 삼위일체를 다루며, 하나님에 관한 삼위일체적 정의의 중요성을 계속 변증한다. 에릭슨은 또한 삼위일체에 대한 현대적 질문들에 효과적으로 답변한다. 신학 대학 교육 과정 교재로 기획된 이 저서는 의심할 여지 없이 주요 저서로 남아 있으며, 철저하게 개혁주의적 관점에서 삼위일체를 저술한 성경적이고 역사적이며 신학적인 작품으로 남아 있다.

비커스테스의 저서로 시작해 보라. 그 다음 칼뱅을 읽고, 존 오웬의 전집 2권에서 삼위일체의 아름다움을 소화하기까지 쉬지 말고 읽으라.

10항 예수 그리스도의 신성

그리스도의 신성과 영광을 다룬 17세기 최고 저서는 청교도의 황태자 존 오웬의 저서다. 굴드 판(Goold edition) 존 오웬 전집 1권에는 감동적인 세 작품이 모여 있다. *A Declaration of the Glorious Mys-* *tery of the Person of Christ* (1679), *Meditations and Discourses on the Glory of Christ* (1684), *Meditations and Discourses Concerning the Glory of Christ Applied* (1691)로 이 작품들은 1965년에 배너 오브 트루스(Banner of Truth)에서 재출간되었고, 그 후에도 몇 차례 재출간되었다. 그리스도의 신적인 위격의 영광에 관한 오웬의 작품들은 타의 추종을 불허한다. 토마스 맥크리(Thomas M'Crie)는 존 오웬의 1권에 관해 이런 평가를 남겼다. "종교 개혁 시대 이후 칼뱅의 「기독교 강요」 다음으로 한 개인이 출간한 신학 저서 가운데 존 오웬의 이 저서는 최고의 영예로운 작품으로 간주해야 한다."

성자의 신성에 대해 도움이 되는 18세기 저서로는, 사법적이며 가슴을 울리는 방식으로 요한복음 1장에 나타난 그리스도의 신성에 초점을 맞춘 아우구스트 헤르만 프랑케(August Hermann Francke)의 *Christus Sacrae Scripturae Nucleus: Or, Christ The Sum and Substance Of all the Holy Scriptures* (London: J. Downing, 1732), 로마서 9장 5절을 강해한 일련의 설교인 존 가이즈(John Guyse)의 *Jesus Christ God-Man: or, The Constitution of Christ's Person, with the Evidence and Importance of the Doctrine of His True and Proper Godhead* (Glasgow: David Niven, 1790), 432쪽 분량으로 훌륭한 열여섯 편의 논쟁적 편지에서 그리스도의 신성을 변증하는 윌리엄 랭(William Laing)의 *Philemon's Letters to Onesimus: Upon The Subjects of Christ's Atonement and Divinity* (Newry: D. Carpenter, 1791), 그리스도를 하나님의 아들로 믿는 일의 영적이며 일상적인 영향에 관해 경험적인 칼뱅주의 영국 성공회에서 작성한 여덟 편의 감동적인 설교를 포함한 로버트 호커(Robert Hawker)의 *Sermons on the Divinity of Christ* (1792; reprint London: E. Spettigue, 1847)가 있다.

그리스도의 신성에 관해 주목할 만한 19세기 저서로는, 특히 구약 성경에서 그리스도의 신성을 증명하는 데 도움을 주는 앰브로즈 설(Ambrose Serle)의 *Horae Solitariae: Or, Essays Upon some Remarkable Names and Titles of Jesus Christ, Occurring in the Old Testament, and Declarative of His Essential Divinity ...,* 1권 (Dublin: Thomas Connolly, 1849), 리던의 뱀튼 강좌에 대한 작품으로 표준적이며 자주 재출간된 헨리 리던(Henry Parry Liddon)의 *The Divinity of Our Lord and Saviour Jesus Christ* (1868; reprint Minneapolis: Klock & Klock, 1978), 성경적이며 변증적이고 경험적인 저서인 조셉 필팟(Joseph C. Philpot)의 *Eternal Sonship of Christ* (1865; reprint Grand Rapids: Sovereign Grace, 1971)가 있다.

그리스도의 신성에 대해 교양적인 방식으로 정통주의 견해를 견지하는 20세기의 몇몇 저서는 다음과 같다. 벤자민 워필드의 *The Lord of Glory* (London: Hodder and Stoughton, 1907)는 그리스도의 신성에 관한 성경적 증거를 학문적으로 조사한다. 로버트 앤더슨(Robert Anderson)의 *The Lord from Heaven* (1910; reprint Grand Rapids: Kregel, 1978)은 만왕의 왕이신 그리스도에 초점을 맞추면서 그리스도의 신성을 구약과 신약에서 능력 있게 강해한다. 윌리엄 바인(William E. Vine)의 *The Divine Sonship of Christ,* 2 vols. in 1 (Minneapolis: Klock & Klock, 1984)은 "그리스도의 영원한 아들 됨"(Christ's Eternal Sonship)과 "첫째와 마지막"(The First and the Last)이라는 두 작품을 담고 있는데, 두 작품 모두 그리스도의 신성에서 흘러나와 신자들에게 전달되는 은덕을 강조한다. 허버트 로키어(Herbert Lockyer)의 *All the Divine Names and Titles in the Bible* (Grand Rapids: Zondervan, 1975)은 그리스도의 신성에 빛을 비추는 그리스도의 여러 이름에 대한 훈육적인 강해에 200여 쪽 분량을 할애하고 있다. 조쉬 맥도웰(Josh McDowell)과 바트 라슨(Bart Larson)의 *Jesus: A Biblical Defense of His Deity* (San Bernardino, CA: Here's Life, 1983)는 대학생을 위한 변증서로 저술되었다. 머리 해리스(Murray J. Harris)의 *Jesus as God: The New Testament Use of Theos in Reference to God* (Grand Rapids: Baker, 1992)은 10개의 성경 본문을 복음적이고 학문적이 방식으로 신중하게 주해하고 탁월한 최신 참고 문헌을 소개한다.

그리스도의 신성에 대한 역사적 발전을 다룬 저서로는 에드워드 버튼(Edward Burton)의 *Testimonies of Ante-Nicene Fathers to the Divinity of Christ,* 2판 (Oxford, 1829), 이자크 아우구스트 도르너(Izaak August Dorner)의 *History of the Development of the Doctrine of the Person of Christ,* 전5권 (Edinburgh, 1861-63), 알베르 르빌(Albert Reville)의 *History of the Doctrine of the Deity of Jesus Christ* (London, 1870)를 보라.

어디서부터 읽어야 할까? 그리스도의 신성에 대한 사도의 확증에 주의를 기울이면서 요한복음을 다시 읽어 보라(또한 A. T. 로버트슨[Robertson]의 *The Divinity of Christ in the Gospel of John* [1916; reprint Grand Rapids: Baker, 1976]을 참조하라). 그리고 나서 니케아 신경과 칼케돈 신경, 아타나시우스 신경 등과 같은 고대 교회의 몇 가지 신조적 진술을 읽으라. 이어서 존 거스트너의 유용한 개론적 소책자인 *A Primer on the Deity of Christ* (Phillipsburg, NJ: Presbyterian and Reformed, 1984)를 읽어 보라.

11항 성령님의 신성

어떤 학자들은 성령님이 삼위일체 가운데 잊힌 분이라고 말한다. 그러나 개혁주의 신학자들은 존 오웬과 토마스 굿원(Thomas Good-win)과 같은 능력 있는 청교도가 저술한 몇 가지 고전을 포함하여 성령님의 사역에 대한 많은 대작을 저술해 왔다. 그럼에도 성령님의 위격과 특별히 그분의 신성에 대해서는 많은 저술이 이루어지지 않았다. 종종 성령님에 관한 많은 저서에 성령님의 신성에 관한 짧은 장이 포함되어 있지만, 이 중요한 주제를 깊이 있게 다루지는 않는다. 심지어 존 오웬의 「성령님에 관한 강화」(*A Discourse Concerning the Holy Spirit*) 3장은 "증명되고 변호된 성령님의 신적 본성과 인격성"(*Works*, 3권, reprinted Banner of Truth Trust, 1965)이란 제목이 붙어 있는데, 성령님의 신성에 관한 견고한 토대와 (특히 소시니우스주의자들을 비판하는) 논쟁적 변증을 제공하기는 하지만, 성령님의 철저한 인격에 대한 설명은 부족해 보인다. 그 함축성을 포함한 성령님의 신성에 관해 성경적이며 개혁주의적 관점에서 저술된 결정적인 작품은 아직 없다.

성령님의 신성에 대해 강해하는 데 할애한 가장 도움이 되는 18세기 저서로는 고린도전서 12장 11절을 강해하는 일련의 설교를 담고 있는 존 구이즈(John Guyse)의 *The Holy Spirit a Divine Person: or, the Doctrine of His Godhead represented as evident and important* (Glasgow: David Niven, 1790), 삼위일체의 세 번째 위격으로 성령님을 믿는 믿음의 영적이며 일상적인 효과를 전하는 여덟 편의 설교를 포함한 로버트 호커의 *Sermons on the Deity and Operations of the Holy Spirit* (1792; reprint London: E. Spettigue, 1847)가 있다.

성령님의 신성을 설명하는 주목할 만한 19세기 저서로는 성경에서 성령님에게 붙여진 28개의 이름과 속성을 강해한 매력적인 450쪽 분량의 저서로 결론적으로 성령님의 신성을 증언하고 그 신성이 그리스도인의 매일의 삶에 끼치는 영향을 증명한 앰브로즈 설의 *Horae Solitariae: Or, Essays Upon some Names, Titles, and Attributes of the Holy Spirit, revealed in the Two Testaments ...,* 2권 (Dublin: Thomas Connolly, 1849)이 있다. 에드워드 비커스테스의 *The Spirit of Life* (1850; reprinted as *The Holy Spirit: His Person and work* [Grand Rapids: Kregel, 1959])는 성령님의 신성의 영원성을 읽기 쉽고 성경적으로 요약하였다. 존 브라운이 편저한 *Theological Tracts, Selected and Original* (London: A. Fullarton, 1854), 186-203쪽에 실린 로버트 발머(Robert Balmer)의 "On the Divinity of the Holy Spirit"은 유용하고 간결하다. 조셉 필팟의 *Meditations on the Person, Work and Covenant Offices of God the Holy Ghost* (1865; reprint Harpenden, Herts: O. G. Pearce, 1976)는 세 장에 걸쳐 유익하고 성경적이며 경험적인 방식으로 그리스도의 신성의 국면을 소개한다. 조지 스미튼(George Smeaton)의 *The Doctrine of the Holy Spirit* (1882; reprint Edinburgh: Banner of Truth Trust, 1958)은 삼위일체 교리와의 관계 속에서 성령님

의 신성을 강해하면서 실제적인 교훈과 신학적 정확성을 결합시킨다.

몇몇 20세기 저서는 성령님의 신성에 관한 정통주의 견해를 지지하지만 그 이전 저서들은 거의 추가하지 않는다. R. C. 스프로울의 *The Mystery of the Holy Spirit* (Wheaton: Tyndale, 1990, 「성령」, 생명의말씀사 역간)의 첫 네 장은 성령님의 신성과 삼위일체의 신비에 어려움을 느끼는 이들에게 도움을 준다.

성령님의 인격과 신성의 다양한 국면에 관해 기록된 2,000여 종의 목록에 대해서는 왓슨 밀스(Watson E. Mills)의 *The Holy Spirit: A Bibliography* (Peabody, MA: Hendrickson, 1988)를 참조하라.

조지 스미튼의 저서부터 읽으라. 성령님에 관한 스미튼의 저서는 읽기 쉽고 철저하며 교훈적이다.

12항 창조, 천사들과 마귀들

창조

최근 수십 년간 창조나 과학, 또는 둘 모두에 관해 수많은 저서와 논문이 넘치게 저술되었다. 개혁주의적 관점에서 저술된 창조에 관한 최고의 논문 시리즈는 *The Journal of Christian Reconstruction* 1 (Summer 1974)에 실린 "창조에 관한 심포지엄"(Symposium on Creation)이다. 창세기 1장, 특히 첫 세 구절과 그것의 관계성에 대한 깊이 있는 연구에 관해서는 에드워드 영의 *Studies in Genesis One* (Philadelphia: Presbyterian and Reformed, 1973; originally published in the *Westminster Theological Journal* as three articles)을 참조하라.

도움을 주는 저서로는 세속 과학자들이 오랫동안 견지한 몇 가지 원천적 이론을 설명한 라우서스 러시두니(Rousas J. Rushdoony)의 *Mythology of Science* (Nutley, NJ: Craig, 1967), 특별 창조에 관한 기본적인 질문들에 답하는 월터 램머츠(Walter E. Lammerts)가 편저한 *Scientific Studies in Special Creation* (Grand Rapids: Baker, 1971), 창조에 관한 성경의 설명을 계시적이며 이성적인 근거에 따라 전적으로 지지하는 R. L. 와이송(Wysong)의 *The Creation-Evolution Controversy* (East Lansing, MI: Inquiry, 1976)가 있다.

성경적인 창조론을 지지하는 부가적인 저서에 대해서는 캘리포니아 샌디에이고에 위치한 창조 연구소(Institute for Creation Research, ICR)에 문의하라. 듀안 기쉬(Duane T. Gish)(*Up With Creation* [San Diego: Creation-Life, 1974], *The Battle for Creation* [San Diego: Creation-Life, 1976])와 같은 연구소 과학자들의 저술을 참고하라. 그리고 특히 헨리 모리스(Henry M. Morris)(예

를 들면, *Evolution in Turmoil* [San Diego: Creation-Life, 1982], *The Biblical Basis for Modern Science* [Grand Rapids: Baker, 1984], *A History of Modern Creationism* [San Diego: Master, 1984], *The Long War Against God: The History and Impact of the Creation/Evolution Conflict* [Grand Rapids: Baker, 1989])와 같은 연구소 소장들의 저술을 참조하라.

천사들

신자들을 향한 천사의 사역을 다룬, 오래되고 희귀하지만 가치 있는 글로 *The Works of Isaac Ambrose* (London: Tegg, 1810), 473-560쪽에 실린 "천사들의 사역과 천사들과의 교통"(The Ministration of, and Communion with Angels)이 있다. 아이작 암브로스(Isaac Ambrose, 1604-1663)는 가장 묵상적인 청교도 가운데 한 사람이었다. 암브로스는 해마다 5월 한 달 동안 홀로 칩거 생활을 했다. 암브로스의 대작은 *Looking unto Jesus* (1658, 「예수를 바라보라」, 전2권, 부흥과개혁사 역간)라는 고전이다.

알렉산더 화이트(Alexander Whyte)의 *The Nature of Angels* (1930; reprint Grand Rapids: Baker, 1976)는 때때로 약간 상상적이기도 하지만, 천사론의 다른 국면을 다루는 여덟 편의 유용한 주해 설교로 남아 있다.

천사에 관한 성경적 교리를 다룬 짧지만 계몽적인 저서로는 *The Works of John Newton* (reprint Edinburgh: Nelson, 1839), letter #41, 123-126쪽에 실린 "On the Ministry of Angels", 헨리 하보우(Henry Harbaugh)의 *Heaven* (Philadelphia: Lindsay and Blakiston, 1854), 221-257쪽에 실린 "Angelic Sympathy", 그리고 *The Works of Jonathan Edwards,* 2권 (1834; reprint Edinburgh: Banner of Truth Trust, 1974), 141-156, 604-617쪽을 참조하라. 천사들에 대한 조나단 에드워즈(Jonathan Edwards)의 견해에 대해서는 존 거스트너의 *The Rational Theology of Jonathan Edwards* (Powhatan, VA: Berea, 1992), 2:203-236을 보라.

역사적-신학적 접근에 대해서는 E. 랭턴(Langton)의 *The Ministries of the Angelic Powers According to the Old Testament and Later Jewish Literature* (London: Clarke, 1936), G. B. 케어드(Caird)의 *Principalities and Powers: A Study in Pauline Theology* (Oxford: Clarendon, 1956), D. 하이만(Heimann)이 번역한 J. 다니엘루(Danielou)의 *The Angels and their Mission According to the Fathers of the Church* (Westminster: Newman, 1957), G. 데이비슨(Davidson)의 *A Dictionary of Angels* (New York: Free Press, 1967)를 참조하라.

마귀들

가장 종합적인 성경적 마귀론의 현대적 연구로 프레데릭 레이히 (Frederick S. Leahy)의 *Satan Cast Out* (Edinburgh: Banner of Truth Trust, 1975)이 있다. 사탄의 유혹에 맞선 전투를 다룬 책으로는 오늘날까지도 다른 모든 저서보다 빼어난 두 권의 고전이 있다. 현재에도 배너 오브 트루스의 청교도 문고판으로 구입할 수 있는 토마스 브룩스(Thomas Brooks)의 *Precious Remedies Against Satan's Devices* (London: Baynes, 1804)와, 리처드 길핀(Richard Gilpin)의 *Daemonologia Sacra; or, A Treatise of Satan's Temptations* (Edinburgh: James Nichol, 1867)다.

다른 좋은 저서들로는 A. W. 핑크의 *Satan and His Gospel* (Swengel, PA: Reiner, n.d.), 에드워드 바운즈(Edward M. Bounds)의 *Satan: His Personality, Power and Overthrow* (reprint Grand Rapids: Baker, 1972), C. S. 루이스(Lewis)의 *Screwtape Letters* (reprint New York: Macmillan, 1969, 「스크루테이프의 편지」, 홍성사 역간)가 있다.

좀 더 학문적인 저서들에 대해서는 E. 랭턴의 *Satan, A Portrait: A Study of the Character of Satan Through All the Ages* (London: Skeffington, 1945)와 *Essentials of Demonology: A Study of Jewish and Christian Doctrine* (London: Epworth, 1949), S. 에이트렘(Eitrem)의 *Some Notes on the Demonology in the New Testament* (Oslo: Universitetsforlager, 1966), J. B. 러셀(Russell)의 *Satan: The Early Christian Tradition* (Ithaca: Cornell, 1981), E. 퍼거슨(Ferguson)의 *Demonology of the Early Christian World* (New York: Mellen, 1984)를 참조하라.

당신은 세상과 천사의 창조와 마귀의 실재에 관한 개혁주의의 주해서를 어디서 찾을 수 있겠는가? 벤자민 워필드의 탁월한 에세이인 *Calvin and Calvinism* (New York: Oxford, 1931), 287-351쪽에 실린 "Calvin's Doctrine of the Creation"을 참조하라. 이 에세이는 천사와 마귀, 창조 전반에 걸친 칼뱅의 견해를 언급하고 있다.

13항 하나님의 섭리

하나님의 섭리에 대해 교부가 저술한 최고의 저서로는 R. P. 러셀(Russell)이 번역한 *The Fathers of the Church*, 5권 (Washington, D.C.: Catholic University of America Press, 1948)인 아우구스티누스(Augustine)의 *Divine Providence*다. 또한 때때로 "섭리에 관한 위대한 신학자"라 불리는 요한네스 크리소스토무스(John Chrysostom)의 저술(예를 들면 P. 샤프 등이 편저한 *Nicene and Post-Nicene Fathers*, 시리즈 1, 9권 [reprint Grand Rapids: Eerdmans, 1954]으로 W. R. 스티븐스[Stephens]가 번역한 *No One Can Harm the Man Who Does Not Injure Himself*)을 살펴보라.

섭리를 다룬 개혁주의적 논의의 고전에 대해서는 칼뱅이 섭리에 나타난 하나님의 주권을 변증한(210-350쪽) 저서로 헨리 콜(Henry Cole)이 번역한 *Calvin's Calvinism: Treatises on the Eternal Predestination of God & the Secret Providence of God* (reprint Grand Rapids: Reformed Free, 1991)을 참조하라. 칼뱅에 의한 좀 더 광의적이면서도 간결한 논의에 대해서는 *Institutes of the Christian Religion*, 1권 16-18장 (1권 197-237쪽, 존 맥닐 편저, 포드 배틀즈 번역 [Philadelphia: Westminster Press, 1960], 「기독교 강요」)을 참조하라. 칼뱅의 후계자인 테오도르 베자(Theodore Beza)가 섭리를 탁월하게 논의한 내용에 대해서는 이안 맥피(Ian McPhee)의 "Conserver or Transformer of Calvin's Theology? A Study of the Origins and Development of Theodore Beza's Thought, 1550-1570" (Ph.D. dissertation, Cambridge University, 1979), 226-290쪽을 보라. 섭리에 관한 개혁주의의 추가 저서로는 루이스 벌코프(Louis Berkhof)와 찰스 하지(Charles Hodge)와 같은 신학자들의 표준적인 조직 신학서뿐 아니라 G. T. 톰슨(Thomson)이 번역한 하인리히 헤페(Heinrich Heppe)의 *Reformed Dogmatics: Set Out and Illustrated From the Sources* (1950; reprint Grand Rapids: Baker, 1978), 251-280쪽을 참조하라.

청교도는 섭리의 교리를 다루면서 경험적이고 실제적인 방식으로 종교 개혁자를 대체했다. 이 분야의 고전으로는 존 플라벨(John Flavel)의 *Divine Conduct: or, The Mystery of Providence* (reprint London: Banner of Truth Trust, 1963, 「섭리의 신비」, 크리스천다이제스트 역간; 또한 플라벨의 *Works*, 4권, 336-497쪽도 보라)가 있다. 1678년에 처음 출간된 후 수십 차례나 재출간된 이 고전은 하나님의 섭리가 신자의 삶 모든 국면에 어떤 영향을 끼치는지를 잘 보여 준다. 삶에 대한 하나님의 목적을 이해하고 경배하는 것에 대해 하나님의 자녀를 교훈하는 데 값을 매길 수 없는 작품이다. 플라벨은 자신이 무엇을 쓰고 있는지 잘 알고 있었다. 자주 핍박당하고 몇 차례는 가까스로 체포를 면한 플라벨의 삶은 시련으로 가득했다. 그는 세 차례나 아내를 잃고 홀로 살았다. 플라벨은 64세의 나이에 "모든 것이 다 잘될 것입니다"라고 고백하면서 갑작스럽게 숨을 거두었다.

섭리에 관한 청교도 저서 가운데 버금가는 최고의 저서는 스티븐 차녹의 *Complete Works*, 1권 (Edinburgh: James Nichol, 1864), 3-120쪽에 실린 "A Treatise on Divine Providence"다. 신자를 위한 섭리의 유익을 간결하게 요약한 청교도의 탁월한 설교 두 편으로 이즈키엘 홉킨스(Ezekiel Hopkins)의 *Works*, 3권 (Philadelphia: Leighton, 1867; reprint Morgan, PA: Soli Deo Gloria, 1997), 368-

388쪽(마태복음 10장 29-30절 설교)과 *Puritan Sermons 1659-1689: Being the Morning Exercises at Cripplegate,* 1권 (reprint Wheaton: Richard Owen Roberts, 1981), 369-400쪽(시편 57편 8절)에 실린 토마스 리에(Thomas Lye)의 "How Are We to Live by Faith on Divine Providence?"가 있다.

섭리에 관해 가장 읽기 쉽고 추천할 만한 19세기 저서로는 윌리엄 플러머(William S. Plumer)의 *Jehovah-jireh: A Treatise on Providence* (1865; reprint Harrisonburg, VA: Sprinkle, 1993)가 있다. 각 장마다 신비롭고 응보적이며 친절하고 광대한 하나님의 섭리를 논한다. "자신의 교회를 향한 하나님의 섭리는 교회의 안전과 궁극적 승리에 관한 모든 고통스러운 두려움을 불필요한 것으로 만든다"(God's Providence Towards His Church Renders Unnecessary All Tormenting Fears Respecting Her Safety and Final Triumph)라는 제목의 16장은 특히 유익하다. 호세아 프레슬라(Hosea Preslar)의 *Thoughts on Divine Providence, Or a Sketch of God's Care Over and Dealings with His People* (1867; reprint Streamwood, IL: Primitive Baptist Library, 1977)은 플러머에 비해 교리적으로 약하나 좀 더 전기적인 관점에서의 섭리에 관한 교훈적인 논의를 보여 준다. 성경 전체를 통해 섭리 행위를 추적하는 책으로는 재출간된 알렉산더 카슨의 *The History of Providence as explained in the Bible* (reprint Grand Rapids: Baker, 1977)과 *Confidence In God in Times of Danger: God's Providence Unfolded in the Book of Esther* (reprint Swengel, PA: Bible Truth Depot, 1962)가 있다.

섭리에 관한 20세기 단행본으로 주목할 만한 두 저서가 있다. 루이스 스미디스(Lewis B. Smedes)가 번역한 헤릿 베르카우어의 *The Providence of God* (Grand Rapids: Eerdmans, 1952)은 지식, 보전, 통치, 동시 발생, 역사, 기적, 신정론과 관련하여 섭리에 관한 생각을 불러일으키는 질문들을 던진다. 벤자민 팔리(Benjamin B. Farley)의 *The Providence of God* (Grand Rapids: Baker, 1988)은 개혁주의적 관점에서 섭리 교리의 역사적 발전을 소개한 가장 훌륭한 연구서다.

어디서부터 읽으면 좋을까? 우선 플라벨을 읽고, 그다음 플러머를 읽으라.

14항 인간의 창조와 타락, 그리고 속박된 의지

인간의 창조

하나님의 형상을 따라 인간이 창조된 것에 관하여 개혁주의 관점에서 저술된 20세기 최고 저서로는 더크 젤레마(Dirk W. Jellema)가 번역한 헤릿 베르카우어의 *Man: The Image of God* (Grand Rapids: Eerdmans, 1962), 앤서니 후크마(Anthony A. Hockema)의 *Created in God's Image* (Grand Rapids: Eerdmans, 1986, 『개혁주의 인간론』, 부흥과개혁사 역간), 필립 휴즈(Philip Edgcumbe Hughes)의 *The True Image: The Origin and Destiny of Man in Christ* (Grand Rapids: Eerdmans, 1989)가 있다. 베르카우어는 다양한 신학자(특히 네덜란드)와 상호 교류하며 깊이 있는 논의를 소개한다. 후크마의 책은 읽기 쉽고, 성경적 인간론을 포괄적으로 연구하였다. 이 책은 협의적 또는 구조적인 의미(사람이 누구인지)에서 말하는 하나님의 형상과, 광의적 또는 기능적 의미(사람이 무엇을 하는지)에서 말하는 하나님의 형상 사이에서 전통적인 개혁주의적 견해의 균형을 고수한다. 휴즈는 인간론과 기독론을 심도 있게 통합한 성경적, 역사적, 신학적 연구를 제시한다.

대중적 수준에서 개혁주의 인간론에 대해 저술한 탁월한 개론서로는 J. 그레셤 메이첸(Gresham Machen)의 *The Christian View of Man* (1935; London: Banner of Truth Trust, 1965)과 제임스 패커의 *Knowing Man* (Westchester, IL: Cornerstone, 1979)이 있다.

추천할 만한 다른 저서로는 인간의 창조와 특별한 창조의 생물학적 증거, 그리고 인간의 신비와 관련된 사실적 자료들을 제시하며 대중적 수준에서 논의하는 왈리 크리스웰(Wallie A. Criswell)의 *Did Man Just Happen?* (Grand Rapids: Zondervan, 1957), 기독교의 인간론에 대한 조직 신학적 접근법을 제시하는 레너드 버듀인(Leonard Verduin)의 *Somewhat Less Than God: The Biblical View of Man* (Grand Rapids: Eerdmans, 1970), 멤피스에 소재한 기독교 연구 센터 개원식에서 전한 성경 강의 5개가 포함된 프랜시스 리(Francis Nigel Lee)의 *The Origin and Destiny of Man* (Nutley, NJ: Presbyterian and Reformed, 1974), 인간의 몸에 나타난 하나님의 역사하심의 경이로움을 논하는 폴 브랜드(Paul Brand)와 필립 얀시(Philip Yancey)의 *Fearfully and Wonderfully Made* (Grand Rapids: Zondervan, 1980, 『몸이라는 선물』, 두란노 역간), 사람에 대한 기독교와 인문주의적 견해를 비교한 고든 클락의 *The Biblical Doctrine of Man* (Jefferson, MD: Trinity Foundation, 1984)이 있다.

중대한 역사적 연구들에 대해서는 J. E. 설리반(Sullivan)의 *The Image of God: The Doctrine of St. Augustine and Its Influence* (Dubuque: Priory, 1963), 토마스 토렌스의 *Calvin's Doctrine of Man* (London: Lutterworth Press, 1949)을 보라.

인간의 타락

창세기 3장의 원문을 신중하게 주해한 가장 경건한 강해 연구서로는 에드워드 영의 *Genesis Three* (London: Banner of Truth Trust,

1966)가 있다. 그러나 어느 개혁주의 신학자도 「기독교 강요」 2권을 시작하는 장에서 타락에 대해 다룬 칼뱅의 최고의 논의에는 상대가 되지 않는다.

우리의 비극적인 타락과 아담 안에서의 깊은 죄에 대한 개인적 확신을 조성하기 위해서는 토마스 보스턴(Thomas Boston)의 *Human Nature in Its Fourfold State* (1720; London: Banner of Truth Trust, 1964, 「인간 본성의 4중 상태」, 부흥과개혁사 역간)를 읽으라. 이 고전은 우리의 무죄 상태, 타락 상태, 은혜 상태, 영광 상태에 초점을 맞춘다. 그러나 보스턴이 전가되고 유전된 우리의 타락을 다룬 부분은 특히 신랄하다. 보스턴은 아담 안에서 우리의 죄가 어떻게 비극적이고 급진적으로 하나님과의 관계를 깨뜨렸는지, 그리고 십계명의 각 말씀을 어떻게 어겼는지를 상세하게 설명한다. 20세기의 보스턴에 대해서는 아더 핑크의 *Gleanings from the Scriptures: Man's Total Depravity* (Chicago: Moody, 1969)를 읽으라.

자유주의적 생각으로 손상되었지만 쓸 만한 자료를 제공하는 역사적 연구로는 F. R. 테넌트(Tennant)의 *The Sources of the Doctrines of the Fall and Original Sin* (Cambridge: University Press, 1903)과 N. P. 윌리엄스(Williams)의 *The Ideas of the Fall and of Original Sin* (London: Longmans, Green, 1927)을 참조하라.

인간의 속박된 의지

아우구스티누스는 "그리스도의 은혜에 관하여"(On the Grace of Christ), "원죄에 관하여"(On Original Sin)(이 두 논문은 주후 418년에 저술되었다), 그리고 "은혜와 자유 의지에 관하여"(On Grace and Free Will, 주후 426년에 저술되었다)를 통해 의지의 속박에 관해 개혁주의적으로 논의할 준비 작업을 수행했다. 영어로 된 저서로는 필립 샤프가 편저한 *Nicene and Post-Nicene Fathers* (Grand Rapids: Eerdmans, 1991), 시리즈 1, 5권으로 피터 홈즈(Peter Holmes)와 로버트 왈리스(Robert Wallis)가 번역하고 벤자민 워필드가 개정한 *Saint Augustin's Anti-Pelagian Works*, 214-257, 436-467쪽에서 찾아볼 수 있다.

의지의 속박에 관한 개신교의 고전으로 세 권을 꼽을 수 있다. J. I. 패커와 O. R. 존스턴(Johnston)이 번역한 마르틴 루터(Martin Luther)의 *The Bondage of the Will* (Westwood, NJ: Revell, 1957)은 에라스무스의 노예 의지론(*De Servo Arbitrio*)의 비판에 대한 루터의 대답을 현대적으로 정확하게 번역한 저서다. 에라스무스는 루터의 고전이 종교 개혁의 복음 메시지의 주요 주제들 가운데 하나를 훌륭하게 설명했다는 것을 깨달았다. (이 둘을 한 권으로 훌륭하게 번역한 책으로 E. 고든 럽[Gordon Rupp]과 필립 왓슨[Philip S. Watson]이 번역하고 편저한 *Luther and Erasmus on Free Will* [Philadelphia: Westminster Press, 1969]이 있다.) 의지에 관하여 상대적으로 덜 유명한 장 칼뱅의 저서도 마침내 영어로 번역되어 A. N. S. 래인(Lane)이 편집하고 G. I. 데이비스(Davies)가 번역한 *The Bondage and Liberation of the Will: A Defence of the Orthodox Doctrine of Human Choice against Pighius* (Grand Rapids: Baker, 1996)로 출간되었다. 비록 칼뱅의 저서가 루터의 것보다 중요하게 간주되지는 않지만, 이 책은 은혜와 자유 의지의 관계를 충분히 다루고 있으며, 칼뱅의 다른 저술에서는 발견되지 않는 중요한 자료를 포함하고 있다. 폴 램지(Paul Ramsey)가 편집한 조나단 에드워즈의 *The Works of Jonathan Edwards*, 1권인 *Freedom of the Will* (1754; New Haven: Yale, 1957)은 에드워즈 당시 만연하던 의지의 자유와 인간의 결정론에 관한 이론에 상세한 질문을 던진다. 에드워즈는 인간의 자연적인 무능력과 도덕적인 무능력을 구분한다. 선을 행하기에는 타락한 인간의 무능력이 바로 도덕적 무능력으로, 선의 반대 또는 선을 향한 성향의 결핍을 뜻한다. 이것은 자연적 무능력이 아니다.

청교도 저서를 더 읽고 싶다면, 웨스트민스터 신앙 고백서 9장 "자유 의지에 관하여"를 읽고, 당시 자유 의지에 관해 소용돌이쳤던 질문들을 효과적으로 논하는 존 오웬의 *The Works of John Owen*, 10권인 *Display of Arminianism* (reprint London: Banner of Truth Trust, 1968), 1-140쪽을 읽으라

역사적-신학적 연구에 대해서는 *The Reformers and the Theology of the Reformation* (1862; reprint London: Banner of Truth Trust, 1967)에 실린 윌리엄 커닝햄의 에세이 "Calvinism, and the Doctrine of Philosophical Necessity"를 보라. 이 저서는 인간의 의지에 대한 종교 개혁자들의 견해를 이해하는 데 매우 유용한 지침서다. 해리 맥솔리(Harry J. McSorley)의 *Luther: Right or Wrong? An Ecumenical-Theological Study of Luther's Major Work, The Bondage of the Will* (Minneapolis: Augsburg, 1967)은 (저자의 잘못된 결론에도 불구하고) 아우구스티누스와 토마스 아퀴나스, 그리고 루터의 의지의 속박과 관련된 쟁점을 비평하는 유용한 1차 자료를 담고 있으며, 아울러 훌륭한 전기를 수록하고 있다.

대중적인 논의에 대해서는 *God's Will, Man's Will, and Free Will: Four Discussions by Horatius Bonar, Jonathan Edwards, Charles H. Spurgeon, and Jay Green* (Wilmington: Sovereign Grace, 1972), W. E. 베스트(Best)의 *Free Grace Versus Free Will* (Grand Rapids: Baker, 1977), 존 거스트너의 *A Primer on Free Will* (Phillipsburg, NJ: Presbyterian and Reformed, 1982)을 읽으라.

'창조'에 관한 추가 저서로는 12항의 참고 문헌 목록을, '타락'에 관해서는 이어지는 15항의 설명을 참조하라.

15항 원죄

아우구스티누스의 간략한 논의인 "원죄에 관하여"(On Original Sin)는 후기 개혁주의를 논의하는 기초 작업을 제공했다(이에 대해서는 필립 샤프가 편저한 *Nicene and Post-Nicene Fathers* [Grand Rapids: Eerdmans, 1991], 시리즈 1, 5권으로 피터 홈즈와 로버트 월리스가 번역하고 벤자민 워필드가 개정한 *Saint Augustin's Anti-Pelagian Works,* 237-257쪽을 참조하라).

클라이드 홀브룩(Clyde A. Holbrook)이 편집한 조나단 에드워즈의 *The Works of Jonathan Edwards,* 3권인 *Original Sin* (1758; New Haven: Yale, 1970)은 이 주제에 관한 칼뱅주의적 고전이다. 목사들이 도덕적으로나 신학적으로 표류하는 이 시대에 맞서 효과적으로 설교하기 원한다면, 이런 논의에 스스로 익숙해져야 한다. 에드워즈의 견해에 대한 최고의 2차 자료는 C. 새뮤얼 스톰스의 *Tragedy in Eden: Original Sin in the Theology of Jonathan Edwards* (Lanham, MD: University Press of America, 1985)가 있다. 스톰스는 "하나님을 불가피하게 죄의 조성자로 만드는 법적인 타락 체계와 엄밀한 의지의 결정론"으로 향하게 만드는 에드워즈의 논증에 약점이 있다고 결론 내린다.

참고할 만한 19세기 저서로는 헨리 보드먼(Henry Augustus Boardman)의 *A Treatise on the Scripture Doctrine of Original Sin* (Philadelphia: Presbyterian Board of Publication, 1839)이 있다. 보드먼은 필라델피아의 제10 장로교회 사역자로 유명하다. 이 저서로 그는 구학파(Old School Presbyterian) 신학의 지지자이자 옹호자라는 평판을 얻었다.

로마서 5장 12-19절을 다룬 20세기의 철저한 개혁주의 논의에 관해서는 존 머레이(John Murray)의 *The Imputation of Adam's Sin* (Grand Rapids: Eerdmans, 1959)을 읽으라. '원죄'보다는 '전가된 죄'라는 용어를 선호하는 머레이는 원죄에 관한 펠라기우스와 로마 가톨릭의 견해를 결정적으로 논박한다. 머레이는 윌리엄 셰드(William Shedd)와 아우구스투스 스트롱(Augustus Strong)이 옹호하는 원죄에 대한 '실제적' 접근법을 명료하게 설명하지만, '대표적'(representative) 또는 '페더럴주의'(federalist) 견해를 지지한다. 죄의 전가에 관한 최고의 간략한 논문으로는 새뮤얼 크레이그가 편저한 *Biblical and Theological Studies* (Philadelphia: Presbyterian and Reformed, 1968), 262-269쪽에 실린 벤자민 워필드의 "Imputation"이 있다.

미국의 신학자들 사이에서는 원죄 교리에 관한 주요 신학적 논쟁이 많았다. 미국 신학에서 매우 중요하지만 종종 소홀히 여겨진 이 교리에 관한 긴장에 대해서는 H. 쉘튼 스미스(Shelton Smith)의 *Changing Conceptions of Original Sin: A Study in American Theology Since 1750* (New York: Scribners, 1955), 개리 롱(Gary D. Long)의 "The Doctrine of Original Sin in New England Theology from Jonathan Edwards to Edwards Amasa Park" (Th. D. dissertation, Dallas Theological Seminary, 1972), 조지 허친슨(George P. Hutchinson)의 *The Problem of Original Sin in American Presbyterian Theology* (Philadelphia: Presbyterian and Reformed, 1972)를 보라. 허친슨의 저서가 가장 유용하다. 원죄에 관해 짧지만 명쾌하게 다룬 그의 저서는 역사적이며 신학적 관점에서 기술되었고, 조나단 에드워즈부터 존 머레이에 이르기까지 미국 신학자를 소개하고 있다. 이 책은 원죄 교리에서 쟁점이 되는 문제들을 다룬 최고의 개론서다.

(비록 개혁주의적 관점에서 저술되지 않았지만) 원죄에 관한 다른 역사적 연구서로 언급할 가치가 있는 저서로는 카제탄 피네건(Cajetan Finegan)이 번역한 앙리 론데(Henri Rondet)의 *Original Sin: The Patristic and Theological Background* (Staten Island: Alba House, 1972)와 G. 반더벨데(Vandervelde)의 *Original Sin: Two Major Trends in Contemporary Roman Catholic Interpretation* (Amsterdam: Rodopi, 1975)이 있다.

원죄의 무시무시한 결과에 대해서는 토마스 굿윈의 *The Works of Thomas Goodwin,* 10권인 *An Unregenerate Man's Guiltiness Before God in Respect of Sin and Punishment* (Edinburgh: James Nichol, 1865; reprint Eureka, CA: Tanski, 1996)보다 강력한 것이 없을 것이다. 또한 필립 홀트롭(Phillip C. Holtrop)이 번역한 600쪽 분량의 헤릿 베르카우어의 면밀한 저서 *Sin* (Grand Rapids: Eerdmans, 1971)을 참조하라. 이 저서는 특히 '죄와 율법의 관계'(6장)와 '죄와 복음의 관계'(7장)에 대해 유익하다. 또한 대부분의 쟁점에 도움을 주는 저서로는 버나드 램의 *Offense to Reason: A Theology of Sin* (New York: Harper & Row, 1985)이 있다.

낙원에서 인간의 타락에 관한 추가 저서로는 14항 목록을 참조하라.

16항 예정: 선택과 유기

예정에 관한 종교 개혁 이전 최고의 저서는 필립 샤프가 편저한 *Nicene and Post-Nicene Fathers of the Christian Church,* First Series, 5권 (reprint Grand Rapids: Eerdmans, 1975), 493-520쪽에 실린 아우구스티누스의 "성도의 예정에 관하여"(On the Predestination of the Saints)이다. 아우구스티누스의 2차 자료에 대해서는 J. B. 모즐리(Mozley)의 *A Treatise on the Augustinian Doctrine of Predestination* (New York: E.P. Dutton, 1878)을 참조하라. (아우구스티누스 7장을 포함하여) 고대 교회의 몇몇 주요 신학자의 견

해를 다룬 자료에 대해서는 조지 페이버(George Stanley Faber)의 *The Primitive Doctrine of Election* (New York: Charles Henley, 1840)을 보라. 페이버는 또한 종교 개혁 시대의 예정을 다룬다.

물론 예정을 다룬 최고의 종교 개혁 신학자는 장 칼뱅이다. 간결한 그의 견해를 보려면 존 맥닐이 편집하고 포드 배틀즈가 번역한 *Institutes of the Christian Religion* (Philadelphia: Westminster Press, 1960), 3권, 21-24장을 읽으라. 예정에 관한 칼뱅의 지극히 변증적이며 확장된 논의를 보려면, J. K. S. 레이드(Reid)가 번역한 *Concerning the Eternal Predestination of God* (London: James Clarke, 1961; 이 저서의 더 짧은 번역본은 헨리 콜이 번역한 *Calvin's Calvinism* [1856; reprint Grand Rapids: Reformed Free, 1991]에서 읽을 수 있다)을 읽으라. 또한 *Thirteene Sermons of Maister Iohn Calvine, Entreating of the Free Election of God in Jacob and of Reprobation in Esau* (London, 1579; reprinted as *Sermons on Election and Reprobation* [Audubon, NJ: Old Paths, 1996])도 참조하라. 비록 예정론이 칼뱅에게 중요한 주제가 아니었는데도 그의 주석과 설교, 논문, 그리고 서신에서 이 교리에 대한 유용한 자료를 발견할 수 있다.

칼뱅의 예정 교리에 관한 2차 자료는 매우 많다. 간결하고 훌륭한 논의에 관해서는 *Collected Writings of John Murray* (Edinburgh: Banner of Truth Trust, 1982), 4:191-204을 보라. 그러나 칼뱅주의적 예정론을 가장 균형 있게 다룬 최고의 저서는 프레드 클루스터(Fred H. Klooster)의 *Calvin's Doctrine of Predestination* (Grand Rapids: Baker, 1977)이다. 클루스터는 칼뱅에게 선택은 주권적이며 은혜로운 것이었고, 유기는 언제든 주권적이며 공의로운 것이었음을 훌륭하게 논증한다. 오래되었지만 중요한 기고문 두 편으로 *Reformed Church Review* 13 (1909): 183-208쪽에 실린 테오도르 허먼(Theodore F. Herman)의 "Calvin's Doctrine of Predestination"과 *Evangelical Quarterly* 9 (1937): 38-45쪽에 실린 S. 리 헌트(Leigh Hunt)의 "Predestination in the Institutes of John Calvin"이 있다. 중요하지만 출간되지 않은 논문들로 맥나이트 카우퍼(McKnight Crawford Cowper)의 "Calvin's Doctrine of Predestination and its Ethical Consequences" (Ph.D., Union Theological Seminary, 1942), 조지 드호리티(George Hupp DeHority)의 "Calvin's Doctrine of Predestination: Criticisms and Reinterpretations" (Ph.D., Union Theological Seminary, 1948), 존 윅스(John Weeks)의 "A Comparison of Calvin and Edwards on the Doctrine of Election" (Ph.D., University of Chicago, 1963), 데이비드 웰스(David F. Wells)의 "*Decretum dei speciale*: An Analysis of the Content and Significance of Calvin's Doctrine of Soteriological Predestination" (Th.M., Trinity Evangelical Divin-

ity, 1967), 데이비드 윌리(David N. Wiley)의 "Calvin's Doctrine of Predestination: His Principal Soteriological and Polemical Doctrine" (Ph.D., Duke University, 1971)이 있다. 이 논문들 가운데 윌리와 웰스의 논문이 가장 유익하다.

다른 종교 개혁자들도 예정에 관한 고전을 집필했다. 가장 유명한 저서는 히에로니무스 잔키우스(Hieronymous Zanchius)의 *Absolute Predestination* (reprint Grand Rapids: Sovereign Grace, 1971)이다. 안타깝게도 재출간된 책은 적절한 각주 없이 책 전체에 자유주의적 견해의 논평을 섞은 아우구스투스 토플레디(Augustus Toplady)의 판본을 사용하고 있다.

예정 교리에 관해 종교 개혁자들이 일치를 보인 견해를 변호하는 최고의 2차 자료는 리처드 물러의 *Christ and the Decree: Christology and Predestination in Reformed Theology from Calvin to Perkins* (Grand Rapids: Baker, 1988)다. 이 저서는 "Predestination and Christology in Sixteenth Century Reformed Theology" (Ph.D., Duke University. 1976)와 같은 탁월한 논문을 탄탄하게 수정한 것이다. 칼뱅의 후계자인 테오도르 베자와 다른 칼뱅주의자들의 예정론적 견해에 도움을 주는 다른 저서로는 *The Presbyterian and Reformed Review* 12 (1901): 49-128쪽 (reprinted in *Studies in Theology*)에 실린 벤자민 워필드의 "Predestination in the Reformed Confessions", 해리 부이스(Harry Buis)의 *Historic Protestantism and Predestination* (Philadelphia: Presbyterian and Reformed, 1958), 피터 드용(Peter Y. DeJong)이 편저한 *Crisis in the Reformed Churches: Essays in Commemoration of the Great Synod of Dort, 1618-1619* (Grand Rapids: Reformed Fellowship, 1968; reprinted in *Collected Writings*, 4:205-215)에 실린 존 머레이의 "Calvin, Dort, and Westminster on Predestination: A Comparative Study", 존 브레이(John S. Bray)의 *Theodore Beza's Doctrine of Predestination* (Nieuwkoop: B. DeGraaf, 1975), 그리고 *Protestant Reformed Theological Journal* X, 2 (1977): 1-24쪽에 실린 허먼 한코(Herman Hanko)의 "Predestination in Calvin, Beza, and Later Reformed Theology", 폴 헬름(Paul Helm)의 *Calvin and the Calvinists* (Edinburgh: Banner of Truth, 1982), 도널드 신네마(Donald W. Sinnema)의 "The Issue of Reprobation at the Synod of Dort (1618-19) in Light of the History of This Doctrine" (Ph.D. dissertation, University of St. Michael's College, 1985)이 있다.

영국 종교 개혁자들의 견해에 대해서는 O. T. 하그레이브(Hargrave)의 "The Doctrine of Predestination in the English Reformation" (Ph.D. dissertation, Vanderbilt University, 1966)을 보라.

영국 청교도들의 견해에 대해서는 *The Works of William Per-*

kins (London: John Legate, 1609), 2:687-730의 "A Christian and Plain Treatise on the Manner and Order of Predestination, and of the Largeness of God's Grace", 조지 오포르(George Offor)가 편저한 *The Works of John Bunyan* (1859; reprinted Edinburgh: Banner of Truth Trust, 1994), 2:335-58의 "Reprobation Asserted", 앤서니 버제스(Anthony Burgess)의 *Spiritual Refining* (1652; reprint Ames, IA: International Outreach, 1990), 643-74쪽을 보라. 2차 자료로는 듀이 월레스(Dewey D. Wallace), Jr.의 *Puritans and Predestination: Grace in English Protestant Theology, 1525-1695* (Chapel Hill, NC: University of North Carolina, 1982), 그리고 *The Wisdom of our Fathers* (Puritan Conference, 1956), 1-13쪽에 실린 이안 머레이(Iain Murray)의 "The Puritans and the Doctrine of Election"을 참조하라.

예정을 다룬 신뢰할 만한 18세기 저서는 윌리엄 쿠퍼(William Cooper)의 *The Doctrine of Predestination unto Life Explained and Vindicated* (London: Dilly. 1765)이다. 19세기 최고의 저서들 가운데 하나는 바로 제임스 돈웰(James H. Thornwell)의 *Election and Reprobation* (1871; reprinted in *The Collected Writings* [Edinburgh: Banner of Truth Trust, 1974], 2:105-203)이다. 또한 찰스 하지의 *Systematic Theology* (New York: Scribner, Armstrong, & Co., 1877), 2:313-353도 보라.

예정에 관한 가장 기초적이며 신뢰할 만하고 읽기 쉬운 20세기 저서로는 로레인 뵈트너의 *The Reformed Doctrine of Predestination* (1932; reprinted Philadelphia: Presbyterian and Reformed, 1968, 「칼빈주의 예정론」, 보문출판사 역간), 고든 클락의 *Biblical Predestination* (Nutley. NJ: Presbyterian and Reformed, 1969), 아더 핑크의 *The Doctrines of Election and Justification* (Grand Rapids: Baker, 1974), 존 거스트너의 *A Predestination Primer* (Winona Lake, IN: Alpha, 1979), C. 새뮤얼 스톰스의 *Chosen for Life: An Introductory Guide to the Doctrine of Election* (Grand Rapids: Baker, 1987)이 있다. 휴고 베커(Hugo Bekker)가 번역한 헤릿 베르카우어의 *Divine Election* (Grand Rapids: Eerdmans, 1960)은 앨빈 베이커(Alvin L. Baker)가 자신의 저서인 *Berkouwer's Doctrine of Election: Balance or Imbalance?* (Phillipsburg, NJ: Presbyterian and Reformed, 1981)에서 지적한 바와 같이 선택에 있어서 균형을 잡지 못하고 유기에 관해서는 약하다. 비록 다른 많은 저서는 신뢰할 수 없지만, 폴 쥬엣(Paul K. Jewett)의 *Election and Predestination* (Grand Rapids: Eerdmans, 1985)은 최고로 꼽을 만하다. 그는 칼 바르트의 해석을 배격하고, 하나님의 주권의 위엄에 대한 합당한 반응이 예배라고 여긴다.

어디서부터 읽으면 좋을까? 요한복음 6장 37-44절, 로마서 9-11장, 에베소서 1장, 그리고 예정을 확증해 주는 "네이브 주제 성경"(*Nave's Topical Bible*)에 언급된 모든 말씀을 읽으라. 그리고 나서 칼뱅의 「기독교 강요」 3권 21-24장과 웨스트민스터 신앙 고백서 3장, 도르트 신경 첫째 교리를 읽고, 마지막으로 뵈트너나 스톰스의 저서를 읽으라.

17항 하나님이 타락한 사람에게 그리스도 안에서의 구원을 약속하심

일반적인 하나님의 약속들

앞서 인간의 타락과 비참에 관한 자료들을 언급했으므로(14항과 15항을 보라), 이 단락에서는 예수 그리스도 안에 있는 약속과 관련된 저서만 언급하려 한다. 하나님의 약속을 개인적으로 적용한 것을 다룬 가장 유익한 저서는 윌리엄 스퍼스토우(William Spurstowe)의 *The Wells of Salvation Opened: or A Treatise discovering the nature, preciousness, and usefullness, of the Gospel Promises, and Rules for the Right Application of them* (London: T. R. & E. M. for Ralph Smith, 1655)이다. 안타깝게도 이 저서는 1821년 이후 다시 출간되지 않았다. 성경적이며, 교리적이고, 경험적이며, 실제적인 내용과 균형을 이룬 이 저서는 청교도 전통을 다룬 최고의 작품이라 할 수 있다. 하나님의 약속을 받는 일에 관하여 유익한 두 가지 추가 자료로는 *The Works of the Reverend and Pious Andrew Gray* (1839; reprint Morgan, PA: Soli Deo Gloria, 1992), 115-168쪽에 실린 앤드류 그레이(Andrew Gray)의 "Great and Precious Promises"와 *Doctrinal and Experimental Theology* (London: William Wileman, 1899), 113-153쪽에 실린 로버트 브라운(Robert Brown)의 "The Application of the Holy Scriptures"가 있다. 허버트 로키어의 *All the Promises of the Bible* (Grand Rapids: Zondervan, 1962)은 도움을 얻기에는 매우 간략하고 단순하지만 경건한 독서로는 활용할 수 있을 것이다.

특별한 메시아에 관한 약속들

이 분야에서 최고로 꼽을 만한 청교도 저서로는 토마스 테일러(Thomas Taylor)의 *Christ Revealed: or The Old Testament Explained; A Treatise of the Types and Shadowes of our Savior* (London: M. F. for R. Dawlman and L. Fawne, 1635; reprint Delmar, NY: Scholars' Facsimiles & Reprints, 1979)가 있다.

구약 성경 속 메시아적 약속에 초점을 맞춘 19세기 후반의 몇몇 훌륭한 저서가 있다. 에른스트 헹슈텐베르크(Ernst W. Hengstenberg)의 *Christology of the Old Testament and a Commentary* on the Messianic Predictions, 전4권 (1872-1878; reprint Grand Rapids: Kregel, 1956)은 그리스도에 관한 구약 성경의 약속과 예표, 예언을 다룬 가치 있는 연구서다. 또한 도움을 주는 저서로는 알프레드 에더스하임(Alfred Edersheim)의 Prophecy and History in Relation to the Messiah (New York: Randolph, 1885), 카스파르 폰 오렐리(Caspar Von Orelli)의 The Old Testament Prophecy of the Consummation of God's Kingdom (Edinburgh: T. & T. Clark, 1889), 데이비드 바론(David Baron)의 Rays of Messiah's Glory: Christ in the Old Testament (1895; reprint Winona Lake, IN: Alpha, 1979)가 있다. 실제로 구할 수 없는 두 저서가 미니애폴리스의 클락 앤 클락(Klock & Klock of Minneapolis)에 의해 1983년에 한 권의 책인 The Messianic Prophecies로 재출간되었다. 프란츠 델리취(Franz Delitzch)의 The Messianic Prophecies in Historical Succession (Edinburgh: T. & T. Clark, 1891)은 오랫동안 소홀히 여겨진 구약 성경의 구절들에 다시금 관심을 불러일으키기 위해 기획된 저명한 강의 시리즈로 구성되었다. 패튼 글로그(Paton J. Gloag)의 Messianic Prophecies (Edinburgh: T. & T. Clark, 1879)는 글라스고우 대학의 베어드 강좌에서 전한 강의를 담고 있다.

가장 완전한 20세기 저서는 게라르트 반 그로닝겐(Gerard Van Groningen)의 Messianic Revelation in the Old Testament (Grand Rapids: Baker, 1990)로, 이 책은 히브리 성경에 점진적으로 계시된 메시아에 대한 기대를 추적하면서 1,000쪽이 넘는 분량으로 집필되었다. 반 그로닝겐은 추가 연구를 위한 상당 분량의 저서와 논문을 참고 문헌으로 소개하고 있다. 허버트 로키어의 All the Messianic Prophecies of the Bible (Grand Rapids: Zondervan, 1962)은 성격상 경건 서적이지만 반 그로닝겐보다도 많은 예언의 말씀을 다룬다. 그러나 이 책은 신중한 주해와 깊이가 부족하다.

전체 구약 성경을 그리스도 안에 있는 하나님의 언약적 약속의 관점에서 바라보는 견해를 다룬 최근 연구서로는 월터 카이저(Walter C. Kaiser), Jr.의 Toward an Old Testament Theology (Grand Rapids: Zondervan, 1978), O. 팔머 로버트슨(Palmer Robertson)의 The Christ of the Covenants (Nutley, NJ: Presbyterian and Reformed, 1980, 「계약 신학과 그리스도」, 개혁주의신학사 역간), 토마스 맥코미스키(Thomas E. McComiskey)의 The Covenants of Promise: A Theology of the Old Testament Covenants (Grand Rapids: Baker, 1985, 「계약 신학과 약속」, 기독교문서선교회 역간)가 있다.

쉽고 교양적인 저서를 원한다면 에드먼드 클라우니(Edmund P. Clowney)의 The Unfolding Mystery: Discovering Christ in the Old Testament (Colorado Springs: NavPress, 1988, 「구약에 나타난 그리스도」, 네비게이토 역간)를 읽으라.

타락한 인간의 회복

중보자를 통한 타락한 인간의 회복이라는 전반적인 주제에 관한 한, 토마스 굿윈의 Christ our Mediator (reprint Grand Rapids: Sovereign Grace, 1971; reprinted as Volume 5 in The Works of Thomas Goodwin [Eureka, CA: Tanski, 1996])를 능가할 저서는 없을 것이다. 이 책은 그리스도의 중보자직에 관한 신약의 주요 본문을 강해한다. 굿윈은 특히 히브리서의 몇몇 주요 구절(2:14-17; 4:14-16; 10:3-10, 19-22; 13:20-21)을 강해하며 깊은 통찰을 제공한다. 굿윈의 지성적인 경건과 경험적인 깊이는 사고를 더 명료하게, 영혼을 더 따뜻하게 만든다.

18항 성육신

성육신을 다룬 가장 오래된 작품은 아타나시우스(Athanasius)의 The Incarnation of the Word of God (London: A.R. Mowbray and Co., 1963, 「말씀의 성육신에 관하여」, 죠이북스 역간)으로, 아타나시우스는 의심할 여지 없이 당대 최고의 신학자이며, 아리우스주의를 논박하기 위해 성육신에 기초한 논증을 사용한다. 성육신 교리를 다루는 대표 교부들의 글에 대해서는 E. R. 하디(Hardy)의 Christology of the Later Fathers, 3권 (Philadelphia: Westminster, 1954)과 R. A. 노리스(Norris)의 The Christological Controversy (Philadelphia: Fortress, 1980, 「기독론 논쟁」, 은성 역간)를 참조하라.

개혁주의의 논의에 대해서는 칼뱅의 「기독교 강요」 2권 12-14장, 그리고 찰스 하지, 벤자민 워필드, 루이스 벌코프, 존 머레이와 같은 개혁주의 신학자가 집필한 기독론을 참조하라.

에드윈 기포드(Edwin H. Gifford)와 새뮤얼 앤드류스(Samuel J. Andrews)가 저술한 두 권의 19세기 저서가 한 권으로 묶여 The Incarnation of Christ (Minneapolis: Klock & Klock, 1981)로 재출간되었다. 기포드는 예리한 신학적 감각으로 빌립보서 2장 5-11절을 논하고, 앤드류스는 그리스도의 인성의 필요성을 유능하게 강론한다. M. F. 새들러(Sadler)의 Emmanuel, Or, The Incarnation of the Son of God the Foundation of Immutable Truth (New York: Scribner, Welford, & Co., 1866)는 성육신 교리가 전체 기독론에 얼마나 큰 영향을 끼치는지를 보여 준다. 윌리엄 램지(William M. Ramsay)의 Was Christ Born at Bethlehem? (London: Hodder and Stoughton, 1898)는 퀴리니우스(구레뇨)의 인구 조사에 집중하며, 그 과정에서 예수님의 탄생에 관한 누가복음의 정확성을 조금은

공식적이면서도 건조하게 변증한다. 모리스 에반스(Maurice J. Evans)가 번역한 J. J. 판 오스테르제이(Van Oosterzee)의 *The Person and Work of the Redeemer* (London: Hodder and Stoughton, 1886)에는 그리스도의 성육신의 자발적인 특징에 관해 도움을 주는 장이 수록되어 있다.

그리스도의 초자연적인 수태를 학문적으로 변증한 저서로는 J. 그레섬 메이첸의 시의적절한 저서인 *The Virgin Birth of Christ* (1930; reprint Grand Rapids: Baker, 1967,「그리스도의 동정녀 탄생」, 기독교문서선교회 역간)를 보라. 또한 하워드 한케(Howard A. Hanke)의 *The Validity of the Virgin Birth* (Grand Rapids: Zondervan, 1963)와 C. F. D. 모울(Moule)의 *The Origin of Christology* (Cambridge: Cambridge University Press, 1977)도 참조하라. 두 권 모두 메이첸의 저서를 보충하는 자료다. 레온 모리스의 *The Story of the Christ Child* (Grand Rapids: Eerdmans, 1960)는 마태와 누가의 예수 탄생 이야기를 학문적이고 경건한 방식으로 결합하여 강해한다. 찰스 파인버그(Charles Lee Feinberg)의 *Is the Virgin Birth in the Old Testament?* (Whittier, CA: Emeth, 1967)는 창세기 3장 14-15절, 이사야 7장 14절, 예레미야 31장 22절에 유용한 연구를 담고 있다. 로버트 그로맥키(Robert G. Gromacki)의 *The Virgin Birth* (Nashville: Nelson, 1974)는 그리스도의 수태와 출생에 관해 대중적으로 잘못된 해석을 비판하며 제거한다.

성육신하신 그리스도에 관하여 최고로 꼽을 만한 최근 저서로는 데이비드 웰스의 *The Person of Christ: A Biblical and Historical Analysis of the Incarnation* (1984; reprint Alliance, OH: Bible Scholar Books, 1992,「기독론: 그리스도는 누구신가」, 부흥과개혁사 역간), 밀라드 에릭슨의 *The Word Became Flesh: A Contemporary Incarnational Christology* (Grand Rapids: Baker, 1991)가 있다. 웰스의 저서는 세 부분, 즉 성경적 기초, 역사적 발전, 현대적 해석으로 깔끔하게 구분되어 있다. 각 부분은 공평하게 수행되었다. 에릭슨의 저서에 대해 제임스 패커는 이렇게 말했다. "전형적인 칼케돈 형식의 성육신적 기독론이 오늘날에도 가능하고 자연스러울 수 있다는 것을 확신 있게 보여 주며, 그 어떤 저서보다 성경적 자료를 적절하게 활용하였다."

어디서부터 읽어야 할까? 메이첸의 저서에서 시작하라.

19항 그리스도 한 분 안에 있는 두 본성

기독론적 정통주의

그리스도의 두 본성이 "혼합 없이, 변화 없이, 구분 없이, 분리 없이" 존재한다는 것을 선언함으로 기독론적 정통주의를 전체 교회에 제

공하는 칼케돈 신경을 읽으라(이에 대해서는 필립 샤프와 헨리 웨이스[Henry Wace]가 편저한 *Nicene and Post-Nicene Fathers*, 시리즈 2 [1899; reprint Grand Rapids: Eerdmans, 1991], 14권인 헨리 퍼시벌[Henry R. Percival]이 편저한 *The Seven Ecumenical Councils*, 243-296쪽, 또한 R. V. 셀러스[Sellers]의 *The Council of Chalcedon: A Historical and Doctrinal Survey* [London: SPCK, 1953], A. 그릴마이어[Grillmeier]의 *Christ in Christian Tradition* [Atlanta: John Knox, 1975], 520-557쪽을 읽으라). 또한 칼케돈 신경에 기초한 아타나시우스 신경 19-43항도 읽으라.

그리스도 한 분 안에 있는 두 본성에 관한 17세기 최고 저서는 굴드 판인 존 오웬의 *Works* (London: Banner of Truth Trust, 1965) 1권으로 재출간된 존 오웬의 *A Declaration of the Glorious Mystery of the Person of Christ* (1679)를 꼽을 수 있다.

A. B. 브루스(Bruce)의 *The Humiliation of Christ* (1876; reprint New York: George H. Doran, 1898)는 빌립보서 2장 5-8절과 다른 구절들에 기초한 그리스도의 낮아지심(비하)에 관하여 가장 폭넓게 사용되는 연구서다. 또한 칼케돈 공의회(Council of Chalcedon)에서 슐라이어마허(Schleiermacher)에 이르기까지 이 교리를 해석한 브루스의 역사적 개관도 유용하다.

그리스도 한 분 안에 있는 두 본성 교리와 관련된 기본적인 쟁점들에 대한 표준적인 복음주의 저서로는 네이선 우드(Nathan E. Wood)의 *The Person and Work of Jesus Christ* (Philadelphia: American Baptist Publication Society, 1908), 휴 매킨토시(Hugh Ross Mackintosh)의 *The Doctrine of the Person of Christ* (Edinburgh: T. and T. Clark, 1914), 로레인 뵈트너의 *The Person of Christ* (Grand Rapids: Eerdmans, 1943), 레온 모리스의 *The Lord from Heaven* (London: InterVarsity Press, 1958)을 보라. 이 논의들 가운데 뵈트너의 저서가 가장 단순하고 가장 개혁주의적인 지침서다.

더 깊은 토론을 위해서는 새뮤얼 크레이그가 편저한 벤자민 워필드의 *The Person and Work of Christ* (Philadelphia: Presbyterian and Reformed, 1950)와, 이와 유사한 헤릿 베르카우어의 *The Person of Christ*와 *The Work of Christ* (Grand Rapids: Eerdmans, 1954, 1965)도 보라. 워필드의 방대한 작품은 오웬 다음으로 중요하며, 그리스도의 교리를 주해적이고 변증적으로 설명한다. 이른바 "역사적 예수 연구"라 불리는 정황에서 구성된 이 저서에서 워필드는 신약 성경에서 발견할 만한 유일한 예수님은 바로 초자연적인 예수이심을 강조한다. 워필드는 역사적 예수 연구가 "비초자연적 예수, 즉 한 번도 존재해 본 적 없는 가공의 예수, 그 존재가 아무것도 설명하지 않고 전체 역사적 발전을 공중에 붕 뜨게 만드는 것"이라고 주장한다.

베르카우어의 저서들은 세계 교회 공의회의 역사적 선언문들과 개혁주의 신앙 고백들, 그리고 그리스도의 본성과 통일성, 무죄성을 논한다. 이 책들은 그 낮아지심(비하)과 높아지심(승귀) 상태에서 그리스도의 사역을 깊이 있게 논의한다. 베르카우어는 동시대의 신학 작품들을 완전히 숙지하고 있는 한편 그것들에 자주 영향을 받았고, 때때로 많은 사안에서 중도적이거나 모호한 견해를 내놓는다. 베르카우어의 가치는 개혁주의 사상가들을 잘 파악하는 것과 신학에서 쟁점을 제시하는 그의 능력에 있다. 그는 가장 어려운 질문들 가운데 몇 가지를 던지고 그것에 대답하기 시작한다.

예수님의 신성에 초점을 맞춘 저서에 대해서는 10항을 참조하라.

20항 그리스도 안에 있는 공의와 자비

구원에 이르는 그리스도 안에 있는 하나님의 공의와 자비를 하이델베르크 교리 문답 9-18문만큼 성경적이고 날카롭게, 그리고 경험적으로 다루는 개혁주의 신앙 고백적 진술은 없을 것이다. 여기에서 시작하고, 그 후 하이델베르크 교리 문답에 관한 설교와 주석과 저서를 읽으라. 하이델베르크 교리 문답에 관한 자료는 네덜란드에 가장 흔하지만, 적절한 저서들이 영어로도 번역되어 있다. 다음과 같은 연대기순 목록을 참조하라.

Olevian, Caspar. *An Exposition of the Symbol of the Apostles, or rather of the articles of faith. In which the chiefe points of the everlasting and free covenant between God and the faithful are briefly and plainly handled. Gathered out of the catechizing sermons of Caspar Olevian.* Translated by Iohn Fielde. London: H. Middleton, 1581.

Bastingius, Jeremias. *An Exposition or Commentarie upon the Catechisme of Christian Religion which is taught in the Schooles and churches both of the Lowe Countryes and of the dominions of the Countie Palatine.* Cambridge: John Legatt, 1589.

Ames, William. *The Substance of Christian Religion; Or a plain and easie Draught of the Christian Catechisme in LII Lectures.* London: T. Mabb for T. Davies, 1659.

Witte, Petrus de. *Catechizing upon the Heidelbergh Catechisme of the Reformed Christian Religion.* Translated for the English Reformed Congregation in Amsterdam. Amsterdam: Gillis Joosten Saeghman, 1662.

Ronde, Lambertus de. *A System Containing the Principles of the Christian Religion, Suitable to the Heidelberg Catechism.* New York, 1763.

Vander Kemp, John. *The Christian Entirely the Property of Christ, in Life and Death. Fifty-three sermons on the Heidelberg Catechism wherein the doctrine of faith, received in the Reformed Church, is defended against the principal opponents, and the practical improvement and direction of it to evangelical piety, enforced.* 2 vols. Translated by John M. Van Harlingen. New Brunswick, NJ: Abraham Blauvelt, 1810.

Fisher, Samuel Reed. *Exercises on the Heidelberg Catechism adapted to the use of Sabbath Schools and Catechetical Classes.* Chambersburg, PA: Publication office of the German Reformed Church, 1844.

Ursinus, Zacharias. *The Commentary of Dr. Zacharias Ursinus on the Heidelberg Catechism.* Translated by George W. Williard. Columbus: Scott & Bascom, 1852.

Bethune, George Washington. *Expository Lectures on the Heidelberg Catechism.* 2 vols. New York: Sheldon & Co., 1864.

Whitmer, Adam Carl. *Notes on the Heidelberg Catechism: for Parents, Teachers and Catechumens.* Philadelphia: Grant, Faires & Rodgers, 1878.

Thelemann, Otto. *An Aid to the Heidelberg Catechism.* Translated by Rev. M. Peters. Reading, PA: James I. Good, 1896.

Richards, George. *Studies on the Heidelberg Catechism.* Philadelphia: Publication and Sunday School Board of the Reformed Church in the United States, 1913.

Kuiper, Henry J., ed. *Sermons on the Heidelberg Catechism.* 5 vols. Grand Rapids: Zondervan, 1936-1956.

Van Baalen, Jan Karel. *The Heritage of the Fathers, A Commentary on the Heidelberg Catechism.* Grand Rapids: Eerdmans, 1948.

Van Reenen, G. *The Heidelberg Catechism: Explained for the Humble and Sincere in Fifty-two Sermons.* Paterson, NJ: Lont & Overkamp, 1955.

Vis, Jean. *We Are the Lord's.* Grand Rapids: Society for Reformed Publications, 1955.

Bruggink, Donald J., ed. *Guilt, Grace and Gratitude: A Commentary on the Heidelberg Catechism commemorating its 400th Anniversary.* New York: Half Moon Press, 1963.

Kersten, Gerrit Hendrik. *The Heidelberg Catechism in 52 Ser-*

mons. 2 vols. Translated by Gertrude DeBruyn and Cornelius Quist. Grand Rapids: Netherlands Reformed Congregations, 1968.

Josse, James, ed. *Sermons on the Heidelberg Catechism*. Grand Rapids: Board of Publication of the Christian Reformed Church, 1970.

Hoeksema, Herman. *The Triple Knowledge, An Exposition of the Heidelberg Catechism*. 3 vols. Grand Rapids: Reformed Free Publishing Association, 1970-1972.

Jones, Norman L. *Study Helps on the Heidelberg Catechism*. Eureka, SD: Publication Committee of the Eureka Classis, Reformed Church in the United States, 1981.

Praamsma, Louis. *Before the Face of God: A Study of the Heidelberg Catechism*. 2 vols. Jordan Station, Ontario: Paideia Press, 1987.

Dejong, Peter Y., and Kloosterman, Nelson D., eds. *That Christ May Dwell in Your Hearts. Sermons on the Heidelberg Catechism, Lord's Days 1-20*. Orange City, IA: Mid-American Reformed Seminary, 1988.

Klooster, Fred H. *A Mighty Comfort: The Christian Faith According to the Heidelberg Catechism*. Grand Rapids: CRC Publications, 1990.

Stam, Clarence. *Living in the Joy of Faith: The Christian Faith as outlined in the Heidelberg Catechism*. Neerlandia, Alberta: Inheritance, 1991.

Heerschap, M. *Zion's Comfort in Life and Death: Fifty-two Sermons on the Heidelberg Catechism*. 2 vols. Lethbridge, Alberta: Netherlands Reformed Congregation, 1992-94.

Olevianus, Caspar. *A Finn Foundation: An Aid to Interpreting the Heidelberg Catechism*. Translated by Lyle D. Bierma. Grand Rapids: Baker, 1995.

Beeke, Joel R. "Heidelberg Catechism Sermons." 5 vols. Jordan Ontario: Heritage Reformed Church, 1998.

이 가운데 공의와 자비의 관계에 대해 가장 도움을 주는 저서는 우르시누스와 올레비아누스, 텔레이만, 커스텐, 혹세마다.

21항 대제사장이신 그리스도 안에 있는 구원

벨직 신앙 고백서 21항은 그리스도의 고난, 제사장이신 그리스도,

속죄하시는 그리스도라는 세 가지 기독론적 주제를 병합하고 있다.

고난당하시는 그리스도

그리스도의 고난에 관해 제임스 더햄(James Durham)의 *Christ Crucified; or, The Marrow of the Gospel in 72 Sermons on Isaiah 53*, 전2권 (1683; reprint Glasgow: Alex Adam, 1792)만큼 다시 출간되어야 할 책은 없을 것이다. 이 설교들에 대해 스펄전은 이렇게 주목한 바 있다. "이것이야말로 정수 그 자체다. 더 말할 필요가 없다. 더햄이야말로 영적 강해자 가운데 왕자다." 존 브라운의 *The Sufferings and Glories of the Messiah* (New York: Robert Carter, 1853) 또한 시편 18편과 이사야 52장 13절-53장 12절을 견고하고 주해적이며 실천적으로 강해한다.

그러나 그리스도의 고난을 다룬 그 어느 책도 위대한 독일 개혁주의 저술가 프리드리히 크룸마허(Friedrich W. Krummacher)의 *The Suffering Saviour* (1856; reprint Chicago: Moody Press, 1966)를 능가할 수는 없을 것이다. 따뜻하고 개인적이며, 교훈적이고 경험적인 이 책은 계속해서 읽을 가치가 있다. 때로 크룸마허의 주해는 오류가 있고 그의 상상력이 지나치게 그림 같지만, 이런 약점은 어떤 것과도 비견될 수 없는 이 작품에 거의 손상을 입히지 못한다.

그리스도의 고난을 다룬 20세기 최고의 저서는 헨리 질스트라(Henry Zylstra)가 번역한 클라스 스힐더(Klaas Schilder)의 대작인 *Christ in His Suffering; Christ on Trial; Christ Crucified*, 전3권 (1938-40; reprint Minneapolis: Klock and Klock, 1978)이다. 스힐더의 "사순절 3부작"(Lenten trilogy)은 심오하면서도 묵상할 많은 재료를 포함한다. 그러나 안타깝게도 이 저서들은 주해적 증거를 근거로 하지 않은 사색과 철학적 경향으로 손상되었다. 한 권으로 된 20세기 최고 저서는 헤르만 혹세마의 *When I Survey ...: A Lenten Anthology* (Grand Rapids: Reformed Free, 1977)다. 기본적인 단일한 주제가 여섯 부분 각각에 흐르고 있다. 본래 "놀라운 십자가"(The Amazing Cross), "왕적 수난자"(The Royal Sufferer), "십자가의 능력"(The Power of the Cross), "사람들에게 버림받음"(Rejected of Men), "우리 가운데 계신 예수님"(Jesus in the Midst), "슬픔의 사람"(Man of Sorrows)이라는 제목의 라디오 메시지들로 전파된 것(1943-1956)을 책으로 출간했다. 에리히 키엘(Erich H. Kiehl)의 *The Passion of Our Lord* (Grand Rapids: Baker, 1990)는 그리스도의 마지막 고난 주간에 초점을 맞춘다. 이 저서는 역사적이며 고고학적인 자료들을 통해 엄청난 통찰을 제공한다.

대제사장이신 그리스도

대제사장이신 그리스도를 다룬 탁월한 개혁주의 저서는 그리 많지

않다. 그 가운데 최고는 H. H. 미터(Meeter)의 *The Heavenly High Priesthood of Christ: An Exegetico-Dogmatic Study* (Grand Rapids: Eerdmans-Sevensma, 1916)다. 특히 멜기세덱의 반차를 따른 제사장으로서의 그리스도를 다룬 4-5장을 주목하라. 조지 스티븐슨(George Stevenson)의 *Treatise on the Offices of Christ* (Edinburgh: W.P. Kennedy, 1845)는 그리스도의 제사장적 사역에 관하여 도움이 될 만한 부분을 포함한 그리스도의 직무를 다룬 주목할 만한 성공회적 저서다. J. C. 필팟은 *Meditations on the Sacred Humanity of the Blessed Redeemer* (1859-60; reprint Harpenden, Herts: O. G. Pearce, 1975)에 "위대하신 대제사장"이신 그리스도에 관한 실험적인 세 장을 담고 있다. 특히 그리스도의 속죄하시는 제사장적 사역에 초점을 맞춘 그리스도의 삼중직을 다룬 최근의 건전한 개혁주의 저서로는 로버트 레담(Robert Letham)의 *The Work of Christ* (Downers Grove, IL: InterVarsity Press, 1993)가 있다. 레담은 교부에서 동시대 신학자에 이르기까지 중요한 기독교 사상가들의 관점을 논의한다.

그리스도의 속죄

지난 19세기 후반의 반세기 동안 그리스도의 속죄를 다룬 최고의 개혁주의 논의가 많이 출간되었다. 그 가운데에는 찰스 하지의 *The Orthodox Doctrine Regarding the Extent of the Atonement Vindicated* (Edinburgh, 1846), 제임스 윌슨(James R. Willson)이 번역한 프란시스 튜레틴의 *The Atonement of Christ* (1859; reprint Grand Rapids: Baker, 1978), 로버트 캔들리쉬(Robert Smith Candlish)의 *The Atonement: Its Reality, Completeness, and Extent* (London: T. Nelson, 1861), 아치볼드 하지(Archibald Alexander Hodge)의 *The Atonement* (1867; reprint Grand Rapids: Baker, 1975), 조지 스미튼의 *The Doctrine of the Atonement as Taught by Jesus Christ Himself* (1868; reprint Edinburgh: Banner of Truth, 1992)와 *The Doctrine of the Atonement as Taught by the Apostles* (1870; reprint Edinburgh: Banner of Truth, 1992), 토머스 크로포드(Thomas Jackson Crawford)의 *The Doctrine of Holy Scripture Respecting the Atonement* (1871; reprint Grand Rapids: Baker, 1954), 휴 마틴(Hugh Martin)의 *The Atonement* (1882; reprint Edinburgh: John Knox Press, 1976), 로버트 대브니(Robert L. Dabney)의 *Christ Our Penal Substitute* (1898; reprint Harrisonburg, VA: Sprinkle, 1985)가 포함된다.

속죄에 관하여 개혁주의적 관점에서 저술된 유익하고 기초적인 20세기 논의에 대해서는 루이스 벌코프의 *Vicarious Atonement Through Christ* (Grand Rapids: Eerdmans, 1936)와 리엔크 카이퍼(Rienk B. Kuiper)의 *For Whom Did Christ Die?* (1959; reprint Grand Rapids: Baker, 1982)를 읽으라. 벌코프와 카이퍼는 속죄 교리에 관한 최고의 개론을 제공한다.

속죄에 관한 역사적 연구로는 윌리엄 커닝햄의 *Historical Theology* (1862; reprint London: Banner of Truth, 1960), 2권, 237-370쪽, G. C. 폴리(Foley)의 *Anselm's Theory of the Atonement* (London, 1909), H. 래시들(Rashdall)의 *The Idea of Atonement in Christian Theology* (London: Macmillan, 1919), 도루스 루디실(Dorus Paul Rudisill)의 *The Doctrine of the Atonement in Jonathan Edwards and His Successors* (New York: Poseidon, 1971)를 참조하라.

이 교리들에 관한 추가 자료에 관해서는 개혁주의 조직 신학서와, 10항과 18항, 19항의 참고 문헌 설명을 참조하라. 21항에 있는 기독론적 교리를 요약한 교양적인 작품에 대해서는 필립 헨리(Philip Henry)의 *Christ All in All, or What Christ is Made to Believers* (reprint Swengel, PA: Reiner, 1970)를 보라. 잘 알려진 주석가 매튜 헨리(Matthew Henry)의 아버지가 이 책을 출간한 이후 300년간, 이 책의 마흔한 장은 마음과 지성의 동기를 감동시키는 능력을 조금도 상실하지 않은 채 지속되었다.

22항 오직 그리스도를 믿는 믿음으로만 얻는 구원

오직 믿음으로 말미암는 구원에 관한 고대 교회의 가르침을 이해하기 위해서는 알렉산드리아의 클레멘스(Clement of Alexandria)의 *Miscellanies* (2.1-6, 11-12; 5.1), 암브로시우스(Ambrose)의 *On the Faith*, 아우구스티누스의 *On the value of Believing and On Faith in Things Not Seen*을 보라. 2차 자료에 대해서는 H. A. 울프슨(Wolfson)의 *Philosophy of the Church Fathers* (Cambridge: Harvard, 1956), 102-140쪽을 참조하라.

종교 개혁 시대의 저술가들에 대해서는 J. 펠리칸(Pelikan) 등이 편저한 *Luther's Works*, 전55권 (St. Louis: Concordia, Vols. 1-30; Philadelphia: Fortress Press, vols. 31-55, 1955-79), 칼뱅의 *Institutes of the Christian Religion* (Philadelphia: Westminster Press, 1960, 「기독교 강요」), 3권 2-3장을 참조하라. 노만 쉐퍼드(Norman Shepherd)는 *Westminster Theological Journal* 36 (1973): 31-47쪽에 실린 논문 "Zanchius on Saving Faith"를 통해 종교 개혁자들의 견해를 간결하게 요약하였다.

청교도들은 성경적이고 경험적인 관점에서 그리스도 안에서 구원 얻는 믿음에 관한 교리를 저술하는 데 탁월했다. 출간된 주요 저서의 제목 또는 쉽게 이용할 수 있는 저서로는 에드워드 힉맨(Edward Hickman)이 편저한 *Works of Jonathan Edwards*, 1권,

620-654쪽 (1834; reprint Edinburgh: Banner of Truth Trust, 1974)에 실린 조나단 에드워즈의 "Justification by Faith Alone", 존 밀러(John Miller)가 편저한 The Works of Thomas Goodwin, D.D., 8권 (1865; reprint Edinburgh: Banner of Truth Trust, 1988)에 실린 토마스 굿윈의 "The Object and Acts of Justifying Faith", 앤드류 그레이의 The Mystery of Faith Opened Up: Or, some Sermons Concerning Faith (Edinburgh: Andrew Anderson, 1697 [reprinted in The Works of the Reverend and Pious Andrew Gray (1813; Ligonier, PA: Soli Deo Gloria, 1992)]), 윌리엄 굴드(William H. Goold)가 편저한 The Works of John Owen, 5권, 1-400쪽 (1851; reprint Edinburgh: Banner of Truth Trust, 1976)에 실린 존 오웬의 "The Doctrine of Justification by Faith" (1677), 존 프리스턴(John Preston)의 The Breast-Plate of Faith and Love, 5판 (1632; reprint Edinburgh: Banner ofTruth Trust, 1979), 그리고 The Works of the late Reverend Robert Traill, 1권, 252-96쪽 (1810; reprint Edinburgh: Banner of Truth Trust, 1975)에 실린 로버트 트레일(Robert Traill)의 "A Vindication of the Protestant Doctrine Concerning Justification"이 있다.

연대기순으로 배열한 목록으로, 믿음에 관한 찾기 힘든 청교도 저서로는 토마스 윌슨(Thomas Wilson)의 A Dialogve About Ivstifiation by Faith (London: W. Hall for N. Butter, 1610), 마일스 모즈(Miles Mosse)의 Ivstifying and Saving Faith Distingvished from the faith of the Deuils (Cambridge: Cantrell Legse, 1614), 존 로저스(John Rogers)의 The Doctrine of Faith: wherein are particularly handled twelve Principall Points, which explaine the Nature and Vse of it (London: for N. Newbery and H. Overton, 1629), 이즈키엘 컬버웰(Ezekiel Culverwell)의 A Treatise of Faith: Wherein is Declared How a Man May Live by Faith, and Find Relief in all His Necessities (London: I. D. for Hen: Overton, 1633), 존 다우네임(John Downame)의 A Treatise of the True Nature and Definition of Justifying Faith (Oxford: I. Lichfield for E. Forrest, 1635), 존 코튼(John Cotton)의 The Way of Faith (1643; reprint New York: AMS Press, 1983), 새뮤얼 루더포드(Samuel Rutherford)의 The Trial and Triumph of Faith (1645; reprint Edinburgh: William Collins, 1845), 매튜 로렌스(Matthew Lawrence)의 The Use and Practice of Faith: or, Faiths Vniversal Vsefulness, and Quickning Influence into every Kinde and Degree of the Christian Life (London: A. Maxey for Willian, 1657), 로버트 딕슨(Robert Dixon)의 The Doctrine of Faith, Justification, and Assurance (London: William Godbid, 1668), 에드워드 폴힐(Edward Polhill)의 Precious Faith (London: Thomas

Cockerill, 1675), 토마스 콜(Thomas Cole)의 A Discourse of Regeneration, Faith, and Repentance (London: for Thomas Cockerill, 1689)가 있다.

믿음을 다룬 18세기 최고 저서로는 제임스 프레이저(James Fraser)의 A Treatise concerning Justifying and Saving Faith (Edinburgh: John Mosman and Company, 1722)와 윌리엄 로메인(William Romaine)의 저명한 고전인 The Life, Walk and Triumph of Faith (1765; reprint London: James Clarke, 1970)가 있다. 이 저서들은 그리스도의 신성을 믿어야 할 필요성과 하나님 말씀에 복종하기 위해서는 믿음으로 행해야 할 것을 강조한다.

믿음을 다룬 20세기의 역사적-신학적 연구에 대해서는 제프리 너탤(Geoffrey F. Nuttall)의 The Holy Spirit in Puritan Faith and Experience (1946; reprint Chicago: University of Chicago Press, 1992), 데이비드 녹스(David Broughton Knox)의 The Doctrine of Faith in the Reign of Henry VIII (London: James Clarke, 1961), 로버트 레담의 "Saving Faith and Assurance in Reformed Theology: Zwingli to the Synod of Dort," 전2권 (Ph.D. dissertation, University of Aberdeen, 1979), 빅터 셰퍼드(Victor A. Shepherd)의 The Nature and Function of Faith in the Theology of John Calvin (Macon, GA: Mercer University Press, 1983), 조엘 비키(Joel R. Beeke)의 Assurance of Faith: Calvin, English Puritanism, and the Dutch Second Reformation (New York: Peter Lang, 1991)을 참조하라.

회의주의로 표류하는 현대인의 유일한 해독제로 성경적 기독교를 제시하는 설득력 있는 변증서로는 J. 그레셤 메이첸의 What is Faith? (1925; reprint Grand Rapids: Eerdmans, 1962)를 보라. 또한 고든 클락의 Faith and Saving Faith (Jefferson, MD: Trinity, 1983)도 유용하다.

어디서부터 시작해야 할까? 믿음에 관한 바울 서신의 모든 장과 개혁주의 교리의 신앙 고백들, 그리고 주요 개혁파 교의학을 참조하라. 그리고 나서 J. 마르쿠스 밴필드(Marcus Banfield)가 번역한 알렉산더 콤리(Alexander Comrie, 1706-1774)의 The ABC of Faith (Ossett, W. Yorks: Zoar, 1978)를 읽어 보라. 스코틀랜드인에서 네덜란드로 귀화한 종교 개혁 2기 신학자인 콤리는 구원하는 믿음의 교리와 칭의의 관계를 다룬 상당한 분량의 책을 썼다. 이 책에서 콤리는 ('오다', '목마르다', '믿다', '취하다', '헌신하다' 등과 같이) 믿음의 활동을 묘사하는 28개의 성경적 단어 또는 구절을 제시하여 구원하는 믿음의 특징을 설명하고 각 단어에 짧은 장들을 할애한다.

23항 칭의

감사하게도 칭의 교리에 관하여 개신교 관점에서 저술된 자료는 풍성하다. 17세기 개혁주의 청교도 신학자들은 "교회가 서기도 하고 넘어지기도 하는"(루터) 치명적으로 중요한 조항에 관해 최고의 저서들을 남겼다. 그밖에도 바울 서신에 관한 개혁주의 주석과 개혁주의 신앙 고백 문서, 그리고 주요 개혁주의 교의학에 관해서는 다음을 참조하라.

16, 17세기

Baxter, Richard. *A Treatise of Justifying Righteousness.* London: for N. Simmons and J. Robinson, 1676. 청교도가 저술한 칭의 교리에 가운데 유일하게 건전하지 못한 저서다. 신학에 있어서 신율법주의적이다.

Brown, John (of Wamphray). *The Life of Justification Opened.* Edited by J. Koelman and M. Leydekker. Utrecht: n. p., 1695. 희귀하며 통찰력이 있다.

Burgess, Anthony. *The True Doctrine of Iustification Asserted and Vindicated, From the Errors of Papists, Arminians, Socinians, and more especially Antinomians.* London: Robert White for Thomas Vnderhil, 1648. 유능한 청교도이자 웨스트민스터 총회의 신학자가 저술한 철저한 저서다. 건전하게 주해적이며, 경험적이고, 변증적이다.

Calvin, John. "Acts of the Council of Trent with the Antidote." In *Tracts and Treatises,* Vol. 3. Translated and edited by Henry Beveridge. Edinburgh: Calvin Translation Society, 1851; reprint Grand Rapids: Eerdmans, 1958, pp. 19-162. (Cf. Calvin's *Institutes.*)

Clarkson, David. "Justification by the Righteousness of Christ." In *The Works of David Clarkson.* Vol. 1, pp. 273-331. Edinburgh: Banner of Truth Trust, 1988. 간략한 청교도 작품이다.

Davenant, John. *A Treatise on Justification, or the Disputatio de Justitia Habituali et Actuali.* Translated by Josiah Allport. 2 vols. London: Hamilton, Adams, & Co., 1844-46. 대작이며, 중도적 칼뱅주의 경향을 보인다.

Downame, George. *A Treatise of Iustification.* London: Felix Kyngston for Nicolaus Bourne, 1633. 견고하고 기분 좋은 청교도 작품이다.

Eaton, John. *The Honey-combe of Free Justification by Christ Alone.* London: R. B. at the charge of R. Lancaster, 1642. 칭의 교리에 있어서 건전하나 극단적 칼뱅주의 경향을 포함하고 있다.

Foxe, John. "Of Free Justification by Christ." In *Writings of John Fox, Bale, and Coverdale.* London: Religious Tract Society, 1831, pp. 131-286. 폭스가 순교자 이상의 인물이었음을 알려 준다.

Grew, Obadiah. *A Sinner's Justification, or the Lord Jesvs Christ the Lord our righteousnesse.* London: Printed for Nevil Simmons, 1670. 견고한 청교도 작품이다.

Hooker, Thomas. *The soules Justification, on 2 Cor. 5:21.* London: Iohn Haviland, for Andrew Crooke, 1638. 경험적이다.

Traill, Robert. "A Vindication of the Protestant Doctrine Concerning Justification." In *The Works of Robert Traill.* Edinburgh: Banner of Truth Trust, 1986, Vol. 1, pp. 252-96. 율법폐기론주의에 대항하는 개신교의 칭의 교리를 변호한다.

19세기

Buchanan, James. *The Doctrine of Justification: An Outline of Its History in the Church and of Its Exposition from Scripture.* Edinburgh: T. & T. Clark, 1867; reprint Grand Rapids: Baker, 1977. 철저하게 성경에 기초하고 있다. 신자에게 전해지는 그리스도의 의의 전가를 강조한다.

Girardeau, John L. *Calvinism and Evangelical Arminianism: Compared as to Election, Reprobation, Justification, and Related Doctrines.* Columbia, 1890; reprint Harrisonburg, VA: Sprinkle, 1984. 남장로교 신학자가 저술한 능력 있는 작품이다.

Halyburton, Thomas. "An Inquiry into the Nature of God's Act of Justification." In *The Works of Thomas Halyburton.* Edited by Robert Burns. Glasgow: Blackie & Son, 1837, pp. 559-67. 짧지만 매우 유용한 논의를 담고 있다.

Hodge, Charles. *Justification by Faith Alone.* Reprint Hobbs, NM: Trinity Foundation, 1994. 하지의 최고 작품이다.

Huntington, William. "The Justification of a Sinner and Satan's Lawsuit with Him." In *The Works of the Reverend William Huntington,* Vol. 4. London: for E. Huntington by T. Bensley, 1833, pp. 3-285. 여러 곳에서 강력하게 도움을 준다. 그러나 극단적 칼뱅주의 경향으로 기운다.

Ritschl, Albrecht. *A Critical History of the Christian Doctrine of Justification and Reconciliation.* Translated by J. S. Black. Edinburgh: Edmonston and Douglas, 1872. 독일 개신교 신학자가 저술한 유명한 작품이다. 그러나 그리스도의 죽으

심의 속죄적 성격을 부인한다. 자유주의적이며 건전하지 않다.

20세기

Beeke, Joel R. *Justification by Faith: Selected Bibliography.* Grand Rapids: Reformation Heritage Books, 1995. 550개의 참고 문헌 목록이 수록되어 있다.

Berkouwer, Gerrit C. *Faith and Justification.* Translated by Lewis B. Smedes. Grand Rapids: Eerdmans, 1954. 유익하나 여러 곳에서 모호하다.

Boehl, Edward. *The Reformed Doctrine of justification.* Translated by C. H. Riedesel. Reprint Grand Rapids: Eerdmans, 1946. 벌코프의 번뜩이는 개론을 읽으라.

Carson, D. A., ed. *Right with God: Justification in the Bible and the World.* Grand Rapids: Baker, 1993. 여러 에세이를 섞어 놓았다. 그러나 전반적으로 통찰을 제공한다.

Gerstner, John H. *A Primer on Justification.* Phillipsburg, NJ: Presbyterian and Reformed, 1983. 기초적이며 단순한 논의이다.

MacArthur, John, R. C. Sproul, Joel Beeke, John Gerstner, John Armstrong. *Justification by Faith Alone: Affirming the doctrine by which the church and the individual stands or falls.* Morgan, PA: Soli Deo Gloria, 1995. 「오직 믿음으로」, 지평서원 역간. "오직 믿음으로 말미암는 칭의"라는 구절의 각 단어를 개혁주의의 이해에 초점을 맞추어 설명한다.

Packer, James I., et al. *Here We Stand: Justification by Faith Today.* London: Hodder and Stoughton, 1986. 여러 에세이가 섞여 있으며 일부 유익하다.

Pink, Arthur W. *The Doctrines of Election and Justification.* Grand Rapids: Baker, 1974. 교양적이다.

Sproul, R. C. *Faith Alone: The Evangelical Doctrine of Justification.* Grand Rapids: Baker, 1995. 「오직 믿음으로」, 생명의 말씀사 역간. 도움을 주며 시작하기에 안성맞춤이다.

Toon, Peter. *Justification and Sanctification.* Westchester, IL: Crossway, 1983. 도움을 주는 논의이다.

역사적 연구

Bennett, James. *Justification as Revealed in Scripture, in opposition to the Council of Trent, and Mr. Newman's Lectures.* London: Hamilton, Adams, & Co., 1840.

Cunningham, William. "Justification." *Historical Theology.* Reprint London: Banner of Truth Trust, 1960, 2:1-120.

Duurschmidt, Kurt. "Some Aspects of Justification and Sanctification as seen in the Writings of some of the Magisterial and Radical Reformers." Ph.D. dissertation, Syracuse University, 1971.

Gore, Ralph J. "The Lutheran Ordo Salutis with Special Reference to Justification and Sanctification: A Reformed Analysis." Master's thesis, Faith Theological Seminary, 1983.

Green, Lowell C. *How Melanchthon Helped Luther Discover the Gospel: The Doctrine of Justification in the Reformation.* Fallbrook, CA: Verdict Publications, 1979.

Hagglund, Bengt. *The Background of Luther's Doctrine of Justification in Late Medieval Theology.* Philadelphia: Fortress Press, 1971.

Heinz, Johann. *Justification and Merit: Luther vs. Catholicism.* Berrien Springs, MI: Andrews University Press, 1981.

Leaver, Robin A. *The Doctrine of Justification in the Church of England.* Oxford: Latimer House, 1979.

_____. *Luther on Justification.* St. Louis: Concordia, 1975.

McGrath, Alister E. *Iustitia Dei: A History of the Doctrine of Justification.* 2 vols. Cambridge: Cambridge University Press, 1986.

Plantinga, Jacob. "The Time of Justification." Th.M. thesis, Westminster Theological Seminary, 1977.

Snell, Farley W. "The Place of Augustine in Calvin's Concept of Righteousness." Th.D. dissertation, Union Theological Seminary, 1968.

24항 성화와 거룩

성화와 거룩과 선행에 관한 고전적인 개혁주의 견해에 관한 한, 장 칼뱅의 *Institutes of the Christian Religion* (Philadelphia: Westminster Press, 1960, 「기독교 강요」) 3권의 상당한 부분을 읽는 것이 가장 좋다.

종교 개혁자들이 칭의 교리에 탁월함을 보였다면, 청교도들은 성화 교리에 최고였다. 가장 빈번하게 재출간되는 저서로 월터 마샬 (Walter Marshall, 1628-1680)의 *The Gospel Mystery of Sanctification* (1692; reprint Grand Rapids: Zondervan, 1954, 「성화의 신비」, 복있는사람 역간)이 있다. 마샬은 성화의 교리를 그리스도와 신자의 연합에 사실상 그 근거를 두며, 매일의 삶에서 실제적인 거룩의 필요성을 강조한다. 그는 은혜로 살았고, 그가 쓴 대로 살아냈다. 그의 장례식 설교 서문에서 새뮤얼 톰린스(Samuel Tomlyns)

는 친구 마샬에 대해 이렇게 말했다. "마샬은 자신의 설교를 통해 그리스도께 구애했고, 자신의 삶을 통해 여러분이 그리스도께 오도록 유혹했습니다." 또한 자극을 주는 작품으로 *The Works of Thomas Brooks* (1864; reprint Edinburgh: Banner of Truth Trust, 1980)에 실린 토마스 브룩스(1608-1680)의 "The Crown and Glory of Christianity: or Holiness, The only way to Happiness"가 있다. 이 책은 현대 연구에서 신기할 정도로 소홀히 여기는 거룩에 관해 450쪽 분량으로 마음을 살피는 논의를 담고 있다. *The Select Practical Works of Richard Baxter* (Glasgow: Blackie & Son, 1840), 115-291쪽에 실린 리처드 백스터(Richard Baxter, 1615-1691)의 "The Spiritual and Carnal Man Compared and Contrasted; or, The Absolute Necessity and Excellency of Holiness"는 브룩스의 저술과 유사하다. 그러나 성화의 범주에서 교양적이기는 하지만 칭의 교리에 관해서는 신뢰하지 못할 지침이다.

성화를 다룬 탁월한 18세기 논문으로는 제임스 프레이저의 *A Treatise on Sanctification* (1774; reprint Audubon, NJ: Old Paths, 1992)이 있다.

성화를 다룬 19세기 최고의 저서로는 갈라디아서 5장 22-23절에 기초한 조지 베슌(George Bethune)의 *The Fruit of the Spirit* (1839; reprint Swengel, PA: Reiner, 1972), 분명하고 함축적이며 신랄하고 강력한 호라티우스 보나르(Horatius Bonar)의 *God's Way of Holiness* (1869; reprint Pensacola, FL: Mt. Zion Publications, 1994, 「거룩한 길로 나아가라」, 지평서원 역간), 오랫동안 읽기 쉬운 고전으로 자리매김한 J. C. 라일(Ryle)의 *Holiness: Its Nature, Hindrances, Difficulties, and Roots* (1879; reprint Greensboro, NC: Homiletic Press, 1956)가 있다. 라일의 저서에 대해 로이드존스 박사는 다음과 같이 썼다. "라일은 자신의 위대한 스승처럼 우리에게 쉽게 거룩을 추구할 수 있는 길을 제공하지 않으며, 취득할 수 있는 그 어떤 '특허' 방법도 제공하지 않는다. 단지 그는 여러 방법으로 '의에 주리고 목마른' 상태만이 우리가 가득 채워야 할 필수불가결한 조건이라고 말한다."

20세기 후반기는 거룩에 관한 대작들이 탄생한 시기다. 주목할 만한 저서로는 존 브리엔드(John Vriend)가 번역한 헤릿 베르카우어의 *Faith and Sanctification* (Grand Rapids: Eerdmans, 1952), A. W. 핑크의 *The Doctrine of Sanctification* (Swengel, PA: Bible Truth Depot, 1955), 스티븐 닐(Stephen C. Neill)의 *Christian Holiness* (Guildford, England: Lutterworth, 1960), 존 샌더슨(John W. Sanderson)의 *The Fruit of the Spirit* (Grand Rapids: Zondervan, 1972), 제이 아담스(Jay Adams)의 *Godliness Through Discipline* (Grand Rapids: Baker, 1973), 제리 브릿지스(Jerry Bridges)의 *The Pursuit of Holiness*(「거룩한 삶의 추구」, 네

비게이토 역간)와 *The Practice of Holiness*(「경건에 이르는 연습」, 네비게이토 역간) (Colorado Springs: NavPress, 1978, 1983), 휴 모건(Hugh D. Morgan)의 *The Holiness of God and of His People* (Bridgend, Wales: Evangelical Press of Wales, 1979), 케네스 프라이어(Kenneth Prior)의 *The Way of Holiness: A Study in Christian Growth* (Downers Grove, IL: InterVarsity Press, 1982), 피터 툰의 *Justification and Sanctification* (Westchester, IL: Crossway, 1983), 로저 로버츠(Roger Roberts)의 *Holiness: Every Christian's Calling* (Nashville: Broadman Press, 1985), 도널드 알렉산더(Donald L. Alexander)가 편저한 *Christian Spirituality: Five Views of Sanctification* (Downers Grove, IL: InterVarsity Press, 1988)에 실린 싱클레어 퍼거슨(Sinclair Ferguson)의 "The Reformed View", 제임스 패커의 *Rediscovering Holiness* (Ann Arbor: Servant, 1992, 「거룩의 재발견」, 토기장이 역간), 조엘 비키의 *Holiness: God's Call to Sanctification* (Edinburgh: Banner of Truth Trust, 1994)이 있다.

어디서부터 시작해야 할까? 우선 보나르와 라일과 패커와 핑크, 그리고 마샬을 순서대로 읽으라.

25항 의식법

16세기

종교 개혁자들이 저술한 의식법에 관한 최고 저서는 H. I.가 번역한 *The Decades of Henry Bullinger* (1550 in Latin; Cambridge: University Press, 1850), 3권, 설교 6 ("Of the Ceremonial Law of God, but especially of the Priesthood, Time, and Place, Appointed for the Ceremonies," 125-217쪽)과 설교 8 ("Of the Use or Effect of the Law of God, and of the Fulfilling and Abrogating of the Same: Of the Likeness and Difference of Both the Testaments and People, the Old and the New," 236-300쪽)이다.

17세기

17세기 신학자들이 저술한 의식법에 관한 균형 잡힌 저서로는 조지 게이거(George Musgrave Giger)가 번역하고 제임스 데니슨(James T. Dennison), Jr.가 편저한 프란시스 튜레틴의 *Institutes of Elenctic Theology*, 2권 (1683 in Latin; Philipsburg, NJ: P & R, 1994), 24-25장을 보라. 튜레틴은 다음과 같은 질문들을 던진다. "구약 시대에서 의식법의 목적과 용법은 무엇이었는가? 의식법은 신약 시대에 폐기되었는가? 그러면 언제 어떻게 그렇게 되었는가?"

18세기

의식법에 관해 도움을 주는 18세기 저서로는 바텔 엘슈트(Bartel Elshout)가 번역한 빌헬뮈스 아 브라컬(Wilhelmus à Brakel)의 *The Christian's Reasonable Service,* 4권 (1700 in Dutch; Morgan, PA: Soli Deo Gloria, 1995,「그리스도인의 합당한 예배」, 전4권, 지평서원 역간), 421-502쪽, 윌리엄 크룩솅크(William Crookshank)가 번역한 헤르만 비치위스(Herman Witsius)의 *The Economy of the Covenants Between God and Man,* 2권 (1772; reprint Escondido, CA: Den Dulk Foundation, 1990), 9-14장, 해딩턴의 존 브라운(John Brown of Haddington)의 *An Introduction to the Right Understanding of the Oracles of God* (Albany: Barber & Southwick, 1793)에서 "Jewish Laws and Types"를 다룬 3장이 있다.

19세기

19세기에는 성막과 성전을 다룬 저서가 굉장히 많이 등장했는데 그 가운데 최고로는 헨리 솔타우(Henry W. Soltau)의 *The Holy Vessels and Furniture of the Tabernacle* (1851; reprint Grand Rapids: Kregel, 1974)과 *The Tabernacle, The Priesthood, and the Offerings* (1857; reprint Grand Rapids: Kregel 1972), 알프레드 에더스하임의 *The Temple: Its Ministry and Services* (1874; reprint Grand Rapids: Eerdmans, 1958), 더크 돌만(Dirk H. Dolman)과 마커스 레인스포드(Marcus Rainsford)의 *The Tabernacle,* 2 vols. in 1 (reprint Minneapolis: Klock & Klock, 1982)이 있다.

상당한 분량으로 의식법을 다룬 19세기의 표준적인 보수적 저서로는 패트릭 페어베른(Patrick Fairbairn)의 *The Typology of Scripture,* 전2권 (1845; reprint Grand Rapids: Baker, 1975)과 *The Revelation of Law in Scripture* (1869; reprint Grand Rapids: Zondervan, 1957), 제임스 마틴(James Martin)이 번역한 J. H. 커츠(Kurtz)의 *Sacrificial Worship of the Old Testament* (1863; Grand Rapids: Baker, 1980), 테오도어 마이어(Theodore Meyer)와 제임스 마틴이 번역한 에른스트 헹슈텐베르크의 *History of the Kingdom of God Under the Old Testament,* 전2권 (1871-72; reprint Grand Rapids: Kregel, 1975)이 있다. 엘렌 스미스(Ellen D. Smith)와 소피아 테일러(Sophia Taylor)가 번역하고 조지 데이(George E. Day)가 개정한 구스타프 프리드리히 욀러(Gustav Friedrich Oehler)의 *Theology of the Old Testament* (1883; reprint Grand Rapids: Zondervan, n.d.), 246-352쪽은 일반적으로 건전하지만 이따금씩 이성주의로 빠진다.

20세기

20세기에 의식법을 정교하게 설명하는 구약 신학에 관한 보수적인 주요 저서로는 존 레이븐(John Howard Raven)의 *The History of the Religion of Israel: An Old Testament Theology* (1933; reprint Grand Rapids: Baker, 1979), 42-155쪽, 게하르더스 보스(Geerhardus Vos)의 *Biblical Theology* (1948; reprint Grand Rapids: Eerdmans, 1975), 143-82쪽, J. 바튼 페인(Barton Payne)의 *The Theology of the Older Testament* (Grand Rapids: Zondervan, 1962)가 있다.

의식법에 관한 약간의 신선한 생각과 탁월한 참고 문헌을 보려면 번 포이트레스(Vern Poythress)의 *The Shadow of Christ in the Law of Moses* (Brentwood, TN: Wolgemuth & Hyatt, 1991,「모세 율법에 나타난 그리스도」, 솔로몬 역간)를 참조하라. 구약 신학 분야의 광범위한 참고 문헌에 도움을 주는 분석에 대해서는 게르하르트 하젤(Gerhard F. Hasel)의 *Old Testament Theology: Basic Issues in the Current Debate,* 개정판 (Grand Rapids: Eerdmans, 1991)을 보라.

어디서부터 읽어야 할까? 이 주제의 서론을 위해서는 튜레틴을 읽고, 그다음으로 아 브라컬, 보스, 그리고 포이트레스를 읽으라. 그러나 이 책을 구할 수 있다면, 불링거(Bullinger)를 소홀히 여기지 말라.

26항 그리스도의 중보

그리스도의 중보는 신자를 향한 위로이며, 많은 논의에서 사랑스러운 주제가 되어야 한다. 그러나 놀랍게도 하나님 보좌 우편에서 행하시는 우리 주님의 중보에 관하여 개혁주의적 견해를 담은 좋은 저서는 그리 많지 않다.

18세기 이전 자료에 대해서는 다양한 개혁주의 신앙 고백서와 개혁주의 교의학을 참조하라(H. 헤페[Heppe]가 편저하고 G. T. 톰슨[Thomson]이 번역한 *Reformed Dogmatics Set Out and Illustrated from the Sources* [Grand Rapids: Zondervan, 1978]를 참조하라).

상당한 분량으로 그리스도의 중보를 다룬 18세기 저서로는 존 허리온(John Hurrion)의 *The Knowledge of Christ Glorified, Opened and Applied in Twelve Sermons on Christ's Resurrection, Ascension, Sitting at God's Right Hand, Intercession and Judging the World* (London: Clark and Hett, 1729)를 보라. 1700년에 일련의 시리즈로 설교한 이 희귀한 책은 그리스도의 부요함을 나타내는 성경적이며 경험적 진리의 광산이다.

그리스도의 중보를 다룬 19세기 최고의 논문 두 편은 윌리엄 사이밍턴(William Symington)의 *On the Atonement and Intercession of Jesus Christ* (New York: Robert Carter, 1863)와 윌리엄 밀리건(William Milligan)의 *The Ascension and Heavenly*

Priesthood of Our Lord (Edinburgh: T. & T. Clark, 1891)이다. 간결한 50쪽 분량의 논의에서 사이밍턴은 그리스도의 중보의 실재와 본질, 그 정수와 속성, 그리고 결과를 다룬다. 밀리건의 논문은 1891년의 베어드 강좌에서 행한 강의로 그리스도의 부활 이후 지상에서의 사역과 하늘에서의 현재 사역에 초점을 맞춘다. 비록 밀리건이 종종 작가로 박한 평가를 받지만 그의 저서는 가치 있으며 성경적 내용으로 가득하다.

20세기 최고의 책은 헨리 미터(Henry H. Meeter)의 *The Heavenly High Priesthood of Christ: An Exegetico-Dogmatic Study* (Grand Rapids: Eerdmans-Sevensma, 1916)다. 12장과 13장은 하늘에 계신 우리 대제사장의 중보와 축복 기도를 훌륭하게 다루고 있다. 헨리 스웨트(Henry B. Swete)의 *The Ascended Christ: A Study in the Earliest Christian Teaching* (London: Macmillan, 1913)은 중보자와 변호자이신 그리스도의 역할을 강조한다. 피터 툰의 *The Ascension of Our Lord* (Nashville: Thomas Nelson, 1984)는 그리스도의 승천의 모든 국면을 탐구한다. 이것은 구약에서 전조적으로 나타났고, 신약에서 설명하고 있으며, 수세기에 걸쳐 교회의 가르침을 통해 드러났다.

요한복음 17장에 나오는 우리 주님의 중보기도를 다룬 유용한 저서로는 *The Complete Works of Thomas Manton* (London: Nisbet, 1872), 10:109-490, 11:1-149에 실린 토마스 맨톤(Thomas Manton)의 "Sermons Upon the Seventeenth Chapter of St. John", 찰스 로스(Charles Ross)의 *The Inner Sanctuary* (1888; reprint London: Banner of Truth Trust, 1967), 199-247쪽, H. C. G. 모울의 *The High Priestly Prayer: A Devotional Commentary on the Seventeenth Chapter of John* (1907; reprint Grand Rapids: Baker, 1978), 마커스 레인스포드의 *Our Lord Prays for His Own: Thoughts on John 17* (Chicago: Moody Press, 1950), 요한복음 17장을 다룬 마틴 로이드존스의 *Studies in Jesus' Prayer for His Own* (Westchester, IL: Crossway, 1988-89, 「요한복음 17장 강해」, 전4권, 여수룬 역간)을 읽으라.

역사적-신학적 연구에 관해서는 W. H. 마라비(Marravee)의 *The Ascension of Christ in the Works of St. Augustine* (Ottawa: University of Ottawa Press, 1967)을 읽으라.

27항 교회의 교리

16세기
칼뱅의 「기독교 강요」 4권 1장인 "반드시 연합을 유지해야 할 모든 경건한 신자들의 어머니인 참된 교회"는 개혁주의 교회론의 기초를

제시한다(Battles edition, 2:1011-1040). H. I.가 번역한 하인리히 불링거(Henry Bullinger)의 *Decades*, 5권 (Cambridge: University Press, 1852), 1-163쪽에 실린 첫 네 편의 설교는 특별히 교회의 속성과 통일성을 다루는 데 있어서 칼뱅의 교회론보다 많이 알려졌고 도움이 된다.

18세기
바텔 엘슈트가 번역한 빌헬뮈스 아 브라컬의 *The Christian's Reasonable Service* (Ligonier, PA: Soli Deo Gloria, 1993, 「그리스도인의 합당한 예배」), 2:3-187은 교회론을 다루는 데 거의 벨직 신앙고백서만큼이나 오래된 18세기 초기 작품이다.

19세기
제임스 바너만(James Bannerman)의 *The Church of Christ,* 전2권 (1869; reprint London: Banner of Truth Trust, 1960)은 교회론에 관한 매우 폭넓고(950쪽 분량) 표준적이며 개혁주의적인 논문이다. 배너 판(Banner edition)에는 이안 머레이가 커닝햄과 바너만에 관한 전기를 소개하고 있다. "기독교회의 본질, 권한, 규례, 권징, 정치에 관한 논문"(A Treatise on The Nature, Powers, Ordinances, Discipline, and Government of the Christian Church)이라는 부제가 달린 바너만의 이 대작은 교회론에 관한 고전적인 개혁주의 저서로 남아 있다.

590여 쪽 분량의 논문인 *The Scripture Doctrine of the Church Historically and Exegetically Considered* (1887; reprint Grand Rapids: Eerdmans, 1955)를 쓰기도 한 더글러스 바너만(Douglas Bannerman)이 제임스 바너만의 책을 편집하고 서문을 썼다. 더글러스 바너만의 저서는 아브라함 시대에서 바울의 사역 시기에 이르기까지 교회 발전을 다룬다.

찰스 하지의 *Church and Its Polity* (London: Nelson and Sons, 1879)에서는 자신의 조직 신학에서 이 주제를 논의한 것과 더불어 대가답게 개혁주의 교회론을 제시한다.

20세기
R. B. 카이퍼(Kuiper)의 *The Glorious Body of Christ: A Scriptural Appreciation of the One Holy Church* (Grand Rapids: Eerdmans, 1955)는 영어로 된 교회론에 관한 가장 기초적이며 감동적인 개혁주의적 논의다. 광범위하면서도, 교회의 통일성과 표지, 직무, 책무, 특권, 세상과의 관계 등 50가지가 넘는 주제를 간략하게 다루며, 교양적인 장들로 구성되어 있다. 카이퍼의 저서는 생동감 넘치고 명료하며 포괄적이다.

제임스 데이비슨(James E. Davison)이 번역한 G. C. 베르카우

어의 *The Church* (Grand Rapids: Eerdmans, 1976)는 교회의 참된 사역을 강해하면서 교회의 통일성과 공공성, 사도성, 거룩성을 강조한다. 여러 곳에서 우유부단하고 도발적이지만, 계몽적이고 교양적인 부분도 있다.

웨스트민스터 신학교(필라델피아) 전 총장인 에드먼드 클라우니는 개혁주의 교회론을 설득력 있고 광범위하게 저술하였다. 이에 대한 간결한 강해에 대해서는 *The Doctrine of the Church* (Philadelphia: Presbyterian and Reformed, 1976)를 읽으라. 저자의 성숙한 사상을 반영하는 좀 더 깊이 있는 논의를 위해서는 *The Church* (Downers Grove, IL: InterVarsity Press, 1996, 「교회」, IVP 역간)를 읽으라.

역사적-신학적 연구서들

토마스 린제이(Thomas M. Lindsay)의 *The Church and the Ministry in the Early Centuries* (1910; reprint Minneapolis: James Family, 1977)는 교회의 모습과 그 직무, 사역이 신약 성경이 완성된 이후 어떻게 변화했는지를 상세하게 살핀다. 이 책은 신약 시대부터 4세기에 이르는 사건들을 능숙하게 다룬다.

특별히 루터에 초점을 맞춘 교회론에 관한 종교 개혁자들의 견해를 다룬 학문적인 논의에 대해서는 폴 아비스(Paul D. L. Avis)의 *The Church in the Theology of the Reformers* (Atlanta: Knox Press, 1981)를 보라. 안타깝게도 루터의 견해에 기초한 교회론에 대한 아비스의 개인적인 발전은 비성경적이며 자유주의 사상으로 얼룩졌다. 칼뱅의 견해에 대해서는 티모시 조지(Timothy George)가 편저한 *John Calvin and the Church* (Louisville: Westminster/John Knox Press, 1990)를 보라. 특히 칼뱅이 교회의 삶과 관련된 다양한 쟁점의 핵심을 어떻게 다루는지를 보여 주는 3부를 참조하라.

로마 가톨릭적인 경향에도 교회론에 도움을 줄 광범위한 참고 문헌으로 A. 덜레스(Dulles)와 P. 그랜필드(Granfield)의 *The Church: A Bibliography* (Wilmington: Glazier, 1985)를 보라.

어디서부터 읽어야 할까? 결정적으로 R. B. 카이퍼에서 시작하라. 그리고 나서 칼뱅과 아 브라컬을 읽으라. 그러고 나면 제임스 바너만을 읽을 준비가 될 것이다.

28항 교회의 회원권

교회의 회원권에 대한 가장 간략한 논의에 대해서는 바텔 엘슈트가 번역한 빌헬뮈스 아 브라컬의 *The Christian's Reasonable Service* (Ligonier, PA: Soli Deo Gloria, 1993, 「그리스도인의 합당한 예배」), 2:55-86에 실린 "The Duty to Join the Church and to Remain with Her"를 보라. 브라컬은 교회 회원권의 헌신을 심각하게 생각하며, 분리주의의 위험을 진지하게 경고한다.

네덜란드 개혁주의 전통에서 공적 고백의 문제를 설명하는 저서로는 니콜라스 몬스마(Nicholas J. Monsma)의 *This I Confess: Being a brief Explanation of the Form for the Public Profession of Faith* (Holland, MI: n.p., 1936), 존 헬링가(John D. Hellinga)와 해리 반 다이켄(Harry VanDyken)의 *"Do You Heartily Believe...?" A Preparation Manual for Public Confession of Faith* (n.p., n.d.)를 참조하라.

교회 회원권의 의무를 어떻게 실천해야 하는지에 대해 공헌한 다양한 저서로는 교회 회원권의 목적과 특권, 그들 자신과 다른 사람들, 목사, 그리고 다른 기독교 기관과, 그들 자신의 독특한 성격과 부르심과의 관계에서 교회 회원들의 의무를 다룬 탁월한 장들이 담겨 있는 J. O. 코울레스(Choules)가 편저한 존 제임스(John Angell James)의 *Christian Fellowship, Or the Church Member's Guide* (Boston: Lincoln & Edmands, 1829), 그리고 *Ecclesiastical Principles, Doctrine, and Discipline: Presenting a Systematic View of the Structure, Polity, Doctrines, and Practices of Christian Churches, as Taught in the Scriptures*라는 부제가 달린 윌리엄 크로웰(William Crowell)의 *The Church Member's Manual* (Boston: Gould, Kendall, & Lincoln, 1847)이 있으며, 믿음과 고백, 성경 읽기, 가르침, 사회생활, 십일조, 유혹, 기도, 시련, 여가생활, 주의 날, 다른 사람을 섬기는 일 등을 다루는 얀 카렐 반발렌(Jan Karel VanBaalen)의 *If Thou Shalt Confess* (Grand Rapids: Eerdmans, 1927), 기도와 다른 성도들과의 교제, 선한 청지기 정신을 실천하는 일, 교회 생활에 참여하는 일 등 다양한 주제를 논하는 헨리 질스트라가 번역한 아브라함 카이퍼(Abraham Kuyper)의 *The Implications of Public Confession* (Grand Rapids: Zondervan, 1934), 특별히 믿음의 공적 고백과 관련하여 성찬에 초점을 맞춘 코넬리우스 람브레체(Cornelius Lambregtse)가 번역한 L. H. 판데르메이던(VanDerMeiden)의 *God's Yea and Your Amen* (Grand Rapids: Board of Publications of the Old Christian Reformed Church, 1972), 공적 고백이 무엇을 의미하는지 설명하고, 다른 신자들과 그리스도의 몸 밖에 있는 사람들을 섬기는 회원들의 의무를 점검하는 J. 기어체마(Geertsema), W. 휘징가(Huizinga), A. B. 루크마(Roukema), G. 반 두렌(Van Dooren), W. W. J. 반 오엔(VanOene)의 *Before Many Witnesses* (Winnipeg: Premier, 1974), 부모를 향한 신앙의 고백, 삶의 걸음, 옷 입는 것, 주의 만찬, 주의 날, 은혜 언약, 교회의 직무, 결혼, 읽을거리, 죽음에 대해 설명하는 개릿 모어딕(Garret J. Moerdyk)이 번역한 A. 후걸랜드(Hoogerland)의 *Making Confession and Then ...?* (Grand Rapids: Eerdmans,

1984)이 있다.

신앙 고백 과정에 관해서는 조엘 비키와 제임스 비키(James W. Beeke)의 *Bible Doctrine Student Workbook: An Introductory Course* (Grand Rapids: Eerdmans, 1982)를 참조하라. 이 책은 신앙 고백 강의에 참여하는 학생들을 위한 질문 568개를 담고 있으며, 완전한 교회 회원권의 고백과 관련된 헌신과 함축적인 의미를 포함한 기초적인 개혁주의 교리를 다루고 있다. 이에 따르는 모든 질문에 대한 대답을 제공하는 "인도자 가이드"도 신청하여 구할 수 있다.

29항 참된 교회와 거짓된 교회의 비교

응축된 간결한 논의를 원한다면 장 칼뱅의 *Institutes of the Christian Religion* (Philadelphia: Westminster Press, 1960, 「기독교 강요」), 1041-1052쪽(4권 2장)을 보라. 칼뱅은 이 부분에서 거짓 교회에 초점을 맞춘다. 칼뱅은 참된 교회와 예배에서 이탈하는 것은 로마 가톨릭교회가 참된 교회라는 주장이 틀렸음을 입증한다고 논증한다. 이에 대한 좀 더 풍성한 설명에 대해서는 바텔 엘슈트가 번역한 빌헬뮈스 아 브라컬의 *The Christian's Reasonable Service* (Ligonier, PA: Soli Deo Gloria, 1993, 「그리스도인의 합당한 예배」), 2:15-54을 읽으라. 브라컬은 참된 교회의 특징을 보여 주는 표지들을 설명한다. 참된 교회는 세상과 분리되고, 그리스도와 내적으로 연합하며, 그리스도와 그분의 진리의 말씀을 고백하고, 영적 전투에 임하며, 하나님에게 영광을 돌린다. 브라컬은 또한 성경에서 적그리스도를 교황과 연결하는 만만치 않은 일을 시도한다(44-53쪽).

로마 가톨릭교회의 오류를 폭로하는 저서로는, 기초적이지만 로마 가톨릭교회의 잘못된 가르침들을 폭로하는 통찰이 있다고 평가받는 로레인 뵈트너의 *Roman Catholicism* (London: Banner of Truth Trust, 1966, 「로마 가톨릭 사상 평가」, 기독교문서선교회 역간), 로마 가톨릭교회가 설립되는 토대와 주장들을 조사한 J. B. 로웰(Rowell)의 *Papal Infallibility* (Grand Rapids: Kregel, 1970)를 참조하라. 로마 가톨릭교회의 신학이 무엇인지 가장 도움을 주는 두 명의 동시대 저자로는 윌리엄 웹스터(William Webster, *Salvation: The Bible and Roman Catholicism* [Edinburgh: Banner of Truth Trust, 1990]; *The Church of Rome at the Bar of History* [Edinburgh: Banner of Truth Trust, 1995])와 존 암스트롱(John Armstrong, *Roman Catholicism: Evangelical Protestants Analyze What Divides and Unites Us* [Chicago: Moody, 1994]와 *A View of Rome* [Chicago: Moody, 1995], 편저)이 있다. 1994년 3월, "복음주의와 가톨릭의 연합"(Evangelicals and Catholics Together, ECT)이라고 이름 붙인 모임이 내놓은 악명 높은 진술은 존 앤커버

그(John Ankerberg)와 존 웰던(John Weldon)의 *Protestants and Catholics: Do They Now Agree?* (Eugene, OR: Harvest House, 1995), 케빈 리드(Kevin Reed)의 *Making Shipwreck of the Faith* (Dallas: Protestant Heritage, 1995)와 같은 몇 가지 반응을 불러일으켰다. ECT는 또한 돈 키슬러(Don Kistler)가 솔리 데오 글로리아 출판사에서 편저한 세 권의 책인 *Justification by Faith Alone* (1995), *Sola Scriptura! The Protestant Position on the Bible* (1996), *Trust and Obey* (1997)의 출간을 앞당겼는데 각 책은 역사적 개신교의 교리를 확증한다.

교회 내 추문과 이단을 어떻게 다룰지에 관한 문제에 대해서는 존 프레이저가 번역한 장 칼뱅의 *Concerning Scandals* (Grand Rapids: Eerdmans, 1978)를 읽으라. 이 저서는 내부적이고 외부적인 추문뿐 아니라 "다양한 종류의 문제"를 다룬다. 칼뱅의 이 저서는 대체로 유익하지만 그 어떤 책도 크리스토퍼 콜드웰(Christopher Coldwell)이 편저한 제임스 더햄의 *The Dying Man's Testament to the Church of Scotland or, A Treatise Concerning Scandal* (Dallas, TX: Naphtali Press, 1990)을 대체하지는 못한다. 1680년에 처음 출간된 이래, 이 고전은 다시 훌륭하게 편집되어 새롭게 출간되었다. 추문의 주제를 일반적으로 소개한 이후, 더햄은 공적 추문, 교리적 추문, 수치스러운 분열 등을 훌륭하게 설명한다. 그의 작품은 교회에서 어떻게 진정으로 연합할 수 있는지로 마무리된다. 1877년에 *Knots Untied*의 한 부분으로 첫 출간된 J. C. 라일의 *Warnings to the Churches* (London: Banner of Truth Trust, 1967, 「거짓에 속고 있는 교회에게」, 지평서원 역간)는 교회가 직면하는 다양한 위험과, 우리가 그것들에 어떻게 대응해야 하는지를 다룬다.

30항 교회 정치와 직무

장로교회의 정치를 옹호하는 두 권의 도움이 되는 저서가 웨스트민스터 총회 회기가 열리는 기간인 1646년에 집필되었다. *Jus Divinum Regiminis Ecclesiastici or The Divine Right of Church Government, originally asserted and evidenced by the Holy Scriptures by the Ministers of Sion College, London, December 1646* (Dallas: Naphtali Press, 1995)은 이 책에서 명료하게 설명하는 교회 정치에 관하여 데이비드 홀(David Hall)이 웨스트민스터 총회의 본래 의도를 담아 저술한 훌륭한 개론을 담고 있다. 새뮤얼 루더포드의 *The Divine Right of Church Government and Excommunication* (London: Iohn Field for Christopher Meredith)은 꽤나 변증적이지만, 오늘날에도 여전히 논쟁적인 교회 정치의 몇 가지 쟁점을 다룬다.

교회 정치에 관하여 유익한 19세기 저서로는 가트모어의 존 브라운(John Brown)의 *Vindication of the Presbyterian Form of Church Government* (Edinburgh: H. Inglis, 1805), 새뮤얼 밀러(Samuel Miller)의 *Presbyteriansim the Truly Primitive and Apostolical Constitution of the Church of Christ* (Philadelphia: Presbyterian Board of Publication, 1835), 케빈 리드의 유용한 서문이 함께 편집된 R. J. 브레켄리지(Breckinridge)의 *Presbyterian Government* (Dallas: Presbyterian Heritage, 1988)가 있다. 브레켄리지의 주요 작품에서 발췌한 *Presbyterian Government, Not a Hierarchy, But a Commonwealth: and, Presbyterian Ordination, Not a Charm, But an Act of Government*는 본래 『19세기 정신』(*The Spirit of the XIX Century*)의 증보판으로 1843년에 출간되었다. 윌리엄 커닝햄의 *Discussions on Church Principles: Popish, Erastian, and Presbyterian* (1863; reprint Edmonton: Still Waters Revival Books, 1991)에서 교회 정치를 다룬 장뿐 아니라 *Historical Theology* (1862; reprint Edinburgh: Banner of Truth Trust, 1979), 2:514-56을 참조하라.

교회 정치에 관하여 도움을 주는 최근 소책자로는 케빈 리드의 *Biblical Church Government* (Dallas: Presbyterian Heritage, 1983)를 보라. 교회 직분자들이 교회 정치를 어떻게 수행해야 하는지에 대해서는 마크 브라운(Mark R. Brown)이 편집한 최근 저서가 가장 도움이 될 것이다. *Order in the Offices: Essays Defining the Roles of Church Officers* (Duncansville, PA: Classic Presbyterians Government Resources, 1993)에는 15개 교회의 평화와 질서를 발전시키고, 목사, 장로, 집사의 역할과 관계를 명료하게 설명한 에세이들(찰스 하지, 에드먼드 클라우니, 이안 머레이, 레오나르드 콥스, 로버트 레이븐, 찰스 데니슨 등)이 수록되어 있다. 이 책 뒷부분에는 훌륭한 주석이 담긴 참고 문헌이 실려 있다.

어디서 시작해야 할까? 교회 정치에 관해서는 리드를 연구하라. 교회 직무에 대해서는 브라운을 읽으라.

31항 목사, 장로, 집사

목사

솔로몬의 격언인 "책을 많이 짓는 것은 끝이 없고"라는 말은 확실히 목회 직무에 적용된다. 주경학(homiletics)(예를 들면, 설교)에 관한 몇 가지 최고의 저서로는 윌리엄 퍼킨스(William Perkins)의 *The Art of Prophesying with The Calling of the Ministry* (1605-1606; reprint Edinburgh: Banner of Truth Trust, 1996, 『설교의 기술과 목사의 소명』, 부흥과개혁사 역간), 필립 도드리지(Philip Doddridge)의 *Lectures on Preaching* (London: Richard Edwards, 1804), 가디너 스프링(Gardiner Spring)의 *The Power of the Pulpit* (1848; reprint Edinburgh: Banner of Truth Trust, 1986), 찰스 시므온(Charles Simeon)이 편저한 존 클로드(John Claude)의 *An Essay on the Composition of a Sermon* (New York: Carlton & Phillips, 1853), 제임스 알렉산더(James W. Alexander)의 *Thoughts on Preaching* (1864; reprint Edinburgh: Banner of Truth Trust, 1975), 로버트 대브니의 *Sacred Rhetoric or A Course of Lectures on Preaching* (1870; reprint Edinburgh: Banner of Truth Trust, 1979), 존 브로더스(John A. Broadus)의 *On the Preparation and Delivery of Sermons*, 4판 (1870; reprint New York: Harper & Row, 1979), 알베르트 스타인하우저(Albert Steinhaeuser)가 번역한 M. 루(Reu)의 *Homiletics: A Manual of The Theory and Practice of Preaching* (Chicago: Wartburg, 1924), 알버트 마틴(Albert N. Martin)의 *What's Wrong with Preaching Today?* (London: Banner of Truth Trust, 1967), D. 마틴 로이드존스의 *Preaching and Preachers* (Grand Rapids: Zondervan, 1971, 『설교와 설교자』, 복있는사람 역간), 호머 혹세마(Homer C. Hoeksema)의 "Homiletics" (Grandville, MI: Protestant Reformed Theological Seminary, 1975), R. R. 맥그래거(McGregor)가 번역한 피에르 마르셀(Pierre Charles Marcel)의 *The Relevance of Preaching* (Grand Rapids: Baker, 1977), 존 스토트(John R. W. Stott)의 *Between Two Worlds: The Art of Preaching in the Twentieth Century* (Grand Rapids: Eerdmans, 1982, 『현대 사회와 설교』, 생명의샘 역간), 새뮤얼 로건(Samuel T. Logan), Jr.가 편저한 *The Preacher and Preaching: Reviving the Art in the Twentieth Century* (Philipsburg, NJ: Presbyterian and Reformed, 1986, 『개혁주의 설교자와 설교』, 크리스천다이제스트 역간), 존 맥아더(John MacArthur), Jr. 등이 공저한 *Rediscovering Expository Preaching* (Dallas: Word, 1992)이 있다.

목회 신학(예를 들면, 목사의 개인 생활, 목회적 의무, 설교)에 관한 중요한 저서로는 리처드 백스터의 *The Reformed Pastor* (1656; unabridged reprint New York: Robert Carter, 1860), J. 리건 던컨 3세(Ligon Duncan III)가 편저한 헤르만 비치위스의 *On the Character of a True Theologian* (1675; reprint Greenville, SC: Reformed Academic Press, 1994), 새뮤얼 보우나스(Samuel Bownas)의 *A Description of the Qualifications Necessary to A Gospel Minister* (London: Luke Hinde, 1750), 존 메이슨(John Mason)의 *The Student and Pastor* (London: H. D. Symonds, 1807), 존 브라운이 편저한 *The Christian Pastor's Manual* (1826; reprint Ligonier: Soli Deo Gloria, 1991), 찰스 브리지스(Charles

Bridges)의 *The Christian Ministry* (1830; reprint London: Banner of Truth Trust, 1959,「참된 목회」, 익투스 역간), 존 제임스(John Angell James)의 *An Earnest Ministry: The Want of the Times* (1847; reprint Edinburgh: Banner of Truth Trust, 1993,「하나님의 열심을 품은 간절 목회」, 청교도신앙사 역간), 새뮤얼 밀러(Samuel Miller)의 *Letters on Clerical Manners and Habits* (Philadelphia: Presbyterian Board of Publication, 1852), 토머스 스키너(Thomas H. Skinner)가 번역한 A. 비넷(Vinet)의 *Pastoral Theology* (New York: Ivison & Phinney, 1854), 윌리엄 셰드의 *Homiletics and Pastoral Theology* (1867; reprint London: Banner of Truth Trust, 1965), 패트릭 페어베른의 *Pastoral Theology* (1875; reprint Audubon, NJ: Old Paths, 1992), 윌리엄 테일러(William M. Taylor)의 *The Ministry of the Word* (1876; reprint Grand Rapids: Baker, 1975), 토머스 머피(Thomas Murphy)의 *Pastoral Theology* (1877; reprint Audubon, NJ: Old Paths, 1996), 모리스 에반스가 번역한 J. J. 판 오스테르제이의 *Practical Theology: A Manual for Theological Students* (London: Hodder and Stoughton, 1878), 찰스 스펄전의 *Lectures to My Students* (1881; reprint Pasadena, TX: Pilgrim, 1990,「목회자 후보생들에게」, 크리스천다이제스트 역간), 조지 모건(George Campbell Morgan)의 *The Ministry of the Word* (1919; reprint Grand Rapids: Baker, 1970), 호머 켄트(Homer A. Kent), Sr.의 *The Pastor and His Work* (Chicago: Moody, 1963), 랄프 턴불(Ralph G. Turnbull)이 편저한 *Baker's Dictionary of Practical Theology* (Grand Rapids: Baker, 1967)가 있다.

설교에 관한 역사적 연구서들에 관해서는 존 커(John Ker)의 *Lectures on the History of Preaching* (New York: A.C. Armstrong & Son, 1893), 찰스 스미스(Charles Smyth)의 *The Art of Preaching: A Practical Survey of Preaching in the Church of England, 737-1939* (London: SPCK, 1940), 휴 커(Hugh Thomson Kerr)의 *Preaching in the Early Church* (New York: Fleming H. Revell, 1942), 에드윈 다건(Edwin Charles Dargan)과 랄프 턴불의 *A History of Preaching*, 전3권 (reprint Grand Rapids: Baker, 1974)을 읽으라.

장로
장로직에 관해 도움을 주는 저서로는 존 글라스(John Glass)의 *Works of John Glass*, 2권 (Perth, 1782)에 실린 "Of the Unity and Distinction of the Eider's Office", 새뮤얼 밀러의 *An Essay on the Warrant, Nature and Duties of the Ruling Elder* (1832; reprint Dallas: Presbyterian Heritage, 1987), 토머스 스미스(Thomas Smyth)의 *The Name, Nature, and Functions of Ruling Elders* (1845; reprint Duncansville, PA: Classic Presbyterians Government Resources, 1992)(스미스가 그 후에 *Complete Works of Rev. Thomas Smyth*, 4:167-275, 277-358에 기고하여 실린 두 편의 후기 저널 소논문인 "Theories of the Eldership"과 함께 읽으면 더 좋다), 피터 캠벨(Peter Colin Campbell)의 *The Theory of Ruling Eldership* (1866; reprint Duncansville, PA: Classic Presbyterian Government Resources, 1992), 데이비드 딕슨(David Dickson)의 *The Elder and His Work* (1875; reprint Dallas: Presbyterian Heritage, 1990,「장로와 그의 사역」, 개혁된실천사 역간), J. 애스핀월 하지(Aspinwall Hodge)의 *The Ruling Elder at Work* (Philadelphia: Presbyterian Board of Publication, 1901), 윌리엄 로버츠(William Henry Roberts)의 *Manual for Ruling Elders* (Philadelphia: Presbyterian Board of Publication, 1905), T. 그레이엄 캠벨(Graham Campbell)의 *The Work of the Eldership* (Glasgow: John Smith & Son, 1915), 클레랜드 맥아피(Cleland Boyd McAfee)의 *The Ruling Elder* (Philadelphia: Presbyterian Board of Christian Education, 1931), G. D. 헨더슨(Henderson)의 *The Scottish Ruling Elder* (London: James Clark, 1935), 로버트 헨더슨(Robert W. Henderson)의 *Profiles of the Eldership: 1974* (Geneva: WARC, 1975), 로런스 에이레스(Lawrence R. Eyres)의 *The Elders of the Church* (Philadelphia: Presbyterian and Reformed, 1975), 1994년에 출간된 스터디 가이드와 짝을 이룬 제라드 베르괴프(Gerard Berghoef)와 레스터 디코스터(Lester DeKoster)의 *The Elders Handbook: A Practical Guide for Church Leaders* (Grand Rapids: Christian's Library Press, 1979), 폴 라이트(Paul S. Wright)의 *The Presbyterian Elder* (Philadelphia: Westminster, 1986), 엘시 맥키(Elsie Anne McKee)의 *Elders and the Plural Ministry* (Geneva: Librairie Droz, 1988), 알렉산더 스트라우치(Alexander Strauch)의 *Biblical Eldership: An Urgent Call to Restore Biblical Church Leadership* (Littleton, CO: Lewis and Roth, 1988), 존 시테마(John R. Sittema)의 *With a Shepherd's Heart: Reclaiming the Pastoral Office of Elder* (Grandville, MI: Reformed Fellowship, 1996)가 있다.

장로 직무에 관한 본질과 타당성을 다룬 계몽적인 소논문에 대해서는 *Banner of Truth* No. 235 (April 1983): 1-9쪽에 실린 이안 머레이의 "Ruling Elders – A Sketch of a Controversy"와 *Banner of Truth* No. 395-96 (Aug-Sep 1996): 36-56쪽에 실린 "The Problem of the 'Eldership' and Its Wider Implications"을 보라. 또한 *Evangelical Quarterly* 61:1 (1989): 21-37쪽에 실린 R. E. H. 유프리차드(Uprichard)의 "The Eldership in Martin Bucer and John Calvin"을 보라. 유프리차드는 칼뱅이 장로 직무를 고안해 낸 것

이 아니라 재발견한 것임을 증명하는 것을 목표로 하고 있다(T. F. 토렌스의 *The Eldership in the Reformed Church* [Edinburgh: Handsel Press, 1984]와 대조해 보라).

집사

집사 직분을 다룬 유용한 저서로는 *The Works of William Guthrie* (Glasgow, 1771)에 실린 윌리엄 거스리(William Guthrie)의 "A Treatise of Ruling Elders and Deacons", 피터 드용의 *The Ministry of Mercy for Today* (Grand Rapids: Baker, 1968), 레오나르드 코페스(Leonard J. Coppes)의 *Who Will Lead Us: A Study in the Development of Biblical Offices with Emphasis on the Diaconate* (Philipsburg, NJ: Pilgrim, 1977), 앤드류 점퍼(Andrew Jumper)의 *Chosen to Serve: The Deacon* (Atlanta: John Knox Press, 1977), 1994년에 출간된 스터디 가이드와 짝을 이룬 제라드 베르괴프와 레스터 디코스터의 *The Deacons Handbook: A Manual of Stewardship* (Grand Rapids: Christian's Library Press, 1980)이 있다.

32항 교회 질서와 예배, 그리고 권징

교회 질서

개혁주의 교회 질서에 관한 최고의 저서는 데이비드 홀과 조셉 홀(Joseph H. Hall)이 편저한 *Paradigms in Polity: Classic Readings in Reformed and Presbyterian Church Government* (Grand Rapids: Eerdmans, 1994)를 꼽을 수 있다. 이 저서에는 탁월한 참고 문헌적 에세이가 포함되어 있다(603-616쪽). 일반적으로 도움을 주는 다른 저서로는 찰스 하지의 *Discussions in Church Polity* (New York: Charles Scribner's Sons, 1878)와 J. L. 쉐버(Schaver)의 *The Polity of the Churches,* 전2권 (Chicago: Church Polity Press, 1937)이 있다. 쉐버는 기독교 개혁주의 교회의 정치를 지향한다.

유명한 "도르트 교회 질서"(Church Order of Dort, 1619)는 H. 보우만(Bouwman), F. L. 루트거스(Rutgers), 그리고 J. 얀센(Janssen)과 같은 네덜란드 교회 질서의 전문가들이 매우 훌륭하게 설명하고 있다. 영어로 된 저서들은 이러한 네덜란드 학자들에게 크게 의존하고 있다. 영어로 된 가장 유용한 저서로는 "도르트 교회 질서"의 옛 기독교 개혁주의 판본(Christian Reformed version)을 해설한 잇저르트 판 델런(Idzerd Van Dellen)과 마틴 몬스마(Martin Monsma)의 *The Church Order Commentary* (Grand Rapids: Zondervan, 1941)가 있다. 기독교 개혁주의 교회(Christian Reformed Church)가 1965년에 광범위한 수정본을 그들의 교회 질서

로 채택한 이후, 마틴 몬스마는 이 유용한 저서를 다시 수정했고, 동일한 저자의 이름으로 *The Revised Church Order Commentary* (Grand Rapids: Zondervan, 1967)를 출간했다. "도르트 교회 질서"나 그것의 교단적 판본에 관한 부가적인 자료에는 J. L. 쉐버의 *Christian Reformed Church Order* (Grand Rapids: Zondervan, 1937), 하워드 스판(Howard B. Spaan)의 *Christian Reformed Church Government* (Grand Rapids: Kregel, 1968), 허먼 한코의 "Notes on the Church Order" (Grand Rapids: Theological School of the Protestant Reformed Churches, 1973), 조엘 비키가 편저한 K. 드기어(DeGier)의 *Explanation of the Church Order of Dordt in Questions and Answers* (Grand Rapids: Eerdmans, 1980), G. 판롱언(VanRongen)과 K. 드덴스(Deddens)의 *Decently and in Good Order: the Church Order of the Canadian and American Reformed Churches* (Winnipeg: Premier, 1986), W. W. J. 반오엔(VanOene)의 *With Common Consent: A practical guide to the use of the Church Order of the Canadian Reformed Churches* (Winnipeg: Premier, 1990)가 포함된다.

리처드 드리더(Richard DeRidder)는 유용한 원고 두 편인 "A Survey of the Sources of Reformed Church Polity" (Grand Rapids: Calvin Theological Seminary, 1983)와 "The Church Orders of the Sixteenth Century Reformed Churches of the Netherlands Together With Their Social, Political, and Ecclesiastical Context" (Grand Rapids: Calvin Theological Seminary, 1987)를 집필했는데 아쉽게도 출간되지 않은 채 남아 있다. 후자는 660쪽 분량의 대작으로, 네덜란드에서 1568-1638년에 열린 주요 총회에서 만들어진 신앙 조항의 전체 번역본을 수록하고 있다.

신약 성경의 교회 정치로는 새뮤얼 데이비슨(Samuel Davidson)의 *The Ecclesiastical Polity of the New Testament Unfolded* (London: Jackson and Walford, 1848)가 있는데, 이 책이 에두아르트 슈바이처(Eduard Schweizer)의 *Church Order in the New Testament* (London: SCM, 1961)보다 보수적이다.

예배와 예전

개혁주의 예배와 예전에 대해서는 윌리엄 에임스(William Ames)의 *A Fresh Suit Against Human Ceremonies in God's Worship* (1633; photocopy format, Edmonton: Still Waters Revival Books, 1996), *The Directory for the Public Worship of God; agreed upon by the Assembly of Divines at Westminster* (1645), 제레마이어 버로우즈(Jeremiah Burroughs)의 *Gospel Worship* (1646; reprint Morgan, PA: Soli Deo Gloria, 1990), 하워드 헤이그만(Howard Hageman)의 *Pulpit and Table* (Richmond: Knox,

1962), 제임스 니콜스(James Hastings Nichols)의 *Corporate Worship in the Reformed Tradition* (Philadelphia; Westminster Press, 1968), G. 반도렌(VanDoren)의 *The Beauty of Reformed Liturgy* (Winnipeg: Premier, 1980), *Liturgy of the Reformed Churches* (RCA에서 사용한 1767년판; *The Psalter*와 함께 출간된 1914년판; *Psalter Hymnal*과 함께 출간된 1934년판; 네덜란드 개혁주의[Dutch Reformed] 의식 전체를 포함하여 *The Doctrinal Standards, Liturgy and Church Order*로 출간된 1991년판), 데이비드 레치먼(David Lachman)과 프랭크 스미스(Frank J. Smith)가 편저한 *Worship in the Presence of God* (Greenville, SC: Greenville Seminary Press, 1992), 아더 폰티어(Arthur Pontier)의 "Call to Greatness: A Theology of Worship" (미출간, 1994), 케빈 리드의 *Biblical Worship* (Dallas: Presbyterian Heritage, 1995)을 보라.

예배와 예전에 관한 역사적-신학적 자료에 대해서는 호튼 데이비스(Horton Davies)의 *The Worship of the English Puritans* (Westminster: Dacre Press, 1948)와 *The Worship of the American Puritans (1629-1730)* (New York: Peter Lang, 1990)뿐 아니라 *Worship and Theology in England, 1534-1965*, 전5권 (Princeton: University Press, 1961-75)을 보라. 또한 찰스 베어드(Charles Baird)의 *A Chapter on Liturgies: Historical Sketches* (London: Knight & Son, 1856), 바드 톰슨(Bard Thompson)의 *Liturgies of the Western Church* (New York: Collins, 1962), 휴즈 올드 (Hughes Oliphant Old)의 *The Patristic Roots of Reformed Worship* (Zurich: Juris Druck, 1975), 제임스 화이트(James F. White)의 *Protestant Worship: Traditions in Transition* (Louisville: Westminster/John Knox, 1989, 「개신교 예배」, 기독교문서선교회 역간), 존 하퍼(John Harper)의 *The Forms and Orders of Western Liturgy from the Tenth to the Eighteenth Century* (Oxford: Clarendon Press, 1991), 폴 브래드쇼(Paul Bradshaw)의 *The Search for the Origins of Christian Worship: Sources and Methods for the Study of Early Liturgy* (New York: Oxford, 1992), D. A. 카슨이 편저한 *Worship: Adoration and Action* (Grand Rapids: Baker, 1993), 제임스 화이트의 *A Brief History of Christian Worship* (Nashville: Abingdon, 1993)도 참조하라.

교회 권징

교회 권징에 관한 훌륭한 개혁주의 자료는 많지 않다. 그 가운데 최고 저서는 제이 애덤스(Jay E. Adams)의 *Handbook of Church Discipline* (Grand Rapids: Zondervan, 1986)을 꼽을 수 있다. 또한 워햄 워커(Warham Walker)의 *Harmony in the Church: Church Discipline* (1844; reprint Rochester, NY: Backus, 1981), 존 화이트(John White)와 켄 블루(Ken Blue)의 *Church Discipline that Heals* (Downers Grove, IL: InterVarsity Press, 1985), 메리 비티(Mary Beaty)와 벤자민 팔리가 번역한 장 칼뱅의 *Calvin's Ecclesiastical Advice* (Louisville, KY: Westminster/John Knox, 1991)를 참조하라.

33항 성례

세례와 성찬을 각각 강해하는 건전한 개혁주의 저서는 상당수 있지만, 두 성례를 한꺼번에 다루는 책은 많지 않다. 그 가운데 매우 명료한 두 권의 책으로 *The Works of Ezekiel Hopkins*, 2권 (1867; reprint Morgan, PA: Soli Deo Gloria, 1997), 301-359쪽에 실린 이즈키엘 홉킨스의 "The Doctrine of the Two Sacraments"와 제임스 캔들리쉬(James S. Candlish)의 *The Christian Sacraments* (Edinburgh: T & T Clark, 1857)가 있다. 스티븐 팅(Stephen H. Tyng)의 *Fellowship with Christ: A Guide to the Sacraments* (New York: Protestant Episcopal Society for the Promotion of Evangelical Knowledge, 1854)는 교훈적이며 훈육적이다. 존 스톤(John S. Stone)의 *The Christian Sacraments* (New York: Anson D. F. Randolph, 1866)와 휴고 베커가 번역한 헤릿 베르카우어의 *The Sacraments* (Grand Rapids: Eerdmans, 1969)는 좀 더 상세하게 설명하지만 모든 것을 신뢰하기는 어렵다. 베르카우어는 로마 가톨릭주의와 루터주의의 교훈, 그리고 성례에 관한 동시대의 다양한 견해를 능력 있게 비평한다.

개혁주의적 관점에서 본 세례와 성찬의 성례를 다룬 최고의 논의들은 장 칼뱅의 *Institutes of the Christian Religion* (Philadelphia: Westminster Press, 1960, 「기독교 강요」), 2:1276-1484, H. I. 가 번역한 하인리히 불링거의 *The Decades* (Cambridge: University Press, 1852), 4:226-351, 바텔 엘슈트가 번역한 빌헬뮈스 아 브라컬의 *The Christian's Reasonable Service* (Ligonier, PA: Soli Deo Gloria, 1993, 「그리스도인의 합당한 예배」), 2:469-600과 같은 조직신학서나 설교집 등에 잘 녹아 있다. 또한 헤르만 혹세마의 *The Triple Knowledge*, 2권 (Grand Rapids: Reformed Free Pub. Assn., 1972)과 같이 하이델베르크 요리 문답에서 제 25-30주일에 다루는 문답에 관한 강해를 참조하라.

성례들에 관한 역사적-신학적 저서에 대해서는 로날드 월레스(Ronald S. Wallace)의 *Calvin's Doctrine of the Word and Sacrament* (London: Oliver and Boyd, 1953), 조셉 맥렐런드(Joseph C. McLelland)의 *The Visible Words of God: An Exposition of the Sacramental Theology of Peter Martyr Vermigli, 1500-1562*

(Grand Rapids: Eerdmans, 1957), 로버트 폴(Robert S. Paul) 의 *The Atonement and the Sacraments* (London: Hodder and Stoughton, 1960), E. B. 홀리필드(Holifield)의 *The Covenant Sealed: The Development of Puritan Sacramental Theology in Old and New England, 1570-1720* (New Haven: Yale University Press, 1974)을 보라.

34항 거룩한 세례

거룩한 세례의 교리를 다룬 최고의 저서들은 다음과 같다.

18세기
윌리엄 월(William Wall)의 *The History of Infant Baptism* (London: Joseph Downing, 1707)과 *A Defence of the History of Infant Baptism Against the Reflections of Mr. Gale and Others* (London: R. Bonwicke, et al., 1720), 새뮤얼 클러크(Samuel Clarke)의 *Three Practical Essays on Baptism, Confirmation and Repentance* (London: John and Paul Knapton, 1740).

19세기
존 허바드(John Hubbard)의 *An Attempt to Explain God's Gracious Covenant with Believers; and Illustrate the Duty of Parents to Embrace This Covenant, Dedicate Their Children in Baptism and Train Them Up in the Fear of God* (Amherst, NH: Joseph Cushing, 1805), 존 리드(John Reed)의 *An Apology for the Rite of Infant Baptism, and for the Usual Modes of Baptizing* (Providence: Heaton & Williams, 1806), 나다니엘 프라임(Nathaniel S. Prime)의 *A Familiar Illustration of Christian Baptism: in Which the Proper Subjects of that Ordinance and the Mode of Administration are Ascertained* (Salem, NY: Dodd & Stevenson, 1818), 찰스 제람(Charles Jerram)의 *Conversations on Infant Baptism* (New York: Swords, Stanford, & Co., 1839), 알렉산더 헤이(Alexander Hay)의 *A Treatise on Baptism* (New York: J. A. Sparks, 1842), 윌리엄 구드(William Goode)의 *The Doctrine of the Church of England as to the Effects of Baptism in the Case of Infants* (London: J. Hatchard and Son, 1850), 토마스 맥크리(Thomas M'Crie)의 *Lectures on Christian Baptism* (Edinburgh: Johnstone & Hunter, 1850), 윌리엄 서머빌(William Sommerville)의 *A Dissertation on the Nature and Administration of the Ordinance of Baptism* (Edinburgh: Oliver & Boyd, 1866), E. 그린월드(Greenwald)의 *The Baptism of Children* (Philadelphia: Sherman, 1872), N. 도언(Doane)의 *Infant Baptism Briefly Considered* (New York: Nelson & Phillips, 1875), J. W. 에터(Etter)의 *The Doctrine of Christian Baptism* (Dayton, OH: United Brethren Press, 1888).

20세기
루이스 쉥크(Lewis Bevens Schenck)의 *The Presbyterian Doctrine of Children in the Covenant: An Historical Study of the Significance of Infant Baptism in the Presbyterian Church in America* (New Haven: Yale University Press, 1940), 레이먼드 반 회클럼(Raymond R. Van Heukelom)의 "The Meaning of Baptism in Reformed Theology" (Th.M. thesis, Calvin Theological Seminary, 1943), W. H. 플레밍톤(Flemington)의 *The New Testament Doctrine of Baptism* (London: S.P.C.K., 1953), 피에르 마르셀의 *The Biblical Doctrine of Infant Baptism: Sacrament of the Covenant of Grace* (London: James Clark, 1953), 제프리 브로밀리(Geoffrey W. Bromiley)의 *Baptism and the Anglican Reformers* (London: S.P.C.K., 1953), M. 유진 오스테르하벤(Eugene Osterhaven)의 *What is Christian Baptism?* (Grand Rapids: Society for Reformed Publications, 1956), 로버트 레이번(Robert G. Rayburn)의 *What About Baptism?* (St. Louis: Covenant Theological Seminary, 1957), 드와이트 스몰(Dwight Hervey Small)의 *The Biblical Basis for Infant Baptism: Children in God's Covenant Promises* (Westwood, NJ: Revell, 1959), 데이비드 케언스(David Cairns)가 번역한 요아킴 예레미아스(Joachim Jeremias)의 *Infant Baptism in the First Four Centuries* (Philadelphia: Westminster Press, 1962), J. G. 보스(Vos)의 *Baptism: Its Subjects and Modes* (Pittsburgh, PA: Crown and Covenant Publications, 1969), 존 셰프(John A. Schep)의 *Baptism in the Spirit According to Scripture* (Plainfield, NJ: Logos International, 1972), 존 머레이의 *Christian Baptism* (Grand Rapids: Baker, 1974), 제이 아담스의 *Meaning and Mode of Baptism* (Philipsburg, NJ: Presbyterian and Reformed, 1976), 프랜시스 쉐퍼의 *Baptism* (Wilmington, DE: Trimark, 1976), 윌버트 판 다이크(Wilbert M. Van Dyk)의 "'Forbid Them Not': A Study in Infant Baptism" (Th.M. thesis, Calvin Theological Seminary, 1976), 로버트 처칠(Robert K. Churchill)의 *Glorious is the Baptism of the Spirit* (Philipsburg, NJ: Presbyterian and Reformed, 1976), 에드먼드 페어필드(Edmund B. Fairfield)의 *Letters on Baptism* (Uxbridge, MA: Reformation Seminary Press, 1979), 제프리 브로밀

리의 *Children of Promise: The Case for Baptizing Infants* (Grand Rapids: Eerdmans, 1979), 윌리엄 헤이넨(William Heynen)이 번역한 윌렘 발케(Willem Balke)의 *Calvin and the Anabaptist Radicals* (Grand Rapids: Eerdmans, 1981), 새뮤얼 밀러의 *Baptism and Christian Education* (reprint Dallas, TX: Presbyterian Heritage Publications, 1984), 듀안 스펜서(Duane E. Spencer)의 *Holy Baptism: Word Keys Which Unlock the Covenant* (Tyler, TX: Geneva Ministries, 1984), 제임스 데일(James W. Dale)의 *Classic Baptism: An Inquiry into the Meaning of the Word as Determined by the Usage of Classical Greek Writers* (Philipsburg, NJ: Presbyterian and Reformed, 1989), H. 올리판트 올드 (Oliphant Old)의 *The Shaping of the Reformed Baptismal Rite in the Sixteenth Century* (Grand Rapids: Eerdmans, 1990), 조너선 거스트너(Jonathan Neil Gerstner)의 *The Thousand Generation Covenant: Dutch Reformed Covenant Theology and Group Identity in Colonial South Africa, 1652-1854* (Leiden: EJ. Brill, 1991), 롤랜드 워드(Rowland S. Ward)의 *Baptism in Scripture and History* (Brunswick, Australia: Globe Press, 1991), 프레데릭 레이히의 *Biblical Baptism* (Belfast: Cameron Press, 1992), 로버트 부스(Robert R. Booth)의 *Children of the Promise: The Biblical Case for Infant Baptism* (Philipsburg, NJ: Presbyterian and Reformed, 1995), 로버트 그로스만(Robert Grossmann)의 *The Meaning and Administration of Biblical Baptism* (Garner, IA: Elector, 1995), 제럴드 프로시(Gerald Procee)의 *Holy Baptism: The Scriptural Setting, Significance and Scope of Infant Baptism* (Hamilton, Ontario: Free Reformed Church, 1998).

35항 성찬

성찬에 관한 최고의 저서들은 다음과 같다.

17세기

시몬 패트릭(Simon Patrick)의 *Mensa Mystica, or a Discourse Concerning the Sacrament of the Lord's Supper* (London: Francis Tyton, 1676)와 *The Christian Sacrifice: A Treatise Shewing the Necessity, End and Manner of Receiving the Holy Communion* (London: R. Royston, 1679).

18세기

자베즈 얼(Jabez Earl)의 *Sacramental Exercises in Two Parts:* *The Christian's Employment before, at, and after the Lord's Supper; and The Christian's Conduct in his Afterlife* (London: Richard Hett, 1742), W. 플리트우드(Fleetwood)의 *The Reasonable Communicant: Or, An Explanation of the Doctrine of the Sacrament of the Lord's Supper* (London: John, Francis, and Charles Rivington, 1784).

19세기

존 워든(John Warden)의 *A Practical Essay on the Lord's Supper to which is Added an Assistant in Examining the Heart; or Questions of the Greatest Moment, which Every Christian Ought, with Sincerity, and as in the Sight of God, to Put to his own Heart* (Leith: Archibald Allardice and W. Coke, 1809), 토머스 하위스(Thomas Haweis)의 *The Communicant's Spiritual Companion; or, An Evangelical Preparation for the Lord's Supper* (New Haven: Oliver Steele, 1810), 헨리 그로브(Henry Grove)의 *A Discourse Concerning the Nature and Design of the Lord's Supper* (Salem, NY: Joshua Cushing, 1812), 존 윌슨(John Willison)의 *A Sacramental Directory; or a Treatise Concerning the Sanctification of a Communion-Sabbath* (Edinburgh: Ogle, Allardice, & Thomson, 1817), 휴 블레어(Hugh Blair)의 *A Companion to the Altar; Shewing the Nature and Necessity of a Sacramental Preparation in Order to our Worthy Receiving the Holy Communion* (London: Scatcherd and Letterman, 1820), 에드워드 비커스테스의 *A Treatise on the Lord's Supper: Designed as a Guide and Companion to the Holy Communion* (London: R.B. Seeley and W. Burnside, 1830), 카펠 몰리뉴 (Capel Molyneux)의 *The Lord's Supper* (London: James Nisbet, 1850), 제임스 알렉산더의 *Plain Words to a Young Communicant* (New York: Anson D.F. Randolph, 1858), 새뮤얼 럭키(Samuel Luckey)의 *The Lord's Supper* (New York: Carlton & Porter, 1859), 매튜 헨리의 *The Communicant's Companion; or, Instructions for the Right Receiving of the Lord's Supper* (Philadelphia: Presbyterian Board of Publication, 1865), 토마스 휴스톤(Thomas Houston)의 *The Lord's Supper: its Nature, Ends, and Obligation; and Mode of Administration* (Edinburgh: James Gemmell, 1878), 존 글라스의 *A Treatise on the Lord's Supper* (London: Sampson Low, et al., 1883), H. C. G. 모울이 편저한 니콜라스 리들리(Nicholas Ridley)의 *A Brief Declaration of the Lord's Supper* (London: Seeley, 1895).

20세기

W. 메이슨(Mason)의 *The Christian Communicant; or a Suitable Companion to the Lord's Supper* (London: Chas. J. Thynne, 1904), 토마스 토렌스가 편저한 로버트 브루스(Robert Bruce)의 *The Mystery of the Lord's Supper* (London: James Clarke, 1958), 어니스트 키번(Ernest F. Kevan)의 *The Lord's Supper* (London: Evangelical Press, 1966), 노먼 페린(Norman Perrin)이 번역한 요아킴 예레미아스의 *The Eucharistic Words of Jesus* (London: SCM, 1966), 제라드 위시(Gerard Wisse)의 *May I Partake of the Lord's Supper?* (Wilmington, DE: Trimark., 1979), 리처드 베이컨 (Richard Bacon)의 *What Mean ye by This Service? Paedocommuion in Light of the Passover* (Texas: Presbyterian Heritage Publications, 1989), 존 윌리슨(John Willison)의 *Meditations on the Lord's Supper* (abridged reprint Stornoway: Reformation Press, 1990).

역사적-신학적 연구들

성찬의 개혁주의적 관점을 다룬 다양한 역사적-신학적 연구가 진행 되었다. 알렉산더 바클레이(Alexander Barclay)의 *The Protestant Doctrine of the Lord's Supper* (Glasgow, 1927)는 루터와 칼뱅 사이의 친밀성을 보여 주며, 성찬에 대한 츠빙글리 후기 사상의 자연스러운 발전으로 칼뱅의 교리를 다룬다. 시릴 리처드슨(Cyril C. Richardson)의 *Zwingli and Cranmer on the Eucharist* (Evanston, IL, 1949)에서는 크랜머가 츠빙글리의 신학적 구조에서 벗어나질 못했다고 주장한다. 조셉 맥렐런드의 *The Visible Words of God: An Exposition of the Sacramental Theology of Peter Martyr Vermigli* (Grand Rapids: Eerdmans, 1957)는 성찬에 대한 버미글리와 부처, 그리고 칼뱅의 신학적 조화로움을 제시한다. 조지 버넷(George B. Burnet)의 *The Holy Communion in the Reformed Church of Scotland 1560-1960* (London: Oliver & Boyd, 1960)은 성찬에 대한 풍성한 스코틀랜드의 유산을 보여 준다. 피터 브룩스(Peter Newman Brooks)의 *Thomas Cranmer's Doctrine of the Eucharist* (New York: Seabury Press, 1965)는 크랜머가 부처와 불링거, 칼뱅이 그랬던 것처럼 성찬에 그리스도께서 "참되게 임재"하신다는 동일한 교리를 견지했다고 주장한다. 리 슈미트(Leigh Eric Schmidt)의 *Holy Fair: Scottish Communions and American Revivals in the Early Modern Period* (Princeton: University Press, 1989)는 종교 개혁 시대부터 19세기에 이르기까지 스코틀랜드의 성찬 사경회의 역사적 발전을 탐구하고, 그것의 미국 식민지 시대까지의 확장과, 대서양을 사이에 둔 두 대륙의 부흥에서 성찬 사경회의 중요한 관계성을 입증한다. 브라이언 게리쉬(Brian A. Gerrish)의

Grace and Gratitude: The Eucharistic Theology of John Calvin (Minneapolis: Fortress Press, 1993)은 성찬에 관한 칼뱅의 교리를 그의 전체 신학의 정황에서 다룬 후에, 츠빙글리와 루터의 것과 비교한다.

36항 교회와 국가

교회와 국가의 관계에서 가장 많은 정보를 주는 연구 도구는 알버트 메넨데즈(Albert J. Menendez)의 *Church-State Relations: An Annotated Bibliography* (New York: Garland, 1976)이다. 그러나 메넨데즈는 이 주제에 대해 깊이 있거나 완전하게 다루는 오직 영어로 된 두꺼운 문헌만 포함시킨다.

교회와 국가를 다루는 기독교 고전은 마커스 도즈(Marcus Dods)가 번역한 아우구스티누스의 *City of God* (New York: Random House, 1952)을 꼽을 수 있다. 아우구스티누스의 사상을 훌륭하게 설명한 책으로는 존 벌리(John H. S. Burleigh)의 *The City of God: A Study of St. Augustine's Philosophy* (London: Nisbet, 1949)를 참조하라. 또한 제임스 보이스의 *Two Cities, Two Loves* (Downers Grove, IL: InterVarsity, 1996)를 참조하라. 교회와 국가의 관계를 다룬 또 다른 고대 교부에 관한 지식을 담고 있는 M. 조셉 코스텔로(Joseph Costelloe)가 번역한 클라우디오 모리노(Claudio Morino)의 *Church and State in the Teaching of St. Ambrose* (Washington, D.C.: Catholic University of America, 1969)도 보라.

교회와 국가에 대한 중세 사상에 대해서는 하인리히 로멘(Heinrich A. Rommen)의 *The State in Catholic Thought* (St. Louis: B. Herder, 1947), 아더 스미스(Arthur L. Smith)의 *Church and State in the Middle Ages* (New York: Barnes & Noble, 1964), 브라이언 티어니(Brian Tierney)의 *The Crisis of Church and State, 1050-1300* (Englewood Cliffs, NJ: Prentice-Hall, 1966), 베넷 힐(Bennett D. Hill)의 *Church and State in the Middle Ages* (New York: Wiley, 1970), 토머스 레나(Thomas J. Renna)의 *Church and State in Medieval Europe, 1050-1314* (Dubuque, IA: Kendall/Hunt, 1974)를 보라. 또한 C. O. 폴레르트(Vollert)가 번역한 토마스 아퀴나스(Thomas Aquinas)의 *Compendium of Theology* (London: Herder, 1948)를 참조하라.

교회와 국가에 대한 종교 개혁 이전 사상에 대해서는 F. D. 매튜스(Matthews)가 편저한 *The English Works of John Wyclif*, 전3권 (London: Wyclif Society, 1880), 데이비드 샤프(David Schaff)가 번역한 얀 후스(John Hus)의 *The Church* (New York: Scribners, 1915)를 보라. 종교 개혁 사상에 대해서는 H. R. 피어시(Pearcy)

의 *The Meaning of the Church in the Thought of Calvin* (Chicago: University Press, 1941), 윌리엄 뮬러(William A. Mueller)의 *Church and State in Luther and Calvin* (Nashville: Broadman, 1954), 토마스 토렌스의 *Kingdom and Church* (Edinburgh: Oliver and Boyd, 1956), 게디스 맥그리거(Geddes MacGregor)의 *Corpus Christi: The Nature of the Church According to the Reformed Tradition* (Philadelphia: Westminster, 1958), 존 통킨(John Tonkin)의 *The Church and the Secular Order in Reformation Thought* (New York: Columbia University Press, 1971)를 참조하라. 재세례파의 견해에 대해서는 존 테이브스(John Toews)의 "The Anabaptist Conception of the Church" (Ph.D. dissertation, United College of Winnipeg, 1950), *The Origins of Sectarian Protestantism* (New York: Macmillan, 1965)으로 개정 출간된 프랭클린 리텔(Franklin H. Littell)의 *The Anabaptist View of the Church* (Boston: Beacon Press, 1952)를 보라.

대영 제국에서는 교회와 국가의 관계에 대한 다양한 저서가 집필되었다. 스코틀랜드에 대해서는 the *First Book of Discipline* (1560), the *Second Book of Discipline* (1578), 새뮤얼 루더포드의 *Lex Rex, or The Law and the Prince* (1644; reprint Harrisonburg, VA: Sprinkle, 1982)와 *A Free Disputation Against Pretended Liberty of Conscience* (London: R.I. for Andrew Crook, 1649), 조지 길레스피(George Gillespie)의 *Aaron's Rod Blossoming; or, The Divine Ordinance of Church Government Vindicated* (1646; reprint Harrisonburg, VA: Sprinkle, 1985), 토마스 브라운(Thomas Brown)의 *Church and State in Scotland* (Edinburgh: Macniven and Wallace, 1891), 프란시스 라이얼(Francis Lyall)의 *Of Presbyters and Kings: Church and State in the Law of Scotland* (Aberdeen: University Press, 1980)를 보라. 잉글랜드에 대해서는 길버트 차일드(Gilbert W. Child)의 *Church and State Under the Tudors* (London: Longmans, 1890), 헨리 괏킨(Henry M. Gwatkin)의 *Church and State in England to the Death of Queen Anne* (London: Longmans, 1917), A. F. 스코트 피어슨(Scott Pearson)의 *Church and State: Political Aspects of Sixteenth Century Puritanism* (Cambridge: University Press, 1928), 아드리안 해스팅스(Adrian Hastings)의 *Church and State: The English Experience* (Exeter: University Press, 1991), 스튜어트 프룰(Stuart E. Prull)의 *Church and State in Tudor and Stuart England* (Arlington Heights, IL: H. Davidson, 1993)를 보라.

유럽에서 교회와 국가의 관계를 다룬 저서로는 윌리엄 그레이엄(William Graham)의 *A Review of Ecclesiastical Establishments in Europe* (Glasgow: D. Niven, 1792), H. 게프켄(Geffcken)의 *Church and State: Their Relations Historically Considered* (London, 1852), 아돌프 켈러(Adolf Keller)의 *Church and State on the European Continent, 1864-1914* (London: Epworth, 1936), 에른스트 헬름라이히(Ernst C. Helmreich)가 편저한 *Church and State in Europe* (St. Louis: Focrum Press, 1979)을 참조하라.

미국에서 교회와 국가의 관계를 다룬 최고의 자료로는 존 윌슨(John F. Wilson)이 편저한 *Church and State in America: A Bibliographical Guide,* 전2권 (New York: Greenwood Press, 1986-87)이 있다. 1권은 식민지와 국가 초기 시대를 다루고, 2권은 시민전쟁부터 1980년대까지를 다룬다. 각 권은 약 250개의 각주와 함께 11개의 참고 문헌이 있는 에세이로 구성되어 있다. 구체적인 저서로는 조셉 톰슨(Joseph P. Thompson)의 *Church and State in the United States* (Boston: James R. Osgood, 1873), 필립 샤프의 *Church and State in the United States* (New York: G.P. Putnam's Sons, 1888), 윌리엄 브라운(William A. Brown)의 *Church and State in Contemporary America* (New York: Scribners, 1936), 앤슨 스톡스(Anson P. Stokes)의 *Church and State in the United States,* 전3권 (New York: Harper, 1950), 제임스 우드(James E. Wood), Jr.가 편저한 *Religion and the State* (Waco, TX: Baylor University Press, 1985)를 보라.

일반적으로 교회와 국가의 관계에 대해서는 윌리엄 글래드스톤(William E. Gladstone)의 *The State in Its Relations to the Church* (London: J. Murray, 1841), 존 콜머(John Colmer)가 편저한 새뮤얼 콜리지(Samuel Taylor Coleridge)의 *On the Constitution of Church and State* (1852; reprint London: Routledge & Kegan, 1976), 앨버트 히마(Albert Hyma)의 *Christianity and Politics: A History of the Principles and Struggles of Church and State* (Philadelphia: Lippincott, 1938), B. B. 카터(Carter)가 번역한 루이지 스투르초(Luigi Sturzo)의 *Church and State,* 전2권 (1939; reprint Notre Dame, IN: University Press, 1962), 핀리 포스터(Finley M. Foster)의 *Church and State: Their Relations Considered* (New York: Peerless, 1940), G. 엘슨 루프(Elson Rupp)의 *The Dilemma of Church and State* (Philadelphia: Muhlenberg, 1954), 제이콥 킥(Jacob Marcellus Kik)의 *Church and State: The Story of Two Kingdoms* (New York: Nelson, 1963), 앨버트 휴글리(Albert G. Huegli)의 *Church and State Under God* (St. Louis: Concordia, 1964), 토머스 샌더스(Thomas Sanders)의 *Protestant Concepts of Church and State* (New York: Holt, Rinehart, and Winston, 1964)를 보라.

37항 최후 심판: 지옥과 천국

최후 심판, 지옥과 천국, 종말론 일반에 대해서는 제임스 램지(James B. Ramsay)의 *Revelation* (1873; reprint Edinburgh: Banner of Truth Trust, 1977), 윌리엄 헨드릭슨(William Hendriksen)의 *More Than Conquerors* (Grand Rapids: Baker, 1939), 헤르만 혹세마의 *Behold He Cometh!* (Grand Rapids: Reformed Free, 1969), 필립 휴즈의 *Revelation* (Grand Rapids: Eerdmans, 1990)과 같은 위대한 개혁주의 정통 조직 신학자들과 요한계시록을 주석한 개혁주의 주석가들의 저서를 참조하라.

17세기

청교도들은 그들 스스로 "4가지 종말"이라고 부른 죽음과 심판과 천국과 지옥에 대해 상당한 분량의 저서를 썼다(예를 들면, 로버트 볼튼[Robert Bolton]의 *The Four Last Things* [1633; reprint Pittsburgh: Soli Deo Gloria, 1991], 그리고 아마도 윌리엄 베이츠의 최고 작품일 W. 파머[Farmer]가 편저한 *Complete Works* [reprint Harrisonburg, VA: Sprinkle, 1990], 3:237-507에 실린 "The Four Last Things" [1691]). 천국을 주제로 한 가장 위대하고 웅장한 청교도 고전은 리처드 백스터의 *The Saints' Everlasting Rest* (1650; reprinted often in abridged versions, e.g. Grand Rapids: Zondervan, 1962,「성도의 영원한 안식」)일 것이다. 영원을 맞이하는 인간의 영혼에 관한 교리에 대해서는 *The Works* (reprint London: Banner of Truth Trust, 1968), 2:475-609, 3:1-238에 실린 존 플라벨의 "Pneumatologia: A Treatise of the Soul of Man"을 보라.

18세기

인간의 영원한 거처에 관한 18세기 최고 걸작은 아이작 와츠(Isaac Watts)의 *The World to Come* (1739; reprint Chicago: Moody, 1954)이다. 그 어떤 설교자도 결코 대체하지 못한 "종말에 관하여"(the last things)라는 감동적이며 마음을 감찰하는 설교에 대해서는 조나단 에드워즈를 보라(*The Works,* 2권 [reprint Edinburgh: Banner of Truth Trust, 1974]에 다양한 설교가 실려 있다). 이 가운데 일부 설교가 조나단 에드워즈의 *The Wrath of Almighty God* (Morgan, PA: Soli Deo Gloria, 1996)에 재출간되었다. 에드워즈의 견해에 대해서는 존 거스트너의 *Jonathan Edwards on Heaven and Hell* (Grand Rapids: Baker, 1980)을 보라.

19세기

19세기 최고의 저서로는 윌슨 라이더(Wilson C. Rider)의 *A Course of Lectures on Future Punishment* (Ellsworth: Daniel T. Pike, 1836), J. 에드먼슨(Edmondson)의 *Scripture Views of the Heavenly World* (New York: Lane & Scott, 1852), W. G. T. 셰드의 *The Doctrine of Endless Punishment* (1885; reprint Edinburgh: Banner of Truth Trust, 1986)가 있다.

20세기

종말론의 다양한 국면에 관하여 도움을 주는 20세기의 신학적 논의로는 게하더스 보스의 *The Pauline Eschatology* (1930; reprint Grand Rapids: Baker, 1979,「바울의 종말론」, 좋은씨앗 역간), 디드리히 크로밍가(Diedrich H. Kromminga)의 *The Milennium in the Church: Studies in the History of Christian Chiliasm* (Grand Rapids: Eerdmans, 1945), 클라스 스힐더의 *Heaven: What Is It?* (Grand Rapids: Eerdmans, 1950), 루이스 벌코프의 *The Second Coming of Christ* (Grand Rapids: Eerdmans, 1952), 해리 부이스의 *The Doctrine of Eternal Punishment* (Grand Rapids: Baker, 1957), 로레인 뵈트너의 *Immortality* (Philadelphia: Presbyterian and Reformed, 1958), 레온 모리스의 *The Biblical Doctrine of Judgment* (London: Tyndale Press, 1960), 헤르만 리델보스(Herman N. Ridderbos)의 *The Coming of the Kingdom* (Philadelphia: Presbyterian and Reformed, 1962,「하나님 나라」, 솔로몬 역간), 버나드 램의 *Them He Glorified: A Systematic Study of the Doctrine of Glorification* (Grand Rapids: Eerdmans, 1963), 오스왈드 엘리스(Oswald T. Allis)의 *Prophecy and the Church* (Philadelphia: Presbyterian and Reformed, 1964), 제이 아담스의 *I Tell You the Mystery* (Lookout Mountain, TX: Prospective Press, 1966), 윌버 스미스(Wilbur M. Smith)의 *The Biblical Doctrine of Heaven* (Chicago: Moody, 1968), 조지 머레이(George L. Murray)의 *Millenial Studies: A Search for Truth* (Grand Rapids: Baker, 1972), 제임스 판 오스테롬(James VanOosterom)이 번역한 헤릿 베르카우어의 *The Return of Christ* (Grand Rapids: Eerdmans, 1972), 필립 휴즈의 *Interpreting Prophecy: An Essay in Biblical Perspectives* (Grand Rapids: Eerdmans, 1976), 레슬리 우드슨(Leslie H. Woodson)의 *What the Bible Says About Hell* (Grand Rapids: Baker, 1976), 앤서니 후크마의 *The Bible and the Future* (Grand Rapids: Eerdmans, 1979,「개혁주의 종말론」, 부흥과개혁사 역간), 스티븐 트레비스(Stephen Travis)의 *I Believe in the Second Coming of Jesus* (Grand Rapids: Eerdmans, 1982), 로버트 모리(Robert A. Morey)의 *Death and the Afterlife* (Minneapolis: Bethany, 1984), 에릴 데이비스(Eryl Davies)의 *The Wrath of God* (Mid-Glamorgan, Wales: Evangelical Press of Wales, 1984), 피터 툰의 *Heaven and Hell: A Biblical and Theological Overview*

(Nashville: Nelson, 1986), 존 길모어(John Gilmore)의 *Probing Heaven: Key Questions on the Hereafter* (Grand Rapids: Baker, 1989, "천국 탐사 시리즈", 나침반 역간), 폴 헬름의 *The Last Things: Death, Judgment, Heaven, Hell* (Edinburgh: Banner of Truth Trust, 1989), 존 거스트너의 *Repent or Perish: With a Special Reference to the Conservative Attack on Hell* (Ligonier, PA: Soli Deo Gloria, 1990), 존 맥아더의 *The Glory of Heaven* (Wheaton, IL: Crossway, 1996, 「존 맥아더, 천국을 말하다」, 생명의말씀사 역간), 존 볼트(John Bolt)가 편저하고 존 브리엔드가 번역한 헤르만 바빙크의 *The Last Things: Hope for This World and the Next* (Grand Rapids: Baker, 1996)가 있다.

20세기의 역사적-신학적 연구에 대해서는 해럴드 나이트(Harold Knight)가 번역한 하인리히 크비스토르프(Heinrich Quistorp)의 *Calvin's Doctrine of the Last Things* (London: Lutterworth Press, 1955), D. P. 워커(Walker)의 *The Decline of Hell: Seventeenth-Century Discussions of Eternal Torment* (Chicago: University Press, 1964), J. A. 모우런트(Mourant)의 *Augustine on Immortality* (Philadelphia: Villanova University Press, 1969), 피터 툰의 *The Puritans, the Millennium, and the Future of Israel* (London: James Clarke, 1970), 이안 머레이의 *The Puritan Hope: A Study of Renewal and the Interpretation of Prophecy* (London: Banner of Truth Trust, 1971), 티모시 웨버(Timothy P. Weber)의 *Living in the Shadow of the Second Coming: American Premillennialism, 1879-1925* (New York: Oxford University Press, 1979), 콜린 맥다넬(Colleen McDannell)과 버나드 롱(Bernhard Long)의 *Heaven: A History* (New Haven, CT: Yale University Press, 1988), B. E. 데일리(Daley)의 *The Hope of the Early Church: Eschatology in the Patristic Age* (Cambridge: University Press, 1991)를 보라.

어디서부터 시작해야 할까? 요한계시록을 또다시 읽으라. 그렇게 하면서 헤르만 혹세마의 「보라, 그가 오신다」(*Behold He Cometh*)를 참조하라. 그리고 나서 폴 헬름의 「마지막 일들」(*The last Things*)을 읽고, 앤서니 후크마의 「성경과 미래」(*The Bible and the Future*), 그리고 헤르만 바빙크의 「마지막 일들」(*The last Things*)을 읽으라.

성구 찾아보기

신약

마태복음

개혁주의 신앙 고백의 하모니
주제별로 한눈에 보는 성경적 진리

초판 발행	2023년 5월 30일
편집	조엘 비키, 싱클레어 퍼거슨
옮긴이	신호섭
발행인	손창남
발행처	(주)죠이북스(등록 2022. 12. 27. 제2022-000070호)
주소	02576 서울시 동대문구 왕산로19바길 33, 1층
전화	(02) 925-0451 (대표 전화)
	(02) 929-3655 (영업팀)
팩스	(02) 923-3016
인쇄소	송현문화
판권소유	©(주)죠이북스
ISBN	979-11-982861-1-6 03230